东阳年鉴

DONGYANG YEARBOOK 2023

总第20卷

东阳市人民政府地方志编纂室
东阳市档案馆 编

方志出版社
Publishing House of Local Records

图书在版编目（CIP）数据

东阳年鉴. 2023 / 东阳市人民政府地方志编纂室
东阳市档案馆编. —北京 ：方志出版社，2023.12
ISBN 978-7-5144-6049-0

Ⅰ. ①东… Ⅱ. ①东… Ⅲ. ①东阳－2023－年鉴
Ⅳ. ①Z525.54

中国国家版本馆 CIP 数据核字(2023)第 252737 号

责任编辑：范　静
责任校对：张玉霞
责任印制：梅中英
出 版 者：方志出版社
地　　址：北京市朝阳区潘家园东里 9 号（国家方志馆 4 层）
邮　　编：100021
网　　址：http://www.zgfzcb.cn
发　　行：方志出版社图书营销中心（010-67110500）
印　　刷：金华市曙光印务有限公司
开　　本：889 毫米×1194 毫米　1/16
印　　张：28
字　　数：1010 千字
版　　次：2023 年 12 月第 1 版
印　　次：2023 年 12 月第 1 次印刷
定　　价：280.00 元

东阳市地方志编纂委员会

顾　　问：楼琅坚

主　　任：黄胜可

副 主 任：潘国东　卢旭萍　范　锐　王庸华

成员单位：市纪委市监委机关　市委办　市人大办　市府办
市政协文史委　市人武部　市法院　市委组织部
市委宣传部　市委统战部　市委政法委
市委党史研究室　市发改局　市经信局　市教育局
市公安局　市民政局　市财政局　市人力社保局
市资规局　市住建局　市交通局　市农业农村局
市商务局　市文广旅体局　市卫健局　市市场监管局
市统计局　市融媒体中心　中国人民银行东阳市支行

《东阳年鉴（2023）》编辑部

主　　编：马　先

副 主 编：张　敬　任　俊

执行主编：徐丽萍

编　　辑：严研虹　虞小英　吕为民

类目翻译：唐艳芳

编辑说明

一、《东阳年鉴》以马克思列宁主义、毛泽东思想、邓小平理论、“三个代表”重要思想、科学发展观、习近平新时代中国特色社会主义思想为指导，坚持辩证唯物主义和历史唯物主义的立场、观点和方法，旨在全面、客观、真实、系统地记述东阳市的发展情况。

二、《东阳年鉴（2023）》是1997年出版以来的第20卷，记述时限为2022年1月1日至12月31日（作为背景资料，部分条目内容和数据酌情上溯或下延），记述全市人民在市委、市政府的领导下所取得的新成就、新经验以及遇到的新情况和新问题，着重反映各行各业年度大事、要事、新事、特事，着力体现年度特点和东阳特色。

三、本卷年鉴采用分类编辑法，分类目、分目、条目三个层次，部分分目下设次分目。本卷设特载、特辑、专文、大事记、东阳概览、中国共产党东阳市委员会、东阳市人民代表大会、东阳市人民政府、中国人民政治协商会议东阳市委员会、中国共产党东阳市纪律检查委员会 东阳市监察委员会、民主党派 工商联、群众团体、法治、军事、经济管理、数字经济、农业、工业、木雕 红木家具、建筑业、商贸、旅游、影视、金融、城乡建设与管理、生态环境、交通、邮政 通信、科学技术、教育、文化 传媒、卫生健康、体育、社会事务、街道镇乡、人物和荣誉36个类目，书后附统计资料、附录、索引。

四、本卷年鉴正文中除“民主党派 工商联”类目外，“党”均指“中国共产党”，“市委”均指“中共东阳市委”，“党员”均指“中共党员”，“党建”均指“中国共产党建设”。年鉴中的“省”“市”分别指“浙江省”“东阳市”，其他省、市则冠以具体地名。

五、本卷年鉴的稿件均由各部门、各镇乡（街道）提供，并经各单位主要领导审定和档案、保密部门审核。所刊载的综合性数据均由市统计局提供，条目中酌情使用各单位提供的数据。数字用法、标点符号用法分别采用国家标准《出版物上数字用法》（GB/T15835—2011）、《标点符号用法》（GB/T15834—2011），计量单位采用国家技术监督局1993年12月发布的《量和单位》系列国家标准。文字、称谓、纪年、表格、图片等的使用均按国家有关出版物书写规定。

数说东阳（2022年）

地区生产总值

东阳地区生产总值从2012年的 380.06亿元
增长至2022年的 761.37亿元

地区生产总值构成

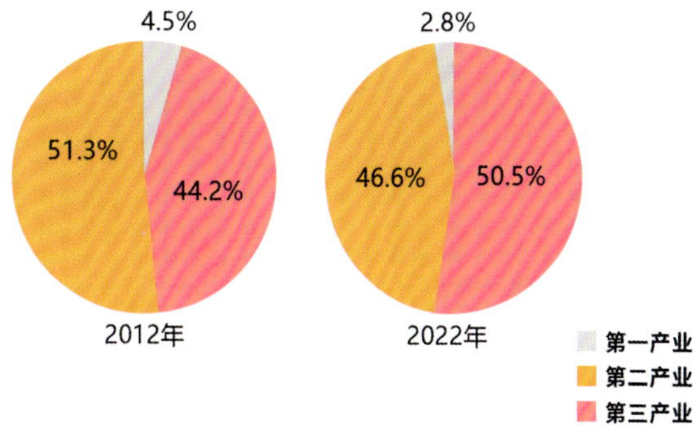

第三产业生产总值占比从2012年的44.2%提高到50.5%

社会消费品零售总额

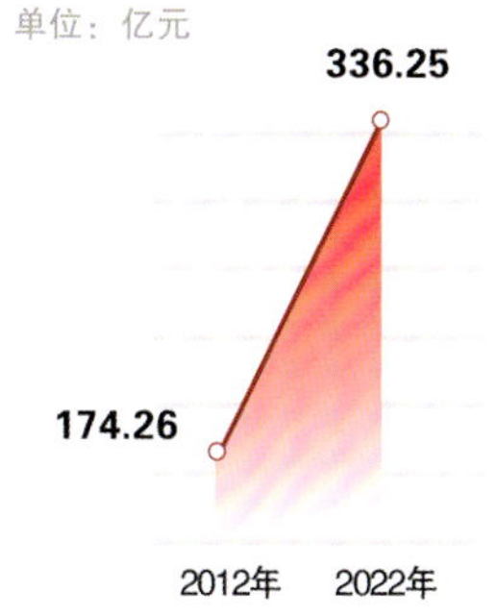

东阳社会消费品零售总额
由2012年的174.26亿元
提高至2022年的336.25亿元

居民收入

2022年东阳城镇居民人均
可支配收入66808元
2022年东阳农村居民人均
可支配收入40171元

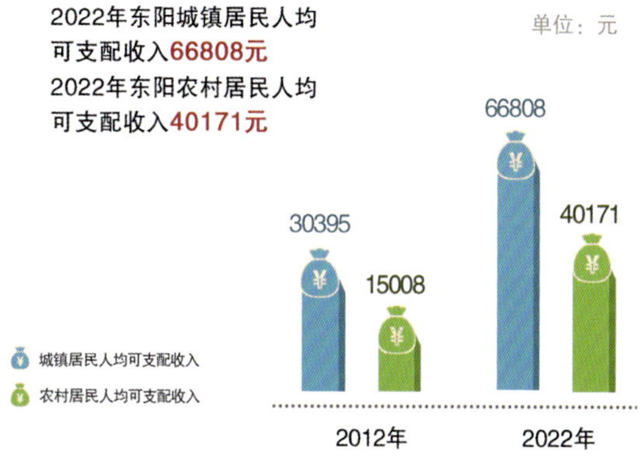

2022年5月14日，“喜迎二十大 永远跟党走 奋进新征程”东阳市优秀青年座谈会在城东街道寀卢村共享田园举行

（包康轩/摄）

2022年11月1日，东阳马生·寀卢宣讲队在城东街道寀卢村共享田园开展“寻足迹 学报告 话愿景”党的二十大精神宣讲活动

（胡扬辉/摄）

2022年11月22日，党的二十大精神宣讲活动在六石街道裘家岭村举行　　（陈　云/摄）

2022年11月23日，党的二十大精神宣讲会在新时代文明实践中心举行　　（包康轩/摄）

2022年1月22—26日，中国人民政治协商会议第十五届东阳市委员会第一次会议召开　（包康轩/摄）

2022年1月23—27日，东阳市第十六届人民代表大会第一次会议召开　（包康轩/摄）

2022 年 9 月 24 日，浙江省第十七届运动会东阳站火炬传递启动仪式举行　　（包康轩/摄）

2022 年 9 月 23 日，2022 年中国农民丰收节浙江主场活动在东阳市城东街道寀卢村举行　　（厉红玉/摄）

2022年2月7日，横店东磁太阳能电池片七厂车间机器人在各道工序上忙碌着

（包康轩/摄）

2022年2月21日，东阳市2022年扩大有效投资重大项目集中开工活动暨东阳光铝电解电容器项目开工仪式举行

（包康轩/摄）

2022年4月1日，东阳光集团东阳基地项目签约仪式举行（包康轩/摄）

2022年10月30日，建设中的东阳市民中心　　（包康轩/摄）

2022年11月11日，省重大项目浙江喔刷数字科技产业园建设项目现场　　（包康轩/摄）

2022年12月18日，计算机博物馆项目奠基仪式举行

（包康轩/摄）

2022年5月9日，金甬铁路东阳段北后周特大桥完成架设 （胡扬辉/摄）

2022年5月15日，义东高速公路西甑山右幅隧道贯通 （胡扬辉/摄）

2022年7月13日，浙江德盛通用航空有限公司在横店机场进行航空森林消防应急救援训练 （郭晨艳提供）

2022年7月22日，义东高速公路江北至南市段湖田枢纽梁板架设全部完成　（韦凯锋/摄）

2022年9月8日，建设中的博士大桥　（胡扬辉/摄）

2022年9月10日，金甬铁路尚武村隧道贯通
（市铁路办提供）

2022年9月20日，南午岭互通工程全面开放通车　　（胡扬辉/摄）

2022年9月26日，义东高速公路江北至南市段最后一跨钢箱梁建设完成　　（唐艳宁/摄）

2022年9月28日，金义东市域轨道交通义东线首通段正式开通试乘　　（胡扬辉/摄）

2022年12月13日，建设中的杭温高铁横店特大桥　　（包康轩/摄）

2022年6月13日，浙江省第十六届大学生运动会男子乙组足球比赛在东阳市举行　（包康轩/摄）

2022年6月29日，浙江省老年人气排球（男子组）交流活动在江北街道猴塘社区举行　（胡扬辉/摄）

2022年7月25日，东阳籍运动员陈洛凡获浙江省第十七届运动会首金　　（胡扬辉/摄）

2022年8月2日，浙江省第十七届运动会篮球（女子乙组）决赛在市体育馆举行，金华队夺冠　　（胡扬辉/摄）

2022年9月19日，运动员备战浙江省第十七届运动会艺术体操项目　　（胡扬辉/摄）

2022年10月25日，江北中心小学开展“运动水娃嗨翻天”活动　　（胡扬辉/摄）

2022年11月5日，南马镇花园村第十一届体育运动会开幕　　（胡扬辉/摄）

2022年11月19日，浙江省第十七届运动会射箭项目在横店影视城明清宫苑举行　　（胡扬辉/摄）

2022 年 4 月，横店文荣医院组织医护人员到企业给员工提供核酸采样“送检上门”服务

（包康轩/摄）

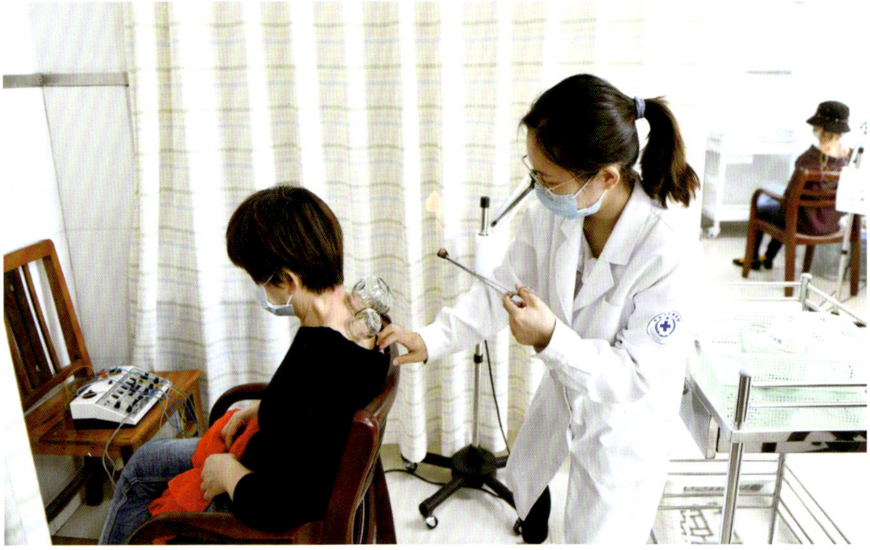

2022 年 4 月 12 日，市红会医院卢宅社区卫生服务站中医师给居民提供中医理疗服务

（包康轩/摄）

2022 年 7 月 22—23 日，市中医院开展暑期青少年急救知识及技能公益培训（包康轩/摄）

2022年11月26日，市人民医院现代化手术中心启用　　（市卫健局提供）

2022年12月5日，市中医院高压氧仓试运行　　（包康轩/摄）

2022年12月16日，东阳市人民医院、杭州电子科技大学共建智慧医疗研究中心揭牌仪式暨院士专家工作站签约仪式举行

（徐嘉玲/摄）

2022年3月3日，东阳市全民志愿服务助力全国文明城市创建活动暨志愿关爱社会联盟成立仪式举行　（胡扬辉/摄）

2022年3月21日，市政协举办“请你来协商”助推全国文明城市创建活动　（包康轩/摄）

2022年3月，市城投集团组织人员修复道路坑洞　（《今日东阳》编辑部提供）

2022年3月26日，志愿者到社区开展“文明社区共建日”志愿服务活动

（包康轩/摄）

2022年9月15日，交警开展电动自行车交通安全劝导活动　（郝广平/摄）

2022年8月22日，东白山茶场全景 （胡扬辉/摄）

目 录

中国共产党东阳市委员会

东阳市人民代表大会

东阳市人民政府

中国人民政治协商会议东阳市委员会

中国共产党东阳市纪律检查委员会
东阳市监察委员会

民主党派　工商联

群众团体

法 治

军　事

经济管理

数字经济

农 业

工 业

木雕 红木家具

建筑业

商　贸

金　融

城乡建设与管理

生态环境

交 通

邮政 通信

科学技术

教　育

文化 传媒

卫生健康

体　育

社会事务

街道镇乡

人物和荣誉

统计资料

附　录

索　引

内文总目

Contents

全面学习贯彻中共二十大精神
加快打造新时代强市名城 建设共同富裕先行市
奋力谱写中国式现代化东阳篇章

——在市委十六届三次全体(扩大)会议、市政府十六届二次全体会议暨市委经济工作会议上的报告(摘要)

中共东阳市委书记 楼琅坚

(2023年1月10日)

一、2022年工作回顾

2022年以来,新一届市委班子坚决贯彻中央和省委、金华市委决策部署,按照市第十六次党代会部署安排,以"1354"为工作总抓手,高效统筹疫情防控和经济社会发展,以超常规的力度和举措打好稳进提质、除险保安、塑造变革组合拳,推动东阳工作保持向上向好态势,交出了改革发展稳定的过硬答卷。一年来,市委常委会集中精力抓了五件大事:

一是全面掀起学习宣传贯彻中共二十大精神热潮。始终保持高度的政治自觉,按照"全面学习、全面把握、全面落实"要求,第一时间召开市委常委(扩大)会议、全市领导干部会议、市委理论学习中心组专题学习会,推动市委常委会和市级领导干部先学一步、学深一层;全市各级党委(党组)层层推进、层层铺开、层层落实,有效推动传达学习实现全覆盖。坚持用好市委宣讲团、"东阳马生"宣讲团、乡镇党校"每月一讲"等载体,依托影视、木雕竹编等特色,创新开展中共二十大精神进剧组、进木雕小镇等活动,实现市、镇、村三级宣讲全覆盖。对标中共二十大重要思想、重大战略、重要举措,认真梳理研究,系统谋划贯彻落实意见。

二是坚决有力应对疫情防控大战大考。始终坚持人民至上、生命至上理念,迎难而上、果断决策、行动迅速、组织有力,全市上下众志成城、共克时艰,基本做到"一有火星,一脚踩灭",先后打赢"5·1"歌山疫情、"8·2"义乌疫情分战场、"11·13"六石疫情等系列疫情防控歼灭战。牢牢把握防控政策由"防感染"向"保健康、防重症"转变的新阶段新要求,及时调整优化防疫举措,全力以赴保医疗物资供应、保医疗救治及时、保生活物品需求满足,确保机关正常履职、企业正常经营、社会正常运行、群众正常生活,防控措施调整转段平稳有序。

三是坚定不移下大气力抓平台抓项目。坚持以大平台承接大项目、支撑大产业、推动大发展,系统谋定、统筹推进新材料"万亩千亿"产业平台、横店影视文化产业集聚区、航空产业园、高铁新城、东阳新能源产业园(杨梅园)"3+2"高能级产业平台[①]建设,不断拓展发展空间。全力谋项目、争项目、拼项目,成功落地百亿利维能新能源和东阳光、博康光刻胶、纵目科技等一批投资20亿元以上的大项目好项目,招引的数量和质量实现跨越式突破,发展后劲进一步增强。

四是立足长远谋定实施一批重大民生工程。聚焦人民群众对美好生活的向往,围绕教育、文化、医疗、水利、养老等民生领域,全力谋划实施浙江广厦建设职业技术大学木雕小镇校区、市文化艺术中心、"水润东阳"、市公共卫生中心等一批重大民生项目,专门成立工作领导小组,组建项目指挥部,抽调精干力量,专班化推进,切实把群众期待的事变成要干的事。

五是大力营造想干事能干事干成事的浓厚氛围。坚持把政治坚定、一心扑在工作上的干部用起来,坚决不迎合、不容忍投机取巧、找关系、托门子的干部;鲜明树立"能者上、庸者下"的导向,调整一批不胜任的"一把手”,最大限度激发干事创业的积极性、主动性。省委巡视“回头看”作出“东阳政治生态向好势头得到进一步巩固,干部‘精气神’得到进一步提升”的正向评价。各级领导到东阳调研愈加频繁,特别是省长王浩两次到东阳调研,给予充分肯定;各级重大活动在东阳举办频次逐渐增加,承办中国农民丰收节浙江主场活动、6·5环境日浙江主场活动。东阳市也历史性地连续三次获得金华“扛旗争先”大晒拼“红旗单位”。

这五件大事是东阳市2022年工作的一个缩影,充分体现了市委统揽全局、协调各方领导核心作用的发挥,充分体现了四套班子勠力同心、奋发有为的坚定信心,充分体现了全市干部队伍良好的精神状态和工作水平。2022年,东阳市大干快上、实干争先,各项工作成效明显。

一是经济运行稳中有进。扎实推进稳进提质八大攻坚行动,以超常规举措推动经济运行平稳增长,全年预计实现地区生产总值增长3.5%左右。工业短板加快补长,规模以上工业企业增加值增速、制造业投资增速等核心指标走在金华市前列,入选全省首批中小企业数字化改造试点市创建名单,磁性材料产业集群入选全国中小企业特色产业集群名单,新材料“万亩千亿”产业平台入选省级培育名单;影视文旅产业逆势上扬,集聚区入区企业预计实现营业收入230亿元、增长5.7%,集聚区入选国家旅游科技示范园区;木雕家居产业实现全产业链营业收入713.93亿元、增长4.99%;建筑业完成总产值1433.4亿元,其中省内产值449.9亿元、增长5.2%。持续扩大有效投资,固定资产投资增长15%左右,获批专项债券30.2亿元,滚动储备专项债总需求337.3亿元。全力落实要素保障,整治低效用地工业企业520家、495.67公顷,新增建设用地指标467.01公顷。全面承接顶格落实助企纾困政策,累计减负降本21.3亿元,兑现惠企资金30.2亿元,惠及企业67万家次。

二是改革创新扎实有力。数字化改革攻坚创优大行动取得实战实效,18项重点特色应用建设全速推进,获批省级及以上数字化改革试点23个。基层智治系统建设、“大综合一体化”行政执法改革[②]等重点领域改革纵深推进,“三联并进”[③]保护浙中“大水缸”、医保住院按床日支付改革等6项改革亮点获省级以上领导批示肯定。科技创新持续发力,谋划建设东阳科技城,研发经费支出占地区生产总值比重有望达到2.65%,实现省级科技企业孵化器零的突破。

三是城市品质有效提升。城市品质提升大会战全面打响,歌山大桥、人民广场人防工程等151个项目有序推进,累计完成城市更新投资72.8亿元,入选全省第一批全域未来社区和公共服务设施集成落地改革试点名单。全国文明城市创建全面起势,省实地测评成绩大幅赶超。综合交通大会战持续打好,金义东市域轨道交通义东线(凌云站—体育馆站)投入试运营,义东高速公路西甑山隧道全线贯通,完成年度交通投资107.3亿元。

四是共同富裕示范先行。“扩中”“提低”共富大行动扎实推进,5个服务场景入选省首批共同富裕现代化基本单元“一老一小”服务场景名单,“打造横店国际影视文化创新中心推动文化体制改革创新”“打造浙江省建筑业高质量发展综合实验区推动民营建筑企业高质量发展”入选全省高质量发展建设共同富裕示范区最佳实践名单。全面完成新时代美丽乡村“十佳村”创建,超额完成金华市委“揭榜扛旗”项目任务,全市年经营性收入20万元、50万元、100万元以上村占比分别达到100%、83.5%、35.7%。“双减”[④]和规范民办义务教育专项工作稳妥有序推进,浙江广厦建设职业技术大学成为全国首批职业本科学士学位授予单位。市中医院新院区、市人民医院手术中心大楼等建成并投入使用,基本医保户籍人口参保率全省第一,获评健康浙江建设首轮先进县(市)。

五是社会大局和谐稳定。全域打响“除险保安”百日攻坚大会战,圆满完成中共二十大、省运会等重要时间节点安保任务。深入开展信访工作“6+1”专项行动和“信访积案清零”攻坚行动,省级以上信访积案全部清零,四级走访总量较近三年平均值下降77.2%。常态化开展隐患排查整治、执法监督检查,牢牢守住安全生产底线,生产安全事故死亡人数,交通事故死亡人数,火灾数和刑事、治安、电诈发案数同比都有较大幅度下降。

六是党的建设不断加强。迭代升级“七张问题清单”工作机制,全面提升党建统领整体智治水平。坚持实干实绩实效标准,提拔和进一步使用优秀干部171人次,选人用人导向鲜明树立,干部结构进一步优化。持续深入正风肃纪反腐,查处违反中央八项规定精神问题58起91人,党纪政务处分552人,留置5人,移送司法机关4人。深入推进“红耀东阳·扛旗强基”行动,进一步推广新时代“枫卢经验”,狠抓党员整治立规,违法党员总数下降46%,基层组织基础不断夯实。推动高质量全面落实意识形态责任制,牢牢掌握工作主动权。

在肯定成绩的同时,要清醒地认识到,一些短板和不足依然存在:产业转型升级还不快,科技创新能力不强,高能级平台建设推进还不够坚实有力,大项目好项目储备还不够多;城市建设系统谋划推进还不深,教育、医疗、养老、文化等公共服务供给仍然不充分;城乡发展不平衡问题还没有得到有效解决;信访反弹压力依然较大,安全生产仍有薄弱环节;少数干部思想跟不上时代变化、能力跟不上任务需要、状态跟不上争先要求,与新时代好干部标准差距较大;个别领域腐败仍有发生,不作为、乱作为、“中梗阻”等问题依然存在,党员干部违纪违法案件数量依然较多,全面从严治党仍需久久为功。对此,必须高度重视,以更大的决心、更有力的举措,切实加以解决。

二、深刻领悟中共二十大精神的核心要义,坚定不移以中共二十大精神统一思想、指引行动

深入学习贯彻中共二十大精神是当前及今后一个时期的首要政治任务。在接下来的学习中,要更加注

重在学习深度上下功夫、在把握核心要义上下功夫、在学以致用上下功夫，确保常读常新、常学常悟、常用常进。

1. 深刻领悟“两个确立”的决定性意义，坚定捍卫“两个确立”，坚决做到“两个维护”。中共二十大取得的所有成果中最重要、最根本的是，再次宣示了“两个确立”的决定性意义，明确了最大的政治、最大的大局、最大的原则。习近平在浙江工作期间，曾两次到东阳调研，对东阳市新农村建设、横店影视文化产业发展、开发区建设、基层党建等工作都作出了明确指示和要求，为做好工作提供了根本遵循。要不断提高政治判断力、政治领悟力、政治执行力，更加深刻领悟“两个确立”的决定性意义，引领带动全市广大党员干部群众更加坚定自觉地忠诚核心、拥戴核心、紧跟核心、捍卫核心，以“一切行动向习近平总书记看齐、听党中央指挥”的实际行动坚决做到“两个维护”。

2. 深刻领悟习近平新时代中国特色社会主义思想的世界观和方法论，自觉用科学理论武装头脑、指导实践、推动工作。中共二十大开辟了马克思主义中国化时代化的新境界，彰显了当代中国共产党人对中国之问、世界之问、人民之问、时代之问主动作答的高度历史自觉，为奋进新时代新征程提供了强大的真理武器和工作法宝。要更加深刻领悟习近平新时代中国特色社会主义思想的世界观和方法论，更加深刻认识“三个为什么”“两个结合”“六个必须坚持”所蕴含的价值逻辑、理论逻辑、实践逻辑，在学懂弄通做实中不断掌握贯穿其中的立场观点方法，找到过河的“船”和“桥”，更好地指导实践、推动工作。

3. 深刻领悟全面建设社会主义现代化国家的战略布局，积极投身以中国式现代化全面推进中华民族伟大复兴的宏伟实践。中共二十大明确以中国式现代化全面推进中华民族伟大复兴，充实完善了全面建设社会主义现代化国家的战略布局。要更加深刻认识全面建成社会主义现代化强国的战略目标、体系化推进社会主义现代化强国建设的部署安排以及抓关键、补短板、防风险的战略考量，始终保持战略定力和历史耐心，主动把东阳发展放到中共二十大确定的战略部署中去谋划考量，进一步谋深谋实当前及今后一个时期的目标任务和工作举措，不断以工作确定性应对风险不确定性，不断应变局、育新机、开新局，努力从县域层面为中国式现代化宏伟实践探路先行。

4. 深刻领悟中国式现代化的中国特色和本质要求，坚定扛起“打造新时代强市名城、建设共同富裕先行市”的使命担当。中共二十大明确了中国式现代化的中国特色和本质要求，指出中国式现代化是全体人民共同富裕的现代化，赋予了共同富裕新的时代内涵。要更加坚定扛起“打造新时代强市名城、建设共同富裕先行市”的使命担当，对标省委“两个先行”[5]和金华市委“打造国际枢纽城、奋进现代都市区”部署安排，围绕市第十六次党代会目标要求，不断迭代深化破题方法、实战打法、变革章法，主动塑造变革性实践、突破性进展、标志性成果，在奋进路上留下更多“敢为天下先”的足迹和“点石能成金”的奇迹，既为东阳争光、又为金华加分、更为全省大局添彩。

5. 深刻领悟以党的自我革命引领社会革命的重要要求，深入推进新时代党的建设新的伟大工程。中共二十大对新时代全面从严治党伟大实践作了深刻总结，对党所处历史方位、党情发展变化进行了深刻分析，明确了坚定不移全面从严治党，深入推进新时代党的建设新的伟大工程的形势任务。要时刻保持“赶考”的清醒坚定，深刻认识跳出治乱兴衰历史周期率第二个答案的实践要求，深刻把握体系化推进全面从严治党的系统部署，坚定不移全面落实新时代党的建设总要求，坚定不移全面从严治党，纵深推进“清廉东阳”建设，将制度优势更好地转化为治理效能，不断推进以党的自我革命引领社会革命在东阳的生动实践。

6. 深刻领悟团结奋斗的时代要求，大力弘扬敢于斗争、善于斗争的鲜明品格。中共二十大强调弘扬以伟大建党精神为源头的中国共产党人精神谱系，发扬斗争精神、增强斗争本领、坚持团结奋斗，是从新时代伟大斗争实践中总结出来的重要经验。要更加深刻认识顽强斗争、自信自强、团结奋斗是中国共产党和中国人民的显著精神标识，持续激发精神力量，保持昂扬精神状态，摒弃“躺平”心态，从思想上行动上把敢于斗争、善于斗争融入团结奋斗全过程，依靠顽强斗争打开东阳事业发展新天地，依靠团结奋斗不断创造东阳新辉煌。

三、锚定方向方位方略，进一步坚定“打造新时代强市名城、建设共同富裕先行市”的信心和决心

中共二十大明确了新时代新征程的新使命新任务，大有可为的舞台无限宽广，大有作为的平台无限延伸。要从大历史、大趋势、大格局的维度，切实把东阳各项工作放到金华、全省乃至全国大棋盘中去落子，奋力推进中国式现代化的东阳生动实践。

1. 聚焦奋斗目标，坚定赶超信念。路虽远，行则将至；事虽难，做则必成。市第十六次党代会提出的“两确保、三突破、六更高”目标，不是一马平川、一朝一夕就能达成的，特别是经济总量要跻身全省县（市）前12，难度不可谓不大，但也绝不是天马行空、遥不可及的，必须有底气和信心。底气和信心源于“婺之望县”的千年历史积淀。东阳建县1800余年，自古便是繁华重要之地，素有“婺之望县”之美誉。改革开放以后，东阳乘着东风走上了发展快车道，涌现“十百千万”人才盛况，形成了影视、建筑、木雕家居三大国家级特色产业和以磁性电子、生物医药为主导的现代工业体系，产业特色鲜明、结构相对合理，韧性强、回旋余地大，经济发展具有“东方不亮西方亮”的特点，综合实力一直位列全国百强县（市）。底气和信心源于向上向好的千帆竞发态势。近年来，东阳市花大力气补短板、强弱项，夯基础、谋长远，大抓项目、大干项目积蓄的动能逐步释放，高能级产业平台逐步清晰成型，综合

交通后发优势逐步显现，各方面工作不断起势成势，发展动能层次变革的瓶颈正在加快突破，东阳步入质的有效提升和量的合理增长相得益彰的发展阶段，呈现出优势先发、厚积薄发、蓄势待发相生相成的格局。底气和信心源于日益浓厚的千人同心氛围。千人同心，则得千人之力；万人异心，则无一人之用。当下的东阳，四套班子心齐气顺、同心同德，广大党员干部步调一致、劲足实干，“一级做给一级看、一级带着一级干”的干事创业氛围不断浓厚。同时，连续三届世界东阳人发展大会更是凝聚起了东阳人共推家乡发展的统一共识和强大合力，“众人拾柴火焰高”“众人划桨开大船”的生动局面正在加速形成。这既是东阳过去的成就与辉煌，也是未来发展的基点和原点。只要下定大干快上的决心、笃定奋进赶超的信心，一张蓝图绘到底、一任接着一任干、一事接着一事成，不断逼近“前方标兵”、甩开“后方追兵”、超越“左右强兵”，目标就一定会实现，也一定能实现。

2. *增强历史主动，抢抓机遇窗口。天下大势，浩浩荡荡。*当前，世界之变、时代之变、历史之变正以前所未有的方式展开，百年未有之大变局加速演进，世纪疫情影响深远，局部冲突动荡频发，世界进入新的动荡变革期。但和平、发展、合作、共赢的历史潮流不可阻挡，特别是中国经济韧性强、潜力大、活力足，长期向好的基本面依然不变，中华民族伟大复兴已经进入不可逆转的历史进程。东阳仍处于大有可为的历史机遇期。今日之东阳，正置身国家、省市多重战略交汇的重大机遇期。地处浙江中心、区位优势明显，随着“一带一路”、长三角一体化发展等国家战略深入实施，浙江高质量发展建设共同富裕示范区、金华打造国际陆港枢纽等重大战略的纵深推进，特别是省第十五次党代会全面吹响了奋进“两个先行”的进军号角，为东阳融入区域发展、提升城市能级、拓展产业空间、承接优质资源提供了无限可能。今日之东阳，正迎来经济企稳回升的重要转折期。新冠疫情影响逐渐减弱，国际国内市场迎来新的稳定发展窗口，特别是影视、旅游等产业在经历几年的低迷后，必将迎来新一轮的强势复苏，东阳的发展进入信心回位向上、市场回暖向强、指标回补向好的黄金时期。今日之东阳，正处于各类政策持续释放的红利叠加期。中央经济工作会议明确“优化组合赤字、专项债、贴息等工具”“通过政府投资和政策激励有效带动全社会投资”，中央、国务院正式印发《扩大内需战略规划纲要(2022—2035年)》，省委十五届二次全会暨省委经济工作会议提出启动实施扩大有效投资“千项万亿”工程⑥，掀起新一轮重大项目建设高潮。这些都说明投资、消费将迎来政策加持的黄金“窗口”。要善于观大势、谋全局，从国家、省市决策部署和政策趋向中寻找新机、抢占先机。这一系列机遇，抓住了，就能逆势突围、跨越赶超，迎来新的春天；抓不住，就会陷于被动、落于人后，被时代洪流吞没。一代人有一代人的使命，以“功成不必在我”的责任担当，推动东阳发展不断跑出加速度、抢占新赛道，实现更高质量发展。

3. *找准基本路径，鲜明工作导向。*捷足者先登，行稳者致远。只有在应变求变中守正创新、固本开新，才能跑好“接力赛”、打赢“擂台赛”、夺魁“锦标赛”、称雄“拉力赛”。新时代新征程，要牢牢把握六大工作导向：坚持系统观念，按照党建统领整体智治理念，突出市委统筹抓总，加强工作前瞻性思考、系统性谋划、战略性布局、整体性推进，善于在复杂的局面中把握重点、抓住要害，以正确的方法做正确的事情、下最大的功夫求最好的效果。坚持实干争先，牢固树立“不在上游、就是下游，不争第一、就是落后”的争先理念和卓越意识，锚定各类指标全省前列、金华“保二争一”目标不动摇，敢于和最好的比、勇于和最强的赛，步步为营、久久为功。坚持问题导向，聚焦突出矛盾和共性问题，作为研究制定政策的起点，作为打开局面、推进工作的突破口和着力点，不断提出破题的方法和思路，努力提供更多东阳经验、东阳方案和东阳样板。坚持改革创新，以数字化改革引领系统性变革，以营商环境“一号改革工程”再塑发展新优势，激发基层首创精神，进一步破除路径依赖、本位主义、守成不前，破解资源要素瓶颈、体制机制障碍、思想理念束缚，不断开辟工作新路径。坚持人民至上，始终把实现人民群众对美好生活的向往作为工作的出发点和落脚点，进一步落实“富民利民”举措、办好“惠民便民”实事、解决“急难愁盼”问题，使在干的事成为群众积极参与和支持的事，干成的事成为群众受益而叫好的事。坚持团结奋斗，在党的旗帜下团结成“一块坚硬的钢铁”，推动全市广大党员干部群众上下同欲、内外东阳人合心合力，汇聚起团结奋进新征程、建功新时代的磅礴力量。

4. *迭代实战打法，用好突破性抓手。*举网以纲，千目皆张；振裘持领，万毛自整。抓重点带全面，是唯物辩证法的要求，也是党在革命、建设、改革进程中一贯倡导和坚持的工作方法。近年来，东阳市坚持抓重点、重点抓，以“1354”为工作总抓手，连续开展“大比拼”“大行动”“大会战”“大督查”，构建量化闭环落实机制，有力推动了各方面工作开展。实践证明，“1354”就是“牵一发而动全身”“一子落而满盘活”的突破性抓手，必须持续坚持、不断迭代。2023年，赋予“1354”以新的内涵：“1”即开展实干争先大比拼活动；“3”即实施“扩中”“提低”共富、产业升级、营商环境优化提升等“三大行动”；“5”即打好平台攻坚、城市建设、综合交通、重大民生项目、现代治理等“五大会战”；“4”即实行领导带头、专班推进、真督严考、营造氛围四项落实保障机制。围绕这一总抓手，要进一步突出量化、项目化、清单化，完善目标体系、工作体系、政策体系和评价体系，不断健全高位调度、专班作战、扁平协调的推进机制，实现系统集成、高效有序，推动各项工作纵向有进步、横向有进位、整体上台阶，为谱写中国式现代化东阳篇章开好局、起好步。

5. *弘扬创业创新精神，增强实干之力。*艰难困苦，玉汝于成。东阳过去取得的成绩是干出来、闯出来、拼出来的,今后要大发展、快发展、赶超发展,干劲必须加持,闯劲必须加速,拼劲必须加力,做到奋发进取、实干争先、笃行不怠。要激发走南闯北的拼劲闯劲,以只争朝夕、奋发有为的奋斗姿态,在思想上紧起来、行动上快起来、作风上实起来,全力推进各项工作大干快干。要强化敢为人先的争先精神,对标最高、聚焦最好、锚定最优,不惧压力、唯旗是夺、唯鼎必争,以各领域的水涨船高支撑全市经济社会发展的奋进赶超。要涵养无中生有的胆识气魄,主动解放思想、勇于打破常规,变"事事找惯例"为"大胆创先例",变"一口绝无可能"为"一切皆有可能"。要发扬点石成金的工匠精神,坚定"想就想明白、做就做极致、干就干出彩"的信念和意志,保持爬坡过坎、滚石上山的定力和状态,脚踏实地、埋头苦干,积跬步以至千里,努力干出新时代新征程"第一等的工作"。

四、全面对标、创新转化,以大干快上、奋进赶超的实干实效,奋力谱写中国式现代化东阳篇章

市委对标对表中共二十大精神,一体学习把握习近平总书记在二十届一中全会和中央经济工作会议上的重要讲话精神,深入贯彻落实省委十五届二次全会、金华市委八届三次全会精神,对市第十六次党代会的重大决策部署进一步深化丰富、优化完善、细化落实,作出了《中共东阳市委关于全面学习贯彻中共二十大精神加快打造新时代强市名城 建设共同富裕先行市 奋力谱写中国式现代化东阳篇章的决定》,并提交这次会议审议。要深入学习贯彻中共二十大精神,做好全市当前和今后一个时期的重点工作,必须始终坚持以习近平新时代中国特色社会主义思想为根本指引,以加快打造新时代强市名城、建设共同富裕先行市为主题主线,以"236"战略为目标任务,以"1354"为工作总抓手,以走南闯北、敢为人先、无中生有、点石成金的创业创新精神为动力,以全面从严治党和高素质干部队伍为根本保障,齐心协力、凝心聚力、合心合力,推动东阳工作全面融入中国式现代化的宏大场景中。

关于目标体系,根据全面建成社会主义现代化强国"两步走"的战略安排,对标中央和省委、金华市委的部署安排,进一步明确了东阳市现代化建设总的目标安排:从二〇二〇年到二〇三五年,基本建成新时代强市名城,高水平完成基本实现社会主义现代化的目标,基本实现共同富裕;从二〇三五年到21世纪中叶,高水平建成新时代强市名城,全面建成社会主义现代化强市,全面建设共同富裕美好社会。同时,把未来五年作为全面建设社会主义现代化强市开局起步的关键时期,咬定目标任务不松劲,坚持基本路径不动摇,与时俱进对市第十六次党代会提出的"两确保、三突破、六更高"工作目标(2022—2026年)进行迭代升级,进一步明确了到2027年的目标,确保工作部署一以贯之、一抓到底。其中,"两确保"迭代为:确保新时代强市名城建设迈上新台阶,地区生产总值总量达1300亿元、跻身全省县(市)前12;确保共同富裕先行市建设开创新局面,居民人均可支配收入达到8.6万元,城乡居民收入倍差缩小至1.67左右。"三突破"迭代为:工业短板拉长有新突破,规模以上工业总产值较2022年翻一番,力争达到1600亿元;城市品质提升有新突破,成功创建全国文明城市;营商环境优化有新突破,全面实现"办事不求人、办事最便捷、办事最顺心"。围绕新的目标体系,重点在7个方面提供工作支撑:

1.产业升级再提档,打造现代化建设的硬核基础。对标中共二十大"实施产业基础再造工程",省委"加快建设制造强省"和金华市委"实施产业基础再造行动"的新部署新要求,坚持扬优势补短板,全力打好强产业、拓平台、引项目、育主体系列组合拳,为高质量发展提供源源不断的动力。一是高水平构建现代化产业体系。坚持"工业强市"不动摇,聚焦"1234"标志性产业链⑦培育,实施数字经济"一号发展工程",深入开展数字经济强市五年行动,到2027年,数字经济核心产业营收和增加值分别突破700亿元和200亿元;坚持"亩均论英雄"改革,开展新一轮"腾笼换鸟、凤凰涅槃"攻坚行动,全域整治低效工业用地,规模以上工业企业亩均税收达到全省平均水平,争创"浙江制造天工鼎"。大力推动"横店影视文化产业大脑"升格为"中国影视大脑",健全影视全产业链工业化体系,做好"影视+"文章,加快发展短视频、动漫、游戏、音乐等新业态,提升横店影视文化产业博览会能级,建成横店国际影视文化创新中心。加快省建筑业高质量发展综合实验区建设,全域推进建筑行业改革创新试点,加快推进BIM技术应用,大力发展装配式建筑,推动智能建造和建筑工业化协同发展,加快推动建筑企业向上下游产业链拓展。加快建设全国工艺美术产业融合发展示范基地,深入实施木雕家居产业转型升级"六大工程"⑧,持续办好中国木雕竹编工艺美术博览会。集聚发展现代商贸、旅游休闲、健康养老等生活性服务业,大力发展电商经济、会展经济、CBD经济等新业态。二是大力度推进高能级产业平台建设。全力推进"3+2"高能级产业平台建设,基本建成新材料"万亩千亿"产业平台、高铁新城、东阳新能源产业园(杨梅园),持续提升横店影视文化产业集聚区能级,加快建设航空产业园。实施新一轮扩大有效投资行动和招大引强工程,力争每年招引10亿元以上制造业项目10个,其中50亿~100亿元项目2个、100亿元以上项目1个,确保固定资产投资年均增长15%以上。三是全方位实施企业培优育强工程。大力开展企业梯次培育,推进企业股改上市,深化国资国企改革,到2027年,培育若干产值超百亿企业和一批"专精特新"、隐形冠军、单项冠军企业,实现规模以上工业企业超1000家,新增上市公司10家以上。

2.创新驱动再提能,塑造现代化建设的关键支撑。对标中共二十大"实施科教兴国战略,强化现代化建设人才支撑",省委"超常规力度一体推进教育强省、科技强省、人才强省建设"和金华市委"实施科教人才强市行动"的新部署新要求,全力推进

科创驱动、教育发展、人才集聚。一是打造人人向往的教育。深化“双减”改革增效，加大教育项目投入力度，创建全国学前教育普及普惠县和全国义务教育优质均衡发展县。组建人才孵化基地，实施名师培育工程，到2027年，培育省教坛新秀、正高级教师、省特级教师等20人。完成东阳职教中心改扩建工程，优化专业布局，持续扩大区域中等职业教育、高等职业教育、应用型本科教育一体化培养规模。推动浙江广厦建设职业技术大学高质量发展，高标准建成木雕小镇校区，加快横店电影学院建设，支持横店影视职业学院专业化、特色化发展，打造县级高等教育新高地。二是转入科技创新驱动发展模式。高水平建成东阳科技城、产业创新研究总院，大力推进国内外高等院校、科研机构等在东设立新型研发机构，积极创建省级重点实验室、省部共建实验室，到2027年，每年新增国家高新技术企业50家以上，研发经费支出占地区生产总值比重达3.65%以上，争创省“科技创新鼎”。三是推动人才优势转化为发展优势。深挖东阳籍人才“富矿”，不断放大世界东阳人发展大会招才引智成果，持续迭代人才政策体系，深入实施“引才计划”“双龙计划”“揭榜挂帅”“人才飞地”等系列举措，加快青年发展型城市建设，每年新引育省级以上高层次人才10人以上，新增技术技能人才、青年大学生各1万人以上。

3.改革开放再提速，激发现代化建设的内外活力。对标中共二十大“坚持深化改革开放”，省委“全面深化改革创新”“扩大高水平对外开放”和金华市委“引领高水平对外开放”的新部署新要求，坚持向改革要活力要动力要效率，主动融入大都市区建设，全面提升对外开放水平和城市能级。一是大力实施营商环境“一号改革工程”。聚焦企业全生命周期服务，深化简政放权、放管结合、优化服务改革，健全“综合查一次”联合执法机制[9]，深入推进一体化智能化公共数据平台和城市运营中心建设，实现“一网通办”“一网统管”，全面优化提升政务环境、法治环境、市场环境、生态环境、人文环境。二是全面融入对外开放格局。积极融入“一带一路”、长三角一体化发展，发挥在G60科创走廊、义甬舟开放大通道建设中的区位优势，加快推进浙江自贸区金义片区东阳联动创新区建设。抢抓金华高水平建设内陆开放枢纽中心城市、打造国际陆港枢纽的机遇，加快国际陆港东阳片区、金甬铁路货运专用线建设，打造浙中综合智慧物流园区、长三角物流新枢纽。全面推进东义同城化，加快推进东磐一体化、东永协同化。三是加快打造区域交通枢纽。加快“三铁一机一高”、东横快速路、甬金衢上高速建设，打造“五纵六横”高快一体交通网络，形成市域高速外环线、主城区国省道环线、横店镇域国省道环线，迈入“高铁时代”“航空新时代”。

4.文化建设再提质，汇聚现代化建设的精神力量。对标中共二十大“推进文化自信自强，铸就社会主义文化新辉煌”，省委“打造新时代文化高地”和金华市委“实施新时代人文高地建设行动”的新部署新要求，加快推进文化事业和文化产业繁荣发展，打造新时代文化名城。一是推动群众性精神文明创建。以“意识形态工作指数”为抓手，高质量全面落实意识形态工作责任制。完善全媒体传播体系，加强网络综合治理，巩固壮大主流思想舆论。擦亮“东阳马生”宣讲品牌，激活“横漂青年”“融媒之声”等特色宣讲队伍能量，推动党的创新理论入脑入心。实施“浙江有礼 歌画东阳”新时代文明实践行动，构建志愿服务精准触达机制和工作体系，成功创建全国文明城市。二是推动文化服务优质共享。深入实施“百分之一公共文化计划”[10]，建成投用市文化艺术中心、市民中心、市体育中心等标志性大型文体设施，整合提升镇村(社区)文化设施，到2027年，每万人拥有公共文化设施建筑面积达到5200平方米，高标准建成“15分钟品质文化生活圈”。三是推动文旅产业高质量发展。加快推进横店影视文化产业集聚区创建国家级文化产业示范园区和国家电影产业创新示范基地。支持横店影视城争创世界级旅游景区，卢宅景区创建国家AAAA级景区，有序推进东白山保护开发，打造国内首个“文创型全域旅游城市”。实施“文化出海”工程，推动影视文化、木雕竹编文化等“走出去”，提升东阳文化国际传播力。

5.共同富裕再提升，彰显现代化建设的幸福温度。对标中共二十大关于共同富裕，省委“打造社会全面进步高地、促进全体人民全面发展高地”和金华市委“实施共富共享品质生活行动”的新部署新要求，紧盯短板弱项，发挥特色优势，加快打造更多具有东阳辨识度的标志性成果，不断提升群众获得感、幸福感。一是打造新时代乡村振兴样板。全面实施科技强农、机械强农“双强”行动，大力发展乡村特色产业，深入实施强村富民乡村集成改革，深化党建联建助力共同富裕，打造“东城幸福里”共富工坊品牌，持续壮大新型农村集体经济，有效拓宽农民增收致富渠道。到2027年，建成10亿元以上农业全产业链1条、省级特色精品村10个以上、彰显东阳特色的共富乡村100个以上。二是深入推进“扩中”“提低”共富大行动。实施缩小“三大差距”[11]集成改革，加大就业创业综合服务和困难群体政策扶持力度，到2027年，家庭可支配收入20万～60万元群体占比54%。实施社会保障扩面提标行动，确保城乡基本养老保险、基本医疗保险全覆盖，“金惠保”选缴率达95%以上。三是建设高水平健康东阳。深化医共体改革，加快公共卫生中心、北京中医药大学合作项目等建设，加强重大疫情防控救治体系和应急能力建设，建成“15分钟医疗卫生服务圈”。聚焦“一老一小”，构建“4422”养老机构布局[12]，推广“3211”婴幼儿照护服务模式[13]，打造老年友好型、育儿友好型社会。

6.环境优化再提标，绘就现代化建设的美丽图景。对标中共二十大“推进以人为核心的新型城镇化”，“推动绿色发展，促进人与自然和谐共生”，省委“打造生态文明高地”和金华市委“实施美丽金华建设行动”的新部署新要求，一体推进美丽城镇、美丽环境、美丽生态建设，打造全域美丽新图景。一是大力推进城乡品质提档升级。开展城市建设大会战，完成城市总体设计，压茬推进城市重点板块开发、城市更新和基础设施建设，以绣花功夫狠抓城市管理，不断提升城市宜居水平。推动小城市培育省级试点和美丽城镇建设，促进资源集约、产业集聚、人口集中、产城融合。深化“千万工程”[14]“两进两回”[15]“三大革命”[16]，全域推进美丽乡村建设。到2027年，全市常住人口城镇化率达到73%以上。二是持续开展蓝天碧水净土清废行动。全面推进“污水零直排区”建设，深入实施农村生活污水治理强基增效双提标行动，全力提升南江水库水质，确保两江全流域水质稳定在Ⅲ类水，争创省“五水共治”工作优秀县（市、区）“大禹鼎”。强化扬尘污染和移动源污染防治管控，常态化开展挥发性有机物治理。全域实施垃圾分类“两定四分”[17]，深化土壤污染源头精准防控，强化固体废物资源化处置利用，高标准创建省五星级“无废城市”。三是构建全域生态安全体系。实施差异化的国土空间开发保护和“三线一单”管控体系，坚决遏制耕地“非农化”“非粮化”。全面推进石马潭水库、堂鹤水库、绕川水库等工程建设，实现“水润东城”。构建生物多样性保护体系，积极稳妥推进碳达峰碳中和，创建国家级生态文明建设示范县。

7.社会治理再提效，厚植现代化建设的和谐底蕴。对标中共二十大“推进国家安全体系和能力现代化”“坚持全面依法治国”，省委“打造全过程人民民主实践高地、社会全面进步高地”和金华市委“实施基层治理体系创新行动”的新部署新要求，全面落实和加强人民当家作主制度保障，推动社会治理体系制度创新、组织变革、能力提升，推进治理体系和治理能力现代化。一是发展全过程人民民主。支持和保证人大及其常委会依法行使职权，加强镇乡（街道）、开发区人大工作，迭代升级人大代表联络站，打造践行全过程人民民主基层单元。完善人民政协民主监督和委员联系界别群众制度机制，深化打造民生协商论坛、“请你来协商”等特色履职品牌，提高深度协商互动、意见充分表达、广泛凝聚共识水平。充分发挥群团、统战组织联系广泛的优势，进一步拓宽基层各类群体参与基层治理渠道。二是深化平安东阳建设。树牢总体国家安全观，强化国家安全宣传教育，完善国防动员体系。健全社会治安整体防控体系，严厉打击整治各类突出违法犯罪。强化网络安全防护能力，迭代风险闭环管控的大平安机制，提升防灾减灾和各类应急处突保障能力，争创“三星平安金鼎”。三是深化法治东阳建设。全面深化“大综合一体化”行政执法改革，深化事业单位改革，推进政法领域执法司法责任体系改革和建设。高水平推进现代公共法律服务体系建设，扎实开展“八五”普法，让法治成为最优治理模式和社会普遍共识。四是深化基层治理。完善党建统领“四治融合”体系[18]，全面推进“县乡一体、条抓块统”改革[19]、基层治理“一件事”集成改革，迭代升级基层治理四平台。深入实施“强社惠民”集成改革，创新“五社联动”机制[20]，统筹用好专职社工和专职网格员两支队伍，扎实推进“一员一网格”，全面建设现代城乡社区。坚持和发展新时代“枫桥经验”，常态化开展“四大”活动[21]，完善矛盾纠纷多元预防调处化解综合机制，深入推进诉源治理，实现信访总量年均下降15%以上。

五、强化党建引领，有效凝聚推进中国式现代化东阳实践的强大合力

干好工作有千条万条，抓好党建、强化保障是首要一条。必须始终保持全面从严治党、勇于自我革命的坚定执着，深入推进新时代党的建设新的伟大工程，为打造新时代强市名城、建设共同富裕先行市提供坚强纪律和组织保障。

1.坚持和加强党的全面领导。把学深悟透习近平新时代中国特色社会主义思想作为首要的政治任务，持续深入推进中共二十大精神学习宣传贯彻，坚持集中教育和经常性教育相结合，引导广大党员干部坚定捍卫“两个确立”、坚决做到“两个维护”。严明政治纪律和政治规矩，深化贯彻习近平总书记重要指示批示精神和党中央重大决策部署闭环落实机制，坚定不移在思想上政治上行动上同以习近平同志为核心的党中央保持高度一致。充分发挥党委总揽全局、协调各方的领导核心作用，持续完善以“七张问题清单”为牵引的党建统领问题管控机制，健全各级党委议事协调机构工作机制，全面落实意识形态工作责任制和党管武装工作，确保各项工作始终沿着正确方向前进。

2.加快锻造实干争先干部队伍。坚持省委选贤任能“四个坚持、八个不”[22]和金华市委“六个突出、六个不用”[23]具体要求，鲜明“讲政治、凭实绩、重基层”选人用人导向，加快形成“能者上、优者奖、庸者下、劣者汰”的良好局面。持续抓好各级领导班子建设，完善知事识人体系，落实“两端三色五机制”[24]，完善干部考核评价体系，坚决调整懒散躺平、打滑空转等行为的干部，不亏待、不冷落孺子牛、拓荒牛、老黄牛“三牛”干部，推动领导班子结构功能、干部队伍能力素质、干部成长路径、干部工作体系和团队文化重塑。加强干部思想淬炼、政治历练、实践锻炼和专业训练，健全培育选拔优秀年轻干部常态化工作机制，全要素推进干部专业团队建设，建立年轻干部培养“五大机制”[25]，注重在经济发展最前沿、项目建设主战场、重大斗争第一线、急难险重热锅上磨砺干部，让干部练就推动新时代发展的真本领。坚持严管厚爱，加强干部全方位管理和经常性监督，完善担当作为激励保护机制，优化高质量发展综合考核评价体系，引导全市干部树立和践行正确政绩观，让“勇于担当、敢为善为”成为新时代东阳干部的鲜明标识。

3.进一步夯实基层组织基础。坚持大抓基层的鲜明导向，深入推进“红耀东阳·扛旗强基”行动，统筹加强农村、社区、机关、企业、学校、医院等各领域党建工作，让党的旗帜在每一块阵地都高高飘扬。落实“百县争

创、千乡晋位、万村过硬”工程,争创“红色根脉”强基示范县,推动基层党组织全面进步、全面过硬。全面构建党建统领网格智治体系,实现网格“平战一体”高效运转。实施红色服务矩阵提升“一十百”行动㉖,以阵地体系建优助力组织体系织密建强。充分发挥“头雁”作用,全面推行“导师帮带”、村党组织书记县级备案等机制,结合村(社区)换届“回头看”,实施村干部素质提升“十百千”工程㉗,选优配强基层党组织“领头人”。抓好党员队伍全链条管理,持续推进整治立规,彻底整顿农村多年未发展党员问题。

4. 全面推进清廉东阳建设。深化巡视巡察,全面完成省委巡视“回头看”整改,扎实开展十六届市委巡察,纵深推进村(社区)巡察,推动全面从严治党向基层延伸。加强对“一把手”和领导班子监督,深化五张责任清单“双单双函双书”机制㉘,督促“关键少数”以上率下、各负其责。毫不松懈狠抓中央八项规定精神和省“36条办法”落实,开展“新风培树”行动,持续深化“中梗阻”问题专项治理,促进政商“亲”“清”交往,加快形成以优良党风政风带动社风民风向善向好的生动局面。坚持“惩治防”有机统一、“三不腐”同向发力,深化整治权力集中、资金密集、资源富集领域的腐败,坚决惩治群众身边的“蝇贪”,持续加强警示教育,推动完善权力运行制约和监督机制。深化基层“五整治五提升”专项行动㉙,迭代升级“四全”模式㉚,加强基层公权力大数据监督与“监督一点通”平台运用,不断提升基层治理效能。打响“廉韵东阳”廉洁文化品牌,构建“8+5+N”清廉矩阵㉛,带动清廉建设全域推进、全线共进,不断营造政治清明、政府清廉、干部清正、社会清朗、文化清新的良好政治生态。

名词解释

①“3+2”高能级产业平台:“3”即新材料“万亩千亿”产业平台、横店影视文化产业集聚区、航空产业园;“2”即高铁新城和东阳新能源产业园(杨梅园)。

②“大综合一体化”行政执法改革:整合执法职能、减少多头执法,避免监管漏洞和执法真空现象,推动形成责权统一、精简高效的基层综合行政执法体制。

③“三联并进”:“联勤+联席+联动”机制。

④“双减”:有效减轻义务教育阶段学生过重作业负担和校外培训负担。

⑤“两个先行”:浙江省第十五次党代会提出的未来五年发展目标:在高质量发展中奋力推进中国特色社会主义共同富裕先行和省域现代化先行。

⑥“千项万亿”工程:2023年全省安排省重大项目1000个左右,完成年度投资1万亿元左右。

⑦“1234”标志性产业链:“1”即重点发展新材料产业;“2”即做大做强磁性电子和医药健康两大主导产业;“3”即提升发展现代服装、机械制造、绿色塑胶三大优势产业;“4”即集聚发展缝配、箱包、金银丝、渔具四个特色块状产业。

⑧“六大工程”:产业提升、人才培养、技术攻关、品牌创建、文化创新、平台建设。

⑨“综合查一次”联合执法机制:针对适合联合执法的同一行业、同一区域、同一对象,推行跨部门、场景式“综合查一次”联合执法机制,实现“进一次门、查多项事、一次到位”,减少重复执法和执法扰企扰民,优化法治化营商环境。

⑩“百分之一公共文化计划”:在项目建设投资总额中提取百分之一的资金用于公共文化设施建设,所建设的公共文化设施必须是能使公众享受或者参与的场所或者项目。

⑪“三大差距”:地区差距、城乡差距、收入差距。

⑫“4422”养老机构布局:第一个“4”即实施市养老中心一期和二期、横店养老中心一期、巍山养老中心一期4个项目;第二个“4”即拟谋划南马镇养老中心、湖溪镇养老中心、画水镇三仁坞颐养院、东阳江镇东江源养老中心4个专项债项目;第一个“2”即提升横店养老中心二期、巍山养老中心二期;第二个“2”即规划六石养老中心、虎鹿养老中心。

⑬“3211”婴幼儿照护服务模式:打造3支队伍、建立2个中心、建设1个“驿站”、打响1个品牌。3支队伍即婴幼儿照护指导员、服务员、志愿者3支服务队伍;2个中心即“医防护”儿童健康管理中心和婴幼儿照护服务指导中心;1个“驿站”即多功能、多协作的村(社区)婴幼儿照护服务“驿站”;1个品牌即“3211”示范创建品牌。

⑭“千万工程”:2003年6月,浙江省委全面启动实施“千村示范、万村整治”工程,开展以改善农村生态环境、提高农民生活质量为重点的村庄整治建设大行动。

⑮“两进两回”:科技进乡村、资金进乡村,青年回农村、乡贤回农村。

⑯“三大革命”:厕所革命、垃圾革命、污水革命。

⑰垃圾分类“两定四分”:“两定”即定时、定点,“四分”即把生活垃圾分为易腐垃圾、可回收物、有害垃圾、其他垃圾。

⑱党建统领“四治融合”体系:在党建统领下,实现自治、法治、德治、智治有机协调、相互贯通的基层治理模式。

⑲“县乡一体、条抓块统”改革:以党建为统领、基层治理现代化为目标、赋能乡镇为核心内容、重塑县乡管理体制和基层治理体系为发力点的重大集成改革。

⑳“五社联动”机制:以社区为平台、社会工作者为支撑、社区社会组织为载体、社区志愿者为辅助、社区公益慈善资源为补充的新型社区治理机制。

㉑“四大”活动:大走访、大排查、大化解、大提升。

㉒“四个坚持、八个不”:坚持事业为上选贤任能,不忽视、不埋没各地方各领域各部门各单位各年龄段的优秀干部;坚持公平公正选贤任能,不亏待、不冷落孺子牛、拓荒牛、老黄牛“三牛”干部;坚持激浊扬清选贤任能,不迎合、不容忍投机取巧、无事生非、拉帮结派、找关系、托门子的干部;坚持组织原则选贤任能,不迁

就、不放纵自以为是、跟组织讨价还价的干部。

㉓“六个突出、六个不用”：突出政治标准看忠诚，坚决不用政治上不坚定、不可靠的干部；突出团结奋斗看定力，坚决不用步调不一、无事生非、消极松劲的干部；突出事争一流看干劲，坚决不用懒散躺平“守摊子”、打滑空转“混日子”的干部；突出履职尽责看作为，坚决不用“重唱功轻做功”“重表态轻实干”的干部；突出斗争精神看担当，坚决不用奉行好人主义、不敢动真碰硬的干部；突出纪律规矩看品行，坚决不用勤而不廉、廉而不勤、不廉不勤的干部。

㉔“两端三色五机制”：“两端”即表现优秀端的干部、表现一般（较差）端的干部；“三色”即对表现优秀的干部赋绿色，表现称职的干部赋蓝色，表现一般（较差）的干部赋红色；“五机制”即知事识人以事择人、教育赋能培养提能、动态预警动态评估、能上能下能进能出和正向激励暖心关爱五项机制。

㉕年轻干部培养“五大机制”：“三年入职期”跟踪培养机制、年轻干部墩苗培养机制、年轻干部“双向交流”交流机制、年轻干部专业学堂机制、思想状态预警机制。

㉖红色服务矩阵提升“一十百”行动：高标准打造1个市级党群服务中心，提升10个镇乡（街道）的党群服务中心阵地和100个村（社区）党群服务中心。

㉗村干部素质提升“十百千”工程：选树省级兴村治社名师10人、金华市级兴村治社名师35人、储备百名以上的优秀村（社区）后备干部、对“红领青年”实行动态调整并维持在1000人以上。

㉘“双单双函双书”：“双单”即针对各级党组织“一把手”和领导班子履职重点，制定各责任主体共性和个性责任清单；“双函”即定期向党政班子成员发放提醒建议函，向各单位发放监督提示函，监督推动照单履责；“双书”即向部门单位发放考核任务书、纪检监察建议书，督促落实自评自查，形成整改闭环。

㉙“五整治五提升”专项行动：开展镇村党组织管党治党责任递减问题专项整治，着力提升基层党组织政治功能；开展党员干部党性不强纪律松弛问题专项整治，着力提升基层党员干部责任意识、规矩意识、服务意识；开展村务管理突出问题专项整治，着力提升基层治理效能；开展村级“三资”管理突出问题专项整治，着力提升村级“三资”管理精细化水平；开展村级工程建设突出问题专项整治，着力提升村级工程建设规范化水平。

㉚“四全”模式：村务运行全规范、“三务”实时全公开、“三资”管理改革全覆盖、基层监督全流程。

㉛“8+5+N”清廉矩阵：“8”即清廉村居、清廉学校、清廉医院、清廉国企、清廉民企、清廉机关、清廉文化、清廉交通8个清廉单元；“5”即清廉公安、清廉社会组织、清廉财政、清廉市场监管、清廉医保5个清廉单元；“N”即探索拓展其他领域清廉建设。

政府工作报告

——在东阳市第十六届人民代表大会第二次会议上(摘要)

东阳市人民政府市长 黄胜可

(2023年1月18日)

一、2022年主要工作回顾

2022年,是中共二十大召开之年,也是本届政府的开局之年。一年来,面对严峻复杂的外部环境和疫情反复等超预期因素冲击,东阳市坚持以习近平新时代中国特色社会主义思想为指导,深入学习贯彻中共二十大精神,坚决落实上级党委、政府和市委决策部署,自觉接受市人大法律监督、市政协民主监督,紧紧围绕"236"战略目标,聚焦聚力"1354"工作总抓手,高效统筹"疫情、发展、安全"三件大事,扛旗争先、拼搏实干,尽最大努力完成市十六届人大一次会议确定的各项目标任务。全年地区生产总值比上年增长;完成财政总收入137.25亿元,一般公共预算收入81.61亿元;城乡居民人均可支配收入均比上年增长。获得省政府督查激励三项,在金华"扛旗争先"大晒拼中连夺三次红旗。

(一)聚力稳进提质,经济运行保持平稳

助企纾困精准有效。全面承接落实上级关于稳增长的一揽子政策,先后制定5轮稳进提质政策,为企业减负21.3亿元,兑现惠企资金30.2亿元,惠及市场主体超67万家次。深化"三服务",迭代开展稳进提质现场办公活动,解决企业发展难题154个。推动金融机构加大信贷支持力度,新增贷款283亿元,预计企业贷款加权平均利率下降0.18个百分点。提供政府性融资担保贷款14.1亿元、企业帮扶纾困资金64.8亿元,帮助541家企业解决流动性风险。市场主体总量逆势增长,达14.4万户、比上年增长12.9%。

产业培育扎实推进。全力打好产业升级大会战,工业经济量质齐升,完成规模以上工业企业总产值768.65亿元、规模以上工业企业增加值151.15亿元、战略性新兴产业增加值101亿元,分别增长11.5%、9.1%、19%。磁性材料产业集群被认定为国家级中小企业特色产业集群,医药健康产业集群产值突破百亿元大关。成功入选省中小企业数字化改造试点,规模以上数字经济核心产业制造业增加值比上年增长。新增规模以上工业企业100家、亿元企业16家、国家级专精特新"小巨人"企业8家,中科磁业成功过会。新增"浙江制造"标准3项、"品字标"企业38家,入选全国首批知识产权强市建设试点。高标准完成横店影视文化产业集聚区概念性规划编制,建设横店国际影视文化创新中心成为省级战略,集聚区成功创建国家旅游科技示范园区,入区企业预计实现营收230亿元、增长5.7%,上缴税款10.37亿元、增长16.2%。横店出品的《山海情》《送你一朵小红花》《问天》等8部影视作品入选"五个一工程"奖,《万里归途》在中共二十大新闻发布会上获得外交部点赞。全市共接待游客832万人次,实现旅游收入156.2亿元,横店影视城成为浙江省最具影响力景区。完成建筑业总产值1433.4亿元,省内产值449.9亿元,建筑业总税收42.3亿元,中天装配式新型材料项目正式落地。深入实施家具行业环保整治再提升行动,168家红木企业完成"油改水",新增规模以上红木企业7家,木雕家居全产业链营收达713.93亿元。

内外需求稳步释放。狠抓重大项目谋划建设,新增省重点项目11个、省重大产业项目3个,50个省、市、县三级重点项目超20%完成投资,预计带动固定资产投资增长15%左右,其中制造业投资增长37%、高新技术产业投资增长30.7%,横店东磁高效单晶电池、千芝雅智能制造、花园新能源铜箔等一批重大产业项目建成投产,获得2022年全省投资"赛马"激励、金华唯一。浙江广厦建设职业技术大学木雕小镇校区、市文化艺术中心、"水润东阳"等一批重大民生项目启动实施,争取专项债券30.2亿元、政策性开发性金融工具1.8亿元。发力招大引强,签约3亿元以上产业项目23个、总投资351.6亿元,落地10亿元以上制造业项目8个、总投资284.7亿元,其中东阳光电容器、纵目科技智能驾驶、喔刷支付终端等5个项目开工入统。千方百计促进消费复苏回暖,开展促消费活动165场、发放各类消费券1.11亿元,成功举办全国性"老字号嘉年华"展会活动,江北之芯商业步行街建成运营,预计实现社会消费品零售总额330亿元、增长4.5%。建成电子商务园9个,新增省AAA级电商产业基地3个、电子商务示范基地1个,实现网络零售额163.44亿元、增长19.2%。多措并举稳外贸,新设跨境电商主体197家,新增出口实绩企业144家,预计完成出口总额320亿元、比上年增长11.8%。

(二)聚力塑造变革,发展活力不断增强

重大改革实战实效。推进数字化改革攻坚创优大行动,"数字孪生水库安全智管"应用获评水利部推荐案例,"影视文化产业大脑"和"木雕红木行业产业大脑"入选省级细分行

业产业大脑建设名单，“校园食品安全与营养健康”“乡镇（街道）合法性数智审查”应用列入省“一地创新、全省共享”清单，3个特色应用获评金华市最佳应用。成立全省首家县级行政执法协调监督局，推进“大综合一体化”行政执法改革，整合行使30个领域1779项执法事项，实现镇乡（街道）“一支队伍管执法”。深化国企改革，国企资产达1000亿元、增长50%，新增融资121.1亿元。推进营商环境整治提升大行动，基本实现“办事不求人、高效快捷办、全程网上办”，营商环境评价进入全省第一梯队。

创新驱动提速提效。净增国家高新技术企业42家、省科技型中小企业149家、省级以上研发机构14家，预计实现规模以上工业企业研发费用27.3亿元、增长20%，高新技术产业增加值117.4亿元、增长13.7%，预计研发投入强度达2.65%。东阳科技城启动建设，上大产业发展研究院实体化运作，成功创建横店影视文化产业省级创新服务综合体，省级科技企业孵化器实现“零”的突破。印发实施人才新政3.0版，举办“智汇东阳”系列引才活动92场，创建国家级博士后科研工作站1家，引育省级以上高层次人才13人、大学生1.95万人。

平台支撑有力有效。经济开发区“三园合一”实质性推进，新材料产业平台成功入选省级“万亩千亿”新产业平台培育名单，村庄征迁、安置区和配套设施建设有序推进。高铁新城五一科创谷、影视创意谷拉开框架，杭温高铁站前广场开工建设。东阳新能源产业园（杨梅园）建设全面铺开，投资超百亿元的利维能新能源项目正式落地。低效工业用地清理整治压茬推进，整治低效用地工业企业520家、495.67公顷，整治拆除连片低效用地169.53公顷，形成13.33公顷以上地块4宗，规模以上工业企业亩均税收增长13%。完成全域土地综合整治项目3个，六石街道等3个街道（镇）土地综合整治项目入选省首批跨乡镇试点，完成批而未供土地消化、存量用地盘活、低效用地再开发共933.33公顷，完成垦造耕地、旱改水共270.4公顷，完成用地报批560.8公顷。“三区三线”划定成果正式启用，调出稳定耕地3200公顷。

（三）聚力美丽宜居，环境面貌持续改观

城乡品质统筹提升。全力打好城市品质大会战，打通江滨南街东延、东针路、画水北路等8条城市断头路，改造提升人民北路、甘溪路、艺海路等8条城市道路，完成朝阳新村、华康小区、望江小区等11个老旧小区改造；形成“3+X”城市更新政策体系，吴宁街道荷塘、白云街道接官亭、江北街道月亮湾等5个城市更新片区基本完成房屋征收；完成“补短板”项目960个，增补机动车停车泊位10.9万个，文明城市创建成果可观可感。完成拆违88万平方米、“三改”104.8万平方米，获评省无违建创先争优示范市。成功入选省首批全域未来社区和公共服务设施集成落地改革试点，获评省城乡风貌整治提升工作优秀市，东阳木雕小镇特色产业风貌区、横店—湖溪县域风貌区获评省级样板，猴塘社区成为省级未来社区。横店镇成为美丽城镇省级样板，南马镇、虎鹿镇、三单乡等5个镇乡通过省级美丽城镇达标验收。新时代美丽乡村创建全域覆盖，获评省新时代美丽乡村工作优胜市，“歌山乐水、共享田园”示范带入选省新时代美丽乡村共同富裕示范带，千祥镇成为省美丽乡村示范乡镇，南马镇花园村获评省首批未来乡村，六石街道湖心塘村、画水镇月峰村、马宅镇和协村等5个村获评省美丽乡村特色精品村。落地市级“飞地抱团”项目11个，集体经济年经营性收入50万元以上行政村占比达83.5%。大力实施农业高质量发展新政，粮食播种面积与产量实现双增长，市级粮食储备量达5.05万吨，粮食安全保障能力不断提高。成功承办中国农民丰收节浙江主场活动。

生态环境不断向好。持续打好生态环境大会战，圆满承办2022年“6·5”环境日浙江主场活动。完成市域污水处理专项规划修编，新投用市污水二厂二期、湖溪、千祥等6座污水处理厂，污水日处理能力提升至36.3万吨，建成“污水零直排”村（小区）163个，市控以上地表水断面水质100%达标。空气环境质量金华领先，$PM_{2.5}$浓度、空气质量综合指数等关键指标稳中向好。建成“无废城市细胞”69个、省级垃圾分类高标准示范小区15个，综合分拣中心覆盖全域，新增危废年处置能力19.4万吨。印发全国首个县级《全域林业碳中和建设规划》，完成国土绿化334公顷，创建省级“一村万树”示范村7个、市级森林村庄20个，南江画水段创成省级美丽河湖。南市街道梨枫村入选省生态文化基地。

基础设施日益完善。持续打好综合交通大会战，金义东市域轨道交通义东线（凌云站—体育馆站）投入试运营，217省道南午岭互通工程、315省道改建工程南市至画水段建成通车，博士路隧道顺利贯通，杭温高铁、金甬铁路站房开工建设，横店通用机场改扩建、杭温高铁、金甬铁路、义东高速等项目加快推进。完成农村公路大中修120千米、普通国省道养护大中修26.1千米，入选“四好农村路”全国示范市创建名单。完成水库山塘除险加固130座、中小河流治理22千米。实现市自来水二厂至横店、画水、湖溪以及横店至南马供水管网联通，建成东阳江镇八达水厂和佐村镇厦城水厂。新投用110千伏高新变等变电站3座，新铺设燃气管道315千米，5G基站实现行政村全覆盖。

（四）聚力共建共享，百姓生活更加美好

“扩中”“提低”初显成效。开展“扩中”“提低”共富大行动，家庭可支配收入10万～50万元群体占比、20万～60万元群体占比分别达到73%、38%，城乡收入倍差预计缩小至1.7。全面落实就业创业、稳岗留工等政策，发放创业担保贷款3325万元，新增城镇就业2.96万人，零就业家庭实现动态清零，花园村获评国家级充分就业社区。“打造横店国际影视文化创新中心 推动文化体制改革创新”“打造浙江省建筑业高质量发展综合实验区 推动民营建筑企业高质量发展”入选省高质量发展建设共同富裕示范区最佳实践名单。圆满完成东西部协作、山海协作任务。

民生保障更有力度。城乡最低生活保障年标准、居民基础养老金最低年标准分别提升至12600元、3480元，基本养老保险、医疗保险基本实现全覆盖，医保电子凭证结算率全省第一。镇乡(街道)慈善分会和红十字会实现全覆盖，建成“一站式”救助服务联合体，发放各类救助资金超亿元。上槐安置区顺利竣工，高铁新城农房改造集聚安置区一期和上卢、横店、巍山二期农房集聚区完成主体工程，筹集保障性租赁住房11713套。

公共服务持续优化。湖溪镇中心小学、吴宁二校、市实验幼儿园青春路园区等18个新建(改扩建)学校项目投入使用，新增学位3780个。规范民办义务教育、深化教育“双减”等重点工作取得预期成效，实现义务教育学校课后服务全覆盖和学科类培训机构“清零”。教育现代化水平监测列全省第19位，新增省级特级教师1人、春蚕奖5人、绿叶奖1人，教育质量保持全省领先。浙江广厦建设职业技术大学成为全国首批职业本科学士学位授予单位。市中医院新院区、市人民医院手术中心大楼等建成投用，市妇保院成功创建三级乙等妇保院，市人民医院荣获全国三级公立医院绩效考核县级首位，健康浙江建设考核连续四年全省优秀。市养老中心一期主体结顶、二期开工建设，新增托育机构17家、托位1285个，建成残疾人托养中心。中国计算机博物馆开工建设，成功创建省级传统民居文化传承生态保护区，承办省运会5项赛事。

(五)聚力除险保安，社会大局和谐稳定

疫情防控坚决有力。全面落实上级关于疫情防控各项决策部署，有力抓好重点数据核查、交通卡口查控、常态化核酸检测等措施，以最快速度、最小代价打赢“5·1”“8·2”“11·13”等一系列疫情防控遭遇战，最大限度保护了人民生命安全和身体健康。全面推行重点企业“白名单”制度和企业闭环生产管理模式，确保“生产不停、物流不断、产能不减、秩序不乱”。因时因势调整优化防疫措施，全力做好医疗救治能力建设、医疗物资储备调配、疫苗接种等工作，完成方舱医院、定点医院、亚定点医院建设改造，新增发热门诊(诊室)141间，发放老年人“防疫包”20.8万份，60周岁以上人群疫苗全程接种率、加强针接种率分别达95.6%、93.3%，努力实现从“防感染”向“保健康、防重症”平稳转段。

公共安全常抓不懈。打好安全生产专项整治三年行动收官战，生产安全事故数、死亡人数较前三年平均数分别下降38.2%、50%。创建省级放心农贸市场11家，建成“阳光工厂”和“阳光厨房”2000余家，学校“智能阳光厨房”实现全覆盖，成功创建省食品安全示范市。统筹做好防汛防台风抗旱工作，全力应对持续高温晴热干旱天气，落实迎峰度夏有序用电，优先保障居民生活和农业生产用水用电需求。

社会治理不断加强。持续打好现代治理大会战，初信初访、信访积案化解率分别达96.7%、100%，四级走访人次较前三年平均数下降；社会治安形势持续向好，刑事、治安警情均下降，电诈发案数、损失金额均下降，恶性案件零发生；化解各类矛盾纠纷10637起；城东街道寀卢村获评全国民主法治示范村，圆满完成中共二十大、省运会等重大维稳安保任务，平安东阳有望实现十七连创。

2022年，东阳市不断加强政府自身建设。深入学习贯彻习近平新时代中国特色社会主义思想和中共二十大精神，坚决做到绝对忠诚。用心用情办好民生事业，十大民生实事总体完成，民生支出占一般公共预算支出比重达74.3%。深入推进依法行政，完善《政府工作规则》，坚持常务会议必学法，确保政府运转法治化、规范化。制定实施《市政府重大决策出台前向市人大报告制度》，办好人大一号议案，办理人大代表建议414件、政协提案358件。推行一线工作法，市政府班子成员开展现场办公91批次、解决问题超过200个。严格落实党风廉政建设责任制，全力抓好省委巡视“回头看”反馈问题和“七张问题清单”整改落实，政治生态持续向上向好。

2022年，东阳市全力支持工、青、妇等人民团体开展工作，人民武装、民族宗教、供销、外事、对台、档案、气象、邮政管理等工作取得新成效，国防动员、人防、双拥、退役军人事务、侨务、地方志、关心下一代、老龄等工作迈上新台阶。

全市经济社会发展还存在一些问题和短板，主要是：受疫情和外部环境影响，地区生产总值等关键指标未实现预期目标；转型升级不快、平台能级不高、创新能力不强等问题未取得实质性突破，“四大千亿产业”竞争力有待提升；城市品质提升仍未形成标志性成果，乡村振兴内生动力不强，生态环境保护仍有薄弱环节，优质公共服务供给仍显不足，共同富裕仍需加力推进；防范化解各种风险隐患的水平有待提高、责任有待压实，统筹发展和安全任务艰巨；部分干部的能力、作风、状态跟不上高质量发展新要求，违反中央八项规定精神和触及红线底线的现象仍有发生。

二、2023年主要工作安排

2023年是贯彻中共二十大精神的开局之年，是“八八战略”实施20周年，也是实施“十四五”规划承上启下的关键之年，做好2023年的各项工作意义重大。2023年工作的总体要求是：坚持以习近平新时代中国特色社会主义思想为指导，全面贯彻中共二十大精神，坚决落实上级党委、政府和市委决策部署，坚持稳字当头、稳中求进工作总基调，紧扣“236”战略目标，迭代完善“1354”工作总抓手，更好统筹疫情防控和经济社会发展，更好统筹发展和安全，大干快上、奋进赶超，推动新时代强市名城和共同富裕先行市建设取得标志性成果，奋力谱写中国式现代化东阳篇章。

综合考虑各方面因素，建议东阳市经济社会发展的主要预期目标为：地区生产总值增长7.5%以上；财政总收入、一般公共预算收入分别增长13.8%、12%以上；居民人均可支配收入增长与经济增长基本同步；完成上级下达的能源和环境指标计划目标。

围绕上述目标要求，重点抓好以下七个方面工作：

（一）以更大力度扩大有效投资

下好重大项目先手棋。抢抓政策窗口期机遇期，持续做好重大项目谋划储备，动态储备重点项目50个、总投资1000亿元以上。优化招商方式和招商流程，聚焦重点产业和重大平台，持续加大招商引资力度，全年招引亿元以上项目100个以上，其中3亿元以上项目20个、10亿元以上项目10个、50亿元以上项目2个、100亿元以上项目2个，总签约投资额超600亿元，落地省市县长项目3个、高税无地高成长性企业10家以上，实际利用外资4000万美元以上。建立健全项目全生命周期管理、“骏马、蜗牛”项目评选和拿地即开工等项目推进机制，确保利维能新能源、华懋碳基、矗峰智能设备等重大产业项目落地开工，东阳光电容器、纵目科技智能驾驶、横店东磁高性能锂电池等重大产业项目建成投产，50个省、市、县三级重大项目超15%以上完成年度投资，固定资产投资和五个结构性指标均增长15%以上，其中制造业投资增长30%、占比达30%以上。

发力平台建设主战场。打好平台攻坚大会战，统筹推进经济开发区和新材料“万亩千亿”产业平台建设，完成平台东区规划编制和9个村庄征迁，加快“两横一纵”主干道以及六石、巍山安置区建设，建成金甬铁路站前广场；加快横店影视文化产业集聚区建设，提速推进以“两城三企一园一村”为核心的25个重点影视项目，确保完成年度投资15亿元以上，横店影视产业园全面完工，横店影视道具交易城、创意城开工建设；加快高铁新城建设，完成3个村庄征迁，全力推进杭温高铁站前广场、槐堂未来社区等重点项目建设，尽快形成平台框架；加快东阳新能源产业园（杨梅园）建设，完成产业规划和建设规划编制，持续推进企业收储和农户征迁工作，建成5条园区主干道；加快通用航空产业园建设，进一步明确产业定位和发展规划，培育发展航空产业，着力打造新的经济增长点。

打好要素保障组合拳。积极向上争取重大项目，新增省重大产业项目2个、省重点建设项目10个以上。加快推进省级跨乡镇土地综合整治试点项目和“11350”重点工程项目建设，完成批而未供土地消化、存量用地盘活、低效用地再开发933.33公顷，垦造耕地、旱改水、建设用地复垦320公顷，用地报批600公顷以上。持续推进低效工业用地清理整治，完成4个面积6.67公顷以上集中连片区块整治，整治提升低效工业企业400家、面积333.33公顷以上。争取专项债30亿元以上。

（二）以更大定力发展实体经济

做强做大工业经济。深入开展产业提升大行动，加快推动产业转型升级。发展壮大以“1234”为重点的制造业产业集群，规模以上工业企业总产值、规模以上工业企业增加值均增长10%以上；持续深化“亩均论英雄”改革，全面推行工业用地全生命周期管理，规模以上工业企业亩均税收提高15%以上；全力打造数字经济“一号工程”升级版，加快推动规模以上工业企业数字化改造全覆盖，培育省级智能工厂3个以上，规模以上数字经济核心产业制造业增加值增长13%以上。统筹抓好招引企业和本土企业培育，新增规模以上工业企业100家、亿元企业20家、专精特新“小巨人”企业5家、上市企业2家以上。强化质量、标准和品牌建设，新增“浙江制造”标准3项、“品字标”企业12家以上。

做精做优特色产业。推动影视文旅产业高质量发展，统筹抓好国家级电影产业创新示范基地、文化产业示范园区和旅游科技示范园区建设，加快打造横店国际影视文化创新中心；实施影视文化全产业链招商，招引游戏、动漫、音乐类企业各10家以上，后期制作头部企业5家以上，入区影视企业营收达250亿元、增长10%以上；实施文旅融合“五百五千”工程，推动横店影视城提档升级、卢宅争创国家AAAA级旅游景区，旅游人次、收入均增长10%以上。推动建筑业转型发展，加快建筑产业创新服务综合体建设，引导建筑企业向上下游延伸、专精特发展、智能化提升，完成建筑业总产值1500亿元、省内产值450亿元以上；持续做好建筑业招商和营改增工作，完成建筑业总税收42亿元；实施“建筑业现代化示范企业”培育工程，培育省级示范企业5家以上。推动木雕家居产业规范提升，开展红木家具检验检测机构专项治理，推广使用“东”字标企业50家以上，持续打响东阳木雕红木品牌；建成木雕家具产业园，培育亿元红木企业1家、规模以上红木企业6家以上，全产业链总营收增长8%以上。

做深做活商贸服务业。抢抓消费复苏机遇，推动住宿、餐饮、零售、旅游等生活性服务业迅速回暖，促进新能源汽车、家居、家电等大宗商品消费，培育消费新模式新业态，社会消费品零售总额增长8%以上。实施省级县域商业体系建设示范市项目，推进歌山野风广场、颐高智慧城、远疆天域二期等重点商贸项目建设，新增限额以上商贸企业25家以上。推进国家级电子商务进农村示范项目建设，建成市级电商公共服务中心，网络零售额增长20%以上。

（三）以更大手笔推进创新驱动

提升创新平台支撑力。高质量建设东阳科技城，加快推进青创、智创、科孵、科创“四中心”建设；做强上大产业发展研究院，确保成果项目落地3个以上；全面提升科技大市场，完成技术交易额20亿元以上；推动科技孵化中心整合提升，积极争创国家级孵化器。加快组建产业创新研究总院，全力争创省级磁性电子高新技术产业园区。

激发创新主体源动力。迭代升级科技激励政策，深入实施科技企业“双倍增”“双提升”行动，新增国家高新技术企业60家、省科技型中小企业120家以上，力争建筑、红木领域国家高新技术企业实现“零”的突破。持续提升规模以上工业企业研发机构设置和研发活动覆盖率，力争亿元工业企业研发机构设置率达90%以上，研发投入强度达3%以上。

增强创新生态吸引力。持续释放人才新政3.0版政策红利，深挖东阳籍人才“富矿”，全力落实“鲲鹏行动”计划、“万人计划”、“双龙计划”等重大人才计划，引育省级以上高层次人才10人、青年大学生1万人以上，建设青年发展型城市。持续深化“揭榜挂帅”3.0行动，推出“揭榜挂帅”项目30个、榜金3000万元以上，列入省“尖兵”“领雁”科技项目2项以上。

(四)以更大气魄深化改革开放

推进重点领域改革。迭代升级“1+7+N”改革工作体系，加快推动深化政务服务“一件事”集成改革等重大改革落地见效。深入推进数字化改革，全面贯通省市重大改革(重大应用)，优化完善“影视文化产业大脑”、“建筑产业大脑”和“木雕红木行业产业大脑”，谋划推进“东阳育匠在线”等特色应用，打造具有全省影响力的重点改革(特色应用)成果3个以上。深化“大综合一体化”行政执法改革，“一支队伍管执法”形成东阳特色。不断做强做优做大国有资本和企业，新增AA级以上国企1家，力争国企资产突破1200亿元，新增融资120亿元以上。

打造一流营商环境。开展营商环境优化提升大行动，确保全省营商环境评价指标不断向好。迭代完善稳增长和产业高质量发展政策体系，优化政策兑现流程，推动各项政策直达快享，力争全年为市场主体减负12亿元以上，兑现惠企资金12亿元以上，持续提振市场信心。深化“减证便民”行动，推进电子营业执照和电子证照互通共享应用，加快实现市场监管、税务、经信等企业年报“多报合一”，做到企业办事无忧、政府无事不扰。规范政府采购招投标机制，政府采购项目预留给中小企业比例不低于40%。实施融资畅通工程，强化财政金融协同服务，确保全年新增贷款320亿元以上，制造业、普惠小微企业贷款增速不低于各项贷款平均增速。坚持“两个毫不动摇”，大力弘扬新时代企业家精神，推行“综合查一次”联合执法等机制，依法保护民营企业合法权益，充分激发民营经济活力。

推进高水平开放合作。高质量办好第四届世界东阳人发展大会，高规格举办横店影视文化产业博览会、中国木雕竹编工艺美术博览会，不断提升东阳美誉度和辨识度。开展组团赴外拓市场活动，组织10个以上团组、400家以上企业“走出去”抢订单，新增出口实绩企业120家以上，外贸出口增长10%以上。积极融入“一带一路”、长三角一体化发展，高标准推进浙江自贸区金义片区东阳联动创新区和东阳国际陆港物流园、建材交易中心建设，建成金甬铁路货运专线并行段。全面完成都市区共建项目攻坚三年行动计划目标任务，加快推进东义同城化、东磐一体化和东永协同化发展。全力做好东西部协作、山海协作和对口合作、对口支援工作。

(五)以更大格局统筹城乡建设

推动城市品质再提升。推进以县城为重要载体的城镇化建设，迭代打好城市建设大会战，加快112个城市功能性项目建设，完成年度投资80亿元以上。坚持规划引领，高标准完成县乡级国土空间规划、中心城区总体城市设计及详细城市设计编制。攻坚城市更新，启动实施金泽巷片区更新改造。加快共同富裕基本单元建设，创成省级未来社区3个、城乡风貌样板区1个。统筹城市地上地下建设，高标准推进江滨景观带改造提升、博士大桥、南山国家森林公园等项目建设，建成市民中心、人民广场和歌山大桥，完成江滨北街等5条城市道路改造提升，打通望江南路等5条城市断头路。开展存量违建起底销号和城区庭院违建整治“回头看”行动，创建省无违建市。持续推进全国文明城市创建，推动环卫“一把扫帚”保洁扩面，建立城市顽疾常态化整治机制，不断提升城市治理水平。

推动乡村振兴再提速。推进农业“双强”行动，深化“两区”建设和“两非”整治，确保粮食播种面积稳定在17066.67公顷、粮食产量达1亿千克以上，市级粮食储备规模达5.36万吨以上；加快“两江源”省级现代农业园区、“两头乌”生猪产业国家级现代农业园区创建，建成单良现代果蔬产业园，培育省级以上农业龙头企业1家以上，保障“米袋子”“菜篮子”安全。持续推进农村人居环境整治和基础设施补短提升，健全完善美丽乡村长效管理机制，建成美丽乡村风景线3条、共享田园7个，创建省级未来乡村4个以上。深化强村富民乡村集成改革，加大对生态型乡镇扶持力度，新增“飞地抱团”项目10个以上，新组建“强村公司”5家以上，集体经济年经营性收入50万元以上行政村占比达85%以上；推进偏远山区村异地搬迁，开展“五个十大”精品培育行动，培育农创客200名以上，不断拓宽农民增收渠道。全面建成省千万工程展示馆，浙江乡村共富学院一期主体完工。创建国家乡村振兴示范市。

共同富裕示范区建设

·综述·

【横店影视文化产业集聚区"打造精神文明高地领域"试点建设】　2022年,横店影视文化产业集聚区管委会推进省共同富裕示范区"打造精神文明高地领域"试点建设工作,推动影视文旅融合发展,探索"影视+"特色村居、户外休闲等共富新路子,带动餐饮住宿、商贸服务等第三产业发展。截至年末,横店镇有各类酒店、民宿共1500余家、床位近3万张,有餐饮饭店1300余家,带动就业岗位12.3万个,年收入近80亿元。共同富裕示范区"打造精神文明高地领域"试点建设工作完成中期现场评估。"打造横店国际影视文化创新中心 推动文化体制改革创新"入选全省第一批高质量发展建设共同富裕示范区最佳实践名单;"东阳市聚焦影视文化产业带动全域共同富裕"入选第三批省文化和旅游促进共同富裕最佳实践案例名单。　　（刘丽敏）

【浙江省建筑业高质量发展综合实验区建设】　东阳市通过改革先试、平台先行、人才先育,打造建筑业高质量发展和群体共富的"东阳样板"。改革先试,设立建筑业转贷资金,成立建筑产业发展联盟,创建公检法联动维权机制,组建建材集采平台,系统性打造建筑产业服务机制。平台先行,建设占地面积233公顷的建筑科技产业园;联合东南大学成立建筑科技研究院,构建"产学研"一体化技术创新体系;建设"建筑产业大脑",开放一批应用场景先行先试。人才先育,发挥浙江广厦建设职业技术大学资源优势,推进省级建筑产业工人队伍培育试点。2022年,东阳市建筑业总产值达1433.4亿元,实现建筑业税收42.3亿元。东阳市"打造浙江省建筑业高质量发展综合实验区 推动民营建筑企业高质量发展"入选全省第二批高质量发展建设共同富裕示范区最佳实践名单。　　（郭芳鸳）

【《关于加快农业农村高质量发展全面推进共同富裕的若干意见》】　2022年3月10日,市委、市政府印发《关于加快农业农村高质量发展全面推进共同富裕的若干意见》,提出2022年度农业农村工作促进农业高质高效、乡村宜居宜业、农民富裕富足,打造"歌山画水"新时代美丽乡村总体要求,明确开展实施农业"双强"、美丽乡村创建、基础设施达标、乡村产业兴旺、公共服务提质、强村富民、农村改革创新7项行动。　　（郎　平）

【《关于加快村级集体经济发展的若干意见》】　2022年6月27日,市委办公室、市政府办公室印发《关于加快村级集体经济发展的若干意见》,明确实施党建领富、产业致富、"三资"增富、国企带富、联盟共富、改革促富6项行动,成立市村级集体经济巩固提升工作领导小组,提出压实责任、健全机制、强化考核具体要求。　　（郎　平）

【东阳市高质量发展建设共同富裕先行市工作会议】　于2022年6月9日召开。会议总结盘点前一阶段高质量发展建设共同富裕先行市工作情况,部署推进下一阶段重点任务。市共富办、市委社建委、市市场监管局、市农业农村局负责人分别汇报共同富裕总体工作和"扩中""提低"行动方案、共建共富结对行动方案、推进中小企业和个体工商户高质量发展实施方案、高质量发展建设共富乡村实施方案等有关情况。　　（郎　平）

【共同富裕县域实践高峰论坛】　2022年,东阳市举办共同富裕县域实践高峰论坛2场,分别为推进共同富裕县域实践高峰论坛(2022年)暨东阳市"共富乡村"建设策论会、推进共同富裕县域实践高峰论坛(2022年)暨民营经济高质量发展 推动共同富裕先行论坛。5月26日,浙江省新农村建设促进会主办的推进共同富裕县域实践高峰论坛(2022年)暨东阳市"共富乡村"建设策论会在东阳市南马镇花园村举行,该论坛发布东阳市《“共富乡村”建设研究报告》,解读东阳市探索实行共同富裕的路径。7月7日,东阳市人民政府、浙江省新型重点专业智库浙商研究院、浙江省新型重点专业智库浙江省委党校全面从严治党研究中心和浙江金融职业学院联合主办的推进共同富裕县域实践高峰论坛(2022年)暨民营经济高质量发展 推动共同富裕先行论坛在东阳市行政中心举行,与会嘉宾围绕“民营经济高质量发展 推动共同富裕先行”主题,以线上、线下结合的方式开展研讨,交流经验做法,为推动共同富裕先行建言献策。（王海霞）

【“百镇共富强基”行动】 2022年,东阳市推进“百镇共富强基”行动,组织15个镇乡(街道)开展结对共建,其中有5个镇、街道与磐安县镇、街道跨县域结对。年内,全市5对结对镇乡(街道)开展共建活动400余次,设立总规模390万元的共建专项资金用于项目扶持,构建市、镇两级项目评审和落地机制,推动40个共建项目落地实施。东阳市横店镇、吴宁街道、南市街道、城东街道、六石街道分别与磐安县安文街道、玉山镇、双溪乡、大盘镇、九和乡共建结对,在产业、援建、消费帮扶、跨区域社会事业、“消薄飞地”建设等方面开展合作。（胡金成）

【共富党建示范带建设】 2022年,东阳市完成金华市委“五星争先共富示范”揭榜领办项目,打造“寀卢经验联动致富”和“农旅休闲共享经济”2条共富党建示范带,覆盖16个镇乡(街道)32个联建片区,谋划集体经济统筹项目58个,统筹5000万元专项资金和3.33公顷建设用地指标带动169个村3.88亿元集体资金入股项目。全市年经营性收入20万元、50万元、100万元以上村占比分别达100%、83.5%、35.7%。（胡金成）

【横店集团“共富实践”】 2022年2月7日,横店集团控股有限公司负责人作为全省唯一的企业代表,在省委召开的高质量发展建设共同富裕示范区推进大会上报告“立足高质量发展 持续带动农村共同富裕”的实践。会议肯定横店集团控股有限公司做法及成效的典型意义。会议指出,横店集团控股有限公司通过做大做强带动地方发展,带动横店镇112个村(小区)整体提升;通过打造全球影视基地、旅游目的地,带动整体发展。横店集团控股有限公司在自身发展的同时,不忘履行社会责任,推动城镇基础设施建设和公共服务能力提升。（杜　欣）

【镇域乡村振兴】 2022年5月24日,东阳市“共富党建示范带”南马镇启动仪式在花园村举行。南马镇花园红色研学和共享田园2个党建联建片区开始实体化运行。以花园村带动泉府村、联合村、夏厝村、上安恬村、下格村、双溪口村、溪西村、长畈村、防军村9个村庄,实施“1+9”模式联动共创共富,通过跨村结对帮带,推动党建引领乡村片区组团发展,壮大村集体经济成效列东阳市第一位,相关经验在金华市交流推广。（杜璐璐）

【浙江乡村共富学院项目】 2022年7月7日,东阳市人民政府和浙江农林大学联合共建“浙江乡村共富学院”合作协议签约仪式在市行政中心举行。“浙江乡村共富学院”将建设成为开放型培训学院、研究型学术组织、交流型合作平台、实践型转化基地的非学历型教育研究性学院;建设成服务浙江省乃至全国乡村共富的专业性教育培训高地。截至年末,浙江乡村共富学院项目完成项目立项、方案设计、土地指标落实和土地勘测定界工作,基本完成施工图纸细化工作。该项目总投资40769.14万元,拟征地3.71公顷。（王　静）

【金融助力共同富裕先行市建设】 2022年4月27日,市政府印发《关于进一步发挥保险作用助推共同富裕先行市建设的若干意见》,提出“政保”合作推进共同富裕先行市建设的19条工作举措和3个方面的保障措施;宣布成立东阳市政保合作助推共同富裕先行市建设指导协调小组。全市推出“政保”合作助推共同富裕先行市建设项目清单,其中提升民生保障项目15个、服务实体经济项目6个、助力乡村振兴项目7个、参与社会治理项目14个、支持防灾减灾项目2个。7月,市金融办、人行东阳市支行、金华银保监分局东阳监管组联合印发《东阳市金融业发展“十四五”规划》,提出深化农村金融改革,支持乡村振兴战略;发展普惠金融,助力“共同富裕示范区”建设。年内,工行东阳市支行普惠贷款余额49.57亿元,其中服务乡村振兴“兴农贷”余额1.78亿元。农行东阳市支行推出“抵押e贷”“首户e贷”“科技e贷”等小微企业线上信贷产品,为636家小微企业提供信贷支持;推出以“惠农e贷”为主的农户线上贷款产品和“村集体流动资金贷款”产品。东阳农商银行推进村级金融服务工程,服务客户54万人次(家次),交易179万笔;出资2000万元设立“阳光·共富基金”,用于支持共同富裕典型村集体和项目;推进整镇、整街授信,授信49个街区;推进小微企业扩面提额,为1.6万家企业预授信180亿元;推出“阳光·数改贷”,助力小微企业数字化改造;推广“小微易贷”“小微速贷”线上循环类产品,发放贷款8.7亿元,惠及市场主体1526家;持续“无本续贷”“延期还本付息”服务,让利超1.5亿元。（胡楚楚）

·“扩中”“提低”共富大行动·

【概况】 2022年,东阳市开展“扩中”“提低”共富大行动。完善政策体系,制定“扩中”和“提低”、推进中小企业和个体工商户高质量发展、新就业形态劳动者社会保障集成改革“1+2”行动方案,重点实施九大路径(促进更加充分的就业、打造更有活力的创新创业环境、拓宽更加丰富的增收渠道、创新完善更加合理的收入分配调节机制、加大更加普惠的人力资本投入、构建更加完善的帮扶体系、打造更低负担的品质生活、营造更加向上的社会氛围、实施更全面的风险防控)和九类重点群体(中小企业主和个体工商户、高校和职业院校毕业生、技术工人、科研人员、高素质农民、新业态从业人员、进城务工人员七类“扩中”重点群体和低收入农户、困难群体两类“提低”重点群体）激励计划。截至年末，33个牵引性指标中除年度交易额亿元以上商品交易市场数量（振兴路夜市、交通物流市场申请注销市场登记证）和家庭可支配收入10万～50万元、20万～60万元群体比例（县一级无统计口径）外，其他指标均完成阶段性目标任务；收入差距持续缩小，城乡收入倍差1.69，居金华市前列。

【就业促进活动】　2022年，东阳市实施“靶向引才”“就帮到底”“先锋护航”等活动，增加技能人才2.3万人、城镇就业人数2.9万人、退伍军人和应届大学生就业人数3050人，实现困难人员就业1104人，“零就业”家庭实现动态清零。发放创业担保贷款3325万元，扶持创业人数近700人，培训创业人数732人次。影视行业人力资源智联平台入选金华市第一批数字化改革最佳应用。

【创新创业环境打造】　2022年，东阳市深化创业创新集成改革，实施创新驱动发展战略，搭建产学研融合发展创新平台，统筹完善科技创新孵化体系。

年内，创建省级科技企业孵化器1家（东阳市科技孵化中心）、省级备案众创空间2家（东阳麒麟众创空间、东阳市跨境电商产业园众创空间）；增加省级博士后科研工作站4家；成立东阳科技城建设领导小组，明确科技城建设任务清单，完成科技城青创中心项目方案；加强创新创业主体培育，增加国家高新技术企业42家、省科技型中小企业149家。推动中小企业和个体工商户高质量发展，制定稳进提质政策，推动金融机构加大信贷支持力度。全市市场主体总量超14.4万户。

【增收渠道拓宽】　2022年，东阳市加快发展农村电子商务，推进电子商务进农村综合示范项目，创建省级电商专业村21个。组建乡镇共建联盟，设立专项资金390万元，谋划实施项目35个。推动来料加工式共富工坊建设，画水镇中国结共富工坊辐射市内外60余个村，吸纳村民就业500余人，实现人均年增收2.5万元。

【收入分配调节机制完善】　2022年，东阳市健全工资制度，劳动报酬占地区生产总值比重达49%。推进社保参保扩面，基本养老、失业、工伤保险参保人数分别超60万人、17.6万人、27.6万人。提升城乡居民养老保障水平，基础养老金标准提升至290元/月、低保标准提升至1050元/月。

【教育资本投入】　2022年，东阳市推进基础教育优质均衡发展。新建（改、扩建）学校18所，增加学位3780个以上；全国学前教育普及普惠市创建工作获省督查组肯定。实施浙江广厦建设职业技术大学木雕小镇校区项目。浙江广厦建设职业技术大学关于加快发展浙江省职业本科教育的建议获副省长成岳冲批示肯定；“‘三个聚焦’促进职业本科试点高质量发展”等4个教育案例入选全省典型案例。

【帮扶体系构建】　2022年，东阳市成立助残公益联盟，实现政府兜底和社会共助的互补互促。开展“幸福安居”助残行动，为52户困难残疾人家庭完成居住环境改善；东阳市创新推进“幸福安居”助残行动经验在全省推广。推进“净居亮居”试点项目，“1+2+3+X”经验做法在全省推广。成立全市首家“工疗型残疾人之家”，推动解决残疾人就业难题。推进市残疾人托养中心项目。发放残疾人养老保险财政补助资金334万元。

【品质生活打造】　2022年，东阳市推进“一老一小”服务场景建设。江北街道猴塘社区和茗田社区、吴宁街道西街社区和西园社区、南马镇花园村5个村（社）入选全省首批共同富裕现代化基本单元“一老一小”服务场景名单；白云街道中山未来社区的白云居家养老服务中心、社区食堂、东阳第二实验幼儿园托育部，江北街道猴塘社区的东阳第五实验幼儿园托育部，湖溪镇八里湾村的居家养老服务中心、卫生室、“儿童之家”、湖溪幼儿园，城东街道寀卢村的老年活动中心、老年食堂、卫生室、远程医疗诊所、亲子拓展活动公园、共享田园研学基地、幼儿托育中心、“儿童之家”，横店镇官桥村的居家养老服务中心、老年食堂、卫生室、“儿童之家”（“妇女儿童驿站”）、官桥幼儿园共22个场景入选全省第二批共同富裕现代化基本单元“一老一小”服务场景名单。东阳市着力减轻家庭生育养育负担，增加婴幼儿托位1285个。落实“双减”政策，完成义务教育学科类培训机构“二次压减”清零任务。减轻居民住房压力，筹建保障性住房1.15万套。减轻群众就医负担，完成城乡居民免费健康体检24.4万人次。降低养老服务成本，护理型床位占比超55%，每万名老年人口拥有持证养老护理员数29.9人，居金华市第二位。

【社会氛围营造】　2022年，东阳市开展道德典型、职业典范选树活动，推进技能人才培育。获评“全国学雷锋志愿服务最美志愿者”1人、“全国岗位学雷锋标兵”1人、“中国好人”1人、“浙江省见义勇为先进分子”并被省政府追记一等功1人、“浙江好人”2人、“金华好人”10人、东阳市级“模范集体”8个和“劳动模范”26人；入选“浙江工匠”培养项目人员名单5人，获浙江乡村振兴共富带头人“金牛奖”提名1人。东阳市丰富群众精神文化生活，建设“马生书屋”2家、“文化驿站”1个。谋划推动市文化艺术中心等民生项目。

【风险防控】　2022年，东阳市完善新冠疫情防控指挥体系和工作机制，持续开展现代治理大会战。推进“信访积案清零”百日攻坚行动，356件省级以上信访件全部清零；开展“除险保安”攻坚行动，生产安全事故起数、死亡人数均比前三年平均数下降，交通事故起数、死亡人数均比前三年平均数下降。

（郭芳鸳）

建设共同富裕先行市

2022年,市委社建委围绕“建设共同富裕先行市”的目标,“上跑道、抓重点、创特色”,推动共同富裕工作起势成势。争取共同富裕相关的国家级试点2项,入选省级高质量发展建设共同富裕最佳实践名单2个、金华市级共同富裕最佳典型案例名单2个。东阳市代表在全省共同富裕相关会议上作典型发言2次。承办金华市社建委系统首次现场会;获金华市社建委系统首次大比拼第二名,6次蝉联共同富裕工作金华市综合考评“红旗单位”。

强化顶层设计,凝心聚力压茬推进。一是组织架构日益完备。成立市委社建委,配备专职副主任,配置专职科室和工作人员。印发《东阳市共同富裕工作考核细则》,将共同富裕工作纳入全市“扛旗争先”大比拼活动赛道,用好考核“指挥棒”,激励各部门单位善作善为。二是推进机制日趋完善。建立共同富裕例会机制,每月市委常委扩大会听取研究行动推进情况,全年召开各类推进会、社建委主任会、共同富裕例会20余次。制定东阳市共同富裕系统架构图(1.0版),持续开展“七个先行示范对号入座竞跑争先行动”,由市领导分别牵头推进。三是共富政策日益健全。研究制定“扩中”“提低”、共建共富等五大行动方案,制定《关于东阳市金融支持激发市场主体活力的意见》等一系列专项特色类政策23项、激励计划28项,形成“共性+个性”政策工具箱。

聚焦“三个一批”,精准发力稳步前进。一是扎实推进一批重点工作。聚焦“1+7+N”重点工作跑道,在七个先行示范领域主动探索创新,涌现一批生动实践。促消费、投资“赛马”等4项工作获省政府激励,新材料“万亩千亿”产业平台成功入选省级培育名单。二是积极谋划一批重大改革。在“1+5+N”重大改革框架下,重点推进“扩中”“提低”改革、缩小城乡差距、缩小地区差距、公共服务优质共享、精神生活共同富裕和共同富裕基本单元等45项重点改革。东阳市代表在金华市社建委部门会议上作东阳—磐安山海协作工作经验介绍;横店镇、南马镇花园村省级小城市培育试点单位考核获优秀;加快发展浙江广厦建设职业技术大学职业本科教育做法获副省长成岳冲批示肯定。三是加快打造一批标志性成果。16项市级标志性成果工作有序开展,成功入选国家知识产权强县建设试点县、“四好农村路”全国示范县创建名单;争创共同富裕现代化基本单元建设省级试点14个,数量居金华市前列;“共富乡村建设”“寀卢经验”2个案例入选金华市共同富裕最佳典型案例;全国学前教育普及普惠市创建工作获省督查组肯定。

紧盯重点难点,狠抓落实乘势而进。一是有序推进共富首批试点。“打造横店国际影视创新中心推动文化体制改革创新”入选全省首批高质量发展建设共同富裕示范区最佳实践名单;推进横店影视文化产业集聚区的国家级文化产业示范园区创建工作,相关创建做法3次被文旅部采纳并推广;“影视文化产业大脑”获评全省服务业高质量发展典型案例、入选国家宣传思想文化工作案例名单;东阳市共同富裕试点经验做法在《今日浙江》《浙江信息》等刊发。二是加快缩小“三大差距”。深入推进共建共富结对行动,推动实施市级“飞地”抱团项目9个。完成省定集体经济相对薄弱村“摘帽”52个。城乡收入倍差1.69,居金华市前列。三是讲好东阳共富故事。首批试点、防范因病致贫返贫相关2项经验做法在《浙里共富》刊发、5项典型做法在《八婺共富》刊发。通过浙江广电集团《促振兴 奔共富》全媒体访谈节目和“共同富裕在浙江”融媒行动分享、推广东阳市共同富裕工作经验。开展《逐梦新征程,奋进共富路——“浙”十年·东阳》系列宣传报道，在国家级、省级媒体上刊发共同富裕工作成果相关文章百余篇。承办2022年中国农民丰收节浙江主场活动，举办“案卢经验”专场新闻发布会、2场共同富裕县域实践高峰论坛。横店集团控股有限公司作为全省唯一的企业代表，在省委召开的高质量发展建设共同富裕示范区推进大会上报告“立足高质量发展 持续带动农村共同富裕”实践。

（市委社建委）

创新融合与坚韧发展

——从2022“横店指数”看影视集聚区发展

集群发展是影视文化产业促进资源整合、规避产业风险，实现效益最大化的发展模式。作为全国首个影视文化集聚区，横店影视文化产业集聚区的集聚策略、发展路径能在一定程度上投射出中国影视文化产业发展的一般性特征。自2021年起，“横店指数”课题组立足影视文化产业创新发展的前沿实践，以数字化、可视化方式测算、研判横店影视文化产业发展现状，以期探寻中国影视文化产业发展的内在规律与未来方向。

对于中国影视文化产业而言，2022年是艰巨且坚韧的一年。在错综复杂的全球政治经济环境中，影视产业面临资本退潮、受众观影习惯转向、创作不确定性加剧的种种挑战。根据发布的2022年第四季度“横店指数”显示，影视产业综合指数为100.23点，比上年同期下降7.66点，各分项指数较上季度均有所回落，影视企业发展信心稍显不足。然而，沧海横流，方显英雄本色。以“横店指数”回望2022年，中国影视文化产业积极回应时代需求，在协同发展中抵御市场风险，在技术迭代中丰富传播形态、重塑产业生态，在提质减量、降本增效的新常态中创作出既符合主流意识形态，又符合市场需求的高质量作品，综合展现出“破”中求“立”、逆流而上的顽强生命力。

一、产业集群：集聚发展抵御市场风险

横店影视文化产业集聚区有东阳正午阳光影视有限公司等千余家影视企业入驻，涵盖了从创作、拍摄、制作、发行、交易到衍生产业为一体的影视文化全产业链。其电影产出占全国四分之一，电视剧占全国三分之一，古装剧占全国的三分之二，更是影视作品拍摄首选基地。随着《关于推动国家广播电视和网络视听产业基地（园区）建设发展的通知》《关于建立广播电视和网络视听产业发展项目库的通知》等政策文件的出台，释放影视文化产业集群的规模效应、示范效应以及辐射效应成为复苏影视文化产业的重要路径。早在2010年，周泯非、魏江2名学者就曾提出集群治理是包含层级控制、社区规范和市场自治的“三种混合治理机制”。在当下，影视文化产业逐渐呈现政府、影视企业、互联网平台企业、影视从业者多方交互创新，国有企业与民营企业深度合作的集群化发展模式。

影视文化产业对设备、场地、资金有着极高的依赖度。在政企合作层面，除全国性影视产业纾困政策外，地方政府也通过税收租金减免、财政补贴等形式助力产业复苏，提振行业信心。基于政策引导和市场需求，横店集聚区一方面向企业让利，宣布摄影棚向院线电影、现代、当代、科幻题材类的影视剧组限额免费；另一方面持续加强影视基础设施建设、人才聚合与企业招商，为影视从业人员提供全产业链服务。“横店指数”显示，2022年度集聚区基础设施指数最高达到137.85点，其中四季度剧组数量、影棚数量、入园企业数量等三级指数比上年同期增长7.69点、27.75点、13.63点。集聚的企业越多，由龙头企业辐射中小企业而形成的资本网络越稳定，招商引资的吸引力就越强劲，越能形成各环节循环发展模式。据统计，横店有入区企业、工作室2000余家，注册“横漂”超13万人，纾困成效显著。集聚区经济规模指数受“税收收入”影响，2022年三季度、四季度仅为18.7点、37.4点，比一季度指数（113.99点）大幅下降。看似不利的数据背后实际是对影视企业利好的“留抵退税”政策，其所释放的政策红利为影视企业增加现金流、缓解经营压力提供强劲支持。

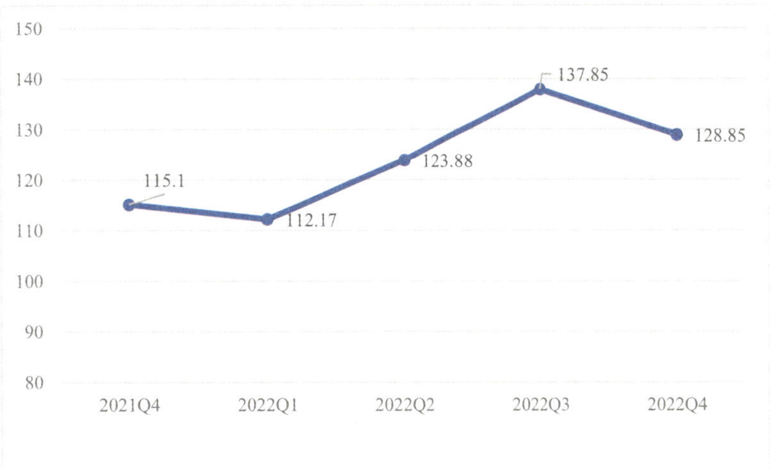

图1 2022年集聚区基础设施指数趋势图

在企业协作层面，影视从业者在产业链各个环节的联系更显紧密。据指数统计，2022年有近50部作品为入区企业联合出品、发行。爱奇艺、芒果TV、优酷等平台企业也有多部自制综艺在横店取景拍摄。在技术合作上，横店影视股份有限公司与具有中国自主品牌和知识产权的高新技术格式电影放映系统CINITY形成全方位战略合作。入区企业爱奇艺重点剧集《狐妖小红娘月红篇》在横店虚拟摄影棚拍摄，部分内容联合恒星引力进行XR虚拟制作。种种合作表明影视产业以合作求生存、以协作降风险，影视从业者在大变局中主动求变的强烈意识。

从政策支持到招商引资，从单兵作战到联合出品，从各个要素分散到上中下游企业聚集。在集群模式中，传统“诸侯经济”局面逐步调整，此消彼长的过度竞争关系逐渐改变。政企携手，国有体制与民营体制深度融合、协同发展以实现共荣成为当前影视产业的一大亮点，更为日后影视文化产业体系化、规范化建设奠定基础。

二、影视创作：在减量降本中回应时代需求

在政策和市场共同推动下，影视文化产业减量提质、降本增效趋势显著。在剧集规模上，国家广播电视总局相继发布《电视剧母版制作规范》《“十四五”中国电视剧发展规划》等文件，为电视剧创作主题、现代产业体系、国际交流合作等明确方向。规范化管理以及趋于冷静的资本市场让剧情剧集“注水”“天价IP”等行业弊病渐成过去式。“横店指数”显示，2022年四季度作品规模指数为106.4点，比上年同期下降21.37点，作品出品、发行数量均有下降，反映出行业从追求“规模”向质量优先、成本理性、投资谨慎转变。

在传播形态上，不同于数量下降的长剧集与电影，剧集时长大幅缩减、制作效率显著提升的网络微短剧迎来井喷式增长。根据国家广播电视总局信息备案系统显示，2022年1—9月间短剧备案量达2792部，约为2021年全年备案量的2倍。据统计，《虚颜》《念念无明》《养敌为患》《如花如荼》等多部爆款短剧都在横店取景拍摄。与此同时，国家广电总局印发《关于进一步加强网络微短剧管理 实施创作提升计划有关工作的通知》，不断完善市场监管体系，为微短剧这一新媒介、新需求、新市场下诞生的新形式找准定位。

在作品规模指数之外，“横店指数”同步测算国内影响力指数以及国际影响力指数，以充分评估、有效发挥影视文化在审美倾向、价值导向、创作方向、国际合作中的引导能力。尽管2022年度在作品数量或者作品形式上有所缩减，但仍涌现一批优秀影视作品。“横店指数”显示，2022年四季度影视剧影响力指数为104.97点，环比增长1.39%；国际影响力指数105.33点，比上年同期增长0.52%。

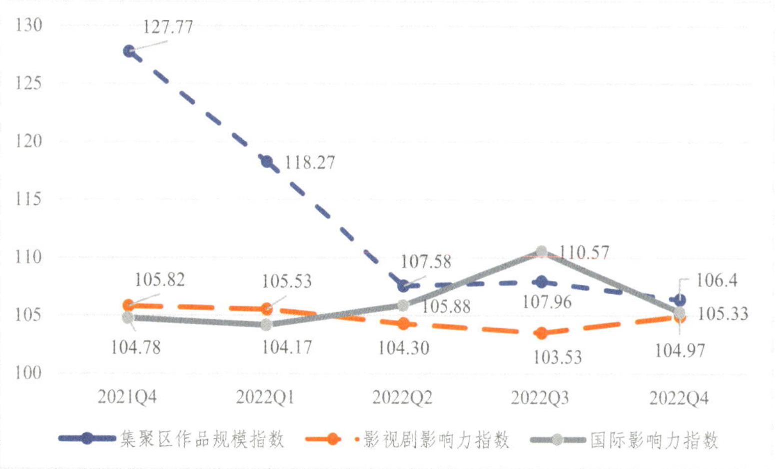

图2　2022年集聚区作品规模指数、影视剧影响力指数、国际影响力指数趋势图

从横店具体作品来看，第一，坚持以“人民为中心”，创作主旋律作品成为行业自觉。入区企业参与出品或发行的电影《长津湖之水门桥》《我和我的祖国》《我和我的父辈》《我和我的家乡》《万里归途》《峰爆》，电视剧《问天》《花开山乡》等，既有效围绕着党和国家的重大宣传主题，又突破模式化叙事，在历史与现代的对话中、宏大叙事与个体命运的交织中、国家与人民的紧密连接中激活经济效益，实现商业性与艺术性的统一。第二，现实主义题材佳作频出，成为疫情之下业界、学界的态度表达。如电影《送你一朵小红花》《人生大事》《妈妈！》《穿过寒冬拥抱你》，电视剧《人世间》《幸福到万家》《县委大院》《警察荣誉》等均收获不俗的成绩。观众能从中感受到时代洪流中社会的进步史与个体的奋斗史，生活鸡零狗碎中小人物的动人故事，以及对现实尖锐话题的直面探讨。最终在深厚的历史语境、复杂的社会话题、鲜活的人物塑造中表现出有温度、接地气、积极向上的现实主义关切。第三，以年轻受众为目标，以流媒体平台为主阵地，探索多样化影视作品。“无限流”科幻悬疑短剧《开端》以“时间循环”为背景设定，峰值播放量达1.25亿次；《卿卿日常》《乌云遇皎月》《点燃我，温暖你》等均为高热度网文IP的影视改编，既延长网络文学的价值周期，又注重精品化打造，在原有网文受众基础上更契合年轻观众需求。

三、智慧赋能：数字技术创新引领产业发展

正如横店影视文化产业以地理空间上的“横店镇”为圆心，产业集群往往是指在地理上相互临近的企业或关联公司，基于共性和互补性而在特定地理空间集聚并彼此联系，相互影响。然而，互联网已然成为全球性基础设施，数字化带来的新媒体融合为产业发展提供全新想象。学者朱从阳认为“全球影视产业的生产与消费都走向了可移动模式。”这意味影视文化产业的集聚效应将不再局限于地理空间，其产业链条可以乘着数

字化“东风”放眼世界。“横店指数”显示，2022年四季度科技环境指数为107.43点，比上年同期增长7.31%，2022年度创新性指数均在100点以上，反映了横店乃至中国影视文化产业与各种形式的媒介技术深度融合，挖掘新要素、新渠道以实现产业生态向质量效率型集约增长。

数字技术推进资源要素的高效配置。“横店指数”课题组调研发现，横店正在推动产业向数字化、智能化、工业化调整，其开发的数字应用“影视文化产业大脑”实现影棚、拍摄基地的VR再现以及千余家企业50万条数据积累。从实地勘景到“云勘景”，从后期制作到“云制作”，从线下演员招募到线上人岗匹配，基于数字应用的统筹调度，横店得以在信息聚合，资源共享中实现各个环节的高效运作。

数字技术开拓“影视+”产业新赛道。元宇宙概念的兴起给出了虚拟现实、增强现实、脑机接口等技术的整合应用新场景。在影视生产前端，虚拟拍摄成为可能。如横店高科技摄影棚的虚拟成像技术可以对真实街道进行场景重现，以拍摄汽车驾驶的仿真场景。在影视产业后端，未来传播形态能带来内容消费端的模式创新与产业链延长。以“影视+文旅”为例，横店开发了《走进大秦》《游戏江湖》《在逃公主》《走进电影》等“元宇宙”旅游产品，既能满足受众场景化、互动化、沉浸式需求，又能使影视产品以数字化IP形式延续。

数字技术开辟影视“平台化”传播渠道。影视“窗口”应遵循内容效益的最大化和消费者剩余价值的最小化原则。随着流媒体平台的蓬勃发展以及新媒介环境下观众需求改变，影视作品与网络视听融合、院线发行与线上点播互补、电视台与网络平台合作已是大势所趋。其融合渗透不仅能使受众需求端和平台供给端精准化连接，还能为中国影视国际传播提供更广阔渠道。指数测算两年以来，横店“国际化指数”均在100以上，其中国际化规模指数最高可达130.31点。2022上半年，入区企业出品的13部电影登陆海外院线，占全国出口电影总数(28部)的46.4%；下半年入区企业参与出品的《万里归途》在美国、加拿大等7个国家先后上映，《人生大事》上线流媒体平台奈飞(Netflix)并在多个国家及地区上榜。综合反映出中国影视产业网台融合、复合出海的有效性。

四、未来发展：逆流而上，纾困解难

可以说，横店就是全国影视文化产业的一个具象“缩影”。尽管在对横店企业的调查中发现，企业发展信心相对低迷，2022年景气指数均在100以下，且影视产业也存在影视作品供给不足，影视创作缺乏创新等切实问题，但是发展的契机往往暗藏于困境之中，宏观环境打破非理性繁荣，倒逼影视文化产业经历了一场化被动为主动的“大洗牌”。无论是合作发展、减量提质、降本增效还是数字技术的广泛运用，均体现出每一名影视参与者逆流而上、重整出发的决心。

新技术深度应用，新业态不断萌发，产业生态不断演进，基于2022年产业的发展现状，未来影视文化产业将出现或是继续加强五大趋势。第一，跨媒介资源整合、跨行跨界合作共享会成为风险应对、影视出海的常态化策略；第二，符合主流价值与主流市场，思想性、艺术性、观赏性相统一的影视产品将是未来创作的重要方向；第三，政策引导、扶持与治理是高质量发展的关键，精品化内容、多样化类型、多元化供给则会是激活市场、收获口碑的有效路径；第四，数字化、智能化的技术路线将持续引导产业迭代升级，促进产业在加强链接中丰富要素与扩宽边界；第五，探索影视专业人才培养模式始终是产业可持续发展的重要课题。总体而言，2022年是影视文化产业坚韧发展的一年，这一年前行不易，但也不乏惊喜。面对充满不确定性的未来，在坚持以人民为中心，尊重市场规律与艺术规律的基础上，中国影视文化产业的蓬勃发展指日可待。

（崔保国　虞　涵）

大事记

1月

1日　由金华市文化广电旅游局指导、浙江横店影视城有限公司主办的"浙里过大年 金华横有戏"2022文旅惠民线上发布暨梦外滩免费开园仪式在横店梦外滩度假区举行。

4日　义东高速公路东阳段建设转入桥面施工阶段，完成首联桥面铺装浇筑。

是日　省经济和信息化厅公布2021年度浙江省"专精特新"中小企业名单，东阳市24家企业入选。

6日　全省财政工作会议公布15个县(市、区)为"一事一议"财政奖补工作成绩突出县、100个行政村为"一事一议"财政奖补建设成效显著村，东阳市、横店镇官桥村分别上榜。

7日　市委召开第十六届第一次常委会会议和常委会扩大会议，学习习近平总书记关于党史学习教育的重要指示和在中共中央政治局党史学习教育专题民主生活会上的重要讲话精神，传达学习中央经济工作会议、省委经济工作会议精神，研究贯彻落实意见。

11日　省卫生健康委公布第四周期第二批妇幼保健院等级评审结论，东阳市妇幼保健院被确定为三级乙等妇幼保健院。

12日　省重点建设项目——横店通用机场建设项目场道改扩建工程开工奠基仪式举行。项目规划在800米跑道的基础上延长至1800米，飞行区等级4C，总投资21.06亿元。

是日　市委召开经济工作会议，部署2022年经济工作。

14日　省体育局公布2021年度体育工作先进单位，市文广旅体局获2021年度浙江省重大赛事优秀组织奖，是金华市唯一获奖单位。

是日　省交通运输厅公布"十三五"全省干线公路养护管理突出集体、个人名单，市公路与运输管理中心、市公路与运输管理中心副主任刘倧分别上榜。

16日　东阳—磐安山海协作首个"消薄飞地"项目——东磐木雕家具产业园开工仪式在南市街道陈宅村举行。

21日　浙江省东阳市、云南省怒江州两地人力社保部门签订劳务合作协议。

22日　全长1.635千米、总投资1.18亿元的217省道东阳市南午岭互通工程主线试通车，城南西路同步通车。

是日　东阳市党史学习教育总结会议在市行政中心召开，全面总结和巩固拓展全市党史学习教育成果，推动全市上下持续从百年党史中汲取智慧力量。

25日　东阳市获评全省2021年度新时代美丽城镇建设优秀县(市、区)。

23—26日　中国人民政治协商会议第十五届东阳市委员会第一次会议召开，会议听取并讨论政府工作报告，审议批准政协第十四届东阳市委员会常务委员会工作报告，审议批准政协第十四届东阳市委员会常务委员会提案工作情况报告。

24—27日　市第十六届人民代表大会第一次会议召开，会议表决确定2022年政府十大民生实事项目，通过关于政府工作报告的决议、关于东阳市2021年国民经济和社会发展计划执行情况与2022年国民经济和社会发展计划的决议、关于东阳市2021年全市和市级财政预算执行情况及2022年全市和市级财政预算的决议、关于东阳市人大常委会工作报告的决议、关于东阳市人民法院工作报告的决议、关于东阳市人民检察院工作报告的决议。

27日　省农业农村厅、省财政厅、省城乡风貌整治提升工作专班办公室联合发文公布全省首批未来乡村建设试点村名单。东阳市南马镇花园村入选。

28日　省财政厅通报2021年度全省财政管理工作绩效考评结果，东阳市财政局连续四年获评县(市、区)财政局优秀单位。

是日　省文明办发布"浙江好人榜"2022年1月名单，东阳市小慧盲人推拿所负责人戚小慧上榜。8月5日，中央文明办发布2022年第二季度"中国好人榜"，戚小慧获评助人为乐类"中国好人"。

是日　国家公共信用信息中心发布全国城市信用状况监测月报，东阳市居全国县级市第21位、全省第1位。

是月　省公路与运输管理中心公布2021年全省农村公路路况自动化检测结果统计数据，东阳市列全省第二位。

2月

7日　南市街道、江北街道各1个项目入选浙江省首批乡村全域土地综合整治与生态修复"11350工程"名单。

8日　全国爱国卫生运动委员会通报2021年度国家卫生城镇复审结果，东阳市通过国家卫生城市复审，横店镇通过国家卫生镇复审。

9日　省委全面深化改革委员会印发《关于2021年度全面深化改革考评情况的通报》，东阳市获评优秀。

11日　省文化和旅游厅通报表扬2021年度浙江省文化和旅游项目投资工作成绩突出集体及个人。浙江横店影视城有限公司获评2021年度文化和旅游项目投资工作成绩突出集体。

14日　中国科学技术协会、科技部、中国科学院、中国工程院、人民日报社、新华通讯社、中央广播电视总台联合主办的"典赞·2021科普中国"揭晓盛典特别节目中，公布2021年度十大科普人物名单，任中国极地研究中心研究员、南极长城极地生态国家观测研究站站长的东阳乡贤何剑锋入选。

是日　中央电视台科教频道《探索发现》栏目播出《匠人·匠心》第98集，东阳木雕小镇陆光正、卢光华、黄小明、徐土龙、陈国华、卢江晓、吴腾飞、陈一中等工艺美术大师和匠人出镜，共话东阳木雕传承与创新。

16日　东阳市召开全市干部大会，向全市广大干部发出"大干快上，奋进赶超"动员令。会议举行"五大会战"战旗授旗仪式，市委书记楼琅坚向"五大会战"指挥长授战旗。

17日　金义东市域轨道交通义东线（凌云站—体育馆站）环网送电成功。

19日　2021 CCF（中国计算机学会）颁奖典礼在横店镇举行，典礼以"责任·创新·奉献"为主题，颁发年度CCF终身成就奖、CCF夏培肃奖、CCF杰出贡献奖、CCF卓越服务奖、CCF杰出教育奖、CCF杰出工程师、CCF优秀博士学位论文等奖项。

21日　东阳市2022年扩大有效投资重大项目集中开工活动暨东阳光铝电解电容器项目开工仪式在东阳光铝电解电容器项目工地举行。

28日　东阳市"国家影视文化产业改革先行示范区建设探索"项目获2021年度浙江省改革突破奖提名。

是日　科学技术部高技术研究发展中心（科学技术部基础研究管理中心）发布"2021年度中国科学十大进展"，东阳籍科学家、中科院院士潘建伟团队的"可编程二维62比特超导处理器'祖冲之号'的量子行走"入选。

是日　省委第九巡视组巡视东阳市工作动员会议召开。省委第九巡视组组长陈惠明作动员讲话，市委书记楼琅坚主持会议并作表态发言。

是月　省文化和旅游厅发布《2021年浙江省文化和旅游项目投资情况通报》，东阳市文旅项目投资推进综合评价指数76.02，排名金华市第一位；文旅项目超额55%完成投资，在金华市、浙江省处于领跑地位。

是月　省城乡环境整治工作领导小组美丽城镇建设办公室公布2022年全省美丽城镇建设省级样板创建名单，东阳市横店镇、南马镇、虎鹿镇入选。

是月　省委、省政府公布2018—2021年健康浙江建设先进市、县（市、区）和先进集体名单，东阳市获评先进县（市、区），市卫健局获评先进集体。

3月

1日　金义东市域轨道交通义东线（凌云站—体育馆站）通车试运行仪式在东阳体育馆站举行。

2日　东阳市水库山塘除险清零工作推进会召开，会议部署推进水库山塘除险清零工作，落实后期维护。

3日　中共中央宣传部公布第七批全国学雷锋活动示范点和岗位学雷锋标兵名单，国家电网浙江省电力有限公司东阳市供电公司吴宁供电所所长、党支部副书记虞向红获评全国岗位学雷锋标兵。

同日　东阳市全民志愿服务助力全国文明城市创建活动暨志愿关爱社会联盟成立仪式举行，17个单位成为志愿关爱社会联盟首批成员单位。

7日　省政府办公厅印发《关于2021年度县乡法治政府建设"最佳实践"项目的通报》，东阳市"乡镇（街道）合法性审查质效提升""'数字化'助力行政执法社会监督"2个项目入选。

8日　东阳市基层党建工作会议暨2021年度镇乡（街道）党（工）委书记和市机关部门单位党委（党组）书记抓基层党建和人才工作述职评议会召开。

是日　省住房和城乡建设厅、省财政厅印发《关于公布2021年度建筑领域碳达峰碳中和工作考核结果的通知》，东阳市首次获评省建筑工业化考核优秀市。

10日　四川省巴中市委副书记、市长高鹏凌率巴中市党政代表团到东阳市考察交流。

是日　东阳市2022年营商环境整治提升大行动工作部署会召开。

11日　东阳市第一次市级总林长会议召开。市委书记楼琅坚在讲话中提出推行"林长制"，实现"林长治"。

17日　金华市委文化工作会议以视频会议形式召开，东阳市委书记楼琅坚在金华主会场作题为《塑造变革 加速领跑 全力建设具有国际影响力的影视文化创新中心》的交流发言。

18日　东阳市创建全国文明城市年度工作部署会召开。

21日　东阳市政协开展"请你来协商"专题协商会，助推全国文明城市创建。

是日　浙江野风药业股份有限公司获批设立省级博士后科研工作站。

22日　市委审计委员会召开第十六届第一次会议，学习贯彻习近平总书记关于审计工作的重要指示精神，贯彻落实新修订的审计法，研究部署审计工作。

24日　东阳市2022年市委农村工作会议召开。会议表彰2021年度乡村振兴先进集体、先进个人，部署开展“三农”领域五大行动。

28日　浙江舒泰健康产业园二期项目正式开工建设。二期项目总用地4.66公顷，计划投资5亿元，建设11栋标准厂房和研发、办公、配套生活用房。

29日　东阳市人民医院省级博士后科研工作站获批设立(为东阳市首家事业单位博士后科研工作站和首家医学领域博士后科研工作站)。

31日　白峰岭至李宅公路工程(白峰隧道)右洞顺利进洞。白峰隧道工程为白峰岭至李宅公路工程的先行段，全长745米，是东阳市“四纵五横十八联”公路网重要节点之一。

是月　13名东阳籍代表、委员参加全国两会，其中东阳籍全国人大代表有黄强、李郁华、吴晓东、沈满洪、张红伟、胡季强、陈玮7人，东阳籍全国政协委员有陆桂华、潘建伟、严慧英、奚国华、杜卫、金永伟6人。

是月　省委办公厅、省政府办公厅印发《关于表扬全省第二批“枫桥式公安派出所”的通报》，东阳市公安局横店派出所上榜。

是月　2021年中国自动化学会科普教育基地评审结果公布，吴宁一中科普教育基地入选，是全国13个入选基地中唯一一个中学基地。

是月　省生态环境厅公布第十一批浙江省生态文明教育基地名单，城东街道寀卢村入选。

4月

1日　东阳光集团东阳基地项目签约仪式在市行政中心举行。东阳光集团与东阳市人民政府签订战略合作协议。

是日　东阳市“大综合一体化”行政执法改革工作推进会视频会议召开，设主会场和各镇乡(街道)、东阳经济开发区分会场，部署“大综合一体化”行政执法改革工作。

2日　在全省建设平安浙江工作会议上，东阳市获授“平安牌”，实现“平安县(市)”十六连创，东阳市委政法委获评浙江省平安建设先进集体。

3日　康庐山水胜境文旅项目奠基仪式在佐村镇斯光村里高岗自然村举行。康庐山水胜境文旅项目是佐村镇重点生态文化旅游项目之一，项目总建筑面积约5万平方米。

是日　水利部副部长陆桂华到东阳经济开发区考察正威长三角新材料产业园项目、石马潭水库枢纽工程的规划及进展情况。

6日　市委召开2022年市委巡察工作动员会暨十六届市委第一轮巡察工作动员部署会，部署十六届市委巡察工作，宣布成立十六届市委第一轮巡察的24个巡察组，对6个镇乡(街道)和81个村(社区)党组织开展为期2个月的巡察工作。

7日　由中国工艺美术协会主办、各省工艺美术(行业)协会协办、东阳市人民政府承办的2021年中国工艺美术协会“百花杯”评审结果公布，东阳市获9金5银4铜奖项。

12日　东阳市召开全市低效用地整治和城市更新工作动员会，提出综合运用政府收储、兼并重组、关停淘汰、提升发展等举措开展低效用地集中整治；成立东阳市城市更新工作领导小组，市长任组长。

14日　东阳市妇幼保健院入选第八批浙江省科普教育基地。

18日　东阳市亚运省运工作领导小组第一次会议召开。

20日　人力资源和社会保障部等四部门印发《关于表扬2021年度工作突出基层劳动人事争议调解组织的通报》，东阳市劳动争议联合调解中心上榜，是金华市唯一上榜单位。

23日　东阳市委文化工作会议在市行政中心召开。

28日　中华全国总工会表彰2022年全国五一劳动奖章和全国工人先锋号获得者，东阳籍中国传统工艺美术大师、广东省工艺美术大师胡冠军获全国五一劳动奖章。

29日　东阳市推出《支持市场主体健康发展三十条意见》。

是月　省共富办公布2021年高质量发展建设共同富裕示范区工作考核评价结果，东阳市列全省90个县(市、区)第18位，获评优秀等次。

是月　省财政厅决定在全省开展“一事一议”财政奖补支持打造共富村试点工作，东阳市入选先行开展试点县(市、区)名单。

是月　东阳市2021年度政府科技创新奖名单公布，4家企业和3人获奖。

是月　东阳市设立500万元未成年人保护及发展专项基金。基金由市人民检察院、市慈善总会、东阳农商银行共同推动成立。

是月　2021年金华各县(市、区)创造力排行榜发布，东阳市每万人有效发明专利拥有量25.79件、拥有有效发明专利2806件，居金华各县(市、区)首位。

是月　省记协县级融媒体工作委员会公布2021年度浙江省县市新闻奖评选结果，市融媒体中心作品获一等奖2件、二等奖7件、三等奖4件。

是月　东阳市人民医院肿瘤内科被中国临床肿瘤学会授予省市级“肿瘤营养指导中心优秀单位”称号，是金华市首家获此称号的医疗卫生机构。

5月

5日　东阳市高铁新城开发投资有限公司投资建设的高铁新城实验幼儿园(亲乐园园区)开园。东阳市亲乐园公寓投资有限公司捐资500万元在该园设立亲乐助教基金。

是日　中国数字经济百人会、众诚智库联合发布《2021年中国投资潜力百强县》榜单，东阳市列中国投资潜力百强县第22位。

6日　东阳市人民政府与中国农业发展银行浙江省分行战略合作协议签约仪式在市行政中心举行。

7日　东阳市劳动模范和模范集体表彰大会举行，分别授予26名个人、8个集体“市劳动模范”“市模范集体”称号。

13日　东阳市与湖北省黄石市阳新县缔结友好城市签约仪式在东阳市行政中心举行。两地政府签订战略合作框架协议、缔结友好城市协议。

14日　市委学习贯彻庆祝中国共产主义青年团成立100周年大会

精神座谈会召开。

16日　浙江广电集团大型融媒行动《共同富裕在浙江》东阳站开启，市委书记楼琅坚在直播访谈中向观众介绍东阳市影视文旅、建筑业、木雕红木产业三把推进共同富裕的“金钥匙”。

18日　东阳市“法助共富 法护平安”专项行动推进会暨“法助共富”法律服务团成立仪式在中共东阳县委旧址纪念馆举行。宣布成立7个“法助共富”法律服务团。

19日　在金华市八婺同心·共建共富“十百千万”结对行动启动仪式上，东阳市与磐安县、东阳市横店镇与磐安县安文街道签约结对。东阳市“政企合力 产城融合 横店努力建设共同富裕示范乡镇”获评金华市高质量发展推进共同富裕先行示范最佳典型案例。

21日　东阳市产业发展大会以电视现场直播形式召开，部署2022年各产业发展重点工作并发布惠企政策。

是日　东阳市十六届市委全面深化改革委员会第一次会议暨数字化改革推进会在市行政中心召开，市委书记、市委全面深化改革委员会主任楼琅坚主持会议。

23日　市政府发布《进一步规范农村宅基地和建房审批管理的通知》，完善农村宅基地和建房审批管理。

24日　省住房和城乡建设厅、省城乡风貌整治提升工作专班办公室印发《关于公布浙江省第五批未来社区创建名单的通知》，东阳市中山社区、猴塘社区、蓝天社区、恬里社区入选。

26日　推进共同富裕县域实践高峰论坛暨东阳市“共富乡村”建设策论会在南马镇花园村举行。论坛发布东阳市《“共富乡村”建设研究报告》。

27日　全省共同富裕现代化基本单元建设推进会公布省首批未来乡村名单，南马镇花园村上榜。

是日　浙江省高质量发展建设共同富裕示范区最佳实践（第一批）名单公布，东阳市“打造横店国际影视文化创新中心 推动文化体制改革创新”入选社会主义先进文化发展先行示范最佳实践。

是月　市发改局获评浙江省2021年度扩大有效投资工作先进集体。

是月　横店集团东磁股份有限公司第二次被全球太阳能下游产业的领先独立测试实验室PV Evolution Labs评为“2022全球‘最佳表现’组件制造商”。

是月　省卫生健康委、省财政厅等部门联合印发《关于公布2021年度全省公立医院综合改革评价结果和2022年度主要目标任务的通知》，东阳市在全省各市（县、区）列第11位，获评优秀等次。

是月　东阳市建立金华市首个国资国企在线监管平台并试运行。

是月　市发改局、金华横电配售电有限公司联合谋划的“横店增量配电试点区域‘源网荷储’一体化创新实践项目”入选2022年浙江省新型电力系统试点，获省财政奖补资金400万元。

6月

2日　浙江喔刷数字科技产业园暨年产450万台支付终端POS设备生产线建设项目开工仪式在东阳经济开发区举行。项目总用地6.88公顷，计划总投资10亿元以上，分2期实施。

3日　“共建清洁美丽世界”2022年“6·5”环境日浙江主场活动在东阳市横店影视文化产业集聚区影视广场举行。活动现场发布“坚持绿色低碳发展，共建清洁美丽世界”浙江倡议书。

6日　经省学位委员会审议通过，浙江广厦建设职业技术大学正式成为全国首批职业本科学士学位授予单位。

7日　“浙风十礼·从我做起”东阳市新时代文明实践中心启用仪式在立德广场举行。中心位于江滨文化景观带百工园内，占地1200平方米，由展示区、功能区、互动区、培训区、服务区、指挥区和学习教育园地等组成。

10日　全国首个影视产业律师调解中心入驻东阳市横店镇，揭牌仪式在横店影视文化产业集聚区举行。

11日　由中国工艺美术协会、东阳市人民政府主办，浙江广厦建设职业技术大学等承办的“非常铸木”——广厦大学雕刻艺术设计国际班非洲留学生作品展在东阳中国木雕博物馆开幕。开幕式后举行拜师仪式，亚太地区手工艺大师、首批国家级非物质文化遗产代表性传承人、中国工艺美术大师陆光正收6名刚果（布）留学生为徒。

13日　浙江广厦建设职业技术大学木雕小镇校区（雕塑学院）项目建设领导小组召开第一次会议。6月20日，项目指挥部进驻东阳木雕小镇，开展实体化运作。项目选址在东阳木雕小镇东北区块，用地面积约80公顷，总投资近40亿元，按照2万名左右在校生规模设计。

15日　北京大学新农村发展研究院联合阿里研究院发布《县域数字乡村指数报告》，东阳市列百强县名单第12位。

16日　东阳市党政代表团到磐安县开展山海协作交流活动，举行山海协作联席会议，东阳市向磐安县捐赠“山海协作 共富共建”援建资金1000万元。

17日　“歌山画水·穿越美好生活”东阳市影视主题职工疗休养推介会在横店影视城梦外滩度假区举行。横店影视城和全省12家旅行社签订战略合作协议。

20日　浙江广厦建设职业技术大学举办2022届毕业典礼暨首批本科毕业生学位授予仪式，首批184名职业本科毕业生、首批雕刻艺术设计国际班21名留学生和3100余名专科毕业生完成学业。

22日　中国农村卫生发展大会表彰2021—2022年全国优秀乡镇卫生院院长和先进单位，东阳市画水镇中心卫生院党支部书记、院长俞灿煌获评全国优秀乡镇卫生院院长。

24日　全国首个禁毒主题实景剧本杀“虎门风云”上线仪式在东阳市横店影视城广州街·香港街景区

举行。

是日 省发展改革委公布第四批“万亩千亿”新产业平台培育名单,东阳市新材料“万亩千亿”产业平台入围。

是日 2022年浙江省首个全国性展会——“浙里来消费·2022横店梦外滩——老字号嘉年华”活动启动。

29日 “老少同心向党 强国复兴有我”喜迎二十大系列活动在东阳市江滨文化中心启动。

是月 东阳市获评浙江省促消费工作成效明显县(市、区),获省政府督查激励。

是月 《东阳市全域林业碳中和建设规划(2021—2035年)》通过专家评审,成为全国首个县级林业碳中和建设规划。

是月 生产基地位于东阳市的浙江欧帝尔体育用品有限公司成为浙江省第十七届运动会唯一网球供应商。

7月

2日 市企业家协会青年企业家分会成立大会召开,选举产生首届理事会。野风集团有限公司董事长俞藕当选会长。

5日 市行政执法协调监督局揭牌成立,与市司法局合署办公,是金华市首个县级行政执法协调监督局。

7日 推进共同富裕县域实践高峰论坛(2022年)暨民营经济高质量发展、推动共同富裕先行论坛在东阳市行政中心举行。

是日 东阳市人民政府和浙江农林大学联合共建“浙江农林大学浙江乡村共富学院”合作协议签约仪式在东阳市行政中心举行。

8日 在浙江省建设新时代美丽浙江推进大会暨生物多样性保护大会上,东阳市获评美丽浙江建设工作优秀县(市)。

12日 九三学社中央全国传统教育基地——东阳市严济慈陈列馆揭牌仪式举行。

13日 市委召开专场新闻发布会,向中央、省级、金华市级的40余家主流媒体及网络媒体推介“寀卢经验”。

是日 东阳农商银行与市人民法院、市慈善总会在“丰收驿站”阳光旗舰店举行东阳市首个“矛盾纠纷化解社会关系修复专项基金”成立和签约仪式。东阳农商银行向市慈善总会捐赠50万元,用于市人民法院开展矛盾纠纷化解和社会关系修复工作。

14日 由全国工商联民间文物艺术品商会艺术红木家具专业委员会主办,主题为“创新拥抱变化,战略创赢未来”的2022年红木家具品牌突围研讨会(东阳站)在东阳市东禺家居展厅举行。

19日 金华市委书记凌志峰到东阳光集团铝电解电容器项目建设工地、东阳市歌山镇六歌健康生物产业园、东阳欢娱影视文化有限公司调研。

20日 赛迪顾问县域经济研究中心发布2022年赛迪百强县榜单,东阳市列百强县第66位。同时发榜2022年赛迪长三角百强县,东阳市列第36位。

21—22日 市委书记楼琅坚率队到北京市走访考察11家影视企业,推介东阳市惠企政策和产业发展规划。

22日 东阳市人民政府与深圳市立业集团有限公司战略投资合作框架协议签约仪式在东阳市行政中心举行。双方在支持实体企业发展、供应链服务及资本服务等重点领域启动战略合作。

是日 国家知识产权局公布第二十三届中国专利奖获奖项目名单,横店集团东磁股份有限公司“一种双面PERC太阳能电池结构及其制备工艺”和普洛药业股份有限公司“一种头孢克肟的合成方法”获中国专利优秀奖。

25日 省第十七届运动会开赛,16岁东阳籍选手陈洛凡代表金华市参加街舞女子甲组比赛,获省运会首枚金牌,成为全国范围内首枚省运会街舞金牌(竞技体育类)获得者。

29日 纵目科技东阳智能驾驶系统生产基地项目开工仪式举行。项目位于高铁新城五一科创谷,规划投资20亿元,用地5.67公顷,建设汽车智能驾驶相关控制器、传感器等车载配套产品及新能源产品生产基地。

30日 第36届大众电影百花奖颁奖典礼在武汉举行,浙江横店影业有限公司出品的《你好,李焕英》获优秀影片奖,《我的姐姐》中饰演姑妈安蓉蓉的演员朱媛媛获最佳女配角奖。

是月 壹城经济咨询中心(壹城智库)在北京发布《中国镇域高质量发展报告2022》,公布“2022建制镇高质量发展500强”名单。东阳市横店镇列第18位。

是月 省生态环境厅公布浙江省首批19个生物多样性体验地培育名单,东阳市横店圆明新园皇家实景动物王国入选培育名单。

是月 省政府办公厅公布全省2022年二季度投资“赛马”激励名单,东阳市是金华唯一入选的县(市、区),获6.67公顷建设用地指标和500万元中央预算内投资额度奖励。

是月 国务院正式批复义东高速公路东阳(南市至南马)段工程建设用地,义东高速公路东阳段项目进入全线施工。义东高速公路东阳段项目由浙江省交通投资集团有限公司和东阳市人民政府共同投资建设,全长33.4千米,其中南市至南马段主线长22.7千米,概算总投资55.52亿元,建设用地160.9公顷。

8月

2日 东阳市农创客发展联合会成立大会在市农业农村局举行,选举产生第一届理事会。会上,东阳农商银行与市农创客发展联合会签订金融战略合作协议,向市农创客发展联合会综合授信2亿元。

3日 司法部普法与依法治理局局长王晓光率队到东阳市城东街道寀卢村、南马镇花园村调研民主法治村建设工作。

9日 省民政厅公布第一批全省婚俗改革实验县(市、区)评估结果,东阳市获评浙江省婚俗改革实验优秀市,并被列为7个省持续深化婚俗改革重点县(市、区)之一。

16日 由省城乡规划设计研究

院研制的浙江东阳经济开发区东扩新区城市设计方案通过专家评审。东阳经济开发区东扩新区规划范围约11.45平方千米，横跨六石街道、巍山镇2个行政区域。

18日 第十五届“高教杯”全国大学生先进成图技术与产品信息建模创新大赛成绩公布，就读于台州科技职业学院的东阳学子刘凯乐获机械类Inspire优化创新设计团体一等奖。

19日 金华市举行2022年第二次“扛旗争先”大晒拼活动，东阳市列各县(市、区)第一位。

21日 东阳市召开全市抗旱保供水专题工作汇报会，研究部署抗旱保供水工作。

23日 金华市委书记朱重烈到东阳市调研，走访横店集团东磁股份有限公司太阳能电池片七厂、城东街道寀卢村、横店影视城梦外滩影视拍摄基地、东阳木雕小镇、横锦水库，调研企业生产、项目建设、防汛抗旱、共同富裕等工作。

28日 东阳市上大产业发展研究院在市行政中心召开第一次理事会，推选第一届理事会理事，中国工程院院士、上海大学副校长吴明红当选研究院院长。

29日 国家知识产权局公布第一批国家知识产权强县建设试点示范县名单，东阳市入选试点县，试点时限为2022年8月至2025年7月。

31日 东阳市举行退役军人及其他优抚对象优待证首发仪式暨崇军商家授牌仪式。

是日 花园集团有限公司与巴斯夫(中国)有限公司战略合作协议签约仪式在花园集团举行，双方签署战略合作意向协议，加强在原材料供应、市场拓展、产品开发等多个层面的合作。

是日 东阳市首个新型储能设备在横店影视产业园北区投入运行，标志着横店增量配电试点区域“源网荷储”一体化创新实践项目进入实体化试点运行阶段。

是日 省粮食安全和推进农业现代化领导小组农业“两区”办公室公示2022年省级现代农业园区创建对象，东阳市两江源现代农业园区入选。

是日 省发展改革委、省自然资源厅公布2022年浙江省重大产业项目名单，东阳市4个项目入选，其中实施类项目3个、预选类项目1个。入选项目数居金华各县(市、区)第一位。

是月 民政部确认51个全国农村社区治理实验区完成各项实验任务，通过实验区结项评估，东阳市上榜。

是月 市人民检察院联合横店影视文化产业集聚区管委会和市教育局、市公安局、市民政局、市文广旅体局、市市场监督管理局、市妇联等部门印发《关于依法保障未成年演艺人员权益的实施意见》，国内首个保护未成年演艺人员权益的地方规章付诸实施。

是月 省城乡风貌整治提升工作专班办公室公布《全域推进未来社区建设和城镇社区公共服务集成落地改革第一批试点名单》，东阳市入选，为金华市唯一入选试点名单的县(市、区)。

是月 市农业农村局、市财政局、市城乡风貌办印发《东阳市未来乡村建设工作实施方案(试行)》，提出到2025年全市建成未来乡村20个以上，形成可复制推广的未来乡村建设模式，为农业农村现代化先行和高质量发展建设共同富裕示范区提供东阳样板。

是月 经中国计量科学研究院测试，横店集团东磁股份有限公司生产的M6、M10高效P型PERC电池转换效率成功突破24.01%，是主流量产设备、物料和工艺下PERC电池转换效率的行业最高水平。

是月 东阳市白云电商学院和金华教育学院联合开办金华教育学院东阳白云电商学院教学点。

9月

1日 东阳市2020年农村公路大中修工程(一期)(二期)通过交(竣)工验收。两期工程合计实施总里程数468千米，总投资近6亿元，实施范围涵盖全市18个镇乡(街道)。

3日 金华市委副书记、市长邢志宏到巍山镇红旗水库、佐村镇槽坞滑坡地质灾害治理工程、虎鹿镇政府检查督导第11号台风“轩岚诺”防御工作。

5日 金华市八婺同心·共建共富“十百千万”结对行动现场推进会暨社建委系统“扛旗争先”大晒拼活动在东阳市举行，东阳市在县(市、区)考核中获评“红旗单位”称号。

6日 省委教育工作领导小组秘书组公布浙江省深化新时代教育评价改革试点项目名单，浙江广厦建设职业技术大学提交的“新时代‘五维五环’职业本科学校综合评价体系改革”项目入选。

9日 东阳市召开城市品牌形象与吉祥物视觉识别系统新闻发布会，介绍城市标识、吉祥物设计宣传推广等总体情况。东阳市城市标识、吉祥物发布。

20日 217省道南午岭互通工程整体建成通车。南午岭互通工程主线桥于1月建成通车，地面道路A、B、C三条匝道于8月12日完成路面施工；D匝道于9月20日开放通行。

21日 由人民网、中国新闻社等10余家主流媒体及网络媒体记者组成的采访团到东阳市体育馆，围绕浙江省第十七届运动会艺术体操丙组比赛情况、场馆建设、疫情防控、后勤保障等进行全方位采访报道。

23日 以“庆丰收、迎盛会”为主题的2022年中国农民丰收节浙江主场活动在东阳市城东街道寀卢村举行。省委常委、常务副省长徐文光宣布活动启动。

是日 四川省南江县党政代表团到东阳市开展东西部协作高层互访活动。

24日 省第十七届运动会火炬东阳站传递活动举行，45名火炬手完成传递，全程3.5千米。

24日 市委十六届二次全体(扩大)会议暨市政府十六届一次全体会议审议通过《中共东阳市委关于加快建设横店国际影视文化创新中心的决定》。

26日 东阳市第八届社会组织

公益创投项目签约暨市社会组织服务中心启用仪式在市社会组织服务中心广场举行。东阳市社会组织服务中心是全市首家集社会组织党建、社会组织孵化、党群活动、培训教育功能为一体的服务平台。

28日　金义东市域轨道交通义东线(凌云站—体育馆站)试乘仪式在金华市轨道大厦控制中心OCC大厅、义乌市凌云站、东阳市体育馆站同时举行,义东线(凌云站—体育馆站)正式开通试乘。金义东市域轨道交通全长107.17千米,共设31个车站。义东线(凌云站—体育馆站)长26.8千米,共开放11个车站。

29日　省第十七届运动会高尔夫球比赛在东阳市横店镇禹山高尔夫球场开赛。

是月　省市场监督管理局公示2022年浙江省知识产权示范企业认定结果,东阳市6家企业(横店集团东磁股份有限公司、横店集团得邦照明股份有限公司、浙江英洛华磁业有限公司、浙江联宜电机有限公司、浙江金象科技有限公司、浙江卓木王红木家俱有限公司)入选。

10月

1日　"东阳红木"宣传片在中央电视台新闻频道首播,FM93浙江交通之声和抖音等平台同步宣传东阳红木。

10日　2022年浙江省第二批城乡风貌样板区名单公布,东阳木雕小镇特色产业风貌区入选。

是日　省市场监督管理局发布省专业市场综合贡献度指数,东阳市入选全省专业市场贡献度十强县(市、区)。

12日　东阳市九峰山黎明生态园旅游康养项目二期开工仪式举行。项目规划投资约5000万元,推进康养胜地和民宿集群建设。

是日　省文化和旅游厅公布第一批浙江省公共文化国际交流基地和项目名单,横店影视城泛博物馆群入选浙江省公共文化国际交流基地。

14日　省高级人民法院党组书记、院长李占国到东阳市实地走访市综合审判庭(建筑业巡回法庭)。

15日　省发展改革委公布浙江省命名和创建特色小镇2021年度考核结果,东阳木雕小镇获评优秀等级,是金华市内11个命名和创建特色小镇中唯一优秀等级。

20日　横店老年大学成立大会在浙江横店影视职业学院图书馆报告厅举行。横店老年大学由浙江横店影视职业学院牵头,联合横店镇老年协会和横店镇成人文化技术学校共同举办。

25日　金华市八届人大东阳中心组代表视察、调研东阳新材料"万亩千亿"产业平台建设。

27日　在第107届美国巴拿马太平洋万国博览会及中国区颁奖盛典上,东阳人楼仕华酿造的楼记黄酒获巴拿马万国博览会黄酒金奖。

27—28日　由省总工会主办,金华市总工会、市总工会承办,金华职业技术学院、横店影视城职工疗休养基地协办的2022年浙江省职工疗休养基地从业人员技能大赛在东阳龙景雷迪森庄园酒店举行。横店影视城、花园红木家居小镇代表队获团体一等奖,东阳参赛选手另获个人一等奖2项、二等奖1项、三等奖3项。

28日　2022年中国·虎鹿第二届国际云会展开幕式暨市电子商务协会缝配分会成立仪式在虎鹿缝配城举行。

是月　经全国博士后管理委员会批准,浙江花园生物高科股份有限公司设立国家级博士后科研工作站。东阳市国家级博士后科研工作站增至4家,另有省级博士后科研工作站9家。

是月　浙江广厦建设职业技术大学木雕小镇校区(雕塑学院)项目开工建设。

11月

2日　省林业局公布浙江省湿地保护修复工作成绩突出集体与个人名单,东阳市林业局、江北街道办事处获评成绩突出集体,有3人获评成绩突出个人。

3日　市科技局与中科院物理研究所长三角研究中心合作协议签约仪式暨座谈会在市行政中心举行。

8日　省中心镇发展改革和小城市培育试点领导小组办公室公布2021年度省级小城市培育试点单位考核结果,东阳市南马镇花园村作为唯一的"村域小城市"培育试点,获评优秀单位。

10日　由省药品化妆品审评中心与普洛药业股份有限公司合作共建的"政企服务空间站"举行授牌签约仪式,普洛药业股份有限公司成为金华市首家建立"政企服务空间站"的企业。

11日　东阳市发布《关于进一步加快东阳市光伏产业发展和促进节能降碳的实施意见》,全面推进"光伏+"工程、规模以上工业企业节电竞赛活动、新能源汽车公共充换电基础设施建设等实施内容。

14日　中国红十字会总会公布"会员之星"名单,江北街道猴塘社区东丰小区陈国红获评中国红十字会"会员之星"。

15日　中国红十字会总会发文表彰全国红十字模范单位,东阳市红十字救援队上榜。

18—24日　省第十七届运动会射箭项目在东阳市横店影视城明清宫苑景区举行,是该届省运会唯一一个在景区举行的赛事。

20日　东阳二中举行建校80周年庆典活动。庆典上举行《中国工程院院士传记丛书》捐赠仪式;举行"君毅"基金成立仪式,基金总额6000万元,每年用基金收益奖教奖学。

25日　在2022年度浙江乡村振兴共富带头人"金牛奖"评选活动新闻发布会上,城东街道寀卢村党委书记、村委会主任卢阳春入围。

26日　东阳市人民医院新手术中心正式启用。该手术中心基建投入资金2.2亿元,新增设备投入资金1.1亿元,共7层(地上6层,地下1层),建筑面积3.1万平方米。中心设4个区共39个层流手术间。

27日　在省第十七届运动会田径比赛中,东阳籍田径运动员获7金12银5铜奖项。

是日　非洲首个东阳海外侨

团——安哥拉东阳同乡会成立，是东阳市第三个海外侨团。

30日　东阳市专职社区工作者入职仪式暨能力建设培训班在市委党校举行，招录的334名专职社工到岗履职。

是月　市住建局、市自然资源和规划局、市应急管理局组成联合验收小组，开展东阳世贸兰庭项目验收工作。是三个部门首次对工程建设项目实施联合验收。

是月　东阳市人力社保局会同横店集团控股有限公司与中国美术学院、中国计量大学、浙江财经大学、浙江理工大学、浙江艺术职业学院5所高校签订《人才智力项目合作意向书》。

是月　东阳市南马镇花园变电10千伏河泉线、乐业线配套输出工程入选国网浙江省电力有限公司配电网“二十佳”优质工程。

12月

1日　东阳市城乡居民最低生活保障标准统一调整为每人每月1050元，增幅16.7%。

2日　中国林业产业联合会、东阳市人民政府联合主办的第三届“中国的椅子——品质·东阳”创新奖评选结果揭晓。东阳市18件作品获奖，包揽一等奖。

7日　东阳市民族团结进步促进会第一届第一次会员大会在横店镇举行，选举产生第一届理事会、监事会成员。东阳市民族团结进步促进会是由在东阳市的少数民族代表为主体、社会各界致力于民族团结进步事业的各族人士自愿组成的非营利性社会组织。首批会员55人。

8日　浙江东阳光电子科技有限公司在东阳光东阳基地举行铝电解电容器西侧厂区封顶仪式。东阳光铝电解电容器项目总投资35亿元，占地11公顷，分东、西两区建设。

9日　普洛药业科学顾问委员会成立暨揭牌仪式在普洛药业股份有限公司举行，聘请中国科学院院士麻生明、中国工程院院士郑裕国等5名国内外生物医药相关领域的知名专家学者为首届科学顾问委员会成员，聘请麻生明为第一届委员会主席。

11—14日　首届全球数字贸易博览会在杭州市举办。博览会新闻中心、主论坛区域、VIP休息区全部家具产品及空间美学搭配服务由博览会官方唯一指定家具合作伙伴——浙江上汐家居有限责任公司提供。浙江上汐家居有限责任公司、东阳市帆迪尔纸制品有限公司、东阳市妙姿鑫服饰有限公司、东阳市名艺框业有限公司等企业产品在博览会展出。

13日　由省委宣传部、省总工会主办的2022年度“最美浙江人·最美工匠”发布活动在杭州市举行，表彰10名2022年度“最美浙江人·最美工匠”，东阳市吴宁火腿厂厂长赵增上榜。

是日　“通信行程卡”服务下线。“通信行程卡”短信、网页、微信小程序、支付宝小程序等查询渠道同步下线。

14日　省市场监督管理局、省教育厅联合发布《关于公布2022年浙江省中小学质量教育社会实践基地的通知》，命名全省21家单位为2022年中小学质量教育社会实践基地，东阳木雕小镇研学基地入选。

是日　浙江省科技厅公布2022年度省级科技企业孵化器（众创空间）名单，东阳市科技孵化中心入选省级科技企业孵化器名单，东阳麒麟众创空间和东阳市跨境电商产业园众创空间入选省级众创空间备案名单。

15日　省水利厅、省美丽浙江建设领导小组河长制办公室公布2022年美丽河湖名单，东阳市南江画水段入选。

16日　2023年浙江省第一批林业推进共同富裕试点任务名单发布，东阳市的香榧特色林业共同富裕综合体入选，成为金华市内唯一入选的县（市、区）。

同日　东阳市人民医院和杭州电子科技大学共建的东阳智慧医疗研究中心在东阳市人民医院揭牌成立。杭州电子科技大学智慧健康研究院院长厉力华团队为该中心提供技术咨询和人才保障。

18日　计算机博物馆项目奠基仪式在东阳市横店镇荷栖泽地块举行。计算机博物馆项目占地面积8公顷，建筑面积超6万平方米，由历史馆、科普馆、未来馆三部分组成。

是日　省长王浩到普洛药业股份有限公司和浙江联宜电机有限公司调研，实地考察企业生产和技术研发情况。

20日　美国物理学Physics网站公布2022年国际物理学领域十项重大进展，东阳籍科学家潘建伟和陆朝阳主导完成的实数量子力学检验系列实验入选。

是日　省城乡风貌整治提升工作专班办公室公布2022年度浙江省第三批城乡风貌样板区名单，东阳横店—湖溪县域风貌样板区获评浙江省县域风貌样板区。

是日　省住建厅、省总工会、团省委、省妇联联合发文通报“建设红旗窗口、争当服务先锋”认定结果，东阳市建筑业店小二服务中心获评2022年度全省住房和城乡建设系统“红旗窗口”，为金华市唯一获评“红旗窗口”的单位。

21日　东阳市人民政府与浙江演艺集团有限责任公司战略合作框架协议签约仪式在市行政中心举行。

是日　省城乡环境整治工作领导小组通报全省美丽城镇建设2022年度评价结果，东阳市横店镇获评美丽城镇建设省级样板，南马镇、巍山镇、千祥镇、虎鹿镇、三单乡获评美丽城镇建设基本达标城镇。

是日　省农业农村厅、省财政厅和省城乡风貌整治提升工作专班办公室联合公布2022年浙江省未来乡村创建成效评价结果，南马镇花园村获评优秀等次。

22日　浙江广厦建设职业技术大学通过视频直播的方式举行2022级刚果（布）留学生开学典礼，第二批刚果（布）留学生到校开始工艺美术电子商务专业学习。

25日　市人民医院正式开通医保在线结算功能，成为全省首批、金华市首家开通“互联网+医保”线上支付的县级医疗机构。

26日 东阳市新材料“万亩千亿”产业平台六石安置区项目一期首批排屋结顶仪式举行。新材料“万亩千亿”产业平台六石安置区项目规划用地面积为8.46万平方米，总建筑面积17.38万平方米。

29日 文化和旅游部公布2022年国家旅游科技示范园区名单，横店影视文化产业集聚区上榜。

是日 交通运输部办公厅、农业农村部办公厅、国家邮政局办公室、国家乡村振兴局综合司公布2022年度“四好农村路”全国示范县创建单位名单，东阳市入选。

是月 东阳市公安司法鉴定中心通过省市场监督管理局的资质认定现场复评审，获省级认证。

东阳乡贤、浙江省疾病预防控制中心微生物检验所所长张严峻和浙江大学医学院教授、高级研究员胡海岚入选“最美浙江人·浙江骄傲”候选人名单。

是月 省高质量发展建设共同富裕示范区领导小组办公室公布浙江省高质量发展建设共同富裕示范区最佳实践（第二批）名单，东阳市“打造浙江省建筑业高质量发展综合实验区推动民营建筑企业高质量发展”入选经济高质量发展先行示范系列的最佳实践名单。

是月 省“千村示范、万村整治”工作协调小组办公室公布浙江省第十一批（2023年度）历史文化（传统）村落保护利用重点村名单，东阳江镇天山村上榜。

是月 东阳市入选省2023年度“一事一议”财政奖补创建类项目试点名单。

地　理

【区域位置】 东阳市位于浙江省中部、金华市东部，地理坐标为北纬28°58′~29°29′、东经120°04′~120°44′，东、东南与磐安县相邻，南、西南与永康市接壤，西、西北与义乌市相连，北与诸暨市毗邻，东北与嵊州市为邻。东阳市人民政府驻江北街道江滨北街18号，距金华市区62.16千米。辖区东西最大距离64.5千米，南北最大距离58.7千米，总面积1746.81平方千米。

【地貌地势】 东阳市境内以丘陵为主，占总面积的54.19%，平原占总面积的30.85%。会稽山、大盘山、仙霞岭延伸入境，形成三山夹两盆、两盆涵两江的地貌。地势东高西低，中部山峦自东向西，将境域分为南乡和北乡。境内最高峰东白山，主峰称太白峰，位于虎鹿镇北部边境会稽山脉，海拔1194.6米。全市最低点白云街道吴山小区，海拔67米。

【河流水系】 东阳市的河流属钱塘江水系，境内主要河流有东阳江、南江，主流走向从东向西。从东阳流经义乌、金华至马公滩入兰溪之水，统称东阳江，全长198千米，为钱塘江三大源流之一。东阳江发源于磐安县大盘山龙葱坞尖与岩坞尖之间的谷地(海拔929米)，在磐安县境内长31千米。在东门乡新城村入境后称中江，东门至横锦段称锦溪。横锦至上陈，纳仙门溪称练溪。练溪流经歌山称歌溪；折而西行，经楼西宅、象溪滩、西宅到寀卢，称定安溪。到东阳市城北称东阳江。于白云街道的前村出境入义乌市。东阳江在境内俗称北江，长57千米，集雨面积1124平方千米，主要支流20余条。

南江，又称画溪，发源于磐安县大盘山西南仰槽尖附近山谷，境内长72千米，集雨面积952平方千米。主流在马宅镇长庚村入境后入南江水库；出水库经西堆、清潭，至湖溪镇名湖溪；经上田、夏溪滩、半傍山，纳屏岩山水至荆浦村，名荆溪；过横店经方家、夏源、后大路、马坊、下园畈，名延弯；纳柽溪经泉府、南马、安恬，纳磁窑溪始名画溪；经黄田畈、王坎头至南岸向西出境入义乌市，在佛堂街道北汇入东阳江。

（东　鉴）

气候气象

【概况】 2022年，东阳市年平均气温偏高，年降水量偏少，年日照时数偏少。气候总体呈现暖干特征，旱重于涝，气象灾害极端性明显，气候年景总体偏差。极端天气气候事件频发，干旱、连阴雨、暴雨、低温雨雪冰冻等灾害性天气对生产生活造成一定的不利影响，气象灾害影响较重。

2022年东阳市气温、降水、日照情况一览表

表1

要素	1月	2月	3月	4月	5月	6月	7月	8月	9月	10月	11月	12月	年平均/合计
平均气温（摄氏度）	7.1	5.7	15.5	19.1	20.8	26.6	33.0	32.8	25.5	19.6	17.1	6.4	19.1
降水总量（毫米）	78.6	126.2	178.0	80.6	168.0	232.7	7.9	63.3	47.9	27.7	103.9	56.9	1171.7
日照时数（小时）	61.1	54.0	116.4	140.8	112.2	118.6	270.0	274.2	155.9	141.7	69.9	102.9	1617.7

【气温】 2022年,东阳市年平均气温19.1摄氏度,比常年偏高0.9摄氏度,气温连续10年偏高,与2007年、2020年并列历史第二高位。年最低气温零下2.1摄氏度,出现在2022年12月18日;年最高气温42.4摄氏度,出现在2022年8月23日,破历史极值;气温大于或等于35摄氏度的高温日数67天,与1971年并列历史第一位;气温大于或等于40摄氏度的高温日数22天,高温日数破历史最多纪录。

【降水】 2022年,东阳市年降水量1171.7毫米,比常年偏少18.5%,汛期降水量599.6毫米,比常年偏少34.9%,梅雨期降水量126.8毫米,比常年偏少62%。年内降水日数182天,比常年偏多19.5%,其中50毫米以上暴雨日1天,比常年偏少2.7天。梅雨期(6月10—26日)偏短,入梅、出梅时间均偏早;梅雨形势不典型,分别在6月9—10日、12—13日、19—20日出现3轮明显降水过程,梅雨量中西部多,东部少,强降雨区高度重叠。年内对东阳市产生一定风雨影响的第11号超强台风"轩岚诺"和第12号强台风"梅花"均为秋台风,2个台风移动路径偏东,带来的降水整体偏弱。

【日照】 2022年,东阳市年日照时数1617.7小时,比常年偏少3.8%,各月份日照时数分布不均匀。其中,7月、8月比常年偏多;3月、4月、9月与常年基本持平或略偏多;其余月份日照时数均比常年偏少。

【灾害天气】 2022年1月21日至2月23日,东阳市出现连阴雨(雪)天气,城区累积雨水量185.3毫米,比常年同期偏多88.7%;日照时数10.2小时,比常年同期偏少91.2%,破历史最少纪录;其间,出现5轮低温雨雪冰冻天气过程,山区降雪区域重叠,并出现冰冻,虎鹿镇东白山、佐村镇等高海拔山区局地积雪深度超25厘米,对交通出行产生一定不利影响。

3月14日傍晚到夜里,东阳市中南部普降大到暴雨,千祥镇最大小时雨强40毫米,局地出现内涝。7月28日,南市街道紫溪村出现冰雹天气(最大冰雹直径1.5厘米)。8月12日,六石街道出现冰雹天气(最大冰雹直径0.3厘米)。同日,城东街道玉米研究所出现28.8米/秒(11级)瞬时大风,个别大棚及一处气象区域站风杆预埋基座受损。8月25日夜里至26日凌晨,全市出现大风、短时暴雨等强对流天气,最大过程雨量95.2毫米(横店影视城梦幻谷),最大小时雨强72.2毫米(南马镇),横店镇个别道路出现短时积涝;14个气象区域站出现7级以上大风。

6月26日至11月13日,全市降水偏少,城区累计降水量159.7毫米,比常年同期偏少67.8%,为1957年东阳市有气象记录以来同期降水量最少的年份。市内多地出现中旱到重旱,并出现伏旱连秋旱,旱情严重且持久。全市各类农作物受灾面积880公顷、成灾面积81.33公顷、绝收面积13.33公顷。市气象局开展人工增雨作业15次,累计增加降水1845万吨。

(江聪杰　徐　星)

历史文化

【市名由来】 东阳市位于浙江省中部,"东阳"作为县名由来已久。东阳建县于东汉兴平二年(195),时称"吴宁县",取"吴地安宁"之义,治所在水门村(也作大门村)。三国吴宝鼎元年(266),分会稽郡西部置东阳郡,治所在长山县(今金华)。《方舆胜览·婺州》载:以郡"在金华山之阳,瀔水之东,因名东阳"。东阳一名始此,隶扬州。吴宁县遂属东阳郡。唐武德四年(621),罢郡置州,改会稽郡为越州,东阳郡为婺州。唐垂拱二年(686),析义乌县东冲要地及废吴宁县故地置东阳县。唐《元和郡县志·婺州》有"取旧东阳郡名"之记载。县治即今吴宁街道。属婺州,隶江南道。1988年5月25日,经国务院批准,东阳撤县建市。

【市树市花】 1992年2月28日,东阳市九届人大常委会第十三次会议通过审议,命名樟树为市树,月季为市花。樟树又称香樟树,别名香樟、芳樟、瑶人柴、栳樟、臭樟、乌樟,属樟科、常绿大乔木,高10~55米,直径可达3米,树冠广卵形;树冠广展,枝叶茂密,气魄雄伟,四季常青,是南方城市绿化树、行道树及庭荫树。月季又称月月红,蔷薇科,常绿、半常绿低矮灌木,四季开花,一般为红色或粉色,偶有白色和黄色,可作为观赏植物,也可作为药用植物,亦称月季花。用于园艺栽培和切花。

【历史沿革】 东阳地域,春秋之时属越。战国,楚败越,又属楚。秦灭楚,于吴越故地置会稽郡。翌年推行郡县制,东阳属会稽郡诸暨、乌伤县之一部分。

汉高祖六年(前201)改会稽郡为荆国,十二年(前195)更名吴国,景帝四年(前153)复名会稽郡,新莽时改诸暨为疏虏,乌伤为乌孝,至东汉建武元年(25)始复旧名,东阳先后分属之。东汉兴平二年(195),析诸暨置吴宁县,为东阳建县之始,属会稽郡。

三国吴宝鼎元年(266),分会稽郡西部置东阳郡,治所在长山县(今金华),以郡"在金华山之阳,瀔水之东,因名东阳"。东阳之名始此。吴宁县遂属东阳郡。两晋不变。南朝宋、齐因之。梁、陈两朝,吴宁县未变,所隶之州、郡历有变更。

隋开皇九年(589),废金华郡置婺州,废吴宁县入诸暨,分五乡入乌伤。同年改长山县为吴宁县,开皇十二年(592)又改名东阳县,十八年(598)再改金华县,与现东阳市之"吴宁""东阳"先后异地同名。大业三年(607),改婺州为东阳郡。今东阳地属之。

唐武德四年(621),罢郡置州,改东阳郡为婺州。唐武德七年(624),改乌伤县为义乌县。垂拱二年,析义乌县东冲要地及废吴宁县故地置东阳县,取郡名为县名。县治在今吴宁街道,属婺州,隶江南道。天宝元年(742),改婺州为东阳郡,东阳县属东阳郡。乾元元年(758),再改东阳郡为婺州,东阳县属婺州。大历十二年(777),升东阳为望县。

五代,东阳县隶属吴越国,仍属婺州。吴越王钱镠与淮南杨氏交恶,以"淮寇未平，耻闻逆姓"为由，于后梁开平四年(910)奏改东阳县为东场县。后晋天福四年(939)，于婺州置武胜军节度，东场县属之。

北宋太平兴国三年(978)，吴越纳土归宋。淳化元年(990)，改婺州武胜军为婺州保宁军节度。咸平二年(999)，复东场县为东阳县，属婺州。此后，虽然所隶州郡之名有金华、婺州之异，及路、府、州之变，但东阳之名未变。

民国28年(1939)4月7日，置磐安县，安文、大盘等地划归磐安。1958年11月，磐安县撤销，全境并入东阳县。1983年7月，析置磐安县，原磐安县地及玉山入磐安。1988年5月25日，撤销东阳县改置东阳市(县级)。

(东　鉴)

行政区划

【概况】 2022年，东阳市有11个镇、1个乡、6个街道办事处。有345个行政村、43个社区，其中城市社区14个、农村社区29个。

2022年年末东阳市驻村分中心、行政村及社区统计表

表2　　单位:个

名称	驻村分中心	行政村	社区
全 市	59	345	43
吴宁街道	—	—	11
白云街道	—	—	8
江北街道	2	3	10
六石街道	3	22	1
城东街道	3	18	1
南市街道	3	25	—
横店镇	6	17	10
南马镇	4	30	—
巍山镇	6	29	2
歌山镇	3	21	—
千祥镇	4	33	—
湖溪镇	3	28	—
画水镇	4	18	—
虎鹿镇	4	18	—
东阳江镇	3	27	—
马宅镇	3	17	—
佐村镇	5	25	—
三单乡	3	14	—

【商住区命名】 2022年，全市命名商住区7个。4月12日，横店镇人民政府命名位于横店镇，东至同乐街，南至江滨西路，西至空地，北至方家村的商住区为江湾名邸。4月21日，市民政局命名位于白云街道，东至规划道路，南至东义路，西至八华路，北至汉宁西路的商住区为嘉品名苑。同日，市民政局命名位于巍山镇，东至东阳市康安商贸有限公司，南至527国道，北至211省道，西至东阳市广育文教用品有限公司的商住区为星晨名轩。6月22日，市住建局命名位于吴宁街道，东邻时代花园住宅区，南靠塘沿自然村，西接土地殿自然村，北至城南西路的商住区为望峰雅苑。7月7日，市住建局命名位于马宅镇，东邻雷迪森酒店，南、西靠莲门坞山脚，北至五坤山脚的商住区为龙景上院。7月23日，市住建局命名位于歌山镇，东至香娟大道，南至东嵊公路，西至工部尚书古建园林工程有限公司，北至东阳江的商住区为江林苑。8月17日，市住建局命名位于横店镇，东至金良居民小区，南至东溪水厂，西至待规划区域，北至金良居民小区的商住区为紫薇里。

【道路命名】 2022年，全市命名道路2条。1月12日，市民政局命名位于歌山镇，南起大里村，北止后桥头，长2000米、宽10米的道路为振兴一路。3月18日，横店镇人民政府命名位于横店镇，南起里歌线，北止南江，长3000米、宽10米的道路为横溪路。

(潘　婷)

人口状况

【人口自然变动】 2022年，东阳市总户数353257户，比上年下降0.08%；总人口850762人，比上年下降0.04%。年内出生人口5146人，出生率0.6‰；死亡人口6046人，死亡率0.71‰；人口自然增加-900人，人口自然增长率-1.06‰，比上年下降0.12个千分点。

【人口构成】 2022年，东阳市人口性别比101.6(女为100)，男性人口

2021年、2022年年末东阳市人口构成情况一览表

表3

项目	单位	2021年年末	2022年年末	比上年增长(%)
总户数	户	353527	353257	-0.08
总人口	人	851108	850762	-0.04
男	人	429075	428760	-0.07
女	人	422033	422002	-0.01
城镇人口	人	401008	403450	0.61
乡村人口	人	450100	447312	-0.62
0~17周岁	人	143741	140854	-2.01
18~34周岁	人	162031	157199	-2.98
35~59周岁	人	344424	344131	-0.09
60周岁以上	人	200912	208578	3.82
老龄人口率	%	23.61	24.52	0.91

2022年年末东阳市各镇乡(街道)人口情况一览表

表4

名称	总户数(户)	比上年增长(%)	总人口(人)	比上年增长(%)	男(人)	女(人)	性别比(女为100)	60周岁以上人口(人)	老龄人口率(%)
全市	353257	-0.08	850762	-0.04	428760	422002	101.60	208578	24.52
吴宁街道	32068	-0.15	84738	0.06	40958	43780	93.55	17921	4.62
江北街道	28949	0.93	68346	1.49	33940	34406	98.65	14308	3.84
白云街道	19365	2.47	49551	2.89	23682	25869	91.55	8806	4.85
南市街道	19722	-0.80	44323	-0.34	22677	21646	104.76	10529	3.55
城东街道	17869	-0.36	42115	-0.29	21259	20856	101.93	10076	3.74
六石街道	18005	-0.21	40588	-0.07	20336	20252	100.41	10403	3.53
横店镇	38534	0.52	95177	0.71	47107	48070	98	21603	3.78
巍山镇	29138	-0.13	69364	-0.73	35099	34265	102.43	19334	3.38
歌山镇	17430	-0.62	41035	-0.77	20882	20153	103.62	11470	3.42
虎鹿镇	12589	-0.91	29802	-0.91	15304	14498	105.56	8344	3.28
佐村镇	10182	0.01	24691	-0.77	12913	11778	109.64	6740	4.21
画水镇	23242	-0.46	54847	-0.40	28400	26447	107.38	13581	4.39

续表4

名称	总户数（户）	比上年增长（%）	总人口（人）	比上年增长（%）	男（人）	女（人）	性别比（女为100）	60周岁以上人口（人）	老龄人口率（%）
湖溪镇	17260	−1.01	40990	−0.85	20785	20205	102.87	11956	2.70
东阳江镇	8404	0.24	21593	−1.08	11173	10420	107.23	6270	3.78
南马镇	26196	−0.64	62988	−0.59	32638	30350	107.54	15521	3.18
千祥镇	19655	−0.82	44388	−0.95	22962	21426	107.17	12424	3.17
马宅镇	10280	−0.53	24980	−0.86	12786	12194	104.85	6604	2.74
三单乡	4369	−0.18	11246	−1.14	5859	5387	108.76	2688	3.76

428760人，占50.4%；女性人口422002人，占49.6%。城镇人口403450人，乡村人口447312人；14个镇乡（街道）人口负增长。60周岁以上老龄人口208578人，占总人口的24.52%，比上年增长0.91百分点。

（徐山宝）

自然资源

【矿产资源种类】 2022年，东阳市境内有矿产资源20余种，矿床、矿（化）点90余处。查明资源储量的主要矿产有萤石、金银矿、铅锌矿、饰面用花岗岩、钾长石、饰面用辉绿岩、建筑用石料（凝灰岩）、砖瓦用（泥）页岩、矿泉水等10余种。其中，萤石、饰面用辉绿岩、建筑用石料（凝灰岩）、砖瓦用（泥）页岩等资源较丰富，产地较集中；金银矿产查明的矿床规模较小。

【金属矿产】 2022年，东阳市主要有金银矿、多金属矿、铜矿、钴土矿等金属矿产。

【非金属矿产】 2022年，东阳市主要有萤石、饰面用辉绿岩、建筑用石料（凝灰岩）、砖瓦用（泥）页岩、建筑用砂等非金属矿产。其次，还有珍珠岩、花岗岩和钾长石、石墨、云母、石英、高岭土、石灰岩、方解石、沸石、煤矿等。截至年末，全市查明萤石资源储量矿石量3914.56千吨、矿物量2245.74千吨，保有资源储量矿石量956.97千吨、矿物量558.34千吨。饰面用辉绿岩（青石）分布于佐村镇、三单乡一带，多产于围绕盆地周边分布的火山碎屑岩中。建筑用石料（凝灰岩）多产于围绕盆地周边分布的火山碎屑岩中，主要分布在吴宁街道、横店镇、马宅镇、画水镇、南市街道等地。砖瓦用（泥）页岩广布于东阳江和南江两盆地中，白垩纪红层中的泥岩、粉砂质泥岩，经风化形成砖瓦用黏土。建筑用砂主要分布在东阳江和南江及其主要支流。

花岗岩主要分布在巍山镇的大爽村、胡村村、麻家村，大爽村探明饰面用花岗岩资源储量72万立方米，胡村村、麻家村初查斑状花岗岩远景资源储量30万立方米。钾长石主要分布于巍山镇大爽村、胡村村一带，赋存于盆地边缘构造成矿带中。大爽村查明钾长石保有资源储量矿石量7680千吨，潜在资源量矿石量1亿吨以上，属大型矿床，是浙江省唯一探明储量的产地。胡村村钾长石矿初查远景储量5000万吨。珍珠岩见于马宅镇昌街村，矿体赋存于上侏罗系凝灰角砾岩、凝灰岩中，估算储量180万吨。沸石分布于马宅镇，矿体赋存于磨石山组地层中。石墨分布于江北街道瓦窑岗村、歌山镇竹园村和里胡村、画水镇南岸村等地，贮于陈蔡群地层中的石墨片岩或石墨石英片岩中。云母分布于画水镇南岸村、歌山镇竹园村等地，赋存于陈蔡群地层中，储量不详。石英矿位于画水镇南方村。高岭土是以高岭石族矿物为主组成的黏土或岩石的总称，属层状铝硅酸盐矿物，分布于歌山镇上宅村、上周村、王村光村、象塘村，巍山镇三千塘村、罗山村、王宅村等地。石灰岩主要分布于虎鹿镇下殿村、佐村镇上陈村，储量不详。方解石分布于横店镇后岑山村，储量不详。东阳的煤矿因储量不多、质差，无开采价值。

【其他矿产】 2022年，东阳市其他矿产主要有矿泉、地热。矿泉位于佐村镇赵楼村九峰山，主要赋存于上侏罗统高坞组精屑玻屑熔结凝灰岩的构造裂隙中。地热位于横店镇忠信堂村附近，属壶镇—回山新华夏系构造带北东向压性断裂带中，主要在一条北东向裂隙内涌出。

（徐超群）

【水资源】 2022年，东阳市水资源总量为11.8699亿立方米，比多年平均值下降8.6%。全市人均水资源量1091立方米。 （楼华琛）

【森林资源】 2022年，东阳市森林面积107700.29公顷，林木蓄积6684999立方米，全市森林覆盖率61.66%（因三调融合，数据变更）。全市有自然保护地7个。其中，自然保护区1个（东江源省级自然保护区）、森林公园2个（浙江东阳南山国家森林公园、八面山省级森林公园）、湿地公园2个（东白山省级高山湿地公园、东阳江省级湿地公园）、省级风景名胜区2个（三都—屏岩、落鹤—社姆山）。

【野生动物资源】 2022年,东阳市有野生脊椎动物240种,隶属30目79科,其中兽类8目19科45种、鸟类14目36科114种、爬行类1目7科28种、两栖类隶属2目7科22种、鱼类5目10科31种。兽类、鸟类、爬行类、两栖类、鱼类种数分别占省总种数的45.5%、23.6%、31.8%、44.9%、21.2%。

东阳市有国家Ⅰ级重点保护动物2种,即白颈长尾雉和中华穿山甲;有国家Ⅱ级保护动物16种,分别为猕猴、中华鬣羚、鹰雕、蛇雕、凤头鹰、松雀鹰、林雕、红隼、勺鸡、白鹇、领角鸮、领鸺鹠、斑头鸺鹠、红角鸮、普通鵟和虎纹蛙;有浙江省重点保护陆生野生动物29种;被《中国生物多样性红色名录》列为易危级以上的动物有6种。

【野生植物资源】 2022年,东阳市有野生及常见栽培维管植物156科544属1012种(含种下分类单位,下同),科、属、种分别占全省维管束植物总数的67%、37.3%、20.8%。其中,有蕨类植物25科46属85种;有裸子植物8科12属14种;有被子植物123科486属913种(双子叶植物107科391属736种,单子叶植物16科95属177种)。

东阳市有珍稀濒危植物47种,隶属于36科43属。有国家重点保护野生植物9种,其中国家Ⅰ级重点保护野生植物1种、国家Ⅱ级重点保护野生植物8种;有省重点保护野生植物9种。有被《中国生物多样性红色名录—高等植物卷》列为极危级植物1种、濒危级植物2种、易危级植物10种,近危级植物14种;被《浙江珍稀濒危植物》收录的植物有7种;其他未被上述文献收录但属于珍稀濒危的植物有7种。

(马丹雅)

经济社会发展

【概况】 2022年,东阳市辖6个街道、11个镇、1个乡,总面积1746.81平方千米。有户籍人口85.08万人。

2022年,东阳市实现生产总值761.37亿元,按可比价计算,比上年增长3.2%。其中,第一产业增加值21.52亿元,比上年增长3.2%;第二产业增加值355.06亿元,比上年增长5%;第三产业增加值384.79亿元,比上年增长1.8%。三次产业比重由2021年的2.6∶45∶52.5调整为2.8∶46.6∶50.5。按户籍人口计算,全市人均生产总值89475元(按年平均汇率折合13303美元),比上年增长3.3%。按常住人口计算,全市人均生产总值69947元,比上年增长3.2%。财政总收入137.25亿元,比上年下降3.6%,其中一般公共预算收入81.61亿元,比上年下降2.1%。一般公共预算支出115.34亿元,比上年增长4.1%。全市固定资产投资比上年增长16.9%。社会消费品零售总额336.25亿元,比上年增长3.3%。进出口总额354.35亿元,比上年增长11.6%。其中,出口总额324.15亿元,比上年增长12.5%;进口总额30.2亿元,比上年增长2.4%。全市与185个国家和地区建立贸易关系,其中出口超10亿美元的国家和地区共7个,美国为第一大贸易国。全市批准设立外商投资企业13家;合同利用外资2312万美元,实际利用外资274万美元。全市有商品交易市场27个,商品交易市场成交额383.86亿元,其中年成交额超亿元的市场有15个,年成交额381.48亿元。金融机构本外币存款余额1964.09亿元,比上年增长16%,其中人民币存款余额1935.75亿元,比上年增长15.9%;金融机构本外币贷款余额1658.26亿元,比上年增长20.58%,其中人民币贷款余额1653.05亿元,比上年增长20.3%。全市保险机构保费收入32.51亿元,比上年增长2.66%。其中,财产险保费收入11.62亿元,比上年增长7.58%;人身险保费收入20.89亿元,比上年增长0.14%。全市居民人均可支配收入57081元,比上年增长4.9%。分城乡看,城镇常住居民人均可支配收入66808元,比上年增长3.8%;农村常住居民人均可支配收入40171元,比上年增长6.5%。

【农业】 2022年,东阳市农林牧渔业增加值21.52亿元,按可比价计算,比上年增长3.2%。农作物播种面积33447.64公顷,比上年增长1%,其中粮食作物播种面积17110.51公顷,比上年增长2.43%。粮食产量97611吨,比上年增长0.3%。建成粮食生产功能区339个,总面积10706.67公顷。全市有农民专业合作社262家、家庭农场898家、农业龙头企业64家。

【工业和建筑业】 2022年,东阳市634家规模以上工业企业完成规模以上工业增加值151.15亿元;完成规模以上工业企业产值768.65亿元。磁性材料产业集群被认定为国家级中小企业特色产业集群,医药健康产业集群产值突破百亿元。

2022年,建筑企业(不含劳务分包企业)完成总产值1433.4亿元,比上年下降18.3%。建筑企业竣工产值1058.1亿元,比上年下降10.4%。建筑企业房屋施工面积21238.3万平方米,比上年下降35%,其中新开工面积3838.3万平方米、房屋建筑竣工面积5255.7万平方米,分别比上年下降34.9%、12.9%。

【交通运输】 2022年,东阳市交通建设完成投资107.33亿元,其中高速公路完成投资31.33亿元,国道、省道、县道建设项目完成投资10.54亿元。全市境内公路总里程2483.04千米,其中高速公路95.19千米,公路密度142.13千米/百平方千米。全年公路客运量118.5万人,比上年下降43.9%;旅客周转量14695万人·千米,比上年下降52.3%;公路货运量1866万吨,比上年下降5.7%;货物周转量121908万吨·千米,比上年下降19.3%。

【邮政和通信】 2022年,东阳市邮电业务收入16.7亿元,比上年增长9.16%。其中,邮政业务收入4.26亿元,比上年增长20.13%;电信业务收入12.44亿元,增长4.1%。全市有移动电话用户133.94万户、互联网宽带接入用户32.66万户。

【旅游业】 2022年,东阳市接待国内游客832万人次,比上年下降19.5%;

实现旅游收入156.2亿元，比上年下降24.1%。接待入境游客106人次，比上年下降53.91%，国际旅游外汇收入14.12万美元，比上年下降80.12%。

【教育】 2022年，东阳市有普通高等院校2所。有普通高中14所，全年招生数5648人，在校学生16459人。有职业中学3所，全年招生数2241人，在校学生7467人。有初中37所，全年招生数11136人，在校学生32106人，初中毕业生升高中段比率99.59%。全市有小学74所，全年招生数13226人，在校学生78056人。义务教育学龄人口入学率100%。全市有幼儿园156所，全年招生数9479人，在园幼儿39252人。全市有特殊教育学校1所，全年招生数43人，在校学生149人。

【科学技术】 2022年，东阳市有金华市级及金华市级以上科技项目85项，其中省级3项、金华市级82项，到位省级科技专项资金补助1294万元。立项东阳市级科技项目49项，全市有国家高新技术企业239家、省级科技型中小企业759家，有省级重点企业研究院4家、省级企业研究院17家、省级高新技术企业研发中心63家、金华市级高新技术研发中心201家。全市获省科技进步奖3项，通过鉴定的科技成果有110项。全年获授权专利3443件，包括发明专利358件，2件发明专利获第23届中国专利奖优秀奖。

【文化】 2022年，东阳市有文化馆1个，公共图书馆1个、藏书75.18万册，剧院、电影院10个，文化礼堂375个。实施文化惠民工程，送图书下乡18.9万册，送戏下乡407场，送电影下乡7732场，送讲座下乡597场，送展览下乡110场。打造“百姓文化艺术节”“特色广场文化”“百姓文化茶坊”“非遗讲堂”“周末惠民剧场”“文化节目进景区”等特色文化惠民服务品牌，举办各类文化活动11530场、县市间“文化走亲”活动47场。

【体育】 2022年，东阳市获金华市级及金华市级以上运动会金牌59.5枚、银牌42枚、铜牌27枚，其中省级及省级以上运动会金牌30.5枚、银牌33枚、铜牌22枚。全市有二级运动员87人，向上级输送体育人才25人。全市体育彩票销售金额3.41亿元，比上年增长57.1%；筹集体育彩票公益金1288万元。

【卫生健康】 2022年，东阳市有医疗卫生机构600家。其中，医院14家，卫生院18家，门诊部19家，妇幼保健院1家，疾病预防控制中心1家，卫生监督所1家，其他卫生机构1家，诊所、医务室、村卫生室、社区卫生服务站545家。全市有床位5047张，其中医院和卫生院床位4737张，妇幼保健院床位310张。全市有卫生技术人员7810人。

【环境保护】 2022年，东阳市完成造林面积340公顷，全市森林面积107700.29公顷，森林覆盖率61.66%，森林蓄积量6684999万立方米。全市霾平均日数16天，比上年增加3天，$PM_{2.5}$平均浓度为23微克/立方米；空气质量优良率（AQI指数）为97.5%。县级、乡镇级规范化合格饮用水水源保护区分别有1个、5个，水质达标率均为100%。全市3个出境断面水质达标率100%，7个市控以上地表水断面水质达标率100%。实现生活垃圾分类覆盖面100%、资源化利用率100%、无害化处理率100%。

【社会保障】 2022年，全市城镇职工基本养老保险参保人数39.32万人，城镇职工基本医疗保险参保人数26.25万人。失业保险参保人数17.61万人，工伤保险参保人数27.7万人（含建筑工伤）。生育保险参保人数21.3万人。全市城乡居民基本养老保险参保人数20.94万人，年内增加参保人数2322人。全市享受城乡居民基本养老保险金待遇人数11.06万人，发放率100%，发放金额52437.3万元。城乡居民基本医疗保险参保人数56.58万人。城乡基本医疗保险待遇享受人数45.38万人次。被征地农民基本养老保障参保人数2.34万人，年内增加参保人数6人，享受待遇人数5190人，发放金额4254.9万元。

全市有各类社会福利单位26个，床位6845张，收养各类人员1506人。城镇“三无”（无家可归、无依无靠、无生活来源）对象集中供养率100%。全年筹集医疗救助资金2308.61万元，资助参保人数2.03万人次，医疗救助人数10.76万人次，发放救助金980万元。全市有抚恤优待对象9244人，发放抚恤金6525.99万元、义务兵优待金1744.28万元、困难补助经费22.01万元。发放退役义务兵自主就业一次性经济补助金843.14万元。

（王 群）

中国共产党东阳市委员会

综　述

【经济发展】 2022年，东阳市推进稳进提质八大攻坚行动，全年实现地区生产总值761.37亿元，比上年增长3.2%(按可比价计算)。工业短板加快补长，规模以上工业企业增加值增速、制造业投资增速等核心指标走在金华市前列，入选全省首批中小企业数字化改造试点市创建名单；影视文旅产业逆势上扬，集聚区入区企业实现营业收入220.64亿元，比上年增长4.4%；木雕家居产业实现全产业链营收713.9亿元，比上年增长5%；建筑业完成总产值1433.4亿元，其中省内产值449.9亿元、比上年增长5%。持续扩大有效投资，固定资产投资比上年增长，获批专项债券30.2亿元，滚动储备专项债总需求337.3亿元。落实要素保障，整治低效工业企业520家、面积495.67公顷，增加建设用地指标467.01公顷。承接顶格落实助企纾困政策，累计减负降本21.3亿元，兑现惠企资金30.2亿元，惠及企业67万家次。

【改革创新】 2022年，东阳市数字化改革攻坚创优大行动取得实战实效，18项重点特色应用建设全速推进，获批省级及以上数字化改革试点23个。基层智治系统建设、“大综合一体化”行政执法改革等重点领域改革纵深推进，“三联并进”保护浙中“大水缸”、医保住院按床日支付改革等6项改革亮点获省级以上领导批示肯定。科技创新持续发力，谋划建设东阳科技城，研发经费支出占地区生产总值比重达2.58%，实现省级科技企业孵化器零的突破。

【城市建设】 2022年，东阳市实施城市品质提升大会战，推进歌山大桥、人民广场人防工程等151个项目，完成城市更新投资72.8亿元，入选全省第一批全域未来社区和公共服务设施集成落地改革试点名单。深入开展全国文明城市创建，实现省实地测评成绩大幅赶超。持续推进综合交通大会战，完成年度交通投资107.3亿元；金义东市域轨道交通义东线(凌云站—体育馆站)投入试运营，义东高速公路西甑山隧道全线贯通。

【社会稳定】 2022年，东阳市全域打响“除险保安”百日攻坚大会战，完成中共二十大、省运会等重要时间节点安保任务。开展信访工作“6+1”专项行动和“信访积案清零”攻坚行动，省级以上信访积案全部清零，四级走访总量比近三年平均值下降77.2%。常态化开展隐患排查整治、执法监督检查，生产安全事故死亡人数、交通事故死亡人数、火灾起数、刑事和治安案件发案数、电信诈骗案件发案数均比上年下降。

【党的建设】 2022年，市委迭代升级重大巡视问题、重大审计问题、重大督查问题、重大生态环保督察问题、重大安全生产问题、重大网络舆情问题和重大信访问题“七张问题清单”工作机制，提升党建统领整体智治水平。坚持实干实绩实效标准，树立选人用人导向，优化干部结构。持续开展正风肃纪反腐工作，查处违反中央八项规定精神问题58起91人，党纪政务处分552人。推进“红耀东阳·扛旗强基”行动，推广新时代“案户经验”，开展党员干部整治立规行动，违法党员总数下降。推动高质量全面落实意识形态责任制，掌握工作主动权。

(郎　平)

重大决策和活动

【“大综合一体化”行政执法改革】 根据《浙江省加快推进“大综合一体化”行政执法改革试点工作方案》和《金华市推进“大综合一体化”行政执法改革方案》要求，2022年4月19日，市委办公室、市政府办公室印发《东阳市推进“大综合一体化”行政执法改革方案》，明确更大范围实施跨部门跨领域综合执法、更大力度整合行政执法力量、全面实施镇乡(街道)综合行政执法改革、健全综合行政执法组织体系、构建全覆盖政府监管体系、构建全闭环行政执法体系、构建全方位协同联动体系、构建全智治数字执法体系和构建全要素执法能力提升体系9项主要内容，创新和完善行政执法体制机制，加快构建全覆盖政府监管体系和全闭环行政执法体系，推进政府治理体系和治理能力现代化。东阳市成立由市委书记、市长任组长，分管“大综合一体化”行政执法改革的副市长任副组长，各部门单位、各镇乡（街道）主要负责人作为成员的东阳市大综合一体化统筹协调指挥领导小组，统筹、协调、指挥和监督“大综合一体化”行政执法改革工作。由市综合行政执法局、市委编办双牵头，成立工作专班，各有关部门按照职责分工，协同推进改革各项任务完成。全省首家县级行政执法协调监督局在市司法局挂牌成立；全市完成执法队伍整合精减，完成行政执法事项和行政监管事项梳理；18支镇乡（街道）综合行政执法队全部实现“一支队伍管执法”。《东阳市综合执法指导办公室运行规则》入选《省“大综合一体化”行政执法改革制度成果50例》。

【城市更新】 2022年5月9日，市委办公室、市政府办公室印发《关于全面推进城市更新工作的行动方案》，提出结合城市现状和特点，以片区改造带动全域更新，推进城市空间优化重构，推动旧城与新城融合发展的主要目标；明确编制城市更新规划计划、开展更新片区城市设计、制定城市更新实施方案、规范更新项目征收安置、加强城市更新品质管控、做好更新项目运维管理6项主要任务，优化城市空间布局，完善城市功能，提高城市品质，提升城市能级，持续推进城市更新，满足人民群众美好生活需求。东阳市成立城市更新工作领导小组，统筹城市更新重大政策制定、重大问题协调等重要事项。制定《东阳市城中村改造实施办法》《东阳市国有土地上房屋征收与补偿办法》《东阳市征收集体所有土地上房屋补偿实施意见》3项房屋征收政策和《月亮湾片区房屋征收补偿安置方案》等补偿、安置政策，形成“3+X”城市更新政策体系。完成《城市更新专项规划（评审稿）》编制。完成城市更新投资72.8亿元。打通江滨南街东延、东针路、画水北路等8条城市断头路，改造提升人民北路、甘溪路、艺海路等8条城市道路，完成朝阳新村、华康小区、望江小区等11个老旧小区改造。吴宁街道荷塘片区和化工厂片区、白云街道白云片区和接官亭片区、江北街道月亮湾片区5个城市更新片区基本完成房屋征收。东阳市入选全省第一批全域未来社区和公共服务设施集成落地改革试点名单，创建省级未来社区1个。

【浙江广厦建设职业技术大学高质量发展】 2022年，市委、市政府学习贯彻习近平总书记对职业教育工作的重要指示精神和全国、全省职业教育大会精神。6月，十六届市委常委会第22次会议审议通过《关于推进浙江广厦建设职业技术大学高质量发展的若干意见》（以下简称《意见》）。《意见》厘清浙江广厦建设职业技术大学管理体制，提出把浙江广厦建设职业技术大学建设成为国内一流、特色鲜明、具有国际影响力的高水平职业本科学校的总体要求，明确实施专业提升、科研强校、人才培优、“双师”素能提升、产教融合发展、开放办学6项工程建设内容。同月，浙江广厦建设职业技术大学获批成为全国首批职业本科学士学位授予单位；总投资约40亿元，占地面积约80公顷的浙江广厦建设职业技术大学木雕小镇校区（雕塑学院）项目启动实施。

【横店国际影视文化创新中心建设】 2022年，省第十五次党代会报告提出“建设横店国际影视文化创新中心”；金华市第八次党代会提出“提升横店影视文化产业博览会能级，擦亮影视文化‘金字招牌’”，打造具有国际影响力的影视文化创新中心。按照省第十五次党代会、金华市第八次党代会决策部署，结合东阳市“打造新时代强市名城、建设共同富裕先行市”奋斗目标，9月24日，市委十六届二次全体（扩大）会议审议通过《关于加快建设横店国际影视文化创新中心的决定》，提出建成以精品创作生产高地、改革创新高地、数字变革高地、精神文明高地、国际传播重要窗口为特色的具有国际影响力的影视文化创新中心的发展目标，明确创新体制机制、打造改革试点、加快标准化规范化建设、牢牢守住舆论主阵地、着力打造新时代影视精品力作等26项重点任务。横店影视文化产业集聚区管委会完成编制《东阳市影视文化产业发展“十四五”规划》《横店影视文化产业集聚区概念性规划》；推进国家影视文化产业改革先行示范区创建工作，在全国首创群众演员工伤保险制度、剧组临时党支部制度等7项行业制度。入区企业实现营业收入220.64亿元，比上年增长4.4%；缴税10.37亿元，比上年增长16.2%。入区影视企业营业收入达107.78亿元，比上年增长13.1%。入区影视企业出品或联合出品的《我和我的祖国》《我和我的父辈》《功勋》等8部影视作品入选中共中央宣传部第十六届精神文明建设“五个一工程”奖，电影《万里归途》在中共二十大记者招待会上获外交部点赞。全年，横店影视城接待影视剧组330个、游客364万人次。横店影视文化产业集聚区获评2022年国家旅游科技示范园区；横店影视文化产业创新发展区入选第二批浙江省现代服务业创新发展区名单；“打造横店国际影视文化创新中心推动文化体制改革创新”入选浙江省第一批高质量发展建设共同富裕示范区最佳实践名单；“东阳市聚焦影视文化产业带动全域共同富裕”入选第三批浙江省文化和旅游促进共同富裕最佳实践案例名单。

（郎　平）

市委重要会议

【市委第十六届二次全体（扩大）会议】 于2022年9月24日在东阳剧院召开。市委书记楼琅坚作题为《大干快上 奋进赶超 在“两个先行”新征程中勇当排头兵》的报告。会议审议通过《中共东阳市委关于加快建设横店国际影视文化创新中心的决定》；会议强调要动员全市上下大干快上、奋进赶超，主动融入高水平建设内陆开放枢纽中心城市，在“两个先行”新征程中勇当排头兵。

【全市干部大会】 2022年2月16日，以电视现场直播形式召开。会议对2021年度东阳市各类先进单位和个人进行表彰，表彰纳税超亿元企业和功勋企业家、纳税超5000万元企业和经济建设杰出人物、市级先进镇乡和先进部门、"五大会战"先进单位和先进个人、数字化改革优胜单位、扩大有效投资优胜单位、招商引资先进单位、"三强六无五美"示范村、抗击新冠疫情先进集体和先进个人等;市委副书记、市长黄胜可部署"三大行动"和"五大会战";市委书记楼琅坚向"五大会战"指挥长授战旗;相关单位、镇乡(街道)、行政村(社区)、企业代表作表态发言。市机关各部门、各单位主要领导,各镇乡(街道)党政正职,重大投资项目负责人,纳税百强企业负责人,2021年度各类先进单位代表在东阳剧院主会场参加会议;相关部门、各镇乡(街道)设分会场。

【东阳市产业发展大会】 2022年5月21日,以电视现场直播形式召开。会议对2021年度东阳市工业经济与科技创新领域、建筑业领域先进进行表彰,颁发工业强市年度贡献奖、工业强市亩均英雄奖、市政府质量奖和市政府科技创新奖,表彰国家专精特新"小巨人"企业、国家级绿色工厂、省第一批制造业"云上企业"、市建企航母及建筑业发展功臣、市建筑业特殊贡献人员、市建筑业龙头企业、市建筑业招商回归贡献企业;对工业经济与科技创新、建筑业、木雕家居产业、影视文旅产业2022年重点工作进行部署,发布工业、建筑业、木雕家居等领域的惠企政策。浙江微度医疗器械有限公司、横店集团控股有限公司、中天建设集团有限公司、浙江卓木王红木家俱有限公司相关负责人分别作为工业企业、影视文旅企业、建筑企业、木雕家居企业的代表作交流发言。市机关部门单位和市属企事业单位主要领导,各镇乡(街道)党政正职,工业、建筑业、影视文旅产业、木雕家居产业等领域企业负责人在东阳剧院主会场参加会议;相关部门、各镇乡(街道)设分会场。

(郎　平)

2022年5月21日,东阳市产业发展大会在东阳剧院召开　(包康轩/摄)

全面深化改革

【概况】 2022年,东阳市推进全面深化改革工作。5月21日,十六届市委全面深化改革委员会第一次会议暨数字化改革推进会审议通过《2022年度东阳市全面深化改革工作要点》;9月7日,东阳市数字化改革领导小组办公室(以下简称市委改革办)印发《2022年全面深化改革暨数字化改革督察方案》。

2022年,市委改革办一体化整合党建统领、现代政府、社会、文化、平安、社会治理六个全面深化改革领域41项改革任务、共同富裕先行市45项重大改革。增加省厅级及以上改革试点任务36个(含部级试点任务4个),其中数字化改革试点任务23个。《东阳市打好助企纾困"组合拳"助力经济稳定发展》《东阳市上线"影视文化在线"应用推动影视产业高质量发展》《东阳市上线"水库安全智管"应用 提升水库风险管控能力和水资源治理水平》3项改革成果在省委改革办的《竞跑者》和《数字化改革》刊发。"校园食品安全与营养健康""乡镇(街道)合法性审查数智"2个应用入选全省"一地创新、全省共享""一本账"S0。"校园食品安全与营养健康""数字孪生水库智管""木雕红木行业产业大脑"3个应用获评金华市数字化改革"最佳应用"。东阳市全面深化改革工作综合考评居全省优秀行列。

【重大改革项目政策研究】 2022年,市委改革办完成《2021年东阳市民生发展报告》。开展"支持市资发集团下属公司进一步做大做强做优""进一步优化体制机制提升横店镇城市经营能力"专题调研,为市委相关工作决策部署提出建议。牵头推动"浙江广厦建设职业技术大学高质量发展""支持融媒体中心做大做强"等全市重大改革项目政策研究工作,起草《关于推进浙江广厦建设职业技术大学高质量发展的若干意见》《推进浙江广厦建设职业技术大学高质量发展重点任务责任分解表》《关于推进机关部门和广厦大学二级学院合作共建的实施意见》《关于支持市融媒体中心做大做强的若干意见》等文件。

【六大领域改革一体化推进】 2022年,市委改革办一体化推进省级重大改革(重大应用)、重点领域改革和东阳市特色改革。推进省级重大改革、重大应用贯通落地,全年贯通省级重大改革事项21项、省级重大应用143个,贯通率100%。聚焦党建统领、现代政府、社会、文化、平安、社会治理六大领域29项重点任务,项目化、清单化、专班化推进重大改革。加快推进重点领域改革落地,推进"浙江广厦建设职业技术大学高质量发展""支持融媒体中心做大做强"等全市重大改革项目;"大综合一体化"行政执法改革、农村社区治理改革、职业本科教育改革等工作获省级领导批示肯定。

市委改革办推进实施东阳市特色改革，推动“共同富裕基本单元建设集成改革”“打造具有国际影响力的影视文化创新中心”等重大改革项目；横店影视文化产业创新发展区入选第二批浙江省现代化服务业创新发展区名单；南马镇花园村、横店镇官桥村、城东街道寀卢村、湖溪镇八里湾村、虎鹿镇蔡宅村5个村庄入选省级未来乡村创建名单；8个社区入选省级未来社区建设试点名单，其中江北街道猴塘社区成功创建省级未来社区；《浙江日报》整版刊登《东阳花园村：创“富”造“城”向未来》，点赞东阳市共同富裕基本单元建设。市委改革办印发《东阳市全面推进“县乡一体、条抓块统”县域整体智治改革工作实施方案》，明确该项改革工作的总体要求、基本原则、主要目标、重点任务和工作保障。

【数字化改革理论和制度成果】 2022年，东阳市迭代升级数字化改革体系架构，整合形成“1612”体系架构（第一个“1”：一体化智能化公共数据平台；“6”：党建统领整体智治、数字政府、数字经济、数字社会、数字文化、数字法治6个系统；第二个“1”：基层治理系统；“2”：理论和制度2套体系），建立“政府主导+专家建议+社会参与”的数字化改革理论研究机制，初步形成《东阳市教育数据接口规范》等64项制度成果和《推进“民生议事堂”建设的东阳实践》等72项理论成果。

【数字化改革攻坚创优重点应用建设】 2022年，东阳市推进数字化改革攻坚创优重点应用建设18个。3月30日，市委改革办印发《东阳市数字化改革攻坚创优大行动统筹推进工作机制》，明确工作例会、领导领衔、项目管理、赛马比拼、督察闭环、考核评价6个工作机制；构建“一表一图一单”（重点应用表单、节点任务作战图、月度工作提示单）管理机制；印发《2022年度东阳市数字化改革攻坚创优大行动绩效双月评价办法（试行）》，建立考核评价体系。年内，全市开展数字化改革专题研究36次，组建攻坚专班11个，印发重点应用周报20期、双月作战图4张、月度工作提示单11张，刊发《数字化改革（工作动态）》54期。

【数字化应用延伸和建设】 2022年，市委改革办推进数字化应用在教育、医疗、金融、国有企业、事业单位五个领域的延伸和建设。开展“东阳名师课堂”“双减通”等教育领域应用推广，谋划职业教育数字化应用“育匠大脑”建设，参加省、金华市教育部门交流（路演）5次。实施医疗机构信息系统贯通提升工程，完成健康数据高铁骨干链路铺设。推动东阳农商银行“阳光数据云平台”迭代升级。制定《东阳市国资国企数字化改革总体方案》，谋划推进“国资国企监管平台”“5G砂石骨料未来工厂”“数字公交”“智慧水务”“数字文旅”等应用建设。印发《东阳市事业单位数字化改革实施方案》，谋划推进“智慧南山”等应用建设。

【公共场所服务示范点建设】 2022年，东阳市印发《关于2022年深化公共场所服务大提升示范点建设的通知》，开展重点公共场所服务便利化、智慧化、人性化、特色化、规范化提升工作。截至年末，增加公共服务示范点27个，其中第七人民医院通过二级甲等精神病专科医院验收，江北街道东丰小区获评省级体育特色村

2022年东阳市数字化改革攻坚创优重点应用一览表

表5

序号	应用名称	所属系统
1	会议智治综合应用	党建统领整体智治
2	校园食品安全与营养健康应用	数字政府
3	“浙地智用”（东阳）应用	
4	数字孪生水库智管应用	
5	粉尘涉爆企业安全生产风险监测预警系统	
6	“建筑产业大脑”应用	数字经济
7	“木雕红木行业产业大脑”应用	
8	东阳垃圾分类暖心服务平台	数字社会
9	农村客运数智服务应用	
10	“智慧花园”未来乡村应用	

续表5

序号	应用名称	所属系统
11	“影视文化在线”应用	
12	“影院在线”应用	数字文化
13	“古建筑营造技艺在线”应用	
14	合法性审查数智应用	
15	实有人口综合治理应用	数字法治
16	“案物通”应用	
17	网格智治应用	基层智治
18	“智慧横店”管理服务指挥系统(三期)	

(居)，湖溪镇八里湾景区(二期)获评金华市研学实践教育基地。完成三年建设100个公共场所服务示范点的工作目标。

【金义都市区共建】 2022年，东阳市推进实施金义都市区共建项目34个，均完成年度目标任务。推进杭温高铁、金甬铁路、金义东市域轨道交通、甬金高速公路拓宽、义东高速公路、金华—武义—永康—东阳市域铁路、义龙庆高速公路等基础设施项目建设，实施东阳—磐安山海协作“消薄飞地”、横店—磐安影视共富联盟、城市有机更新等一批重点项目。12月28日，金义东市域轨道交通义东线(凌云站—体育馆站)开通试运营。

（胡宇琪）

市委综合事务

【概况】 2022年，市委办公室开展全市重点工作任务落实情况督查，健全党委信息工作体系。对接拟定各种会议活动方案206个；参与接待宾客57批，配合拟定接待方案113个。接收办理上级文件232个、下级请示报告144个；印发市委和市委办公室文件72个、会议纪要42个。

2022年12月28日，金义东市域轨道交通义东线(凌云站—体育馆站)开通试运营 （胡扬辉/摄）

【调查研究工作】 2022年，市委办公室协助省咨询委等上级部门完成相关资料的收集上报。开展市级领导调研文章课题的下发和文章的收集，完成《调查与研究——市级领导调研成果汇编》编印。开展全市优秀调研文章评选工作，共收到调研文章300余篇，评选出一等奖5篇、二等奖10篇、三等奖15篇、优秀奖20篇。编发《东阳政研》14期、《今日东阳》12期，其中《今日东阳》从2022年第6期开始改版，增设《每月观察》《本期关注》《乡村札记》《观点时评》《乡贤风采》《他山之石》等栏目，制作随书电子期刊(扫描《今日东阳》首页二维码即可翻阅)。

【综合文字工作】 2022年，市委办公室起草市委第十六届二次全会报告、市委第十六届三次全会报告、市委务虚会讲话、全市干部大会讲话、产业发展大会讲话等各类文稿材料共270余篇、相关演示文稿60余个。《精准发力 坚决突破 全力打好低效工业用地整治攻坚战》《滚石上山 实干实效 奋力交出经济稳进提质高分答卷》《大干快上 实干争先 努力为高水平建设内陆开放枢纽中心城市贡献东阳力量》等多篇文稿在《金华通讯》《金华日报》刊发。

【督考工作】 2022年，市委办公室对全市重点工作及重要文件落实情况开展督查，确保政令畅通。牵头组织开展金华市级考核任务落实情况专项督查，督促相关部门查漏补缺；东阳市年终考核获优秀等次、列金华各县（市、区）第一位。构建“大督查”闭环机制，组织开展“三大行动”、招商引智、“五大会战”等工作的专项督查；贯通《今日聚焦》媒体监督；督办市委主要领导批示反馈件195件、交办事项144项、群众来信批示件232件。修改完善考核办法，牵头起草《2022年度镇乡街道、机关部门工作目标责任制考核意见》，完成年度目标责任制考核和专项考核工作。

【信息工作】 2022年，市委办公室健全党委信息工作体系，加强信息队伍建设。开展全市党委信息工作培训3期，覆盖各镇乡（街道）、市机关各部门信息员；抽调上挂顶岗锻炼信息员16人。组织收集各类信息2400余条，采编750余条，编发市本级《一周要讯》30期、《信息专报》18期；向上级党委办公室（厅）上报各类信息460余条，其中被省委办公厅采用并作为上报问题信息36条、《浙江信息》采用21条；信息工作获市委主要领导批示肯定6次。印发《中共东阳市委办公室 东阳市人民政府办公室关于印发〈东阳市突发快响工作机制（试行）〉的通知》，进一步明晰紧急信息报送时限和报送要求；全年上报紧急信息12条，未发生一起迟报、漏报、瞒报事件。

【保密工作】 2022年，市委办公室贯彻落实各级党委和保密委员会关于保密工作的要求，完成中共二十大保密服务保障工作。组织开展“保密宣传教育月”活动，组织保密知识业务培训和“保密观”线上培训考试，组织观看警示教育片《浙江省通报5起违反保密法律法规典型案例》和《莫让微信成为“危信”》。持续开展保密监督检查，深化微信、浙政钉等社交媒体使用保密管理，配合中考、高考现场保密检查工作。

（郎　平）

组织工作

【概况】 2022年，市委组织部推广新时代“寀卢经验”，推进“百镇共富强基”行动，持续开展干部培养工作和离退休干部党组织规范化建设，健全完善公务员制度体系。

【新时代“寀卢经验”推广】 2022年，市委组织部深化推广新时代“寀卢经验”，以“寀卢经验”为主题举办村（社区）党组织书记县级提级“晒拼创”活动。介绍“寀卢经验”的干部培训课程《在希望的田野上》被中国干部网络学院录用。《解码新时代“寀卢经验”》获《浙江日报》专版报道。7月13日，东阳市召开“寀卢经验”专场新闻发布会，介绍“寀卢经验”的有关情况和推广新时代“寀卢经验”的具体举措；该场新闻发布会获《人民日报》《浙江日报》等30余家媒体报道。在城东街道寀卢村举办2022年中国农民丰收节浙江主场活动、金华市八婺同心·共建共富“十百千万”结对行动现场推进会暨社建委系统“扛旗争先”大晒拼活动。

【干部队伍建设】 2022年，市委组织部推进机关部门班子集中调整。加大专业干部储备，建成“智慧应急”“数智先锋”“公卫英才”等10支专业干部团队，吸纳309名各类专业干部入库。优化专班力量调配，建立重点项目专班“揭榜挂帅”机制，71名干部主动“揭榜”。选派213名年轻干部到稳进提质、招大引强、城市更新等工作专班及信访等重点工作一线历练。组织143名退职干部参与全市重点工作专班与市委、市政府督查考评组。开展机关部门与乡镇一般干部“双向交流”，推动年轻干部专业化、复合型培养。优化基层干部多维考评机制，推进“综治工作、市场监管、综合执法、便民服务”四个镇乡（街道）基层治理平台派驻人员与镇乡（街道）干部一体化考核管理。建立驻村干部“帮办代办”工作机制，组织驻村干部帮助群众解决实际问题，推动组团式专职化驻村落到实处。

【干部监督管理】 2022年，市委组织部开展干部监督管理工作，谋划整改措施45条，制定完善规章制度12项，完成省委巡视选人用人专项检查反馈问题全部销号。省委巡视组作出东阳市“政治生态向好势头得到进一步巩固，干部‘精气神’得到进一步提升”的正向评价。聚焦“一把手”监督，落实主要领导离任“五责交接”工作机制，实现领导干部岗位调整清单化呈现、无缝式交接，全年完成基层党建工作责任清单、选人用人工作责任清单、党风廉政建设责任清单、发展责任清单、经济责任清单“五责”交接32人次。开展选人用人专项检查，对市委巡察的18家单位延伸体检，形成专项检查报告，督促问题整改落实。澄清保护行政复议败诉案件13起13人，容错纠错11起11人。推进“浙里干部之家”应用试用工作，全市激活人数5760人。

【干部教育培训】 2022年，市委组织部推进干部教育培训工作。全年举办主体班次12期、部门班次78期，共计培训14100余人次。分级举办新任市管领导干部进修班、中青年干部培训班、年轻干部培养“青蓝工程”，形成个人画像和研判材料140余份，动态调整储备年轻干部库。组织120名党校教师和年轻干部成立“宣讲团”，开展中共二十大和省党代会精神专题宣讲。组织开展新冠疫情防控能力、稳经济等专题培训7期560余人次。探索开展政企合作培训，选调100余名专业干部参训。落实东西部协作和山海协作干部培养任务，举办四川省南江县“一把手”提能和南江县中小学校长提升专题培训班2期、山海协作助力乡村振兴专题培训班1期。

【公务员制度体系健全完善】 2022年，市委组织部完成公务员招录工作，录用公务员（含参公）101人；完成

2023年公务员录用资格初审、笔试等工作。制定新录用公务员“青蓝工程”成长导师帮带制实施方案，为新录用公务员配备帮带导师，持续开展实践锻炼。开展干部“双向交流”工作，全年双向交流干部39人。优化职级晋升方案，开展考核、任职、奖惩、学历、担当作为“五维”量化评分。开展公务员津补贴清理规范工作，在上级批复的总量范围内部署基础绩效奖发放。制定年度考核奖分配办法，提出乡镇倾斜待遇分配意见。建立平时考核联系点、示范点工作机制，确定示范点5个、联系点19个。开展公务员“大综合一体化”行政执法改革涉改单位的参公重新认定工作。开展“双满意”人选推荐工作。

【老干部工作】 2022年年初，东阳市有副处级以上老领导44人，有离休干部62人，截至年末，副处级以上老领导离世1人、增加3人，离休干部离世15人。6月29日，东阳市举行老干部政情通报会暨省党代会精神宣讲，向老干部宣讲省第十五次党代会精神，通报全市经济社会发展情况；会议现场举行退休干部代表光荣退休仪式。市委组织部组织市级老领导开展“五大会战”走看促活动，试乘金义东市域轨道交通，调研义东高速公路江北段建设情况、横店影视文化产业发展情况。印发《东阳市离退休干部党的建设工作实施意见》，推进离退休干部党组织规范化建设，截至年末，离退休干部单建党组织增加至64个；开展离退休干部党支部薪火相传“双结对”活动，21名退休干部结对22名农村创业青年、基层党员干部。打造“银晖领航”“银智助企”“银和仁心”“银警反诈”“银雁护航”“银字号”志愿服务团队5支；选树金华市“最美”系列个人5人、组织1个；选树东阳市级“银尚达人”个人76人、“银尚达人”团队6个、“银尚之家”13户、“乐活驿站”11个；获评省级“银尚达人”个人及团队各1个、“银尚之家”2户、“乐活驿站”2个。年内，培育“老党员驿站”2个、离退休干部党建共享基地7个；成立“东阳老年教育联盟”。东阳老年大学建立健全课程库、名师库和银龄辅导员库，开设舞蹈、书画等专业“空中课堂”16个，推进教学数字化改革迭代赋能；11月，东阳老年大学(振兴分校)完成改造并启用；实现全市镇乡(街道)老年学校全覆盖；173个村(社区)建立老年学堂，村(社区)老年学堂覆盖率44.59%。

(胡金成)

党建工作

【村级组织建设】 2022年，市委组织部印发《关于进一步优化村级组织运行的实施意见》，并在画水镇开展试点；通过加强画水镇行政村“两委”班子统筹力、加强村务监管、配齐配强村级工作力量、分类分步推动行政村融合等举措，破解画水镇黄田畈村等多个村撤并后体制机制不顺的遗留问题。画水镇信访总量下降，信访积案实现动态清零。

【现代社区建设工作】 2022年，市委组织部推动城区街道开展政府购买社区服务试点，总结提炼“五民工作法”“136工作法”，获《中国社区报》《乡镇论坛》等媒体报道。推进“金华有爱·幸福婺里”社区品牌建设，创建争先社区5个，总结提炼“小巷导师”创建机制，被金华市第三批“小巷”队伍建设指引收录。

【机关党建工作】 2022年，市委组织部开展机关部门党委(党组)书记“领办党建项目”活动，各机关部门共领办“党建项目”59项。开展星级品牌党支部和清廉机关创建工作，创建五星级和四星级品牌党支部各1家、三星级品牌党支部10家，创建市级示范型清廉机关5家、标准型清廉机关15家。建立新冠疫情防控平战转换机制。平时，全市5191名机关党员干部常态化下沉社区；战时，累计动员1500余名机关干部支援一线。开展“疫情防控卫士”评选和“关心关爱大家访”行动，评选、慰问“疫情防控卫士”3批次657人，收集工作建议351条，协调帮助解决困难329个。推进“破百难、助共富”活动，横店影视文化产业创新发展区入选第二批浙江省现代服务业创新发展区名单，东阳市磁性材料行业入选全省首批中小企业数字化改造试点县(市、区)创建名单。完成工委下设56个机关党组织班子调整和集中换届工作，加强机关纪委队伍人员配置。

【“两新”组织党建工作】 2022年，市委组织部完成全市“两新”党组织集中换届，实现省级小微园、5000平方米以上楼宇的党组织全覆盖。创建示范园区、楼宇、企业共16个，新建党组织35个。成立市交通运输行业

2022年6月29日，老干部政情通报会暨省党代会精神宣讲在东阳老年大学江滨校区举行 (包康轩/摄)

党委，推动50辆车以上的4家企业全部建立党组织，打造鸿运物流园“司机之家”。推进党建引领“共富工坊”建设，建成“共富工坊”58个，吸纳就业人数3700余人，人均年增收入2万元。实施“百舸行动”，成立市企业家协会青年企业家分会，举办百舸学堂精英班，组织政企恳谈会，组织青年企业家到四川省南江县开展东西部协作等活动20次。发挥“横漂”党建联建成员单位作用，保障“横漂”权益。开展“百名干部助百企”活动，选派117名干部到120家重点企业开展服务，解决企业难题273个。持续推进“三师助企 政策惠达”专项行动，10个“三师”服务团帮助120家重点企业解决问题658个，争取补贴金额670万元。

【农村多年未发展党员问题整顿】 2022年，市委组织部完成5年以上未发展党员行政村的整改，修订完善《东阳市发展党员县域统筹办法》《东阳市发展党员工作责任追究办法》等4项制度，推行发展党员“四色预警”机制，进一步规范发展党员流程，防范多年未发展党员问题再发生。东阳市通过镇乡（街道）党校培养发展一批农村优秀青年，加强党员干部教育管理相关做法，获《浙江日报》报道。

【党员干部整治立规】 2022年，市委组织部推行党员干部整治立规“十项硬核举措”，实行党（工）委“红黄旗”、党员违法问题“一案三查”等机制，层层压实镇、村两级管党治党责任，加大党员违法成本。全市违法党员总量下降，村干部实现“零违法”。

【党建统领网格智治】 2022年，市委组织部充实网格治理团队力量，按每人联系10~15户标准组建3.1万个“连心群”，治理力量由“8·2”新冠疫情前的2万人增加到3.8万人。防疫转段后，市委组织部将3.1万名“连心群”群主充实进1587支村（社区）小分队，组织发放“防疫包”23万份。招录专职社会工作者528人，承接金华市委组织部“揭榜挂帅”项目——“专职网格员队伍管理、网格准入机制”，制定《东阳市网格事项及“一长三员”工作职责（试行）》《网格事项准入退出机制》等管理制度。

【党群服务中心阵地枢纽建设】 2022年，市委组织部开展市、镇乡（街道）、村（社区）三级党群服务中心“一十百”提升工程。在市中心投资1700余万元建成市级党群服务中心，同步开展“十社十景”社区品牌建设，进一步筑牢基层坚实党建阵地。开展“公益大巴”进社区等系列活动，服务群众10余万人次。

（胡金成）

人才工作

【人才政策支持体系完善】 2022年7月29日，市委、市政府印发《关于大力实施人才强市、创新强市首位战略服务打造新时代强市名城的意见》，重塑人才政策支持体系，实现东阳市人才政策创新。制定《“才聚东阳 智汇赋能”打造人才发展和科创高地2022年行动方案》，压实相关部门的责任。印发《中共东阳市委人才工作领导小组及办公室工作规则》《中共东阳市委人才工作领导小组重点人才工作推进例会制度》，进一步深化党管人才原则。

【人才科创平台建设】 2022年，东阳市推进高能级人才科创平台建设。确定东阳科技城“一校四中心”的建设方案，实体化运行上大产业发展研究院，开工建设全球最大计算机博物馆，实现省级科技企业孵化器零的突破。年内创建国家级博士后科研工作站1家、省级博士后科研工作站4家。全市累计有博士后科研工作站13家，其中国家级博士后科研工作站4家、省级博士后科研工作站9家；有在站博士后23人，主要涉及生物制药、新材料、新能源、高端装备制造等领域。迭代升级“揭榜挂帅”引才机制，举办中国磁性材料产业高峰论坛。新材料“万亩千亿”产业平台入选省第四批“万亩千亿”新产业平台培育名单。

【人才引进和培育】 2022年，东阳市实施海外引才计划倍增工程，入选国家引才计划6人，省引才计划4人。设立“引才联络站”，开展“才聚东阳、智汇赋能”行动，举办千榜进百校“2+4+X”云揭榜新材料产业专场、青年博士东阳行等“智企”对接活动8场，招引青年博士19人、高技能人才6727人、大学生1.95万人。东阳市14项人才重点指标完成情况居金华市前列。

【人才服务】 2022年，东阳市深化人才服务专员、智慧大厅专窗、数字人才专码“三专服务”，推进人才创新创业全周期“一件事”改革。推广应用“东阳人才码”，实现人才政策兑现“码上办”“零次跑”；全年领码人数超5.5万人，领码率超69.6%。开展人才科技新政送企宣传月活动，实施“三师助企”行动，表彰引才先进单位20家，净增国家高新技术企业42家、省科技型中小企业149家。兑付“‘揭榜挂帅2.0’行动”项目26个、榜金总额2453万元。全年发放人才政策奖补资金5623.05万元，为33名人才发放购房券，券额达1250万元。

（胡金成）

宣传工作

【概况】 2022年，市委宣传部开展中共十九大、二十大精神学习贯彻工作，落实省第十五次党代会，省、市、县（市）委相关会议及上级宣传部部长会议精神。落实“第一议题”制度，常态化推进理论学习中心组市委常委会委员领学、巡听旁听机制。制作、推出中共二十大、共同富裕等主题宣讲2000余场、云宣讲20余期，点击量达百余万人次，“东阳马生”宣讲团获评浙江省基层理论宣讲成绩突出集体。举办城市更新、反有组织犯罪法、制造业高质量发展等文化大讲堂专题报告会11场，编印《东阳宣传》4期。

【中共二十大精神学习宣传贯彻】 2022年，东阳市深入学习宣传贯彻中共二十大精神，在全市开展“六学六进六争先”学习实践活动。全市开展理论学习中心组专题学习会等学习活动3000余场。开展“学报告 话担当 启新程”主题征文活动,评选出一等奖5人、二等奖10人、三等奖15人。组织中共二十大精神大宣讲,开展“六进”(进企业、进农村、进机关、进校园、进社区、进网站)宣讲工作,开展各类宣讲活动2000余场。开展“云端”宣讲,在“歌画东阳”等新媒体平台播出“二十大精神讲读课或二十大精神线上说”系列视频;推出宣讲视频30余个,点击量30余万人次。推进中共二十大精神大传播活动,在报纸、广播电视台、网站、客户端、公众号开设“学习贯彻党的二十大精神”专题专栏。开展“百屏共亮”行动,在公园、广场、商场、街区等户外大型LED显示屏和城市灯光秀动态播放中共二十大精神宣传标语、宣传海报。开展“学习二十大精神·强国复兴有我”群众性主题宣传教育活动。组织创作文艺作品,推出新媒体产品,制作国际传播图文和影像作品,打造“2022我们的盛会”等千万级流量的网络话题。

2022年7月4日,东阳文化大讲堂——维护意识形态安全专题讲座在市行政中心举行 (包康轩/摄)

【新闻宣传工作】 2022年,市委宣传部推进媒体融合。8—10月,东阳市融媒体传播指数列全省前20位。市委宣传部策划“共同富裕新征程”等专题宣传活动30余场,召开“四大千亿产业”等主题新闻发布会4场;在中央级重点媒体刊发稿件500余篇(条)、省级重点媒体刊发稿件1200余篇(条);开展“共同富裕在浙江”东阳站活动,观看量超2000万人次;在“浙江宣传”微信公众号刊发《霉干菜为什么叫“博士菜”?》,12小时阅读量超55万人次。年度县(市、区)宣传和意识形态工作考核列金华市第一位。

2022年主流外地媒体报道东阳选录一览表

表6

媒体	时间	报道标题
《人民日报》(《人民日报》海外版)	1月19日	千兆城市,为千行百业赋能
	3月28日	绿,是“无废城市”最亮底色
	4月2日	中国传统木结构建筑影响深远(传承之光)
	5月9日	用政府“紧日子” 换百姓“好日子”(财经故事·做好“六稳”“六保”工作)
	5月22日	推动共同富裕 答好时代课题
	5月23日	“新职教法”搭建成才“立交桥”中国职教迎改革红利
	5月23日	坚持产业带动 拓宽就业渠道
	6月7日	用好体育中考“指挥棒”(校园体育观察)
	7月27日	东阳看木雕
	11月19日	浙江东阳:深挖“非遗文化” 打开“共富密码”
	12月20日	集聚帮扶力量 增添发展动能

续表6

媒体	时间	报道标题
中央电视台	1月2日	现场直击 新年伊始 横店影视城40余个剧组坚守一线拍摄
	1月5日	浙江东阳:民宿产业稳步发展助力乡村振兴
	2月27日	横店演员公会首期影视新人班开班
	3月27日	独家探访80多个剧组驻扎横店 严格落实各项防疫措施
	3月30日	横店举办主题研讨会 聚焦影视基地规范健康发展
	4月2日	首个剧组安委会在横店成立 为拍摄安全保驾护航
	4月7日	派出所的故事·扶危救困
	5月10日	浙江东阳:稻田出现福寿螺 需尽早防治
	5月18日	多项组合政策为外贸企业纾困解难
	6月19日	清代东阳竹编食盒
	6月25日	横店影视城举行“健康人生 绿色无毒”活动
	7月19日	东阳有个花园村
	7月21日	横店剧组备战高温有妙招
	8月2日	庆祝“八一”建军节横店影视城“金华舰”迎打卡热潮
	8月27日	浙江东阳:“吸顶式”充电桩破解充电难题
	9月1日	影视制作回暖浙江横店:8月份35个剧组开机影视业务快速复苏
	9月11日	横店影视城开展多主题活动庆中秋
	10月5日	现场直击 国庆假期横店“不停机”影视人坚守片场热情高
	11月24日	法治封面 守护少年的你·保障“小演员”权益
新华网	2月18日	浙江东阳铆足“虎”劲冲刺首季“开门红”
	3月15日	东阳探索开展乡镇共富联盟建设
	4月1日	“机器换人”让东阳农民尝到甜头
	4月12日	浙江东阳:打造有温度的困境妇女儿童关爱体系
	4月25日	浙江东阳:精准施策助力移民踏上共同富裕“快车道”
	7月2日	稳经济、促消费,东阳市多措并举助力文旅产业健康发展
	7月4日	东阳“综合查一次”破解行政执法难题
	7月14日	党建引领 技术赋能 共创共富——浙江东阳深化新时代“寀卢经验”内涵
	8月14日	浙江东阳:医保暖心服务 群众感受有“温度”

续表6

媒体	时间	报道标题
新华网	8月22日	浙江横店:多部门联合建立机制保障未成年演艺人员权益
	9月9日	东阳城市品牌形象与吉祥物视觉识别系统正式发布
	9月24日	浙江东阳:“共享田园”里庆丰收
	11月1日	东阳:全力推动巡视整改 持续优化营商环境
《光明日报》	1月28日	不返乡排练忙
	7月31日	参观金华舰
	8月29日	比出风采 赛出精神
	9月5日	网络安全教育护航新学期
	10月13日	“喜迎二十大”以文明实践汇聚前行力量
	11月1日	让学生“吃得饱”也“更高效”
	11月22日	收晚稻
	11月22日	“家校社”拧成一股绳从信任开始
	12月24日	建设中的杭温高铁横店特大桥

【飘萍新闻奖】 2022年11月,市委宣传部组织2022年度东阳市“飘萍新闻奖”“优秀新闻工作者”“外宣工作贡献奖”评选活动,评选出“飘萍新闻奖”一等奖5个、二等奖7个、三等奖12个,“优秀新闻工作者”10人(陈巧颖、朱凯迪、蒋健励、郝悦辰、陈雪玲、杜思远、胡鼎、胡江荣、董之震、杨慧萍),“外宣工作贡献奖”一等奖1人(李磊)、二等奖2人(包康轩、夏建华)、三等奖3人(叶永永、徐航、张弘剑)。

2022年度东阳市“飘萍新闻奖”获奖作品一览表

表7

奖别	作品标题	单位	作者(编辑)
一等奖	妻子领跑,七旬盲人坚持晨跑30年 东阳跑界最美的“爱情长跑”	市融媒体中心	吴旭华　任旦雯
	解码共同富裕先行示范的东阳方案	金华日报东阳分社	陈启宇　叶永永
	高位截瘫妈妈“站”起来了	市融媒体中心	李　磊　杜思远
	母女平安！嫁给爱情的轮椅女孩当妈妈了	市融媒体中心	李　忭　王凌峰　徐凌云
	最美“爱情长跑”妻子为盲人丈夫领跑30年	市融媒体中心	王凌峰　赵鼎宇　潘亮福
二等奖	东阳连续四年为大学新生饯行赠礼	金华日报东阳分社	王龙玉　黄娇丽
	首批体细胞克隆金华“两头乌”后代顺利诞生	市融媒体中心	蒋健励　马卡佳
	棚内拍戏 棚顶发电	市融媒体中心	胡扬辉　郭跃平

续表7

奖别	作品标题	单位	作者(编辑)
二等奖	东阳首批“飞往”四川南江的鲜食玉米喜迎丰收	市融媒体中心	夏建华 陈 沁 蔡晓莉
	全省首个“影视碳汇林”项目在横店启动 以影视力量传播绿色低碳“好声音”	市融媒体中心	吕勇勇 檀 薇
	137头克隆猪二代在东阳诞生	金华日报东阳分社	叶永永 卢师慧
	36秒52个后手翻！横店7岁少年“翻”火全网！	市融媒体中心	徐 航 许琳琳
三等奖	零点行动，市委书记巡“疫”线	市融媒体中心	胡剑文 郭跃平
	“礼”的双向奔赴	市融媒体中心	吴旭华 郭跃平
	东阳大手笔建设文化艺术中心	金华日报东阳分社	王龙玉 叶永永
	服务下沉到户 生活一机搞定花园村里看“智治”	金华日报东阳分社	叶永永 王江红
	“横店出品”在实现精神富有中显担当	金华日报东阳分社	叶永永
	横店“绿色”摄影棚一年减碳4.2万吨	金华日报东阳分社	叶永永
	我市首批37名农村建筑工匠持“证”上岗	市融媒体中心	赵鼎宇 蔡晓莉
	大树倒下 他把幼儿护在身下	市融媒体中心	陈 沁 王凌峰
	“喜迎二十大 幸福看东阳”国庆特别报道	市融媒体中心	王凌峰 胡 勇 张弘剑 李 忭 蔡晓莉 陈 姣 周 璐 吴婷婷 陈 沁 徐凌云 包 羽
	《接力！救助女孩小紫》系列报道	金华日报东阳分社	黄娇丽 徐健勇 马力中
	15∶80000∶500000……致敬战疫一线的“病毒猎手”	市融媒体中心	徐 航 吴意琼
	外卖小哥两进派出所，结局太暖！	市融媒体中心	徐 航 严格格

（赵 剑）

精神文明建设

【概况】 2022年，市委宣传部开展金华市级示范新时代文明实践中心（所、站）提升工作，开展“双百千万”传家风活动（打造百个教育阵地、挖掘百个经典家训、开展千次家风传播、发放万笔“好家风”信用贷），开展道德典型选树活动；东阳市城市文明程度指数和文明好习惯养成实现率均居金华市第一位。推动文化影视精品创作，实施“文化出海”工程。东阳市数字文化系统建设列金华市第一方阵，在省数字文化系统建设综合考评中获县级层面五星评价。

【新时代文明实践中心建设】 2022年，市委宣传部开展新时代文明实践中心（所、站）提升工作，在新时代文明实践中心和31个实践所（站）安装多媒体设备。打造特色示范实践点3个（中国木雕家训馆、横店欢娱影视文化有限公司、横店演员公会）；在全市30余个省级以上文明单位挂牌设立实践点。新时代文明实践中心获评金华市示范新时代文明实践中心，画水镇实践所和江北街道猴塘社区实践站、南市街道大联村实践站获评金华市示范新时代文明实践所、站。引入爱盟社会工作服务中心，负责新时代文明实践中心运营管理，配备专职运营人员5人，常态化组织开展各类文明实践活动。统筹整合社会工作站建设，在全市18个镇乡（街道）实践所和吴宁街道东街社区、江北街道茗田社区、白云街道中山社区3个实践站引入社会化运营管理模式，提升文明实践效能。

【农村文化礼堂建设】 市委宣传部推动农村文化礼堂工作可持续、常态化发展。全市有可容纳500人以上的行政村文化礼堂341个,实现三星级(含)以上文化礼堂全覆盖(五星级文化礼堂31个、四星级文化礼堂97个);有省级特色文化礼堂2个。在农村文化礼堂开展"双百千万"传家风活动,该活动被列入2022年浙江省农村文化礼堂赋能共同富裕引领项目。实现省农村文化礼堂资讯服务共享平台"礼堂家"运用覆盖率100%,农村文化礼堂效能指数居金华市第二位。

【公民思想道德建设】 2022年,市委宣传部推动文明培育、文明实践、文明创建,文明好习惯养成等工作,实现率均居金华市前列。常态化开展道德典型选树活动,全市获评"全国学雷锋志愿服务最美志愿者"1人(吴坚强)、"全国岗位学雷锋标兵"1人(虞向红)、"中国好人"1人(戚小慧)、"浙江省见义勇为先进分子"并被省政府追记一等功1人(李涵林)、"浙江好人"2人(楼顺光、张立明)、"金华好人"10人(张立明、厉兴阳、陈天大、邵宏岗、蒋崇林、罗锡分、王伟、楼顺光、许扬群、胡航军)。"喜迎二十大 红色电影展"实践活动入选中央文明办优秀案例(全省两个之一),获《光明日报》、"学习强国"学习平台等刊发报道。推进"浙江有礼·歌画东阳"文明新实践,建成"有礼公园"2个(百工园、歌山画水公园)、"有礼示范街区"1条(人民路)、"有礼示范窗口"100个,开展"有礼"实践活动3200余场。东阳市打造全省婚姻领域移风易俗改革先行地,全年简约适度办婚礼588场,获评省婚俗改革实验县(市、区)优秀等次,相关实践案例在全省推广。

【文化精品创作】 2022年,市委宣传部推动文化精品创作。全市获中共中央宣传部第十六届精神文明建设"五个一工程"奖作品8部、"金鸡奖"作品1部、"百花奖"作品1部、"飞天奖"作品4部、"金鹰奖"作品3部,获省文化产业发展专项资金(2023—2025年)等各级文化精品奖励、扶持资金超3650万元。"林柄三十六院"非物质文化遗产生态圈入选省文化和旅游促进共同富裕最佳实践案例。实施"文化出海"工程,"横店出品"的《开端》《人世间》《珍馐记》等影视作品在90余个国家(地区)播出;《长津湖之水门桥》等19部电影登陆海外院线,占全国出口电影总数的55.9%。

(赵 剑)

网信工作

【概况】 2022年,市委宣传部开展网络生态治理,构建"清朗"网络生态空间;开展网络安全攻防演练,建立首席安全官制度。挂牌成立东阳市互联网举报中心,工作动态在《浙江网信》刊发并获省委网信办主要领导批示肯定。年内建设网络文明实践基地4个。

【互联网空间治理】 2022年,市委宣传部开展网络生态治理,部署开展"之江净网""历史虚无主义整治""打击整治养老诈骗""极端女权整治""新闻敲诈和假新闻整治"等网络生态治理行动。开展网络安全攻防演练,发现并要求整改网络漏洞的单位9家。建立首席安全官制度,保障全市147个涉网单位网络运行安全和信息数据安全。开展影视行业网络乱象整治和文娱领域深化综合治理;启动网络文明"横有戏"项目,该项目入选全省网络文明建设示范案例。

【东阳市影视行业网络文明建设工作推进会】 于2022年11月11日在横店镇举行。会议宣讲中共二十大精神,举行"东阳市网络文明实践基地"(浙江横店影视职业学院、横店太平洋电商直播基地)授牌仪式,部署影视行业网络文明建设重点工作。会议指出,网络文明建设是社会主义精神文明建设的重要组成部分,各部门单位要提高政治站位,凝聚形成工作合力,确保网络文明建设任务落实落地。

(赵 剑)

统一战线

【概况】 2022年,市委统一战线工作领导小组印发《统一战线领导小组成员单位职责分工和重点工作任务》《镇乡(街道)党(工)委书记履行统战工作第一责任人清单》等6个文件,明确统战工作责任。市委将统战工作纳入政治巡察范围,完成统战工作专项检查单位12家。东阳市统战工作获省委副书记、省委统战部部长黄建发肯定。横店自由职业演艺人员统战工作和同心基地建设工作获省委统战部常务副部长徐旭批示肯定。"凝聚乡贤力量助推教育事业发展""同心实践基地助推共同富裕"2项工作分别被省委办公厅、省委统战部专报采用。东阳木雕小镇入选浙江省第四批华侨国际文化交流基地名单。

2022年,市委统一战线工作部(以下简称市委统战部)举办全市统一战线"学习贯彻党的二十大精神"宣讲会及书画展、全市统一战线读书会、"学习贯彻二十大 同心奋进新征程"东阳市统一战线图片展等活动。举办"东阳文化大讲堂"活动2场(台海形势报告会、宗教事务管理专题讲座)。开展"同心聚力共同富裕"新春大走访活动,举办恳谈会75场,举办"乡贤讲堂"统战工作宣传讲解活动4期,慰问乡贤1033人次。建成市级乡贤会客厅1家、镇级乡贤会客厅17家。全市34名领导、19家职能部门单位、18个镇乡(街道)建立与34家联谊会(商会)、153名重点乡贤的定期沟通联系。

【统战团体规范化建设】 2022年,民盟东阳市基层委、民建东阳市基层委、市工商联、中国澳门东阳同乡会、市道教协会等10个组织完成换届工作,民进东阳市基层委、民革东阳市基层委完成班子补选工作。东阳市企业家协会青年企业家分会、民族团结进步促进会、安哥拉东阳同乡会、武汉市东阳商会注册成立。市委统战部在各民主党派开展"以党为师、向党看齐"主题活动,完善党派工作例会、民主协商计划、市委领导列名联系、党派财务年审等制度。开展党派成员发展把关工作，协助政审党派成员30人。开展无党派人士认定工作，新认定无党派人士55人。同心实践基地创建工作持续推进，全市累计建成同心实践基地29个，实现镇乡（街道）全覆盖，其中党派中央基地2个、省级基地2个。

【民族宗教事务】 2022年，东阳市增强基层统战工作力量，在吴宁街道、白云街道、江北街道、横店镇、南马镇、巍山镇、画水镇7个重点街道、镇挂牌成立民族宗教事务所。市委统战部举办东阳市文化大讲堂——宗教事务管理专题讲座；持续推进“之江同心·石榴红”品牌培育，“石榴红”家园、驿站、工作室等入库12个。市委统战部开展民族团结进步创建工作，建成省级民族团结进步创建重点培育单位2家（横店小学教育集团横祥校区、吴良小学）、金华市“八婺石榴红”爱国主义教育基地1家（横店红军长征博览城）、金华市“八婺石榴红”传统文化传承基地1家（木雕小镇）。开展“凝智聚新跟党走·携手奋进新征程”小候鸟夏令营等“民族团结一家亲”系列活动；开展民族团结校园“金种子”培育工作，增加“金种子”培育单位2家（横店小学教育集团横祥校区、吴良小学）；东阳市民族团结校园“金种子”培育做法获《中国民族报》报道与肯定。东阳市加强宗教场所规范化建设，完成灵应寺、大园教堂和法华寺扩建手续审核转报。打造“一寺一品”品牌（“宗教+教育”“宗教+文化”“宗教+慈善”），天宝禅寺获授“浙江省佛教协会天宝禅寺培训中心”牌匾。全市创建省级宗教中国化场所、省级宗教法治宣传教育基地、省级宗教活动场所消防安全标准化管理“百优争创”活动优秀单位、省级平安宗教活动场所各1家，分别是天宝禅寺、法华寺、东街教堂、宝积寺。东阳市加强宗教领域法治化建设，查处公共场所非法散发宗教类出版物传教案1起。12月13—14日，全市宗教界代表人士开展“踔厉奋进新时代·五教同行新征程”主题教育活动。

【青年交流活动】 2022年，市委统战部举办“同缘同心·共创共富”——香港青年庆回归25周年金华专场活动、“浓浓粽香情 两岸一家亲”在东台胞台青端午节联谊活动和“金台携手·同心筑梦——走进横店 穿越华夏”2022台湾青年影视文化体验活动，来自中国香港、中国澳门和中国台湾的160余名青年参加。在东阳期间，港澳台青年参观木雕工作室和横店影视城等地，感受中国传统技艺的魅力和现代影视制作的奇妙，了解东阳的人文风情和发展状况，活动获中央电视台中文国际频道、“人民日报”客户端等宣传报道。

【侨界助力家乡建设】 2022年，市委统战部为侨界参与东阳共同富裕先行市建设牵线搭桥，开展“千侨帮千村”活动，实现侨企和村居结对帮扶。邀请侨界画家为城市配电箱作画16幅，完成配电箱墙体美化4座，助力全国文明城市创建。刚果（布）华人华侨商会会长马德朝牵线的浙江广厦建设职业技术大学第一批21名非洲留学生毕业，第二批29名非洲留学生于11月入学。

【乡贤助力共同富裕示范区建设】 2022年，市委统战部组建“千名乡贤助共富”行动工作专班，实施“同心·聚智”一人一事为家乡工程、“同心·创富”东阳人回归工程、“同心·反哺”爱心接力工程、“同心·增收”幸福蝶变工程、“同心·聚力”示范结对工程、“同心·尚贤”新乡贤文化弘扬工程、“同心·奉献”一党派一品牌工程和“同心·携手”港澳台侨助力工程八大统战品牌工程。全年入库投资额1000万元以上的“乡村振兴和乡贤回归投资”重大项目24个，总投资额158.99亿元；成立乡贤共富基金2个，金额均为1000万元；成立金额为6000万元的东阳二中乡贤教育基金，全市乡贤教育基金62个，总金额超8亿元，实现镇乡（街道）全覆盖。市委统战部为引进在外东阳籍人才牵线搭桥。年内，15名东阳籍人才受聘为浙江广厦建设职业技术大学客座教授；杭州电子科技大学教授厉力华入驻市人民医院省级院士专家工作站。

【统战领域数字化改革】 2022年，市委统战部推进数字化改革。党外代表人士全链条管理、多党合作在线等应用贯通。开发建设“横漂荟”应用场景，形成新的社会阶层人士综合评价的数字化改革制度成果；打造“横漂”统战工作的数字窗口，实现“横漂”管理服务工作数字化。

【为企服务】 2022年，市委统战部走访调研民营企业、基层工商联、商会，开展助企纾困政策宣传，收集并反映企业诉求，推动解决企业实际困难。举办“亲清直通车·政企恳谈会”，探索政企沟通机制新方式方法，了解企业需求。实施“百舸行动”新生代企业家战略培养计划，全年举办各类培训28期，参加培训人数1400余人次。与市工商联、市纪委联合开展清廉民企建设，建成金华市级示范型清廉民企2家（横店集团东磁股份有限公司、浙江野风集团有限公司）、东阳市级示范型清廉民企2家（普洛药业股份有限公司、东阳市明堂红木家俱有限公司）。

（徐嘉皞）

机构编制

【概况】 2022年，中共东阳市委机构编制委员会办公室（以下简称市委编办）调整机构编制事项，设立5个事业单位，调整8个事业单位的编制数，撤销2个事业单位，调整10个部门的内设机构，调整1个部门的编制数。推动“141”基层治理体系迭代升级，推进“大综合一体化”行政执法改革，推进重点领域机制体制改革，开展机构编制监督检查工作。

【基层治理体系变革重塑】 2022年，东阳市推动“141”基层治理体系迭代升级。印发《关于推进镇乡（街道）模块化平台运行体系的实施意见》《镇乡（街道）模块化运行参考岗位目录》《加强镇乡（街道）编制统筹管理助力基层治理体系建设的实施方案》，提供差异化管理体制、优化镇乡(街道)运行架构、实行镇乡(街道)人员岗位管理、建立镇乡(街道)编制“周转池”等10个方面的体制机制保障。组建东阳市社会治理中心。制定《东阳市贯通机制镇乡(街道)事项管理机制》,完成欠薪“一件事”应用、农业投入品监管执法“一件事”应用、违法用地建设查处“一件事”应用、流动人口风险隐患治理应用4个东阳特色贯通应用事项清单。持续完善镇乡(街道)权责清单事项140项,优化政务服务网网上权责事项运行体系,建立乡镇赋权差异化事项清单。动态调整属地清单,增加电动自行车执法监管、社区矫正、基层防汛防台风3项属地事项及其协同机制。

【“大综合一体化”行政执法改革】 2022年,东阳市推进“大综合一体化”行政执法改革。市委编办整合精减执法队伍,全市保留“1+8”执法队伍(综合行政执法队伍1支,市场监管、生态环境、文化市场、交通运输、农业、自然资源、应急管理、卫生健康领域专业执法队伍8支),精减整合能源、民政、水务、劳动、统计执法队伍5支。完善执法事项清单,梳理行政执法事项总目录,包括处罚事项5270项(综合执法事项1779项、专业执法事项3491项);梳理行政监管事项4111项。市委编办优化执法协调机制,加强执法协调监督体系建设,支持市司法局开展县乡行政执法协调监督体系全国试点工作,在市司法局增挂“行政执法协调监督局”牌子,在镇乡(街道)司法所增挂“行政执法协调监督办公室”牌子。市委编办推动执法力量向镇乡(街道)下沉,18支镇乡(街道)综合行政执法队伍全部实现“一支队伍管执法”;各市级执法队伍均按60%以上要求落实人员、编制“双下沉”。

【重点领域机制体制改革】 2022年,市委编办推进重点领域机制体制改革。完善排水与污水处理管理体制,制定《关于调整优化排水与污水处理管理体制的方案》,将市综合行政执法局承担的排水管理职责划入市水务局;市水务局增设排水和污水处理科,设立排水和污水处理事务中心。健全教育领域党建领导体制,实施“红色根脉强基工程”;设立市委教育工委,作为市委派出机关,与市教育局合署办公。

【机构编制服务保障】 2022年,市委编办印发《东阳市编制周转使用管理办法(试行)》,建立党政群机关行政、事业编制和镇乡(街道)行政、事业编制两个“编制池”。设立高铁新城服务中心(正科级事业单位),设立东阳经济开发区生命健康产业园管理服务中心,在东阳经济开发区事业综合服务中心增挂“东阳磁性电子高新园区管理服务中心”牌子,在市商务局设立中国国际贸易促进委员会浙江省东阳市委员会秘书处,在市应急管理局增设安委办秘书科。支持全国学前教育普及普惠市创建工作,核定幼儿园雇员制教师300名;完成市外国语学校、市外国语小学、市南山小学等“民转公”学校的机构设置和人员转隶等工作。完成关于浙江广厦建设职业技术大学“三定”(定职能、定机构、定编制)规定。优化教育资源布局,设立吴宁第六小学、江北第三初级中学,撤销湖溪镇湖沿小学。调整全市6家市级公立医院领导职数、管理机构数、备案制编制数,规范市属公立医院机构编制。

【机构编制工作数字化改革】 2022年,市委编办推进事业单位数字化改革工作。制定《东阳市事业单位数字化改革工作方案》,构建事业单位数字化改革总体框架,确定首批事业单位数字化改革特色场景应用4个。推进编外聘用人员管理变革重塑。东阳市“编外聘用人员‘一件事’管理”入选省纪委机关、省财政厅党政机关“过紧日子”优秀案例;完成编外聘用人员管理系统二期项目功能开发;重塑编外聘用人员调动流程。市委编办持续推进机关内部“最多跑一次”改革,梳理改革事项292项,涉及47个部门;完成多部门资格联审“一件事”及高频事项升级改造工作。推进数字化机构编制质效评估工作,与市委办公室联合谋划机构编制质效评估考核数字化,成立工作专班,每周召开机构编制质效评估专班工作例会。

【机构编制监督检查】 2022年,市委编办印发《东阳市机构编制管理办法(试行)》《东阳市机关事业单位编制使用管理办法(试行)》《东阳市事业单位机构编制管理办法(试行)》,规范党政机关和事业单位在职能配置、机构设置、编制配备和领导职数核定等方面的标准和要求。加大机构编制监督检查工作力度,完成十四届省委历轮巡视发现机构编制问题整改2个。参加市委第一轮、第二轮巡察,完成虎鹿镇、团市委、市行政服务中心管委会3家单位的机构编制执行情况专项检查问题整改。部署开展全市机构编制执行情况专项检查,开展部门单位实名制、“浙政钉”App与门户网站信息更新情况线上督查,完成问题信息整改,完成实名制管理系统审核变更信息9835条。完成核准用编、中层职数配备工作。推进省机构编制数字监管预警平台整改工作,完成预警问题信息整改工作。

【事业单位登记管理】 2022年,全市设立登记事业单位10家,变更事业单位法人登记235家,注销事业单位法人登记9家,换领证书事业单位29家;完成2021年度350家事业单位法人年度报告公示工作。完成10家事业单位“双随机”实地核查工作。完成浙江广厦建设职业技术大学和东阳市中天高级中学民办事业单位登记设立。

(许杭威)

对台事务

【概况】 2022年,东阳市有台资企业10家,主要从事工艺品制作、箱包制造、餐饮服务、物流运输、服装制造、进出口贸易等行业。6月27日,厦门大学港澳台研究中心主任、教授李非在东阳文化大讲堂——台海形势报告会上为全市机关干部作题为《当前俄乌局势对台海关系的启示》的报告。8月19日，东阳市召开2022市委对台工作领导小组（扩大）会议，安排部署2022年对台工作任务。11—12月，中共东阳市委台湾工作办公室（以下简称市台办）在江北中心小学、浙江横店影视职业学院举办涉台爱国主义系列宣讲活动2场。

【服务工作】 2022年，市台办关注在东阳市的台资企业、台胞台属的现实需求，提供服务，协助解决实际困难。4月2日，市台办组织市税务局、东阳农商银行等单位开展金融与税收服务座谈会，为台资企业解答税收政策，现场提供“台融卡”办理服务。4月，市台办采购2000份新冠病毒抗原检测试纸助力台胞抗疫活动。市台办协调解决湖溪镇1名台属的建房问题。

【交流合作】 2022年，市台办主办、承办海峡两岸同胞交流活动4场。5月30日，“浓浓粽香情 两岸一家亲”在东台胞台青端午节联谊活动在横店镇官桥村陈氏宗祠举行，在东阳市的台胞及市台联会、市新联会、市书法家协会、横店镇官桥村的代表等50余人参加，该活动被中国新闻网、中国台湾网报道。7月25—28日，由金华市台办主办、东阳市台办承办、浙江横店影视职业学院与宁波台湾同胞投资企业协会协办的“金台携手·同心筑梦——走进横店 穿越华夏”2022台湾青年影视文化体验活动在东阳市横店镇举行，在浙江省的台湾大学生60余人参加，该活动获省台办、金华市台办支持与肯定，被“学习强国”学习平台、中国新闻网、中国台湾网、《浙江日报》等报道。9月8日，由市台办主办，市台联会、台北东阳同乡会承办，浙江横店影视职业学院协办的“金台携手·同心筑梦”2022东台中秋线上联谊活动在浙江省东阳市与台湾省台北市同步举行，在东阳市的台属与在台北市亲人通过视频连线互致祝福，海峡两岸同胞、乡亲共200余人参加。11月3—4日，市台办组织在东阳市的台胞台商30余人，到磐安县等地开展“亲近自然 感悟美好”在东台胞看浙江活动，参观考察美丽乡村、现代休闲农业、共享田园建设工作。

【台联届委员参政议政】 2022年，市政协台联界委员向市政协提交团体提案1件、委员个人提案15件，内容涉及经济建设、医疗卫生服务、城市品质提升、食品安全监管、传统文化保护、对台工作等方面。张鑫阳、赵允成、周桂良、陈俊秀、胡建丽、吴杭、施良苗、吕新明、陈雪龙、陈启良、吕忠民、耿世希、叶丽丽13人当选市政协十五届政协委员；赵允成当选市政协常委会委员。9月29日，市政协台联界委员到南市街道开展“界别活动月”民生议事堂活动，为提升养老服务品质提出的意见建议获相关部门现场答复；活动期间，实地考察市亲乐园养老公寓、亲和医院，调研医养病房、老年活动中心、老年人日间照料服务中心、浙江国志建设有限公司。11月9日，市政协台联界委员到磐安县双溪乡开展“百镇共建——民生议事堂”活动，围绕东阳—磐安山海协作项目、新农村建设、文旅产业发展等方面提出意见建议10余条。

（施良苗）

党校教育

【概况】 2022年，市委党校学习贯彻中共二十大精神及省第十五次党代会、金华市第八次党代会、东阳市第十六次党代会精神。开展主体班次培训，推进镇乡（街道）党校建设，开展绿色学校创建工作。开展核心课程体系建设，全校获评各级精品（优质）课程6门，其中省级精品课程1门、金华市级精品（优质）课程5门。

【干部培训】 2022年，市委党校完成主体班次培训11个28期、40133人次，承办市内机关单位及市外单位委托的培训班16期、904人次。录制主题宣讲视频课程4门、音频课程2门，线上浏览量2万余人次。开展党课进机关、进企业、进农村、进校园、进社区、进军营、进网络“七进”活动100余场，参加活动人数1.1万人次，1名教师获评浙江省基层理论宣讲成绩突出个人。

【镇乡（街道）党校建设】 2022年，市委党校推进镇乡（街道）党校建设。聘请兼职师资139人，开发市级和镇乡（街道）特色课程共140门，指导建设镇级现场教学点41个。全年开展“每月一讲”12期，参加听讲人数3.8万人次；开展“晒拼创”活动3场，汇编优秀案例30个；评选“党建+”特色党校3个（中共六石街道工作委员会党校、中共城东街道工作委员会党校、中共湖溪镇委员会党校）、“拼创”党校3个（中共江北街道工作委员会党校、中共南马镇委员会党校、中共东阳江镇委员会党校）。市委党校深化镇乡（街道）党校建设做法获省委党校、金华市委党校领导批示肯定。

【科研咨政】 2022年，市委党校开展“四史”“共同富裕”等课题研究。获省委党校课题立项结题7项、理论研讨会三等奖和入选奖各1个、主题征文优秀奖1个；获金华市党校系统课题立项12项、理论研讨会三等奖和优秀奖各1个；获金华社科联课题结题5项、理论征文三等奖1个；获金华市委宣传部征文一等奖1个、二等奖1个。刊发《党校资政内参》4期，获市领导肯定性批示10次。在各类学术刊物公开发表理论文章15篇；在《今日东阳》刊发调研文章3篇，获东阳市2021年度优秀调研文章二等奖2个，市委党校获评全市调研工作先进集体。

【绿色学校创建】 2022年，市委党校开展省绿色学校（党校系统）创建工作。改造校园景观节点50余处，增加生态文明宣传节点8处；完成各类水、电节能化改造，对校内各栋楼屋基础设施进行维修维护，对水塘进行美化和维修，完成报告厅周围路面及停车场改造、报告厅东边花坛美化及太阳能路灯安装等。开设生态文明相关课程，开展“珍惜水源 从我做起”“绿色低碳 节能先行”“保护环境从垃圾分类做起”微宣讲活动。9月1日，市委党校绿色学校创建工作通

2022年9月1日，省绿色学校(党校系统)创建评审验收专家组对市委党校绿色学校创建工作开展评审 (市委党校提供)

过省绿色学校(党校系统)创建评审验收专家组的验收，获评全省党校系统第一批三星级绿色学校，成绩列金华市参评县(市)党校首位，列全省县(市)党校第13位。

(高 敏)

史志档案

【概况】 2022年，市委党史研究室(市档案馆、市地方志编纂室)推进党史编研和《东阳市志》编纂工作，编纂出版《东阳年鉴(2022)》，开展档案征集、接收、保管和利用工作，谋划档案产业园项目。开展数字方志资源归集工作，整理编排1949年10月1日至2020年12月31日“东阳大事记”2486条。组织谋划《一张蓝图绘到底——忠实践行“八八战略”全纪录》东阳专题。开展党史宣讲和史志宣传，组织编写党史教材和读物，拍摄党史宣传宣教视频；刊发《东阳史志》4期，在《东阳日报》刊出《史志纵横》专栏13个版面；开展“国际档案日”系列宣传活动。市委党史研究室及下属协会开展的8项成果获东阳市第七届人文社会科学优秀成果一等奖1个、二等奖4个、三等奖3个。

【党史编研】 2022年，市委党史研究室编写《中国共产党东阳历史》第三卷，完成初稿88个目、33万字。整理文献资料，完成《中共东阳县委文件选编(1979—2002)》《〈人民日报〉中的东阳(1978—2022)》。《中国共产党浙江省东阳市历史》第二卷获全省党史和文献部门优秀科研成果著作类三等奖，在省第十次党史会议上获表彰。开展党史资料、党史教育基地数字化提升工作，数字化处理、存储党史资料近3万页。

【红色资源保护利用】 2022年，市委党史研究室开展红色资源保护利用工作。对中共东阳历史馆、中共东阳县委旧址纪念馆、金佛庄故居、邵飘萍故居4个展馆的展陈建设提升进行指导。对中共东阳历史馆、中共东阳县委旧址纪念馆、金佛庄故居3个党史教育基地的部分展出内容进行数字化，活化党史资源的呈现和传播形式。指导南市街道开展邵飘萍故居展陈文案编制、文本审读、布展策划工作。制作拍摄《邵飘萍的一张书桌》《金佛庄一份手稿见初心》《严济慈的入党申请书》《陈望道的结婚请柬》《一所以烈士名字命名的特殊小学》5部革命文物专题片。委托浙江日报传媒有限公司制作《90 talk·红色笔记本》东阳篇视频。

【党史资政和宣讲】 2022年，市委党史研究室组织编写《充分挖掘“三乡一城”人文优势 全力推动文化与经济融合发展》《金佛庄西湖会议前后统战实践考述及启示》等资政文章；编写、整理《〈人民日报〉上的东阳改革开放故事》《横店打造中国影视旅游第一品牌》等专题文章，部分文章形成《党史专报》送市委主要领导参阅。组织退休党史工作者、党史工作爱好者成立“志在东阳”志愿宣讲队伍。年内，中共东阳历史馆接待参观人员5000余人次，开展中共党史、新中国史、改革开放史和社会主义发展史宣讲200余场。配合承办省委党史

2022年8月22日，“小小红色讲解员”在中共东阳历史馆为参观人员讲解党史 (市委党史研究室提供)

研究室“奋进新征程，建功新时代，献礼二十大”主题宣讲活动，配合金华市委党史研究室婺江潮声“四史”宣讲团完成中共二十大精神宣讲相关视频拍摄。

【档案征集和接收】 2022年，市档案馆向社会公开征集档案资料。征集照片档案3万余张，其中完成数字化照片6210张。接收个人捐赠书籍130余本，其中吴大阳捐赠吴兆莘生前藏书120本。市档案馆开展档案和党史资料接收工作。接收市自然资源和规划局、佐村镇等28家机关单位、镇乡（街道）2010年前的实体档案及数字化成果，其中文书档案4564卷、20508件，接收市人力社保局企业改制个人档案431卷。接收新冠疫情防控、脱贫攻坚两类档案，完成两类档案数据汇交工作；提交金华市档案馆新冠疫情防控档案7105件、脱贫攻坚档案961件。

【档案保管和利用】 2022年，市档案馆完善档案移交制度，制定档案开放鉴定管理办法，落实库房出入库管理制度。制定书画档案管理制度，对馆藏书画档案进行清理、整理并重新编目。对接收进馆的4564卷、20508件档案进行消毒，完成库房密集架调整移架工作。整理民国时期档案，完成修裱64卷、20031页，数字化扫描51321页。开展财政土改、市两会、新冠肺炎疫情防控等相关馆藏档案数字化工作。加强电子档案管理，开展电子档案备份登记工作，完成单位电子档案备份登记60家。全年接待查档人员12282人次，其中线下查档人员6140人次、线上查档人员6142人次。组织开展档案编研，编写出版《档案利用效果实例汇编》。为《中国共产党东阳历史》第三卷、《东阳市志》第二轮编写工作提供档案查阅服务。为白云街道嵊泗桥巷风貌提升工作提供馆藏照片42张、老城区风貌提升改造工作提供馆藏照片7卷。

【档案法宣传进高校】 2022年，市档案馆组织开展第十五个“6·9国际档案日”文化宣传工作。6月8日，与浙江广厦建设职业技术大学联合举办的“喜迎二十大·档案颂辉煌”线上查档·新档案法宣传活动在学校广场举行，市档案馆工作人员在活动现场设置展示牌，发放宣传册，为学生介绍线上查档服务的操作流程，解读新档案法的重要内容和精神。

【《东阳市志》编纂】 2022年，地方志编纂室推进《东阳市志》编纂工作和稿件评审工作。3月，地方志编纂室印发《关于做好我市高级人才信息校补工作的通知》，要求18个镇乡（街道）对《东阳市志》拟收录的东阳籍院士、博士、教授等正高级、厅局（师）级以上军政干部名录进行核实和补充，截至年末，完成人才信息核对6658条。5月，市委党史研究室召开会议，对《东阳市志》图片收集、筛选工作进行部署，年内收集照片600余张。12月，《东阳市志》初稿寄送中华书局出版社审阅。

【《东阳年鉴（2022）》编纂】 2022年，市地方志编纂室开展年鉴相关工作。完成《东阳年鉴（2021）》的印刷发行。3月，市委办公室、市政府办公室印发《关于做好〈东阳年鉴（2022）〉编纂工作的通知》，明确《东阳年鉴（2022）》编纂工作计划、框架设计、编纂原则、编纂要求、编纂步骤和各承编单位的编纂任务。年鉴稿件经组稿、改稿、统稿、校对等阶段，于10月完成初稿，11月送方志出版社进行审稿，年末完成出版。

【主题图片展】 2022年，市委党史研究室结合“9·30”抗战胜利纪念日、“12·13”国家公祭日等开展主题图片展。8月25日至9月10日，在市档案馆举办“不能忘却的记忆”——纪念中国人民抗日战争暨世界反法西斯战争胜利档案图片展，设置展板25块。12月13—23日，联合浙江广厦建设职业技术大学举办“铭记历史勿忘国耻”国家公祭日主题图片展，在校园内设置展板16块。展板内容由侵华日军南京大屠杀遇难同胞纪念馆提供。

（张　勤）

东阳市人民代表大会

综 述

【各级人大代表人员变动】 2022年年初，东阳市有省第十三届人大代表5人。12月，金华市第八届人民代表大会第二次会议选举产生在东阳市的省第十四届人大代表6人。

2022年年初，金华市第八届人民代表大会实有代表65人。12月，东阳市第十六届人大常委会第六次会议接受王萍、柳尊科因工作岗位变动辞去代表职务。补选周银相、童康为金华市第八届人大代表。截至年末，东阳市有金华市第八届人大代表65人。

2022年年初，市第十六届人民代表大会实有代表313人。4月，陈洪调离东阳行政区域；6月，徐凤南提出辞去代表职务；10月，何快快因工作岗位调整提出辞去代表职务；11月，柳尊科、陈国荣调离东阳行政区域；12月，王赛锋调离东阳行政区域，杜建强因工作岗位调整提出辞去代表职务。根据相关法律规定，以上7名市人大代表的代表资格终止。截至年末，实有东阳市第十六届人大代表306人。

【新材料"万亩千亿"产业平台建设助推】 2022年1月，东阳市第十六届人民代表大会第一次会议决定，将《关于以"万亩千亿"平台建设为契机，全力推动东阳工业经济高质量发展》确定为该次会议议案（一号议案）。市人大常委会推动政府开展议案办理，每月组织牵头部门汇报办理情况，对办理情况开展专题视察；助力新材料"万亩千亿"产业平台入选省级"万亩千亿"新产业平台培育名单。截至年末，新材料"万亩千亿"产业平台完成平台城市设计方案的编制、评审及报批，完成平台组团一、二、三、四控制性详细规划的编制及论证；推进征地拆迁、安置房建设工作。

【营商环境整治提升行动跟踪监督】 2022年，市人大常委会跟踪监督营商环境整治提升。惠企利民政策兑现速度比上年提升，助力东阳市在营商环境年度省测中位次前移。开展省、金华市、东阳市、镇乡四级人大代表助力全市经济稳进提质攻坚行动，发动各级代表走访企业和市场主体，加强对企业和市场主体的解难帮困。全年走访企业和市场主体478家，收集困难问题88个，助力解决困难问题45个。向各部门发出民情民意反馈单10份，并开展监督、跟踪问效。

【民生实事全过程监督】 2022年，市人大常委会推动落实线上民生实事全过程管理数字化场景建设应用和线下民生实事项目全过程监督机制。市人大常委会开展线下民生实事项目办理情况年中初步评价和年末代表电视督政，全年对3个进度不理想的民生实事项目开展代表电视督政。全市首次通过线上征集、票选省市民生实事项目，参与人员11万人次，提出建议2394条。"民生实事全过程监督"数字化应用场景上线运行并在金华市推广应用；8月，该应用场景获第三届"浙江人大工作与时俱进通报表扬"提名奖。

【部门单位重点工作评议】 2022年，市人大常委会对市教育局、市公安局、市商务局、市综合行政执法局4个单位牵头的学前教育和职业教育、公安机关执法规范化建设、招商引资项目落地、城市管理4项重点工作开展评议，通过制定监督实施方案、召开动员部署会、开展专题调研视察等方式进行；市人大常委会逐项给出工作评价档次，出具评议意见；责任部门按要求在2个月内书面反馈评议意见及办理情况。

【协助开展立法工作】 2022年，市人大常委会配合全国人大常委会法工委对立法法、监督法的修改工作以及基层立法联系点的工作开展调研；配合金华市人大对新就业群体（群众演员）权益保障开展立法调研，对《中华人民共和国环境保护法》《金华市水环境保护条例》《金华市大气污染防治规定》贯彻实施情况开展调研；开展《浙江省安全生产条例（修订草案）》《金华市红色资源保护利用条例（草案）》《金华市居家养老条例（草案）》意见建议征集工作。

（许天宇）

重要会议

【概况】 2022年1月，东阳市第十六届人民代表大会第一次会议召开。

年内，市人大常委会召开常委会会议8次、主任会议14次，听取和审议"一府两院"专项工作报告30个，作出决议、决定9项。

【东阳市第十六届人民代表大会第一次会议】 于2022年1月23—27日召开。会议听取和审查市人民政府代市长黄胜可关于东阳市人民政府工作报告；审查市发展和改革局关于东阳市2021年国民经济和社会发展计划执行情况及2022年国民经济和社会发展计划草案的报告，审查、批准东阳市2021年国民经济和社会发展计划执行情况的报告及2022年国民经济和社会发展计划；审查市财政局关于东阳市2021年全市和市级预算执行情况及2022年全市和市级预算草案的报告，审查、批准东阳市2021年市级预算执行情况的报告及2022年市级预算；听取和审查市人大常委会主任朱志杰关于东阳市人民代表大会常务委员会工作报告；听取和审查市人民法院院长贺利平关于东阳市人民法院工作报告；听取和审查市人民检察院代检察长郑晓鸣关于东阳市人民检察院工作报告；选举东阳市第十六届人民代表大会常务委员会主任、副主任和委员；选举东阳市人民政府市长、副市长；选举东阳市监察委员会主任；选举东阳市人民法院院长、东阳市人民检察院检察长；选举东阳市出席金华市第八届人民代表大会代表；通过东阳市第十六届人民代表大会专门委员会组成人员名单；审查决定2022年政府十大民生实事；通过各项报告决议、决定。

【市人大常委会会议】 2022年，市十五届人大常委会召开1次常委会会议，市十六届人大常委会召开7次常委会会议。

市十五届人大常委会第三十八次会议于1月15日召开。会议听取和审议市政府关于2022年新增政府投资重大项目计划的报告；听取和初审市人民政府工作报告、市人大常委会工作报告、市人民法院工作报告、市人民检察院工作报告等征求意见稿；听取和初审市2022年民生实事候选项目情况的报告、市2021年国民经济和社会发展计划执行情况及2022年国民经济和社会发展计划草案的报告、关于2021年全市和市级财政预算执行情况及2022年全市和市级财政预算草案的报告；听取和初审关于2021年全市环境状况和环境保护目标完成情况的报告等征求意见稿；审议提出市十六届人大一次会议议程、日程草案；审议提出市十六届人大一次会议主席团和秘书长、主席团常务主席、执行主席分组、议案审查委员会、财政预算审查委员会和副秘书长等名单草案；审议通过市十六届人大一次会议各代表团召集人、各代表团正、副团长、列席人员和上主席台就座人员等名单草案；开展2021年度政府十大民生实事项目完成情况满意度测评；审议通过人事任免事项。

市十六届人大常委会第一次会议于3月4日召开。会议审议通过《市人大常委会2022年工作要点》草案、《市人大常委会交办各人大街道工委2022年"工作清单"》草案；听取各人大街道工委关于上一年度工作情况和本年度工作计划的报告，审议通过《关于东阳市人大常委会各街道工作委员会2021年工作情况及2022年工作计划的决议》草案；审议通过《东阳市十六届人大常委会各工作委员会委员名单》草案和《东阳市十六届人大常委会街道工作委员会委员名单》草案；审议通过人事任免事项。

市十六届人大常委会第二次会议于4月28日召开。会议审议通过市人大常委会有关规章制度草案和修正草案；审议通过人事任免事项；会议组织学习《中华人民共和国就业促进法》。

市十六届人大常委会第三次会议于6月29日召开。会议听取和审议市政府关于制定房屋征收政策重大事项情况的报告、市十六届人大一次会议代表建议办理情况的报告、2021年度自然资源资产管理情况的报告、书面审查2021年度国有资产管理情况的综合报告；审议通过市人大常委会有关规章制度草案和修正草案；审议表决关于接受代表辞去东阳市第十六届人民代表大会代表职务的议案。

市十六届人大常委会第四次会议于8月26日召开。会议传达学习全省各级人大常委会主任学习会精神；听取和审议市政府关于乡村振兴"一法一条例"贯彻实施情况报告和市人大常委会执法检查组关于乡村振兴"一法一条例"执法检查情况报告、关于《浙江省综合行政执法条例》贯彻实施情况报告和市人大常委会执法检查组关于《浙江省综合行政执法条例》执法检查情况报告；听取和审议关于2021年10月至2022年4月的市人代会审查报告、人大常委会审议意见、主任会议纪要办理情况报告；听取和审议市政府关于粮食生产功能区建设工作情况报告、市人民检

2022年1月23—27日，东阳市第十六届人民代表大会第一次会议在东阳剧院举行　（市人大办提供）

察院关于加强新时代检察机关法律监督工作情况报告;听取和审议关于2022年财政投资3000万元以上重大项目年中进展及增补编制情况报告、关于2022年上半年国民经济和社会发展计划执行情况报告、关于2021年市本级财政决算报告以及2022年上半年财政预算执行情况报告、关于2021年财政预算执行和其他收支情况审计工作报告。

市十六届人大常委会第五次会议于10月28日召开。会议传达学习中共二十大会议精神;对公安机关执法规范化建设工作、招商引资项目落地工作、学前教育和职业教育工作开展评议;听取和审议关于数字化改革攻坚创优大行动开展情况的报告、关于2022年度民生实事项目完成情况的报告、关于财政收支预算调整草案及债务计划草案的报告、关于医保基金监管工作情况的报告;听取和审议市监委关于整治群众身边不正之风和腐败问题情况的报告;审议通过市人大及其常委会有关规章制度草案和修正草案;审议表决关于接受代表辞去东阳市第十六届人民代表大会代表职务的议案;审议通过人事任免事项。

市十六届人大常委会第六次会议于12月9日召开。会议听取和审议市政府关于交通大会战工作情况的报告;审议通过《关于召开东阳市第十六届人民代表大会第二次会议的决定(草案)》;组织部分金华市第八届人民代表大会代表向选举单位述职;审议表决关于接受部分同志辞去金华市第八届人民代表大会代表职务的议案;补选金华市第八届人民代表大会代表;审议通过人事任免事项。

市十六届人大常委会第七次会议于12月30日召开。会议听取和审议关于市人大常委会5—9月所作各项审议意见落实情况的报告;对城市管理工作开展评议;听取和审议市政府关于"一号议案"办理情况的报告、关于"扩中""提低"共富大行动工作情况的报告、关于审计查出问题整改落实情况的报告;听取和审议关于规范性文件备案审查工作情况的报告;听取和审议东阳经济开发区关于国有资产管理和重大事项的报告;审议通过人事任免事项。

【市人大常委会主任会议】 2022年,市十五届人大常委会召开1次常委会主任会议。市十六届人大常委会召开13次常委会主任会议。

市十六届人大常委会第七次主任会议于7月29日召开。会议听取和讨论市政府关于乡村振兴"一法一条例"贯彻实施情况汇报和市人大常委会执法检查组关于乡村振兴"一法一条例"执法检查情况汇报、关于《中华人民共和国就业促进法》贯彻实施情况汇报和市人大常委会执法检查组关于《中华人民共和国就业促进法》执法检查情况汇报、关于节约能源"一法一办法"的贯彻实施情况汇报、关于节约能源"一法一办法"执法检查情况汇报;听取和初审市政府关于粮食生产功能区建设工作情况汇报;听取和讨论市政府关于被征地农民参加基本养老保险工作情况汇报、关于山塘水库综合整治情况汇报、关于东阳市义务教育"双减"工作情况汇报;讨论研究关于2022年新增地方政府债务限额和新增地方政府债券预算调整草案的报告。

市十六届人大常委会第九次主任会议于9月28日召开。会议传达学习金华市人大常委会主任学习会精神、贯彻市委十六届二次全会精神;听取和讨论市政府关于《东阳市国土空间总体规划(2020—2035)》编制情况的汇报、关于生态环境改善大会战进展情况的汇报、关于村级集体经济发展情况的汇报、关于现代治理大会战工作进展情况的汇报;对市教育局牵头的学前教育和职业教育工作开展重点工作评议初评;听取和初审市监委关于整治群众身边不正之风和腐败问题准备情况的汇报;讨论市人大及其常委会相关规章制度修订情况。

市十六届人大常委会第十一次主任会议于11月30日召开。会议听取和讨论市政府交通大会战工作情况的汇报;听取和讨论2023年度政府民生实事项目征集情况的汇报;研究确定12月份人大核心业务下沉实施方案和镇乡(街道)人大数字化改革工作考核办法(试行)。

【人大政府工作联席会议】 于2022年6月8日在市行政中心召开。市政府各副市长汇报2022年度人代会议案、12件代表重点建议和十大民生实事项目推进落实总体情况;市人大常委会各副主任对2022年度人代会议案、12件代表重点建议办理工作和十大民生实事项目推进工作提出意见。市人大常委会主任朱志杰就一号议案办理,危旧房改造政策、卢宅文旅核心区打造、城市园林绿化与环卫管理、饮用水源地保护、东阳科创人才高地打造、规范建设工程招投标等重点建议办理,以及提升医疗卫生服务水平、深化城市品质提升、推进燃气管道进村入户、民生实事项目财政专项保障等项目推进方面对政府工作提出建议。市政府表示要进一步提高站位,做到分管市领导牵头抓、部门主要领导亲自抓、分管领导具体抓的承办格局,确保重点建议办理、民生实事落实。

【践行全过程人民民主基层单元建设推进会】 于2022年9月16日在巍山镇召开,会议分两个阶段进行。第一阶段,与会人员到六石街道、歌山镇、巍山镇考察学习人大代表联络站建设工作;第二阶段,与会人员听取千祥镇人大、画水镇人大相关负责人作基层单元建设情况交流发言。市人大常委会主任朱志杰要求提升基层单元建设的实用性和有效性,通过数字化手段促进代表作用发挥常态化。

【政情通报会】 于2022年9月29日在市行政中心召开。市长黄胜可代表市政府通报年内全市经济社会发展情况、人代会议案、代表重点建议和民生实事项目办理情况。市人大常委会主任朱志杰肯定市政府在统筹新冠疫情防控和经济社会发展上取得的成绩,对市政府办理一号议案、代表重点建议和民生实施项目等工作提出意见。会后,在东阳市的省、金华市、东阳市各级人大代表集中视察东阳区域民生实事项目进展情况，并开展代表小组讨论。

（许天宇）

人大监督

【自然资源资产管理工作监督】 2022年，市人大常委会对自然资源资产管理情况开展专项监督。针对自然资源管理水平和效益不足、土地后备资源缺乏较严重，制约后续经济发展、土地资源对工业带动性不强、耕地保护缺乏有效监管手段等问题，市人大常委会建议市政府正确把握保护与开发的关系，建好国土空间规划“一张图”，做好“三区三线”规划编制；加强工程性采矿、非法制砂的源头监管；做好土地保护，持续推进低效用地再开发和存量用地盘活；推进国有自然资源资产市场化配置改革，提高国有自然资源资产配置效率。市政府重视市人大常委会审议意见，将自然资源资产管理作为重要工作，制定形成动态更新、“多规合一”的国土空间规划“一张图”；取缔非法采矿、制砂企业8家。

【教育“双减”工作监督】 2022年，市人大常委会对教育“双减”工作开展专项监督。针对教育资源不均衡、课后托管服务供给不平衡、校外培训机构需进一步规范等问题，市人大常委会建议市政府解决教师有偿带生顽疾；构建课堂教育质量、课后托管服务质量考核评价体系；根植东阳文化开展研学活动。市政府重视市人大常委会的审议意见，组建“双减”工作专班；在校内开展“品质课堂”创建工作，建立课后服务供给机制，在校外开展培训机构党建引领、“二次压减”、星级创建等行动。

【被征地农民参加养老保险工作监督】 2022年，市人大常委会对被征地农民参加养老保险工作开展专项监督。针对政策自上而下多次调整、转保政策导致基金持续支付能力承压明显、镇乡（街道）和村（社区）参保工作存在不足等困难问题，市人大常委会建议市政府加强政策研究，精准实施新政策，多渠道提高基金支付能力，加强社会保障精细化管理。市政府重视市人大常委会审议意见，制定保障被征地农民生活水平的政策，完成被征地农民参保及待遇发放工作整改；执行过渡期政策，组织被征地未入库人员入库、在库人员参保，解决历史遗留问题相关人员的政策享受问题。

【粮食生产功能区建设监督】 2022年，市人大常委会对粮食生产功能区建设情况开展专项监督。针对粮食生产功能区保存面积、保持粮食属性、提升农田地力面临较大压力的问题，市人大常委会建议市政府整合资源，优化粮食生产功能区；加大投入，健全机制，做好粮食生产功能区建设和管护。市政府重视市人大常委会审议意见，加大资源整合力度，调整粮食生产功能区建设方案；分批开展粮食生产功能区改造提升；健全“区长制”管护机制，建立常态化巡查机制。

【国民经济和社会发展计划执行情况监督】 2022年，市人大常委会对上半年国民经济和社会发展计划执行情况开展监督。针对上半年国民经济和社会发展计划执行中经济下行压力持续增大、部分行业发展困难较多、民生问题仍需进一步关注等困难和问题，市人大常委会建议市政府盯紧目标加压奋进，确保全年目标完成；聚力经济稳进提质攻坚，稳产业提质效；改善社会民生，保障和谐稳定。市政府重视市人大常委会出具的审议意见，制定稳住经济大盘的综合性政策措施，上半年全市实现地区生产总值358亿元，比上年增长3.4%。

【新时代检察机关法律监督工作专项监督】 2022年，市人大常委会对新时代检察机关法律监督工作进行专项监督。针对市检察机关推进新时代法律监督工作中贯彻落实上级精神文件的工作机制不完善、监督能力不足、监督不到位等问题，市人大常委会建议检察机关提高政治站位，推动新时代法律监督责任落实，优化新时代法律监督履职环境，提升新时代法律监督能力水平。市人民检察院重视市人大常委会审议意见，贯彻落实上级文件精神指示，履行“四大检察”职责，制定值班律师法律帮助、社会调查评估、量刑合议等改革举措；实现认罪认罚适用率达80%以上、精准刑量刑提出率和采纳率均达95%以上，查处骗领涉农补助资金犯罪5起。

【财政预算执行情况监督】 2022年，市人大常委会对上半年财政预算执

2022年7月，市人大常委会委员在市第二实验小学开展教育“双减”工作监督活动

（市人大办提供）

行情况开展监督。针对上半年财政预算执行中预算精细化程度有待进一步提高、资金效益有待加强等问题,市人大常委会建议市政府提升财政谋划能力,加强审计监督,进一步防范化解地方政府债务风险。针对市人大常委会审议意见,市政府调整支出结构,加强支出预算执行管理,盘活财政存量资金,制定《东阳市地方政府专项债券管理暂行办法》《东阳市地方政府专项债券管理暂行办法》,化解隐性债务,实行债券项目全生命周期管理,加强债券项目绩效管理。

【生态环境大会战监督】 2022年,市人大常委会对生态环境大会战推进落实情况进行专项监督。针对全员共抓氛围不够浓厚、部分工程推进力度不够大、各类要素保障不够强、执法监管有漏洞等问题,市人大常委会建议市政府垃圾分类工作落实到位,做到生活垃圾"两定四分"、工业固废无害化处置、建筑垃圾源头管控;重视污水处理工作,解决污水处理厂工程和"污水零直排"建设滞后两块短板;环保执法装备和经费投入到位,推进生态环境大会战各项工作措施落实到位。市政府重视市人大常委会审议意见,推广生活垃圾"两定四分"模式,实现生活垃圾分类覆盖面100%、资源化利用率100%、无害化处理率100%,白云、江北等5家大型综合分拣中心投入运行;完成新(扩)建污水处理厂6座;增设执法执勤常驻车1辆,落实平台常用车辆名额3个。

【现代治理大会战监督】 2022年,市人大常委会对现代治理大会战推进落实情况进行专项监督。针对基层党建存在薄弱环节、信访矛盾化解急需突破、诉源治理机制有待深化、平安建设基础不够扎实、智能治理水平有待提升等问题,市人大常委会建议市政府提升治理效能,让群众感受到公平正义,对陈年积案加强市级层面专班化研究。市政府重视市人大常委会审议意见,优化调整全市网格,设置微网格,开展自由裁量权规范化整治提升大行动,制定《深化自由裁量权规范化整治提升工作清单》,细化《自由裁量权规范化整治提升工作考核办法》。

【村级集体经济发展情况监督】 2022年,市人大常委会对村级集体经济发展情况开展专项监督。针对村干部发展集体经济能力不足、村级集体经济发展载体存在短板、村级集体经济发展不够均衡稳固等问题,市人大常委会建议市政府健全完善体制机制,增强村集体造血能力;探索农村宅基地入市、留用地共建、"飞地"等新模式;提高农业产业化程度;控制新增村级债务和村(社区)民间借贷负债。市政府重视市人大常委会审议意见,制定《关于加快村级集体经济发展的若干意见》等政策文件,建立健全月度调度、季度检查督办、年度考核约谈提醒制度;整合资源优势,统筹169个行政村投资入股,行政村投资规模达3.88亿元,帮扶行政村增加经营性收入3800余万元;打造一批农业产业化联合体;化解村级债务,开展《东阳市村集体经济组织债务管理办法》落实情况专项督查行动。

【数字化改革攻坚创优大行动监督】 2022年,市人大常委会对数字化改革攻坚创优大行动开展情况进行专项监督。针对数据共享流通时存在难点堵点、缺乏数字化综合型人才和技术团队、数字化改革延伸扩面存在阻滞等问题,市人大常委会建议市政府提升党员干部特别是各数字化改革专班成员的数字化能力和素养,推进18个数字化改革攻坚创优重点应用,打造一批标志性成果。市政府重视市人大常委会审议意见,推进数字化改革工作。

【市监委专项工作监督】 2022年,市人大常委会首次把听取和审议市监察委员会专项工作报告列入年度监督工作计划,对整治群众身边不正之风和腐败问题工作开展专项监督。针对市监委在该项工作中存在民生领域仍有短板、治理体制需优化、基层监督需加力等问题,市人大常委会建议市监委把整治群众身边不正之风和腐败问题作为重要政治任务,推进重点领域和突出问题集中整治,进一步提高政治站位,突出监督重点,加强基层导向。市监委落实市人大常委会审议意见要求,围绕群众关注、反映强烈的突出问题开展监督,整治群众身边的不正之风和腐败问题。

【医保基金监管工作监督】 2022年,市人大常委会对医保基金监管工作开展专项监督。针对保障能力与群众需求不对等、定点机构监管主动性不够、政策宣传不到位、信息化支撑不强、医保监管能力不足等问题,市人大常委会建议市政府完善医保基金监管机制,提升机构守法意识,加强政策指导宣传,加强大数据应用管理,提升医保监管能力。市政府重视市人大常委会审议意见,持续加大医保基金监管力度,推动监管关口前移,提升医保基金使用绩效。

【镇乡(街道)法治化综合改革工作监督】 2022年,市人大常委会对镇乡(街道)法治化综合改革"合法性审查""一支队伍管执法"工作开展专项监督。针对"合法性审查"中存在审查机制不够健全、标准不够明确、队伍不够充足,"一支队伍管执法"中存在队伍整合进度和咬合度有待提升、执法权限下沉与实践需求存在差距、行政执法机制尚不健全、数字化倒逼改革力度不够大等问题,市人大常委会建议全市各镇乡(街道)通过建立健全审查机制、完善细化审查标准、加强专业力量配备等举措做好合法性审查;认清"一支队伍管执法"的趋势,着力解决问题,推进"大综合一体化"行政执法改革。市政府重视市人大常委会审议意见,推进镇乡(街道)法治化综合改革试点工作,在乡镇合法性审查方面建章立制、加强审查队伍建设、激发数字审查动能;在"一支队伍管执法"工作方面,加强顶层谋划,夯实巡防体系、执法办案、统筹能力,以"条抓块统"实行"一支队伍"集中办公、集中管理、集中调度、集中执法。

【"扩中""提低"共富大行动监督】 2022年，市人大常委会对"扩中""提低"共富大行动开展情况进行专项监督。针对经济社会发展不均衡、农村地区推进共同富裕短板大、困难群体脱困任务仍然艰巨等问题，市人大常委会建议市政府发展富民产业和农村电商，多渠道推销有东阳特色的本土产品；要加大困难群众帮扶力度，促进低收入群体增收；要推进城乡义务教育共同体建设，着力提升普惠性学前教育；要高度重视慈善事业，大力开展慈善救助活动。市政府将"扩中""提低"共富大行动列为全市三大行动之首，每月市委常委会扩大会议听取行动推进情况报告，制定《"扩中""提低"行动方案》等文件。

【综合交通大会战监督】 2022年，市人大常委会对综合交通大会战推进落实情况进行专项监督。针对公共交通短板明显、交通网络不够顺畅、交通管理不够精细等问题，市人大常委会建议市政府加强综合交通一体化研究，统筹谋划，发挥好平台作用，持续扎实推动综合交通大会战；补齐公共交通短板，持续优化城区公交设施、公交线路，加快城市、农村公交一体化改革；开展道路精细化管理，建立常态化巡查制度，加强道路管理和养护，提升绿化水平。市政府重视市人大常委会审议意见，实施综合交通大会战项目76个，完善道路基础设施建设，实行公路养护市场化，开展路域环境专项整治，入选"四好农村路"全国示范县创建单位名单。

【《浙江省宗教事务条例》贯彻执行情况检查】 2022年，市人大常委会开展省、市、县三级联动的《浙江省宗教事务条例》贯彻执行情况检查。针对检查中发现的全市宗教团体领导班子主要负责人普遍年龄偏大、后备力量薄弱、综合素质不高等问题和宗教事务管理部门执法主体资格不够明确、非法宗教活动渗透蔓延形势依然复杂、互联网传教形态显现等问题，执法检查组建议市政府完善宗教管理体制机制；加大条例及相关法律法规宣传力度，提升基层管理水平；加强教育培训，提高宗教教职人员素养；加强依法管理，推动宗教场所规范化建设。市政府重视省、市、县三级人大执法检查意见，开展宣传教育活动，打击非法宗教活动；开展宗教督查问题整改工作，解决遗留问题；建立民族宗教工作协调小组，基本实现"横向到边、纵向到底"管理格局，健全完善"三人驻堂"小组工作机制。

【《中华人民共和国就业促进法》贯彻执行情况检查】 2022年，市人大常委会开展省、市、县三级联动的《中华人民共和国就业促进法》贯彻执行情况检查。针对检查中发现的新冠疫情对就业尤其是影视旅游产业冲击大、社会就业公平性有待提高、基层公共就业服务能力不匹配、高校毕业生就业创业不容乐观、职工培训优惠政策受惠面受限等问题，执法检查组强调市政府要按照"疫情要防住、经济要稳住、发展要安全"的要求，将就业工作作为重中之重，在劳动年龄法律上要突破，大学生就业政策精准性有效性要提升，就业数字化平台建设要加强，社会就业环境要进一步改善。市政府重视执法检查组的审议意见，完善工作机制、稳保市场主体，支持重点群体就业创业、保障劳动权益、聚力技能培训提质扩面，制定《东阳市支持残疾人就业创业社会保障促进残疾人共同富裕的实施意见》。

【《浙江省实施〈中华人民共和国节约能源法〉办法》贯彻执行情况检查】 2022年，市人大常委会开展省、市、县三级联动的《浙江省实施〈中华人民共和国节约能源法〉办法》贯彻执行情况检查。针对检查中发现的节能工作成效有待进一步提升、节能降碳领域正向激励政策缺失、管理能力，服务水平有待进一步提高等问题，执法检查组建议市政府加强领导，提高服务企业的能力和水平、加大宣传力度、增强节能意识、加强队伍建设，提高监督管理水平。市政府重视执法检查组审议意见，加强节能管理，执行节能审查制度，落实能耗"双控"；助推绿色低碳转型，压减淘汰过剩落后产能，推广绿色建筑、绿色交通；推广应用节能技术，推进重点用能企业节能监察；优化节能激励措施，发展清洁能源，开展燃煤锅炉淘汰改造，谋划节能降碳领域奖励扶持政策。

【乡村振兴"一法一条例"贯彻执行情况检查】 2022年，市人大常委会开展省、市、县三级联动的《中华人民共和国乡村振兴促进法》《浙江省乡村振兴促进条例》贯彻执行情况检查。针对检查中发现的机构设置匹配度不够、保障措施落实有弱点、城乡融合道阻且长、乡村产业发展能级不高、宜居环境提升空间大、乡村治理难点堵点多等有待破解的问题，执法检查组建议市政府提高政治站位，进一步夯实责任；把牢重点难点，进一步加强要素保障；进一步推进城乡融合；围绕三产融合，进一步促进产业兴旺；坚持软硬并重，进一步促进宜居宜业；健全治理体系，进一步提升善治水平。市政府重视执法检查组的审议意见，加强统筹领导，制定、完善《乡村振兴领导小组工作规则》等8个方面13项制度；开展农村实用人才专题培训，推进城乡融合，打造宜居宜业乡村，发展农村集体经济，推动9个市级"飞地"抱团项目，组建100个"助村帮帮团"帮扶100个相对薄弱村；提升治理水平，推动矛调模块运行，办理案件3207件。

【《浙江省综合行政执法条例》贯彻执行情况检查】 2022年，市人大常委会开展省、市、县三级联动的《浙江省综合行政执法条例》贯彻执行情况贯彻执行情况检查。针对检查中发现的思想认识上不够到位、统筹协调机构设置不够合理、协同配合机制不够完善、执法队伍建设不够扎实、数字化倒逼改革力度不够大等问题，执法检查组建议市政府坚持"一支队伍管执法"，促进执法队伍真正融合；坚持一个标准赋权限，推动执法事项稳步下沉；坚持一套机制管运行，确保综合执法平稳推进；坚持一把尺子量到底，彰显综合执法公平公正。市政府

2022年7月,市人大常委会委员在南马镇综合行政执法队开展《浙江省综合行政执法条例》贯彻执行情况检查（市人大办提供）

重视执法检查组的建议,聚焦条例宣贯,加强统筹协调,理顺体制机制;加强执法协同,推进权责落实;加强执法规范,推广数字应用;加强执法保障,提升队伍能力。

（许天宇）

人事任免

【概况】 2022年,市十六届人大一次会议第三次全体会议依法选举产生市人大常委会主任、副主任、委员33人,选举产生市人民政府市长、副市长8人。市人大常委会任免国家机关工作人员82人次。

【人代会人事任免】 2022年1月27日,市第十六届人民代表大会第一次会议第三次全体会议召开。会议依法选举产生市第十六届人民代表大会常务委员会主任、副主任、委员,市人民政府市长、副市长,市监察委员会主任,市人民法院院长,市人民检察院检察长,东阳市出席金华市第八届人民代表大会代表。

市第十六届人大常委会主任:朱志杰;副主任:赵跃亮、楼美姣(女)、楼国民、赵晓珍(女)、许克宁、俞益钟;委员:卜如阳、马景斌、王向东、韦飞红(女)、方勇、吕忠、吕桂华、杜新阳、吴高强、何芳萍(女)、何快快、张平(女)、张梁俊、陈国康、陈皖东、金欲立、周康、单俨彬、洪志浩、顾在响、徐文学、徐永安、徐向阳、郭门明、程国伟、楼永良。

市人民政府市长:黄胜可;副市长:陈洪、郭锦明、徐健、范锐、龚杭娟(女)、李敢峰、徐育阳。市监察委员会主任:甘庆富。市人民法院院长:贺利平。市人民检察院检察长:郑晓鸣。

东阳市出席金华市第八届人民代表大会代表:(以姓氏笔画为序)王萍(女)、吕伟强、任建生、杜金林、陈玲玲(女)、陈美兰(女)、邵旭东、周丽水、赵敏笑(女)、曹一勤(女)、傅显明、王美君(女)、韦伟、韦建春、韦栋栋、韦晓声(女)、甘庆富、卢江成、卢雁红(女)、叶晓芳(女)、包江浩、冯兰芳(女)、朱光先、朱志杰、朱晨凯、朱喜浩、邬影潇、杜培基、李丹芬(女)、李莉莉(女)、李倩倩(女)、吴旭华(女)、吴海涛、吴继飞、张兴保、张险峰、陆苗青(女)、陆金龙、陈雯(女)、陈尚进、陈浩归、邵君芳(女)、金新伦、周更生、单涨跃、赵秀洪、赵枳程、胡文翠(女)、胡先民、柳尊科、袁丹(女)、徐聪(女)、徐文财、徐志鹰(女)、徐昔文、郭梦婷(女)、黄胜可、曹云霞(女)、葛会红、董瑞苹(女)、蒋思思(女)、楼刚富、楼美姣(女)、楼琅坚、潘敏。

【常委会人事任免】 2022年1月15日,市十五届人大常委会第三十八次会议召开。会议决定任命:王松明为东阳市监察委员会副主任;朱勤为东阳市人民法院副院长、审判委员会委员、审判员;徐文龙为东阳市人民法院副院长。决定免去:陈益明的东阳市人民法院副院长、审判委员会委员、审判员职务;徐文龙的东阳市人民法院综合审判庭(建筑业巡回法庭)庭长职务;杨志强的东阳市人民法院审判员职务。任命:陈益明为东阳市人民检察院副检察长、检察委员会委员、检察员;杜潇洒为东阳市人民检察院检察员。免去:吴晓阳的东阳市人民检察院检察委员会委员、检察员职务;王攀的东阳市人民检察院检察委员会委员、检察员职务。

3月4日,市十六届人大常委会第一次会议召开。会议决定任命:李进财为东阳市人民政府副市长。决定任命:韦朝阳为东阳市发展和改革局局长;陈其宪为东阳市经济和信息化局局长;陈建强为东阳市教育局局长;包珊为东阳市科学技术局局长;徐健为东阳市公安局局长;郭立成为东阳市民政局局长;马红斌为东阳市司法局局长;赵锋为东阳市财政局局长;黄正明为东阳市人力资源和社会保障局局长;楼尚潭为东阳市自然资源和规划局局长;韦健为东阳市住房和城乡建设局局长;葛海波为东阳市交通运输局局长;马刚为东阳市水务局局长;李爱忠为东阳市农业农村局局长;吕惠勇为东阳市商务局局长;葛伟英为东阳市文化和广电旅游体育局局长;楼杰华为东阳市卫生健康局局长;虞富强为东阳市退役军人事务局局长;单凯权为东阳市应急管理局局长;韦向东为东阳市政府国有资产监督管理办公室主任;叶文明为东阳市市场监督管理局局长;蒋国威为东阳市统计局局长;郭炜为东阳市医疗保障局局长;贾新民为东阳市综合行政执法局局长。任命:徐向阳为东阳市人大常委会办公室主任;张平为东阳市人大常委会办公室副主任、研究室主任;马景斌为东阳市人大常委会法制和监察司法工作委员会主任;洪志浩为东阳市人大常委会财政经济工作委员会主任;陈国康为东阳市人大常委会教科文卫工作委员会主任;方勇为东阳市人大常委会城乡建设与环境资源保护工作委员会主任;周康为东阳市人大常委会代表与选举任免工作委员会主任;徐文学为东阳市人大常委会农业农村工作委员会主任。免去:胡旭升的东阳市人大常委会办公室主任职务;韦飞红的东阳市人大常委会办公室副主任、研究室主任职务;徐向阳的东阳市人大常委会法制和监察司法工作委员会主任职务;葛德中的东阳市人大常委会财政经济工作委员会主任职务;张宇的东阳市人大常委会教科文卫工作委员会主任职务;潘锡林的东阳市人大常委会城乡建设与环境资源保护工作委员会主任职务;吴荣斌的东阳市人大常委会代表与选举任免工作委员会主任职务;邵文京的东阳市人大常委会农业农村工作委员会主任职务。任命:李阳为东阳市监察委员会委员。免去:何春雷的东阳市监察委员会委员职务。任命:周琰琳为东阳市人民法院审判员。免去:杜潇洒的东阳市人民法院南马人民法庭副庭长、审判员职务。

4月28日,市十六届人大常委会第二次会议召开。会议决定免去:陈洪的东阳市人民政府副市长职务。决定任命:吴滨为东阳市人民政府办公室主任;徐海青为东阳市审计局局长。任命:陈翠翠为东阳市人大常委会法制和监察司法工作委员会副主任;陈玲玲为东阳市人大常委会教科文卫工作委员会副主任;蔡旦卡为东阳市人大常委会代表与选举任免工作委员会副主任。免去:马敏蔚的东阳市人大常委会教科文卫工作委员会副主任职务;金承锦的东阳市人大常委会城乡建设与环境资源保护工作委员会副主任职务;沈江华的东阳市人大常委会社会建设工作委员会副主任职务。任命:吴霞林为东阳市人民法院巍山人民法庭庭长;黄兰蔚为东阳市人民法院横店人民法庭庭长;何金阳为东阳市人民法院南马人民法庭庭长;吕美丽为东阳市人民法院六石人民法庭庭长。免去:黄兰蔚的东阳市人民法院刑事审判庭庭长职务;楼敏娟的东阳市人民法院审判员职务。

10月28日,市十六届人大常委会第五次会议召开。会议决定任命:徐新卫为东阳市人大常委会城乡建设与环境资源保护工作委员会副主任;金栋为东阳市人大常委会农业农村工作委员会副主任。任命:孙玉肖为东阳市人民法院民事审判四庭庭长;范洁为东阳市人民法院综合审判庭(建筑业巡回法庭)庭长;蒋翠容为东阳市人民法院南马人民法庭副庭长;蒋秋成为东阳市人民法院六石人民法庭副庭长;李爽为东阳市人民法院审判员。免去:范洁的东阳市人民法院民事审判四庭庭长职务;蒋翠容的东阳市人民法院民事审判二庭副庭长职务。

12月9日,市十六届人大常委会第六次会议召开。会议决定任命:胡利群为东阳市人民政府副市长。

12月30日,市十六届人大常委会第七次会议召开。会议决定任命:蒋国威为东阳市发展和改革局局长;杜建强为东阳市科学技术局局长;包珊为东阳市统计局局长。决定免去:韦朝阳的东阳市发展和改革局局长职务;包珊的东阳市科学技术局局长职务;蒋国威的东阳市统计局局长职务。任命:楼炬华为东阳市人大常委会江北街道工作委员会副主任。免去:张兴法的东阳市人大常委会江北街道工作委员会副主任职务。免去:姜乐的东阳市人民法院六石人民法庭副庭长、审判员职务;金瑞春、金永平、陆丽敏的东阳市人民法院审判员职务。

(许天宇)

视察与调研

【概况】 2022年,市人大常委会组织开展专题视察和课题调研工作。专题视察主要有创建全国文明城市暨顽疾治理工作视察、低效工业用地清理整治和城市更新工作视察、山塘水库整治工作视察、垃圾分类处置体系建设情况视察、招商引资项目落地工作视察、公安局数字化改革成果和看守所工作视察、基层医疗规范化建设情况视察、城市品质提升大会战视察、应急救援演练视察、综合交通建设情况视察等;课题调研主要有公益慈善事业调研、国企融资建设项目实施情况调研、餐饮服务食品安全工作调研、全市营商环境(侧重制造业发展)调研、文化遗产保护工作调研、横店影视文化产业集聚区建设情况调研、深入推进农房“安居工程”提升城乡宜居水平情况调研、美丽乡村可持续发展调研、《中华人民共和国乡村振兴促进法》实施情况调研等。

【创建全国文明城市暨顽疾治理工作专题视察】 2022年4月7日,市人大常委会组织开展创建全国文明城市暨顽疾治理工作专题视察。组织代表实地视察白云街道江亭小区、吴宁街道朝阳新村、市新时代文明实践中心等地,并召开座谈会。视察意见提出,市政府要坚持责任导向抓网格细分、坚持问题导向补基础短板、坚持结果导向治城市顽疾、坚持舆论导向抓氛围营造、坚持目标导向抓长效常态。市政府健全以各共建单位(街道)负责人、社区负责人、小区负责人(社区工作者、网格员)、楼栋户主为主的四级网格,建设基础设施,完善环卫网格,保障财政经费,整治重点顽疾;划分执法职责,制定《东阳市综合行政执法事项目录》;落实督考机制,印发《东阳市2022年度创建全国文明城市督查考评办法(试行)》和《东阳市创建全国文明城市月度综合考评办法》;提升物业管理,制定十佳物业企业评选方案、文明物业小区评选方案、物业小区楼道清理专项行动方案等。

【山塘水库整治工作专题视察】 2022年6月17日,市人大常委会组织开展山塘水库整治工作专题视察。组织代表实地视察横店、马宅等乡镇多处山塘水库,并召开座谈会。视察意见提出,市政府要把工程质量放在首位,资金保障到位;合理安排工期,工程建设与农业生产农田灌溉等农时有效衔接;规范程序,招标、建设、验收等都要按程序规范操作;控制好风险,有效防范项目建设各类风险,特别是廉政风险。市政府持续加强质量监管,累计下发资金2.08亿元用于山塘水库建设;开展工程质量专项检查行动4次,检查全市水利工程设施142处,检查整改问题隐患16处,全部完成闭环管理;注重保障工期,保障农业生产农田灌溉;严格工作流程,落实项目法人全面负责制;把控项目风险,落实重大事项集体决策,及时进行检查评估和评审验收。

【垃圾分类处置体系建设情况专题视察】 2022年6月22日,市人大常委会组织开展垃圾分类处置体系建设情况专题视察。组织代表实地查看市生活垃圾综合处置利用项目、孙村建筑垃圾资源化利用中心、吴宁街道新兴一品小区垃圾分类运行点、江北垃圾综合分拣中心等地,并召开座谈会。视察意见提出,市政府要全力营造垃圾分类浓厚氛围,补齐垃圾基础设施短板,构建垃圾处置全过程闭环,健全垃圾分类保障机制。市政府重视垃圾分类工作,加强垃圾分类宣传工作,推进基础设施建设,加强垃圾收运处置,推进智慧监管平台建设,开展专项执法集中整治行动。

【低效工业用地清理整治和城市更新工作开展专题视察】 2022年7月5日,市人大常委会组织开展低效工业用地清理整治和城市更新工作开展专题视察。组织代表实地视察歌山镇西宅村低效用地整治重点片区、江北街道月亮湾片区城市更新重点板块,并召开座谈会。视察意见提出,市政府加快低效工业用地出清,推进城市更新。市政府持续加大低效用地集中连片整治力度,成立由副市长任指挥长的指挥部,形成扁平化指挥体系;加快推进重点板块城市更新,开展2023年度城市更新"立改套"项目谋划,完成东阳市城市更新谋划方案编制。

【聚焦共同富裕、公益慈善事业调研】 2022年,针对公益慈善事业捐赠额与经济总量不匹配、慈善氛围不够浓厚、各级组织重视不够等问题,市人大常委会组织开展聚焦共同富裕、公益慈善事业调研。走访市慈善总会、横店镇、千祥镇、佐村镇、巍山镇、虎鹿镇、南马镇等单位和乡镇,听取市教育局、东阳中学、巍山高中、南马高中等教育基金会和"三宝"慈善基金会的情况介绍,并召开座谈会,于4月出具调研报告。报告建议,市政府要营造慈善工作浓厚氛围、建立健全慈善工作机制、开展慈善救助活动。市政府重视公益慈善事业,全市有包括市慈善总会在内的各类慈善组织7家、各类慈善基金72个。近三年,市慈善总会募集善款4130.97万元,救助支出3077.04万元。

【国企融资建设项目实施情况调研】 2022年,针对国有企业融资项目建设中国企经营管理能力水平有待进一步提高、国企投资项目效益不佳,做大做强后劲不足、国企体制机制有待进一步健全理顺、投资项目负债率过高,需进一步防范债务风险等问题,市人大常委会组织开展国企融资建设项目实施情况调研。走访多家国有企业,并出具调研报告。报告建议,市政府要加强领导,提高对做好国有企业投资项目重要性的认识;转变管理理念,找准企业定位,促进国有企业可持续发展;发挥专业咨询团队的作用,选准选优投资项目;推进国企融资项目建设;加强对投资项目的监管。市政府重视国企融资建设项目,截至年末,全市有国有企业148家,涉及交通、水务、城投、能源、建材、房地产等多个行业,全年安排融资建设项目220个,增加融资121.07亿元,完成营业收入40.02亿元,实现净利润1.92亿元。

【餐饮服务食品安全工作调研】 2022年,市人大常委会组织开展中小餐饮食安监管、网络餐饮监管、校园食安等餐饮服务食品安全工作调研。市人大常委会出具调研报告。报告建议,市政府要集中力量整治餐饮顽疾;加强外卖监管,提升阳光厨房智治水平;加强组织领导,持续守护校园食品安全;加强统筹部署,完成省、市两级重点项目;提前部署,完成民生实事。市政府重视餐饮服务食品安全工作,完成网络餐饮"阳光厨房"建设2089家,检查学校(含托幼机构)食堂276家、校园集体用餐配送单位2家;全年检查餐饮单位6500余家,问题整改闭环率达100%。

【优化破产企业资产处置程序调研】 2022年,针对优化破产企业资产处置程序工作中存在的对破产法功能认识不到位、破产配套机制不完善、破产审判专业化程度不高,审理期限长、管理人队伍建设较为落后等问题,市人大常委会组织开展优化破产企业资产处置程序调研。实地走访法院和部分企业,于11月出具调研报告。报告建议,市政府和市人民法院要加强对破产法的宣传、优化府院联动机制、加强部门沟通协调、推动成立破产审判合议庭或破产法庭、推广适用预重整程序、加强管理人员队伍建设。市政府和市人民法院推进完善破产配套机制,加强破产制度建设,增强破产案件审判力量,提高破产案件审判水平。

【文化遗产保护工作调研】 2022年,市人大常委会组织开展文化遗产保护工作调研。走访卢宅、东阳木雕小镇、严济慈陈列馆、市档案馆、寀卢村(红色旅游)等地,听取市文保所、市文广旅体局、市委党史研究室等相关部门汇报,于12月出具调研报告。报告建议,市政府要构建协同合作的文化遗产保护机制,打造文化遗产品牌,培育文化遗产传承人队伍。市政府重视完善文化遗产保护机制,探索建设非物质文化遗产活态街区,注重传统民居营造技艺振兴和文化遗产传承人培养;全市有各类文化遗产传承人283人。

【横店影视文化产业集聚区建设情况调研】 2022年,市人大常委会组织开展横店影视文化产业集聚区建设情况调研。走访集聚区管委会、横店影视文化产业展示馆、数字摄影棚、圆明新园等,听取相关部门工作情况介绍,于12月出具调研报告。报告建议,市政府要聚焦影视业综合改革,在建设政策制度供给体系上率先突破；聚焦精品力作，在建设创作生态体系上率先突破；聚焦数字影视，在建设现代产业体系上率先突破；聚焦人才支撑，在建设"选管用育"体系上率先突破；聚焦重点项目，在建设全产业链体系上率先突破；聚焦文化出口，在建设国际传播体系上率先突破。市政府重视影视文化产业发展，印发《中共东阳市委关于加快建设横店国际影视文化创新中心的决定》，完成《东阳市影视文化产业发展"十四五"规划》编制；推进国家影视文化产业改革先行示范区创建；谋划实施30个重点项目；"影视文化产业大脑"迭代升级；推动影视作品出口海外30余部。

【推进农房"安居工程"提升城乡宜居水平情况调研】 2022年，针对农房"安居工程"中存在的农村还有一定数量的存量危旧房、传统观念影响老房拆除不易、持续推进农村危房改造受资源要素制约、基础设施建设跟不上建房进度等问题，市人大常委会组织开展深入推进农房"安居工程"提升城乡宜居水平情况调研。在实地走访的基础上，出具调研报告。报告建议，市政府要建立专门工作机构、加大农村建房政策宣传、优化农房审批政策、完善农房集聚安置、加强资源要素保障、推进数字化管理。2017年以来，全市拆除危旧房近4.8万户，数量居全省前列；委托专业设计单位编制村庄拆后重建规划800余个，入选省级村庄规划与农房设计试点县；实施上卢、高铁新城、横店、南马、巍山5个农房集聚区项目；全市完成拆后重建示范村建设50个、省级美丽宜居示范村创建25个，完成省级以上传统村落保护项目14个。

【美丽乡村可持续发展调研】 2022年，针对美丽乡村可持续发展工作中存在的后续管理维护不力、彰显农村特色不够、转化共富通道不畅、村庄经营思路不清等问题，市人大常委会组织开展美丽乡村可持续发展调研，出具调研报告。报告建议，市政府要升级乡村建设理念，提升乡村整体内涵；推进"产村"融合。全市开展美丽乡村创建工作，截至年末，省级美丽乡村示范乡镇7个、特色精品村24个、精品村59个、新时代美丽乡村达标村270个。

（许天宇）

人大代表工作

【全过程人民民主基层单元建设】 2022年，市人大常委会推进践行全过程人民民主基层单元建设。基层单元是以数字化改革推动人大核心业务下沉到代表联络站，实现社情民意的全天候收集和全流程处理，使之成为保障人民当家做主和将人大制度优势转化为治理效能的基层民主实践平台和重要窗口。市人大常委会在全市镇乡（街道）代表联络站推进数字化改造提升。9月，全市践行全过程人民民主基层单元建设推进会举行，会议要求抓好数字化应用场景承接、人大核心业务下沉、抓好数据归集等。六石街道代表联络站入选全省首批人大践行全过程人民民主基层单元培育对象名单。年内，全市基层单元开展各类联系接待活动456次，收集意见建议3345条。

【人大代表议案建议办理工作】 2022年，市十六届人大一次会议提出代表建议407件、议案1个。市人大常委会领导于3月、5月两次带队到各代表联络站，围绕一号议案、12件代表重点建议和各代表小组上报的55件代表建议，与代表现场沟通、面商办理，听取代表群众对部门工作的意见建议；全市257名市级代表参加活动，各分管副市长和33个政府部门单位的负责人参加。5月，联合市政府对市经信局、市教育局等8个部门开展代表建议办中督查活动。6月，市人大常委会与市政府工作联席会议召开，听取市政府对一号议案、代表重点建议办理情况的汇报。7月，市人大常委会开展代表建议"二次交办"。11月，组织开展代表建议办理"回头看"。截至年末，代表建议

2022年东阳市十六届人大一次会议议案、重点建议一览表

表8

领衔代表	议案/重点建议
卢杨成	关于以"万亩千亿"平台建设为契机，全力推动东阳工业经济高质量发展的议案
卢　兵	关于进一步加强卢宅文物研究、保护、修缮和利用的建议
潘　红	关于加强城市园林绿化与环卫管理的建议
楼甜甜	关于加快我市职业教育发展的建议
吴琦琪	关于持续深化自由裁量权规范工作的建议
任元月	关于重视招商项目实际效果的建议
陈晓华	关于进一步发展农业产业，增加农民收入的建议
方君明	关于持续深入开展反诈人民战争的建议
吴顺华	关于进一步加快人才引进，筑牢东阳科创"人才高地"的建议
王利杨	关于要求加强建设工程招投标管理的建议
黄泳钧	关于延续完善危旧房改造政策的建议
张立明	关于提升全市重点老年人医养结合服务能力的建议
郭立军	关于加强饮用水源保护和水源地水污染治理的建议

全部办复,解决或基本解决代表建议189件、处于办理阶段或列入计划逐步解决代表建议186件,合计占比91.4%;代表对办理情况表示满意的建议327件、基本满意的建议76件,合计占比98.6%。

2022年6月,市人大常委会在省委党校举办东阳市人大代表履职能力提升培训班 (市人大办提供)

【镇乡(街道)人大工作】 2022年3月3日,市十六届人大常委会第二次主任会议听取和审议各人大街道工委关于2021年工作情况和2022年工作计划的报告,同意各人大街道工委提出的年度工作目标任务、批准相关报告;审议通过2022年度市人大常委会交办各人大街道工委的"工作清单"。"工作清单"涉及七个方面,分别为听取和讨论街道办事处和市人民政府有关部门、司法机关派驻街道工作机构有关工作报告;对街道预算执行情况、国有资产管理情况进行日常监督;组织对街道办事处和市人民政府有关部门、司法机关派驻街道工作机构的工作进行评议;对列入市人大常委会审议的有关议题,开展调查研究,提出意见和建议;对市政府2022年度十大民生实事项目,组织代表小组活动开展监督,提出意见和建议;组织街道辖区内市人民代表大会代表向原选区选民述职,接受选民监督;做好市人大常委会交办的其他工作。各镇乡人大主席团、各人大街道工委按计划依法开展各项监督工作,落实年度工作计划。吴宁街道人大工委、六石街道人大工委、横店镇人大主席团、南马镇人大主席团、巍山镇人大主席团、歌山镇人大主席团、千祥镇人大主席团获评2022年度东阳人大工作先进集体。

【人大代表履职培训与考评】 2022年,市人大常委会把代表的履职考评纳入数字化平台。6月,市人大常委会组织市级代表、各镇乡人大和人大街道工委的工作人员、市人大机关干部到省委党校开展履职能力提升集中培训活动,培训内容包括人民代表大会制度基础理论、人大代表审议发言和议案建议撰写、数字化改革成果在人大代表履职中的应用、"双循环"驱动下的中国经济新格局。卢兵、胡康莉、潘红成、楼江、楼甜甜、蔡旭萍、瞿向东、艾林、吴子祥、李茂良、单南平、孙俊杰、张惠强、陈军民、陈晓华、金征海、申屠忠良、张永进、陈立毅、吴永旦、应晓瑾、胡亚平、金晓红、俞藟、卢军权、史德刚、杜金明、张立明、王国强、蒋云进、蔡一龙、杜文辉、申屠位刚、斯佩华、杜新阳、单万荣、葛敏辉37名代表获评2022年度东阳市人大代表履职先进个人。

(许天宇)

综　述

【省政府督查激励】　2022年6月2日，省政府办公厅下达《关于对2021年落实有关重大政策措施真抓实干成效明显地方予以督查激励的通报》，东阳市推进促消费、财政管理（财政预算执行、财政存量资金盘活、国库库款管理、预算公开）、土地管理（实施全域土地综合整治与生态修复工程、节约集约利用土地、批而未供土地消化利用、闲置土地处置、推进永久基本农田集中连片整治）3项工作做法获省政府督查激励。

【“三大行动”工作】　2022年，东阳市推进“扩中”“提低”（扩大中等收入群体规模，提高低收入人群收入）共富大行动、数字化改革攻坚创优大行动、营商环境整治提升大行动“三大行动”。家庭可支配收入10万～50万元群体占73%、20万～60万元群体占38%，城乡收入倍差缩小至1.69。发放创业担保贷款3325万元，增加城镇就业2.96万人，零就业家庭实现动态清零，南马镇花园村获评国家级充分就业社区。“打造横店国际影视文化创新中心　推动文化体制改革创新”“打造浙江省建筑业高质量发展综合实验区　推动民营建筑企业高质量发展”入选省共同富裕最佳实践案例。“数字孪生水库安全智管”入榜水利部应用案例推荐名录。“影视文化产业大脑”“木雕红木行业产业大脑”入选省级细分行业产业大脑建设名单。校园食品安全与营养健康应用、乡镇（街道）合法性数智审查应用列入省“一地创新、全省共享”清单；校园食品安全与营养健康应用、乡镇（街道）合法性数智审查应用、数字孪生水库安全智管应用3个特色应用获评金华市最佳应用。营商环境评价进入全省第一梯队。

【“五大会战”工作】　2022年，东阳市推进产业升级大会战、城市品质大会战、综合交通大会战、生态环境大会战、现代治理大会战“五大会战”。新材料“万亩千亿”产业平台入选省级“万亩千亿”新产业平台培育名单，村庄征迁、安置区和配套设施建设有序推进。磁性材料产业集群被认定为国家级中小企业特色产业集群，医药健康产业集群产值突破百亿元大关。打通江滨南街东延等8条城市道路，改造提升人民北路等8条城市道路，完成朝阳新村等11个老旧小区改造。荷塘社区等5个城市更新片区基本完成房屋征收。金义东市域轨道交通投入试运营，217省道南午岭互通工程、315省道改建工程南市至画水段建成通车，博士路隧道顺利贯通，杭温高铁、金甬铁路站房开工建设，横店通用机场改扩建、杭温高铁、金甬铁路、义东高速公路等项目加快推进。新投用市污水二厂二期、湖溪、千祥等6座污水处理厂，污水日处理能力提升至36.3万吨，建成“污水零直排”村（小区）163个，市控以上地表水断面水质100%达标。$PM_{2.5}$平均浓度23微克/立方米，空气质量优良率97.5%。生产安全事故数、死亡人数比前三年平均数分别下降38.2%、50%。刑事、治安警情分别下降23.7%、21.5%，电信诈骗发案数、损失金额分别下降41.2%、36.7%。初信初访、信访积案化解率分别为96.7%、100%，四级走访人次比前三年平均数下降77.2%。被省委、省政府授予“平安牌”，实现“平安县（市）”十六连创。

【“四大千亿产业”培育】　2022年5月21日，东阳市产业发展大会召开，部署推进工业经济与科技创新、建筑业、木雕家居产业、影视文旅产业“四大千亿产业”的重点工作。完成规模以上工业企业产值776.1亿元、规模以上工业企业增加值165.4亿元、战略性新兴产业增加值101亿元，比上年分别增长11.5%、9%、19%。实现影视营业收入220.6亿元，其中规模以上影视企业营业收入99.7亿元、比上年增长38.9%，实现两年翻一番；全市接待游客超800万人次，旅游收入超130亿元。完成建筑业总产值1433.4亿元，其中省内产值449.9亿元、比上年增长5.2%，实现建筑业总税收42.3亿元；历年累计获“鲁班奖”杯奖47座，居全国县级市首位。木雕家居产业全产业链总营业收入713.93亿元、比上年增长5%，“东阳红木”宣传片第四年登陆中央电视台，第三次冠名高铁列车。

【重点项目建设】　2022年，东阳市增加省重点项目11个、省重大产业项目3个，50个省、市、县三级重点项目超额20%完成全年投资。横店东磁高效单晶电池、千芝雅智能制造、花园新能源铜箔等一批重大产业项目建成投产,获2022年全省投资“赛马”激励,为金华市唯一。浙江广厦建设职业技术大学木雕小镇校区、市文化艺术中心、“水润东阳”等一批重大民生项目启动实施。争取专项债券30.2亿元、政策性和开发性金融工具资金支持1.8亿元。签约投资额3亿元以上产业项目23个、总投资额351.6亿元,落地投资额10亿元以上制造业项目8个、总投资额284.7亿元。

【社会事业发展】 2022年,东阳市城乡最低生活保障年标准、居民基础养老金最低年标准分别提升至12600元、3480元,基本养老保险、医疗保险基本实现全覆盖,医保电子凭证结算率居全省第一位。上槐安置区顺利竣工,高铁新城农房改造集聚安置区(一期)和上卢、横店、巍山二期农房集聚区完成主体工程,筹集保障性租赁住房11713套。18个新建(改扩建)学校项目投入使用,增加学位3780个,教育现代化水平监测列全省第19位。浙江广厦建设职业技术大学成为全国首批职业本科学士学位授予单位。市中医院新院区、市人民医院手术中心大楼等建成投用,市妇幼保健院成功创建三级乙等妇保院,市人民医院在全国三级公立医院绩效考核排名中列全国县级医院首位,健康浙江建设考核连续四年全省优秀。市养老中心一期主体结顶、二期开工建设,增加托育机构17家、托位1285个,建成残疾人托养中心。

(王　群)

重要政事

【十大民生实事项目】 2022年,东阳市十大民生实事进展顺利,完善道路基础设施建设,实施农村公路安防工程15千米以上,提升医疗卫生服务水平,加强餐饮服务食品安全监管,推进碧水提升行动,深化城市品质提升工作,实施文体惠民工程,实施教育基础提升行动,实施养老助残服务提升工程,推进新时代美丽乡村建设,推动管道燃气进村入户十个项目基本完成,达到年度预期进展,后续工作加快推进中。

【东阳市获评首轮健康浙江建设先进县(市)】 2022年2月11日,省委、省政府表彰2018—2020年健康浙江建设先进县(市)和先进集体,东阳市名列其中,是金华市唯一获该荣誉的县(市)。2022年,东阳市有新时代文明实践中心1个,提升大型文明实践主题广场2个、实践所18个、实践站388个、实践点300余个,实现“15分钟文明实践圈”全覆盖。东阳市人均期望寿命82.38岁,超过全省和金华市平均水平,居民健康素养水平34.53%,8项行动入选2022年度健康金华行动示范样板培育项目。

【东阳市列全国县域旅游综合实力百强县第14位】 2022年6月,第四届全国县域旅游研究成果《全国县域旅

2022年东阳市十大民生实事项目完成情况一览表

表9

项目内容	责任单位	2022年完成情况
完善道路基础设施建设,实施农村公路安防工程15千米以上	市交通局	1.完成农村公路安防工程17.85千米;2.完成农村道路临水临崖、池塘、河流、落差临崖等增设防护设施30处;3.完成农村道路增设中间隔离护栏、机非隔离护栏、绿化隔离护栏共5600米;4.完成路口“五个一”工程343处;5.完成“四好农村路”提升改造(大中修)128.15千米
提升医疗卫生服务水平	市卫健局 市红十字会	1.完成114个AED放置点的仪器安装;2.完成应急救护持证人员培训8610人次;3.完成接口开发和对码、基础数据维护工作,系统上线试运行,基层医疗机构覆盖率100%;4.完成重点人群签约人数287096人,重点人群签约率86.16%,组织开展家庭医生签约评估考核,签约满意度95%
加强餐饮服务食品安全监管	市市场监管局	1.接受“三小一摊”申请1780家,办结1780家,实现从发证到注销全过程管理;2.完成69家食品生产企业“阳光工厂”改造工程,实现全覆盖;3.实现浙江外卖在线平台上网络餐饮单位“阳光厨房”全覆盖
推进碧水提升行动	市水务局 金华市生态环境局东阳分局 市水投集团 市“五水共治”办	1.完成“污水零直排区”163个;2.完成中小河流综合治理20.6千米;3.完成山塘119座、水库11座,东方红水库完成提档改造;4.提标改造农村污水处理终端32个

续表9

项目内容	责任单位	2022年完成情况
深化城市品质提升工作	市发改局 市公安局 市住建局 市综合行政执法局 市城投集团	1.打通艺海北路、江滨北街、四号路、画水北路四条断头路;2.完成人民路路段早晚高峰时段单向绿波段通行改造并开始运行,上午侧重于南向北、下午侧重于北向南,人民路、广福路与兴平路平峰期绿波带正常通行,后期继续根据车流量变化,对三条绿波段进行优化调整;3.大明路和新安街天桥完工;4.完成南岸艺术公园和猴塘文化公园20万平方米绿地种植;5.完成东方小区中心绿地、下潘村北侧绿地、通江花园绿地、望江小区中心绿地、中山小公园等9个城镇口袋小公园、健身乐园新建或提升改造工程;6.完成蒋桥头、东丰小区、杨大小区等城市小区和艺海北路、江滨南街的基础设施建设工程;7.完成公共充电桩建设111个,其中海关站30个,原汽车西站61个(面向社会车辆21个、面向公交车40个)、交警队站10个、六石木雕小镇站10个
实施文体惠民工程	市文广旅体局	1.完成市文化艺术中心、市体育中心建设年度计划,建筑设计方案评审公示,初步设计及概算编制等前期工作;2.完成南马镇大厦村、城东街道李宅社区大屋小区多功能运动场、歌山镇泮田村村级全民健身广场、湖溪镇楼店村、江北街道湖沧小区、南市街道大联村前新屋村、虎鹿镇厦程里村等7个基层公共体育设施建设;3.完成横店镇、巍山镇、湖溪镇、画水镇、歌山镇、千祥镇、虎鹿镇、南马镇、马宅镇、东阳江镇、三单乡文化站图书室提升为图书分馆;4.完成280家"e家书房"进社区、文化礼堂,实现村(社区)全覆盖
实施教育基础提升行动	市教育局	1.完成第五实验幼儿园上卢园区二期及第三实验幼儿园青春路园区建设工程,增加学位700个;2.完成课桌椅更换12000套;3.完成10所学校运动场地改造提升工程;4.完成全市义务教育段学校课后服务全覆盖,2022年学生参与比例94%;5."金信培"应用升级换代为"双减通"应用,14家义务教育段学科类培训机构除4家拟压减的机构外,全部完成视频监控安装、使用;完成资金监管率、人员管控率100%的任务
实施养老助残服务提升工程	市民政局 市残联	1.市养老中心城东项目完成主体结构封顶,孙村项目举行开工仪式,巍山项目开展土地征收相关事项以及初步设计等前期工作,横店项目启动前期建设、项目设计;2.增加认知症照护专区床位104张;3.增加持证养老护理员数440人,实现每万名老年人口拥有持证养老护理员人数20人的目标;4.为符合要求的失能、失智和高龄老人提供第三方居家养老上门服务;5.建造或改造困难残疾人家庭住房53户;6.提升六石街道、巍山镇、歌山镇、画水镇、虎鹿镇、佐村镇6家星级"残疾人之家"
推进新时代美丽乡村建设	市农业农村局 市文广旅体局	完成209个美丽乡村创建和验收,评选出49个"十佳村",培育创建等级民宿和景区村21家
推动管道燃气进村入户	市综合行政执法局	完成中低压燃气管道铺设315.56千米,完成小区燃气管道安装14049户

(毛俊雅)

游研究报告2022》暨“2022年全国县域旅游综合实力百强县”“2022年全国县域旅游发展潜力百佳县”名单发布。东阳市列全国县域旅游综合实力百强县第14位。

中国县域旅游综合竞争力评价主要考察县域旅游资源富集度、旅游经济活跃度、旅游设施完善度、生态环境优势度、政府推动实效度、旅游品牌美誉度六个方面,六个分项指数集合成竞争力指数。

东阳市旅游资源丰富,截至年末,全市有国家AAAAA级旅游景区1家(横店影视城),国家AAAA级旅游景区4家(华夏文化园、明清古民居、东阳中国木雕城、花园村),国家AAA级旅游景区2家(东阳木雕小镇、八里湾),以及省级风景名胜区2家,省级旅游度假区1家,是金华市乃至全省高等级旅游景区最多的县(市、区)之一。

【东阳市入选第一批国家知识产权强县建设试点示范县】 2022年8月29日,国家知识产权局印发《关于确定国家知识产权强县建设试点示范县和国家级知识产权强国建设试点示范园区的通知》,公布第一批国家知识产权强县建设试点示范县名单,东阳市入选试点县,试点时限为2022年8月至2025年7月。

2022年,东阳市以推进国家知识产权强县建设试点县工作为契机,实施知识产权战略。推广“浙江知识产权在线”,精准组织企业线上、线下培训,全年培训企业600余家次。搭建银企对接平台,推动优化知识产权金融产品,30家企业开展知识产权质押融资,质押登记金额16.1亿元。完成知识产权保险41单,涉及专利220件、地理标志证明商标1件,最高保额4500余万元。

10月26日,市政府印发《东阳市国家知识产权强县(传统知识特色县)建设试点县工作方案(2022—2025)》,确立目标和任务,建立责任清单,充分发挥领导小组作用,压实主体责任。通过新闻媒体、网站、微信公众号等开展宣传活动,营造知识产权良好氛围,推进国家知识产权强县(传统知识特色县)建设试点示范县建设。

2022年,东阳市授权专利3441件,其中发明专利358件;持有有效商标43095件,其中地理标志证明商标3件、产业集群商标3件,注册商标4647件;有国家级知识产权保护规范市场1件,国家知识产权局备案知识产权联盟1家,国家知识产权示范企业3家、优势企业5家;6家企业获评浙江省首批知识产权示范企业。截至年末,东阳市累计有效专利15018件,其中发明专利3227件。

【中国农民丰收节浙江主场活动举行】 2022年9月23日,由省农业农村厅、金华市人民政府主办,金华市农业农村局、东阳市人民政府承办,东阳农商银行支持的2022年中国农民丰收节浙江主场活动在东阳市城东街道寀卢村举行。省委常委会委员、常务副省长徐文光参加并宣布中国农民丰收节浙江主场活动启动,省委农办主任、省农业农村厅厅长王通林和金华市委书记朱重烈分别致辞,省政府办公厅副主任陆伟利、东阳市委书记楼琅坚等参加。活动以“庆丰收 迎盛会”为主题,以乡风民俗表演、农产品展销、农趣体验等形式,全景展现农业丰收景象。

活动期间,与会领导参观“寀卢经验”展示馆、村文化长廊、农家美食一条街、农产品集市、观景台等,并为全省五星级农家乐颁证和省农业丰收奖一等奖颁奖。

2022年,东阳市以寀卢村为核心,依托数字化改革,深化红色根脉强基系统功能优势,打造2条“寀卢经验联动致富”共富党建联建示范带,涉及7个镇乡(街道)、14个联建片区、59个村。全市深化党建联建助力乡村共富模式,创新性开展共享田园建设,全面推广“党建引领、技术赋能、共创共富”的新时代“寀卢经验”,为农业农村现代化先行提供东阳样板。

【东阳市入选2022年“四好农村路”全国示范县创建单位】 2022年11月10日,交通运输部办公厅、农业农村部办公厅、国家邮政局办公室、国家乡村振兴局综合司发布《关于公布2022年度“四好农村路”全国示范县创建单位名单的通知》,东阳市名列其中。

东阳市交通以公路为主,公路总里程2480.66千米,其中农村公路里程2197.891千米。东阳市将“四好农村路”建设同交通关联产业、乡村农旅项目开发、新农村建设等进行“捆绑式”开发,建立“交通行业主导、国企融资开发建设、乡镇共同持股”共建共享模式。东阳市对照高水平“四好农村路”示范县创建标准,以创建国家级“四好农村路”示范县为目标,逐项查漏补缺,跟踪项目督查,完成资料整理上报,开展“四好农村路”东阳市环线及共富花园线、梦幻横店线、醉美湖溪线、多彩六石线、古韵白溪线五大乡镇精品环线建设,提升农村公路“畅、安、舒、美、绿”的路域环境,形成示范环带,引领农村公路从点、线向环、带发展,累计建设里程195.1千米。全市农村公路建设、管理、养护、运营向现代化管理转型。

【中国建设工程“鲁班奖”】 2022年11月25日,2020—2021年度中国建设工程鲁班奖颁奖暨行业技术创新大会在广西壮族自治区南宁市举行,由中天建设集团承建的杭州奥体中心主体育场工程、武汉金银湖协和医院工程,由浙江金立建设有限公司承建的金华科技文化广场工程获“鲁班奖”。东阳市累计获“鲁班奖”奖杯47座。

【横店影视文化产业集聚区入选2022年国家旅游科技示范园区】 2022年12月29日,文化和旅游部公布国家旅游科技示范园区名单,全国有12家园区入选,横店影视文化产业集聚区作为浙江省唯一入选的园区名列其中。

横店影视文化产业集聚区于2018年由省委、省政府批准设立,为浙江省唯一的文化产业集聚区。截至2022年年末,横店影视文化产业集聚区有30余个大型影视实景拍摄基地和130余座摄影棚,入区影视企业超1500家，是中国最大的影视文化旅游主题公园，集聚文化演艺、文化数字、休闲度假等多种类型文化产业。

（杜　欣）

重要会议

【市政府全体会议】 2022年，东阳市召开市政府全体（扩大）会议1次。

9月24日，召开市政府十六届第一次全体会议。会议学习贯彻习近平新时代中国特色社会主义思想，按照省第十五次党代会、金华市第八次党代会、金华市委八届二次全会决策部署，总结回顾上半年工作，研究部署下半年任务，动员全市凝心聚力、踔厉笃行，主动融入高水平建设内陆开发枢纽中心城市，加快打造新时代强市名城、建设共同富裕先行市，勇当"两个先行"排头兵。

【市政府常务会议】 2022年，东阳市召开市政府常务会议24次。

1月3日，召开市十五届政府第一百零三次常务会议。会议传达学习《许罗德同志在全省漠视侵害群众利益问题专项治理工作推进会上的讲话》。会议审议并原则同意《浙江省东阳经济开发区"十四五"发展规划》《东阳市现代物流业发展专项规划》《东阳市综合立体交通规划暨"十四五"规划》《东阳市开展服务业企业亩产效益综合评价实施办法》《2022年东阳市促进消费活动计划》《关于支持工业企业稳定生产加快发展的实施意见》以及南马镇提出的关于东阳市百信金属配件有限公司新建现代仓储物流配送中心项目有关意见建议。

1月8日，召开市十五届政府第一百零四次常务会议。会议审议并原则同意《关于2021年全市环境状况和环境保护目标完成情况的报告》《关于东阳市2021年国民经济和社会发展计划执行情况与2022年国民经济和社会发展计划草案的报告》《2022年全市政府投资、国企投资项目计划》《关于2021年全市和市级财政预算执行情况及2022年全市和市级财政预算（草案）的报告》《政府工作报告》以及市政府办公室提出的关于2022年政府十大民生实事候选项目有关意见建议。

1月27日，召开市十六届政府第一次常务（扩大）会议。会议宣布市政府领导班子分工，交办《政府工作报告未来五年重点工作责任分解》《政府工作报告2022年重点工作责任分解》《市政府2022年民生实事责任分解》。会议要求全市政府系统要振奋精神抓落实、增强本领抓落实、扑下身子抓落实、完善机制抓落实、守牢底线抓落实。

1月29日，召开市十六届政府第二次常务会议。会议审议并原则同意《东阳市人民政府工作规则》《关于加快农业农村高质量发展全面推进共同富裕的若干意见》《东阳市安全生产"十四五"规划》《东阳机关事业单位编制外聘用人员薪酬待遇管理办法》，审议并原则同意市自然资源和规划局提出的关于东阳市第三次全国国土调查主要数据公报有关意见建议、东阳经济开发区管委会提出的关于浙江圣泰婴童服饰有限公司婴幼儿服饰套装生产线项目有关意见建议、铁路项目指导服务中心提出的关于新建杭温铁路义乌至温州段横店站房委托建设补充协议有关意见建议，审议并原则同意市委组织部提出的关于东阳市人民政府与北京中医药大学、国广盛世文化传媒（浙江）有限公司、国广盛世影视传播（北京）有限公司相关合作协议和专项扶持资金管理办法、资产转让协议有关意见建议。

2月23日，召开市十六届政府第三次常务会议。会议传达学习省委、省政府主要领导到金华市调研指示精神。会议审议并原则同意市交投集团提出的关于东阳绿色交通综合基地项目拟采用工程总承包（EPC）建设管理模式有关意见建议，市交投集团提出的关于李宅至南上湖公路隧道工程、横店至千祥公路绕溪隧道工程拟采用工程总承包（EPC）和"代建+监理"建设管理模式有关意见建议，市市场监管局提出的关于2021年东阳市人民政府质量奖名单和东阳市人民政府质量管理创新奖名单；审议并原则同意《电子商务进农村综合示范工作方案》《关于调整优化排水与污水处理管理体制的方案》。

3月10日，召开市十六届政府第四次常务会议。会议传达学习《中共浙江省委关于深入贯彻中央人大工作会精神推动新时代人大工作高质量发展的意见》《河南郑州"7·20"特大暴雨灾害调查报告》。会议审议并原则同意《东阳市人民政府2022年度重大行政决策事项目录》《东阳市危险化学品安全风险集中治理实施方案》《关于支持工业企业稳定生产加快发展的实施意见的补充意见》，审议并原则同意市交投集团提出的关于成立合资公司东阳东顺绿色交通科技有限公司有关意见建议、市商务局提出的关于浙江环迪工贸有限公司年产60万件节日饰品挂件生产线项目等12个招商引资项目有关意见建议、佐村镇提出的关于康庐山水胜境文旅项目有关意见建议、东阳经济开发区管委会提出的关于浙江孚诺医药股份有限公司年产200吨原料药建设项目有关意见建议、南市街道提出的中元华光年产500万套半导体节能灯具生产线建设项目有关意见建议、市人力社保局提出的关于市公安局等8个集体和申屠剑等23名个人行政奖励有关意见建议、市住建局提出的关于2021年度东阳市建筑业先进集体和先进个人评审有关意见建议。

3月31日，召开市十六届政府第五次常务会议。会议传达学习全国安全生产电视电话会议精神。会议审议并原则同意《东阳市低效用地再开发"新四破"专项行动方案》《东阳市新一轮制造业"腾笼换鸟、凤凰涅槃"攻坚行动方案（2021—2023年）》《关于东阳市金融支持激发市场主体活力的意见》，审议并原则同意市经信局提出的关于2021年度工业经济表彰奖项和考核优胜单位有关意见建议，市科技局提出的关于2021年度东阳市政府科技创新奖评审有关意见建议，高铁新城管委会提出的关于年产800万平方米汽车地板生产项目有关意见建议,高铁新城管委会提出的关于年产160万套记忆功能针织内衣新建项目有关意见建议,高铁新城管委会提出的关于年产600套有机垃圾微生物处理设备生产项目有关意见建议,市住建局提出的关于吴宁街道、白云街道、江北街道部分征收项目参照原征收政策实施有关意见建议,市商务局提出的关于东阳光项目有关意见建议,市商务局提出的关于华懋科技新材料研究院项目有关意见建议。

4月17日,召开市十六届政府第六次常务会议。会议传达学习《关于更加有效发挥统计监督职能作用的意见》等文件精神。会议审议并原则同意《关于贯彻落实全国安全生产电视电话会议精神的实施意见》《贯彻上级防汛抗旱工作电视电话会议精神26项工作任务交办单》《关于进一步发挥保险作用助推共同富裕先行市建设的若干意见》《东阳市关于鼓励备案非标电动自行车提前淘汰置换实施方案》《关于全面推进城市更新工作的行动方案》,审议并原则同意市教育局提出的关于追加吴宁街道振兴路幼儿园建设项目投资有关意见建议、白云街道提出的关于浙江斐利文化用品有限公司年产8400吨3.8米直铺水刺无纺布生产建设项目有关意见建议、白云街道提出的关于东阳市旺球科技有限公司年产300万件纺织服装智能化生产线建设项目有关意见建议、白云街道提出的关于东阳市甘特电气有限公司年产100万套智能电动尾门系统项目有关意见建议、白云街道提出的关于浙江莫奇拉户外用品有限公司年产500万件户外用品生产线项目有关意见建议、市自然资源和规划局提出的关于向磐安县购买水田占补平衡指标有关意见建议、市自然资源和规划局提出的关于《东阳市2022年度低效工业用地清理整治专项行动工作方案》等有关意见建议、市总工会提出的关于2022年东阳市劳动模范和模范集体评选有关意见建议。

4月28日,召开市十六届政府第七次常务会议。会议传达学习金华市委常委会分析研究2022年一季度经济社会形势有关精神、金华市政府2022年一季度经济运行情况分析会精神以及《浙江省综合行政执法条例》。会议审议并原则同意《关于成立东阳市创建全国学前教育普及普惠市领导小组的通知》《东阳市创建全国学前教育普及普惠市工作方案》《支持市场主体健康发展三十条意见》《中天控股集团有限公司装配式钢结构生产线项目投资协议书》《关于推动实现千亿工业目标若干政策意见》《关于给予建筑工程创优夺杯奖励的实施意见》《关于支持剧组来东拍摄的意见》《东阳市木雕竹编红木产业专项扶持资金管理办法》,审议并原则同意东阳经济开发区管委会提出的关于长松岗西拓一期土石方平整工程变更有关意见建议、白云街道提出的关于天丰日用百货年产355万件(套)日用玻璃器皿深加工生产线建设项目有关意见建议。

5月12日,召开市十六届政府第八次常务会议。会议传达学习国务院常务会议精神、全国自建房安全专项整治电视电话会议精神以及《中共金华市纪委关于进一步严明当前疫情防控“六坚决六严禁”纪律要求的通知》。听取市住建局关于全市贯彻落实意见的汇报。会议审议并原则同意《东阳市集体建设用地基准地价、农用地基准地价评估和城镇标定地价体系建设成果方案》《东阳市国有土地上房屋征收与补偿办法》《东阳市集体土地上房屋征收与补偿办法》《东阳市城中村改造实施办法》《东阳市“战疫情抢发展双月攻坚”行动方案》《东阳市关于战疫情抢发展政策举措》《东阳市工业用地全生命周期管理实施办法》《东阳木材交易中心招商奖励政策实施方案》《关于进一步规范农村宅基地和建房审批管理的通知》《关于加快村级集体经济发展的若干意见》,审议并原则同意市经信局提出的关于全市工业企业建设历史遗留问题有关意见建议、市城投集团提出的关于人民广场人防工程及周边交通与景观提升工程优化设计方案及相关问题有关意见建议、市自然资源和规划局提出的关于东阳市市民中心配套项目设计方案有关意见建议。

5月27日,召开市十六届政府第九次常务会议。会议传达学习国务院常务会议精神。会议听取市发改局关于东阳市当前经济形势和主要经济指标情况、重点建设项目进展情况和专项债项目资金使用情况的汇报、主要经济部门关于经济工作推进情况的汇报、市安委办关于东阳市安全生产工作情况的汇报、市住建局关于自建房排查整治情况的汇报、市综合行政执法局关于燃气安全排查整治情况的汇报。会议审议并原则同意《东阳市人民政府关于〈东阳市综合行政执法事项目录〉的通告》《关于〈支持横店集团进一步扩大有效投资推进高质量发展的实施意见〉的补充意见》《东阳市人民政府—浙江农林大学联合共建“浙江农林大学浙江乡村共富学院”合作协议》,审议并原则同意市低效整治办提出的关于东阳市第八批拟收购企业收购方案有关意见建议,市住建局提出的关于深圳立业集团收购控股东阳建筑供应链服务有限公司有关意见建议,市公安局提出的关于给见义勇为表现突出的李涵林、张桂金等5人记个人三等功有关意见建议,市政府办公室提出的关于市十六届人大一次会议重点建议意见答复的函,市低效整治办提出的关于低效工业用地专项整治“1+5+X”政策体系有关意见建议。

6月15日,召开市十六届政府第十次常务会议。会议传达学习国务院常务会议精神,传达学习《中共金华市纪委关于6起违反中央八项规定精神典型问题的通报》《中华人民共和国法律援助法》《浙江省土地征收程序规定》《浙江省生态环境保护条例》。会议审议并原则同意《东阳市全面推进乡镇(街道)综合行政执法工作方案》《东阳加快发展保障性租赁住房的实施办法》《东阳市全面推行耕地保护“田长制”实施方案》《2022年东阳市银行业金融机构支持地方经济发展考核办法》,审议并原则同意市财政局提出的关于投资东阳金投创新产业基金有关意见建议、市交通局提出的关于在甬金高速扩建工程中由东阳出资增设六石互通有关意见建议、歌山镇提出的关于金泽洗染有限公司年产2000吨针织布染色和年产3000万米高档印花布项目有关意见建议、横店镇提出的关于浙江东横建材有限公司隧道窑生产线自动化技改项目有关意见建议、江北街道提出的金华恒维显示器件有限公司关于年产200万组STN-LCD液晶显示屏项目有关意见建议、市国投公司提出的关于东阳光投资项目有关意见建议。

7月1日，召开市十六届政府第十一次常务会议。会议传达学习国务院常务会议精神、财政部浙江监管局专项行动复查情况反馈会精神，传达学习《中华人民共和国行政处罚法》《浙江省公共数据条例》。会议审议并原则同意《东阳市人民政府办公室关于公布行政规范性文件清理结果的通知》《东阳市人民政府关于将部分市级部门行政处罚权交由镇乡（街道）的通告》《东阳市集体工业用地收回实施办法》《东阳市金融业发展“十四五”规划》《东阳市共建共富结对行动方案》《东阳市一般工业用地“拿地即开工”操作指引（试行）》《加快东阳市现代物流业发展的若干意见》；审议并原则同意市低效整治办提出的关于东阳市第九批拟收购低效工业资产收购方案，歌山镇提出的关于浙江野风博聚新材料生产基地项目有关意见建议，浙江广厦建设职业技术大学提出的关于浙江广厦建设职业技术大学新型建材科研推广中心、人才公寓及配套设施建设项目采用工程总承包（EPC）模式实施有关意见建议，市教育局提出的关于市职教中心学校东技校区产业发展大楼、非物质文化遗产产学研大楼及配套用房工程采用工程总承包（EPC）模式实施有关意见建议，东阳经济开发区管委会提出的关于木雕小镇实训基地二期改造工程采用工程总承包（EPC）模式实施有关意见建议，市卫健局提出的关于南马镇中心卫生院公共卫生楼项目采用工程总承包（EPC）模式实施有关意见建议，市卫健局提出的关于市公共卫生中心项目委托城投集团代建并采用工程总承包（EPC）模式实施有关意见建议，高铁新城管委会提出的关于高铁新城农房改造集聚安置区（二期）幼儿园项目和杭温高铁东阳横店站停车场及进站道路工程采用工程总承包（EPC）模式实施有关意见建议，市住建局提出的关于减免中天集团装配式钢结构生产基地项目城市市政基础设施配套费有关意见建议。

7月22日，召开市十六届政府第十二次常务会议。会议传达学习国务院常务会议精神、金华市委书记凌志峰到东阳市调研重要指示精神以及《中华人民共和国反有组织犯罪法》。会议听取市政府办公室关于省委巡视反馈问题整改情况的汇报、关于2022年省、市、县三级民生实事办理情况的汇报，市应急管理局、市消防救援大队关于全市安全生产和消防工作情况的汇报。会议审议并原则同意《东阳市影视文化产业发展“十四五”规划》、市低效整治办提出的关于东阳市第十批低效工业资产收购有关意见建议。

8月13日，召开市十六届政府第十三次常务会议。会议传达学习国务院常务会议精神和省政府第十一次全体（扩大）会议精神，传达学习《中华人民共和国审计法》《关于绍兴市柯桥区有关领导干部在防范统计造假工作中失职失责问题的通报》。会议审议并原则同意《开展工业企业亩产效益综合评价全面推进“亩均论英雄”改革的实施意见》《东阳市深化经济稳进提质的政策措施》《2022年度全市政府投资、国企投资年中增补项目计划》《东阳市域购房补贴申领办法》，审议并原则同意市全域整治办提出的关于明确全市全域土地综合整治与生态修复项目主体及资金有关意见建议、横店影视文化产业发展服务中心提出的关于欢瑞世纪（横店）文创科谷项目有关意见建议、白云街道提出的关于东政电机年产200万台（套）服务型机器人执行元件生产线建设项目有关意见建议、白云街道提出的关于东阳市雄宇电子有限公司年产800万只LED手电筒及200万套太阳能照明灯建设项目有关意见建议、湖溪镇提出的关于浙江可瑞斯环保科技有限公司年产3000套（台）环保设备建设项目有关意见建议、市自然资源和规划局提出的关于江北街道健康产业园项目后续处理问题有关意见建议。

8月25日，召开市十六届政府第十四次常务会议。会议传达学习国务院常务会议精神。会议听取市发改局关于东阳市当前经济形势和主要经济指标情况的汇报、主要经济部门关于经济工作推进情况的汇报、市应急管理局关于全市抗旱保供水工作情况的汇报。会议审议并原则同意《东阳市农村生活污水治理“强基增效双提标”行动实施方案》《东阳市工业用地弹性年期出让实施细则》，审议并原则同意市水投集团提出的关于东阳市农村生活污水“强基增效双提标”项目采用工程总承包模式实施有关意见建议、市文化艺术中心项目指挥部提出的关于东阳市文化艺术中心项目有关意见建议、市交通局提出的关于东阳市公共电动单车业务特许经营有关意见建议、市自然资源和规划局提出的关于东阳市吴宁公安业务及辅助用房项目选址方案有关意见建议、江北街道提出的关于解决江北街道集聚安置房不足问题有关意见建议、江北街道提出的关于东阳市江北街道王户口等17个村全域土地综合整治与生态修复工程项目采用工程总承包（EPC）有关意见建议。

9月9日，召开市十六届政府第十五次常务会议。会议传达学习国务院常务会议精神、中共金华市纪委关于11起违反中央八项规定精神和“四风”方面问题的通报以及《浙江省人口与计划生育条例》。会议听取市经信局关于全省新一轮制造业“腾笼换鸟 凤凰涅槃”攻坚行动现场会暨“415X”产业集群推进会主要精神贯彻落实情况的汇报、市发改局关于东阳市营商环境提升情况的汇报。会议审议并原则同意市交投集团提出的关于东阳市城南东路改建工程和351国道东阳马宅至江北段公路工程采用工程总承包（EPC）和“代建+监理”建设管理模式有关意见建议。

9月21日，召开市十六届政府第

十六次常务会议。会议传达学习2022年9月13日国务院常务会议精神、中央全面深化改革委员会第二十七次会议精神以及《中华人民共和国职业教育法》。会议审议并原则同意《东阳市科技局与中国科学院物理研究所长三角研究中心战略合作框架协议》《东阳市科技局与北京中科老专家技术中心科技合作协议》《东阳市房票使用管理办法(试行)》,审议并原则同意市文化艺术中心项目指挥部提出的关于东阳市体育中心项目有关意见建议、市住建局提出的关于东阳市保障性租赁住房建设项目采用工程总承包(EPC)模式实施有关意见建议、市城投集团提出的关于东阳党群服务中心项目采用工程总承包(EPC)模式实施有关意见建议、高铁新城管委会提出的关于高铁新城槐堂未来社区项目采用工程总承包(EPC)模式实施有关意见建议、市资发集团提出的关于东阳市江北街道健康产业园项目后续处理中资产收购有关意见建议、南市街道提出的关于宏兴塑胶有限公司年产150万平方米SPC锁扣地板生产线项目有关意见建议、湖溪镇提出的关于浙江普思蓝新材料有限公司年产3000吨稀土钕铁硼磁体生产线项目有关意见建议。

10月11日,召开市十六届政府第十七次常务会议。会议传达学习全国稳经济大盘四季度工作推进会议精神和国务院常务会议精神以及《中华人民共和国噪声污染防治法》。会议审议并原则同意浙江广厦建设职业技术大学提出的关于浙江广厦建设职业技术大学木雕小镇校区建设项目采用工程总承包(EPC)模式实施有关意见建议,高铁新城管委会提出的关于高铁新城五一科创谷市政及基础设施建设项目、影视创意谷市政及基础设施建设项目、高铁新城渣土消纳和泥浆固化第二期项目采用工程总承包(EPC)模式实施有关意见建议,高铁新城管委会提出的关于山东矗峰年产28500台高端智能高空作业平台产业基地项目有关意见建议。

10月26日,召开市十六届政府第十八次常务会议。会议传达学习《浙江省道路运输条例》。会议审议并原则同意《东阳市村级留用地管理办法》《东阳市国有企业投资建设项目管理暂行办法》,审议并原则同意市自然资源和规划局提出的关于《东阳市总体城市设计整合提升及中心城区详细城市设计》方案征集有关意见建议、市自然资源和规划局提出的关于向金东区购买耕地占补平衡指标有关意见建议、歌山镇提出的关于浙江兆和管业有限公司年产18000吨新型专用管材建设项目有关意见建议。

11月10日,召开市十六届政府第十九次常务会议。会议传达学习《促进个体工商户发展条例》。会议审议并原则同意《东阳市"无废城市"建设工作实施方案(2022—2025年)》《进一步加快我市光伏产业发展和促进节能降碳的实施意见》,审议并原则同意市交投集团提出的关于351国道东阳马宅至江北段公路涉杭温高铁段工程的代建协议有关意见建议、市低效整治办提出的关于东阳市第十一批低效工业资产收购有关意见建议。

11月23日,召开市十六届政府第二十次常务会议。会议传达学习《中华人民共和国农产品质量安全法》。会议听取市综合行政执法局关于东阳市"三改一拆"工作情况的汇报。会议审议并原则同意市城投集团提出的关于东阳市智慧城市多功能杆项目采用建设项目工程总承包(EPC)模式实施有关意见建议,市大数据发展中心提出的关于影视文化产业、建筑产业、木雕红木产业三个大脑建设有关意见建议,审议并原则同意《加快东阳市中等职业教育发展的若干意见》《2023年推进影视产业稳进提质的政策措施》。

12月9日,召开市十六届政府第二十一次常务会议。会议传达学习12月6日中共中央政治局会议精神,传达学习《中华人民共和国反电信网络诈骗法》《关于加强生态保护红线监管的实施意见》《领导干部接到请托事项记录报备制度(试行)》。会议听取市卫健局关于东阳市新冠医疗救治工作准备情况的汇报。会议审议并原则同意《东阳市创建全国学前教育普及普惠市整改工作方案》《东阳市自备水污水处理费征收管理细则》《东阳市新市民量化积分管理实施细则(试行)》。

12月16日,召开市十六届政府第二十二次常务会议。会议传达学习《公平竞争审查制度实施细则》。会议听取市应急管理局、市消防救援大队关于全市安全生产工作和消防工作情况的汇报。会议审议并原则同意《东阳市抢抓"开门红"一揽子政策措施》《东阳市高税无地企业土地供给工作方案》,审议并原则同意白云街道提出的关于征收浙江省东阳针织机械有限公司以及2007年征收部分未安置沿街面积货币补偿有关意见建议。

【市政府市长办公会议】 2022年,东阳市召开市政府市长办公会议15次。

1月3日,召开市十五届政府第八十八次市长办公会议。会议审议并原则同意《东阳市产业链预警机制(要素数据采集)建设推进方案》、市农业农村局提出的关于进一步明确共享田园建设有关意见建议。

2月23日,召开市十六届政府第一次市长办公会议。会议审议并原则同意市"五水共治"办提出的关于白云街道奔驰4S店排水口污水排入东阳江问题整改方案。

3月10日,召开市十六届政府第二次市长办公会议。会议审议并原则同意市金融办(帮扶办)提出的关于由市金投集团收购千羽被服农行东阳支行不良债权的帮扶方案。

4月17日,召开市十六届政府第三次市长办公会议。会议听取市金融办(帮扶办)关于广厦控股集团有限公司纾困帮扶有关事项的汇报。会议强调,要加大统筹协调力度,稳妥有序推进纾困帮扶工作;要加快资产处置进度,确保纾困资金及时回笼;要强化资金监管,保障国资安全。

5月27日,召开市十六届政府第四次市长办公会议。会议审议并原则同意浙江东望时代科技股份有限公司提出的关于收购重庆汇贤股权有关意见建议、浙江东望时代科技股份有限公司提出的关于收购正蓝节能剩余股权有关意见建议、市金融办提出的关于上市公司横店集团东磁股份有限公司员工减持奖励有关意见建议。

6月15日，召开市十六届政府第五次市长办公会议。会议审议并原则同意东阳市磁性材料行业"N+S"轻量级数字化改造实施方案》、市金投集团提出的关于设立东阳市东控资产经营有限公司有关意见建议、市金融办(帮扶办)提出的关于由市金投集团收购广深物流不良债权的帮扶方案、市金融办(帮扶办)提出的关于广厦控股集团有限公司纾困帮扶有关意见建议、市金融办(帮扶办)提出的关于恒丰银行及厦门国际银行所涉浙商银行股票处置方案、浙江东望时代科技股份有限公司提出的关于出售浙江广厦文化产业发展有限公司全部股权至市文旅集团有关意见建议、浙江东望时代科技股份有限公司提出的关于转让天都城中心广场收益权有关意见建议。

7月22日，召开市十六届政府第六次市长办公会议。会议审议并原则同意市金投集团提出的关于解决政策性融资担保历史遗留问题有关意见建议、市国资办提出的关于华铁应急东阳市建筑工程设备产业基地投资框架协议有关意见建议、市城投集团提出的关于成立东阳市城投供应链管理有限公司以及与浙江华铁应急设备科技股份有限公司共同出资成立浙江城投华铁工程设备租赁有限公司有关意见建议、市金投集团提出的关于投资浙江华铁应急设备科技股份有限公司有关意见建议。

8月13日，召开市十六届政府第七次市长办公会议。会议审议并原则同意《调整市安全生产委员会组成人员的通知》。

8月25日，召开市十六届政府第八次市长办公会议。会议听取市水务局关于东阳市市域污水专项规划修编工作有关情况的汇报。会议审议并原则同意市金融办(帮扶办)提出的关于广厦控股集团有限公司纾困帮扶工作有关意见建议。

9月21日，召开市十六届政府第九次市长办公会议。会议审议并原则同意市国资办提出的关于宁波利维能储能系统有限公司东阳新能源产业项目战略合作协议有关意见建议、市国投公司提出的关于宁波利维能股权投资有关意见建议。

10月11日，召开市十六届政府第十次市长办公会议。会议审议并原则同意《东阳市"飞地园区"招商运营管理办法》，审议并原则同意市国资办提出的关于给予东阳光集团有限公司临时性资金周转支持有关意见建议、市国投公司提出的关于出资稳定华懋控股股权支持上市公司发展有关意见建议。

10月26日，召开市十六届政府第十一次市长办公会议。会议审议并原则同意市国资办提出的资产资源划转方案、市住建局提出的关于中天建设集团有限公司要求继续享受《关于促进建筑业财务规范的若干意见》政策奖励有关意见建议、市投资促进中心提出的关于《河北国工年产2万吨新能源汽车电子通讯用高强高弹铜合金精密带材压延生产线建设项目投资合作协议》有关意见建议。

11月10日，召开市十六届政府第十二次市长办公会议。会议审议并原则同意市经信局提出的关于继续给予横店集团医药健康产业相关企业专项扶持政策有关意见建议、市金投集团提出的关于市金投集团拟投资浙江盐业部分股权项目有关意见建议、市国投公司提出的关于东阳(杭州)"飞地项目"运营管理有关意见建议、市金融办(帮扶办)提出的关于对浙江九鑫铜业有限公司纾困帮扶有关意见建议。

11月23日，召开市十六届政府第十三次市长办公会议。会议审议并原则同意市金融办提出的关于给予杭州立昂微电子股份有限公司与浙江唐德影视股份有限公司股东减持财政奖励有关意见建议。

12月16日，召开市十六届政府第十四次市长办公会议。会议审议并原则同意市金投集团提出的关于拟投资电视剧《英雄志》项目有关意见建议。

(张家维)

市政府综合事务

【政府信息公开】 2022年，东阳市人民政府通过门户网站发布信息37173条。公开行政规范性文件及文字、图片类政策解读类信息72条，市政府常务会议相关信息48条，人事任免文件信息90条。准确发布2022年度部门预算、2021年度部门决算等财政信息，集中发布人大代表建议和政协委员提案办理情况；推进重点领域信息发布，建设完善《国有房屋租金减免工作》《电子商务进农村》"疫情防控曝光台》《东阳教育领头雁》等14个专栏，发布信息399条，推进民生领域公开；完善行政规范性文件数据库建设，摸清文件底数，增填文件属性字段，优化政策文件搜索功能。市政府办公室受理政府信息公开申请303件，办结302件。其中，予以公开或部分公开187件。引起的行政复议14件，结果纠正3件；引起的行政诉讼17件，结果纠正0件。规范制约(政府设置或出台规定进行限制)滥用信息公开申请权和缠诉、滥诉行为；提升依申请公开工作力量，发挥法律顾问专业优势，推动各单位法律顾问全流程参与依申请公开工作；组织学习上级政务公开主管部门提供依申请公开典型案例，提升依申请工作人员业务水平；整合弱账号以及定位不清晰的问题政务新媒体账号共41个，推动各部门打造精品账号。优化发布信息，联合融媒体中心专业媒体力量，对政务新媒体主管单位进行指导。

市政府办公室印发《2022年东阳市政务公开工作要点》，制定《2022年度东阳市政务公开考评标准》，发布《2022年度东阳市政务公开工作社会评议》问卷调查，2022年市政府办公室政府信息公开群众满意度为99%。该年度未发生政府信息公开工作责任追究结果情况。 (张伟鹏)

【代表建议和委员提案办理】 2022年，市十六届人大一次会议和市政协十五届一次会议收到人大议案1件、代表建议407件和委员提案358件,闭会期间收到代表建议7件,合计773件。414件代表建议中,有关法制建设方面5件,占1.2%;财政经济方面58件,占14%;科教文卫方面89件,占21.5%;城建环保方面156件,占37.7%;农业农村方面57件,占13.8%;社会建设方面49件,占11.8%。358件委员提案中,有关经济建设方面105件,占29.1%;城建环保方面127件,占35.6%;教科文卫体方面70件,占19.6%;综合治理和政务服务方面56件,占15.7%。两会闭幕后,市人大、市政府、市政协联合召开建议提案交办会,把766件代表建议和委员提案交由78个承办单位办理,闭会期间的7件代表建议于第一时间交给部门办理。各承办单位按照人大代表建议、政协委员提案办理的有关规定,在规定时间内办理完毕,书面答复人大代表、政协委员,办复率100%。

人大代表和政协委员围绕经济发展、社会和谐、教育就学、民生保障等社会问题提出建议意见。市政府及各承办部门开展办理工作,办理的414件代表建议中,解决或基本解决的"A"类232件、占56.1%;列入解决或计划、规划逐步解决的"B"类147件、占35.5%;因受条件限制难以解决或留作参考的"C"类35件、占8.4%。358件委员提案中,所提问题解决或基本解决的"A"类197件、占55%;列入解决或计划、规划逐步解决的"B"类151件、占42.2%;因受条件限制难以解决或留作参考的"C"类10件、占2.8%。(毛俊雅)

【接待工作】 2022年,市委、市政府接待办公室(以下简称接待办)接待国家部委、省、市、县各级领导和宾客392批、4911人。其中,接待中央国家机关和省有关部门领导102批、1167人次,接待到东阳市开展考察、交流、参观等活动的外省(市)、兄弟县(市)及友好城市代表团31批次、306人次。

接待办服务在东阳市举办的2022年中国农民丰收节浙江主场活动、2022年"6·5"环境日浙江主场活动、浙江省第十七届运动会相关赛事及火炬传递等大型活动9批次,接待到东阳市经贸考察、项目洽谈、经济合作的企业界人士52批、361人,主要有ABF项目关联上市公司、北京爱奇艺科技有限公司、北京大学信息技术高等研究院、北京益华生物科技有限公司等。(王康)

【政务信息】 2022年,市政府编发《东阳政务信息》52期,采用信息285条,其中编发《专报信息》20期、《一周要讯》32期。上报信息210条,被采用22条。上报信息被省政府办公厅采用信息21条,上报国务院办公厅3条,获省领导批示13条;被金华市政府办公室采用信息6条,获金华市领导批示6条,其中5条发全市工作交流。东阳政务信息工作获评全省政务信息工作先进单位一等奖。

东阳市政务信息分别获省、金华市领导批示肯定。《东阳市综合施策打好"双减"主动仗》《东阳市迅速落实上虞隔离人员接收管控工作坚决打赢疫情防控协同战》《东阳市奋力打造木雕小镇2.0版展示木雕文化新名片》等信息先后获省领导的批示肯定。《东阳市按下"三个快捷键"打造矿产资源管理新模式》《东阳市严格"五化"管理外防输入不松劲》《东阳市"三化"提"三气"以强有力的服务促进消费逆势上扬》等信息先后获金华市领导的批示肯定。(马菁华)

应急管理

·防灾减灾·

【概况】 2022年,市应急管理局围绕全覆盖责任体系建设,推进除险保安百日攻坚行动,开展"抗旱保供水""防汛抗台风""护航二十大"等工作。启动防汛防台风、抗旱应急响应5次,出动抢险救援2600余人次,储备应急装备11类、1572台;先后防御台风"轩岚诺""梅花"以及6轮强降雨,实现平安度汛,未发生人员伤亡事件。

【防灾减灾工作】 2022年,东阳市开展"5·12"防灾减灾日、国际减灾日等主题活动,以模拟演练、现场讲座、广场宣传等形式,开展防灾减灾宣传工作。健全避灾安置场所管理制度,完善救灾时转移安置预案,完成避灾安置场所规范化建设117个,建成数列金华市第一位。

【社会救援】 2022年,市应急管理局推进空地一体救援格局。加强航空应急救援能力建设,承接全省航空演练任务,承办全省航空应急救援队伍培训。市红十字救援队在省第二届社会应急力量救援队伍技能竞赛中获第一名。市烈焰救援队等队伍分别到丽水市、永康市参与山火扑灭等救援行动。

【抗旱保供水工作】 2022年,东阳市发布抗旱令,启动抗旱Ⅳ级应急响应,成立抗旱专班,集中办公。印发"一地一策""一厂一策""一库一策"供水方案,对饮用水困难群众采取送水等措施。全面动员开展抗旱保供水工作相关经验做法得到中央电视台财经频道、新华社、人民网、中国政府网、新华网等转发报道。

【应急救援体系建设】 2022年,东阳市"1+8+19+X"的应急救援队伍体系基本建成,即1支综合性消防应急救援队伍,八大领域包含危化、矿山、森林、水利、山地、航空、地震、地质灾害8支队伍,19支综合性应急救援队伍,若干支村、社区、企业应急救援队伍。印发《关于做好2022年应急救援队伍建设工作的通知》,召开现场推进会2次。各救援队伍在全市疫情防控、防汛防台风、安全事故处置中发挥重要作用。

(吴秋馨)

【航空应急救援】 2022年,东阳横店通用机场开展各项应急救援活动。与市应急管理局、市人武部、市公安局巡特警大队、各救援大队、横店文荣医院等联合组织金华东高速公路救援演练、高楼水炮灭火应急演练、南江水库水上应急救援演练、八面山应急救援演练、高楼顶火灾逃生应急救援演练、航空医疗救援演练等

2022年8月16日，浙江华羊通用航空有限公司在横店机场进行消防训练
（郭晨艳提供）

10余次；保障省应急和消防系统开展直升机吊桶灭火、人员索降、空地协同等应急训练近1000架次；保障直升机执行台州仙居、丽水青田、永康白云、温州岷岗等地区森林灭火应急救援任务50余架次。（张艳晓）

·消防救援·

【概况】 2022年，市消防救援大队接警出动1222起，其中火灾541起、抢险救援492起、社会救助184起、公务执勤1起、其他4起。出动车辆4643辆次，出动警力26143人次，抢救和疏散被困人员349人，保护财产价值1719万元。处置"1·2"盘古红木厂火灾、"6·11"大鹰包装有限公司火灾、"8·3"帅龙包装服务部火灾、抗击台风"梅花"等应急救援任务。

消防员吴继飞被推荐为浙江省青年工匠，当选金华市第八届人大代表和浙江省第十七届运动会"火炬手"；江北消防救援站党支部工作法案例"'六小'工作法 聚力'六型'党支部"入选全省消防救援队伍案例。市消防救援大队被金华市消防救援支队评为年度先进大队，7人被记个人三等功，23人被记嘉奖，1人被浙江省总工会授予"金蓝领"称号。

【应急救援演练】 2022年，市消防救援大队对辖区178家重点单位修订预案，对所有重点单位进行通信测试。增加重点单位三维数字化预案140余份，完成率100%，开展演练和夜间巡逻130余次，对辖区1207个市政消火栓进行登记造册和维护保养，制订相应供水预案。开展内攻搜救、初战控火、登高救人、破拆排烟等实战科目训练，开展车辆装备实战应用和测试训练。队站每月组织专职消防队联合演练，拉动微型消防站645次，拉动专职队49次。市消防救援大队获金华市消防救援队伍第三届"火焰蓝"全员岗位大练兵比武竞赛团体总分第二、指挥中心岗位第三，江北消防救援站获在编站总分第一，个人总分第一、第三；江滨西路消防救援站获非编站总分第二、个人总分第一；横店专职队在金华市专职消防队比武中获第一名。

【消防安全管理】 2022年，市消安委与各镇乡（街道）、相关部门签订消防安全目标责任书，每周通报火警情况，每半月通报工作开展情况，每月分析消防安全形势。年内，市消防救援大队推动消防安全综合治理，印发各类提醒函14份、督办单17份、工作通报73份。市领导多次听取消防工作汇报，在重大节日、重要时期带队检查消防工作。消防工作考核纳入市委、市政府"五大会战"评比考核内容。全市各镇乡（街道）及经济开发区管委会成立消防工作站19个，配备专（兼）职消防工作人员117人。

【消防隐患治理】 2022年，市消防救援大队在各镇乡（街道）开展个性化消防安全整治，在白云街道下昆溪社区召开自建民房合用场所现场会。对全市宗地企业和自建民房生产经营性场所开展专项整治工作，完成3万个电动自行车充电接口和800套高层住宅电梯轿厢阻止系统安装工作、40栋高层住宅消防设施提升工程；查封宗地企业86家、承租企业406家，限期搬离16家，清理违规住人126人、违规动火41家，限期改正655家，立案处罚28家，确定企业消防规范化试点1家；查封自建民房内生产经营性场所800余家，限期搬离160余家，清理违规入住人员480余人，"两类"企业（宗地企业、自建民房小微企业）整改率95.17%；挂牌重大火灾隐患单位区域22家（处），完成整改销案。加大执法力度，检查单位2790家，比上年增长61.2%；督改隐患2051处，比上年增长85.1%；下发责令整改通知书1543份，比上年增长80.5%；下发行政处罚决定书335份，比上年增长21.4%；临时查封违规企业39家，比上年增长62.5%；罚款399.61万元，比上年增长88.5%；责令违规企业"三停"47家，行政强制1家，联合镇乡（街道）部门开展检查142次，对占用消防车通道、防火间距、乱搭乱建的违法违章建筑进行集中拆除。在金华市消防救援队伍防火业务比武中获火灾调查第一、监督检查第二。

【消防宣传】 2022年，市消防救援大队开展社会化宣传工作，联合镇乡（街道）开展消防安全培训及演练380余场，发动网格员、楼道长、消防宣传志愿者等开展消防宣传"敲门行动"4700余次，涉及26.3万人，张贴、发放宣传资料42.4万份，集中发送提醒短信18.2万条。市级消防安全体验馆建成投入使用。每周在《相约119》栏目开展消防安全在线交流访谈；全市3万只乡村大喇叭在4个黄金时间段播放"三清三关"，新农村广播播放消

2022年11月8日，市民在“119”消防宣传月启动仪式现场体验消防车水炮操作 （市消防救援大队提供）

防提示；每月对重大火灾隐患单位进行集中曝光和跟踪报道，全年曝光25次。

（应志登）

信　访

【概况】 2022年，东阳市四级走访1008人次，受理群众来信830件，网上信访11152件。化解国家级积案11件、省级积案41件。接待复查323批、415人次，受理复查申请105件，其中不予受理15件、撤销处理意见81件、维持处理意见9件，发出告知书4件。完成听证终结11件、司法终结22件（其中法院17件、公安5件）、复查三级终结8件。领导阅批群众来信占87.60%、阅批网上信访占13.74%、县级领导接访占84.25%；按期受理率100%，按期办结率99.96%；信访事项事权单位处理群众满意率98.03%，群众参评率98.76%。信访工作“东阳做法”得到省局领导肯定。

【初信初访化解】 2022年，市信访局落实首接首办责任制，建立“日通报、周亮晒、月排名、年考核”机制，实行“一三五七”工作法，即初信初访须在1个工作日内上门对接，3个工作日内由村一级组织化解，5个工作日内由工作片组织化解，7个工作日内由镇乡（街道）组织化解。加大初信初访化解力度，提高初次信访事项化解率、降低信访总量、控制新增积案。全年初信化解率82.41%，初访化解率97.14%，初网化解率96.23%。

【积案化解清零】 2022年，市信访局依托“10+3+2”信访工作体系（十张清单，联席调查、专家研判、督导验收三大运行机制，规范信访事项办理、规范信访人行为两个规范），建立“战报”激励、“一件一档一责任”、提级市领导包案、交办验收四项机制推进信访积案化解，完成动态清零目标。

（楼书棋）

外事工作

【概况】 2022年，市外事办开展“快捷通道”外国人来华邀请、涉外事件调处、接待亚运会重要备品工作组到东阳市考察等工作，承办外事活动，接待重要宾客9批220人。

5月17—18日，省外办副主任陈艳勤一行12人到东阳市考察，实地调研中国木雕博物馆、东阳木雕小镇等特色产业基地和国家级工艺美术大师创作室、东阳市明堂红木家俱有限公司等木雕行业龙头企业单位。

【“快捷通道”政策落实】 2022年，东阳市落实外国人来华入浙“快捷通道”政策，开展外国人来华政策解答，邀请外国人来华审核4批6人次。建立邀请外国人来华企业“白名单”制度，10家企业入选“白名单”。

【涉外事务办理】 2022年，市外事办处理中国公民刘某明在马里遭遇车祸一事，第一时间与公安出入境管理部门、上级有关部门沟通对接，为其家属开启出境办证“绿色通道”，让家属在最短时间内完成办证流程。配合公安部门，加急办理出国办案相关程序。

【留学生国情教育活动】 2022年，市外事办举办“国际友人品金华”系列活动1场，承办金华市“国情教育第

2022年11月10—11日，金华市第七期“国情教育第二课堂”共同富裕主题活动在东阳市举行 （市外事办提供）

二课堂"主题活动2场，通过组织留学生实地走访、沉浸式体验等活动，让留学生了解中国国情。5月18日，举办"国际友人品金华"系列活动之"走进上山 感受金华"，组织21名来自刚果（布）的浙江广厦建设职业技术大学留学生到浦江县参观翠湖治水主题馆、新光村、上山遗址公园。6月23—24日，承办金华市第六期"国情教育第二课堂"共同富裕主题活动，组织31名来自22个国家的在金华市的留学生实地走访横店影视文化产业集聚区、横店影视城、南马镇花园村等地。11月10—11日，承办金华市第七期"国情教育第二课堂"共同富裕主题活动，组织43名来自19个国家的在金华市的留学生参观卢宅肃雍堂、横店集团东磁股份有限公司电池片七厂、南马镇花园村等地。

（葛　爽）

港澳事务

【港澳居民优待政策】 2022年，东阳市为港澳居民子女入学提供优待政策，对符合港澳居民子女中考政策加分条件的考生，进行资格审核。全年有符合优待政策考生2人。

【香港青年专场活动】 2022年7月2—3日，50名香港青年到东阳市开展"同缘同心·共创共富"——香港青年庆回归25周年金华专场活动。在浙江省的香港青年代表参观访问陆光正创作室、横店影视城等地，体验东阳的人文风情，实地考察东阳市共同富裕建设，了解东阳市的发展现状。

（葛　爽）

侨　务

【助推项目合作和人才引进】 2022年，市侨联组织"海归"人士到东阳市考察，举办"智汇东阳"讲座，对接国家级领军人才达成合作意向项目5个。6月，邀请省政府重点招引"海归"人才、浙江大学和良渚实验室双聘教授、美国密歇根大学生物系客座教授徐浩新回乡考察，聘请其为浙江广厦建设职业技术大学顾问。12月16日，东阳市人民医院和杭州电子科技大学共建智慧医疗研究中心在东阳市揭牌。东阳籍海外海归乡贤、杭州电子科技大学智慧健康研究院院长厉力华及其团队为该中心提供技术咨询和人才保障。

【侨企品牌建设】 2022年，市侨联启动"侨企促共富"行动，确定9家侨企结对9个村，就资金支持、村庄建设、旅游文化帮扶等方面签订结对帮扶计划，在环村大道、文化连廊建设和发展特色旅游等方面给予支持。创新推出"共富直采侨"品牌，参与2022年中国农民丰收节浙江主场活动，借力侨企第一百货东阳购物中心举办"共富直采侨""线上+线下"活动，实现"东白"茶产品线上销售超38万元、线下采购超80万元。多方联动打造"东阳木雕"文化交流品牌，在刚果（布）华人华侨商会会长马德朝牵线下，协同做好"非洲留学生学习木雕文化"文章，第二批30名外派留学生于11月入学。11月，东阳木雕小镇被省侨联确认为第四批浙江省华侨国际文化交流基地。

【为侨服务】 2022年，市侨联"发挥海外侨团作用，紧急开展乌克兰撤侨工作"获时任省委常委、统战部部长邱启文批示肯定。香港疫情期间，市侨联第一时间采购400盒连花清瘟和1.6万只FFP2口罩支援香港同乡会。市侨联落实侨界代表人士走访慰问制度，走访代表人士和侨胞侨属160人次，接待20人次。开展"侨小二"助企活动，了解企业生产经营和疫情防控等情况，助力涉侨企业稳增长。开展除险保安工作，协调解决房屋修建、矛盾纠纷等困难问题10余起。创建"连心侨"公益组织和1支志愿服务队，常态化开展全国文明城市创建工作。对接"创建办"，邀请侨界画家以3D形式，为城市配电箱作画16幅，完成4座配电箱墙体美化工程。

11月27日，市侨联成立非洲安哥拉东阳人同乡会。11月27—30日，市侨联首次举办"学习贯彻中共二十大精神"2022年东阳市侨界代表人士与留学归国青年培训班，50名学员在浙江工商大学接受为期4天的培训。

（郑　扬）

政务服务

【概况】 2022年，市政务服务管理办公室办理政务服务事项373万件，"一网通办"办件率96.69%。组织建设工程依法必须招标项目246个标次，成交金额118.736亿元，节省资金6.044亿元，资金节约率4.84%。组织政府采购活动233个标次，开展公款竞争性存放采购7次，34家机关事业单位参与竞争性存放，采购金额30.84亿元，成交金额32569.1万元，节约财政资金5452.3万元，资金节约率14.34%。组织产权交易6次，成交金额1766.2万元，增值金额1203万元，增值率213.6%。组织其他交易294次，成交金额42360.1万元。

【"放管服"改革体制机制建立】 2022年12月，东阳市建立"放管服"（简政放权、放管结合、优化服务）改革工作联席会议制度，东阳市行政服务中心变更为东阳市政务服务管理办公室，承接"放管服"改革综合协调工作职能。市政务服务管理办公室先后实施《东阳市政务服务县乡一体化改革实施方案》《东阳市关于全面实行"乡镇一窗受理出件、县乡一体联审联办"服务模式的工作方案》《东阳市市镇村三级政务服务场所布局提升实施方案》等文件，多举措优化东阳市政务服务环境，构建起市、镇、村三级政务服务体系。

【政银合作】 2022年，市政务服务管理办公室构建"政银合作"基层服务新体系，优化网点布局，下沉高频业务事项，开设"一站式"自助服务专区，创新"客户经理巡回上门"政务服务模式，银行客户经理每周四轮流驻点，为基层解决难题。全市有69个东阳农商银行营业网点、150个"丰收驿站"开办"政银合作"业务，办理政务事项328项，全年累计办件量5.4万件，减少群众到市政务服务大厅办事4万余次，缩短往来时间2万余小时。

3月21日，东阳农商银行与东阳市行政服务中心在“丰收驿站”阳光旗舰店举行“政银通办”签约仪式。“政银通办”服务是东阳市深化“互联网+政务+金融”改革的创新举措，依托东阳市“数字政府”建设成果，利用东阳农商银行网点辐射范围和智能服务终端分布宽度优势，实行“百项政务服务进银行网点”工作，拓宽政务服务受理渠道，打通政务服务“最后一公里”，实现政务服务“就近办、自助办、掌上办、上门办”。

【帮办代办服务】 2022年，市政务服务管理办公室加强代办队伍建设。依据网格工作履职清单和网格准入事项清单，明确专职网格员为群众便民代办员，为群众提供民生便民服务、代跑代办业务。联合市委组织部制定《东阳市镇乡街道驻村干部代办工作考核管理办法》，将帮办代办服务纳入驻村干部职责清单，完善驻村干部代办考核管理办法。联合市委组织部、市人大办开展联村干部帮办代办督查，指导联村干部帮办代办工作，联村干部和网格员为群众帮办代办各类事项8.7万件。

【行政许可事项清单管理】 2022年，市政务服务管理办公室实行行政许可事项清单管理，根据省行政许可事项清单目录，开展业务指导，定期公布工作进度，督促部门认领该县(市)行政许可事项。东阳市245个行政许可事项目录，可承接的行政许可事项目录203个，认领率100%，并根据许可事项清单进行动态调整。

【企业“零次跑”落实】 2022年，市政务服务管理办公室完成500余人次的交易员办理及变更，采用线上办理方式，实行企业“零次跑”。金华市县乡一体(限额以下)电子化交易系统开始试用，取消400万元以下小额项目的交易员办理手续，简化投标企业的交易流程。

【“评定分离”改革】 2022年，市政务服务管理办公室推行工程建设项目招、投标“评定分离”改革。在项目实施前期，对接项目业主单位，协调处理项目实施过程中的困难和问题。通过优先保障场地使用、确保软硬件设施运行、驻点人员优先服务等措施，确保“评定分离”改革项目的成功落地。协助温州市龙湾区、金华市永康分中心及磐安分中心完成远程异地评标分会场的评标工作。制定《东阳市公共资源交易平台招标代理机构入场交易管理制度(试行)》，规范东阳市公共资源交易代理机构进场交易行为，维护公共资源交易秩序。

【创新监管模式】 2022年，市政务服务管理办公室创新监管模式，设置学时制、考分制及扣分制。优化营商环境，货物与服务项目业绩分不高于价格分的10%，工程业绩分不高于价格分的5%；降低政府采购交易成本，执行免收政府采购投标保证金和采购文件工本费政策，履约保证金不超过合同金额的1%，允许以保函形式提交；货物和服务不得收取质量保证金。提高预付款比例，中小企业预付款比例原则上不低于合同金额的40%，不高于合同金额的70%。开展公款竞争性存放项目采购，年内集中采购6次，采购单位32家，采购金额28.7719亿元。

【优化营商环境指标】 2022年4月，市政务服务管理办公室完成省数据归集5.0接口升级，确保数据实时准确地对接推送。全流程电子化率和不见面开标率基本获满分。市场主体诉求响应程度问卷，主要针对提出投诉的相关企业。拓宽畅通投诉渠道，进一步优化缩短招、投标领域投诉处理时间，实现“一般投诉”10天内作出处理决定，快查快处招、投标违法违规行为，提高行政监督效率和权威。

【市场公平竞争整治提升】 2022年6月，市政务服务管理办公室组织金华市县乡一体(限额以下)交易系统投标人线上培训，组织代理机构和镇乡(街道)相关操作培训。7月，全面应用金华市县乡一体(限额以下)交易系统。根据《金华市2022年工程建设项目招投标领域突出问题专项整治工作方案》抓好落实，要求各行业主管部门建立工程建设项目招、投标活动日常检查机制。市住建局、市农业农村局完成工程建设项目招、投标活动日常检查机制建立与报送。

【公共资源交易远程异地评标】 2022年，市政务服务管理办公室按要求配置远程异地评标相关软硬件并完成安装调试。6月，采购的远程异地评标设备完成安装调试，有3个机位可满足金华市远程异地评标的副场工作。

【数字赋能公共资源交易】 2022年，限额以下交易项目通过全面应用金华市县乡一体(限额以下)交易系统实现“数据跑”代替“人工跑”，通过推行投标保证金承诺函代替投标保证金减轻企业投标压力和成本，通过缩短公告时间、简化交易方式为镇乡(街道)提高效率。浙江省电视台二套《都市看点》栏目“数字赋能系列报道”对东阳市数字赋能公共资源交易进行专题报道。

(周洁倩)

大数据应用管理

【概况】 2022年，市大数据发展中心建立健全项目统筹工作机制，成立电子政务项目多部门联合审查专班，完善项目建设工作指引，制定绩效评价标准。聚焦“平台+大脑”支撑体系建设，推进数据归集、数据共享、数据开放，增加归集数据6.29亿条，数据共享需求满足率99.62%。推进数字赋能工作和34个省级及省级以上试点建设。强化网络安全管理，政务云平台正常平稳运行率99.95%，信息系统安全等级保护备案率100%，全市网络安全实现零事故。

【数字化改革】 2022年，市大数据发展中心强化应用规范建设，2个省“一件事”试点应用(建设用地违法查处

"一件事"、农业投入品监管"一件事")和4个本地特色应用(数字孪生横锦水库安全智管、流动人口风险隐患治理、网格智治、智慧城市运营中心IOC事件中心)联通金华基层智治系统。"数字孪生水库安全智管"获评水利部推荐应用案例,"校园食品安全与营养健康""乡镇(街道)合法性审查数智应用"入选全省"一地创新、全省共享""一本账"S0,影视文化、木雕红木2个产业大脑入选省级行业产业大脑建设名单。上线"东阳防疫通"助力社会面疫情防控,全市接收申报948251人次;开展"疫情防控精密智控综合集成应用""金华防疫在线"等应用培训和演练。统筹全市电子政务项目建设,完成部门追加项目评审46个,核减项目10个,资金核减率30.6%。开展2023年度集中申报项目评审127个,核减11个,资金核减率39.7%。

【"浙里办""浙政钉"两端建设】 2022年,市大数据发展中心建立和完善"浙里办""浙政钉"两端应用月通报机制,强化督查督办,形成工作闭环。政务服务线上、线下"一网通办"率93.62%,大厅窗口"一网通办"率92.08%,综合自助机"一网通办"率100%。开展"浙里办"八周年宣贯及东阳"好应用"评选等工作。

"校食安一件事"等7个应用入选省高频应用,"横影通"等4个应用月均访问量破20万人次,"东阳新生报名"访问量740余万人次。建成"浙政钉"2.0工作门户,"东阳市上线'扛旗争先'助力全市争先创优"等2个案例入选省"浙政钉"App优秀案例,影视文化在线("横影通")应用等12个案例入选"浙里办"App、"浙政钉"App优秀案例集。

【数据与网络安全】 2022年,市大数据发展中心完善建立《合作方安全管理办法》《数据安全应急响应管理》等数据安全工作机制,会同市委网信办、市公安局开展数据安全专项整治行动、数据安全应急演练、网络安全风险隐患大排查、网络安全攻防演练。构建全市网络安全常态化运营机制,7×24小时监测全域网络安全风险。

建立每月政务网络信息安全月报通报机制,监测政务外网信息系统的网络安全情况,发现相关风险隐患2599个、高危漏洞138个、管理员弱口令14个、违规外联13个。保障109个电子政务视联网接入点运行维护,通过视联网召开视频会议1204次。

【数据供给】 2022年,市大数据发展中心增加数据开放23项、数据条目642万条,迭代完善基础库、专题库、乡镇数据仓。"入学入园一件事"和"基于隐私计算的金融服务"入选市《公共数据开发利用优秀案例集》。

【智慧城市建设】 2022年,市大数据发展中心启动智慧城市运营中心建设,完成指挥中心场所建设,专题驾驶舱及市教育局等20个部门驾驶舱建成投用,"智慧花园"等23个本地特色场景应用实现汇聚,3058项城市运行"生命体征"指标完成梳理,9个智能要素上架IRS组件超市,3701个智能要素上架金华市智能要素超市。

【东阳门户网站建设】 2022年,东阳市人民政府门户网站主动公开各类信息37173条,其中发布各类政策解读稿73篇,对全年印发的18件规范性文件进行解读。

(周杭青)

对口帮扶

【概况】 2022年,东阳市拨付东西部协作帮扶资金3900万元、各项经费270万元,完成36项东西部协作考核指标;确定东西部产业协作项目9个。东西部协作(东阳—南江)健康食品产业园项目开工,一期投资0.6亿元。输出寀卢村"5G共享田园"等乡村振兴数字化改革经验,帮助南江县建成巴中市首个数字农业云平台。落实社会帮扶资金542.6万元,消费帮扶资金超5000万元。"东阳立足影视产业,将生态优势转化为发展优势(产业协作)"案例入选浙江省2021年对口工作典型案例;《金华东阳市"四轮驱动"推动对口工作高质量发展》入选《浙江省对口工作简报》(2022年第3期),《金华东阳市携手四川南江县打造数字农业"南江样本"》入选《浙江省对口工作简报》(2022年第7期)。

东阳—磐安山海协作·共富共建行动启动,东阳市向磐安县捐赠1000万元援建资金,落实乡村振兴示范点、高速公路差异化收费等8个项目;五对镇乡(街道)签订结对协议,结对镇(街道)支付援建资金200万元;完成11项省级山海协作考核指标、19项金华市级山海协作考核指标;实施"26县山海协作"产业合作项目9个。推进东磐木雕家具产业园项目。《东阳市升级东磐"山海协作"加快协调发展》入选《浙江信息》(2022年第11期)。

【东西部产业协作】 2022年,东阳市引导6家企业到四川省投资,增加到位资金4.8亿元,吸纳农村劳动力1250人。确定东西部产业协作项目9个。开展四川省南江县鲜食玉米试点示范种植推广,建设13.33公顷核心栽培示范基地1个,辐射种植面积达66.67公顷,初步形成集技术、种植、加工、销售于一体的鲜食玉米全产业链。援建南江县帮扶车间10个,吸纳农村劳动力787人。9月28日,浙川东西部协作(东阳—南江)健康食品产业园项目开工建设,项目总投资14亿元,占地面积20.67公顷,分两期实施。

【东西部协作农业数字化帮扶】 2022年,东阳市为南江县量身定制乡村振兴示范点建设规划,以南江县卫星村为试点,打造"数字农业云平台""智慧农业物联网"等数字化项目,促使整条金银花产业链实现智能化升级,助力南江县入选国家现代农业产业园认定名单、四川省数字乡村试点地区名单。东阳市输出寀卢村"5G共享田园"成功经验,建设民宿和农家乐,助力卫星村获评四川省乡村振兴示范村。

【东西部协作消费帮扶】 2022年,东阳市设立南江特产专柜专区4个、助销点1个。全年消费帮扶金额超

4458万元。市供销合作总社与南江县供销社联合参加中国西部国际投资贸易洽谈会、中国西部国际博览会、中国农产品加工业投资贸易洽谈会等展会。在淘宝“东阳供销商城”、微信小程序“供销农珍”、抖音号“供销农珍”等平台推介南江县农产品。与浙江泰隆商业银行金华东阳支行、联合开展“直播带货”销售南江县农产品。市总工会建立联动发展新机制,开辟疗休养精品线路3条,组织300人到南江县疗休养。东阳市基层工会年度节日慰问费总额的30%以上用于采购南江县农产品。

【东西部文旅协作】 2022年11月3日,南江—东阳文化旅游交流合作周活动启动,两地联合举办“奋进新征程 建功新时代”文化走亲文艺晚会;举行横店影视城外景拍摄基地授牌仪式,南江县国家现代农业产业园、红鱼洞水库等24个点位获授牌;开展书画摄影奇石根艺作品展暨百米长卷现场创作活动,展出两地艺术家的书画、摄影和奇石根艺作品600余幅(件)。东阳·南江一家亲节目《情满三乡》在南江县百姓春节联欢晚会播出。探索东西部文旅协作新路径,帮助南江县开辟非物质文化遗产文化体验、避暑康养体验、红色记忆体验、研学实践体验4条精品旅游路线,拓展旅游资源发展空间。举办“穿越米仓古道 相约山水南江”南江文旅资源、康养项目推介会和“歌画东阳 秀美南江”2022东阳—南江联合推介会。举办“秀美南江”旅游推广摄影作品展暨文明旅游宣传活动,展出摄影作品40余幅,介绍南江县旅游风景、民俗特色,同时在现场展示南江县农产品。举办东阳—南江文旅产业发展培训班,邀请浙江师范大学地理与环境科学学院副院长、浙江师范大学旅游研究中心主任马远军和浙江横店影视城有限公司营销运营管理中心总经理徐利源等专家授课,南江县相关部门、镇乡(街道)分管负责人及部分业务骨干、旅游景区及文旅企业负责人等55人参加培训。《东阳日报》、“东阳文化旅游体育”微信公众号专版报道2022年南江县光雾山旅游区对浙江省籍居民实行门票免费活动。

东阳市制定南江县影视外景拍摄基地的工作方案,成立工作专班,进行现场指导,安排东西部协作援助资金290万元,支持南江县实施“影视+”文旅产业项目。开展打造一批外景拍摄基地、培育一批优秀影视人才、推出一批优秀文艺作品、建设一个影视交流基地、制作一份全域影视地图、开展一轮“影视+”文旅宣传“六个一”帮扶工程。南江县选派20余名文旅行业从业人员到东阳市开展文旅宣传和项目推介暨“影视+”文旅项目考察学习,选派120余人参加2022年东西部协作影视人才专题培训班。

【东西部协作人才交流】 2022年,东阳市选派12名专业技术干部到南江县开展技术协作工作,其中2名干部长期挂职、10名干部短期挂职。派出省农科院玉米研究所副所长吕桂华、助理研究员宋费玲到南江县开展鲜食玉米种植工作。东阳市选派楼旭珍、徐敏、何向程3名“东阳名师”到南江县挂任中小学校教育教学副校长,南江县选派50名教育教学管理骨干到东阳市开展案例教学、研讨交流;两地结对培养南江县骨干教师、学科带头人210人,建立名师、名校长工作室32个。东阳市派出4名医生到南江县开展医疗帮扶工作,儿科专家朱文斌挂任南江县妇幼保健院儿科副主任,帮助南江县组建第一个内分泌专科团队,成立巴中市第一个儿童内分泌专科门诊,通过开展儿童内分泌诊疗项目研发,增加15项检验检查项目,并成功通过激发试验,让100余例儿童矮小症等内分泌疾病全流程诊断、治疗,同时将绿色疗法中医适宜技术在儿科领域的相关应用在南江县落地。10月7日,市人民医院多学科诊疗模式团队与南江县人民医院首次开展肝肿瘤远程会诊。

【东西部劳务协作】 2022年,东阳市到南江县开展东西部协作交流的部门有26个143人次,南江县到东阳市交流协作的部门有16个90人次。横店集团东磁股份有限公司、横店集团得邦照明股份有限公司等15家企业到巴中市举办东西部协作劳务招聘会3场,提供岗位5000余个,与南江县下辖10个镇签订劳务合作协议。合力举办劳务协作培训54期1963人次、乡村振兴干部培训9期789人次;举办乡村振兴专业技术人才培训15期2035人次,其中教师培训3期744人次、医生培训7期625人次、致富带头人培训5期666人次。帮助农村劳动力到浙江省就业1015人、四川省内就业1688人、其他地区就业1509人。组织农村学生到东阳市就读职业技术学校76人。

【东西部社会帮扶】 2022年,东阳市在南江县实施“幸福蜗居”助残安居公益项目,投入资金15万元为5户残疾人家庭完成危房改造。将“幸福蜗居”公益项目模式复制到南江县,在“腾讯公益”平台募集12万元资金,帮助“幸福蜗居”助残安居公益项目在南江县实现自我发展。市教育局、市残联等部门及“叶子帮帮”社会工作服务中心、春暖花开社会工作服务中心等社会组织落实社会帮扶资金603.6万元,比上年增长40.4%,其中社会帮扶捐赠资金198万元、捐赠物资折合金额405.6万元。年内,东阳市与南江县结对企业15对、社会组织3对、镇(街道)2对、村(社区)2对。

【东阳—磐安山海协作·共建共富行动启动】 2022年5月19日,东阳市与磐安县签订《东阳—磐安山海协作·共建共富行动战略合作协议》,启动东阳—磐安新一轮共建共富行动。东阳市编制《东阳—磐安山海协作·共建共富行动方案(2022—2025年)》,实施“六个一批”行动,即打造一批合作平台、培育一批产业合作项目、安排一批专项资金、推动一批社会事业合作、开展一批区块合作、组织一批干部人才交流。

【东阳—磐安“乡镇共建联盟”】 2022年,东阳市横店镇、吴宁街道、南市街道、城东街道、六石街道分别与磐安县安文街道、玉山镇、双溪乡、大盘镇、九和乡共建结对，构建“乡镇共建联盟”。东阳市横店镇帮助磐安县安文街道建设墨林、花溪2个影视剧组取景拍摄基地，带动5个村增收超100万元。东阳市吴宁街道与磐安县玉山镇在振兴路合作建立“共富工坊”，销售玉山镇特色农产品；共建项目“仰望星空”露营基地投入运行。东阳市南市街道与磐安县双溪乡共同举办“百镇共建·亲凉一夏”活动，推动两地文旅融合。磐安县大盘镇相关村以入股形式参与东阳市城东街道单良村省级果蔬示范基地建设项目。东阳市六石街道与磐安县九和乡签订价值10万元的农产品认购协议，与磐安县九和乡三水潭村初步达成“助力开发乡村旅游”的共识。东阳市与磐安县打造“横店—磐安影视共富联盟”，签订系列影视文旅战略合作协议，在影视、文化、旅游、体育等方面开展合作。帮助磐安县开展乡村振兴示范点规划建设和招商管理，截至年末，完成示范点建设9个。1月16日，首个山海协作“消薄飞地”项目——东磐木雕家具产业园开工仪式举行。

【东阳—磐安产业合作】 2022年，东阳市实施“26县山海协作”产业合作项目9个，增加投资额9.6亿元。玉米研究所与磐安县农业农村局开展技术合作，在磐安县种植鲜食玉米超400公顷，惠及农户500余户，每年户均增收15000元/公顷～18000元/公顷。东阳市提供资金、技术和人才支持，助力磐安县安文街道白云山村发展特色产业，带动农家乐、民宿等乡村旅游融合发展；年内白云山村观光农业和休闲旅游收入达1600余万元，带动农户100户，增加就业岗位50个，村民人均增收超2万元。

【东阳—磐安区块合作】 2022年，东阳市—磐安县快速路怀万线建成通车，217省道东阳市三联至新渥段加快推进。东阳市安排资金260万元，将诸永高速公路磐安县出口纳入东阳市高速公路差异化收费政策范围。

【东阳—磐安社会事业合作】 2022年，市人民医院、市妇幼保健院为磐安县量身定制“药乡月嫂”培训，推荐月嫂就业40余人次。市人民医院到磐安县开展“康心基金走进县市”义诊活动；康心基金为8名磐安群众提供救助金约20万元。东阳市启动慈善公益项目、东阳市磐安商会与磐安县玉山镇敬老院结对帮扶项目、东阳市“叶子帮帮”社会工作服务中心与磐安县双溪小学结对帮扶项目，捐赠物资总价值70余万元；补助10万元，与磐安县百江源生态农业开发有限公司等合作设立残疾人就业创业基地5个；发动市民参与消费帮扶，金额超7100万元。东阳市文化馆到磐安县文化馆开展“山海协作 文化同心”文化走亲活动。6组结对学校开展书吧建设、师徒结对、跟岗锻炼、网络教学交流研讨等活动。东阳市总工会与磐安县总工会签订《东阳职工游磐安助共富活动协议》，年内组织500名一线职工到磐安县疗休养。东阳市横店影视城国际旅行社有限公司与磐安旅游集散中心有限公司、东阳市广厦旅行社有限公司与磐安县花溪国际旅行社有限公司分别签订《东阳—磐安旅游团队合作协议》，约定优先选择对方作为地接旅行社，合作开发“横店—磐安”“磐安—横店”各4条旅游线路，实施游客互送。东阳市举办“千团结千村 巾帼助共富”金华市来料加工工作推进会，与磐安县签订价值2500万元的中国结来料加工合同。

【东阳—磐安人才交流】 2022年，东阳市选派7名党政干部到磐安县挂职交流；磐安县选派5名党政干部、10名村干部到东阳市交流学习。两地合作开展干部培训1期、73人次；合作举办就业劳动力技能培训15期、710人次；两地结对的镇乡（街道）组织产业发展培训会5场，东阳市选派影视、旅游、酒店管理等行业的专家60人次到磐安县指导工作；市教育局、市卫健局、市文广旅体局、市农业农村局分别选派教师、医生、文化工作者及乡村振兴工作方面的干部到磐安县开展交流协作。

（王海霞）

中国人民政治协商会议东阳市委员会

综　述

【委员履职平台搭建】　2022年,东阳市增设民生议事堂22家,实现全市镇乡(街道)全覆盖,开展基层协商活动58场,参与委员1000余人次。横店民生议事堂被金华市政协评为"初心堂"。增设委员工作室37家,其中界别型15家、集体型22家。市政协协同推进"数字政协"建设工作,推动省政协"六大在线"和金华市政协"民情一点通""提案一键达""协商一件事"贯通,推进委员履职向线上延伸。

【委员会客厅活动】　2022年,市政协委员分别在横店影视政协委员会客厅、工艺美术政协委员会客厅围绕横店影视文化产业先行先试、木雕红木家居产业创新融合、竹产业特色发展等开展活动10场,为助推特色产业高质量发展建立共识、建言献策。11月10日,省政协副主席裘东耀到横店影视政协委员会客厅宣讲中共二十大精神,与政协委员、会客厅成员、横店集团党员代表、演员党员代表开展座谈交流。横店影视政协委员会客厅是金华市唯一的省政协"五星级委员会客厅"。

(韦夏樱)

重要会议

【市政协十五届一次会议】　于2022年1月22—26日举行,应出席委员325人,实到305人,符合规定人数。政协主席斯建民代表政协第十四届东阳市委员会常务委员会作工作报告,政协副主席楼红霞向大会作关于提案工作情况的报告。开幕会上,7名政协委员代表民主党派、群众团体,以"加大科技有效投入""做大做强块状经济""提升城市品质"等为主题作大会发言。

全体政协委员列席市第十六届人民代表大会第一次会议,听取并讨论代市长黄胜可所作的市政府工作报告,讨论市人民法院工作报告、市人民检察院工作报告和其他报告。委员们围绕市委、市政府中心工作协商议政、建言献策,以提案形式提出意见和建议357件。

1月26日,市政协十五届一次会议在东阳剧院举行选举大会,选举产生政协第十五届东阳市委员会主席、副主席、秘书长和常务委员。方宪文当选为政协第十五届东阳市委员会主席,陈琳、黄阳明、张望峰、楼红霞、冯润、赵小仙当选为政协第十五届东阳市委员会副主席,黄文明当选为政协第十五届东阳市委员会秘书长,53名委员当选为政协第十五届东阳市委员会常务委员。

市政协十五届一次会议完成各项议程,于1月26日在东阳剧院闭幕。会议通过政协第十五届东阳市委员会第一次会议决议和政协第十五届东阳市委员会第一次会议提案审查委员会关于提案审查情况的报告。

【市政协常委会会议】　2022年,市政协召开常委会会议4次。

1月14日,召开十四届二十二次

2022年1月22—26日,中国人民政治协商会议第十五届东阳市委员会第一次会议召开　(包康轩/摄)

常委会会议。会议听取市政府工作报告起草情况通报和关于市政协十四届五次会议以来提案办理情况的通报；审议通过关于召开政协第十五届东阳市委员会第一次会议的决定；审议通过政协第十五届东阳市委员会第一次会议议程(草案)；审议通过政协第十五届东阳市委员会第一次会议日程；审议通过政协第十五届东阳市委员会界别、委员名单；审议通过政协第十五届东阳市委员会第一次会议邀请列席人员范围、名单；审议通过政协第十五届东阳市委员会第一次会议召集人、联络员名单；审议通过政协第十五届东阳市委员会第一次会议讨论编组名单；审议通过政协第十五届东阳市委员会第一次会议主席团、主席团会议主持人和秘书长、副秘书长名单(草案)；审议通过政协第十五届东阳市委员会第一次会议提案审查委员会名单(草案)；审议通过政协第十四届东阳市委员会常务委员会工作报告及报告人；审议通过政协第十四届东阳市委员会常务委员会提案工作情况报告及报告人；表彰2021年度优秀界别、优秀政协委员和优秀提案。

3月18日，召开十五届一次常委会会议。会议学习传达上级文件、会议精神；审议通过《政协东阳市委员会常务委员会工作规则》《政协东阳市委员会专门委员会通则》《政协东阳市委员会提案工作条例》《政协第十五届东阳市委员会常务委员会关于加强自身建设的决定》《政协东阳市委员会关于进一步发挥委员主体作用的意见》《关于开展界别活动的实施办法》《政协东阳市委员会履职考评办法》；审议通过政协第十五届东阳市委员会办公室和有关工作委员会主任、副主任任免名单；通报政协第十五届东阳市委员会各专门委员会组成人员名单。

6月29日，召开专题议政性常委会会议暨十五届二次常委会会议。市委副书记、市长黄胜可应邀参加。会议围绕城市更新开展专题议政，参会委员建言献策，助推东阳市通过城市更新进一步优化空间布局、完善城市功能、改善城市环境、提升城市能级。会议学习上级文件、会议和讲话精神，审议通过《关于助推城市更新工作的建议案》和有关人事事项。

9月30日，召开十五届三次常委会会议。市委副书记、市长黄胜可应邀参加。会议学习市委十六届二次全体(扩大)会议暨市政府十六届一次全体会议精神，听取市长黄胜可关于东阳市上半年经济运行情况的通报。

【市政协主席会议】 2022年，市政协召开主席会议12次。

1月10日，召开十四届四十一次主席会议，会议讨论评选2021年度优秀界别、委员、提案事项，讨论政协常委会工作报告和提案工作报告；审议通过市政协十四届二十二次常委会会议议程(草案)；审议通过召开市政协十五届一次会议的决定(草案)；协商讨论十五届市政协委员名单；讨论市政协十五届一次会议有关材料和食、宿、行等大会会务有关问题。

1月28日，召开十五届一次主席会议，传达学习习近平总书记在全国政协新年茶话会上的重要讲话、在省部级主要领导干部学习贯彻中共十九届六中全会精神专题研讨班开班式上的重要讲话、在中央政治局党史学习教育专题民主生活会上的重要讲话、在十九届中央纪委六次全会上的讲话；传达学习省纪委、金华市纪委全会精神，省两会会议精神和金华市、东阳市全市领导干部会议精神，金华市委七届十一次全体会议精神，金华市疫情防控工作会议精神；讨论通过十五届市政协领导班子分工；讨论十五届市政协有关制度；部署春节期间值班等工作。

3月17日，召开十五届二次主席会议，传达学习《求是》杂志发表习近平总书记重要文章《在中央政协工作会议暨庆祝中国人民政治协商会议成立70周年大会上的讲话》；传达学习全国两会精神和省、金华市领导干部会议精神以及东阳市贯彻落实意见，全国政协主席汪洋在全国政协十三届五次会议闭幕会上的讲话，省政协、金华市政协党组扩大会学习全国两会精神，金华市"扛旗争先 崛起浙中"作风建设大会会议精神。

4月2日，召开十五届三次主席会议，传达学习上级重要会议、活动、文件精神；贯彻落实省政协主席黄莉新到金华市调研座谈会精神；讨论通过市政协机关有关规章制度；配合开展省政协、金华市政协文史征编工作事项的说明；讨论通过市政协2022年重点工作任务分解；研究讨论民生议事堂建设工作；研究讨论"数字政协"工作；研究讨论委员工作室创建工作。

4月18日，召开十五届四次主席会议，听取有关人事通报；讨论通过《2022年市政协党建工作要点》。

5月13日，召开十五届五次主席会议，传达学习《习近平谈治国理政》第三卷第十一章、习近平总书记在庆祝中国共产主义青年团成立100周年大会上的讲话精神；传达学习《信访工作条例》，全国、省、金华市疫情防控工作电视电话会议和东阳市疫情防控会议精神，省政协主席黄莉新署名文章《以排头兵姿态推动新时代政协工作高质量发展》《奋力谱写服务共同富裕示范区建设的新篇章》，金华市招大引强工作月度汇报会议精神，金华市委民族工作暨全市宗教工作会议精神。会议还重点学习金华市政协八届一次常委会会议精神和省委第九巡视组巡视东阳市情况反馈会议精神。

6月17日，召开十五届六次主席会议，传达学习《习近平谈治国理政》《干在实处 勇立潮头——习近平浙江足迹》相关内容，以及习近平总书记在四川省考察时重要指示精神；传达学习省高质量发展建设共同富裕示范区重点工作推进例会以及东阳市高质量发展建设共同富裕先行市工作会议精神；研究讨论有关人事调整、委员培训工作，以及无纸化办公等各项活动经费事宜，审议通过市十五届政协二次常委会日程、议程以及有关会议内容。

7月19日，召开十五届七次主席会议，传达学习《习近平谈治国理政》《干在实处 勇立潮头——习近平浙江足迹》相关内容，习近平总书记在庆祝香港回归祖国25周年大会暨香港特别行政区第六届政府就职典礼上的重要讲话精神;传达学习全省建设新时代美丽浙江推进大会精神等全省有关会议精神、楼琅坚在市委常委会扩大会议上的讲话精神。传达金华政协系统党的建设工作会议精神、《关于调整金华市政协党的建设工作领导小组的通知》。会议研究讨论《关于成立东阳市政协党的建设工作领导小组的通知》等有关会议内容,以及有关工作经费使用事宜。

8月19日,召开十五届八次主席会议,传达学习《习近平浙江足迹》、《习近平上海足迹》、《习近平福建足迹》、《习近平正定足迹》、《习近平谈治国理政》第三卷第十五章、习近平总书记在省部级主要领导干部专题研讨班上的重要讲话精神、习近平总书记在《求是》发表的重要文章《全党必须完整、准确、全面贯彻新发展理念》;传达学习省政协专题情况通报会会议精神、省政协委员读书交流会精神。针对疫情防控工作,学习省委书记袁家军在义乌市检查指导疫情防控工作的讲话精神及省长王浩在全省疫情防控研判会议上的讲话精神。会议听取关于金华市政协对各县(市、区)党领导政协工作考核有关情况的汇报,研究讨论市政协下半年重点工作任务、关于“三位一体”建设的建议、“助力共同富裕先行市建设专题协商议事月暨界别活动月”活动的启动仪式方案。

9月14日,召开十五届九次主席会议,传达学习《习近平谈治国理政》第四卷第一章、《求是》发表习近平总书记重要讲话《新发展阶段贯彻新发展理念必然要求构建新发展格局》;传达学习全省清廉浙江建设推进会议精神、金华市政协八届二次常委会议精神。会议研究讨论“法助共富 法护平安”助推横店影视打造精神文明高地的建议案、市政协提案系统建设有关事宜、最美政协人评选方案、十五届三次常委会有关日程、议程及有关人事事项。

10月15日,召开十五届十次主席会议,传达学习《习近平谈治国理政》第四卷第三章、《求是》杂志发表习近平总书记重要文章《新时代中国共产党的历史使命》、习近平总书记关于数字化改革的重要论述;传达学习全省数字化改革推进会精神、金华市数字化改革推进会精神,市纪委关于4起落实疫情防控工作不力问题的通报。会议听取学习贯彻《政协金华市委员会委员工作室建设实施办法》文件精神及委员工作室建设工作情况汇报。研究特邀界召集人人选事项,研究审议《建立政协提案与公益诉讼检察建议衔接转化工作机制的实施办法(试行)》。

11月11日,召开十五届十一次主席会议,研究部署学习宣传贯彻中共二十大精神系列活动,传达学习中共中央、浙江省委、省政协、金华市委关于认真学习宣传贯彻中共二十大精神的有关文件,研究《市政协党组关于“矢志不渝跟党走、同心奋进新征程”学习宣传贯彻党的二十大精神活动方案》;传达县(市、区)委书记工作交流会暨全市经济稳进提质攻坚工作例会精神、金华市清廉金华建设推进会精神、金华市政协主席三季度工作例会精神,听取民生议事堂、委员工作室有关情况的汇报。

(韦夏樱)

政治协商和参政议政

【中共二十大精神学习宣传贯彻】 2022年,市政协召开政协党组扩大会、常委会会议进行中共二十大精神学习部署,印发《政协第十五届东阳市委员会常务委员会关于学习宣传贯彻中国共产党第二十次全国代表大会精神的决议》《中共东阳市政协党组关于深入开展“矢志不渝跟党走同心奋进新征程”学习宣传贯彻党的二十大精神系列活动的实施方案》,开展“同心向党”系列学习、“同心致远”系列宣讲、“同心筑梦”系列宣传、“同心激励”系列交流、“同心奋进”系列落实等系列活动,开展宣讲76场、集中学习150余次,参与委员2200余人次,收集交流发言信息23000余条,实现全市政协委员和机关党员干部学习全覆盖、多形式、显成效。

【界别活动】 2022年,市政协开展以“聚焦民生 助推共同富裕 献礼二十大”为主题的界别活动,开展政策宣传、法律援助、知识讲座等活动50余场次,捐款捐物、送医送药活动20余次;参与委员1200余人次,受益群众10000余人次,收集各类意见和建议400余条。

【委员培训】 2022年6月21—24日、7月5—8日,政协委员履职能力提升培训班分两期在杭州电子科技大学举行,培训覆盖全体委员,培训内容包括“数字经济发展”“推进共同富裕示范区建设”“我国新型政党制度和人民政协履职”“加强提案撰写”“数字政协建设”等;培训期间,组织委员到“五四宪法”历史资料陈列馆等地开展现场教学,学习讨论省第十五次党代会精神。

(韦夏樱)

政协视察与监督

【“请你来协商”活动】 2022年,市政协围绕“法助共富 法护平安”“未来乡村建设”“全国文明城市创建”“木雕家居产业创新发展”“义务教育优质均衡发展”“万亩千亿平台建设组织”主题举办“请你来协商”活动6场。市委、市政府主要领导及党政分管领导分别参加相关协商活动,协商成果获批示13件次。

【视察调研】 2022年,市政协开展影视文化产业发展、培育电商发展新动能、“东白”区域公用品牌建设等专题视察6次。组织开展缝配产业提质增效、横店通用机场建设、粮食生产、科技创新、医养结合、社会救助等专题调研12次。

(韦夏樱)

政协提案工作

【提案办理】 2022年,市政协十五届一次会议期间,市政协收到以提案形式提出的意见建议364件,经提案审查委员会审查,立案358件、转为来信6件。所立提案中,集体提案46件、委员个人或联名提案312件;遴选重点提案12件。经过分类、交办、

2022年东阳市政协十五届一次会议重点提案一览表

表10

提案内容	领衔委员(团体)	主办单位
加大科技有效投入,推动我市经济高质量发展	农工党东阳市委会	市科技局
集聚文化资源优势 助推文明城市创建	民革东阳市基层委员会	市创建办
做大做强块状经济 助力强市名城共同富裕先行市建设	民盟东阳市基层委员会	市经信局
以数字化改革为突破口,推动影视文化产业高质量发展	民建东阳市基层委员会	横店影视文化产业集聚区相关部门
关于加大财政投入提升我市居家养老服务水平的建议	民进东阳市基层委员会	市民政局
打造“星光大道”,点亮城市客厅	九三学社东阳市基层委员会	市城投集团
念好“四字诀”,推进数字企业建设	卢壮凌	市经信局
关于规范村级工程管理,打造清廉村居的建议	黄萍华	市农业农村局
推崇工匠精神 打造高素质蓝领队伍	吴伟强	市人力社保局
加速木雕红木家具产业创新发展	杜长江	市市场监管局(市红木局)
关于加大财政投入加强“东白”品牌建设力度的建议	农业界	市农业农村局
关于加快城市品质提升的几点建议	蒋　英	市住建局

办理、答复、评议等提案办理各环节,358件提案全部办复;经双向评测,委员对提案办理情况满意率达99.7%(其中1件提案评测结果为基本满意),承办部门对委员提案质量满意率达100%。

【提案交办督办机制完善】 2022年,市政协完善提案交办督办机制,在金华各县(市、区)中率先印发《关于建立政协提案与公益诉讼检察建议衔接转化工作机制的实施办法(试行)》(以下简称《办法》)。《办法》规定政协机关在两会和日常工作中收到涉及生态环境和资源保护、食品药品安全、国有财产保护、国有土地使用权出让、英雄烈士保护、安全生产、未成年人保护、军人权益和地位保障、个人信息保护等领域损害国家利益或者社会公共利益相关的提案,按程序报批后抄送检察机关;检察机关定期梳理发出的公益诉讼检察建议,筛选出能够借助政协民主监督方式推动系统治理、综合治理的监督事项,依托“民生议事堂”“委员工作室”“委员同心汇”“协商驿站”等平台向政协委员通报,政协机关通过“请你来协商”平台进行专题协商或提出提案等方式,共同推动解决公益保护问题。

(韦夏樱)

专委会活动

【社会和法制专委会】 2022年5月20日,市政协社会和法制专委会开展助力横店打造社会治理“最平安”样板专题视察活动,实地视察横店法庭、横店派出所、横店镇社会治理中心、市政协横店民生议事堂等地并召开座谈会;座谈会上,与会委员听取横店镇相关负责人关于横店镇社会治理“最平安”样板建设情况汇报,围绕进一步提升社会治理成效建言献策。7月22日,社会和法制专委会在横店镇开展“请你来协商——‘法助共富 法护平安’”助推横店影视打造精神文明高地活动,实地视察社区矫正中心、公证处和“横漂”党群服务中心等地;协商会上,与会委员听取市司法局相关负责人关于“法助共富 法护平安”工作进展情况汇报,围绕影视产业公共法律服务、“横漂”演员规范管理、影视产业乱象整治、网络舆情处置、未成年人保护等方面提出意见建议。

【农业和农村专委会】 2022年4月20日,市政协农业和农村专委会开展“东白”区域公用品牌建设专题视察活动,实地视察浙江花园农业发展有限公司、南马镇花园村天香湾、东白农产品展示展销中心等地并召开座谈会;座谈会上,与会委员听取市农业农村局相关负责人关于“东白”区域公用品牌建设工作情况汇报并提出意见建议，为扩大“东白”区域公用品牌影响力出谋划策。8月24日，市政协农业和农村专委会开展未来乡村建设专题调研活动，实地调研城东街道寀卢村、湖溪镇八里湾村、横店镇官桥村等地。

【资源环境和城乡建设专委会】 2022年5月25日，市政协资源环境和城乡建设专委会开展城市品质提升工作视察活动，实地视察人民广场人防及周边交通景观提升工程、江北街道东丰小区美丽小区创建试点、市民中心建设项目、吴宁街道园丁新村老旧小区改造项目和白云街道陶村有机更新项目并召开座谈会；座谈会上，与会委员听取城市品质提升工作开展情况汇报，围绕城市高标准统一规划、城市软硬件提升、城市有机更新、东阳建筑文化传承、城市空间结构优化、数字赋能智慧小区建设等内容建言献策。8月26日，市政协资源环境和城乡建设专委会开展横店通用机场建设专题调研活动并召开座谈会；座谈会上，与会委员听取横店集团股份有限公司相关负责人关于横店通用机场建设情况汇报，围绕如何加快横店通用机场建设，形成全社会关心支持东阳市综合交通发展提升的良好氛围提出意见建议。

【提案和委员工作专委会】 2022年9月15日，市政协提案和委员工作专委会开展重点提案办理“回头看”活动，听取市政府2022年度12件重点提案办理进展情况通报，针对提案办理过程中存在的问题提出意见建议。9月8日，开展推动电商产业加快发展专题视察活动，实地视察市数字电商产业园、市抖音电商直播基地、跨境电商孵化园等地并召开座谈会；座谈会上，与会委员围绕东阳市电商工作开展情况、存在的问题及下一步工作举措进行座谈交流、为东阳市电商产业进一步做大做强出谋划策。

【文史和学习专委会】 2022年5月13日，市政协文史和学习专委会开展习近平新时代中国特色社会主义思想学习座谈活动。12月1日，举行专题学习会，学习中共二十大报告、《中国共产党章程》、习近平总书记重要讲话精神等内容。

【教科文卫体专委会】 2022年5月19日，市政协教科文卫体专委会开展推进科技创新专题调研活动，实地调研横店集团东磁股份有限公司、浙江英洛华磁业有限公司科技创新情况并召开座谈会；座谈会上，与会委员和公司代表就如何推进科技创新进行交流。9月16日，开展推进医养结合专题调研活动，实地调研金华市第二医院、金华银湖颐养院等地，了解当地医疗机构和养老机构医养结合工作，就机构建设、护理管理、财政政策、医保结算等具体工作开展学习交流。

【经济专委会】 2022年8月25日，市政协经济专委会开展做大做强缝配产业专题调研活动并召开座谈会；座谈会上，与会委员听取市经信局、虎鹿镇相关负责人关于缝配产业发展情况汇报，围绕缝配产业园落地、成立行业协会、加快全产业链建设、打造东阳本土整机品牌、完善配套设施等方面提出意见建议。9月22日，开展“加快推进新材料万亩千亿产业平台建设”主题“请你来协商”活动；委员围绕设立行政服务中心开发区分中心、做好项目落地土方消纳、进一步打造生命健康产业园、加快征地拆迁安置等内容提出意见建议。

（韦夏樱）

中国共产党东阳市纪律检查委员会 东阳市监察委员会

综　述

【中共东阳市第十六届纪律检查委员会第二次全体(扩大)会议】 于2022年2月17日召开。全会贯彻中共十九大和十九届历次全会精神,按照十九届中央纪委六次全会、省纪委十四届七次全会、金华市纪委七届七次全会和市第十六次党代会的决策部署,回顾2021年纪检监察工作,研究部署2022年任务。全会通过市委常委会委员、市纪委书记、市监委主任甘庆富代表市纪委常委会所作的工作报告。

【清廉单元建设】 2022年,市纪委、监委推动清廉东阳建设。6月7日,召开全市清廉单元建设工作推进会,部署推进东阳市"清廉单元共建示范"工作。推进清廉公安、清廉社会组织、清廉财政、清廉市场监管、清廉医保"五廉共建",探索建设"清廉住建",推动清廉建设向各领域各行业拓展;获评省级清廉建设成绩突出单位7家、金华市级清廉建设成绩突出单位18家;清廉学校、清廉医院、清廉民营企业3个清廉单元建设成果居金华市前列。

【"廉韵东阳"系列活动】 2022年,市纪委、监委开展"廉韵东阳"系列活动。承办金华市首届"匠心独具 清风廉韵"清廉工艺美术作品创作大赛及大赛作品展,传播廉洁理念;组织"影视名城 清廉光影"微电影微视频大赛及大赛获奖作品展播活动。开展"人文东阳 传承清廉"清风廉线工程,培育清廉旅游专线3条。

（蒋航经）

2022年2月17日,中国共产党东阳市第十六届纪律检查委员会第二次全体(扩大)会议在市行政中心召开　　（包康轩/摄）

巡视巡察

【概况】 2022年,市委巡察办配合完成省委巡视"回头看"工作并对巡视反馈问题整改工作进行专项监督。制定《中国共产党东阳市第十六届委员会巡察工作规划》。开展市委三轮巡察工作,举办市委巡察培训会、疑难解答会等各类会议近10场,梳理村(社区)个性化问题清单74个。创新巡察方式,建立巡察、审计与纪检监察联动工作机制,完善"线上+线下"巡察工作全流程管理模式。

【省委巡视反馈问题整改工作监督】 2022年,市委巡察办对省委巡视"回头看"反馈问题整改工作进行专项监督,督促开展资金追缴、人员问责、建章立制等工作。针对省委巡视反馈的26个问题制订116条整改措施,完成落实25个问题115条整改措施,整改率96.2%。深化"七张问题清单"(重大巡视问题、重大审计问题、重大督查问题、重大生态环保督察问题、重大安全生产问题、重大网络舆情问题和重大信访问题)成果应用,"横店影视文化产业发展存在短板问题""木雕小镇提质增效"2个巡视整改案例分别被纳入浙江省、金华市"七张问题清单"总榜。

【十六届市委巡察工作】 2022年,市委巡察办开展十六届市委三轮巡察工作,对村(社区)进行两轮巡察,共巡察部门单位16个、镇乡(街道)6个、国有企业2家、村(社区)151个,发现问题1258个，整改问题1226个，整改率97.5%；追责问责189人，党纪政务处分21人；挽回经济损失300余万元。

市委巡察办对市委巡察中发现的问题的整改工作开展督办和问责。召开市委巡察问题整改工作“六方会商”，统一整改标准，推动重点、难点问题整改34个。落实乡镇党委为主体负责村(社区)巡察问题整改，明确由乡镇党委副书记牵头；对整改方案实行村(社区)巡察组、市委巡察组、市委巡察办三级审核。年内，开展镇乡(街道)及所属的村(社区)问题整改情况跟踪督办3次；约谈镇乡(街道)党(工)委书记6人，发出通报2期；向镇乡(街道)及村(社区)巡察中发现的未整改到位问题的责任单位发出整改通知书，责令限期整改。

【巡察方式创新】 2022年，市委巡察办探索创新巡察方式，推进巡察全覆盖。组建6个市委巡察组和18个市委村(社区)巡察组，实行“大组带小组”的巡察模式，即由1个市委巡察组带3个村(社区)巡察组对同一个镇、街道及所辖的一半以上村(社区)党组织开展同步巡察。分别与市审计局、市纪委联合印发《关于建立巡审联动工作机制的实施意见》《巡察监督贯通融合实施意见》，推动巡察、审计与纪检监察贯通协同，形成联动工作机制；“巡审联动”巡察组发现问题46个、问题线索4条，比其他巡察组分别高出39.4%、50%。完善“线上+线下”巡察工作全流程管理模式；三轮市委巡察通过“码上巡察”平台的“巡察微测评”“巡察微问卷”共回收样本数5490份，搜集问题和意见建议656条，比上一届市委巡察同期未使用“码上巡察”的样本数增长176.02%，问题和意见建议条数增长147.55%。

(蒋航经)

监督检查

【政治监督】 2022年，市纪委、监委构建“1+9+N”(“1”：“防疫情、稳经济、保安全”专项政治监督；“9”：全省上下联动开展的9个专项政治监督项目；“N”：各地延伸开展的自选政治监督项目)政治监督体系，对统筹新冠疫情防控和经济社会发展、“除险保安”、惠企政策落实、重大项目落地等重点工作开展明察暗访，督促整改问题5976个，发出通报166期，追责问责307人，通报典型案例14起。加强对“一把手”和领导班子的监督，推行“五张责任清单”(“一把手”责任清单、班子成员责任清单、机关部门和派驻机构主要负责人责任清单、机关纪委责任清单、机关干部廉洁自律承诺书)双单双函双书机制，开展党风廉政建设责任制检查，约谈提醒单位主要负责人82人次，督促整改问题77个。组织新任市管干部集中廉政谈话和知识测试，开展“扛旗争先 头雁引廉——‘一把手’话清廉”活动25场。

【财政监管领域资金拨付子场景建设试点工作】 2022年，市纪委、监委开展财政领域公权力大数据监督应用试点工作，推进财政监管领域资金拨付子场景建设。完成计生奖扶补助、困难残疾人生活补贴、重度残疾人护理补贴等财政监管领域“小切口”建模32个，在全省推广5个，入选全省最佳模型3个；产生红色预警2994条，办结2964条，查实2297条，查实率77.5%；运用“第一种形态”处理343人次，立案4人，挽回经济损失202.84万元。

(蒋航经)

审查调查

【执纪整治】 2022年，市纪委、监委立案571起，党纪政务处分604人，留置5人，移送司法机关4人。查处市政协原党组成员、秘书长黄某某，市应急管理局原党委委员、副局长蒋某等严重违纪违法案件。运用监督执纪“四种形态”处置1325人次，其中运用“第一种形态”“第二种形态”处置1185人次，占比89.4%。深化粮食购销、行政执法、工程建设项目招投标等领域专项整治，处置问题线索107件，党纪政务处分21人，督促建章立制13项。

【警示教育】 2022年，市纪委、监委开展“以案为鉴 以案促改”警示教育活动。发出纪检监察建议书93份；加强党员干部廉洁教育，组织观看《竹殇》《风波》等警示教育片，组织参观警示教育基地、参加庭审旁听等，引导广大党员干部知敬畏、存戒惧、守底线。

(蒋航经)

作风建设

【作风问题查处和纠治】 2022年，市纪委、监委开展“正风亮剑”行动，进行违规发放津补贴专项整治、商业预付费卡备案登记监督检查、“一桌餐”隐秘据点突击检查。全年开展明察暗访1203批次，查处“四风”问题58起，批评教育帮助和处理91人，党纪政务处分37人，发放廉洁提醒卡1.8万份，通报典型案例16起25人。开展受处分干部回访教育38人次，组织公开反馈90件次，澄清正名13人次，打击诬告陷害行为4起6人。“探索编外聘用‘一件事’管理”入选全省坚持党政机关过紧日子十大优秀案例。

【优化营商环境】 2022年，市纪委、监委协助市委开展营商环境整治提升大行动。推进涉企服务“中梗阻”专项治理、“清风暖企”专项检查；开展干部作风、政商关系监督；与市税务局建立联合督查组，走访企业，了解惠企政策落实情况；公开举报专线，开展涉企执法案件评查、涉企服务满意度评价。全年开展监督检查447次，发现并督促整改问题163个，查处典型案例11起16人。

(蒋航经)

基层治理

【基层“五整治五提升”专项行动】 2022年，市纪委、监委开展基层“五整治五提升”专项行动，聚焦镇村党组织管党治党责任递减、党员干部党性不强纪律松弛、村务管理、村级集体“三资”监管、村级工程建设“五类突出问题”，排查整治重点村（社区）102个，整改问题305个，处理党员干部246人，党纪政务处分40人。整治村级工程建设领域突出问题，处理村社党员干部65人，推动制定村级工程建设“九条禁令”、村级用工管理意见等制度60个。基层党员干部赌博、酒驾、醉驾等违法行为比上年减少。

【漠视侵害群众利益问题专项治理】2022年，市纪委、监委开展漠视侵害群众利益问题专项治理，推进新能源汽车充电难、教育乱收费、道路基础设施隐患等治理项目11个，查处典型问题196起277人，党纪政务处分84人。

【数字赋能村级监督】 2022年，市纪委、监委推广基层公权力大数据监督平台运用，对村级工程、资产资源、劳务用工、村级采购等腐败易发高发事项进行动态监测、实时预警，产生数据67万条，村（社区）覆盖率100%，办理群众诉求2900余条，群众满意率99.8%。制定红色预警信息和区域性、领域性问题管理及处置办法，发现共性问题20个，提炼典型案例16个，推动主管部门完善制度23项。

【信访举报工作】 2022年，市纪委、监委开展检举控告“巩固提升年”活动，推进“百日攻坚”、重复举报“动态清零”等行动，实施“五色图”赛马晾晒机制，全市检举控告量、初次举报量、重复举报量、越级访量均比上年下降。开展信访举报政策宣传月活动，在信访举报接待点、便民服务中心、农村文化礼堂、村务公告栏等公共场所集中展出宣传图板，发放宣传资料，教育引导党员、群众正确有效行使监督权利。市纪委、监委摄制的信访举报政策宣传微电影《激浊扬清话举报》在浙江省失实检举控告澄清正名发布会现场播放，在浙江省纪委省监委网站上线。

（蒋航经）

民主党派 工商联

中国国民党革命委员会东阳市基层委员会

【组织建设】 2022年,中国国民党革命委员会东阳市基层委员会(以下简称民革东阳市基层委)发展党员3人,有党员118人。

【参政议政】 2022年,民革东阳市基层委相关负责人在市政协十五届一次会议上的发言《集聚文化资源优势,助推文明城市创建》获评大会发言一等奖,相关团体提案获年度优秀提案。民革东阳市基层委向东阳市两会提交10件团体提案、18件个人建议和提案。12月,向市委提交《建立稳定、可持续的影视产业人才队伍 全面推动横店影视文化产业高质量发展》《关于优化中小企业纾困帮扶 增强中小企业政策获得感的建议》2个"直通车"建议。

【社会服务】 2022年,民革东阳市基层委继续加强社会服务工作。9月26日,民革金华市委会开展2022年实干争先大晒拼活动,通过现场投票,评选产生优秀基层组织5个,民革东阳市基层委上榜。民革东阳市基层委参与助力湖溪镇象田村乡村观光旅游产业发展;结对三单乡庙后村共建茶叶、香榧生产基地。12月,民革东阳市基层委多方联系加固扩容的竹园岭水库相关工程完工,解决村民的生产生活用水问题。

(潘青华)

中国民主同盟东阳市基层委员会

【组织建设】 2022年,中国民主同盟东阳市基层委员会(以下简称民盟东阳市基层委)发展盟员3人,有盟员140人,下设7个支部和4个专委会,于5月27日举行第十次代表大会,完成换届选举,张丽青担任主委。张丽青被任命为民盟浙江省第十三届委员会基础教育专委会委员。

【参政议政】 2022年,民盟东阳市基层委向东阳市两会提交团体提案6件、人大建议4件、政协提案20件。向金华市两会提交人大建议2件、政协提案1件。张丽青在东阳市政协十五届一次会议上的发言《做大做强块状经济 助力新时代强市名城共同富裕先行市建设》获大会发言一等奖。《关于着力构建"亲清"政商关系 助力营商环境升级的几点建议》《关于加快我市"托幼一体化"体系建设的建议》2篇调研报告均获市领导批示。

【社会服务】 2022年,民盟东阳市基层委在南马镇瑶仪村开展写春联活动,召开"携手瑶仪村 奔向共富路"主题研讨座谈会;捐赠4万元专项经费。开展疫情防控工作,捐赠物资;到春蕾学校白云校区、千祥镇某学校,捐赠学习用品,发放助学金。开展"法治体检 助企开门红"活动,走访13家企业和5个村(社区)。

(范赛红)

中国民主建国会东阳市基层委员会

【概况】 2022年,中国民主建国会东阳市基层委员会(以下简称民建东阳市基层委)下设7个基层支部,发展会员6人,有会员105人。

【参政议政】 2022年,民建东阳市基层委开展政协提案、统战部课题及社情民意调研工作。向金华市两会提交政协提案3件,向东阳市两会提交人大建议2件、政协提案21件,向民建金华市委会报送社情民意信息7件。利用"一村一委员"、企业家协会、行业协会等平台开展调研,围绕市委、市政府的重点工作,开展实地走访、企业家(专家)座谈会等,提交"直通车"建议3件。开展共同富裕示范区建设专题调研活动3次、影视文化产业专题调研活动5次。

【社会服务】 2022年,民建东阳市基层委开展疫情防控工作,捐赠冷风机20台、KN95口罩2万只。会员企业冀发集团有限公司、浙江筑工科技有限公司等捐赠抗疫物资价值超千万元。开展民建"三服务"活动,利用会员企业咨询服务平台,为企业提供法律、税收、奖补、优惠政策等专业领域的全方位咨询服务。开展社会服务活动,形成民建扶贫结对帮扶机制;实施"思源基金"行动,开展扶贫帮困等社会公益事业,履行社会责任。到山区中小学、残疾人托安养所、敬老院等地开展慰问援助。实施“点亮书房照亮童年”活动，为20户贫困学生家庭“点亮书房”20个。

（蒋阳耀）

中国民主促进会东阳市基层委员会

【概况】　2022年，中国民主促进会东阳市基层委员会（以下简称民进东阳市基层委）发展会员4人，有会员52人，其中女性32人、男性20人。民进东阳市基层委被民进浙江省委会评为优秀基层组织，文化支部获评民进浙江省2017—2021年度先进集体。在中国民主促进会中央委员会主办的《民主》杂志刊发《倾心打造“同心”服务品牌》《注重会费使用效能，着力提升组织活力》2篇文章。

【专题调研】　2022年3月，民进东阳市基层委到东阳市职教中心学校二职校区开展“助推职业教育现代化发展”专题调研，促进制定《关于加快东阳市中等职业教育发展的若干意见》；根据市委统战部开展“营商环境整治提升”专项民主监督部署，形成《关于助推市场公平竞争，优化营商环境的专项民主监督报告》。10月，《关于加大地方文献保护力度的建议》被金华市委办采用。12月，《关于开展新冠病毒感染线上诊疗服务的建议》“直通车”建议获市领导批示。开展“我为共同富裕献一策”活动，聚焦共同富裕、学前教育、居家养老等领域，提出4条建议意见。

【社会服务】　2022年，民进东阳市基层委到佐村镇斯光村开展送春联、送温暖、“助力共富乡村建设”调研等活动。9月，民进东阳市基层委在白云初中开展助学活动，连续九年向白云初中捐赠助学金2万元/年，与市红十字应急救援队和“晓凌来了”公益普法讲堂合作，开设“民进·课外讲堂”。9—10月，民进东阳市基层委联合市文广旅体局在市图书馆举办“记忆的力量——喜迎二十大文献展”。开展疫情防控工作，参与核酸检测点服务、现场流调溯源和数据筛查等工作。

【参政议政】　2022年，民进东阳市基层委在东阳市两会上提交团体提案8件、委员个人提案12件。王宇辉的《提质扩面，不断提升我市居家养老服务水平》被评为大会优秀提案。在金华市两会上，徐志鹰提交《关于支持东阳推进央地共建中国新红木示范区和雕塑学院建设的建议》；胡丽艳提交《关于加快推进我市多层次医养结合的建议》。

（吴晨辉）

中国农工民主党东阳市委员会

【概况】　2022年，中国农工民主党东阳市委员会（以下简称农工党市委会）发展党员6人，有农工党党员191人。在南马镇前山头村建设农工党史料展陈馆，对接相关部门，引进45万元建设资金。

【参政议政】　2022年，农工党市委会向东阳市两会提交集体提案3件，个人提案22件、人大建议1件。向金华市两会提交个人提案2件、人大建议1件。《加大科技有效投入，推动我市经济高质量发展》《推崇工匠精神，打造高素质蓝领队伍》《关于加快城市品质提升的几点建议》3件提案入选东阳市重点提案。《关于加快我市物流行业发展的几点建议》《建筑业从业人数的下降对经济总量的影响》《关于加快东阳市旅游行业发展的建议》等5篇调研报告形成“直通车”建议，其中《建筑业从业人数的下降对经济总量的影响》《关于提高工业增加值率的建议》获市领导批示。市政协农工党界于5月、9月在城东街道召开“请你来协商·民生议事堂”平台民生议事活动，协商城东街道美丽乡村建设相关事宜。

【社会服务】　2022年，农工党市委会组织开展“同心”系列活动，参与疫情防控工作。农工党市委会到市特殊教育学校开展学生免费体检活动，捐赠价值近万元的学习用品；参与虎鹿镇“七彩假期”暑期公益托管营活动，丰富托管营课程。直属支部开展“明眸皓齿”系列公益活动，联合市人民医院二支部、机关支部、市政协教育界到佐村镇宅口村、东阳江镇八达村、江北三校宣传普及用眼健康和口腔保健知识。市人民医院三支部到虎鹿镇蔡宅村开展医疗健康服务活动，宣传普及脑卒中及肿瘤防治健康知识。联合支部、医务支部到千祥镇千南居家养老中心开展重阳节敬老慰问活动。直属支部被农工党金华

2022年5月31日，农工党市委会组织党员到市特殊教育学校为学生免费体检

（农工党市委会提供）

市委会评为先进基层组织,教育支部、市人民医院三支部、医务支部获评东阳市2022年度先进基层组织。

【多党合作宣传阵地】 2022年,农工党市委会发挥农工党中央党史教育基地——农工党浙江东磐地区革命活动史料陈列馆(位于千祥镇千祥老街124号)存史、资政、团结、育人作用,吸引各地农工党组织前来参观学习,讲好多党合作故事。9月,农工党浙江东磐地区革命活动史料陈列馆被中共浙江省委统战部评为多党合作精品线路,被金华市委统战部评为"初心之旅"多党合作精品研学线路。

(蒋君霞)

九三学社东阳市基层委员会

【概况】 2022年,九三学社东阳市基层委员会(以下简称九三学社东阳市基层委)发展社员3人,有社员44人,其中高中级职称者34人。

【参政议政】 2022年,九三学社东阳市基层委对全市生物医药企业发展、共同富裕先行市、粮食生产功能区、未来乡村建设等主题开展调研活动,形成《以自由裁量权规范化促进营商环境优化提升》《关于构建乡村"未来产业场景"的几点建议》等调研报告。提交金华市级、东阳市级人大建议、政协提案共18件。提交"直通车"建议6件,其中"直通车"建议《争做"中国药谷"先行者解决"中试难"问题是关键——关于加快生物医药中试基地建设的建议》获市领导批示。

【社会服务】 2022年4月5日,九三学社东阳市基层委在黉庐美术馆成立"同心书院"。围绕"双碳"战略实施、家庭教育、口腔健康、养生保健、房地产形势等主题开展"九三讲堂"公益讲座。5月24日,九三学社东阳市基层委邀请专家与横店集团控股有限公司相关领导在横店影视城召开严济慈陈列馆修缮提升工作座谈会,讨论完善陈列馆改造提升方案。7月12日,九三学社东阳市基层委在严济慈陈列馆举行九三学社全国传统教育基地揭牌仪式,九三学社浙江省委会主委、宁波市政协副主席叶正波,专职副主委、省政协副秘书长丁晓燕,金华市委会主委、副市长庄凌飞等出席活动。

(包江浩)

市工商业联合会(总商会)

【概况】 2022年,东阳市工商业联合会(总商会)(以下简称市工商联)直属商会、协会23家,会员3299人,其中行业协会和商会2家、异地商会8家、镇(街道)商会13家。市工商联获评2022年度金华市工商联系统先进单位、浙江省工商联服务"两个健康"工作成绩突出集体。

6月10日,市工商联召开第十一次会员代表大会,完成换届工作,楼永良当选市工商联主席,胡小骏当选市工商联常务副主席。7月2日,东阳市企业家协会——青年企业家分会成立,选举产生首届青年企业家协会理事会成员,野风集团有限公司董事长俞蘠当选首届会长。7月12日,东阳市义乌商会成立,浙江雪丽日用品有限公司董事长王晓康任商会会长。

【对口帮扶】 2022年,市工商联组织企业到四川省南江县开展东西部协作考察,组织企业与南江县14个村签订"万企兴万村"合作协议书;组织企业与南江县红军小学结对,开展冬季供暖工程项目;组织企业购买四川理县扶贫苹果。牵头可津润山控股集团与东阳江镇庆泉村白泉自然村结对,开展首批"万企兴万村"行动实验项目。东阳市磐安商会为磐安县送去物资及捐款,价值20万元。浙江北生药业汉生制药有限公司为巍山镇东方红村红联自然村捐赠价值2.8万元的健身器材。

市工商联联合市卫健局组织东阳市中医院、东阳市磐安商会到磐安县开展走访交流。联合市融媒体中心少年新闻学院开展"东磐先锋少年夏令营"活动。

【服务企业】 2022年,市工商联就《政府工作报告》相关内容召开座谈会征询企业家意见建议;组织召开青年企业家专题讨论会议、女性企业家专题讲座等活动;召开税务专场、商务专场、人行专场政企恳谈会,以部门发起、工商联问政、企业家评价的形式,解决问题35个;开展2022年度中国民营企业社会责任调研;完成《2022年民营企业运行状况调查》,调查企业135家。联合国家统计局东阳调查队联合开展企业"三服务"活动,对医药化工、磁性材料、服装针织、箱包、渔具、缝配、工艺品、金银丝等行业开展调研,调研报告获省工商联系统优秀调研三等奖。

【清廉民企创建】 2022年,市工商联牵头制定《东阳市清廉民企创建工作十大任务清单》,确定横店集团东磁股份有限公司(磁性行业)、普洛药业股份有限公司(医药行业)、野风集团有限公司(综合集团)、东阳市明堂红木家俱有限公司(红木行业)4家示范点。组织10余家民营企业到临海市、平湖市、新昌县等地学习借鉴建设经验。与浙江工商大学签订共建清廉民企合作书。与市融媒体中心合作开设企业宣传专栏。东阳市获评金华市清廉民企建设工作先进县(市),横店集团东磁股份有限公司、野风集团有限公司获评金华市级清廉民企创建示范单位,东阳市明堂红木家俱有限公司获评东阳市级清廉民企创建示范单位。

(张梦芸)

群众团体

市总工会

【概况】 2022年,东阳市建立独立基层工会74家,吸收工会会员7215人。全市有基层工会1950家,其中单建工会1881家、联合工会69家,职工数169036人,会员数169036人。"2022年新时代浙江产业工人队伍建设改革"成绩突出集体——浙江东政电机有限公司获省委、省政府通报表扬;迭代升级农民工租住地工会工作获省总工会肯定,"打好四张创新牌,赋能新业态从业者"工作被评为"浙江省第二届工会改革创新十佳成果";市总工会维护残疾职工合法劳动权益专项监督案获评全国工会劳动法律监督十大优秀案例。市总工会被列为全国总工会"县级工会加强年"对口联系单位,获专项资金奖补130余万元;在金华市工会工作考核中连续六年获评优秀,列金华市各县(市、区)第一位。开通"东阳工会"微信公众号,建立工会自媒体平台。举办"职工文化大讲堂"活动5场。开展区域职工活动中心等工会文体服务,市本级组织工会文体活动12场。横店集团得邦照明股份有限公司职工书屋获"全国职工书屋"称号。

【吴宁街道美业行业联合工会成立】 2022年9月7日,吴宁街道美业行业联合工会成立暨第一次代表大会召开。吴宁街道美业行业联合工会第一次代表大会代表101人,代表中有专(兼)职工会工作者、一线职工、技术人员和管理人员,其中女代表占53.46%,35周岁以下的代表占36.63%。吴宁街道美业行业联合工会有会员1000余人。

2022年9月7日,东阳市吴宁街道美业行业联合工会成立暨第一次代表大会召开 (市总工会提供)

【工会法律宣传】 2022年,市总工会举办《中华人民共和国工会法》专题学习会,组织编印《中华人民共和国工会法》《中国工会章程》《浙江省工会劳动法律监督条例》《浙江省集体合同条例》等内容的宣传册8000余本,组织镇乡(街道)总工会开展宣传宣讲活动。

【先进评选】 2022年,东阳市开展劳动模范和模范集体评选表彰活动,评选出26名东阳市劳动模范和8个东阳市模范集体。完成市劳模协会换届选举。推进劳模、工匠、劳模创新工作室等先进事迹宣传报道工作,《东阳日报》的《工会之窗》专栏宣传44期,"东阳工会"微信公众号开辟《劳模回响》专栏。20人获评"八婺金匠",东阳市吴宁火腿厂赵增、东阳市职业教育中心学校东阳技校李杭铖、浙江联宜电机有限公司陈永飞、横店集团东磁股份有限公司翁华民和刘祖利入选"浙江工匠"培养项目人员名单,东阳市农村商业银行股份有限公司王耀入选浙江财贸工匠。横店集团控股有限公司曹正标、横店集团东磁股份有限公司何悦、市交通投资建设集团有限公司分别被评为2020—2021年度忠实践行"八八战略"奋力打造"重要窗口"重点项目立功竞赛先进个人、先进集体。中铁北京工程局集团东阳制梁场获评浙江

2022年5月7日，东阳市劳动模范和模范集体表彰大会举行
（市总工会提供）

省工人先锋号。何桂仙等6人获评浙江“金蓝领”。东阳木雕小镇研学基地、东阳市御乾堂宫廷红木家具有限公司被命名为金华市劳模工匠学生劳动教育学生实践基地。东阳市东鼎木雕工艺品有限公司郭向峰操作法获评金华市先进职业操作法。

【产业工人队伍建设】 2022年，市总工会召开市产业工人队伍建设改革（以下简称产改）工作协调小组会议，调整换届后领导小组成员名单，梳理2022年产改工作重点任务清单，制定《东阳市落实〈新时代浙江产业工人队伍建设改革“十四五”工作规划〉重点任务责任分工》。组织市政协工会界别委员对全市产改工作开展调研，完成建议意见的收集整理。走访市级层面23个产改单位，挖掘具有东阳鲜明标识的产改工作特色品牌。横店集团深化“四个全员”安全生产机制、打造“安全共赢”工作入选金华市总工会“产改十大样板”。

【劳动和技能竞赛】 2022年，市总工会、市人力社保局联合举办各类项目岗位培训和职业技能竞赛，组织培训17期，6500名职工参训，5000人参加技能大赛，57人获奖。承办2022年全省职工疗休养基地从业人员技能大赛，横店影视城、花园红木家居小镇获团体一等奖。横店镇总工会“手工木工家居实操比武大赛”项目获评省总工会百场最受好评的乡镇（街道、园区、产业集聚区）特色职工职业技能竞赛。组织开展“安康杯”竞赛，收到安全隐患随手拍合理化建议2600余条，浙江普洛康裕制药有限公司被评为全国“安康杯”竞赛优胜单位，横店集团得邦照明股份有限公司光源事业部松下产品专线、浙江金象科技有限公司罐车总装班获评全国“安康杯”竞赛优胜班组。

【工会数字化改革】 2022年，东阳市成立由市总工会牵头的数字群团工作专班，梳理工会数字化改革清单，开发“工会组织全生命周期管理系统项目”，谋划“工会组织评价体系”项目，开发新就业形态劳动者扫码入会，优化“东阳工会”公众号模块应用。形成制度成果3项，“自建+应用”成果项1项，结合东阳产业特色和本地品牌组织普惠活动23场。

【职工生活品质提升】 2022年，东阳市承办金华市总工会提升职工生活品质推进会，市总工会和横店集团得邦照明股份有限公司负责人在会上作经验交流。横店集团得邦照明股份有限公司被列为省级提升职工生活品质塑造幸福生活环境试点企业，浙江花园生物高科股份有限公司、普洛药业股份有限公司、浙江炜晟包装有限公司、浙江东政电机有限公司被评为金华市提升职工生活品质塑造幸福生活环境“五满意”企业。横店集团东磁股份有限公司入选金华市2022年“共同富裕企业领头雁行动”名单。市总工会维护残疾职工合法劳动权益专项监督案被评为2022年度全国工会劳动法律监督十大优秀案例。

【工资集体协商东阳模式】 2022年，市总工会完善工资集体协商东阳模式，培育“两新”领域集体协商示范点，市明堂红木家俱有限公司和市网约送餐员行业工会联合会负责人在金华市网约送餐行业和“能级工资”集体协商现场推进会作展示及经验交流，浙江东政电机有限公司负责人

2022年9月15日，浙江东政电机有限公司负责人在全省“能级工资”集体协商现场会上展示交流
（市总工会提供）

在全省“能级工资”集体协商现场推进会上作案例展示交流。

【助企纾困】 2022年，市总工会组织开展慰问疫情防控人员4批次1万余人次，投入慰问资金120.8万元；慰问新就业形态劳动者6425人次，发放慰问金20.85万元；慰问春节留东阳市过年外地职工1865人次，发放慰问金93.25万元。组织疫情防控志愿服务855场次、参与志愿服务11173人次。东阳供电公司吴宁供电所“幸福蜗居”项目和市红十字救援队公益救援服务项目分别获评省和金华市劳模工匠志愿者服务优秀案例，市红十字救援队陈晓晗、吴宁供电所马飞向获评金华市首届最美职工志愿者。组织开展工会疗休养助力文旅消费活动，至6月末，完成市域内疗休养16249人次，消费金额4765.5万元。开展助企纾困工作，在横店影视城举办全市职工疗休养产品推介会；对接省总工会承办全省“歌山画水·穿越美好生活”影视主题职工疗休养推介会。全年，组织干部职工疗休养18000余人次。

【服务保障和维权】 2022年，市总工会联合市人力社保局举办“春风行动”线上公益招聘会，为465家企业发布岗位信息1.2万条。开展职工医疗互助保障工作，有1014家单位86247名职工参保。推进工会户外劳动者服务站点建设，创建劳动者站点65个，东阳农商银行巍山站点获评全国最美工会户外劳动者服务站点。完善劳动关系预防预警机制，建立全市工会信息员队伍，开展工会劳动法律监督和“无欠薪”检查，市总工会职工服务中心获评市基层劳动争议调解组织成绩突出单位。

【新业态工会建设】 2022年，市总工会开展“强组建、优服务、促共富”全面深化新就业形态劳动者工会工作集中行动，推动新就业形态单建工会、行业工会和新就业形态劳动者建会入会，创建基层工会67家，发展会员20073人。市网约送餐行业工会负责人在全国总工会视频调研浙江外卖配送员建会入会和维权服务工作会议上交流发言。组织开展“工会新就业形态劳动者温暖行动”，组织新业态劳动者体检及女职工“两癌”体检1500人，市振兴路地摊经济联合工会被列为“全省新就业形态劳动者温暖行动”试点单位，市网约送餐行业工会联合会被列为全省新业态基层工会示范点培育单位。

（杜娅玲）

共青团东阳市委员会

【概况】 2022年，东阳市有基层团委63个、团工委10个、团总支54个、团支部2276个，有基层团干部3448人，团员44697人。其中，学生团员17228人，占比38.53%；机关事业单位团员4411人，占比9.87%；国有企业团员42人，占比0.09%；非公企业团员3556人，占比7.96%；城市社区团员2090人，占比4.68%；农村社区团员16004人，占比35.81%；新社会组织及其他团员1366人，占比3.06%。共青团东阳市委员会（以下简称团市委）落实发展团员编号制度，发展团员2081人。

【共青团思想政治建设】 2022年，团市委开展各类主题教育实践系列活动。发动团员青年参加“青年大学习”网上主题团课，参与人数123万人次，参与率居金华市第一位。建立“东阳马生”宣讲团、“广说习语”宣讲团、“横漂”青年宣讲团等队伍，开展理论宣讲。开辟“二十大精神·东阳马生说”线上宣讲专题，在金华“婺江潮”微信公众号推出4期东阳“青年说”Vlog。在城东街道寀卢村共享田园召开学习贯彻庆祝中国共产主义青年团成立100周年大会精神座谈会，在“浙江新闻”客户端、“学习强国”学习平台等宣传报道，宣传片《我们正青春》在“中国蓝新闻”客户端“共同富裕在浙江”板块上线。组织160余名“横漂”青年在横店红军长征博览城等地参与录制团中央建团百年主题宣传片《共青春》。举行东阳市红领巾“八一”建军节研学之旅活动，活动内容被《光明日报》《中国电影报道》等媒体报道。

【共青团志愿服务】 2022年，团市委开展志愿服务活动。常态化储备志愿者1600人。开展新冠疫情防控工作，组织青年突击队28支，参与志愿服务7800余人次，筹集防疫物资价值37.5万元，开展“爱心冰柜”等活动。开展“红马甲进网格 心连心共创建”创建全国文明城市志愿服务百日攻坚行动、“万家小主人 千名楼道长”东阳市红领巾助力全国文明城市创建志愿服务项目，参与志愿服务900余场，服务社区点位380余个，9人获“金华市优秀红领巾楼道长”称号。组织350余人参与完成省运会5

2022年5月14日，团市委在城东街道寀卢村共享田园召开学习贯彻庆祝中国共产主义青年团成立100周年大会精神座谈会 （团市委提供）

项赛事和火炬接力保障服务，发动3060名青年志愿者参与横店马拉松赛事筹备和保障工作。与浙江广厦建设职业技术大学开展校地合作，组建"万千马生"青年志愿组织，有志愿者500人。

【共青团基层组织改革】 2022年，团市委印发《东阳市共青团基层组织改革工作方案》，制定40条举措，推动县域共青团基层组织改革。推进数字化改革，对接横店影视文化产业集聚区，依托"横影通"开发"横影青年"应用，该应用入选浙江共青团数字化改革第二批地方试点名单。加强少先队工作，构建"1+N"制度体系，推进少先队工作社会化，成立社区少工委25个。少先队工作研究课题《基于PBL的少先队活动"三赋三化"实施路径探究》获全国少工委立项。开展优秀少先队集体、优秀少先队员评选活动，17个集体和个人获金华市级以上荣誉。

【青年发展型城市建设】 2022年，团市委推进青年发展型城市建设。制定东阳市青年发展型城市建设方案，召开青年工作联席会议第三次全体（扩大）会议。在2022浙江青年发展综合指数中，青年权益保障、青年人口态势两个一级指标获评优秀等次。探索校外托管服务，在全市建设"七彩假期"公益托管营地25个，服务青少年1.4万人次，其中两个托管营成为金华市级示范点。推进青年创业共富，承办团省委"青耘中国·秋收硕果"直播助农暨中国农民丰收节东阳专场活动，举办东阳市第七届创业创新大赛，开展"返家乡"大学生暑期社会实践，落实大学生就业岗位1400余个，遴选青年工匠21人，创建金华市级以上"青"字号品牌19个，市公安局东阳江派出所、国网浙江省电力有限公司东阳供电公司横店供电所获"一星级全国青年文明号"称号。推进青少年心理健康阳光护航行动，开展"开学法治第一课"等活动30余场，走访帮扶四类重点青少年群体930余人次。开展"亲青恋"交友活动11场。加强"横漂"青年团建工作，相关工作在《中国共青团》杂志专版刊登，被中央广电总台《国际在线》栏目2022年五四青年节专题报道。开展"青春护航亲青小哥关爱行动"，推广"亲青小哥在线"，向快递外卖小哥发放新冠专项保险3000余份、慰问礼包价值20余万元，提升建设"红色驿站"112个。

【"横漂"青年团建工作】 2022年，团市委建立由东阳共青团主导、"横漂"青年发挥主体作用的"横漂"青年社团，组建读书、宣讲、跑步、摄影、绘画、舞蹈、cosplay、公益服务8个分社团，招募社团成员4800余人。培养推荐6名"横漂"青年骨干分别成为东阳市青联委员、金华市人大代表、浙江省团代表、全国青联委员等。

团市委通过"共青团与人大代表、政协委员面对面"为"横漂"发声。连续举办八届"横漂"才艺大比拼活动，为"横漂"青年提供平台。对接人社部门、横店演员公会、浙江横店影视职业学院等单位，开展各类职业技能培训。创建"横漂幸福驿站""横漂之家"等10余个。举办横店明星公益足球嘉年华、"横漂"好声音等文体活动，丰富"横漂"业余生活。组织专业志愿者团队开展健康义诊、安全教育、普法宣传等活动。

团市委组织160余名"横漂"青年演员参与团中央建团百年主题宣传片《共青春》的录制工作。开展"百名横漂进百村"文艺服务，组织开展文娱领域综合治理集中宣誓。指导建立"横漂"志愿者协会，参与文明城市创建、垃圾分类、禁毒反诈等志愿服务活动。依托"影视文化产业大脑"，开发"横影青年"子场景，将"横漂"青年参与理论宣讲、文艺创作、志愿服务等所获积分作为职称评定、申请临时救助、申请无息贷款、住房补贴的依据。

（卢依柳）

市妇女联合会

【概况】 2022年，东阳市有镇乡（街道）妇联18个，全市机关（系统、单位）妇委会50个，集团妇联3个，女职工委员会1个，社区妇联43个，村妇联344个。"千团结千村 巾帼助共富"金华市来料加工工作推进会在东阳市召开，首个浙中巾帼创共富孵化基地示范点落户东阳市。"中国结云创共富项目"获评2022年度金华市妇联系统优秀创新项目。开展"八婺同心 共建共富"结对行动，签订2800万元的山海合作协议，助力打造巾帼共富品牌。设立专项基金"东阳中学巾帼奖助基金"1000万元。制定东阳市妇女儿童发展"十四五"规划指标体系。创建全国"五好家庭"1户、全国维护妇女儿童权益先进个人1人，省级"绿色家庭"1户、季度"最美家庭"2户；评选东阳市级"文明美丽家庭"80户、"最美家庭"87户、"绿色家庭"13户、"无废家庭"13户。

3月7日，市妇联举办"三八"妇女节纪念活动，"红船女儿——浙江女性艺术特展"系列活动在市美术馆举行。年内，组织"平安家庭"宣传月暨"三八"妇女维权周现场咨询服务活动，发放宣传资料5516份。"困境妇女儿童关爱体系建设"被《中国妇女报》、巾帼网、新华网、国务院妇女儿童工作委员会网站相继报道。

【妇联基层组织建设】 2022年，东阳市实施"巾帼雁"行动，完成镇乡（街道）妇联换届后，镇乡（街道）妇联领导班子中，30周岁以下且本科以上学历21人，本科及以上学历占比50.1%。执委282人，本科及以上学历102人，占36.2%。领导班子平均年龄36.4周岁，执委中35周岁以下的79人，平均年龄42.7周岁。6月30日，市妇联第十五届执委扩大会召开，完成执委届中选举。8月29日，东阳中学妇联成立。年内，获评金华市示范镇乡（街道）妇联2个、示范村（社区）妇联5个、示范"妇女微家"3个。"妇女儿童驿站"创建省级三星1个、金华市级二星3个、东阳市级一星57个，创建基础型"儿童之家"129家，示范型"儿童之家"19家。创建执委工作室39家。树立医疗、教育、经济、基层妇联等领域优秀女性典型，创建"三八红旗手工作室"6家。创建国家级巾帼文明岗1家、省级巾帼文

2022年11月9日，东阳市“平安家庭”工作推进会暨妇女儿童工作部署会召开，参会人员参观江北街道猴塘社区“妇女儿童驿站” （市妇联提供）

明岗3家、东阳市级巾帼文明岗12家。

【“平安家庭”建设】 2022年5月9日，金华市“平安家庭”建设活动领导小组办公室公布金华市“平安家庭”建设示范村（社）名单，东阳市7个村（社）上榜。11月9日，东阳市“平安家庭”工作推进会暨妇女儿童工作部署会在江北街道举行。推进巾帼志愿服务网格化、品牌化、长效化，红黄蓝“三色”家庭总户数272户。市级“帮帮姐”工作室受理调处各类纠纷175起，化解率92.57%。“格姐”排查矛盾纠纷1172起，化解率90.96%。开展“阳光·信义帮帮贷”活动，为各类妇女创业创新贷款83户、金额1935万元。创建2022年度金华市品牌“和姐”工作室2家。

【云创赋能】 2022年，市妇联组织参加“数智赋能 创享未来”全国巾帼创直播助农创业大赛，许娇鸯获短视频大赛一等奖。联合市商务局、市委宣传部等单位开展东阳市第七届创业创新大赛暨第二届电子商务短视频直播大赛活动，全场销售390余万元。组织7家民宿参与金华市“女主人话民宿（农家乐）”推介大赛，3家民宿获奖。开展巾帼直播培训18期，参训学员近800人。市妇联组织参加金华市女性创业就业成果展示展销活动，义博会期间达成意向订单267个，金额882万元。5月18日，金华市来料加工工作推进会暨经纪人技能培训开班仪式在东阳市画水镇举行，婺城区、武义县、磐安县的来料加工技能培训学员50余人参加。

【妇女儿童关爱帮扶】 2022年，东阳市花木兰困境妇女儿童关爱帮扶项目被评为2021年度全市妇联系统优秀创新项目。培育公益红娘430人，为4100余名青年提供相亲服务。培育女性社会组织，结对助学322人，为乡村困境儿童送去帮扶资金及物资。与四川省南江县桥坝小学、浙江省磐安县双溪乡中心小学结对，开展帮扶活动。运用吴一公妇女儿童关爱专项资金以及“花木兰守璞”资金，救助300余人，发放帮扶资金45万元。组织“家庭健康”主题教育宣传活动，开展白血病儿童救助、低收入妇女“两癌”救助保障，“两癌”家庭险参保人数2.8万人。获全国妇联救助困难“两癌”妇女3人，金额3万元。

【来料加工】 2022年，“文园巾帼共富工坊”出资500万元，建立红线免费送上门服务机制、预支加工费制度。配合金华市妇联，对四川省巴中市巴州区对口支援地区和浙江省武义县、松阳县等山区26县举行系列培训12期，培训经纪人180人，带动1700余名妇女增收致富。成立“东阳—磐安山海协作巾帼共富新匠人工坊”。走访调研来料加工经纪人、相关企业46人（家）。建设来料加工共富工坊30个，吸纳就业人员17889人，发放加工费2.2亿元。

【“双减”助力活动】 2022年，依托“妇女儿童驿站”“儿童之家”，市妇联组织开展寒暑假托管、防溺水安全教育、“小农夫”走进田间大课堂等活动1800余场。开展“亲子共读 清风传家”宣传教育暨“5·15”国际家庭日等活动16场，参加人数2520人。举办《中华人民共和国家庭教育促进法》线上知识竞赛，6.4万人参与。首家县级妇联家庭教育云课堂上线“浙里办”App开设共享课堂15个，点击观看量4.1万人次。加强校家社协同育人体系建设，发挥“因爱家庭教育引航站”专业优势，开展公益大讲堂活动36场。

（丁依琳 王颖楠）

2022年5月18日，金华市来料加工工作推进会暨经纪人技能培训开班仪式在东阳市画水镇举行 （市妇联提供）

市科学技术协会

【概况】 2022年,市科学技术协会(以下简称市科协)下属学会、协会28个,乡镇科普协会12个,街道科普协会6个,科技志愿服务队5支。组织开展院士专家工作站建设和学术交流、科普宣传、全国科普日、青少年科技创新大赛等活动。严济慈陈列馆被中国科协等7家单位联合发文授予"科学家精神教育基地",被省科协评为首批"浙江省科学家精神教育基地"。横店国防科技园科普教育基地"超能少年 强国有我"活动被中国科协评为"2022年全国科普日优秀活动"。

【市科协九届三次常委会议】 2022年10月12日,市科协九届三次常委会议在市行政中心召开。会议传达学习浙江省第十五次党代会精神、市委书记楼琅坚在市委十六届二次全体(扩大)会议暨市政府十六届一次全体会议上的报告。会议总结回顾市科协2022年度上半年工作,部署2022年下半年工作。增选市科协第九届委员会主席、副主席和委员等,选举张艳任市科协主席。

【院士专家工作站建设】 2022年,东阳市创建横店集团得邦工程塑料有限公司、浙江花园新能源股份有限公司、浙江美臣新材料科技有限公司3家金华市专家工作站,全市累计26家。普洛药业科学顾问委员会成立;杭州电子科技大学东阳智慧医疗研究中心揭牌暨院士专家工作站签约。市科协完成2021年工作站创建、考核奖励资金兑付560万元,对院士专家工作站考核奖励资金使用情况进行跟踪监管。合作开展关键技术攻关项目146个、成果转化项目72个,有授权专利383件(发明专利42件)。开发新产品34个,产值增加41.16亿元,实现利润7.48亿元,完成税收2.28亿元。

【领导调研】 2022年6月24日,金华市院士专家工作站服务中心副主任史新航到浙江美臣新材料科技有限公司、横店集团得邦工程塑料有限公司等调研指导院士专家工作站创建工作,实地察看2家企业的生产和研发工作情况,对企业创建工作提出指导意见和建议。7月29日,金华市科协副主席潘秀儿、金华市院士专家工作站服务中心主任陈杭波等到浙江联宜电机有限公司院士专家工作站调研指导。

【普洛药业科学顾问委员会成立】 2022年12月9日,普洛药业科学顾问委员会成立暨揭牌仪式举行,中国科学院院士、东阳籍科学家麻生明担任科学顾问委员会主席,中国工程院院士、浙江工业大学学术委员会主任、生物工程学院院长郑裕国,中国科学院上海有机化学研究所研究员、副所长李昂,清华大学化学工程系教授徐建鸿和百济神州(北京)生物科技有限公司高级副总裁、国家高层次人才特聘专家杜争鸣博士担任科学顾问委员会委员。活动仪式上,普洛药业股份有限公司总经理徐新良宣读《普洛科学顾问委员会章程》、普洛科学顾问委员会成立及委员聘任决定,颁发委员聘书。麻生明和郑裕国分别作题为《联烯合成的三路方面军》和《合成生物学技术推动医药制造业的发展》的专题报告。仪式结束后,普洛药业股份有限公司科学顾问委员会第一届委员会第一次会议召开,与会委员和普洛药业股份有限公司高管团队从工艺优化、智能制造、平台建设等多个角度展开交流。

【"院士东阳行"活动】 2022年,东阳市组织开展"院士东阳行"活动,邀请朱位秋、麻生明、赵忠贤、吴明红、任其龙、郑裕国等院士到东阳市考察交流。2月19日,中国计算机学会2021颁奖典礼在横店镇举行,梅宏等院士及数百名计算机领域的专家学者参加活动。3月11日,中国科学院院士朱位秋参观考察中国木雕博物馆、东阳中国木雕城、东阳市大清翰林古典艺术家具有限公司等,对东阳红木家具行业的发展提出意见和建议。6月10日,中国科学院院士、发展中国家科学院院士麻生明到普洛药业股份有限公司参观考察,作题为《Catalytic Aerobic Oxidations and Applications》的学术报告。

【青少年科技活动】 2022年5月24日,市科技局联合市科协在东阳市职教中心学校李宅校区开展以"走进科技 你我同行"为主题的2022年东阳市科技周——科普进校园活动,为学校捐赠科普书籍。10月16日,由市科协、市教育局联合举办的第37届东阳市青少年科技创新大赛在东阳木雕小镇科普教育基地举行;大赛收到科技小发明、科技小论文、科技辅导员创新作品、少年儿童科幻画等六个项目1100余件作品,评选出一等奖44个、二等奖74个、三等奖132个,评选出23个获奖作品参加金华市第37届青少年科技创新大赛。金华市第36届青少年科技创新大赛东阳

2022年12月9日,普洛药业科学顾问委员会成立暨揭牌仪式举行

(市科协提供)

市有37件参赛作品获奖，其中一等奖9个、二等奖15个、三等奖13个。

（朱金灵）

市文学艺术界联合会

【概况】 2022年，东阳市文学艺术界联合会（以下简称市文联）组织开展春节送春联、“浙风十礼·文润东阳”主题摄影征集、公益摄影讲座、文艺服务进军营、第二届“七月之光”暑期阅读与写作系列公益讲座、诗词楹联公益讲座等活动；举办东阳市抗疫主题影像展、“相约歌画东阳 共享精彩省运”2022首届国际体育幽默漫画展、“新征程·新民艺”浙江木雕艺术大展巡回展等展会；举办庆祝建军95周年军民联欢晚会、“歌颂二十大 奋进新征程”文艺晚会。11月，组织人员到四川省南江县参加“奋进新征程 建功新时代”南江—东阳书画摄影奇石根艺作品展暨百米长卷现场创作活动，进一步促进“东阳—南江”两地文化交融互动。

4月28日，市文联在江滨文化中心召开第四届委员会第三次全体（扩大）会议，朱国强当选市文联主席。

【市作家协会】 2022年，市作家协会组织开展“线上征集高铁新城道路和小区名称”活动，举办“寻找桃花源——洪铁城诗歌创作五十年”研讨会、朗诵会，“花园杯”第二届东阳市原创文学大赛，端午诗会，第二届“七月之光”暑假阅读与写作系列公益讲座，文艺服务进军营活动之新闻报道培训。有8人加入浙江省作家协会、10人加入金华市作家协会。10月，《深度对话金华作家》出版，9名东阳籍作家入选。11月，“陈益林诗集《打开你的方式》品鉴会”在浙江太学科技有限公司六石基地举行。

【市美术家协会】 2022年，市美术家协会举办迎春作品展（网络）、书画家迎春作品展、迎春雅集、《承脊梁之重 启黛瓦之韵》探寻雕花世界的力量——牛腿活动、市群星少儿美术大展、市女画家作品展、“同心庆国庆 喜迎二十大”东阳市书画作品邀请展。会员楼献中、胡晓翠、蒋新民加入浙江省美术家协会。黄建军获浙江当代油画院主办的“向度之境——2022青年油画家作品展”学术提名；黄建军的作品《国家记忆》入展“视向心源”——浙江省油画作品展，黄玉平的作品入围“乡村振兴 浙里昌硕”浙江省美术作品展初评。

【市书法家协会】 2022年，市书法家协会组织开展春节送春联活动，举办东阳市书画家迎春作品展、协办“宋韵东阳”主题书画作品展。9月，在东皋“文化驿站”举行东阳市书协“1+3+3·新峰计划”启动仪式；10月，在市会计学会举办朱志刚的《国展视野下楷书学习与创作的几点思考》书法公益讲座。市书法家协会被评选为金华市“学习型社团”；蔡礼礼加入中国书法家协会专业委员会女书家委员会。

3月1日，浙江书法篆刻百家系列大展——“年度百家”遴选中，陈金彪、金笑珍、何泱铮作品入展篆书百家，金升高作品入展隶书百家，蔡礼礼、卢一峰、陈晓丽作品入展楷书百家，吕海强、陈侃侃作品入展行书百家，钟国友、金妙勇作品入展草书百家；3月17日，吴振宇作品入展“第六届中国书坛兰亭雅集42人展”；3月29日，“吴昌硕奖”第六届浙江省篆刻大展中，钟国友作品获优秀作品提名奖，金妙雄、郑颜伟作品入展；9月3日，2021“中国书法·年展”全国楷书作品展中，王宏涛作品入展；12月13日，“浙江书法奖·沙孟海奖——第十一届全浙书法篆刻大展”中，何泱铮作品获优秀作品奖；金笑珍、金妙勇作品获优秀作品提名奖；陈晓丽、陈侃侃、王宁作品入展；吕海强作品入选；12月30日金妙勇作品获浙江省群星书法大展金奖。

2022年11月11日，市文联在卢宅梨园广场举办“歌颂二十大 奋进新征程”文艺晚会 （市文联提供）

【市摄影家协会】 2022年，市摄影家协会组织开展春节全家福拍摄活动、春节公益拍摄活动、佐村镇挖笋节拍摄活动、东阳江镇自行车比赛拍摄活动、横店影视城公益摄影活动、摄影采风活动、摄影教学活动，承办东阳市抗疫主题影像展、首届山水东江生态休闲旅游节暨摄影采风大奖赛、“浙风十礼·文润东阳”主题摄影作品征集活动。10月，与吴宁街道西街社区联合举办金泽巷公益摄影活动。11月，选送作品参加南江—东阳书画摄影奇石根艺作品展，展出摄影作品30幅。

【市音乐舞蹈家协会】 2022年，市音乐舞蹈家协会开展艺术培训进校园活动，到吴宁二校举行器乐演奏培训；开展送培训进部队活动。面向全市业余文艺团队，开展舞蹈、箫、声乐、乐理等公益艺术培训25期；面向全市市民开展萨克斯、形体、舞蹈、声乐、琵琶等公益艺术培训10余期；开展(声乐、舞蹈、器乐)等公益艺术培训下基层活动。组织参加中秋文艺演出活动、市政协“民生议事堂”活动启动仪式演出活动、2022年中国农民丰收节演出活动、南江—东阳文化走亲文艺演出活动、“歌颂二十大 奋进新征程”文艺晚会。

6月,市音乐舞蹈家协会创作编排笛子独奏《三五七》,与新疆艾捷克演奏家合作编排《器乐联奏》参加由省委宣传部主办的“我爱浙疆”浙阿文化礼堂优秀节目展演。9月,该协会编排的秧歌、手龙等节目参加浙江省第十七届运动会火炬传递演出。11月,该协会编排的大鼓、板凳龙等节目参加浙江省第十七届运动会开幕式演出。

会员霍雅芳、谭丹丹、晏李霞加入浙江省舞蹈家协会。

【市民间文艺家协会】 2022年,市民间文艺家协会举办“大手拉小手——向美好生活奋进”美术作品展,组织会员参加由市文联主办的“歌颂二十大 奋进新征程”文艺晚会演出活动。市民间文艺家协会主席黄小明当选省科协第十一届委员会委员;郭振江、杜鑫鑫加入中国民间文艺家协会,徐安文、郭向峰加入浙江省民间文艺家协会;王向东获浙江省民间文艺家协会年度先进个人;单敏航入选“2022年度浙江省‘五个一批’文艺人才孵化项目 新峰人才”培育对象。郭颢的木雕作品《枯枝双雀》《雅望》被浙江省博物馆收藏。

1月,王向东木雕作品《锦绣盛世》被评为“第十五届中国民间文艺山花奖·优秀民间工艺美术作品终评”入围作品;8月22日,由浙江省技能人才评价管理服务中心主办、浙江旅游职业学院承办的“融合与创新”非遗雕刻类手工艺高技能人才研修班开课,黄小明作为特聘讲师为研修班学生授课;9月30日,黄小明作品《草原的呼唤》《新世纪的呼唤》,郭振江作品《幸福来了》《丝绸之路》,陈德鸿作品《幸福生活》《蜕变》等木雕作品入展喜迎二十大“新民艺·新征程”浙江木雕艺术大展。

【市杂技魔术协会】 2022年,市杂技魔术协会开展文艺志愿者走进东阳横店横祥新时代文明实践站活动;参加第五届中国农民丰收节浙江主场东阳(案卢共享田园)杂技魔术武术专场晚会、“孝满天下感恩情 喜迎双节促和谐”文艺会演、卢宅梨园广场“歌颂二十大 奋进新征程”文艺晚会;组织会员到武义县新宅镇文化馆参加“艺术乡建 赋能振兴”基地揭牌暨2021年金华市民协年会、到兰溪市梅江镇墩头村文化礼堂参加金华市民协“艺术乡建 结对提升”授牌活动、到磐安县参加“浙江杂技创新创意大讲堂”活动、到永康市象珠镇雅吕村参加共富共美艺术乡建指导委员会成立暨工作部署专题会议、到衢州市柯城区参加浙江省文联艺术乡建现场会暨优秀“艺术乡建”工作经验交流分享会。

2月,河南省周口市项城市杂技艺术学校董事长余帅到市杂技魔术协会进行杂技魔术文艺交流。6月,省杂协副主席兼秘书长戴滨淳、副主席杨宇全到横店镇考察调研。7月,省文联党组成员、书记处书记吕伟刚,省文联副主席翁仁康,省杂技家协会副主席兼秘书长戴滨淳一行到横店镇横祥村调研“艺术乡建”工作。

【市曲艺协会】 2022年,市曲艺协会组织会员参加2022年东阳市“文化与自然遗产日”非物质文化遗产展示展演活动、周六非遗市集活动、“婺风遗韵 明月书场”宣讲活动、“助力共同富裕先行市建设专题协商议事月暨界别活动月”启动仪式演出、“歌颂二十大 奋进新征程”文艺晚会演出,在中国农民丰收节浙江主会场案卢村表演东阳道情《欢天喜地庆丰收》节目。参加省委宣传部、省文学艺术界联合会主办的“文艺送万家 文明助共富”文艺志愿服务走进东阳横店横祥新时代文明实践站活动。

市曲艺协会组织开展曲艺、道情等培训;在横店镇定期开展曲艺公益演出活动;6—7月,每周在梨园广场舞台演出道情、花鼓等节目。横店书场和卢宅“非遗书场”被市文广旅体局认定为东阳道情传习教育基地。

【市诗词楹联学会】 2022年,市诗词楹联学会举办2022东阳电台第八届中秋诗会、谷雨诗会、端午诗词吟诵会;举办农民诗词创作培训、东阳市第二届“七月之光”暑期阅读与写作系列公益讲座、诗词楹联公益讲座。组织会员开展为抗战老兵写春联送温暖活动、白溪江共享田园摄影书画诗歌采风活动、散曲培训暨采风创作活动;组织会员参加吉狄马加诗集《火焰上的辨词》分享会、虎鹿镇葛宅村孝文化节活动;开展采风活动。

7月31日,东阳市诗词楹联学会第九次会员代表大会召开,胡永清当选会长。9月,与东阳人民广播电台城市广播合作推出《人间词话》栏目。10月,市诗词楹联学会散曲部成立,创建散曲交流平台,首批16名曲友开展交流活动10期。

年内,市诗词楹联学会被省诗词与楹联学会评为省先进团体会员单位;13人在《中华诗词》《中华辞赋》等刊物发表作品。吸收会员6人,5名会员加入中华诗词学会,3名会员加入浙江省诗词楹联学会,1名会员成为省诗联首批少年会员之一。

【湖溪镇文联】 2022年,湖溪镇文联组织会员到浦江县、杭州市临安区等地开展采风游学活动。11月11日,选送舞蹈《盛世中华》、小品《懒汉扶贫》参加市文联主办的“歌颂二十大 奋进新征程”文艺晚会。

【市老年书画研究会】 2022年,市老年书画研究会到江北街道、白云街道、吴宁街道开展写春联活动,到江北街道东丰小区、吴宁街道西街社区开展书画交流活动;到磐安县开展书画采风写生、书画交流活动,到德清县参加书画交流活动。举办“信念之光常明 迎接党的二十大召开——书画作品展”,展出作品103件;组织会员参加市图书馆举办的书画展,展出作品30余件。

【市观赏石协会】 2022年,市观赏石协会组织会员到义乌市、兰溪市、新昌县等地进行赏石研讨交流活动;举办观赏石鉴赏要素和相关专业知识讲座和培训。8月,对“星级赏石艺术馆”开展复评,巩固星级石馆赏石水平。11月,组织成员参加在杭州市举办的2022中国(杭州)第四届赏石艺术节、第三届黄蜡石文化艺术节暨全国观赏石天雕奖精品展,获“天雕奖”1个、金奖14个、银奖4个。

【市古琴协会】 2022年,市古琴协会举办腊月闻梅听音雅集、“月下调琴”中秋雅集以及“左琴右书系列”之茶艺、茶道培训;举办第一届“素心同调”古琴公益班、“灼灼其华,素心同调”古琴公益培训班;编排琴箫合奏《寒山寻踪》节目;在市政协“民生议事堂”启动仪式上演出节目琴箫合奏《关山月》;参加由市文联主办的“歌颂二十大 奋进新征程”文艺晚会演出活动。

(陈　娟)

市残疾人联合会

【概况】 2022年,市残疾人联合会(以下简称市残联)推进“残疾人之家”规范化建设提升工作,建设提升7家;创办首家企业“工疗型残疾人之家”——“恒彩残疾人之家”,安置残疾人25人。加强“残疾人之家”日常运行信息管理服务,拨付运行补助资金1135.65万元。开展持证残疾人基本状况调查,对18312名残疾人实时采集信息、综合分析、即时应用,调查入户率99.04%,手机App移动端采集率100%。举办业务培训班1期,全市镇乡(街道)残联理事长、残联专职委员参加。

2022年,市残联办理残疾人证950本,到期复核1012本,对1352本到期、冻结问题残疾人证进行维护整理归档;遗失补证25本,办理残疾人证的迁移6本,注销1498本,下乡上门评残5次、服务81人次;走访慰问残疾人、就业创业残疾人、优秀残疾人运动员及优秀残疾人工作者等874人,发放慰问金42.5万元。

【残疾人补贴发放】 2022年,市残联协助市民政局开展困难残疾人生活补贴、重度残疾人护理补贴对象审核、补贴资金发放工作。享受困难残疾人生活补贴41476人次,发放补贴资金1138.5万元;享受重度残疾人护理补贴119682人次,发放补贴资金2603.2万元。

2022年5月26日,市残联举办残疾人直播培训　　(市残联提供)

【残疾人劳动就业】 2022年,市残联落实残疾人就业创业扶持政策。增加残疾人就业221人。胡先民工作室、吴宁慧慧盲人推拿店通过金华市残联复评为残疾人就业创业基地。组团参加第二届“魅力八婺”残疾人创业大赛,获团体第一名。杜晓梅参加第七届全国残疾人职业技能竞赛浙江省培训选拔赛,获摄影项目二等奖。加强残疾人就业保障金征收和使用管理工作。通过全国残疾人按比例联网认证系统,开展残疾人就业认定工作。对超比例安置残疾人就业的10个单位落实奖励政策,奖励资金11万元。配合税务部门开展单位残保金征收工作,征收残保金8876万元。

【残疾人保险】 2022年,市残联落实残疾人参加职工养老保险补助政策,对1274名个人参加职工养老保险的残疾人进行补助,补助资金334万元。对出现意外伤害的残疾人开展理赔服务工作,2021年度为发生意外伤害的残疾人办理理赔120万元。联系财政部门落实2022年度残疾人意外伤害保险资金,采用省残联统一保险方案,签订保险协议。落实3136名生活不能自理重度残疾人免费参加城乡居民基本医疗保险,3632名残疾人免费参加城乡居民养老保险工作。

【残疾人教育培训】 2022年,市残联协同教育部门开展残疾学生义务教育工作,为残疾考生参加高考提供服务。落实残疾人大学生学费、住宿费补助工作,为22名残疾人大学生发放学费、住宿费补助资金22.2万元;为410名残疾学生和贫困残疾人家庭学生发放助学资金32.52万元。开展残疾人职业技能培训工作,组织各镇乡(街道)残联开展网络直播、来料加工、工艺品制作、中国结加工和农作物、经济作物种植管理、电子商务等技术培训,完成技术培训551人,录入实名制系统。组织选送残疾人参加网络直播、木雕、美发等培训。

【残疾人文化体育】 2022年,市残联选送9名残疾人运动员,代表金华队备战省运会、亚残会。12月2—8日举办全市“残疾人之家”健身操线上比赛。组织9个镇乡(街道)组织无障碍观影21场、参加观影残疾人1000人,50名助残志愿者参与服务。

【残疾人康复服务】 2022年,市残联启动市残疾人康复托养中心建设,解决"残疾人托养服务设施兜底线任务短板"的建设。市残联康复托养中心进行公开招投标,采用"公建民营""政府监管""康养融合""医护联合"的模式开展运营。开展残疾儿童早期干预试点。市残联与市中医院、市妇幼保健院签订合同,每年完成早期干预的残疾儿童2~3人。开展线上、线下双通道残疾儿童康复训练申请及残疾人基本型辅助器具精准适配服务2个应用场景。实施残疾人各项康复任务指标,残疾儿童康复训练人数162人,其中肢体残疾儿童康复训练35人、听力言语康复训练19人、智力康复训练95人、孤独症康复训练13人。困难残疾儿童家庭生活补助6人,补助资金2983866元。残疾人基本型辅助器具适配230人,补助资金272389元(听力残疾人配送助听器80台;残疾人肢体缺失适配上下肢装配,上肢假肢安装8条、下肢假肢安装10条;残疾人配送轮椅36辆、护理床发放18张;残疾儿童配置矫形器及髋或膝关节置换手术补助24名;残疾人配送"小额类"辅助器具54件)。依托市第七人民医院,对住院精神残疾人实施医疗康复救助316人。落实2021年度及2020年应补未补精神持证残疾人医疗康复救助经费140.96万元。

【专项助残】 2022年,市残联对39户具有一定种植规模的残疾人家庭进行农资补助,补助化肥17.75吨、价值7.1万元。推进"幸福安居"助残行动,帮扶53户低收入残疾人家庭改善居住环境,发放补助资金155万元。开展省残联"净居亮居"试点项目,组建助残公益联盟,开展结对志愿服务,为残疾人提供生活照料、健康照护、个性化需求等服务。为17户残疾人及扶贫基地发放贷款贴息263.03万元。关注残疾人机动轮椅车营运情况,为197名下肢残疾人机动轮椅车车主发放燃油补贴资金5.12万元。

【对口帮扶】 2022年,市残联对口帮扶四川省南江县残疾人联合会,投入项目资金31万元。其中开展残疾人家庭或残疾学生助学30人,帮扶资金9万元。开展残疾人创业培训、残疾人木雕技能培训、电商专业技术培训等。推进无障碍设施环境建设,实施无障碍设施改造10户,帮扶资金7万元。推进"幸福蜗居",完成危房改造残疾人家庭5户,帮扶资金15万元。开展山海协作工作,对口支援磐安县残疾人联合会,帮扶创业扶贫基地建设,帮扶资金10万元。

(黄　勋)

市红十字会

【概况】 2022年,市红十字会接受社会捐款2406.96万元,捐献物资价值179.6万元。参与东西部协作,对接南江县,捐赠财物价值100万元。开展"小天使基金""康心基金""小橘灯""母婴平安"等博爱公益项目。浙江东阳农商银行股份有限公司获评浙江省红十字博爱贡献奖。建成江北街道、城东街道、六石街道、横店镇4家博爱家园,创建文荣医院名师工作室,在花园村建设红十字救护站。建成市、镇两级标准化应急救护培训基地各1个(市红会医院、横店国防教育基地)。

2022年,市红十字会完善捐献者困难家庭关爱机制。落实"小橘灯"助学项目,小橘灯救助8人。推动无偿献血与造血干细胞捐献工作融合发展,造血干细胞入库116例、器官捐献7例、遗体8例、角膜组织12例。浙江省居住证持证人随行子女积分入学,"浙里新市民"积分将捐款、捐献造血干细胞、遗体、器官等列入积分内容。

【东阳市红十字会第四届第二次理事会】 于2022年8月24日召开。会议通报表彰先进集体和个人,对2022年上半年工作情况和下半年重点工作汇报、2021年度捐赠款物接受和使用情况报告;会议选举徐育阳为东阳市红十字会会长,吴钢梁为专职副会长,沈思航为挂职副会长。

【红十字会募捐工作】 2022年,市红十字会接受社会捐款2406.96万元、物资价值179.6万元。深圳东方港湾投资管理股份有限公司定向捐赠1000万元用于东阳市虎鹿镇敦和堂修缮与维护;湖北企华能源有限公司定向捐赠1000万元用于横店镇毛里塘村老年活动中心建设及老人生活补助等;浙江大喜农业开发有限公司定向捐赠100万元用于亭塘社区亭塘小区的"黉门助学基金";东阳富仕特磁业有限公司定向捐款128.8万元,其中100万元用于东阳二中校庆、学校发展建设等;浙江东阳农村商业银行股份有限公司定向捐款62万元,其中60万元用于市红十字救援队等;"9·9公益日"东丰博爱家园项目网络筹资43万元;杏林基金筹资19万元;惠民助医筹资6.2万元;广济助医基金筹资15万元。浙江野风药业股份有限公司定向捐赠FFP2口罩1万只,一次性防护口罩3万只于河南省安阳市汤阴县瓦岗乡西柳圈村;浙江伊凡梦珊实业有限公司捐赠防护服12.5万件;浙江同力服装有限公司捐赠价值8万元慰问物资用于方舱医院、高速公路卡口慰问;浙江大喜农业开发有限公司捐赠口罩108万只,东阳市医药药材有限公司捐赠防暑品1800盒;冀发集团有限公司定向捐赠给共青团东阳市委FFP2口罩50760只;浙江省东阳市医药药材有限公司捐赠南洋克痢痧胶囊、藿香正气水等1800盒防暑品用于公益活动;浙江大喜农业开发有限公司捐赠KN95民用口罩108万只;浙江省东阳市华恒玻璃制品有限公司捐赠冷风扇12台、饮料208箱、水果8箱、药品4箱到各核酸检测点。

【红十字会救护培训】 2022年,应急救护工作首次列入东阳市民生实事项目。市红十字会负责市县两级应急救护民生实事项目,完成救护员培训9186人,线下普及人数完成7966人次,线上直播点击观看92万余人次。公共场所增加114台AED(自动体外除颤仪),完成救护员培训。5月30日,联合市健康办、市教育局在东阳市江北二小举办校园应急救护培训,并进行网上直播,总参与人数超过92万人次。6月,联同市应急管理局在全市各个社区开展"文明城区 创建共享"红十字应急救护知识普及活

2022年5月30日，市红十字会联合市健康办、市教育局在东阳市江北二小举办校园应急救护培训课 （黄 强/摄）

动。联合市委直属机关工作委员会开展"救在身边·机关先行"应急救护培训。联合市卫健局为乡镇卫生院（社区卫生服务中心）AED设置点工作人员开展救护培训。

【红十字会应急救援】 2022年，市红十字救援队开展各类活动880余场。其中救援出勤155次，开展安全知识普及培训105期（直接受益约5000人次），志愿服务活动600余场（其中疫情防控类431场），大型活动应急保障5次，各类救援演习8次，各项专业技能培训8期，出动队员超万人次，志愿服务时间63000余小时。参与全省青少年校园足球赛、全省艺术体操锦标赛、全省高校足球联赛等高等级体育运动赛事的安保工作。省运会各项比赛保障出勤人次510人，志愿服务时长3100小时。市红十字救援队在高速卡口执勤225天，出勤9400余人次；服务吴宁街道、白云街道核酸检测点，出勤3225人次，协助核酸检测人次超85万人次。开展重点区域（学校为主）防疫消杀，消杀面积2万余平方米。

2月，市红十字救援队承接东阳市救助站流浪乞讨人员救助项目，组织志愿者在全市开展流浪乞讨人员救助工作。6月，市红十字救援队"校园安全小卫士——中小学生安全体系建设"入围东阳市民政局公益创投项目。8月，联合东阳市融媒体中心、爱心商家共同推出"一杯水"公益活动，为全市的防疫工作者、环卫工人、建筑工人、快递小哥免费提供爱心冰饮5万余瓶。市红十字救援队参加长三角红十字应急救援综合演练；代表金华市参加浙江省第二届社会应急力量救援队伍技能竞赛，获团体第一名，团体单项三个第一名（综合体能、单兵救援和悬崖救援），团体水上救援第二名，队员吴浩斌获个人总成绩第三名。

【红十字会志愿服务】 2022年，红十字志愿服务总队开展疫情防控、敬老助残、垃圾分类、便民服务、文明劝导、医疗安保等志愿服务853场次。组织慰问"献血达人"、造血干细胞捐献者等。常态化配合血库中心志愿下乡献血服务、献血屋服务。打造"小手拉大手"文明城市创建品牌。

【"康心基金"心脏病患者救助项目总结会暨"康心关爱"项目启动仪式】 2022年9月27日，"康心基金"心脏病患者救助项目总结会暨"康心关爱"项目启动仪式在东阳市举行。会议总结回顾该基金的救助情况，宣布项目更名为"康心关爱"项目，扩大救助覆盖范围至全省26个山区县（市）。省红十字会和市人民医院签署项目合作协议。

2011年8月，"康心基金"项目启动，对金华市、衢州市和丽水市的困难心脏病患者进行手术救助，市人民医院为救助手术定点医院。该项目组建工作团队，定期到各县（市）开展现场大型义诊活动。截至2022年年末，年救助额从75万元增加到230万元，救助心脏手术患者893例，救助金额1800万余元，受益者来自全国16个不同省份，年龄最小2个月，最大92岁。

（陈爱卿）

2022年9月27日，"康心基金"心脏病患者救助项目总结会暨"康心关爱"项目启动仪式举行 （市红十字会提供）

法 治

政法委与综治

【概况】 2022年,市委政法委开展除险保安"百日攻坚"行动,完成北京冬季奥运会、中国共产党第二十次全国代表大会、各级两会、省第十七届运动会等重大活动及节点的安保任务。开展风险隐患排查整治,排查风险隐患166起,实现100%销号,完成公安部督办、省委巡视反馈重点整改的名品港项目处置工作。东阳市被省委、省政府授予"平安牌",实现"平安县(市)"十六连创。

【法治保障】 2022年,市委政法委统筹政法机关,服务保障高质量发展。开展项目源头风险防范工作,完成119个项目社会风险评估。助推低效工业用地清理整治,成交工业用地9宗,涉案土地面积19.54公顷,成交总额逾4亿元。开展破产案件清理和长期未结案清理专项行动,化解不良债务127.18亿元,处置资产21.2亿元。开展打击拒执专项行动,办结涉拒执犯罪案件31件,居全省第三位。优化完善项目警官制和驻企警官制,破获经济犯罪案件50余起,挽回经济损失4.1亿元,建筑领域企业合规建设工作入选全省为企服务品牌。

【基层社会治理】 2022年,市委政法委深化"141"体系建设,迭代市级社会治理中心,健全镇乡(街道)"党建统领、经济生态、平安法治、公共服务"4个平台功能,建成全科网格规范化、组团式管理体系,划分7040个微网格,建立"每人联系10户左右"的微网格治理体系,相关做法在中央电视台财经频道经济新闻联播播出。社会治理中心排查受理各类矛盾纠纷17391件,结案率99.9%,调解成功率95.6%。开展诉源治理,落实"一窗分流""一案一法官"工作机制,诉讼案件收案数比上年下降,万人成讼率比上年下降,降幅居金华市第一位。

【平安东阳建设】 2022年,市委政法委统筹推进现代治理大会战,建立"清单交办、常态督查、挂牌销号、约谈提醒、晾晒考核"机制,平安指数年度排名列全省第11位。推进以扫黑除恶为龙头的打击行动,故意杀人、故意伤害致人重伤或者死亡、强奸、抢劫、贩卖毒品、放火、爆炸和投放危险物质等八类案件全破,现行命案连续十七年保持全破。全市刑事警情2960起、治安警情11067起、交通警情68231起,分别比上年下降23.7%、21%、9.7%;电信诈骗案发生1840起,比上年下降31.3%;损失金额6850.8万元,比上年下降10.5%。破获养老诈骗案件6起,采取强制措施16人,追回赃款893.6万元。开展生产安全领域专项整治,生产安全事故发生7起、死亡人数7人,比前三年平均数分别下降40%、51%;火灾事故发生433起,比上年下降30.9%。

【政法领域改革】 2022年,市委政法委以数字化改革为牵引推动政法领域各项改革实现系统性、整体性变革。"网格智治"应用聚焦网格事项"掌上闭环处置",被省委政法委评为省级"揭榜认领"项目。市公安局按照打击犯罪街面化、接警处警街面化、服务群众街面化、矛盾调处街面化要求,打造东义联勤警务站等8个实战型联勤警务站,相关做法获省领导肯定。市人民法院推进执行"一件事"综合集成改革,结案平均用时从119.3天缩短至60.75天,相关经验做法被《中国法治日报》头版头条刊发。市人民检察院联合多个部门建立全国首个未成年演艺人员保护机制,制定《关于依法保障未成年演艺人员权益的实施意见》,相关工作被中央电视台、《人民日报》等国家级媒体报道。市司法局的乡镇(街道)合法性数智审查应用获评全省"数字法治好应用";全省首家县级行政执法协调监督局挂牌成立;全省行政执法协调监督工作体系建设试点交流现场会在东阳市召开。

(陈冠锦)

法治政府建设

【概况】 2022年10月31日,第十六届市委全面依法治市委员会全体委员第一次会议在市行政中心召开,会议听取重点部门单位、镇乡(街道)党政主要负责人述法报告,审议通过《2021年法治东阳建设工作报告》。东阳市推进市委理论学习中心组和市政府常务会议集体学法制度建设,将法治考核纳入全市综合目标考核,强化法治建设综合考评结果运用。制定《东阳市2022年普法依法治理工作要点》，突出学习宣传习近平法治思想，加强群众性法治文化建设。优化涉企发展法治环境，加大涉企法律法规宣传力度，建立助企纾困政策优先审查机制。推进省、市、县、乡四级行政执法协调监督工作体系建设全国试点工作。

【全省首家县级行政执法协调监督局成立】 2022年7月5日，全省首家县级行政执法协调监督局——东阳市行政执法协调监督局在市司法局挂牌成立。市行政执法协调监督局与市司法局合署办公，行使行政执法协调监督职权，主要承担统筹推进法治政府建设、统筹推进全市行政执法协调监督工作、开展行政执法争议协调处置、部署具体行政执法监督工作等责任。在镇乡（街道）一级，由镇乡（街道）行政执法协调监督办公室作为派出机构，协调监督镇乡（街道）及“大综合一体化”基层站（所），两者统分结合，实现县乡一体。年内确定督查主题10个，评查案卷135份，交办意见68条，整改问题374个。成立执法监督监测点69家，覆盖村居、企业、行业协会等各领域；收集执法建议118条、监督线索89条；解决问题67个。东阳市召开行政执法协调监督理论研讨会议，邀请中央党校一级教授胡建淼、清华大学法学院教授余凌云等8名法学专家对东阳市行政执法协调监督工作进行研讨。9月，在司法部召开的行政执法监督体系建设工作汇报会上，东阳市代表作为全国唯一的县（市）代表发言。11月23—24日，全省行政执法协调监督工作体系建设试点交流现场会在东阳市召开，市司法局相关负责人作为司法部省、市、县、乡四级行政执法协调监督工作体系建设试点单位代表作交流发言。

【省数字化行政执法监督应用系统贯通】 2022年，东阳市“特邀行政执法监督”应用模块上升集成至全省数字化行政执法监督应用系统，对系统内发现的线索进行全流程“一键式”处置，设置定时提醒、超期提醒等功能，实现自由关联，多层追溯，显示行政执法监督及回复办理情况。年内处置监督平台线索76条，解除106条。

【行政执法自由裁量权规范化】 2022年，市司法局开展自由裁量权规范化整治提升行动。建立标准化工作指引，编制《东阳市行政处罚自由裁量“教科书”式工作指引》，组织指导全市28个执法部门制定本单位自由裁量规范手册。建立规范化裁量制度及裁量基准，组织各执法部门制定《行政处罚自由裁量基准实施规则》《规范行政处罚自由裁量集体审议办法》等配套制度42项，牵头梳理行政执法依据1419个；制定自由裁量基准39个，涉及执法事项61个方面909项，高频事项执法裁量基准细化率100%。开展全市涉企行政执法自由裁量典型案例评选活动，筛选出优秀典型案例3个并予以公布。组织各执法部门开展自由裁量专题宣传活动25场。

【乡镇（街道）合法性审查智慧管理平台】 2022年，市司法局开发完善“乡镇（街道）合法性数智审查应用”，解决应用子场景贯通、AI智能辅助审查、决策数据分析以及地级市应用推广等问题。该应用于10月1日在金华市各县（市、区）试运行，被省数字化改革领导小组列入全省“一地创新、全省共享”“一本账”S0目录，并被纳入全省重大改革（重大应用）“一本账”S2目录；获评全省“数字法治好应用”、金华市“数字法治好应用”。“乡镇（街道）合法性审查质效提升”项目入选2021年度全省县乡法治政府建设“最佳实践”项目。7月，东阳市代表在全省政府法务暨“最佳实践”培育试点工作交流会上作经验交流。年内，乡镇（街道）合法性审查办件1107件，提出审查意见19559条，被采纳率90%以上。

【行政规范性文件管理】 2022年，市司法局审核市政府行政规范性文件18个，提出审查建议及意见334条，被采纳率约90%。组织开展涉及计划生育内容及向企业违规收取违约金相关的行政规范性文件专项清理两次，梳理相关文件3个。开展全市行政规范性文件清理工作，清理涉及市政府、市政府办公室的行政规范性文件504个。其中，全文保留的行政规范性文件222个；全文废止或失效的行政规范性文件247个；部分条款有效的行政规范性文件6个；部分条款修改的行政规范性文件1个；暂时保留但停止执行与上位法及规范性文件不一致内容的行政规范性文件28个。

【行政合同合法性审查】 2022年，市司法局审查行政合同9个，主要涉及招商引资协议、科研院校合作协议、投融资协议、城市基础设施建设合作协议等类型，提出审查建议及意见152条，被采纳率约80%。

【重大行政决策事项】 2022年，市司法局开展市政府常务会议议题初审190个。编制《2022年度东阳市人民政府重大行政决策事项目录》，严格决策程序制度的刚性约束，加强依法决策底线意识，跟进承办部门重大行政决策进展情况，接受部门涉重大行政决策咨询31件次，审核重大行政决策事项6项。

【行政复议与行政诉讼】 2022年，市司法局受理复议案件132件，调解结案53件，协调调撤率45.3%；一审行政诉讼案件收案142件，审结148件（含上年旧存），败诉12件。

（吴佳英）

公 安

·安全保卫·

【概况】 2022年，市公安局完成北京冬季奥运会、中共二十大、各级两会、省第十七届运动会等重大活动及节点的安保任务。编报政治安全情报信息1091条，其中公安部采用167条，省公安厅采用620条；报送反恐怖情报信息98条。侦办专案6个，移送起诉11人，教育训诫21人。

【反恐怖工作】 2022年，市公安局编报反恐怖情报信息98条，其中暴力恐怖音频、视频类专题情报被省公安厅采用40篇、金华市公安局采用26篇。核查涉恐线索5条,侦办涉恐情报专案4起,实现中共二十大安保“打击类专案清零”的要求。

【出入境管理】 2022年,市公安局持续开展“三非”外国人专项治理,开展“獴猎”行动2022,打击妨害国(边)境管理犯罪。办理出国(境)2086人次;登记境外人员3649人次,比上年下降24%,涉及112个国家和地区;查处“三非”案件20起,处罚违法人员20人、遣送出境5人,处罚单位3家;侦办偷越国(边)境案件8起,采取刑事强制措施17人。

·治安管理·

【概况】 2022年,东阳市处置警情12.6万起,化解风险隐患2560起,化解率97.4%。全市盗窃、“两抢”(抢夺、抢劫)、诈骗警情均比上年下降。受理治安案件10077起,查处10006起,治安处罚6253人。开展矛盾纠纷排查、化解行动。排查风险隐患2627起,化解2560起,化解率97.4%。

【“枫桥警务模式”创新】 2022年,市公安局深化“枫桥式公安派出所”“枫桥式交警中队”创建工作,构建“支部管民警、民警带群众”工作机制,拓展基层安全防范教育工作。把“一警情三推送”、智安小区建设、流动人口信息采集和交通安全综合治理纳入市委现代治理大会战,与全市1815个综合治理网格组织对接、力量联动、业务协同,推动基础要素属地化管理。建立社区警务与网格化服务管理联动机制,落实城区“一区一警两辅警”和农村“一村一辅警”模式,128名社区民警兼任村居(社区)党组织副书记或主任助理。东义联勤警务站、横店影视城联勤警务站等9个联勤警务站初步形成接警处警、服务群众、矛盾调处的“街面化”。横店派出所获评省级“枫桥式公安派出所”。

【打击整治枪爆违法犯罪专项行动】 2022年,市公安局开展打击整治枪爆违法犯罪专项行动,管控枪爆危险物品,打击枪爆违法犯罪。截至年末,收缴各类枪支81支、子弹2076发、管制刀具24把、黑火药300克;查处非法经营、储存烟花爆竹案1起,捣毁储存仓库1个、家庭作坊加工点15个,查获烟花类产品25万件,采取刑事强制措施2人,治安拘留2人。

【扫黄赌专项行动】 2022年,针对山林赌博高发区域,市公安局开展行动7次,捣毁横店镇、江北街道、城东街道等地的赌博团伙15个。年内,采取涉黄涉赌刑事强制措施291人、行政拘留1168人、起诉311人。

【流动人口和出租房屋管理】 2022年7—9月,市公安局开展“风险隐患、矛盾纠纷排查化解、治理清零”的专项整治行动。其间,全市组织出租房屋房东及用工单位负责人召开会议约1020场,走访出租房屋8230余户、企业2864家,处罚出租房屋房东(用工单位负责人)1668人、流动人口409人;流动人口通过自主申报登记22.5万人次。全市受理居住证申领17662件,办理积分入学申请37件。

【公安数字化改革】 2022年,市公安局构建以市域前端感知网络为基础,“东阳智警”“浙里人口多跨场景应用”“涉案财物处置系统”“智慧空警”4个应用为核心,“舆情导控体系”“电子数据取证分析”“网络犯罪侦查打击”等若干个场景应用为支撑的“1+4+N”公安数字化改革体系。整合汇聚视频资源5.3万路,拥有8000路人像识别解析能力,日均抓拍感知车辆数据1200万辆、人脸数据600万张。升级关键场景应用,“人口信息智能采集平台”“重大场景融合应用”“实有人口综合治理应用”“网上身份认证”4个项目入选省公安厅试点。负责省公安厅项目4个,分别为“建立健全省市县三级反诈体系”“建设经济领域犯罪侦查打击集成应用”“风险企业多跨协同治理应用”“‘浙里净’固废倾倒预警监测系统建设”。“浙警反黑和数智探黑应用”入选省委政法委数字法治“一本账”S3。

【浙里人口智能采集多跨场景系统升级应用】 2022年,市公安局升级浙里人口智能采集多跨场景应用系统,打造“浙里人口多跨场景应用”。智能采集模块于2021年4月上线试运行,截至2022年年末,登记流动人口1561247人次,其中智能采集(包含大数据、智能门锁和微信自主申报)1441031人次,智能采集率92.3%。登记出租房屋4776户。安装出租房屋智能门禁门锁6827户,完成率83.7%。

【“一窗通办”工作】 2022年,市公安局推进“一窗通办”工作,全市设立23个“通办窗口”(17个派出所窗口、4个便民服务中心、2个联勤警务站),在行政审批科、横店派出所、歌山派出所、画水派出所设置独立的自助办理功能区,实现“就近能办”“多点可办”。实现治安、出入境、交警、网安、禁毒、监管6个警种、164项公安政务服务全流程“网上办”。年内,“通办窗口”受理业务57434件,“网上办”52人次,“掌上办”11137人次。政务2.0平台受理业务57028件。办理居民身份证48138张、临时身份证8046张、全国异地证20231张。办理户口迁出登记2892人次、迁入登记3453人次、出生登记5098人次、死亡注销6055人次、市内住址变动7152人次、变更更正15837人次、准迁证1595张、港澳居住证57张。发放边境通行证345张。受理特种行业许可申请56件、剧毒化学品道路运输通行证申请447件。

·刑事侦查·

【概况】 2022年,市公安局刑事侦查中心开展智慧反诈和多个打击犯罪专项行动。刑事案件立案3886起,侦破1552起,破案率比上年增长12.4%。采取刑事强制措施2329人,移送起诉2233人。现行命案发生4起、侦破4起,比前五年平均数6.6起下降39.4%,连续17年命案全破。电信诈骗案件发案1506起,比上年下降31.27%,损失金额比上年下降;抓获314人,破案126起,自破率(公安机关抓获犯罪嫌疑人,侦破当地案件的同时，破获犯罪嫌疑人在外地实施的案件，该类外地案件的占比）8.9%。断卡行动发出阻断指令788条，抓获犯罪嫌疑人696人，采取强制措施66人，教育训诫630人。

【打击整治养老诈骗专项行动】 2022年4月，市公安局开展打击整治养老诈骗专项行动。侦办养老诈骗案件6起，抓获犯罪嫌疑人15人，涉及金额6000余万元，追回赃款880余万元；核查线索32条。成功劝说诈骗案主犯马某投案，全链条摧毁利用保健品诈骗老年人的特大犯罪团伙，移送起诉犯罪嫌疑人113人。

【打击网络贩枪专项行动】 2022年，市公安局组织各派出所对辖区寄递物流行业及重点人员进行常态化巡查、排摸，抽调网络侦查、技术侦查民警组成工作专班，对重点行业、重点案件进行研判分析，核查涉枪线索36条（部级1条，金华市级35条），群众主动上交火药动力枪4支。打掉非法买卖枪支、非法狩猎案团伙1个，采取刑事强制措施11人，缴获气动力枪支12支、铅弹900余发、野生动物50余只。

【刑事科学技术应用】 2022年，市公安局刑事科学技术室勘查现场2639起，提取手印977起，提取率37.02%；提取足迹796起，提取率30.16%；提取DNA 1411起，提取率53.47%。指纹比中318起，其中比中现案271起；DNA比中285起，其中比中现案244起。17个派出所（公安分局）配备手机采集设备18台。新型刑事案件发案数2250起，勘查率99.56%；手机软件安装包（APK）提取率32.04%、解析率100%；案件嫌疑人语音采集率12.04%。溯源分析率32.18%；远程勘查率12.34%；窝点勘查率11.5%。受理理化案件1087起、检材1802个。其中，酒精案件743起、检材1423个；毒物案件301起、检材344个；毒品案件43起、检材50个。毛发快检14047份，出具报告1087份。受理电子物证检验案件647起。12月，刑事科学技术室通过省市场监督管理局的现场复评审，获资质认定资格。

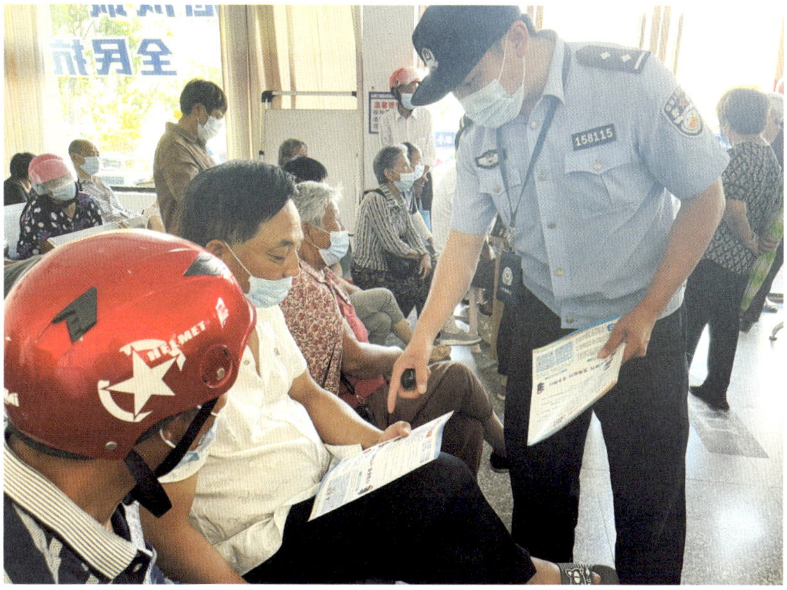

2022年9月10日，东阳江派出所民警在方舱医院开展防范诈骗宣传活动
（市公安局提供）

·经济犯罪侦查·

【概况】 2022年，东阳市受理经济犯罪案件125起，立案102起，破案90起，刑事拘留62人，取保候审30人，移送起诉58人，涉案总金额5.62亿元，挽回经济损失4.1亿元。

【提升企业风险防范能力专项行动】 2022年4月，市公安局联合市检察院、市工商联制定“护航2022”助企惠企提升企业风险防范能力专项行动方案，成立领导小组和专项行动办公室，开展风险防范宣传活动和打击涉企经济犯罪行动。年内，排查风险企业12家、金融公司125家，无违法交易。建立“110帮企”微信（钉钉）联络群25个、警务站24个，开展风险防范宣传1500余次。

【打击和防范经济犯罪宣传活动】 2022年5月，市公安局开展“5·15”打击和防范经济犯罪宣传活动。联合东阳广播电视台城市调频100.2开展防范经济犯罪广播宣传；在警务服务站放置宣传展板，分发宣传资料；召集建筑企业负责人进行座谈，听取企业意见建议，宣讲法律法规；开展进企入户宣传，走访企业155家，开展现场宣传、讲解活动25场，发放宣传资料5000余份。

·禁毒与食品药品环境知识产权犯罪·

【概况】 2022年，市公安局查处非法种植毒品原植物案件12起。开展“零包溯源”集群打击贩毒活动，打击、处理涉毒犯罪人员39人。侦破食品、药品、环境和知识产权犯罪案件45起，采取刑事强制措施91人。

【毒品违法犯罪活动打击】 2022年，市公安局推进“一打三防”暨“云战8号”专项行动，开展各项禁毒工作，打击毒品违法犯罪活动。打击、处理涉毒犯罪人员39人，查处吸毒人员24人，强制隔离戒毒人员4人；查处吸食笑气人员28人，采取刑事强制措施4人；查处非法种植毒品原植物案件12起，铲除有主罂粟446株、无主罂粟46株。

【打击食品药品环境和知识产权领域犯罪专项行动】 2022年，市公安局依法打击食品、药品、环境和知识产权领域违法犯罪活动。截至年末，破获食品、药品、环境和知识产权领域刑事案件共45起，其中环境类案件7起、伪劣产品类案件1起、森林类案件29起、知识产权类案件8起；采取刑事强制措施91人，其中环境类犯罪人员10人、伪劣产品类犯罪人员9

人、森林类犯罪人员42人、知识产权类犯罪人员30人。

·道路交通安全管理·

【概况】 2022年,东阳市道路交通事故报警70865起,比上年下降9.31%,查处交通违法行为69.4万起,查处酒后驾车1101起、醉驾514起。交通事故死亡人数61人,比上年减少8人,未发生死亡2人以上事故。

【交通秩序整治】 2022年3月22日,市公安局对交通秩序整治专项工作进行动员部署,明确责任部门、工作要求及完成时限。全年投入资金780余万元,增加停车泊位109092个(其中机动车位56189个,非机动车位52903个,黄网格800处),施划标线1.7万平方米,更新标志牌120块,更新护栏6800米。查处中重型货车超载超限1796起、电动车交通违法210268起、危险化学品运输车违法226起、酒后驾车1101起、醉驾398起、面包车违法526起。查处交通违法行为66.1万起,其中现场处罚24.5万起、非现场处罚41.6万起。

【非标电动车淘汰置换】 2022年,市公安局开展电动车"码牌合一"集成改革及非标电动车淘汰置换工作,注销264979辆(实物注销131787辆、灭失注销133192辆),淘汰率81.93%;电动车上牌145312辆。增加新国标电动自行车上牌点11家,全市增至104家。

【机动车驾驶考试】 2022年,东阳市参加汽车类科目一考试36293人次,合格率54.36%;科目二考试24111人次,合格率57.16%;科目三实际道路考试33962人次,合格率59.24%;科目四安全文明理论考试23965人次,合格率85.61%。

【交通安全教育】 2022年,全市安全教育违章满分驾驶员2115人次,死亡事故同责以上学习42人次,B证以上驾驶员审验现场教育753人次。市公安局开展重点驾驶员春运安全教育668人次,到企事业单位、村居开展交通安全宣传活动,受教育人数1000余人次。

(徐山宝)

2022年3月10日,民警在辖区田间地头开展交通安全宣传活动(郝广平/摄)

检　察

【概况】 2022年,市人民检察院印发《服务保障高质量发展建设共同富裕先行市的实施意见》《关于"服务保障农业农村高质量发展全面推进共同富裕"专项法律监督工作行动方案》等文件,落实法律监督年度报告制度,获省人民检察院、东阳市委主要领导批示肯定。建立全国首个未成年演艺人员保护机制;打击侵害影视市场主体权益犯罪工作信息被中央政法委采用。推进"数字赋能监督、监督促进治理"法律监督模式变革,联合市总工会开展的维护残疾职工合法劳动权益专项监督案入选全国工会劳动法律监督十大优秀案例,取保候审保证金违法处理专项监督入选全省《数字监督办案指引》。推进"检务督察工作示范院"创建工作,形成以办案部门自我管理为基础、案件集中管理为枢纽、检务督察和案件评查为支撑的立体化监督模式,相关工作在全省专题会议上作经验交流。

【首个未成年演艺人员权益保护机制】 2022年7月26日,市人民检察院联合横店影视文化产业集聚区管委会、市公安局、市民政局、市教育局、市文广旅体局等7个部门建立全国首个未成年演艺人员保护机制,印发《关于依法保障未成年演艺人员权益的实施意见》(以下简称《实施意见》)。《实施意见》分39条,以最有利于未成年人为原则,聚焦未成年演艺人员生存权、发展权、受保护权、人格权、受教育权等8项权益保障,突出实操性、预防性。细化对该群体的监护与委托照顾,扩大照护主体,规定现场看护与现场保护专员;从受教育权角度,完善和规制失学、辍学、变相辍学等现实难题;关注性侵害预防与不良行为矫治,强调住宿登记与管理主体,要求行业主管部门加强对未成年演艺群体不良行为的干预。《实施意见》是市人民检察院与北京师范大学合作理论成果转化,为未成年人演艺行业的国家立法提供基层实践经验。

【平安建设】 2022年,市人民检察院打击危害国家安全和故意杀人、抢劫、强奸等严重暴力犯罪,批捕72人、起诉90人;惩治黄赌毒、盗抢骗、涉枪涉爆等犯罪,批捕209人、起诉797人;受理涉黑恶案件4件17人,改变定性1件4人,追加认定恶势力犯罪集团案件1件。落实最高人民检察院"八号检察建议",开展影视拍摄、建筑施工、货运交通等领域安全生产专项监督。以公益诉讼推动隧道安全整治的工作做法，被最高人民检察院宣传报道，督促整治隧道安全行政公益诉讼案入选全省类案监督“办案指引”。

【破坏营商环境犯罪惩治】　2022年，市人民检察院惩治破坏营商环境犯罪，起诉各类侵犯企业合法权益犯罪案件30件67人，为建筑企业挽回经济损失1.69亿元。提前介入、引导侦查一起侵犯北京冬季奥运会吉祥物形象著作权案，被省人民检察院列为督办案件。打击两起蓄意散布网络谣言、侵害影视市场主体权益犯罪，工作信息被中央政法委采用。清理涉民企刑事“挂案”，对15名涉企人员作出不批准逮捕或不起诉决定。对两家企业开展刑事合规(检察机关针对企业涉嫌具体犯罪，结合办案实际，督促涉案企业做出合规承诺并整改落实)工作。

【未成年人保护】　2022年，市人民检察院惩治性侵、虐待等侵害未成年人权益犯罪，批捕42人，起诉52人；对情节轻微、悔罪表现较好的涉罪未成年人，不批捕或不起诉29人，观护帮教41人；发出“督促监护令”2份。落实最高人民检察院“一号检察建议”，会同教育、卫健等部门开展专项行动，健全完善教职工准入查询、强制报告机制。推进未成年人检察社会支持体系优化，协调市慈善总会、东阳农商银行设立500万元的“未成年人保护及发展专项基金”，为未成年人司法救助、观护帮教等提供社会化支持。向市爱盟社会工作服务中心授牌成立涉案未成年人家庭教育指导站。

【市域社会治理】　2022年，市人民检察院贯彻宽严相济刑事司法政策，落实认罪认罚从宽，对563名轻罪犯罪嫌疑人作出不捕或不诉决定，诉前羁押率比上年下降41.73%。建立司法办案社会稳定风险评估机制，落实领导接访和信访包案制度，息诉化解各类控告申诉信访14件。聚焦“万亩千亿”建设、信息网络、交通安全、工程建设等重点领域，制发社会治理类检察建议19份；开展摄影棚安全生产、“饭圈”文化乱象专题调研。

全年，市人民检察院打击整治养老诈骗，起诉电信网络诈骗及关联犯罪嫌疑人309人，挽回经济损失500余万元。保障弱势群体权益，支持起诉“一老一小”诉请支付赡养费、抚养费、农民工讨薪等案件8件；以数字监督整治老弱病残群体被诈骗银行信用贷的做法被省人民检察院转发；为45名被害人、困境当事人发放司法救助金45.8万元，王某盟国家司法救助相关案件入选最高人民检察院典型案例。

2022年4月2日，“未成年人保护及发展专项基金”捐赠仪式举行

（邓　俊/摄）

【侦查监督与协作配合办公室成立】2022年1月17日，市人民检察院与市公安局“侦查监督与协作配合办公室”揭牌成立。侦查监督与协作配合办公室依托市公安局执法办案管理中心，由市人民检察院、市公安局共同负责，主要职责包括侦查监督与协作配合相关机制的组织协调、监督协作、督促落实、咨询指导和其他职能，为在办案实践中落实提前介入、补充侦查、立案监督、侦查活动监督等制度提供平台机制保障。

【刑事诉讼监督】　2022年，市人民检察院履行刑事诉讼主导责任，立案监督106人、撤案监督28人，发出纠正违法通知书、提出纠正意见等6件次，追诉后被判处10年以上有期徒刑6人，监督质效居金华市前列。加强审判监督，抗诉一起合同诈骗案，获二审改判支持。加强刑事执行监督，加大社区矫正监督力度，与其他政法单位就“判实未执、应收未收”问题共建源头防控、动态监管机制。加强职务犯罪检察，推进行贿受贿一起查，对9件职务犯罪案件提起公诉。联合市司法局制定《关于开展审查起诉阶段律师辩护全覆盖工作的实施细则(试行)》。

【民事诉讼监督】　2022年，市人民检察院依法办理民事检察案件137件，提出再审检察建议、提请抗诉31件，法院指令再审、改判53件(含往年旧存)，6件案件获评全省优质案件。监督改判虚假诉讼案件52件，向公安机关移送犯罪线索6条12人。开展虚假诉讼监督“回头看”，监督法院终结执行案件14件。开展网络司法拍卖、车辆查封扣押等专项监督，办理民事执行案件44件，其中不动产解封专项监督工作被《检察日报》宣传报道。加强民事审判活动监督，联合市人民法院、市司法局建立规范人民调解协议司法确认机制。开展公民违法代理专项整治，相关做法在金华市检察机关推广。

【公益诉讼监督】　2022年，市人民检察院办理行政非诉执行案件23件，制发空壳公司注册、超限超载治理等领域行政违法检察建议3份。办理行政和民事公益诉讼起诉案件12件,行政公益诉讼诉前程序案件37件,其中重特大案件26件。督促保护烈士纪念设施行政公益诉讼案获评全省典型案例。对一起长期非法占用农用地案提起行政公益诉讼,是金华市首例。建立人大代表建议、政协委员提案与检察建议衔接转化机制,招募环境、文保、土木等领域专家志愿者加入"益心为公"检察云平台。

【生态保护检察监督】 2022年,市人民检察院运用"刑事惩罚+生态修复+社会治理"生态检察模式,起诉破坏生态环境和资源犯罪14件21人,督促修复被毁损林地、耕地、被污染土地20余公顷,追索环境损害赔偿金100余万元。协同市人民法院、金华市生态环境局东阳分局开展"共建清洁美丽世界"暨学法普法主题党日活动,普及行业环保法律知识,督促红木家具企业落实环保主体责任。

【"三查融合"监督】 2022年,市人民检察院以审查、调查、侦查"三查融合"推进法律监督,在金华市各县(市、区)率先制定实施意见,建立健全办案方式联合、补充侦查协同、司法警察介入、技术人员参与等机制。加强检察环节自行补充侦查职能,加强关键证据亲历性审查,构建完善"引导侦查+自行补充侦查"模式,对200余件案件开展调查核实、自行补充侦查。在办理一起未成年人盗窃案中,通过亲历性审查排除违法证据,改变案件定性;开展个性化帮扶,保障困境未成年人合法权益,个案经验被省检察院上报至最高人民检察院。

【数字监督】 2022年,市人民检察院以数字建模开展类案监督29项,成案288件。通过开展"取保候审保证金违法处理"数字专项监督,查实并督促整改涉违法问题案件24件,促使公检法联合制定制度规范,该专项监督入选全省《数字监督办案指引》;开展"违规销售、使用非成品油"数字专项监督,督促追缴税款1400余万元;联合市总工会开展"残疾职工就业权益保障"数字专项监督,查实侵害残疾职工劳动权益企业20余家,该项工作入选全国工会劳动法律监督十大优秀案例。

【执法司法信息共享】 2022年,市人民检察院推进执法司法信息共享,对接数源部门,归集政务、政法数据源信息近200万条,涵盖23个部门40余个种类。以多跨场景建设集成推进数据共享,研发"民检通"系统,推动民事生效裁判文书信息共享,依托"主体资格""刑民交叉漏罪漏犯"等功能模块,办理类案监督案件39件。融入"大综合一体化"行政执法改革,与市综合行政执法指导办公室共同设立"大综合一体化"执法改革"检执联动"联络室,建立数字联动、线索移送、行刑衔接机制;在执法监管数字应用平台探索增设"检执联动"模块,共享行刑数据信息。与横店影视文化产业集聚区管委会签订数字化平台战略合作协议,将"智慧影视检察"场景应用嵌入"横店影视文化产业大脑"数字平台。

(王　蓉)

法　院

【概况】 2022年,市人民法院受理各类案件23789件,结案24104件(含旧存),结案率101.32%,服判息诉率92.96%,自动履行率53.23%。

【刑事审判】 2022年,市人民法院受理刑事案件1047件,审结1067件(含旧存),惩处犯罪分子1899人。审结涉黑恶案件5件、23人,处置"黑财"(依法应予追缴、没收或者责令退赔的黑恶案件涉案财物的统称)9000余万元;审结抢劫、黄赌毒、聚众斗殴、盗窃等刑事案件301件、580人;审结电信网络诈骗犯罪案件43件,挽回经济损失1710.98万元;审结帮助信息网络犯罪活动罪案件57件;审结贪污、受贿等职务犯罪10件,追回赃款772.4万元;审结污染环境、破坏资源等刑事案件11件。推进打击整治养老诈骗专项行动,实行"快审快办快结",挽回经济损失610余万元,1个案例入选省高级人民法院打击整治养老诈骗典型案例。

【民商事审判】 2022年,市人民法院受理民商事案件10687件,审结10921件(含旧存),解决争议标的额91.42亿元。审结婚姻、继承等家事纠纷案件698件;审结劳资纠纷案件601件;审结知识产权纠纷案件375件。协同市劳动人事争议仲裁委员会落实审裁衔接联席会议机制。发布知识产权司法保护典型案例,其中1个案例入选金华市人民法院年度十大知识产权司法保护典型案例。

【行政审判】 2022年,市人民法院受理行政案件84件,比上年下降14.29%。审结86件(含旧存),其中以调解、撤诉方式结案24件、占比27.91%;行政机关败诉4件、败诉率4.65%。连续12年发布《行政审判白皮书》,通报行政审判情况。完善与行政机关的长效沟通机制,常态化召开府院联席会议。向市委、市政府专项汇报关于新材料"万亩千亿"产业平台涉诉案件情况,提供法律参考,减少征地、安置系列纠纷。开展行政纠纷诉前化解,保障法治东阳建设。

【执行工作】 2022年,市人民法院受理执行案件4721件,执结5222件(含旧存),实际执行率47.6%,到位标的金额14.88亿元,到位率列金华市第一位、全省第六位。推进执行"一件事"综合集成改革,受邀参加中央网信办发起的"良法善治"网络主题宣传活动并作成果介绍,相关经验和成效被《法治日报》头版头条刊发。打击拒执专项行动,办结涉拒执犯罪案件31件35人,列全省第三位。

【矛盾纠纷化解社会关系修复专项基金成立】 2022年7月13日,由市人民法院、市慈善总会和东阳农商银行联合发起的矛盾纠纷化解社会关系修复专项基金成立。"司法+慈善"救助机制拓宽司法救助的多元渠道,是社会参与源头解决执行难工作的一项探索。截至年末，对符合救助条件的5起案件中的5人，发放救助金81600元。

【法治化营商环境建设】 2022年，市人民法院开展企业“司法体检”专项活动，发出年内第1号企业“司法体检”报告，为企业在规范经营、预防风险、减少纠纷等方面提供意见。缩短涉企纠纷案件审理周期，审结买卖合同类案件1858件，平均审理天数44.18天，比上年下降10.46%。执行合同办理天数112天，比上年下降20.57%。探索破产重整、预重整创新机制，推动11家企业进入重整程序，引入各类重整资金19.7亿元。审结破产案件115件，清理超一年以上未结破产案件29件，清积量居金华市第一位、全省第二位。化解不良债务127.18亿元，安置职工406人，处置资产21.2亿元，盘活土地24.27公顷、林权151.07公顷，房屋建筑物21.23万平方米。推进低效工业用地清理整治，挂拍成交工业用地9宗，成交总额逾4亿元，涉案土地面积19.54公顷。

【诉源治理】 2022年，市人民法院印发《非诉解纷法官全域调解指导工作指引(试行)》。推进市社会治理中心“一窗分流”机制落地实施，依托纠纷分流功能，配套落实诉前调解“一案一法官”指导机制，纠纷分流率73.97%，受理民商事案件数量比上年减少，诉源治理的工作经验获省高级人民法院肯定。

【案件质量管理】 2022年，市人民法院实行“四类案件”(涉及群体性纠纷，可能影响社会稳定的；疑难、复杂且在社会上有重大影响的；与本院或者上级法院的类案判决可能发生冲突的；有关单位或者个人反映法官有违法审判行为的案件)监管制度，实现案件办理全流程可视、可管、可控。完善审判委员会和专业法官会议制度，召开审判委员会、专业法官会议35次，提出指导性意见17条。印发《关于信访举报件“一案双查”实施办法》，将涉诉信访案件纳入评查范围，信访化解率93.1%。常态化推进“程序空转”现象的实时、动态监测，程序比(各类一审、二审、上诉、审判监督和执行收案数与一审、二审收案数的比值。程序比越低，说明“当事人一件事”经过的办案程序越少，“程序空转”的程度越低，矛盾纠纷解决的成效越好)1.432，居金华市基层人民法院首位。查处涉虚假诉讼案件97件101人，虚假诉讼高发的民间借贷领域收案3685件，比上年下降31.28%。

2022年5月11日，市人民法院工作人员在企业开展调研 (楼 莹/摄)

【“全域数字法院”建设】 2022年，市人民法院依托“移动微法院”“共享法庭”等平台，网上立案1352件，在线诉讼730次，协助执行350次，参与基层治理670次。推广“司法公正在线”应用，当事人可通过“微信”“支付宝”“浙里办”App，扫描送达法律文书上的“案件码”，实时查看案件基本情况、审理进度及审理人员信息等，并在线填写反馈意见、对案件办理进行评价。

【“共享法庭”建设】 2022年，市人民法院建成“共享法庭”354家，完成镇乡(街道)、村(社区)全覆盖。南马镇花园村共享法庭和三单乡共享法庭获评金华市星级“共享法庭”。通过“共享法庭”App的网上立案、在线诉讼和线上普法功能，市人民法院指导镇乡(街道)、村(社区)调解792次，化解矛盾纠纷564起，开展在线普法宣传396场次。市人民法院与浙江横店影视职业学院共建“崇法笃行”法治教育基地、共享法庭，通过“法官进课堂”“法庭开放日”活动、“共享法庭”在线普法等形式，开展普法宣传活动，建立日常联络机制。

(包宇婷)

司法行政

【概况】 2022年，市司法局深化司法行政领域改革，构建普惠共享的公共法律服务体系。开展“法助共富 法护平安”专项行动，成立“法助共富”法律服务团。开展“法治助影 服务便影”系列活动，成立全国首家影视产业律师调解中心，“东阳市法治助影助推精神富足”案例入选全省法助共富最佳实践案例。成立建筑产业律师调解中心。“后陈式”法治村实现全覆盖。开展“八五”普法活动，落实“谁执法谁普法”普法责任制。

【全国首家影视产业律师调解中心成立】 2022年6月10日，东阳市影视产业律师调解中心在横店影视文化产业集聚区管委会举行揭牌入驻仪式，标志着全国首家影视产业律师调解中心正式投入运行。市司法局与横店影视产业集聚区管委会、金华律师协会东阳分会共同发起成立影视与旅游法律专业委员会，由18名主任律师任委员，具体负责影视产业律师调解中心的实际运行工作。影视产业律师调解中心明确案件办理、公证保全、司法确认三项职能和法院引流、管委会委派、政府部门移送、当事人申请四大案件来源,设定收案、登记、调解等六项工作流程,重点解决横店影视产业集聚区在影视创作、摄制、发行、传播等过程中遇到的法律问题。对接横店法庭,开辟涉影视行业、涉旅游矛盾司法确认快速通道,快执快结涉旅游纠纷130余件,案件平均办结时间提升60.8%。加强警调衔接,安排专职调解员入驻横店派出所,参与调处游客人身损害赔偿、死亡等重大矛盾纠纷45件。在广州街·香港街、明清宫苑、圆明新园等6个重点景区设立调解小组,化解游客餐饮住宿等纠纷345件。在横店演员公会、浙江横店影视职业学院、横漂广场等21处设"法律驿站",在"横影通""云勘景"等子应用嵌入法律服务数字模块,为不同群体提供"线上+线下"全品类法律服务。开展"百名律师(法律工作者)联百企""律师进商会协会"等系列活动,组织44名律师到159个影视企业和影艺个人工作室开展"法治体检",出具意见和建议205条。

【司法综合改革】 2022年,东阳市推进司法所综合改革,推进"大综合一体化"行政执法改革,健全完善行政裁量基准,建立健全执法过错、行政复议纠错、行政败诉责任追究制度,强化行政执法监督机制和能力建设,推进严格规范公正文明执法。推进"放管服"改革,放宽公证执业区域限制,完善收费管理机制,健全完善合作制试点公证机构管理机制。推进司法行政部门数字化改革迭代升级,东阳市特邀行政执法监督应用与全省数字化行政执法监督应用系统贯通。

【法律服务】 2022年5月,市司法局开展"法助共富 法护平安"专项活动,成立普法宣传、援助为民、调解专家、政策审核、公证为民、乡村振兴、矫正帮扶7个法律服务团,围绕实施"扩中提低"、打造精神文明高地、"共富企业"创建、"共富乡村"改革、共建

2022年5月18日,"法助共富 法护平安"专项行动推进会暨"法助共富"法律服务团成立仪式举行 (潘婷婷/摄)

共富"十百千万"结对,开展法律服务。建立涉及影视文化、木雕红木、建筑施工等12个领域的法律服务网格369个,覆盖各类市场主体10万个,为334家各类企业进行法治体检。向"万亩千亿"产业平台、浙江广厦建设职业技术大学木雕小镇校区等重点项目派驻专业人员,全程提供咨询意见、合同合法性审查、尽职调查等法律服务。

【法律援助】 2022年2月,市司法局联合市人民检察院制定《关于开展审查起诉阶段律师辩护全覆盖工作的实施细则(试行)》,对刑事法律援助案件范围内,市人民检察院、市司法局、法律援助律师的具体职责以及工作保障等方面作出规定。6月15日,东阳市召开十六届政府第十次常务会议,专题学习《中华人民共和国法律援助法》。年内,市司法局解答法律咨询6022人次,开展法律援助1810件、法律帮助756件。

【人民调解工作】 2022年,东阳市印发《关于进一步加强新时代人民调解工作的实施意见》,推动基层调解组织的队伍建设,建立诉源治理调解专家库,开展重点疑难纠纷调解。市、镇、村三级人民调解组织受理矛盾纠纷10657件,成功调解10637件,调解成功率99.81%,其中调处成功重大疑难复杂案件207件(含非正常死亡纠纷124件),调处成功法院委派纠纷1586件(比上年增长187%)。

【社区矫正】 2022年,东阳市开展社区矫正机构执法规范化提升年活动,推进社区矫正纪律作风专项巡查和隐患排查整治工作。举办矫正中心开放日活动,邀请政协委员到矫正中心进行实地调研,听取各方意见和建议。市司法局通过"全域化+颗粒化"宣传模式开展《中华人民共和国社区矫正法》实施两周年宣传月活动,相关工作获省司法厅副厅长劳泓批示肯定。10月27日,市司法局联合市委政法委、市公安局、市人民检察院和市人民法院制定《东阳市社区矫正信息联动机制》,加强信息互联互通、资源共享,加强对社区矫正对象的管控监督力度,预防社区矫正对象脱管、漏管和再犯罪。

【安置帮教】 2022年,东阳市推进"除险保安"百日攻坚专项活动,落实安置帮教对象"一人一档"管理,建立重点人员监管"三张清单"(问题清单、责任清单、整改清单)。对全市1300余名刑满释放人员实施"四色"动态管控(根据刑满释放人员的思想现状、家庭情况、经济情况、适应社会能力、生活需求等诸方面,将刑满释

放人员按红、橙、黄、绿四色进行分类并开展动态帮教），进行全覆盖走访筛查，开展思想教育、心理疏导、纾困解难。

【普法宣传】 2022年，东阳市实施“八五”普法活动，加强“谁执法谁普法”普法责任制，构建党委领导、政府主导、人大监督、政协支持、部门各负其责、社会广泛参与、人民群众为主体的全民普法领导体制和工作机制。印发《东阳市2022年普法依法治理工作要点》《关于组织开展东阳市2022年度“节假日、纪念日、主题日”系列普法宣传活动的通知》等文件，明确普法责任部门分工及宣传内容，突出学习宣传习近平法治思想、宪法和民法典。开展习近平法治思想“八进”、法律“十进”等活动；全年开展各类主题系列活动782场。全市首个“法治+文艺”普法工作室——周茂良法治文艺工作室联合东阳市艺苑普法协会开展群众性法治宣传系列活动34场。升级“法治东阳”微信公众号，开设“每日学一典”“法助创建 礼乐文明”“企业合规检查”等专栏。建立农村法治人才普法队伍，培育“法治带头人”1164人、“法律明白人”1940人。

【基层民主法治建设】 2022年，东阳市创建“后陈式”法治村162个，实现“后陈式”法治村全覆盖。创建国家级民主法治示范村1个（城东街道家卢村）、省级民主法治村（社区）9个，实现金华市级民主法治村（社区）全覆盖。南马镇花园村获评全国法治宣传教育基地。东阳市推进法治乡村建设助力乡村振兴，建立健全以自治为基础、以法治为保障、以德治为引领、以智治为支撑的“四治融合”现代乡村社会治理模式，形成“共建、共治、共富、共享”的乡村社会治理格局，相关做法被《法治金华简报》刊发。

2022年12月5日，市司法局、市普法办在百工园开展东阳市“宪法与浙江”主题宣传月暨2022年“12·4”国家宪法日普法宣传活动 （马瑾凯/摄）

【公证】 2022年，市公证处办结公证4062件，其中民事公证2366件、经济公证1100件、涉外公证596件。在横店影视产业集聚区开通“东阳公证助影绿色通道”，推出上门服务、快捷出证等服务，办理相关公证40余件，办理时间从15天压缩至1天。

【律师管理】 2022年，东阳市有律师事务所27家，有各类执业律师327人，其中专职律师226人、兼职律师1人、援助律师3人、公职律师74人、公司律师23人。组织开展新时代东阳律师精神大讨论活动。

（吴佳英）

军　事

人民武装

【概况】 2022年，东阳市人民武装部(以下简称市人武部)开展军事训练、征兵工作、双拥工作，加强军地共建、保密工作，推进基层武装部规范化建设，推动军地共建向纵深发展。1月10日，市委召开议军会议，传达学习中央军委国防动员部民兵建设"十四五"规划任务部署会、省委和金华市委议军会议精神；讨论审议《关于进一步加强国防动员和后备力量建设的若干意见》；宣读新任镇乡(街道)人民武装部政治教导员任职命令，为18个镇乡(街道)新任人武部政治教导员颁发任命书。

【军事训练】 2022年，市人武部开展全方位岗位练兵活动。1月4日，组织全体现役干部、文职人员、职工及江北民兵应急排参加2022年度金华军分区开训动员大会。5月23—27日，组织骨干参加2022年度金华军分区民兵干部暨专(兼)职教练员集中培训。6月20日，组织全市18个镇乡(街道)民兵应急排开展实弹射击训练考核。7月6—7日，参加第五届金华军分区岗位练兵大比武暨半年军事训练考核活动，获团体总分第一名2个、第二名1个，获个人单项第一名3个、第二名2个、第三名3个、第六名1个、第八名1个。7月11—15日，组织基层专武干部参加金华军分区统一集训。8月18—19日，组织全体现役干部、文职人员参加省军区首长机关网上训练。8月22—28日，选派民兵骨干参加2022年省军区"浙南协作区"防化专业集训。分期分批组织市民兵应急连、镇乡(街道)民兵应急排、特种保障救援连、特种保障救援排开展专业课目及任务行动集中训练。首次开展民兵连长岗位培训。承担省军区民兵教练员队伍建设课题任务，组建专班重点攻关，形成研究成果，获省军区评审组肯定。

【军地联合通信应急演练】 2022年6月24日，市人武部、中国移动东阳分公司联合开展2022年军地联合通信应急演练。该次演练以"模拟+实战"的方式进行，开展"五停、五断"(五停：停户外集体活动、停课、停工、停业、停运；五断：断水、断电、断网、断路、断气)情况下卫星电话拨测、卫星通信车开道、沙包防水封堵、油机车发电、运送保障、光缆线路抢修6个课目的演练，确保重大灾害发生后的通信畅通。

【征兵工作】 2022年1月6日，市人武部在浙江广厦建设职业技术大学和浙江横店影视职业学院开展大学生征兵宣传暨国防教育活动，宣传征兵政策和法规。3月18日，市征兵办组织新兵在横店影视城"金华舰"国防教育基地举行入伍宣誓仪式。6—8月，市人武部开展下半年征兵宣传工作。东阳市完成一年两次兵员征集任务。

【安全保密工作】 2022年4—6月，市人武部围绕安全保密工作"6个管住"(管住社交软件和网络平台、管住信息发布与传递、管住手机使用、管住涉密文件、管住涉密办公设备、管住涉密场所)和"40个严禁"规定，多措并举，开展人员、车辆、装备、涉密载体等安全防护工作。量化基层武装部规范化建设考评细则，对重点人员、重点岗位、重点场所、重要装备、重要目标和涉密载体进行清查治理整顿，优化升级营院安全环境，筑牢安全防线。市人武部被金华军分区评为安全管理先进单位。

【基层武装部规范化建设】 2022年6月10日，金华军分区在市人武部组织开展人武部规范化建设现场观摩活动，实地观摩市人武部营院整体改造、战备值班制度、战备器材配备、办公(科)室设置、备勤备战机制等建设情况。7月，市人武部指导全市18个镇乡(街道)人武部扩(充)建库室、扩(增)大装备，规范化"定人、定室、定库、定装"；在金华军分区基层武装部规范化建设"百日攻坚"活动中，横店镇、东阳江镇并列第二名。市人武部推进民兵训练基地项目建设，截至年末，基本形成集民兵训练、国防教育、征兵体检功能于一体的综合保障基地。

【双拥共建】 2022年1月21日，东阳市召开"戍守边疆"现役军人家属座谈会，"戍守边疆"现役军人家属代表和相关工作人员参加。5月13—15日，市人武部组织江北民兵应急分队与军地相关人员为省军区首长机关过境东阳开展服务保障工作。市四套班子领导、机关部门及镇乡(街道)负责人到驻东阳某部,开展党政机关“军地共建”活动,签署军地共建协议,部队向市委、市政府赠送“爱我人民爱我军”牌匾。9月14日,市人武部启动防台风应急预案,机关人员和基层专武干部及应急力量全员值班值勤。12月16日,市级领导到驻东阳某部开展“军事日”活动,增进军地情谊。

【国防教育】 2022年,市人武部把国防教育融入教学框架,把规范管理融入行为养成,把军营文化融入党政机关、企事业单位和校园文化、乡村振兴方法路径。通过横店红军长征博览城、国防科技园和“金华舰”等国防教育平台载体,丰富国防教育内容。深化“影视+国防教育”模式,开创沉浸式国防教育。2月21日,横店二中100余名学生在横店影视城广州街·香港街景区参与红色主题“剧本杀”《自我觉醒》,通过角色扮演融入剧情,了解发生在1935年的“一二·九”学生运动。7月30日,市人武部、团市委、市少工委联合举办爱国强军筑梦少年——2022年东阳市红领巾“八一”建军节研学活动,通过“金华舰”国防教育平台,引导青少年厚植家国情怀。

(王秀文)

武装警察

【保障服务】 2022年,中国人民武装警察部队金华支队执勤六大队东阳中队(以下简称武警东阳中队)配合市政府、市公安局,协同完成22批次共计494名在押人员的入监警戒任务。与目标单位召开联席会议,开展安全隐患大排查,累计维修执勤设施20余次,整改执勤隐患13处。开展群众性大练兵比武,提高应对突发情况的处置水平。

【军民共建】 2022年,武警东阳中队开展拥政爱民、军民共建活动。邀请雷锋生前老连长虞仁昌以视频通话的形式为中队官兵授课;开展“弘扬雷锋精神 续写雷锋日记 争当雷锋传人”活动,激励官兵永葆军人本色,强化官兵的认同感和归属感,发扬和传承好雷锋精神。开展助民活动,战士与孤寡老人结对帮扶,利用周末以及节假日时间为驻地老人洗头理发、清扫街道等,共筑军民鱼水情。

(钟姚佳)

人民防空

【概况】 2022年,市人民防空办公室(以下简称市人防办)完善行政审批程序,优化工程配建比例,以结建工程为主体,以指挥工程和专业配套工程为重点,构建平战一体、互联互通的人防防护体系。组织人民防空工程和通信、警报的建设与管理,实现人防工程维护管理常态化;组织人民防空宣传教育活动。完成东阳市首宗人防工程不动产权登记和发证工作。完成市域内所有警报设施(36套)数字化改造提升工作。9月30日,人民广场人防工程完成主体结构结顶。

【东阳市发放首本人防工程不动产权证书】 2022年1月18日,东阳市完成首宗人防工程不动产权登记。1月27日,市人防办、市国资办、市不动产登记中心等单位举行人防工程不动产权证书颁发仪式,市人防办和市国资办共同将东阳市第一本人防工程不动产权证书发放给市资发集团下属的东阳市国有资产经营有限公司。

【人防宣传教育】 2022年,市人防办开展《浙江省人民防空工程管理办法》宣传活动。结合“5·12”“9·18”防灾防空警报试鸣活动,开展人防法律法规宣传教育和人员疏散活动。向城区和横店镇中小学发放人防宣传教材4000套,完善重点镇的人防展览馆和民防教育基地宣传教育和技能训练功能。

【人防工程建设监管】 2022年,市人防办完成人防工程战时功能和防护等级确定、主体结构验收、竣工验收备案、质量监督手续办理、易地核实及行政征收审批事项办理等工作。加强人防工程建设全程监管,准备阶段,审查设计方案,明确质监程序和施工技术要求、注意事项;施工阶段,开展日常监督检查,重点检查工程底板、墙板及顶板等重要部位;竣工验收阶段,按照规范要求把关,确保验收形式和程序符合规定。

【人防工程维护管理】 2022年,市人防办开展人防工程资料归档工作,督促各人防工程建设单位完成项目平战转换方案的编制工作;建立人防工程维护管理监督制度,委托第三方机构对竣工人防工程开展全面检查,对检查中发现的问题督促落实整改,确保人防工程战时效能不受损失。会同住建部门及所在街道对群众反映较大的时代花园人防工程、黉门前人防工程管理问题进行现场查验和部门会商,探索完善人防工程社会化、专业化维护管理机制。

(郭俊峰)

发展与改革

【经济形势分析】 2022年，市发展和改革局（以下简称市发改局）制订年度国民经济和社会发展计划，围绕经济运行出现的情况和问题，开展月度、季度的经济形势分析、固定资产投资分析和价格监测分析。健全监测分析制度，完善经济监测网络，召开经济运行监测预警部门联席会议，完成每季度全市经济运行分析报告和140家企业（80家工业企业和60家服务业企业）运行监测调查报告。

【重点项目投资】 2022年，东阳市成功争取专项债30.2亿元、金融债7.3亿元、设备购置贴息贷款0.8亿元、中长期贷款资金35.9亿元。全年，安排政府投资、国有企业投资项目共432个，总投资1335.4亿元。其中，实施项目314个，比上年增长5.02%，总投资907亿元，投资规模比上年增长16%，年度计划投资规模比上年增长18%；前期项目118个，比上年增长7.27%，总投资428.4亿元，投资规模比上年增长43%。

10个省重点项目、8个省“4+1”重大项目、7个省集中开工项目和45个金华市重点建设项目均超额完成年度计划投资。浙江东阳光电子科技有限公司电容器建设项目、年产8000吨光刻材料新建项目、年产6吉瓦时高性能锂电池项目、年产2.35万吨新能源用高端磁性材料项目4个省市县长项目均开工入库。浙江东阳光电子科技有限公司电容器建设项目、浙江普洛家园药业有限公司年产250.5吨高端医药中间体生产线建设项目、横店集团东磁股份有限公司年产2.35万吨新能源用高端磁性材

2022年东阳市省级重点（重大）项目一览表

表11

项目类别	项目名称
省重点项目	义东高速公路东阳（江北至南市）段项目
	义东高速公路东阳（南市至南马）段项目
	351国道东阳周官至山口段改建工程
	东阳横店通用机场项目
	横店集团东磁股份有限公司年产4吉瓦高效PERC单晶电池片项目
	浙江东阳光电子科技有限公司电容器建设项目
	年产2.35万吨新能源用高端磁性材料项目
	横店集团东磁股份有限公司年产6吉瓦时高性能锂电池项目
	351国道磐安安文至东阳马宅段改建工程（东阳段）
	东阳市公共卫生中心建设项目

续表11

项目类别	项目名称
省集中开工重大项目	351国道东阳周官至山口段公路工程
	东阳市人民广场人防工程及其周边交通与景观提升工程
	浙江筑工科技有限公司年产15万立方米全装配预制构件建设项目
	东阳市高铁新城农房改造集聚安置区(二期)项目
	横店集团东磁股份有限公司年产6吉瓦时高性能锂电池项目
	浙江喔刷数字科技产业园暨年产450万台支付终端POS设备生产线建设项目
	博士大桥项目
省"4+1"重大项目	正威长三角新材料产业园项目
	横店影视产业园项目
	横店集团东磁股份有限公司年产4吉瓦高效PERC单晶电池片项目
	高端药物研发设计制造服务平台(CDMO)建设项目
	浙江舒泰健康产业园项目
	浙江东阳光电子科技有限公司电容器建设项目
	年产2.35万吨新能源用高端磁性材料项目
	横店集团东磁股份有限公司年产6吉瓦时高性能锂电池项目

料项目和东阳华芯电子材料有限公司年产8000吨光刻材料新建项目4个项目入选省重大产业项目，项目数列金华市第一位。横店集团东磁股份有限公司年产4吉瓦高效大尺寸单晶电池项目、千芝雅(金华)科技实业有限公司智能制造项目、浙江花园新能源有限公司年产50000吨高性能铜箔项目(二期)等重大产业项目建成投产。新材料"万亩千亿"产业平台入选省级"万亩千亿"新产业平台培育名单，"打造横店国际影视文化创新中心"被写入省第十五次党代会报告。东阳市启动实施浙江广厦建设职业技术大学木雕小镇校区项目、市文化艺术中心项目、"水润东阳"项目等一批重大民生项目；高铁新城项目建设持续推进，东阳新能源产业园(画水镇杨梅园)项目建设铺开。

【项目管理】 2022年，市发改局落实"红黄灯"预警督查机制，开展项目现场督查80余次，对滞后项目下发督办单30余次。对全市50个重点项目开展"挂图作战"，建立项目推进督查考核专题墙。启动项目管理全生命周期管理平台建设，年内完成系统架构图设计。加快项目审批，推进一般工业用地"拿地即开工"，完成一批市政府重点招商引资项目的"标准地"联审。

【绿色低碳产业培育】 2022年，东阳市推动能耗"双控"(能源消费总量控制、单位地区生产总值能耗控制)及"双碳"(碳达峰、碳中和)工作。执行新上项目"四个一律"规定，完成节能审查的项目46个。印发《关于进一步加快我市光伏产业发展和促进节能降碳的实施意见》。市发改局牵头开展碳达峰、碳中和总体方案及能源领域"双碳"方案编制工作。推进电力市场化改革，签订3215家企业兜底售电合同。推进服务业发展，制定服务企业亩产效益综合评价实施办法、奖励政策。赛特斯5G产业园、横店影视产业园入选2022年度浙江省服务业重大项目，横店影视文化产业创新发展区入选省第二批现代服务业创新发展区名单。东阳新材料"万亩千亿"产业平台入选第四批省"万亩千亿"新产业平台培育名单。

【营商环境整治提升】 2022年，东阳市推进政务服务便利化、自由裁量权规范化、政策兑现"一网通办"、市场公平竞争、"亲""清"新型政商关系、评价指标短板整治提升六大行动。2021年度东阳市营商环境评价得分87.09分，比上一年度提高3.4分，连续两年处于全省第一档。高频民生事项线上办理率93%,资格定补类奖励全部兑付。实施社会信用建设工程,探索“信易贷”“信易停”“信易行”等应用场景。在食品安全、交通出行和生态环境等27个领域开展信用分级分类监管。加强信用联合奖惩,在“信用东阳”网站设立曝光台和红黑榜。对3613名“老赖”实施高消费限制,对238家企业限制财政奖励补贴、奖项评选。

【数字社会建设】 2022年,东阳市实现24个省级数字社会重大应用贯通。“共富花园未来乡村”应用参加省数字社会系统路演,形成理论成果并在国家发展和改革委员会网站上发表。开展“浙里民生关键小事”“浙里基本公共服务”应用测试工作,参与测试的体验员数量、“小事”办件量分别列金华市第一位、第二位。“东阳新生报名”“东阳公交”等7个应用的日均访问总量达3万余人次,居金华市前列。

【价格管理】 2022年,东阳市完成庆华外国语学校等四所民办学校定价、调价工作;完成东阳市义务教育阶段课后服务收费、横店镇区道路及公共停车场机动车停放服务收费标准核定;完成东阳市层面非居民生活垃圾处理、殡葬服务收费标准调整相关工作。推进清费减负,截至年末,累计减负1438.29万元。

2022年,市发改局开展价格监测预警。启动4次应急价格监测,监测点从8个调整至11个,应急监测频率从每周一报调整为每日一报。开展市场应急价格巡视6次,编报应急监测简报27期,收集各类监测报表超800份。增加价格信息监测点1个(和平蔬菜批发市场),全市民生价格信息监测点增至8个。每月完成一期价格监测分析报告,上报液化气、农资和居民生活三大类价格监测报表共84次,其中上报春耕农资价格监测报表13次;完成各类监测分析报告12篇。发布民生商品价格监测信息27期,包括在《东阳日报》发布18期。开展早稻、晚稻、国家定点的中药材元胡和白芍的农本调查。公开价格信息,实施民办学校、污水处理等成本调查监审。

(王海霞)

财 政

【概况】 2022年,东阳市财政总收入137.25亿元,比上年下降3.6%。一般公共预算收入81.61亿元,比上年下降2.1%;一般公共预算支出115.33亿元,比上年增长4.1%。全年财政收支平衡。

【财政收入】 2022年,东阳市一般公共预算收入81.61亿元,占地区生产总值的10.7%、占财政总收入的59.5%,含税收收入68.47亿元,占一般公共预算收入的83.9%。非税收入总额113.05亿元,其中政府性基金收入99.89亿元,包含土地使用权出让收入95.45亿元,纳入一般公共预算管理的非税收入13.16亿元。争取增加债券资金40.2亿元,其中一般债券10亿元、专项债券30.2亿元。

【民生领域支出】 2022年,东阳市民生领域总支出85.9亿元,比上年增长2.3%,占一般公共预算支出74.5%。其中,社会保障和就业支出18.05亿元,比上年增长13.6%,提高特困人员供养标准至1947元/月、孤儿集中养育标准至2725元/月;卫生健康支出11.19亿元(含疫情防控经费8.68亿元),比上年下降3.4%;教育支出23.72亿元(含教育债券资金7.94亿元、民办义务教育专项资金4712万元),比上年下降3.5%;文化旅游体育与传媒支出3.42亿元(含旅游促消费资金2000万元),比上年增长20.5%;公共安全支出6.73亿元,比上年下降2.7%;科学技术支出3.74亿元,比上年增长23.3%;节能环保支出1.96亿元,比上年下降43.2%;城乡社区支出3.98亿元,比上年下降13.4%;农林水支出9.41亿元,比上年增长15.7%;住房保障支出3.7亿元,比上年增长27%。

【服务经济社会发展支出】 2022年,市财政局加强重点产业扶持,迭代升级优势产业政策。扶持建筑业发展,投入专项发展资金7.82亿元;聚焦智能制造,投入工业企业技改奖励1.62亿元;支持影视业壮大,投入影视文化产业专项资金3.06亿元;优化商贸营商环境,投入开放型经济专项补助1.04亿元。落实减税降费政策,推动增值税留抵退税(把增值税期末未抵扣完的留抵税额退还给纳税人)直达快享,足额保障退税资金退还,办理留抵退税12.35亿元。开展助企纾困工作,配合制定支持市场主体平稳健康发展30条、战疫情抢发展16条等政策,增加助企纾困资金支出9227万元。落实金融纾困政策,为困难企业提供融资担保服务,在保余额16.27亿元。保障重点项目建设,支持推进综合交通大会战,落实建设资金10.3亿元;助力城市品质提升大会战,落实创建文明城市专项资金3.81亿元;助力城市生活环境建设,拨付小城镇环境综合整治资金3573万元;支持生态环境改善大会战,拨付绿色转化财政专项激励政策项目资金1亿元,实施项目23个。

【推进乡村振兴支出】 2022年,市财政局推进全省财政部门“小切口”改革省级试点,开展“一事一议”财政奖补支持打造共富村试点工作,确定城东街道负责2022年度农村综合改革集成建设项目,落实49个“一事一议”项目财政奖补资金3760万元。支持村级集体经济加快发展,拨付“十佳村”创建补助资金1.4亿元、土地整理资金2.6亿元、山塘整治资金1.68亿元、中小河流治理资金1.43亿元。保障乡村振兴政策落实,支持美丽乡村、高标准农田、共享田园建设,安排农业林业水利支出9.41亿元,比上年增长15.7%。

【财政数字化改革】 2022年,市财政局打造东阳市惠企利民政策兑现平台,通过该平台申报项目29395个,惠及企业12792家,兑现政策资金30.4亿元。“预算一体化”“浙里垫付”“浙里用票”“浙里报”4个省级重大应用贯通。完成数字财政综合应用门户系统基本建设,通过一体化、智能化公共数据平台，实现财政部门整体运行情况集中呈现。优化完善政府投资项目智控平台，各类政府投资、国企投资项目入库1095个。开展全省财政金融协同支农数字化改革试点工作，担保金额9566万元，支持农户159户。

【财政监管】 2022年，市财政局落实直达资金管理，完成直达资金分配11.36亿元，分配率100%，支出率100%，完成风险预警处理83条。加强政府投资项目审核，完成各类审核项目1124个，送审金额528.29亿元，审定金额476.22亿元，核减金额52.07亿元，核减率9.86%。对5个部门、5个镇乡（街道）开展整体支出绩效评价，对20个专项开展重点绩效评价。加强财政支出管理，控制一般性支出，年初压减非刚性、非重点支出6554万元，压减率4.8%；年中压减资金1.16亿元。

【财政风险防范】 2022年，市财政局防范化解政府债务风险，制订按月化解明细计划，推进政府隐性债务化解，债务风险等级维持在绿色安全级别。开展库款运行监测，加强对新政策的资金测算，保障资金需求，避免出现兑现缺口，保障国库资金平稳运行。制定公款竞争性存放招投标评分指标与评分规则，组织财政资金竞争性存放29亿元。加强对行政事业单位资金存放的监督指导，从市级机关到镇乡（街道）实现公款竞争性存放全覆盖。

（经立安）

税 务

【概况】 2022年，国家税务总局东阳市税务局（以下简称市税务局）完成各项税收收入139.15亿元，比上年下降4.1%；社会保险费（含职业年金）入库57.5亿元，比上年增长10.53%；非税收入入库100.65亿元，比上年增长95.49%。办理增值税留抵退税12.35亿元，比上年增长254.87%；为1.65万家企业实施社会保险费阶段性缓缴1.21亿元；办理出口退免税41.62亿元，比上年增长64.83%。

【税务法治】 2022年，市税务局推进行政执法公示制度、执法全过程记录制度和重大执法决定法制审核制度落地实施，规范化执行税务行政事项公开，动态化更新税务行政权责清单，常态化开展执法文书合法性审核，年内完成重大执法决定法制审核9件，规范性文件合法性审核1个。开展“司法+税务”协作模式，收到各级法院征询函150件，法院分配债权、划扣过户税费1.95亿元。解决不动产税收强制执行现实问题，拍卖不动产34套，清缴欠税超9922.47万元。与外地稽查局开展发票协查125户次，查补税款658万元。开展信息化专项整治，梳理整治项目101个，涉及金额885.59万元。落实税收执法责任制，每月开展税收执法考评工作。

【税费征管】 2022年，市税务局贯彻落实《关于进一步深化税收征管改革的意见》。推进全面数字化的电子发票（以下简称数电发票）受票扩围试点工作，为5064家次企业提供预先使用服务，接收数电发票8365份。深化征管质量5C（税款征收、纳税服务、风险管控、税务检查、自我纠正及法律救济5个主维度）监控评价体系，清理税费种基础数据8800条。建立土地增值税清算日常管理机制，完成26个项目，应补缴项目18个，应补缴税款3.46亿元，年内完成补缴13个，补缴金额2.49亿元。推进个人所得税综合所得年度汇算工作，实现退税办结率、补税办结率和补税入库率均达100%。落实《中华人民共和国印花税法》，控制印花税核定范围，核实比对土地成交、中标工程、合同数据和采购合同四类外部数据和金税三期系统印花税数据。推进城乡居民医保费集中征缴工作，优化调整社会保险费申报缴纳流程。

【税收营商环境优化】 2022年，市税务局持续推进“非接触式”办税缴费，提升“智慧云”税厅环境，网上综合办税率99.01%。落实东阳市社会矛盾纠纷调处化解中心值班制度，处理信访件382件、“12366”工单346件。开展“便民办税春风行动”，走访企业4.23万家。开展2021年度纳税人的纳税信用评价工作，规范开展纳税信用修复13家次。推动“银税互动”扩围增效，建立税务、银行、企业三方信息直通机制，帮助守信企业获得金融支持，年内通过直通机制提供贷款832笔、金额4.4亿元。

（金圣丽）

国有资产经营与管理

·综述·

【国有资产基本情况】 2022年，东阳市有138家国有企业，国有企业资产总额1009.35亿元，比上年增长59.49%；净资产354.03亿元，比上年增长42.63%；实现营业收入59.09亿元，比上年增长61.1%；融资总额352.63亿元，比上年增长52.28%。

【国有企业劳动用工管理改革】 2022年，市国有资产监督管理办公室（以下简称市国资办）印发《东阳市国有企业改革期间劳动用工管理的若干意见》，明确末等调整和不胜任退出机制，对国有企业员工进行分类管理，严格国企人员进入程序，实现100%公开招聘。

【国有企业薪酬体系改革】 2022年，市国资办推进绩效考核专项改革，深化企业内部分配制度改革，指导企业构建以岗位价值为基础、以绩效贡献为依据的薪酬分配机制。《东阳市国有企业2022年绩效考核专项改革工作计划》《东阳市市属国有企业薪酬管理制度（试行）》《东阳市国有企业子公司负责人绩效考核和薪酬管理办法》《东阳市国有企业员工全员绩效考核管理办法》《东阳市属国有企业综合评价实施细则》形成绩效考核架构体系顶层设计框架。7月，市国资办印发《东阳市属国有企业推行经理层成员任期制和契约化管理指导意见》《东阳市国有企业相关人员发生违纪违法行为薪酬具体扣减规定》，推动国有企业完善市场化经营机制，促进国有企业依法依规经营。8月，市国资办印发《东阳市国有企业其他用工薪酬管理实施细则》，作为国有企业其他用工人员薪酬补充细则。

【东阳国资国企在线监管平台试运行】 2022年，市国资办打造"监督一屏掌控、管控一贯到底、数据一键获取、预警一有即出"的智慧型国资监管体系，推出金华市各县（市、区）国资部门首个综合监管数字化项目——东阳国资国企在线监管平台。年末，东阳国资国企在线监管平台进入试运行阶段，完成企业信息管理、人事管理、财务监督管理、重大事项管理、融资全生命周期管理、经营性房产管理、资产管理等模块上线。

【国有企业营运监管】 2022年，市国资办落实新冠疫情下对小微企业与个体工商户的政策扶持，对年内承租东阳市国有房屋的小微企业和个体工商户，减免6个月房租租金，为1339户承租户减免租金4854.45万元。规范资产管理，提高闲置资产使用效益，通过公开拍租，收益1867万元；加强国有资本经营预算管理，开展年度国有资本收益收取工作，收取3292万元。规范国有企业限额以上公开招标采购，审核货物及服务类采购项目117笔，预算金额4亿元。

【国有企业资金监管】 2022年，市国资办发挥资金池运作效益，实现资金实时监管，保障资金调度合理高效，年末存量资金7.75亿元。全年竞争性存放资金8笔、7.71亿元；为9家入池企业调剂资金32笔、53.32亿元；资金池运作收益1.34亿元。

【国有存量资产划转】 2022年，市国资办根据《行政事业单位国有存量资产划转国有企业实施方案》，对涉及的138宗行政事业单位存量资产进行梳理排摸，推进划转工作，完成62宗资产划转。开展其他资产资源梳理统计，将行政事业单位资产、水库资产、林业资产、停车位特许经营权、广告经营权、采矿权、采砂权、屋顶光伏经营权、预拌混凝土生产项目布点九大类资产和特许经营权划转国有企业，提升国有资产的使用效益。截至年末，全市国有企业资产总量突破1000亿元。

【国有企业融资规范】 2022年，市国资办开发完善国资国企在线监管平台融资全生命周期管理模块功能，从融资计划审批、融资项目报备、融资项目比选、融资担保审批、融资工作考核五个方面推进国有企业融资管理，对国有企业融资实行全过程监管。召开年度国有企业融资工作协调会、国有企业融资工作例会、国有企业融资项目比选会，推进国有企业融资工作进度。全市国有企业（不含市金投集团）增加融资资金121.07亿元，总计352.63亿元，其中直接融资增加61.35亿元。

【招商引资工作】 2022年，市国资办指导国有企业以股权投资等形式，对29个新兴产业项目进行投资，累计投资额达82.81亿元；招引多个百亿元级、50亿元级项目落地东阳市。指导、协助浙江东望时代科技股份公司开展产业并购重组、历史遗留问题处理；牵头完成江北健康产业园资产收购，重新启动"保交楼""保整改"工作；指导市城投集团公开挂牌转让其所持东阳建筑供应链服务有限公司股权等相关工作。

【国有企业内部审计】 2022年，市国资办以引导和规范企业经营投资行为，加强国有企业内部审计监督和风险控制为出发点，规范国有企业内部审计行为。制定《东阳市国有企业内部审计管理暂行办法》，完成国有企业内部审计制度设计，规范国有企业内部审计工作。

【国有企业党建工作】 2022年，市国资办印发《2022年东阳市国资系统党建工作要点》《东阳市属国有企业党建工作考核办法（试行）》，对各市属国有企业开展党建工作考核，推动国有企业党建工作责任落实。印发《2022年东阳市清廉国企建设实施方案》《东阳市标准型和示范型清廉国企创建评价指标》，推进清廉国企建设。截至年末，创建金华市标准型清廉国企2家、示范型清廉国企1家，创建东阳市标准型清廉国企21家、示范型清廉国企4家。

（楼正阳）

·市国有资产投资有限公司·

【概况】 2022年，东阳市国有资产投资有限公司（以下简称市国投公司）资产总额219.72亿元，比上年增长36%；实现营业收入18.86亿元。完成直接融资24亿元，新增融资29亿元；融资余额96.42亿元，其中银行融资余额20.42亿元、直接融资余额76亿元。下属浙江中森资源供应链有限公司整合东阳木雕和红木家具优势产业资源，开展木材集采等经营性项目，实现营业收入18.72亿元，综合纳税321万元。

【重要项目投资】 2022年，市国投公司配合市政府招商引资工作，开展多元化股权投资，累计投资总额47.13亿元。完成对纵目科技（上海）股份有限公司总计5.05亿元的投资；出资10亿元与浙江财通资本投资有限公司成立东阳市元吉股权投资合伙企业，完成对东阳光集团宜都生化制药、宜昌虫草2个项目的投资；出资2亿元用于宁波利维能项目；完成东阳（杭州）"人才飞地"项目最终购置，为东阳市招商引资、引才聚才提供域外平台。

【数字化项目投资建设】 2022年，市国投公司下属东阳数据资源有限公司投资建设智慧城市项目10余个，总投资3613万元。其中，出资建设的东阳市"城市大脑"基础云平台是全市唯一的政务云平台，为40家机关、企事业单位提供云资源服务；"学校食品安全与营养健康应用"获评金华市最佳应用，入选全省"一地创新、全省共享""一本账"S0；"数字孪生金华横锦水库综合应用"获第四批金华市最佳应用，并入选水利部数字孪生流域先行先试全国推荐案例名单。

（吴双双）

·市产业发展集团有限公司·

【概况】 2022年,东阳市产业发展集团有限公司(以下简称市产发集团)总资产19.23亿元,营业收入5.14亿元,实现利润5227.3万元、净利润4154.82万元,缴税5320万元;新增融资5.78亿元,融资余额10.1亿元。有全资子公司9家。开展重点建设项目8个,谋划新项目13个;完成人才公寓收购40套,首期完成装修20套。12月,补选产生中共东阳市产业发展集团有限公司第一届党支部委员会委员4人。

【新材料"万亩千亿"产业平台建设】 2022年10月,东阳市成立东阳新材料"万亩千亿"产业平台建设领导小组,市产发集团是该领导小组成员单位之一。东阳新材料"万亩千亿"产业平台综合开发项目包含东扩新区、巍山安置区、六石安置区三个区块,其中东扩新区规划面积11.45平方千米、巍山安置区和六石安置区两个区块总占地面积21.5万平方米。年内,东扩新区开展设计审查工作;巍山安置区完成投资约7500万元,工程建设完成总工程量的14%;六石安置区(一期)完成投资约6800万元,工程建设完成六石安置区(一期)总工程量的17.3%;六石安置区配套道路工程完成投资约900万元,其中复兴路、镇东路两条道路建设完成配套道路总工程量的20%。新材料"万亩千亿"产业平台规划编制基本到位,完成7个村庄的征迁工作。

【特色产业小微企业园建设】 2022年1月16日,东阳—磐安山海协作首个"消薄飞地"项目——东磐木雕家具产业园项目开工仪式举行;12月,项目完成主体结构封顶;项目总投资2.81亿元,年内完成投资1.85亿元。千祥九峰箱包产业园项目于5月8日完成主体结构封顶;项目总投资2.96亿元,年内完成投资1.21亿元,招商入驻企业9家,去化率(在一定时间段内楼盘的销售率)54%。

【绿色再生能源业务】 2022年,东阳市产业发展集团有限公司与东阳市长征投资开发有限公司共同出资,成立东阳市产发环境工程有限公司,主要负责省、市重点工程建设项目的弃土消纳(建筑垃圾、工程渣土等的处置)工作。东阳市产发环境工程有限公司在巍山镇上山村投资建设的工程弃土消纳场规划用地面积44.87公顷,消纳容量260万平方米,一期投资5000万元,主要为东阳市新材料"万亩千亿"产业平台和东阳市北片乡镇的工程建设项目服务。

2022年,市产发集团谋划分布式光伏项目开发建设。12月,市政府同意将全市机关大楼、学校、医院、图书馆等公共机构的屋顶光伏项目经营权授予市产发集团。

【东阳市上大产业发展研究院项目】 2022年6月,市产发集团启动东阳市上大产业发展研究院办公用房装修工程;10月,装修工程竣工。年内,市产发集团落实东阳市上大产业发展研究院的研发和产业化用房(位于万洋众创城巍山园区的3166平方米标准厂房)。

【东阳市科技孵化中心项目】 2022年,市产发集团与东阳市建总建设有限公司对接,洽谈江北街道广福东街440号房产收购工作,同时委托第三方对房产进行资产评估。东阳市科技孵化中心项目选址江北街道广福东街440号,房屋建筑面积12508.61平方米,项目总投资7700万元。

【北京中医药大学合作项目】 2022年2月,市产发集团完成北京中医药大学合作项目2.84公顷建设用地及地上未竣工建筑物资产的收购与产权变更登记。10月,北京中医药大学合作项目建设领导小组和建设指挥部成立,市产发集团主要负责项目产业对接、合作沟通、合作协议修订、项目方案设计、项目施工的管理推进等工作。项目合作协议基本完成起草。

【应急救援中心工程建设】 2022年,市产发集团牵头开展白云街道、南马镇、高铁新城、东阳经济开发区的应急救援中心前期工程建设。白云应急救援中心、南马应急救援中心的占地面积均为0.67公顷,投资预算金额分别为2900万元、3400万元;高铁新城应急救援中心占地面积1.33公顷,投资预算金额为8000万元;东阳经济开发区应急救援中心占地面积0.47公顷,投资预算金额为3500万元。

(吕巧婷)

·市金投控股集团有限公司·

【概况】 2022年,东阳市金投控股集团有限公司(以下简称市金投集团)总资产86亿元,比上年增长16.71%;营业收入3.31亿元,缴税838.59万元,融资11.57亿元;政策性担保金额41.28亿元,在保余额16.27亿元。旗下有7家全资子公司、3家控股公司、10家参股公司;持有融资担保牌照。出资2亿元收购利越大厦和金投大厦。

2022年,市金投集团为广厦控股集团有限公司、浙江唐德影视股份有限公司、东阳市和鸟新智能家居有限公司、东阳市明堂红木家俱有限公司、浙江广裕物流有限公司等15家企业纾困解难,帮助重点帮扶企业化解流动性风险,合计循环使用纾困资金68.73亿元,其中广厦控股集团有限公司纾困资金62.8亿元,本地使用纾困资金5.93亿元。

【直接投资项目】 2022年,市金投集团增加对外投资项目3个,退出项目1个(西洲医药项目)。截至年末,市金投集团有在管项目12个,投资本金总额127955万元,其中兜底回购类项目5个,项目收益率约8%,全年收益约2700万元;股权投资类项目7个,浙商银行股权投资账面基本持平,其余股权投资项目暂未分红。退出西洲医药项目,投资本金约1500万元,收益约145万元,实际收益率约5%。

【基金项目】 2022年,市金投集团成立定向基金和非定向基金各1个。其中,定向基金——杭州柏晖二号基金,由市金投集团出资4500万元与横店资本管理有限公司共同组建,年内参与投资浙江盐业项目;非定向基金——金投创新基金,由市金投集团出资1亿元与浙江小咖投资管理有限公司、市国投公司共同组建,主要投资东阳市拟上市企业和其他优质项目,重点关注新材料、新能源、医药、高端制造等战略性产业。市金投集团认缴的深创投S基金实现投资本金回笼及投资收益共948万元。

【社会资本合作项目】 2022年,市金投集团与浙江小咖投资管理有限公司联合成立的东阳东控聚文文化发展有限公司增加投资项目3个,投资总额约8300万元;退出项目1个,收回资金约980万元。截至年末,东阳东控聚文文化发展有限公司在管项目6个、投资本金2.98亿元,账面浮盈1.08亿元,收益率34%。

【政策性融资担保】 2022年,市金投集团旗下东阳市国控融资担保有限公司为3204家小微企业和"三农"主体提供贷款担保41.28亿元,截至年末,在保余额16.27亿元,在保户数1699户,不良担保代偿率0.32%。年化担保费率由1.2%降至0.6%,全年落实减免担保费用618万元,涉及企业2058家。协同市商务局、东阳农商银行等单位办理东阳市首笔政府性融资担保汇率避险业务。再担保业务在全省县级市排名前三位,连续三年被省担保集团授予"优秀贡献奖"。

(陆于今)

审　计

【概况】 2022年,市审计局完成审计项目21个,查出非金额计量问题事项239项,查出主要问题金额1.81亿元,移送司法机关、纪检监察机关和有关部门处理事项14项,移送处理人员25人,移送处理金额717万元。出具审计报告、专报等49篇,向社会公告审计结果14篇;审计提出建议77条,均被采纳。

【财政审计】 2022年,市审计局开展2021年度东阳市本级预算执行和决算草案情况审计,查出财政资源统筹、债券资金使用管理、财政信息公开、综合财务报告编制、预算项目库管理等方面存在的问题事项15项,提出审计建议4条。开展乡镇财政决算审计项目2个,查出政府采购、"三公"经费、往来款、固定资产等管理方面存在的问题事项8项,提出审计建议5条。

【资源环境专项审计】 2022年,市审计局实施钱塘江流域水生态保护专项审计调查和领导干部自然资源资产离任审计项目共3个,查出水资源费征收、入河排污口长效管理、砂场治理等方面存在的问题事项23项,提出审计建议11条。

【公共投资项目审计】 2022年,市审计局实施东阳市公共投资项目管理情况专项审计调查,确定工程总承包(EPC)、城市绿化、乡村共富、民生实事、在建工程5个重点专题,核查18个单位、85个项目,查出政策措施贯彻落实、建设资金管理使用、招投标、质量安全与进度管理、投资绩效等方面存在的问题事项82项,提出审计建议21条。

【经济责任审计】 2022年,市审计局对市委党校、市司法局、市卫健局、市综合行政执法局、市妇联、城东街道、虎鹿镇、佐村镇的12名领导干部开展经济责任审计、楼堂馆所建设管理情况专题审计、政府采购专项审计调查;对29个单位、30名领导干部实施离任经济责任事项交接,查出领导干部在重大经济决策、资金资产管理、工程建设项目监管等方面存在的问题事项115项,提出审计建议27条。

【政策跟踪审计】 2022年,市审计局对东阳市2022年省政府十大民生实事推进情况和储备粮管理情况开展专项审计调查,查出婴幼儿照护服务、纯托育机构运营、就业补助资金使用、居家养老服务、储备粮储存管理等方面存在的问题事项19项,提出审计建议9条。

(杜　瑄)

统　计

【概况】 2022年,东阳市完成名录库、农业、工业、能源、科技、投资、建筑、房地产、服务业、批发零售、住餐、劳动工资、综合核算等专业统计报表。完成人才资源调查、科技进步监测、平安浙江满意度调查等专项调查工作。推进红木企业统计的数字化改革,推进省统计局"统计大脑+应用"体系和"统计e家"基层网格智治应用的推广使用。

【人口变动抽样调查】 2022年,东阳市按照全国统一千分之一人口变动抽样调查及浙江省千分之五人口变动抽样调查方案和进度安排,对抽中的16个镇乡(街道)、48个社区(行政村)、262个小区进行调查。年末完成调查工作。

【统计基层基础建设】 2022年,市统计局在"四支队伍、三级网格、两个责任主体"的"432"架构基础上,增加企业统计员队伍和网格,迭代升级为"五支队伍、四级网格、三个责任主体"的"543"统计基层治理体系。11月,市统计局组织开展2022年东阳市统计"四大体系"规范化建设星级单位及第四级网格优秀副网格长、优秀网格员评定工作。12月,市统计局公布并表彰2022年东阳市统计基础规范化建设三星级及以上企业388家、优秀副网格长和优秀网格员204人。

【统计监测服务】 2022年,市统计局强化各专业管理数据质量,做到统计前分析研判到位,统计中数据报送准确,统计后成果运用转化及时,发挥统计部门的参谋作用,服务经济社会发展。形成统计专刊21期、专报14期,发布《东阳市2021年国民经济和社会发展统计公报》,每月编印、发放《东阳经济月报》并在东阳市人民政府门户网站上发布;完成《2022东阳统计年鉴》收集、编印等工作。

【统计执法检查】 2022年,市统计局开展数据质量核查工作,核查整改1900余家次企业的统计数据。加强统计监督，清理纠正违反统计法精神的文件和做法，开展国家统计督察问题整改工作，与市纪委联合部署统计造假不收手、不收敛问题专项纠治行动；加大统计执法力度，对50家企业开展统计执法，行政处罚存在统计违法行为的企业6家。

【统计数字化改革】 2022年，市统计局推进红木企业统计电子台账的建设和应用。6月23日，省统计局党组成员、总统计师王美福到东阳市调研红木家具行业统计电子台账应用情况，观看相关统计电子台账系统演示。年末，红木企业统计电子台账2.0版本的开发工作启动。市统计局实现与省统计局"统计大脑"平台的贯通，落实"统计大脑+应用"体系的推广使用。部署省统计局"统计e家"基层网格智治应用的推广激活工作，1200余家企业的激活率达100%。市统计局承接金华市统计局全流程监管应用的试点工作，选取77家规模以上工业企业开展各项功能的内部测试并向金华市统计局反馈相关意见和建议。

【统计普法宣传】 2022年，市统计局通过会议、培训、普查等多种形式开展统计普法宣传工作。联合国家统计局东阳调查队、市司法局、市文广旅体局等单位开展大型普法宣传活动两场。8月1日，在江北建材市场开展"统计普法宣传进市场"活动。12月8日，举办"12·8"统计法颁布日暨统计法治宣传进乡村活动启动仪式，组织群众观看统计文化、统计普法宣传展览及文艺表演。

（王　恺）

市场监督与管理

【概况】 2022年，市市场监督管理局推进商事登记制度改革，持续优化营商环境；筑牢新冠疫情防控、食品、药品、特种设备、产品质量"五大安全"防线，保障民生；综合实施质量、标准、品牌创建战略，完善知识产权保护体系，赋能企业发展；加强和规范事中事后监管，维护市场秩序。

市市场监督管理局完善商业秘密保护体系；横店集团得邦照明股份有限公司、浙江联宜电机有限公司、浙江新纳科技材料股份有限公司、浙江埃森化学有限公司、浙江微度医疗器械有限公司、浙江石金玄武岩纤维股份有限公司6家企业成功创建2022年度金华市级商业秘密保护示范站（点）。东阳市药学会完成换届，换届后的药学会会员全部是企业会员。

【市场主体登记注册与清理】 2022年，全市设立市场主体30651户，注册资本（金）364.36亿元，分别比上年下降4.96%、28.6%。其中，设立企业7126户、注册资本（金）326.3亿元，分别比上年下降13.31%、30.64%；设立个体工商户23525户，出资总额38.06亿元，分别比上年下降2.1%、4.64%。全市市场主体总量144622户、注册资本（金）3129.86亿元，分别比上年增长12.33%、8.69%。其中，企业总量40347户、注册资本总额2974.98亿元，分别比上年增长9.69%、7.61%；个体工商户总量104275户、出资总额154.88亿元，分别比上年增长13.39%、34.65%。组织开展长期不经营企业的清理吊销工作，吊销企业446家。

【经济监督检查】 2022年，市市场监督管理局查处违法案件1111起，比上年增长39.4%，其中大案要案190起；罚没资金863.17万元，比上年增长33.5%；移送司法机关涉嫌犯罪的案件（线索）9起，涉新冠疫情案件2起；入选省市场监督管理局典型案例2个，入选《浙江省市场监管综合执法典型案例和实务》1个。开展教育收费专项执法行动，查处民办学校6所，责令退还多收金额超200万元，获省市场监督管理局副局长王状武批示肯定。开展公平竞争审查，审查涉及市场经济主体的政策文件29个，修改条款内容17处，开展"转供电"（电网企业无法直接供电到终端用户，需由其他主体，如商业综合体、产业园区、写字楼等的业主单位、运营管理机构、物业服务企业等转供的行为）专项检查，调查处理"转供电"投诉21起，整改规范79家，清退多收金额100余万元。

市市场监督管理局协调相关部门开展"双随机"（随机抽取检查对象、随机选派执法检查人员）抽查工作。"双随机"抽查事项309项，覆盖率100%，抽查主体7711户次，跨部门监管率26.16%。参与各类"双随机"抽查任务81个；检查各类主体4593户，其中企业1717家，覆盖率4.31%；抽查事项64项，覆盖率100%，信用规则关联率94.25%，跨部门监管率48.5%。

【小微企业培育】 2022年，全市增加小微企业5723户，比上年下降15.58%，其中增加"八大万亿"（信息、环保、健康、旅游、时尚、金融、高端装备制造业和文化）产业小微企业1901户，比上年下降14.52%。办理"个转企"422家，其中转公司制企业311家，占比73.7%。增加科技型小微企业149家，比上年增长9.56%。增加股份公司15家，其中股改8家。增加知识产权贯标小微企业10家。

【消费维权】 2022年，市市场监督管理局"12315"投诉举报中心受理各类投诉举报16746件，其中投诉11583件、举报5163件，分别比上年增长35.74%、32.59%，为消费者挽回经济损失201.26万元。推进"放心消费在东阳"建设，创建"放心消费单位"3186家、"无理由退货承诺单位"1650家、"放心工厂"872家、"放心消费街区"4个，"放心消费美丽乡村"2个，"放心消费高速服务区"2家。

【市场主体年报】 2022年，市市场监督管理局开展2021年度各类市场主体年度报告工作，企业自然年报率97.85%，工作年报率98.23%；个体工商户自然年报率90.8%，工作年报率93.75%；农民专业合作社自然年报率98.48%，工作年报率99.24%。落实经营异常名录和严重违法企业名单管理工作，列入经营异常名录企业1829家；个体工商户查无下落标记异常状态11912家，列入严重违法名单企业102家。

【市场改造提升】 2022年,六石农贸市场、湖溪农贸市场、横店花厅菜市场、横店下湖严菜市场、花园农贸市场5家市场成功续创省放心农贸市场,并通过省市场监督管理局三星级文明规范市场创建验收。东阳中国木雕城被省市场监督管理局延续认定为省五星级文明规范市场。富坤农副产品集散中心通过金华市市场监督管理局二星级文明规范市场创建验收。

【"守合同重信用"企业公示】 2022年,市市场监督管理局指导全市企业开展"守合同重信用"公示工作。续报AAA级"守合同重信用"公示企业22家,新申报AAA级"守合同重信用"公示企业4家;续报AA级"守合同重信用"公示企业41家,新申报AA级"守合同重信用"公示企业8家;续报A级"守合同重信用"公示企业6家,新申报A级"守合同重信用"公示企业42家。

【"浙江制造"品牌建设】 2022年,市市场监督管理局推进"浙江制造"品牌培育和标准强市、质量强市、品牌强市建设工作。开展"质量月"活动,组织企业首席质量官开展质量知识竞赛;组织东阳市人民政府质量奖获奖企业开展"质量月"诚信教育接力活动;组织企业参加金华市首届首席质量官技能评星活动,浙江英洛华磁业有限公司和浙江野风药业股份有限公司的首席质量官获评三星优秀首席质量官。东阳木雕小镇研学基地成功创建省级中小学质量教育社会实践基地。东阳市木雕红木产业质量基础设施"一站式"服务平台入选全省首批质量基础"一站式"服务示范点名单。全市发布"浙江制造"标准3项,41家企业47个产品通过"品字标"认证。完成520家规模以上企业标准化统计监测填报工作。组织28家企业参与"百城千业万企对标达标提升专项行动",引导、指导企业对标国际标准,推进传统产业改造升级。开展2022年企业自我声明公开标准的监督检查工作,抽检企业51家。花园村"乡村振兴"省级标准化战略重大试点项目以优秀等次通过验收。

2022年"浙江制造"标准(东阳市企业主导部分)一览表

表12

标准名称	主导起草标准的企业	标准编号
《皮革票夹》	浙江金路达皮具有限公司	T/ZZB 2610—2022
《敏感类金属波纹管》	花园金波科技股份有限公司	T/ZZB 2702—2022
《光伏跟踪系统用永磁直流电动机》	浙江联宜电机有限公司	T/ZZB 2713—2022

2022年东阳市通过"浙江制造"品牌认证企业一览表

表13

认证类型	企业	证书编号	标准编号
"浙江制造"主导认证	优姿科技有限公司	CZJM2022P1000601R0S	T/ZZB 2519—2021
	浙江慧捷衣车有限公司	CZJM2022P1006401R0S	T/ZZB 2359—2021
	东阳市荣轩工艺品有限公司	CZJM2022P1018601R0S	T/ZZB 2299—2021
	浙江野风药业股份有限公司	CZJM2022P1052501R0M	T/ZZB 2006—2020
	浙江联宜电机有限公司	CZJM2022P1064001R0M	T/ZZB 2713—2022
	浙江田博工贸有限公司	CZJM2022P1079301R0M	T/ZZB 2456—2021
	浙江海森药业股份有限公司	CZJM2022P1081701R0S	T/ZZB 2564—2021
	浙江花园铜业有限公司	CZJM2022P1093301R0M	T/ZZB 1067—2019
	花园金波科技股份有限公司	CZJM2022P1105601R0S	T/ZZB 2702—2022

续表13

认证类型	企业	证书编号	标准编号
“浙江制造”对标认证	浙江志成工艺墙纸有限公司	CZJM2022P1011601R0S CZJM2022P1011501R0S	T/ZZB 2520—2021
	浙江英洛华磁业有限公司	CZJM2022P1006301R0M CZJM2022P1006201R0M	T/ZZB 1525—2020 T/ZZB 1893—2020
	浙江宇能实业有限公司	CZJM2022P1009302R0M CZJM2022P1009201R0M	T/ZZB 0087—2017
	浙江南磁实业股份有限公司	CZJM2022P1010001R0M	T/ZZB 1525—2020
	东阳市真牛针织服饰有限公司	CZJM2022P1015901R0M	T/ZZB 2028—2021
	东阳市苏阳红红木家具有限公司	CZJM2022P1022801R0S	T/ZZB 0503—2018
	浙江高鸟针织有限公司	CZJM2022P1025301R0M	T/ZZB 0880—2018
	东阳市高杉针纺有限公司	CZJM2022P1032501R0M	T/ZZB 0880—2018
	花园新材料股份有限公司	CZJM2022P1043701R0S CZJM2022P1050301R0S	T/ZZB 1631—2021 T/ZZB 1586—2020
	浙江省东阳市圣华工艺品有限公司	CZJM2022P1053401R0M	T/ZZB 1561—2020
	浙江龙珍阁红木家具有限公司	CZJM2022P1060301R0S	T/ZZB 0503—2018
	东阳市民亮园工艺有限公司	CZJM2022P1062701R0M	T/ZZB 0914—2018
	浙江天勤红木家具有限公司	CZJM2022P1064401R0S	T/ZZB 0503—2018
	东阳市凯达塑业有限公司	CZJM2022P1065601R0M	T/ZZB 0915—2018
	浙江凯文磁业有限公司	CZJM2022P1063601R0M	T/ZZB 1893—2020
	浙江康力博能源科技有限公司	CZJM2022P1066401R0S	T/ZZB 0625—2018
	骆豪服装集团有限公司	CZJM2022P1076701R0M	T/ZZB 0813—2017
	浙江筑工科技有限公司	CZJM2022P1080901R0M	T/ZZB 2185—2021
	浙江联宜电机有限公司	CZJM2022P1085701R0M CZJM2022P1085601R0M	T/ZZB 2579—2021 T/ZZB 1592—2020
	东阳市北墨家具厂	CZJM2022P1099001R0S	T/ZZB 0503—2018
	东阳金玛磁业有限公司	CZJM2022P1099601R0M	T/ZZB 0719—2018

续表13

认证类型	企业	证书编号	标准编号
“浙江制造”对标认证	浙江万衡工贸有限公司	CZJM2022P1102101R0M	T/ZZB 1662—2020
		CZJM2022P1102001R0M	T/ZZB 2493—2021
	东阳市赤尊阁红木家具有限公司	CZJM2022P1103601R0S	T/ZZB 0503—2018
	东阳富仕特磁业有限公司	CZJM2022P1124101R0M	T/ZZB 0635—2018
	浙江东峰制冷配件有限公司	CZJM2022P1124001R0M	T/ZZB 2547—2021
	浙江巍华巨久科技有限公司	CZJM2022P1123701R0M	T/ZZB 2690—2022
	浙江凯文磁钢有限公司	CZJM2022P1123801R0M	T/ZZB 0916—2018
	东阳市海强红木家具有限公司	CZJM2022P1123901R0S	T/ZZB 0503—2018
	东阳市兴成红木家具有限公司	CZJM2022P1124801R0S	T/ZZB 0503—2018
	浙江中元磁业股份有限公司	CZJM2022P1131601R0M	T/ZZB 1893—2020
	浙江方维装饰材料有限公司	CZJM2022P1133501R0M	T/ZZB 0760—2018
	东阳市长河塑胶有限公司	CZJM2022P1140801R0S	T/ZZB 0557—2018

【东阳市人民政府质量奖】 2022年3月1日,市政府公布2021年度东阳市人民政府质量奖评审结果。浙江筑工科技有限公司、浙江新纳陶瓷新材有限公司、天祥建设集团股份有限公司3家企业获东阳市人民政府质量奖,浙江大清翰林古典艺术家具有限公司、东阳市巍华制冷材料有限公司2家企业获东阳市人民政府质量管理创新奖。

【产(商)品质量监管】 2022年,东阳市开展全省备案非标电动自行车提前淘汰置换试点工作,组建工作专班,制定实施方案,明确部门职责,推进电动自行车综合治理集成改革相关工作。查处电动车违法案件12起,罚没资金4.05万元,淘汰非标电动自行车18.2万辆;核发消费券35347张、金额541.51万元,带动消费金额3548万元。开展东阳市成品油市场专项整治工作,受理并办结各类投诉、举报线索56条,开展联合检查29次,出动执法人员200余人次;取缔非法加油点2个、违规燃料油仓储点3个,查处非法改装加油车5辆,立案9起,罚没资金15.8万元。开展产(商)品质量监督抽查工作,生产领域抽检140批次,不合格7批次,合格率95%;流通领域抽检121批次,不合格18批次,合格率85.1%;风险监测熔喷布产品2批次。加强不合格产品后处理,开展不合格后处理96批次,行政约谈多次或多批产品不合格的企业5家。完成办理工业产品(含食品相关产品)生产许可证21件,其中新发证11件、延续和变更范围5件、注销许可证5件。加强生产许可证企业事中事后监管,对14家企业开展“双随机”监督检查。

【特种设备安全监察】 2022年,东阳市增加特种设备2804台(部、辆),其中锅炉18台、电梯1813部、起重机械282台、压力容器329台、场(厂)内机动车辆361辆、大型游乐设施1台。截至年末,全市有在册特种设备23588台(条、部、辆)),其中锅炉403台、压力容器2122台、起重机械1836台、电梯16901部、场(厂)内机动车辆2282辆、大型游乐设施43台(套)和客运索道1条;有各类气瓶约45万只、燃气压力管道404千米。优化场(厂)内机动车辆监管模式,实行车辆扫码上岗,叉车扫码上岗率96%,观光车扫码上岗率100%;开展锅炉、叉车、起重机械等多领域多类型设备隐患排查治理,开展超期未检专项整治。开展现代社区建设电梯质量安全提升行动,安装物联感知电梯3317台,完成16家电梯维护保养单位综合量化记分及分类评价,100%完成鼓式制动器安全隐患排查治理,电梯扫码维护保养率100%,规范维护保养率99%。开展企业安全自我承诺和安全风险隐患自查自纠,签署承诺书单位7771家,签署率95%;完成安全风险隐患自查自纠单位7899家,完成率96%。组织特种设备作业人员培训,发放特种设备管理人员和作业人员证件492本,复审发证1073本。

【民生计量监管】 2022年,市市场监督管理局落实计量器具强制检定,检定计量器具31673台(件)。其中,省计量院强制检定计量器具270台(件);宁波市计量院检定计量器具

(加气机)8台(次);金华计量院检定计量器具18378台(件);东阳市产品质量标准计量检验检测中心检定计量器具13017台(件)。市市场监督管理局开展“优化计量、提质增效”帮扶行动,帮扶企业40家,解决专业技术难题4个。开展能源计量审查工作,4家重点用能单位通过能源计量审查。开展定量包装商品净含量抽检,抽检包装商品25批次,检出不合格包装商品2批次。组织开展“5·20”世界计量日活动,在东门菜场免费开展民生计量服务,发放计量宣传材料120余份,服务群众150人次。

【合格评定】 2022年,市市场监督管理局联合市公安局、金华市生态环境局东阳分局等部门开展机动车检验检测机构季度检查,实现对全市6家机动车检验检测机构季度检查全覆盖;开展检验检测认证市场专项整治行动,检查检验检测机构6家、强制性产品认证获证企业20家、自愿性认证获证企业16家,立案查处建筑材料检验检测机构1家。开展绿色产品认证培育工作,培育企业8家,横店集团浙江得邦公共照明有限公司产品“LED线型灯具”获绿色产品认证。增加“同线同标同质”产品10种。推进小微企业质量管理体系认证提升行动,培育行业2个(红木家具行业和磁性材料行业)、企业130家、质量管理体系导入企业14家;“打造‘传承+创新’的质量管理模式,红木家具行业焕发第二春”入选省市场监督管理局2022年度小微企业质量提升行动优良案例。

【食品安全治理】 2022年,东阳市成功创建省食品安全示范市。落实食品安全主体责任,全市食品生产企业自查报告率100%;落实食品安全管理员制度,覆盖率及合格率均达100%;食品生产企业年度风险等级评价率100%。印发《东阳市推动食品安全属地管理和企业主体“两个责任”落地落实的实施方案》,落实食品安全属地干部的“包保责任”,督导食品生产经营主体落实食品安全“主体责任”,全市28048家食品生产经营主体划分为A级主体1个、B级主体91个、C级主体688个、D级主体27268个。江北街道完成五星级食安办创建,吴宁街道、横店镇、六石街道完成四星级食安办创建,其他14个镇乡(街道)完成三星级食安办创建。上线“浙食链”系统的食品生产企业重点产品赋码率达100%,9家大型商超浙产食品“浙食链”赋码率70%;激活“浙食链”的主体数3839家。完成“阳光工厂”升级的食品生产企业10家,完成“整理、整顿、清扫、清洁、素养”5S现场管理改造及验收的食品小作坊12家,完成餐饮食品安全阳光(餐饮单位后厨操作过程阳光化)综合体建设1个。完成智能阳光厨房建设的养老机构4家。完成学校(含托幼机构)食堂实地检查并录入掌上执法系统276家,全年出动执法人员576人次,检查785家次。检查各业态餐饮单位25000余家次,出动检查人员7500余人次;年度“双随机”及跨部门联合检查776家,“守查保”专项行动餐饮环节风险排查4500家次,“红黑榜”曝光行动抽查255家。

2022年2月9日,市市场监督管理局工作人员在超市进行食品安全检查
(包康轩/摄)

【食品安全检测】 2022年,市市场监督管理局完成食品抽检分离3467批次,检出不合格食品137批次,合格率96.04%;不合格食品立案率100%,按时核查处置137批次,按时核查处置完成率100%。加强食品源头管控,推进“浙食链—链上点检”数字化抽检工作,完成“链上点检”检测62批次,合格率100%。

【进口冷链食品监管】 2022年,市市场监督管理局融合“浙冷链”“浙食链”应用建立冷链食品闭环管理“一个系统”,开展冷链食品新冠疫情防控工作。79批、908.9吨(进口)货物在进口冷链食品集中监管仓完成核酸检测和(或)预防性消毒、赋码等流程后出仓。市市场监督管理局检查进口冷链食品(水果)经营主体4150家次,发现问题事项55项,均完成整改;对货物未及时入仓、经营主体未履行进货查验义务等违法行为立案查处12起。

【药品医疗器械化妆品行业监管与服务】 2022年,全市有药品生产企业18家、药品批发企业4家、药品连锁企业5家、药品零售企业349家(含2022年设立的71家)、医疗器械生产企业18家、化妆品生产企业68家;接入省药品安全智慧监管“黑匣子”应用的药品生产企业5家、药店349家,升级省药品安全智慧监管“黑匣子”应用的药品生产企业3家。市市场监督管理局开展药品、医疗器械领域新冠疫情防控工作,巡查药店19023家次,向购买退热止咳类药品人员发送核酸检测提醒短信48873条;因疫情

2022年5月31日，市市场监督管理局开展儿童化妆品专项检查

（市市场监督管理局提供）

防控不力给予红牌整顿药店132家、黄牌警告药店14家，移送公安机关的药店1家；检查医用防疫物资生产、批发企业14家次，检查医疗机构25家次，全市开展风险隐患自查工作，收集自查表520份。开展含兴奋剂药品、新冠病毒检测试剂、儿童化妆品、化妆品“线上净网线下清源”、化妆品“综合查一次”等专项检查，立案76起，罚没资金154万元。开展化妆品备案技术审查1710个。开展药品不良反应和医疗器械不良事件监测，审核上报药品不良反应（ADR）1520例，审核上报医疗器械不良事件（MDR）429例。市市场监督管理局向338家符合条件的零售药店发放新冠病毒消杀补助费3000元/家，共计金额101.4万元。与市财政局联合发放2021年度医药产业奖励资金5865万元。年内增加民生药事服务站2家，历年累计建成民生药事服务站5家，服务群众2.9万人次。

【药品医疗器械化妆品行业服务和研究平台建设】 2022年，市市场监督管理局建成金华市首家浙江省药品注册研发和科学监督“政企服务空间站”。“政企服务空间站”由浙江省药品化妆品审评中心与普洛药业股份有限公司合作建立，是根据政企优势互补原则搭建的服务和研究平台，旨在推动政企之间学术交流和技术分享，加快“既懂研发，又懂注册和审评”的复合型人才培养和储备，是省药品监督管理局开展“三服务”2.0版工作的载体；省药品化妆品审评中心和普洛药业股份有限公司聚焦药品注册研发和科学监管领域，重点在药品上市后的变更技术研究、药品科学监管技术研究、药物开发的技术咨询和服务、技术审评和药物研发人员实训基地、临床研究服务等方面开展合作。

（方立东）

安全生产

【概况】 2022年，东阳市发生生产安全事故7起、死亡7人。其中，工矿商贸行业发生事故4起、死亡4人；道路交通行业发生事故3起、死亡3人。

2022年，市委、市政府主要领导研究部署安全生产工作，召开市委常委会会议、市政府常务会议、市长办公会议和安全生产专题工作会议26次，对安全生产工作批示、指示127次。市级领导干部落实联系镇乡（街道）、分管领域安全生产责任制度，带队开展督导检查48次，督促并整改问题隐患198处。市安全生产委员会办公室（以下简称市安委办）推进全覆盖责任体系建设，明确市、镇乡（街道）、村（社区）、企业四级责任人，建立责任清单、履职清单。六石街道相关负责人作为全省四个代表之一在全省应急管理责任体系建设推进会议作典型交流发言。

【机构调整】 2022年，市安全生产委员会下设道路交通、危险化学品、消防、建筑施工、工矿、影视旅游、城市运行、水利农业8个安全专业委员会；撤销油气与工矿、商贸与文化旅游、道路交通与民宗、民政与水利农业、城市建设与建筑领域、教育卫生6个安全专业委员会，相关职能并入其他安全专业委员会或按部门履行安全生产职责。设立安委办秘书科，承担统筹指导、协调和监督各专委会办公室、镇乡（街道）和部门单位履行安全生产监督管理等工作；组织实施全市性安全生产检查、专项督查、专项整治及安全生产巡查、考核工作等。

【首个剧组安全生产委员会成立】 2022年3月8日，在横店影视城拍摄的电视剧《失落在东经97度的记忆》剧组成立安全生产委员会。剧组安全生产委员会主要职责是召开安全生产例会，开展风险分级管控和隐患排查治理，督促下属各工作组执行剧组安全管理规定，防范安全事故的发生。该剧组委托金华市明势企业管理咨询有限公司作为第三方机构，为剧组提供安全隐患排查、安全管理制度编制、安全应急预案编制、安全教育培训、风险辨识评估、安全信息化系统应用和安全台账管理等服务。该做法获中央电视台、“学习强国”学习平台、《中国应急管理报》等主流媒体报道。

【安全生产督查】 2022年，市安委办组织召开安全生产风险研判会8次，印发工作通知类文件91个、安全风险提示函7期、安全生产形势分析6期、重点风险提示函8期，发出警示5期、通报10期、督查告知书42份，约谈5次，编发简报101期。

【“除险保安”专项行动】 2022年，东阳市常态化开展“除险保安”工作，通过定期开展指导、检查、执法,推进安全生产综合治理。实行“除险保安”专班集中办公,建立“每日一会商、每日一研判、每日一报告”制度,开展安全生产督导检查,发现问题323处,并完成整改。全市实现企业自查、县(市)检查、整改闭环三个100%。制定“重大安全生产问题清单”考核细则,每月召开工作推进会。17项“重大安全生产问题”入选金华市级清单库,总数居金华市第二位。打好安全生产综合治理三年行动收官战,完成406项任务资料整理归档。

【“两园两点”建设】 2022年,市安委办推进“两园两点”建设,即推进横店健康生物园区、六歌健康生物园区的安全整治提升工作和浙江花园生物高科股份有限公司、浙江海森药业股份有限公司的“浙江省化工重点监控点”创建工作。市安委办完成横店健康生物园区和六歌健康生物园区内重点路段道闸建设及电子采集设备安装;协调横店健康生物园区和六歌健康生物园区完成智慧平台建设。6月,省应急管理厅化工园区风险复核组对横店健康生物园区和六歌健康生物园区开展复核工作,2个园区均达到一般风险水平。11月,浙江花园生物高科股份有限公司、浙江海森药业股份有限公司被认定为“浙江省化工重点监控点”。

【安全监管数字化建设】 2022年,东阳市被应急管理部确定为粉尘涉爆企业安全生产风险监测预警联网试点城市。粉尘涉爆企业风险监测预警系统建设入选东阳市数字化改革重点特色应用项目,该风险监测预警系统分政府端和企业端,政府端实现基本信息、监测报警、风险研判、在线抽查、风险提示和处置措施等功能;企业端实现监测监控、监测报警、风险预警、粉尘清扫打卡和应急处置等功能。市应急管理局以自动化预警、分级闭环管控为建设目标,聚焦粉尘涉爆企业除尘设备、粉尘清理、粉尘浓度等主要风险点,应用视频、传感等物联网监测手段,实现粉尘涉爆企业24小时在线监测。

2022年,市应急管理局推动双重预防机制数字化建设,全市4家重大危险源企业上线运行省双重预防机制数字化系统。发挥“工业企业安全在线”应用平台功能,全市5633家工矿领域企业全部完成风险普查。

【安全生产行政执法】 2022年,市应急管理局立案查处非法、违法案件360起,罚没款1000余万元,“行刑衔接”4人。对一般工贸行业的安全生产违法行为最高处以50万元罚款,对某矿山企业违规开采行为处以45万元罚款。

【重点行业领域安全生产专项整治】 2022年,市应急管理局召集相关部门、技术专家制定行业整治标准。对全市24家生物质颗粒生产企业进行整治,取缔不具备安全生产条件的企业3家;立案查处企业3家,罚款6万元;完成设备整改提升的企业21家;完成兼并重组的企业3家。

市应急管理局对全市6家铝加工(深井铸造)企业开展全覆盖专项执法检查,发现并整改隐患10处,6家企业全部完成“铝七条”整治提升工作;2家涉爆粉尘企业完成生产设备、工艺转型升级。

市应急管理局开展有限空间作业、生物质颗粒、粉尘涉爆、地下矿山、铝加工(深井铸造)、环保设备、涉氢破工艺七类重点行业安全整治,重点排查治理企业违规改建环保设备或危化品仓库、违章搭建及安全设备设施严重缺陷等隐患,排查治理隐患18768处,“行刑衔接”(行政执法和刑事司法相衔接)案件4起,实现“工业企业安全在线”平台与“区域消防安全评估”平台的多跨场景互通。

【安全生产宣传教育培训】 2022年,市应急管理局开展“安全生产月”系列活动,组织企业、学校和社区开展“安全生产万里行”等活动20余场,开展“新安法知多少”知识竞赛等活动7场,组织市安委会成员单位、镇乡(街道)和企业学习电视专题片《生命重于泰山》,1.3万人次观看,在“歌画东阳”App滚动播放专题片《生命重于泰山》,点击量1万余人次。开展安全宣传进企业、进农村、进社区、进学校、进家庭活动。组织普法宣传,向企业发放《第一责任人安全倡议书》《了解安全生产第一责任人7项职责》等宣传资料。开展安全生产专题讲座,开展“一把手谈安全”宣讲活动,组织“除险保安 全力打造本质安全示范区”专题培训3次。开设“智慧应急”专业干部专题培训班,55人参训。“企业百万员工安全大培训”完成线上培训2.7万人次、线下培训2.1万人次。

(吴秋馨)

海 关

【概况】 2022年,东阳市实现外贸进出口总值354.4亿元,比上年增长11.6%,其中出口总值324.15亿元、进口总值30.25亿元。金华海关东阳办事处完成辖区进出口商品检验检疫1812批、包装检验1175批;签发各类检验检疫证单1734份、产地证书15247份。完成1批进口布料、1批进口木材和2批进口冷链食品的新冠核酸阳性检出后续处理。

【海关安全生产检查】 2022年,金华海关东阳办事处组织开展安全生产教育和宣传活动。利用“学习强国”学习平台、“钉钉”App,组织开展安全生产知识集中学习培训;在监管作业场所、报关大厅、受理窗口等位置,利用电子屏滚动播放安全生产宣传标语,制作张贴安全生产标语。开展监管场所和办公场所安全检查,重点检查监管场所涉危险货物存储和监控摄像头,办公场所配电房、食堂、消防监控等重点区域,消除安全隐患。开展对涉危生产企业的安全生产宣传,发放《安全生产告知单》,对其资质、进出口申报、储存、灌装、包装容器采购等环节开展安全隐患排查,对内部涉危岗位资质、人员能力、监管作业规范、人员防护等方面进行排查,配置防护用具。对监管作业场所和公用型保税仓以及口岸卫生、动植物检疫、食品安全、涉危企业等开展检查,整改安全隐患3处。

【海关业务办理】 2022年,金华海关东阳办事处简化海关注册登记或备案手续,完成企业海关备案登记及变更292家。推动企业开展跨境电商模式通关、一般贸易模式转关,举办专题培训、宣讲会3场,90余家企业参加,解决企业困难30余项。推行“信用签证”“智能审单”模式,梳理更新各类原产地证书填制规范,发挥“互联网+海关”作用,提升办事效率。开展RCEP自贸协定对企政策宣讲,重点解读RCEP关税减让及原产地规则等内容,并就企业提出的原产地证书申办、自助打印等操作流程进行解答。推动原产地证书自助打印,审核签发原产地证书15247份。

2022年5月23日,金华海关东阳办事处为企业开展归类指导服务

(金华海关东阳办事处提供)

【食品、化妆品进出口安全监管】 2022年,金华海关东阳办事处开展进出口食品、化妆品安全监管,配合市食药安办开展食品安全宣传周活动。7月21日,金华海关到东阳市江北街道中天世纪花城小区,开展“进口食品安全社区行”活动,宣传邮寄、携带、选购进口食品、药品及化妆品的注意事项,普及进口食品、药品安全相关法律法规及监管要求,解答社区居民关注的进口食品药品安全热点问题。完成2批进口冷链食品新冠核酸阳性检出后续处理;移交1批走私冷链食品至地方主管部门销毁。

【国门生物安全监管】 2022年,金华海关东阳办事处加强检疫,提升国门生物安全防控技能。完成出境动植物及产品检验检疫1562批,货值3693万美元;出口竹木草企业注册登记14家;出具植物检疫证书72份,植物检疫熏蒸证书6份,换证凭单3份;完成属地核查作业17起;查出外来入侵物种34种次。完成1批进口木材新冠核酸阳性检出后续处理。

【危险货物监管】 2022年,金华海关东阳办事处梳理辖区危险货物高风险产品清单,对清单内产品一律实施现场检验;在日常检验中强化危险化学品企业整体安全风险隐患排查,督促企业整改到位;加强典型案例警示教育,增强一线监管人员安全意识及突发事件应急能力,消除风险隐患。开展出口危险货物的包装使用鉴定633批,出口危险化学品商检863批,检出不合格16批。

【进出口商品货物检验监管】 2022年,金华海关东阳办事处完善一般工业品进出口检验。完成进口商品目的地检验37批,主要有医疗设备、旧机械臂、工业原料等,包括进口大型医疗设备8批,未发现质量安全问题。完成一般化工品出口检验18批,主要为1-金刚烷甲酸等化工原料。完成出口至协议国家货物装运前检验12批,均出证放行。优化监管服务,助力进口医疗设备快速通关。金华海关东阳办事处与口岸部门、进口商对接,实时掌握设备运输路线及抵达情况,指导进口商提前知悉通关、查验流程和准备相关资料;提供“7×24小时”预约通关服务,确保进口医疗设备即到即查;结合典型案例,加强不同类型设备的技术标准和查验重点的学习,提升查验关员医疗设备检验监管能力。

【海关服务企业】 2022年,金华海关东阳办事处巡查加工贸易企业13家,协助解决税务风险1家,反馈管理问题3个。开展业务指导帮扶,重点宣传危险品包装、危险化学品及通关、加工贸易、原产地证书等相关政策和帮扶企业的各项优惠措施;帮助企业解决在业务拓展和办理过程中遇到的问题。为某木制品生产企业开展归类指导服务,为企业解决海关编码的问题。对接杭州海关职能处室,协助普洛药业股份有限公司解决猪胰岛素出口问题。9月1日,金华海关联合东阳市商务局和东阳经济开发区组织开展“十地百团助千企”精准服务活动走进东阳专场,17家东阳市外贸企业参加,金华海关业务专家服务团讲解海关总署印发的《促进外贸保稳提质十条措施》及海铁联运、铁路快速通关等进出口贸易新业态,介绍金华海关东阳监管点和一般贸易转关业务的相关情况,鼓励企业用好“属地+平台”优势,用好海关贸易便利措施。

(朱晓斌)

数字经济

综 述

【数字经济高质量发展推进】 2022年，东阳市开展数字化改革攻坚创优大行动，完善一体化智能化公共数据平台和五个综合应用，推进"影视文化产业大脑"（二期）、"数字红木"和"数字建筑"等特色应用上线运行。实施数字经济"一号发展工程"，启动数字经济强市五年行动。1月，市政府落实未来五年发展数字经济责任分解，赋能经济社会高质量发展，以数字化改革撬动各领域改革，推进"放管服"、要素市场化配置等重大改革。2月，东阳市政府获评2021年度金华市智能化改造工作先进单位、金华市数字经济发展工作先进单位、金华市数字经济系统建设工作先进单位。4月，市经信局开展《关于推进制造业高质量发展加快工业强市建设的若干政策意见》实施情况评估，调整措施，加大企业数字化、智能化及技术改造项目奖励幅度，增加对数字化改造可推广、复制项目的政策扶持。东阳市2022年数字经济综合评价水平总指数74.6，列全省第49位，比上年提升9个位次，其中产业数字化发展指数列全省第44位，比上年提升35个位次。

【数字化改革发展交流研讨】 2022年2月19日，2021CCF（中国计算机学会）颁奖典礼在横店镇举行，典礼以"责任·创新·奉献"为主题，颁发年度CCF终身成就奖、CCF夏培肃奖、CCF杰出贡献奖、CCF卓越服务奖、CCF杰出教育奖、CCF杰出工程师、CCF优秀博士学位论文等奖项。当日，参加典礼的专家考察位于横店国防科技园的计算机博物馆项目规划馆址。7月11—15日，东阳市数字赋能共同富裕专题研讨班在市委党校举行。研讨班采用集中授课、案例教学、现场教学、讨论交流等形式开展，组织参观考察浙江大华技术股份有限公司和美云数据科技有限公司，现场感受数字化改革的发展优势。

【数字经济人才培育】 2022年6月24日，东阳市召开磁性材料行业"N+S"轻量级数字化改造启动会暨培训会，市有关部门单位和规模以上磁性材料企业相关负责人等120余人参训。8月14日，东阳市市管领导干部进修班暨中青年干部培训班在市委党校开班，数字化改革是重点培训内容之一。培训期间，参训学员分组开展"数字化改革在基层治理中的应用""数字化时代横店影视文化产业转型升级"等专题调研。12月13日，市经信局召开东阳市5G全连接工厂建设培训会，77家企业相关人员参训。年内，市白云电商学院举办电子商务业务培训32期，培训电子商务师1561人次。市商务局举办电子商务进农村模块化培训14期，参训人员超1600人次。市电子商务协会入选2022年浙江省电子商务培训机构名录。 （胡俏婷）

【城市数字化转型建设】 2022年，东阳市继续加强数字东阳建设，推进数字化转型和融合发展。市大数据发展中心启动智慧城市运营中心建设，

2022年12月13日，东阳市5G全连接工厂建设培训会召开（市经信局提供）

完成指挥中心场所建设，专题驾驶舱及市教育局等20个部门驾驶舱建成投用，智慧花园等23个本地特色场景应用实现汇聚，3058项城市运行生命体征指标完成梳理，9个智能要素上架IRS组件超市，3701个智能要素上架金华市智能要素超市。完善数据常态化归集与更新机制，建立跨部门联动机制，融合IOT平台、视图解析平台预警事件，市应急管理局、市综合行政执法局、市大数据发展中心、市社会治理中心等部门联合发挥应急救援、防汛防台风等一体化指挥平台实效。（周杭青）

2022年12月18日，计算机博物馆项目奠基仪式举行（包康轩/摄）

【省中小企业数字化改造试点县（市、区）试点工作】 2022年8月30日，省经济和信息化厅办公室公布全省首批中小企业数字化改造试点县（市、区）创建名单和全省第二批中小企业数字化改造试点县（市、区）创建培育名单，东阳市入选全省首批中小企业数字化改造试点县（市、区）创建名单。9月24日，市经信局举办数字经济政策宣讲暨云上技术赋能直播活动，线上收视者3000余人。年内，东阳市实施数字经济重点工程，培育未来工厂和数字化标杆车间，推进中小企业数字化改造试点工作。

（胡俏婷）

数字基础设施建设

【概况】 2022年，东阳市继续实施《东阳市数字经济发展五年行动计划（2018—2022年）》。市政府加强与电信、移动、联通、华数等运营商的合作，加快推进5G、千兆光网为代表的网络数字基础设施建设。优化光纤部署，扩容网络流量，实现全市光纤网络覆盖，5G网络服务实现大规模应用；重点行业企业实现内外网改造提升。

【5G基础设施建设推进】 2022年1月21日，东阳市5G移动通信基础设施建设推进领导小组办公室印发《东阳市5G通信基础设施建设"一件事"改革实施方案》，方案提出加快东阳市5G基础设施建设，打造一流的5G网络，助推经济社会高质量赶超发展。年内，市经信局通过培训、交流等方式，指导工业企业应用5G技术建设数字化车间、智能工厂，推进产业提质、降本、增效和绿色安全发展。

【大数据发展中心建设】 2022年，东阳市大数据发展中心建立健全项目统筹工作机制。聚焦"平台+大脑"支撑体系建设，推进数据归集、数据共享、数据开放。推进数字赋能工作和34个省级及以上试点建设。强化应用规范建设，2个省"一件事"试点应用和4个本地特色应用联通金华基层智治系统。建立和完善"浙里办""浙政钉"两端应用月通报机制，强化督查督办，形成工作闭环。完善数据安全工作机制，会同市委网信办、市公安局开展数据安全专项整治行动、数据安全应急演练、网络安全风险隐患大排查、网络安全攻防演练。构建全市网络安全常态化运营机制。全年归集数据6.29亿条，增加数据开放23项、数据条目642万条，迭代完善基础库、专题库、乡镇数据仓，并完成与省IRS接口对接。（周杭青）

【光网建设】 2022年中国电信股份有限公司东阳分公司推进云网融合3.0，加快以云网融合为核心特征的智能化综合性数字信息基础设施建设。加强千兆光网建设，推进城域网扩容升级，提高端到端业务承载力，超千兆网络服务容量达29.5万户。截至年末，市内宽带上网速率达500兆及以上用户占宽带用户总数的比率28.33%。（胡俏婷）

【计算机博物馆建设推进】 2022年12月10日，计算机博物馆建筑概念设计方案——"虫洞"发布。12月18日，计算机博物馆项目奠基仪式举行。计算机博物馆项目规划占地面积8公顷，建筑面积超6万平方米，由CRTKL刘晓光团队设计。计算机博物馆规划由历史馆、科普馆、未来馆三部分组成，其中历史馆主要收藏计算机发展史上具有代表性的物件，建立权威、全面的计算机发展史资料库；科普馆参考科技馆的建设方式，采用多媒体互动体验技术，讲述计算机的原理与奥秘，提供开展与计算机相关科普教育的培训场所，展示各企业高精尖的计算机技术创新成果；未来馆用于沉浸式的未来世界体验，展示处于研发过程、尚未投入商业化应用的计算机技术。

（胡俏婷）

数字化平台建设

【数字经济系统建设】 2022年，东阳市数字经济系统双月综合考评3次居全省前列，8条跑道建设应用系统12个、迭代升级1个，省级试点数量累计达6项。"一本账"S2数字经济系统领域23个重大应用、18个应用均实现贯通。1月9日，省经信厅印发

《关于2021年度全省数字经济系统建设工作表彰的通知》，东阳市获评考核评价优秀县（市、区），“影视文化产业大脑”指数模型体系获评2021年数字经济系统优秀理论成果。6月27日，省数字化改革数字经济组公布2022年产业大脑信息业分区细分行业产业大脑名单，东阳市“影视文化产业大脑”入选。7月5日，省数字化改革数字经济组公布浙江省第二批工业领域行业产业大脑建设名单，东阳市“木雕红木行业产业大脑”入选。12月12日，省数字经济系统建设专班办公室公布2022年度数字经济系统最佳应用及产业大脑优秀案例，东阳市“影视文化产业大脑”入选。

【工业互联网平台建设】 2022年1月14日，工业和信息化部办公厅公布2021年全国132个工业互联网App优秀解决方案案例，东阳市优云科技有限公司的“线带纺织生产调度管理”App入选。该App通过构建标准化、数字化的生产管控体系，完成覆盖计划、生产、监控等流程的数字化管理与监控系统的建设，实现挡车工生产效率提升30%以上，设备利用率提高30%左右，生产周期缩短10%左右，原材料浪费减少10%左右。9月7日，联宜电机微特电机工业互联网平台（浙江联宜电机有限公司）、澳亚智能织造工业互联网平台（浙江澳亚织造股份有限公司）、富仕特磁业智能制造工业互联网平台（东阳富仕特磁业有限公司）入选2022年度金华市级工业互联网平台创建名单。9月9日，东阳市优云科技有限公司的线带纺织行业工业互联网平台（行业级）、浙江联宜电机有限公司的联宜微特电机工业互联网平台（企业级）入选2022年度省级工业互联网平台创建名单。12月12日，金华市经信局公布第三届金华工业互联网创新大赛获奖项目名单，东阳市优云科技有限公司“线带纺织行业工业互联网平台项目”获一等奖，横店集团东磁股份有限公司“基于工业互联网平台的预烧料一体化生产智能管控解决方案”获三等奖。“线带纺织行业工业互联网平台项目”面向线带纺织细分行业提供标准化数字化解决方案，通过构建覆盖主要织造设备的物联网监控系统，实现设备状态、作业过程、生产量的实时采集和统计，实现覆盖排产、派工、生产执行、检验、设备监控等全流程的数字化管理。“基于工业互联网平台的预烧料一体化生产智能管控解决方案”由自动化控制系统、工业设备物联平台、智能仓储管理系统、条码自动打印系统、全流程追溯系统、协同作业管理系统等组成，通过云边一体化、智能化生产管控平台，形成数据驱动的预烧料生产线智能化生产模式，实现生产管理闭环。

（胡俏婷）

产业数字化发展

【概况】 2022年，东阳市持续加大产业数字化推进力度，数字经济核心产业营业收入456.6亿元，比上年增长29.8%，增速高出全省平均值19.9个百分点；数字经济综合评价水平总指数74.6，居全省第49位；数字经济核心产业增加值占地区生产总值比重达14.3%，数字经济核心制造业增加值占规模以上工业企业增加值比重达43.1%，均居金华市首位。

【产业数字化转型推进】 2022年，市数字经济工作领导小组印发《东阳市以“产业大脑+未来工厂”为引领、加快推进制造业数字化转型实施方案（2022—2025）》，方案提出发挥“产业大脑+未来工厂”引领作用，深化新一代信息技术与制造业融合发展，加快制造业数字化转型，促进经济高质量发展。7月7日，省经信厅公布2022年省级产业数字化服务商名单，东阳市东磁自动化科技有限公司入选。11月29日，市经信局、市财政局联合印发《关于确定2022年度东阳市制造业“云上企业”培育库入库企业的通知》，确定16家企业为2022年度东阳市制造业“云上企业”培育库入库企业。

【两化融合发展】 2022年3月28日，省经济和信息化厅发布2021年浙江省区域两化融合发展水平评估报告。报告对全省97个县级地区（90个县、县级市、市辖区，7个功能区）两化融合发展水平分为五个梯队：第一梯队两化融合发展总指数突破100，42个地区；第二梯队总指数处于90～100之间，16个地区；第三梯队总指数处于80～90之间，24个地区；第四梯队总指数处于70～80之间，10个地区；第五梯队总指数处于70以下，10个地区。东阳市两化融合总指数102.09，列全省第一梯队、金华市第二位，工业应用指数居全省前20位，重点工业企业装备数控化率、机器联网率分别达63.59%、48.26%。2月18日、8月3日，市经信局、市财政局联合公布东阳市2022年第一批、第二批两化融合项目，其中第一批项目57个，预算总投资1.6亿元；第二批项目18个，预算总投资0.26亿元。10月21日，金华市经信局办公室公布2022年金华市两化融合重点项目名单，东阳市18个项目入选，占金华市的13.7%。

【智能化改造试点示范项目】 2022年9月28日，市经信局、市财政局联合发文，确定横店集团东磁股份有限公司的高性能磁瓦智能工厂升级改造、浙江筑工科技有限公司的筑工科技智能制造数字化转型、浙江华洋缝制有限公司的数字化车间建设、浙江金象科技有限公司的5G+特种装备制造智能工厂建设、东阳市亿力磁业有限公司的数字化工厂改造5个项目为东阳市第二批“企业数字化制造、行业平台化服务”智能制造数字化转型试点示范项目，智能制造数字化转型试点示范项目增至10个。

【省未来工厂和“云上企业”创建】 2022年1月19日，《人民日报》海外版刊发横店集团东磁股份有限公司电池片六厂进行5G专网应用智能化生产的报道。7月13日，全省数字经济高质量发展大会在杭州市召开，大会对推动数字经济发展的18项319家先进单位予以通报表扬。横店集团东磁股份有限公司单晶电池片未来工厂列入浙江省未来工厂名单；横店集团东磁股份有限公司、普洛药业股

2022年东阳市入选金华市两化融合重点项目一览表

表14

序号	企业名称	项目名称
1	横店集团得邦照明股份有限公司	产品全生命周期管理系统(PLM)项目
2	东阳市横店自来水公司	横店自来水供水营销管理平台建设项目
3	浙江东政电机有限公司	智能化生产平台项目
4	浙江巍华巨久科技有限公司	智能制造管理平台及SIS控制系统项目
5	浙江思科制冷股份有限公司	ERP二次开发升级项目
6	东阳市燃气有限公司	管道燃气项目业务流程管理系统
7	浙江英洛华磁业有限公司	数字化车间数据管理系统项目
8	浙江海森药业股份有限公司	生产过程自动化及企业信息化基础建设项目
9	东阳市环球钢带有限公司	环球钢带信息化和数字化改造项目
10	浙江联宜电机有限公司	联宜电机数字化制造管理系统建设项目
11	浙江普洛得邦制药有限公司	安全设备智能管控项目
12	浙江杰创新材料科技有限公司	YonSuite产供销协同服务项目
13	浙江万衡工贸有限公司	智能化输送系统
14	浙江花园药业有限公司	花园药业研发信息管理系统项目
15	东阳市恒业钢带有限公司	精密冷轧钢带智能制造建设项目
16	东阳喆顺工贸有限公司	喆顺企业信息化集成应用系统
17	横店集团东磁股份有限公司	SCM(供应链采购)平台项目
18	浙江东阳东磁稀土有限公司	财务共享平台项目

2022年东阳市制造业“云上企业”培育库入库企业一览表

表15

序号	企业名称	所在区域、镇乡(街道)
1	浙江海森药业股份有限公司	东阳经济开发区
2	浙江金象科技有限公司	东阳经济开发区
3	浙江东政电机有限公司	白云街道
4	浙江省东阳市荣盛橡塑制品有限公司	白云街道
5	浙江澳亚织造股份有限公司	江北街道
6	浙江凯文磁钢有限公司	城东街道
7	浙江普洛康裕制药有限公司	横店镇

续表15

序号	企业名称	所在区域、镇乡(街道)
8	浙江普洛得邦制药有限公司	横店镇
9	浙江联宜电机有限公司	横店镇
10	浙江普洛家园药业有限公司	横店镇
11	浙江中科磁业股份有限公司	横店镇
12	浙江英洛华磁业有限公司	横店镇
13	浙江花园生物高科股份有限公司	南马镇
14	浙江花园药业有限公司	南马镇
15	花园新材料股份有限公司	南马镇
16	浙江花园新能源股份有限公司	南马镇

份有限公司入选浙江省第一批制造业“云上企业”名单。

【6个项目入选省推进数字经济发展重大项目清单】 2022年3月21日，省数字经济发展领导小组办公室印发《浙江省高质量推进数字经济发展2022年工作要点》，浙江东阳光电子科技有限公司电容器建设、东阳赛特斯通信设备有限公司5G产业园、东阳华芯电子材料有限公司年产8000吨光刻材料和横店集团东磁股份有限公司年产6吉瓦时高性能锂电池、年产50亿只高效率一体电感、年产2.35万吨新能源用高端磁性材料6个项目入选省推进数字经济发展2022年重大项目清单，年度计划总投资额27.7亿元，项目数及计划投资额居金华市各县(市、区)首位。

【3家企业入围省电子信息产业重点或特色企业】 2022年12月30日，省经信厅印发《关于公布2022年浙江省电子信息产业百家重点企业名单的通知》，横店集团东磁股份有限公司、横店集团得邦照明股份有限公司入选2022年浙江省电子信息制造业营业收入前30家企业名单，分别居第13位、第26位；横店集团东磁股份有限公司、横店集团得邦照明股份有限公司入选2022年浙江省电子信息出口20家重点企业名单，分别居第11位、第13位；浙江新纳陶瓷新材有限公司入选2022年浙江省电子信息50家成长性特色企业名单。

【电子商务发展】 2022年，东阳市推进电商经济发展，加强产业集群电子商务区域公用品牌培育。建成电子商务园9个，增加省AAA级电商产业基地3个、省AAA级电子商务示范基地1个；加快发展农村电子商务，推进电子商务进农村综合示范项目建设，创建省级电商专业镇7个、省级电商专业村21个、省级电子商务示范村4个；全市农村地区有“中邮驿站”345个，其中示范点40个。全市实现网络零售额157亿元，比上年增长15%。东阳抖音电商直播基地上榜省第三批电商直播基地名单。浙江亚德工贸有限公司Eraspooky“魔法梦工厂”品牌出海项目获省产业集群跨境电商发展专项激励。东阳市跨之境商业运营管理有限公司的东阳市跨境电商产业园众创空间入选金华市级众创空间。东阳银泰城电商创业园获评金华市创业孵化基地。

(胡倩婷)

农业农村

·现代农业·

【概况】 2022年,东阳市农林牧渔业总产值31.33亿元,比上年增长3.54%;农林牧渔业增加值21.52亿元,比上年增长3.2%。粮食播种面积17110.51公顷,比上年增长2.43%;经济作物播种面积16337.13公顷,比上年增长0.35%。东阳市开展星级农家乐评定工作,评出星级农家乐25家,其中四星级1家、三星级9家、二星级10家、一星级5家。创建市级农业产业化联合体1个。截至年末,有农业龙头企业64家,其中省级3家、金华市级8家、东阳市级53家。

【"两区"建设】 2022年,东阳市推进农业"标准地"改革工作,历年累计建成农业"标准地"6166.6公顷。以"两区"(粮食生产功能区、现代农业园区)建设为抓手,推进农业农村现代化。全市有粮食生产功能区339个,面积10706.67公顷。东阳市两江源省级现代农业园区入围2022年省级现代农业园区创建名单。

【高标准农田建设】 2022年,东阳市组织实施高标准农田(粮食生产功能区)改造提升205.8公顷,建设地点为南市街道和虎鹿镇,项目投资1070.15万元。主要建设内容为:土壤改良12.46公顷、泵站2座、灌溉和排水渠8.77千米、渠系建筑物575个、田间道路13.32千米。完成高标准农田建设698.73公顷,高标准农田改造提升49.46公顷,完成灌排渠19.31千米、泵站4座、渠系建筑物257个、田间道路43.34千米等基础设施建设。

【农田质量提升】 2022年,东阳市推广主要农作物测土配方施肥面积17710公顷,减少不合理化肥施用量45吨。开展省级土壤健康示范基地建设试点工作,建立水稻、小麦、油菜等作物种植的健康土壤培育基地3个,建设面积133.33公顷。开展健康土壤培育试验10个,其中水稻健康土壤培育示范基地建设97.3公顷、小麦健康土壤培育示范基地建设16公顷、油菜健康土壤培育示范基地建设20公顷。开展沃土工程项目,建立连片3.3公顷以上冬绿肥示范方68个,13.3公顷以上耕地培肥景观化示范园(带)1个、面积413.5公顷;开展冬绿肥种植示范,以种植紫云英、光叶苕子、肥田油菜等冬绿肥为主。开展农田土壤污染监测预警体系建设,对15个常规监测点和10个综合监测点进行采样分析监测,东阳市农田土壤情况总体良好,土壤重金属均未超标,土壤污染风险低;灌溉水中所有指标均符合标准要求;所有农产品重金属均符合国家标准GB2762限量值要求。开展受污染耕地安全和管控工作,综合采取低积累品种替代、土壤改良、肥水调控、叶面阻控等技术措施,推广受污染耕地安全利用技术体系和应用模式,推进中轻度受污染耕地安全利用,全市受污染耕地安全利用率100%。

【农产品质量安全监管】 2022年,东阳市完成本级农产品定量检测600批次,不合格9批次,合格率98.5%,处置率100%。完成乡镇快检12423批次,合格率99%以上;生猪尿样瘦肉精快检养殖环节监测1471批次,屠宰环节4397批次,合格率100%;新安装合格证追溯体系主体3家。开展农产品标准化绩效评价主体8家,完成绿色食品新认证1个、绿色食品续展认证12个、无公害农产品新认证2个、无公害农产品复查换证17个。主要农产品绿色优质比率58.19%。

【农业数字化改革】 2022年,市农业农村局围绕数字政府、数字社会、基层智治,聚焦未来乡村、农业投入品、畜牧养殖、"四治"融合等领域,开展农业农村数字化改革。建设东阳市数字"三农"协同平台(东阳市"乡村大脑"),归集"三农"领域应用和数据。推进实施家卢5G未来农场、华统牧场等数字基地建设,提升物联网等硬件设备。建设"农业投入品监管执法一件事"应用,形成在农业投入品质量安全监管上,政企民一体化的整体智治,该应用获批省试点,在金华市推广使用。迭代"共富花园 未来乡村"应用,构建引领数字生活体验的乡村新社区,参与数字社会系统的省级路演。打造"东阳市未来乡村平台",推进数字社会"12有"应用落地农村新平台,该应用被金华市列为"未来乡村大脑基座及门户系统"建设先行试点。完成"新村(居)民一件事"应用场景建设,该场景被列为金华市农业农村局"四治融合"e件事之一。完成东阳市生猪产业大数据管理系统建设,"生猪一件事"应用场景在全市养殖户中推广使用。启动省乡村振兴集成示范建设项目——共享田园数字化应用子项目建设。农业农村部门牵头的帮农促富应用、浙农优品应用、浙农帮扶应用、农经在线应用、浙里未来乡村在线省定5项重大应用在全市实现贯通。

【农业执法】 2022年,东阳市查办农业行政执法案件83起,其中农药案件6起、肥料案件3起、种子案件5起、兽药案件1起、饲料案件5起、动物监督案件11起、生猪屠宰1起、农产品质量安全案件4起、渔政案件46起、植物检疫案件1起,收缴罚没款18.6万元。

【农业法治】 2022年,东阳市开展"三农"领域法律法规普法宣传,出动普法人员192人次,发放宣传资料4000份,通过农民信箱发送宣传信息83万人次,发布"以案释法"案例3个,培育农村学法用法示范户345户。落实法律顾问制度,法律合法性审核规范性文件、合同、协议21件。开展行政执法案卷评查93件,法制审核农业行政执法案件83件。应诉行政诉讼案件4件、行政复议案件2件。实施行政审批"最多跑一次""无证明城市"改革,办理农业农村部门群众和企业"最多跑一次"行政审批事项13063件。

(王小琴)

·种植业·

【概况】 2022年,东阳市粮食播种面积17110.51公顷,产量9.76万吨;油料作物播种面积2210.33公顷,产量0.5万吨;糖料作物播种面积356.87公顷,产量2.29万吨。规模种粮户280户,流转承包耕地面积5497.68公顷,稻麦复种面积8804.75公顷,其中早稻面积3524.52公顷;油菜规模种植主体34户,种植面积229.68公顷;旱粮规模种植主体9户,种植面积61.52公顷。全市建立水稻高产百亩示范方20个,面积248.27公顷;水稻高产千亩示范方9个,面积646.2公顷。其中,早稻高产示范方19个,面积729.87公顷,主要为"中早39""中组143""舜达135"等品种;晚稻高产示范方10个,面积164.6公顷,主要为"甬优15""甬优17""嘉丰优2号"等品种;旱粮高产百亩示范方3个,面积27.5公顷;油菜高产百亩示范方4个,面积68.34公顷。

【蔬菜种植】 2022年,东阳市蔬菜播种面积7606公顷,产量20.1万吨,产值8.98亿元。全市蔬菜基地27个,重点监管蔬菜基地19个,蔬菜基地面积262公顷。对全市19家重点监管蔬菜基地开展环境专项治理,加强蔬菜基地质量安全管理。省、市、县各级蔬菜基地第三方抽检238批次,合格率98.3%,未出现禁限用农药使用情况。

2022年9月23日,市农业农村局在城东街道寀卢村开展普法宣传活动

(王忠阳/摄)

【水果种植】 2022年,东阳市水果生产面积3096公顷(不包括西甜瓜、草莓),产量57439吨,产值2.77亿元。由东阳市种植业技术推广中心承担,东阳市花园农业发展有限公司为实施主体,实施东阳市产业技术团队生产示范点建设项目——"不同有机肥施用对梨果实品质及丰产性影响"栽培示范,开展梨园化肥农药减量增效技术、整形修剪技术、控产提质技术等示范工作。全市重点推广翠玉梨、阳光玫瑰葡萄、红美人柑橘、太秋甜柿、黄心李等10余个水果优新品种及果树避雨栽培、枇杷防冻增产栽培、桃Y字形省力优质整形、果园农药减量增效、种养结合增效等种植技术。

【茶叶种植】 2022年,东阳市茶园面积3264.67公顷,产量248.76万千克,产值9722.76万元,其中东阳木禾种茶园面积2502.67公顷,主要有东白春芽、东白龙井、东白红茶等产品。东阳市龙盘玉叶农业开发有限公司选送的龙盘玉叶茶叶索粉在2022浙江网上农博会新产品推选中获新产品金奖。完成2022年度东阳市茶叶产业技术团队项目内容(东阳市木禾种红茶加工试验)并通过验收。茶园投保面积289.6公顷,保费46.48万元,对启动低温触警茶园及时理赔,赔付款45.42万元。

【中药材种植】 2022年,东阳市中药材生产面积2849公顷,产量10672吨,产值3.65亿元,其中元胡收获面积1027公顷、浙贝母收获面积303公顷。开展元胡、杭白芍等中药材种质资源收集保护工作,建立元胡、杭白芍种质资源圃,开展新品种选育研究、良种提纯复壮工作,扩大杭白芍浙芍1号、元胡浙胡2号和浙胡3号的繁育能力。

(王 芸 金 怡)

·畜牧业·

【概况】 2022年,东阳市生猪存栏5.35万头,其中能繁母猪0.62万头,出栏7.6万头;存栏生猪50头以上的规模猪场留存62家,存栏生猪4.76万头。家禽存栏40.17万羽,出栏72.32万羽;存栏500羽以上蛋禽场有55个,存栏18.4万羽;出栏2000羽以上肉禽场有25个,出栏16.68万羽。山羊存栏0.64万只,年出栏0.67万只;牛存栏872头,年出栏699头。

市畜牧兽医中心开展畜禽品种遗传资源普查工作,完成金华猪Ⅲ系品种资源样品采集和生长性能、繁殖性能、屠宰性能等各项性能测定工作。

【畜产品安全生产】 2022年,东阳市完成5个"两化"(兽药减量化、饲料环保化)示范场、试点场评估工作。抽检猪肉、猪肝、禽肉,禽蛋等75批次,抽检合格率100%。市农业农村局自行抽检后委托第三方检测190批次,合格率100%。养殖场排泄物综合利用率99%。

【动物防疫】 2022年,东阳市实行春、秋两季散养动物集中免疫,规模场按程序免疫制度。免疫猪瘟10.26万头,使用猪瘟疫苗23.55万头份;免疫猪口蹄疫10.26万头,使用猪口蹄疫疫苗27.13万毫升;免疫蓝耳病7.61万头,使用蓝耳病疫苗12.2万头份;免疫家禽73.4万羽,使用禽流感疫苗64.7万毫升;免疫牛、羊各0.13万头、0.95万头,使用牛羊口蹄疫疫苗2.83万毫升。制定《东阳市犬只狂犬病免费免疫工作方案》,实施犬只狂犬病免费免疫工作,免疫犬只2963只。承办金华市动物疫病检测技能竞赛并获优秀组织奖,陆弯、池卓分获一等奖、二等奖。

2022年,根据《浙江省农业农村厅 浙江省财政厅关于印发浙江省动物疫病强制免疫政策改革实施方案(试行)的通知》文件精神,东阳市作为试点县(市)之一,开展规模养殖场重大动物疫病"先打后补"日常监管、申报审核及推广工作。制定《东阳市动物疫病强制免疫政策改革实施方案(试行)》。东阳市皇野生态农业公司、东阳市吴宁高新种养场、东阳市欣成生态农业发展有限公司、新东方农庄、金华猪Ⅲ系保种场、巍山江丰家庭农场6家规模养殖场开展"先打后补"试点工作。

【动物检疫】 2022年,市畜牧兽医中心开展屠宰检疫、产地检疫工作,完成产地检疫生猪22110头,屠宰检疫生猪113660头;养殖和屠宰环节无害化处理病害动物2132头,动物产品24.04吨。开展网上流通监管工作、动物疫病及标识追溯工作,网上备案1153起,对各起备案进行后续核查。

【生猪产品市场秩序维护】 2022年,市畜牧兽医中心继续开展非洲猪瘟紧急排查、疫情监测工作,排查养殖场727家次、屠宰场364家次,出动排查人员1091人次,排查生猪318244头。落实镇、场联系人,联场人员每月至少一次对联系养殖场进行督查,为养殖场主提供防疫、生产、养殖场废弃物规范处理等技术指导。落实生猪及生猪产品调运政策,省外调入生猪645批次、生猪产品23批次,抽样115份。打击无证调运和偷运等违法行为,维护生猪和生猪产品市场秩序。开展生猪运输车辆网上备案工作。按照《非洲猪瘟疫情应急处置指南(2020年版)》,对相关猪场进行检测,指导恢复生猪生产。开展牛、羊布病,禽流感等人畜共患病的防控和排查工作。对东阳华统牧业有限公司无疫小区的建设进行指导。

【畜牧业重点建设项目】 2022年,东阳市皇野生态农业有限公司投资建设年出栏10万头生猪项目完成土地流转及林地采伐审批,基本完成清表政策处理以及采伐清表工作、自然资源部门关于红线启用批复工作,进入设施农用地申请审批阶段。现代化规模屠宰场项目开工建设,完成项目办公楼地下室基础建设、车间二基础建设。病死动物无害化处理中心项目完成场地红线内土方平整,扶壁墙施工和主车间、综合楼桩基施工;开展主车间、综合楼主体施工。

【畜牧业质量监管】 2022年,市畜牧兽医中心开展水产绿色健康养殖,示范基地水产养殖用兽药使用总量比上年下降5%以上,抗生素类药物比上年下降10%以上,推进使用配合饲料替代幼杂鱼。落实畜产品生产主体及监管职责分工,加强对畜产品生产主体的生产指导及监督管理工作。开展农产品质量安全例行检查,对生猪定点屠宰场、农贸市场、超市,以及畜禽、水产规模养殖场等进行畜禽、水产品安全检查。完成全市畜产品安全风险检测和监督抽检。配合省、市畜产品安全例行抽检工作,抽检猪肉、猪肝、禽肉、禽蛋等75批次,抽检合格率100%,市农业农村局自行抽检后委托第三方检测190批次,合格率100%。

【畜禽粪污处理及资源化利用】 2022年,市畜牧兽医中心开展畜禽粪污处理及资源化利用工作,明确畜禽养殖场是粪污处理及资源化利用的主体责任,落实联场监管责任,指导畜禽养殖场办理环评备案登记,督促畜禽养殖场建设完善养殖场粪污处理设施设备,落实农牧结合配套消纳地。开展养殖场排泄物资源化利用档案记录,养殖场排泄物综合利用率98.1%。

(卢超杭)

·渔业·

【概况】 2022年,东阳市水产品产量1.15万吨,其中淡水捕捞量0.22万吨、淡水养殖产量0.93万吨。开展渔业资源增殖放流,投放鱼苗750.65万尾,维护渔业生态平衡。开展渔业养殖示范和技术推广引领工作,创建市级健康养殖示范场4家;开展省级稻渔综合种养基地建设,建成无公害水产品基地2家;实行规模主体养殖尾水处理100%。

【渔业监管】 2022年，东阳市开展禁渔巡查390次，出动执法人员1000余人次，在禁渔区收缴非法捕捞工具600余件，发放禁渔告知书1800余份。开展禁渔区执法，集中清除东阳江江心岛、南江水库库尾等区段的非法捕捞工具200余件。开展打击非法捕捞联合专项行动4次，查获偷钓者70人次，收缴钓竿90余根，渔网（游丝网）120件。渔业违法案件46起，其中立案21起（电鱼8起、非法捕捞11起、销售禁用渔具2起）；移送渔政执法案件25起并全部办结，罚没款4.6万元。6月1日起，渔政执法事项划转至市综合行政执法局。

东阳市开展水生野生动物保护工作，利用三单乡和虎鹿镇村级护渔队，组成护渔小组对村域周围水域开展巡查监管，实时联动执法机构。4月15日，金华市农业行政执法队到东阳市开展水生野生动物保护"清风行动"督查指导工作。7月起，东阳市农业行政执法队联合相关部门在横锦水库、南江水库等一级饮用水水源保护区开展水源保护区非法捕捞联合专项行动。12月17日起，接收并保管公安部门移交的珍稀水生野生生物制品。结合钱塘江（东阳江）流域禁渔管理工作，开展渔业资源保护系列宣传教育工作。

【渔业养殖示范和技术推广】 2022年，市畜牧兽医中心推动省级健康养殖示范场创建工作。创建巍山镇百福农庄、南马镇翰文生态养殖场、歌山镇梁梁农场和雅联家庭农场4家市级水产健康养殖示范场，完成尾水处理设施建设目标。推进稻渔综合种养，在画水镇和六石街道建设2家示范点。横源农业良种繁育基地占地面积6.6公顷，建设园桶16个，预建设200个大型帆布桶和2000立方米的钢架大棚。开展无公害水产品基地建设。建设东阳市民乐稻渔生态旅游开发有限公司和金华市横源农业科技有限公司2家无公害水产品基地，实现全市水产品可追溯率70%以上。开展水生养殖品种资源普查工作，对36家养殖主体进行普查。

（郭劲松　何迎鹏）

2022年6月30日，市农业机械化发展中心组织参加华东鲜食玉米大会玉米机械化生产演示会

（潘增辉/摄）

·农业机械·

【概况】 2022年，东阳市农机总动力31.7万千瓦，有大中型拖拉机560辆、联合收割机498台、粮食烘干机386台、插秧机433台，实现主要农作物耕种收综合机械化率77.17%、水稻耕种收机械化水平91.59%。《东阳市因地施策破解丘陵山区农业机械化发展难题》获省委常委会委员、常务副省长徐文光和金华市副市长赵秋立批示肯定。

【农业机械化补贴】 2023年，东阳市办理农机具申请补贴676台，受益农户474户，补贴资金558.225万元，其中中央补贴资金483.925万元、省补资金29.72万元、市补资金44.58万元。完成水稻机械化插秧面积2118.6公顷、植保无人机作业面积23890.7公顷，发放水稻机械化作业服务补贴资金481.25万元。

【农机化推广】 2022年，东阳市推广遥控飞行喷雾机20台、谷物烘干机39台、水稻插秧机52台、秧盘播种成套设备1台、精量播种机1台、收割机8台、轮式拖拉机51台、热风炉10台、秸秆粉碎还田机12台、茶叶加工机械56台、茶树修剪机47台、耕整地机械274台、剥壳（去皮）机械22台、轨道运输机械4台、田园管理机71台、北斗导航辅助系统5套、增氧机2台、粮食色选机1台。全市有154台水稻高速插秧机、39台植保无人机、3台油菜收割机安装农机北斗管理终端，生成各类机插、植保飞防、油菜机收数据15063条，其中审核通过数据10509条。在多种产业实行农机"首台（套）"政策（金华市首创），组织参加玉米机械化生产演示会、鲜食玉米新品种大会的机械强农展、中药材机械化收获演示会等活动。

（潘增辉）

·农村经济·

【概况】 2022年，东阳市集体经济总收入216251.95万元，其中经营收入137109.38万元、发包及上缴收入7153.63万元、投资收益7577.11万元、补助收入48819.69万元、其他收入15592.14万元；总支出32785.03万元；收益183466.92万元。全市有村经济合作社593个，其中有经营收益的村经济合作社568个、无经营收益的村经济合作社25个。截至年末，村级集体资产总额1717248.95万元，其中流动资产614366.85万元、农业资产14635.2万元、长期资产65394万元、固定资产1022852.93万元。村级集体负债总额169618.28万元，其中流动负债92928.95万元、长期负债76689.33万元。

【集体经济】 2022年，全市345个行政村总收入99504.76万元，经营性收入56622.42万元。年经营性收入20万元、50万元、100万元以上行政村占比分别为100%、83.48%、35.65%。

【农村集体"三资"管理】 2022年,东阳市农村集体资产总额1717248.95万元,其中货币资金476503.69万元,村级集体负债总额169618.28万元,核实所有者权益1547630.67万元。全市593个村经济合作社实行财务公开和会计电算化。

【农村财务管理与审计】 2022年,东阳市593个村经济合作社开展财务清理和审计工作,其中审计村经济合作社9个,审计资金总额1978.82万元。

【农民专业合作社】 2022年,东阳市有农民专业合作社262家,其中种植业180家、林业40家、畜牧业7家、渔业4家、服务业29家、其他12家。有规范化合作社38家。合作社统一组织销售农产品总值7701.4万元。合作社经营收入9700.93万元,盈余2865.07万元。

【家庭农场】 2022年,东阳市有家庭农场898家,其中从事种植业724家、畜牧业41家、渔业39家、林业38家、种养结合34家、农业服务业4家、其他18家。有省示范性家庭农场30家、金华市示范性家庭农场5家、东阳市示范性家庭农场45家。家庭农场经营土地面积6058.66公顷,年经营性收入23275.45万元。有注册商标的家庭农场32家。

(贾晓峰)

·"千万工程"建设·

【概况】 2022年,东阳市获评全省深化"千万工程"建设新时代美丽乡村(农村人居环境提升)工作优胜县。共富学院项目落地南马镇花园村,签订《东阳市人民政府—浙江农林大学联合共建"浙江农林大学浙江乡村共富学院"合作协议》。推进"千万工程"展示馆二期建设。9月23日,2022年中国农民丰收节浙江主场活动在城东街道寀卢村举行。

【农村人居环境整治】 2022年,东阳市开展农村人居环境整治提升工作。制定《东阳市农村人居环境长效管护办法》,对农村环境卫生、垃圾分类、绿化养护、田园清洁、公厕管理等方面提出具体标准。全市清理可腐垃圾28043吨,清理乱堆乱放5654处、河塘沟渠2776条。

【农村生活垃圾分类】 2022年,东阳市创建城东街道李宅社区、横店镇仁棠村、东阳江镇三兴村、马宅镇塘里村4个省高标准农村生活垃圾分类示范村,创建省垃圾分类处理村13个、金华市垃圾分类优秀村5个、东阳市垃圾分类示范村27个。完成农村生活垃圾资源化处理站点技改提升1座。农村生活垃圾分类处理村覆盖率100%,金华市垃圾分类优秀村覆盖率92%。农村生活垃圾回收利用率61%、资源化利用率100%、无害化处理率100%。农村生活垃圾资源化处理站点"站长制"做法入选省美丽乡村长效管护十大模式典型案例。

【未来乡村建设】 2022年,东阳市制定《东阳市未来乡村建设实施方案》《东阳市未来乡村建设项目资金管理办法》等,推进"一统三化九场景"("一统":党建统领;"三化":人本化、生态化、数字化;"九场景":乡村未来产业、风貌、文化、邻里、健康、低碳、交通、智慧、治理)落地。开展6个未来乡村建设,其中省级5个(南马镇花园村、城东街道寀卢村、虎鹿镇蔡宅村、南马镇官桥村、湖溪镇八里湾村)。南马镇花园村入选全省首批未来乡村名单,并入选全省未来乡村十大建设模式代表案例。城东街道寀卢村、南马镇官桥村、湖溪镇八里湾村入选全省第二批未来乡村名单。

【农业文化遗产普查】 2022年,东阳市启动重要农业文化遗产资源普查工作。东阳元胡种植系统、东白山茶叶种植系统入选省级农业文化遗产资源库,其中东阳元胡种植系统入选全省首批重要农业文化遗产资源名单。

【"美丽乡村"建设】 2022年,东阳市创建浙江省新时代"美丽乡村"达标村67个、精品村43个,创建省级"美丽乡村"示范乡镇1个(千祥镇),特色精品村5个(六石街道湖心塘村、横店镇官桥村、千祥镇三宝村、画水镇月峰村、马宅镇和协村)。全市209个自然村参与"十佳村十差村"评选,创建项目1054个。完成"十佳村十差村"考核评选活动5次,评选产生"十佳村"49个、"十差村"6个。自2018年"十佳村"创建以来,累计投入财政资金7.5亿元,带动民间资本投入超10亿元;评选各类"十佳村"255个。"歌

2022年,湖溪镇八里湾基本农田示范区 (市农业农村局提供)

山乐水 共享田园”示范带申报为第三批省新时代美丽乡村共同富裕示范带。

【“两江两镇”乡村振兴示范区建设】 2022年，东阳市推进“两江两镇”乡村振兴示范区建设，示范区涉及六石街道、湖溪镇，财政总投入6000万元，建设12个大项。重点建设六石街道白溪江农文旅集成示范区、红色革命文化带、“世”字型休闲风光带3个项目和湖溪镇八里湾农文旅融合发展、南江山水风光休闲带、全域美丽提升、智慧社区（数字农村）4个项目。截至年末，完成项目建设总进度的98%；14个子项目开工14个，完工13个；完成财政投入3000万元。

【“美丽乡村”风景线项目】 2022年，东阳市打造画南下线（雅致古村风景线）、527国道（乡愁记忆风景线二期）、里歌线（秀水田园风景线）3条“美丽乡村”风景线，分别由市交投集团、城投集团和市水投集团三个国有企业作为建设实施主体，主要包括沿线景观绿化提升、立面改造、管线整治、公共服务设施配套及其沿线重点村环境提升等建设项目。画南下线长约42千米，涉及4个乡镇，预计投资3500万元；527国道总长约30千米，涉及4个乡镇，预计投资3800万元；里歌线总长约35千米，涉及4个乡镇，预计投资3600万元。截至年末，乡愁记忆风景线二期完成4个节点公园建设，雅致古村风景线完成总工程量的50%，秀水田园风景线开工。

【共享田园建设】 2022年，东阳市推进共享田园建设。六石街道白溪江共享田园二期、六石街道石马溪、三单乡三单村、东阳江镇天山村、虎鹿镇蔡宅村、巍山镇西坑沿村、画水镇黄田畈村7个共享田园启动项目建设（六石街道石马溪共享田园是基础配套型，其他为产业导向型，项目规划总面积709.9公顷，政府投资金额控制在1.343亿元，资金由市财政局拨款与镇、村自筹解决，建设年限为2022—2024年）。截至年末，六石街道白溪江共享田园二期、六石街道石马溪、画水镇黄田畈村、虎鹿镇蔡宅村、三单乡三单村、东阳江镇天山村6个共享田园完成招投标工作，巍山镇西坑沿村共享田园完成财政概算审核。

【历史文化村落保护】 2022年，东阳市完成第八批省历史文化传统村落保护利用重点村（画水镇洪塘村）项目建设，推进第九批省历史文化传统村落保护利用一般村（南马镇泉府村、佐村镇平坑村）和第十批省历史文化传统村落保护利用重点村（虎鹿镇葛宅村）的项目建设。

2022年8月，城东街道寀卢村共享田园　　（市农业农村局提供）

【农村能源建设】 2022年，东阳市建成农田氮磷生态拦截沟渠1条，地点在六石街道白溪江共享田园二期，长度1000余米，汇水面积53.3公顷，覆盖农田面积100公顷。截至年末，建成农田氮磷生态拦截沟渠6条，改造总长6000余米。

2022年，东阳市农作物秸秆综合资源化利用率98.32%。创建省级低碳农场3家（东阳华统牧业有限公司、金华市横源农业科技有限公司和浙江花园农业发展有限公司）。

（叶　凯　叶　俊　华秋韵）

·乡村振兴·

【低收入农户帮扶】 2022年，东阳市建档立卡低收入农户5183户7208人，消除家庭人均可支配收入11000元以下农户。低收入农户人均可支配收入16099元，比上年增长15.2%。完成上年度低收入农户小额信贷贴息，对27户低收入农户贴息42289.95元。推行低收入农户医疗补充政策性保险，实现低收入农户全覆盖，支付保费117.735万元。

【清廉村居创建】 2022年，市委农办制定《东阳市清廉村居建设评价指标体系实施办法（试行）》。9月，在虎鹿镇葛宅村召开全市清廉村居建设工作推进会。年内，创建112个清廉村居，覆盖率28.87%；创建47个示范型和精品型清廉村居。湖溪镇镇西村、虎鹿镇葛宅村成功创建浙江省示范型清廉村居，吴宁街道西街社区、城东街道单良村、横店镇官桥村、南马镇南新村、千祥镇胡山村、东阳江镇黄铺村成功创建金华市示范型清廉村居。

【农村人才建设】 2022年，东阳市完成农村实用人才培训1303人、高素质农民培训249人。8月，东阳市农创客发展联合会成立，选举产生东阳市农创客发展联合会第一届理事、监事和联合会第一届会长、副会长、秘书长。联合会成立后开展农创系列活动，孵化出一批优秀的农创客典型：1人获浙江省“建行杯”农村创业创新大赛三等奖，2人获评金华市十佳“农创

2022年8月2日,东阳市农创客发展联合会成立大会召开　(李　珊/摄)

客”,1人获高级农艺师技术职称。截至年末,培育农创客502人。

【农村宅基地管理】 2022年,市自然资源和规划局承担的农村宅基地管理相关职责划转至市农业农村局;市农业农村局增设宅基地管理科和宅基地监察中队,负责宅基地管理和违反宅基地管理法律、法规行为的监督检查等工作。镇乡(街道)成立宅基地管理专班,由自然资源和规划所与从事农业农村工作人员承担宅基地审批工作;宅基地管理科和宅基地监察中队成立前,在市农业农村局设立工作专班承担宅基地管理工作,负责业务指导、信访受理、监督检查、违法查处及资料查询联系等宅基地管理相关工作。

3月8日,市宅基地管理工作专班运行,同步组建18个镇乡(街道)宅基地管理专班。5月23日,市政府发布《关于进一步规范农村宅基地和建房审批管理的通知》,自6月25日起施行。7月下旬,在18个镇乡(街道)组织728名村级宅基地协管员参加业务培训。

2022年,东阳市宅基地审批数1367户;超44.29%完成宅基地审批计划;宅基地线上审批比例50%,超过40%的年度考核目标值。按照无房户、危房户、住房困难户优先顺序,核定安排增加宅基地用地面积12.1公顷,其中涉及无房户460户,涉及危房户488户,均按计划对农民建房需求予以保障落实。接到信访事项727件,其中来电来信450件,来访277批次277件;初信初访635件(包括咨询类),重复访92件,规定时限内办结率100%。

(陈丽妍　张望茂　卢　宏)

·玉米与特色旱粮研究·

【概况】 2022年,浙江省农业科学院玉米与特色旱粮研究所(以下简称玉米研究所)有在职职工30人,其中新进博士后1人、硕士1人,引进人才首次被纳入东阳市地方人才政策。继续承担国家玉米产业技术体系东阳综合试验站工作,增加主持省育种专项项目,成为浙江省鲜食玉米育繁推创新平台首席单位。

【玉米品种培育】 2022年,玉米研究所有科研经费839.7万元,用于鲜食玉米及旱粮新品种培育、推广示范和相关基础研究;有省主推技术2项、主导品种2个,获植物新品种权3项、发明专利7项,制定发布省团体标准2项,发表论文25篇(其中SCI论文12篇)。培育的浙甜19、浙糯玉10、浙糯玉21、浙糯玉2095四个玉米品种通过国家审定;脆甜258(浙江)、浙泰甜928(湖北)、浙糯玉16(湖南)、华耐黑糯57(湖南)、浙糯玉209(浙江)、浙彩糯520(广西)、浙白糯702(福建)和浙单15(浙江)八个玉米品种通过省级审定;浙粟1号、浙粟2号、浙粟3号三个粟米品种通过国家非主要农作物品种登记,实现全省粟米品种登记“零”的突破。

【科技服务】 2022年,玉米研究所有省科技特派员6人。东阳市“百团联百村”科技特派员4人,申报淳安县特聘专家1人、莲都区博士服务专家1人。建立综合示范基地1个、新品种新技术示范基地16个,建设科技成果示范应用场景2项,对接农业园区2个、服务示范村2个,研发示范新品种6个、新技术4项。到缙云县、常

2022年5月20日,玉米研究所技术人员到四川省南江县八庙镇东西部协作鲜食玉米示范基地开展玉米苗期管理指导　(玉米研究所提供)

2022年6月30日，2022浙江·长三角鲜食玉米新品种大会在东阳市举行，设置机械强农展区，展出玉米播种机、起垄覆膜机、移栽机、无人植保机、秸秆粉碎机等农业机械　（玉米研究所提供）

山县、遂昌县、武义县、开化县和丽水市莲都区开展科技服务，累计推广种植5160公顷，服务农业企业等210余次，培训580余人次。

【鲜食玉米推广种植】　2022年，玉米研究所继续参与东阳—南江东西部协作工作，重点开展实施《浙川优质高效鲜食玉米生态高效栽培技术研究与示范》，在南江县八庙镇建立13.33公顷鲜食玉米核心示范基地1个，引种示范种植雪甜7401（水果玉米）3.33公顷，鲜甜糯911、彩甜糯520（鲜食甜糯玉米）10公顷，开展南江县鲜食玉米主要病虫害调研和生态研究、鲜食玉米新品种比较试验和多点试验，累计种植66.67公顷。

【2022浙江·长三角鲜食玉米新品种大会】　2022年6月30日，由省农业农村厅、省农业科学院主办，省种子管理总站、东阳市人民政府、玉米研究所和长三角鲜食玉米产业技术创新联盟承办的2022浙江·长三角鲜食玉米新品种大会在东阳市开幕。大会集中展示来自北京市、上海市、广东省、江苏省、安徽省、江西省、浙江省等13个省（市）的53家科研单位及公司企业培育的甜、糯玉米新品种、高品质甜玉米和玉米特色种质资源280余个。玉米研究所自主选育的脆白甜926、脆甜89、浙甜20、浙甜19四个品种入围甜玉米"十大"金奖品种，浙糯玉18、浙糯玉19两个品种入围"十大"糯玉米金奖品种。大会集中展示玉米遗传转化体系、分子育种、生防菌等玉米新品种新技术成果，玉米大豆带状复合种植模式，适应浙江省丘陵、坡地等复杂环境作业的农用机械，包括玉米播种机、起垄覆膜机、移栽机、无人植保机、秸秆粉碎机等农业机械设备。

（宋贵玲）

林　业

·林政工作·

【概况】　2022年，市林业局完成44个森林督查案件的整改销号工作。组织实施森林、草地、湿地调查监测和森林督查工作。开展包括蓄积量、生物量和碳储量更新测算，湿地、草地逐图斑调查等林草湿年度变化更新，上报森林督查等一系列自查成果。开展林地补充库建设，成功入库571公顷。编制全国首个县级林业碳中和建设规划。追加使用林地134公顷。《浙江东阳南山国家森林公园总体规划（2021—2030年）》通过省林业局批准。

【全国首个县级林业碳中和建设规划编制】　2022年6月10日，《东阳市全域林业碳中和建设规划》（2021—2035年）完成编制并通过专家评审，是全国首个县级林业碳中和建设规划。12月，市林业局在"浙江省数字林业系统"平台提交林业固碳增汇试点县建设工作相关材料。

【林长制工作】　2022年，东阳市实施林长制工作考核制度，由市委书记、市长挂帅，召开市级总林长会议、生物多样性保护暨林长制工作推进会，发布2022年第1号总林长令，19名市领导组队开展巡林调研，各级林长开展巡林护林1万余次。金华市围绕林长制工作实施运行、森林覆盖率、森林蓄积量、湿地保有量、国土绿化、资源保护管理、保护地体系建设、野生动植物保护、森林灾害防控、林业产业发展十个内容开展林长制工作考核，东阳市综合指数居金华市第三位，其中森林蓄积量、林长制实施工作运行等7个考核内容得分居金华市第一位。

【林业行证许可事项审批】　2022年，林业窗口受理林业行政许可事项4159件，办结4159件。其中，签发森林植物检疫证1305件（省内检疫证28件、出省检疫证1277件），调入省同意省际调运植物和植物产品许可2522件，办结长期占用林地审核转报项目183件（占用林地221.9848公顷）、临时征收占用林地许可36件（临时占用林地81.6245公顷）、林业生产占用林地许可3件（占用林地7.1829公顷），核发林木采伐许可证105件，核发珍贵树种采伐许可证5件。应收森林植被恢复费7132万元。针对全市项目占用林地明显增多的情况，向省林业局追加使用林地定额134公顷。

【林权抵押贷款发放】　2022年，市林业局开展林权抵押货款业务。与东阳农商银行合作，发放林权抵押贷款7009.65万元，其中林权直接抵押贷款2149.45万元，与林农相关的信用和保证贷款4860.2万元。

【林业执法】 2022年,市林业局办结林业行政执法案件49件。其中,林地违法案件33件,非法出售、购买、利用画眉鸟案件15件,疫木案件1件。移交市综合行政执法局案件20件,移交市公安局涉刑事案2件。

(马丹雅)

·林业产业发展·

【概况】 2022年,东阳市林业总产值237.6亿元(按"全国林业计财报表管理系统"统计数据)。争取中央、省级资金3681.31万元。东阳市召开香榧产业发展专题会议,编制东阳香榧产业发展规划。开展香榧良种推广,增加种质资源9份,开展"东阳香榧"地理标志保护工作。与国家林业和草原局竹子研究中心合作,引进优质新竹种,建立毛竹林地产覆盖增产技术试验基地。建立青檀引种基地,完成80个青檀家系引种工作。11月9—10日,金华市责任林技人员知识更新暨食用林产品质量安全工作培训班在东阳市召开。

【林业龙头企业培育】 截至2022年年末,东阳市有国家级林业龙头企业2家(浙江响铃枣业有限公司、东阳市明堂红木家俱有限公司)、省级林业龙头企业14家、国家级示范性林业合作社1家(东阳市西垣玉山香榧专业合作社)、省级示范性家庭林场5家(东阳市歌山画水家庭农场、东阳市东阳江镇金芳家庭农场、东阳市西湾家庭农场、东阳市虎鹿镇晨薇家庭农场、东阳市虎鹿镇志青家庭农场)。12月22日,东阳江镇天山村天然氧吧被命名为"2022年度浙江森林氧吧"。

【森林食品安全监管】 2022年,市林业局对30家食用林产品生产企业进行食品安全排查检查,联合市市场监督管理局、市农业农村局等部门开展2次大型食品安全宣传活动,联合省林产业检测中心对全市111批次食用林产品及投入品进行安全检测(包括77批次香榧、14批次青枣、15批次土壤、3批次肥料和2批次柿子),合格率100%。

【特色林业产业】 2022年4月,市林业局会同香榧产业协会和中国人保金华分公司签订《地理标志被侵权损失保险》,保障"东阳香榧"地理标志证明商标使用企业的合法权利。建立降香黄檀培植基地,培植降香黄檀4000余株。培育青檀、沉香种植基地,种植青檀木2000余株,种植面积2公顷;种植沉香500余株,种植面积0.6公顷。建立毛竹林地产覆盖增产技术试验基地。在东阳江镇枫树头村建立竹类产业引种基地,引种黑竹、牛尾竹、刺竹、水果竹、刺黑竹、白竹、油竹、小黄实竹8个新品种竹子。

2022年11月9—10日,金华市责任林技人员知识更新暨食用林产品质量安全工作培训班在东阳市召开 (胡文翠/摄)

【科技兴林】 2022年,东阳市完成中央财政林业科技推广资金项目"香榧低产林增产增效技术示范与推广"经济技术指标。建成低产林增产增效关键技术示范基地9.6公顷、建设水肥一体化示范基地0.3公顷、建成良种改造示范基地6.8公顷。开展科技推广,在虎鹿镇开展香榧高效栽培技术培训。

【种苗管理】 2022年,市林业种苗管理站完成1.7万株省级保障性造林苗木调剂工作,确保全市造林用苗供应。开展香榧良种推广,向全市榧农提供2万条香榧良种接穗。与中国林业科学研究院亚热带林业研究所合作,建立青檀引种基地,完成80个青檀家系引种工作。

【现代国有林场建设】 2022年,国有林场完成珍贵树种抚育35.4公顷,补植珍贵树种17000株,香榧抚育面积160.6公顷,采摘香榧青果2.8万千克。香榧良种基地增加9份种质资源,开展10个无性系参与比较试验。11月25日,西甑山爱国主义教育基地竣工并完成验收,该项目总投资265万元,集爱国主义教育、森林康养、自然科普教育功能于一体。

(马丹雅)

水　利

·水务工作·

【概况】 2022年,东阳市水资源总量为11.8699亿立方米,比多年平均值下降8.6%,全市人均水资源量1091立方米。全市总用水量2.7769亿立方米。其中,农业用水量1.633亿立方米,占58.81%;工业用水量0.3844亿立方米,占13.84%;生活用水量0.6474亿立方米,占23.31%;其他用水量0.1121亿立方米,占4.04%。全市农田灌溉亩均用水量409.7立方米,人均综合用水量255.2立方米,万元工业增加值用水量15.79立方米/万元。全市总耗水量1.7317亿立方米,综合耗水率62.4%,其中农田灌溉耗水量1.0824亿立方米,占62.51%。全市平均水资源利用率23.4%。

2022年，东阳市向上级争取水利资金1.43亿元，水安全提升保障专项债项目成功争取资金2.5亿元，完成水利投资任务4.7亿元，比上年增长34.2%。

【水土保持】 2022年，东阳市完成水土保持方案审批（备案）145个。对全市76个扰动图斑进行现场复核，其中3个不合规图斑限时完成整改。持续加强生产建设项目水土保持监督检查。通过委托专业机构开展32个建设项目水土流失现场评估工作，填写生产建设项目水土保持监督检查记录表。全年水土保持监督检查建设项目40个。约谈未按期报批水土保持方案的生产建设单位1家。强化生产建设项目水土保持监测和验收管理。对未及时开展水土保持监测和水土保持设施验收的建设业主送达6份责令整改通知书，基本落实报告书项目水土保持监测工作。收到20个生产建设项目水土保持设施验收报备。全市完成5.3平方千米水土流失治理任务。开展金华市“十四五”水土保持规划东阳市水土流失治理项目前期工作。完成三单乡生态清洁小流域水土流失综合治理工程实施方案编制。

【水文监测】 2022年，东阳市年降水量1286.8毫米，蒸发量923.5毫米，完成57次测流。6月1日11时10分，实测最高水位68.61米，测得该年度最大流量348立方米/秒，测时相应水位68.37米。完成水文测验、水文监测预警和水文资料整编等工作。完成改建水位站25个，建成雨量站10个，全市水文监测站点154个。完成水文遥测系统维护1954人次，保证每日近两万条水文数据稳定传输，到站率99%。

【水旱灾害防御】 2022年，东阳市梅雨期降水量比常年偏少三成。出梅以后持续高温晴热少雨天气。8月13日，发布水利旱情蓝色预警；12月5日，解除水利旱情蓝色预警。启动水旱灾害防御应急响应5次，发布相关镇乡（街道）山洪灾害预警8次，完成东方红水库两次泄洪的调度工作，发送预警信息30万条。推进山洪灾害监测能力提升、全测全防体系建设、危险区范围动态复核3项任务。在沈岭坑自动水位站进行卫星通信建设，增加北斗通信模块。完成山洪灾害综合防治方案及县级山洪灾害防御预案的编制。《东阳市山洪灾害防御应急预案》报市政府颁布实施。完成92个山洪灾害防治重要村落的调查评价复核工作。汛前核减2个（南市街道后赵村和白云街道白殿小区）小流域防范重要村落，其他村落危险区范围重新复核。建成山洪声光电预警设备25处，接入省、市山洪预警平台。和市气象局共同制定《联合发布山洪灾害预警工作细则》，并发文实施。

【《东阳市水利志（1993—2018）》修编】 2022年，东阳市完成第二部水利志《东阳市水利志（1993—2018）》的修编工作。《东阳市水利志（1993—2018）》自2019年1月开始编纂，在1993年版《东阳水利志》基础上，补充近30年东阳市在治水护水、“五水共治”、水权交易、城乡供水保障、水土保持、千塘百库除险加固、防洪保安、水文建设、防汛抗旱、水环境治理等内容。全书设11篇41章144节，共29.1万字。 （楼华琛）

·水利建设·

【河湖治理】 2022年，东阳市推进中小河流全流域治理，建设桎溪江千祥镇三联段、桎溪江南马段和白溪江巍山段3个中小河流综合治理工程，完成中小河流治理22千米，完成投资8050万元。完成农村河道治理项目13个，河道疏浚整治9.2225千米，完成工程总投资357.12万元，以奖代补资金212.82万元。开展“美丽河湖”创建工作，南江画水段17.2千米被评为浙江省级“美丽河湖”。推进农业水价综合改革，完成“八个一”（一个用水组织、一本产权证书、一笔管护经费、一套规章制度、一册管护台账、一条节水杠子、一种计量方式、一把锄头放水）村级改革台账更新；完成11个“五个一百”创建（“五个一百”创建是指每年在全省创建100座农业灌溉更新升级泵站机埠、100座农业灌溉更新升级堰坝水闸、100个改革灌区灌片、100个农民用水主体、100个示范村），其中8个报送省水利厅参评；完成河湖疏浚规划编制工作；完成东阳江、南江、桎溪、横锦水库健康评价工作。

【山塘整治】 2022年，东阳市开展千塘百库除险清零行动，下达山塘整治计划259座，完工119座，成功创建12座“美丽山塘”。对山塘管理开展数字化提升工作，完成2022年省级民生实事山塘的视频监控和水雨情监测设备安装。加强山塘汛期管理，对全市所有山塘开展风险隐患排查和整改工作，抵御梅汛期和台汛期影响，保障山塘安全度汛。

【重点水利工程建设推进】 2022年，东阳市推进三项重点水利工程建设。投资40.3亿元的石马潭水库工程配

2022年10月，省级美丽河湖南江画水段 （市水务局提供）

合指挥部推进23个专题，其中移民实物调查工作大纲编制审查完毕，上报省政府审批；投资9.5亿元的堂鹤水库工程完成项目建议书、可研文本及相关专题编制的招投标工作，开展项目建议书及相关专题的编制工作，并完成项目立项；投资2.35亿元的南江水库水质提升工程会同环保部门成功入库中央水环境保护资金储备库，获可研批复，泵站及管网标段进入初步设计。

【供水设施建设】 2022年，东阳市水务投资集团有限公司(以下简称市水投集团)完成东阳江镇八达水厂工程、佐村镇厦城水厂工程、高铁新城至画水镇供水管道工程、东阳江镇至湖溪镇供水管道工程、佐村镇厦城水厂管网延伸工程、东阳江镇八达水厂管网延伸工程、马宅镇水厂管网延伸工程和千祥镇水厂至隔塘村供水管道延伸工程8个民生供水工程建设并投入运转。佐村镇厦城水厂二期管网工程、东阳江镇八达水厂二期管网工程均完成建设。农村饮用水“一户一表”安装完成1.04万户。市自来水二厂和横店水厂管网连通项目完成建设并通过验收。

【污水处理设施建设】 2022年，市水投集团下属的市第二污水处理厂二期、画水镇竹溪污水处理厂二期、湖溪镇污水处理厂等6个污水处理厂项目完成建设并投入运行，全市污水处理能力提升至36.3万吨/日。市水投集团实施农村污水管网、污水终端以及“污水零直排”建设工程项目共123个，实现污水处理城镇范围全覆盖。年内，污水总管项目铺设污水管道108千米；农村污水终端新建、改建、扩建、标准化运维等考核指标完成率100%。

【“智慧水务”建设】 2022年，市水投集团建成“智慧水务”统一门户，启用多维项目管理系统，实现管理调度规范化、智能化、数字化。截至年末，多维项目管理系统注册人员383人，工程系统累计汇总信息25564条，计划目标考核录入信息1035条，重点督办事项25项。多维材料管理系统开发完成并投入使用，解决工程材料冒领、重复计算等问题，优化填单、复核、签字等7个领料环节，领料效率提升75%。

【水投集团业务拓展】 2022年，市水投集团资产总额151.91亿元，实现营业收入3.2亿元、净利润8594万元，新增融资17.7亿元。截至年末，市水投集团下辖子公司13家，其中全资子公司11家、合资公司2家。

2022年，市水投集团设立16个乡镇基层服务网格，业务涵盖供水保障、污水管网和终端运维、水库巡查、工程监管等。实施“飞地”抱团项目，助力95股农村集体经济增加收入475万元。市水投集团与浙江巨龙管业科技有限公司合资成立浙江中水巨龙管业有限公司，开展东阳市新型管材生产线项目。与中禹管网科技(佛山)有限公司、东阳市上大产业发展研究院有限公司等合资成立浙江东禹环境工程有限公司，拓展水环境检测、水污染整治等业务。下属东阳市清源排水有限公司成立环境检测中心，增加雨污水管道检测、疏通清洗，农村生活污水治理终端抽淤，红木废水处置等业务。

【“中信证券—东阳水投供水收费收益权资产支持专项计划”发行】 2022年3月25日，市水投集团作为原始权益人的“中信证券—东阳水投供水收费收益权资产支持专项计划”在上海证券交易所发行，是金华市首个ABS资产证券化融资项目(以项目所拥有的资产为基础，以项目资产可以带来的预期收益为保证，通过在资本市场发行债券来募集资金的项目)，该次证券发行获ABS融资资金5.23亿元。

(楼华琛　赵亭婷)

·横锦水库·

【概况】 横锦水库是一座以灌溉、防洪为主，结合供水、发电综合利用的大(2)型水库。控制流域面积378平方千米。2022年，横锦水库集雨区降水量1355.9毫米，占多年平均降水量的88.9%，入库径流量25800万立方米。横锦水库运行中心完成发电量1898.57万千瓦时，向东阳市供水6014.06万立方米，向义乌市供水7999.9万立方米，生态放水961.93万立方米。

【数字孪生横锦水库智管应用上线】 2022年8月，水利部数字孪生流域建设试点——数字孪生横锦水库智管应用上线运行。市水务局以横锦水库为样本，构建横锦水库上下游流域面积1000余平方千米数字孪生空间模型，对水库影响区实行一体化精准调度，提升水利风险管控能力和水资源优化配置水平。数字孪生横锦水库智管应用构建“大坝安全研判”“防洪智能调度”“水资源优化配置”三大子场景25个功能模块，打造预报、预警、预演、预案功能，与“浙里九龙联动治水”平台等12个系统业务协同，实现对横锦水库上下游流域面积1000余平方千米洪水影响区域的一体化精准调度，保障东阳市和义乌市近140万人口生活用水和东阳江沿岸840公顷农田灌溉用水。通过总结数字孪生水库智管应用的开发经验，市水务局形成《大坝安全在线分析研判系统》等10项理论成果和《横锦水库“四预”功能应用机制》等4项制度成果。

(楼华琛)

【库区灾害防御】 2022年，横锦水库运行中心落实防汛责任，建立健全“主要领导负总责、分管领导具体抓、职能部门专门抓”的分工责任制。按照水库流域洪水、下游农田灌溉、城镇供水和设计文件等编制年度水库控制运用计划。开展防汛物料、应急队伍建设工作，入汛前，对水库储备防汛物料和器材重新登记，根据防汛物料储备要求进行采购补充。组织开展水库防洪调度及应急抢险演练，增强重大水安全事件风险防范化解能力。开展汛前安全自查，对备用电源进行带负荷试运行。通过维修养护及工程措施解决汛前检查中发现的问题。开展水库工程年度检查，实现水库工程安全运行。加强水雨情监测，落实领导带班24小时值班制度，加强水雨情信息的报送和汛情监测预警，根据水雨情、天气情况，变更发电运行方案，提高水库工程效益。

【水库安全管理】 2022年，横锦水库运行中心调整成立安全生产工作小组，健全安全生产管理网络；把责任落实到各个部门和各个工作环节；编制安全生产教育培训计划及安全生产费用投入计划。开展消防安全知识、"三个责任人"、数字孪生建设等各类培训20次，参训376人次。组织开展水库汛前检查、泄洪设施专项排查、出租房等安全检查23次，发现隐患13处，隐患整改落实13处，参加检查人数218人次。组织开展第21个全国"安全生产月"活动；组织消防安全知识培训；与东阳江镇派出所联合开展反恐防恐安保演练；组织反恐防恐、消防安全生产演练。

【库区环境保护】 2022年，横锦水库运行中心通过视频监控、库面巡逻等方式，开展库区日常巡查，加强对库区非法倾倒、非法偷取砂石料、水域侵占情况的巡查，加强对承包人打捞清理清运库区垃圾的监管，与东阳江镇政府、东阳江镇派出所、综合行政执法中队联合开展渔政管理工作，加强饮用水源地环境保护。清理库面漂浮垃圾230吨，教育劝离垂钓人员600余人次，收缴渔网400余匹。11月1日，开展联合执法，加强对停留在库面的"三无"（无驾驶证、无登记证、无有效检验证书）船只集中整治，拖离船只3艘。

【抗旱保供水】 2022年，横锦水库运行中心结合水库蓄水情况，制定抗旱保供水方案，合理调配，保障生产生活用水。开展渠道清淤工作，加强灌溉期间渠道管理，灌溉放水满足农田用水需求，进行9轮灌溉，灌溉天数31天，灌溉水量2884万立方米。

【水电维修养护】 2022年，横锦水库运行中心加强电站设备的安全巡查和维护保养。按计划完成歌山1号、2号调速器大修和各机组设备防腐油漆施工等工作，完成电站安全生产标准化一级复审技术指导、环评等招投标工作，进行电站部分自动升级改造工作，增加设备的安全性，以确保机组安全发供电。利用枯水期开展二级电站1号机组的大修工作和其他机组的小修工作，1号机组大修工作于11月末完成。截至年末，一级电站连续安全运行日13081天，二级电站连续安全运行日15239天。注重电站职工业务知识及安全知识的学习培训，保障安全发供电无事故。3月，进行电站线路实操培训；4月，组织电力安全作业规程考试，20人参加考试，合格率100%。

【库区维修养护】 2022年，横锦水库运行中心按照2022年度水库工程维修养护实施方案，投入维修资金118万元，开展水库放空洞启闭机、备用电源柴油机组、溢洪道弧形闸门止水橡皮更换等维修项目及库区雨量设施的维修保养。10月，完成横锦水库横锦雨量站标准化验收工作。开展园林绿化养护工作，对水库办公楼、渠道管理所、水资源保护科等办公区域进行绿化维护，完成对办公楼周边约1100平方米草坪的补植，美化绿化水库环境。

【灌区管理】 2022年，横锦水库运行中心开展灌区渠道的巡查和维护，保障渠道安全。开展灌区汛前安全检查，确保渠道的正常运行。开展灌区维修养护工作，对渠道进行全线清淤前工程量的估算。对南北干渠分成七个标段进行招投标，7月完成清淤工作，确保渠道放水通畅。开展对总干渠灌溉停水后的安全检查，编制上报总干渠上游渠段的淤积清理等资金计划。全年投入维修养护资金75.6万元。

（杜英萍）

·南江水库·

【概况】 南江水库为大（2）型水库，坝址以上集雨面积210平方千米，主流长37.45千米，河道比降（沿水流方向，单位水平距离河床高程差）6.65‰。2022年，南江水库运行中心完成发电量1126.2972万千瓦时，完成供水2948.7万立方米。

【库区防汛抗旱】 2022年，南江水库按照水利工程标准化管理要求开展工作，制订灌溉计划，安排农田灌溉用水。编制《2022年水库控制运用计划》《监测预警方案》《维修养护预算方案》《抗旱保供水预案》等。签订防汛安全管理责任书，落实人员责任，实行领导带班和24小时值班制度。南江库区降水天数199天，总降水量1475.5毫米，比上年偏少410.4毫米，接近多年平均降水量。6月、7月、8月、10月降水比历年同期偏少，年平均水位197.3米。

【库区维修养护】 2022年，南江水库运行中心编制完成2022年维修养护计划，对大坝泄洪闸、机电设备、备用电源机组开展巡检和维护保养。完成2021年大坝监测资料整编和监测资料分析报告。委托浙江省广川工程咨询有限公司开展大坝安全监测，包含水平位移、垂直位移、绕坝渗流、伸缩缝监测、扬压力监测、坝基渗流监测六项变形监测。开展维修养护计划项目，完成大坝背水坡面杂草处理、自备发电机组维修养护、绿化养护、上坝公路启闭机房保洁、大坝监测及分析等项目的维修养护。计划养护经费117.92万元，实际使用资金103.8万元。

【灌区安全灌溉】 2022年，南江水库运行中心按照灌区标准化管理要求开展巡查。完成北干渠、南干渠、中干渠渠道疏浚工作，疏浚土方4732.5立方米。其中，专项清淤4678立方米，投资26.67万元；汛期应急清理54.5立方米，投资4923元。完成大流量灌溉5次、小流量灌溉11次，灌溉水量3038.8万立方米。向浙江横店热电有限公司供水3次，水量120万立方米，向南马镇花园村生态供水2次，水量217万立方米。渠道维修养护计划投资110.8万元，完成投资106.86万元。东溪水库维修养护计划投资3.74万元，完成投资11.52万元。

【电站运行】 2022年，南江水库运行中心按照农村水电站标准化要求开展电站管理,未发生安全生产事故。至年末,一级电站发电934.13万千瓦时,二级电站发电192.16万千瓦时。在枯水期开展一级电站机组中修和二级电号机组中修工作。

2022年9月28日,南江水库运行中心工作人员在南江水库放养花白鲢鱼苗

(南江水库运行中心提供)

【东溪水库加固改造工程】 2022年5月2日,南江水库下辖东溪水库加固改造项目开工,主要建设内容包括对大坝坝基进行防渗处理;新建排水沟,增设渗流量观测设施;对防浪墙和坝顶进行整治;大坝背水坡新建踏步。新建管理用房、观测房、位移观测基准点,并设置自动化监测系统;右坝头设置围栏,右岸公路边设置排水管窨井并接排水管。8月24日,东溪水库加固改造项目完工并通过验收,工程总投资183万元。

【水务联合执法】 2022年,南江水库运行中心制定饮用水水源保护巡查制度,加强对水库周边饮用水水域的巡视。开展渔业管理212次,参加人员778人次,联合马宅派出所、马宅综合行政执法中队、湖溪派出所、湖溪综合行政执法中队、市渔政管理站、市环保局等部门开展专项整治行动16次,参加人员210人次,劝离垂钓者1882人次,处理违法垂钓事件17起,阻止倾倒渣土7次,处理侵占水域事件1起,违法倾倒渣土7起,处理教育1人。

【南江水库水质提升项目】 2022年,南江水库开展南江水库水质提升工作,每周进行水样定点抽样分析监测,使用生态活水控藻船4艘、运行5115小时,蓝藻类密度生物量下降90%以上,水体叶绿素总量低于30微克/升,水体pH值(酸碱度)降至8.5以下,南江水库饮用水功能得到恢复。11月24日,南江水库水质提升项目通过验收。

【饮用水源保护】 2022年,南江水库运行中心投入水资源保洁资金13.23万元。放养花白鲢鱼苗17223千克。市农业农村局增殖放流放养夏花鱼苗90万条,基本保证水质自然修复。增加永久性水资源宣传牌164块,发送移动手机宣传信息2万条。

(卢艳丹)

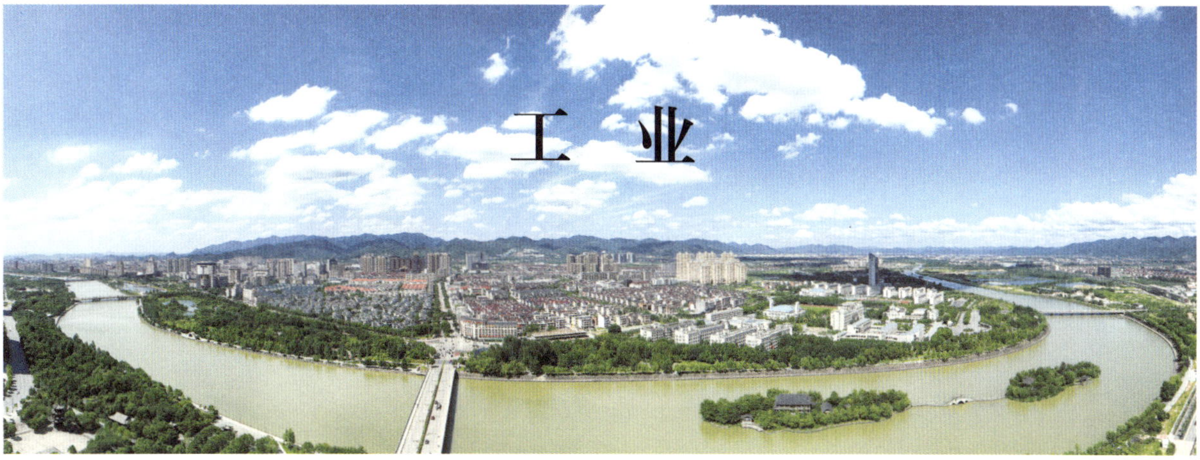

工 业

综 述

【政策支持】 2022年，东阳市继续加强对工业的政策支持和服务。1—5月，市工业企业转型升级领导小组办公室印发《关于支持工业企业稳定生产加快发展的实施意见》及补充意见、《战疫情抢发展的若干政策举措》，采取支持企业降低生产成本、强化生产要素保障、组织开展职工留东阳暖心活动、鼓励返乡员工尽早返岗、加大企业金融支持力度、加强企业服务工作、落实新冠疫情防控等措施，推进企业复工复产和生产稳定，统筹疫情防控和经济发展。5月2日，市政府印发《关于推动实现千亿工业目标的若干政策意见》，从推动数字经济发展、激发产业创新活力、培育高质量发展企业、聚力建设先进制造平台、夯实产业发展基础5个方面提出20条政策意见，激励工业的持续发展。

7月9日，东阳市“三服务”活动领导小组办公室发布东阳市“稳进提质服务企业”现场集中办公活动公告。7月12日，东阳市“稳进提质服务企业”现场集中办公活动在市外国语学校举行。现场集中办公活动以市、县联动方式进行，金华市和东阳市领导牵头，共设10个接待组，分别由相关部门负责人、律师、金融专业人士组成。现场接待106家企业的代表，梳理登记企业问题需求154个。面对面倾听企业呼声，了解企业需求，采取措施帮助企业解决难题，推动经济稳进提质。

【资金激励】 2022年1月5日，金华市经信局印发《金华市制造业重点细分行业培育工作领导小组关于公布2021年度金华市制造业重点细分行业培育专项激励的通知》，东阳市获850万元专项激励。其中重大项目和产业链招商方面获200万元，专业园区方面获300万元，推进智能制造方面获200万元，制造业重点细分行业重点企业和项目获150万元。

3月，根据省财政厅、省经信厅《关于下达2022年省工业与信息化发展财政专项资金的通知》和省财政厅《关于下达2022年省中小企业发展专项资金的通知》，东阳市分别安排发放相关资金2315万元和395万元。6月10日，市财政局、市经信局联合下拨2021年度工业企业技术改造和技术创新项目奖励资金1亿元。7月27日，市财政局、市经信局联合下拨2021年度东阳市两化融合专项资金863万元，其中两化融合项目奖励资金694万元、“企业上云”奖励资金1万元、两化融合示范企业（项目）奖励资金88万元、软件和信息服务业奖励资金80万元；发放2021年度工业企业技术改造项目财政奖励资金6185万元。8月10日，市财政局、市经信局联合发放智能化技术改造咨询诊断奖励资金79.3万元。8月22日，市财政局、市经信局联合下拨2021年度零增地低效用地改造项目奖励资金335万元。

【企业培育发展】 2022年1月6日，省经济和信息化厅公布2021年度浙江省“专精特新”（专业化、精细化、特色化、新颖化）中小企业名单，东阳市

2022年7月12日，东阳市“稳进提质服务企业”现场集中办公活动在市外国语学校举行 （包康轩/摄）

24家企业入选。7月26日,省经济和信息化厅公布2022年度第一批浙江省"专精特新"中小企业名单,东阳市中元磁业股份有限公司、石金玄武岩纤维股份有限公司入选。9月6日,工业和信息化部印发《关于公布第四批专精特新"小巨人"企业和通过复核的第一批专精特新"小巨人"企业名单的通告》,东阳市8家企业(浙江中科磁业股份有限公司、浙江英洛华磁业有限公司、浙江东政电机有限公司、浙江新纳陶瓷新材有限公司、横店集团得邦工程塑料有限公司、浙江南磁实业股份有限公司、浙江中元磁业股份有限公司、浙江恒成硬质合金有限公司)入选全国第四批专精特新"小巨人"企业,浙江花园生物高科有限公司通过全国第一批专精特新"小巨人"企业复核。

2月8日,根据金华市民营经济暨先进制造业发展大会公布的2021年金华市民营经济和制造业领域先进单位名单,花园集团有限公司入选中国民营企业500强、浙江民营企业200强,浙江微度医疗器械有限公司入选金华市"放水养鱼"十大标杆企业,浙江花园生物高科股份有限公司、横店集团得邦照明股份有限公司入选创新型领军企业(重点细分行业骨干企业),浙江花园新能源股份有限公司入选产业链协同创新示范项目实施企业,东阳华芯电子材料有限公司入选产业链关键环节招引项目主体企业,浙江联宜电机有限公司的高效节能特种电机智能工厂建设项目入选智能化技术改造示范项目,浙江微度医疗器械有限公司、浙江孚诺医药股份有限公司入选亩均税收十强企业,横店集团东磁股份有限公司等35家企业入选纳税千万元以上企业。

3月8日,金华市经信局印发《关于印发2022年度全市产值超5亿元大企业培育名单的通知》,分5亿元、10亿元、20亿元、50亿元、100亿元5档建立企业主体梯度培育库,东阳市22家企业入选,其中产值100亿元以上企业1家(横店集团东磁股份有限公司)、产值20亿~50亿元企业3家(浙江花园铜业有限公司、浙江普洛家园药业有限公司、横店集团得邦照明股份有限公司)、产值10亿~20亿元企业6家(浙江花园新能源股份有限公司、浙江普洛得邦制药有限公司、浙江联宜电机有限公司、浙江英洛华磁业有限公司、浙江普洛康裕制药有限公司、浙江东阳东磁稀土有限公司)、产值5亿~10亿元企业12家(浙江中科磁业股份有限公司、东阳市燃气有限公司、浙江花园生物高科股份有限公司、浙江同力服装有限公司、东阳市巍华制冷材料有限公司、冀发集团有限公司、横店集团得邦工程塑料有限公司、浙江花园药业有限公司、浙江思科制冷股份有限公司、浙江筑工科技有限公司、东阳市华能新型建材有限公司、东阳市美臣工贸有限公司)。

【规模以上工业企业生产】 2022年,东阳市有规模以上工业企业634家,实现规模以上工业总产值768.65亿元,比上年增长11.5%;实现规模以上工业增加值165.4亿元,比上年增长9.1%。完成规模以上工业投资75.72亿元,比上年增长47.7%,其中60个重点技改项目投资41.95亿元,完成年度计划的92%。

【绿色制造】 2022年1月15日,工业和信息化部办公厅印发《关于公布2021年度绿色制造业名单的通知》,浙江普洛家园药业有限公司入选国家级绿色工厂。2月28日,省经济和信息化厅、省住房和城乡建设厅、省水利厅、省节约用水办公室联合公布2021年度浙江省节水型企业名单,浙江花园生物高科股份有限公司、花园新材料股份有限公司、浙江同力服装有限公司、浙江筑工科技有限公司4家企业入选。8月2日,市经信局印发《关于进一步做好预拌混凝土行业清洁生产和污染防治的意见》,加强清洁生产和污染治理,推进全市预拌混凝土行业清洁生产。11月1日,金华市经信局公布2022年度金华市绿色低碳工厂名单,东阳市6家企业入选。12月1日,金华市经信局、金华市住建局、金华市水利局联合公布2022年金华市节水型企业名单,东阳市4家企业入选。12月30日,省水利厅、省经济和信息化厅、省教育厅、省住房和城乡建设厅、省文化和旅游厅、省机关事务管理局、省节约用水办公室联合公布浙江省2022年度节水标杆单位名单,浙江普洛得邦制药有限公司入选。

【新材料产业平台建设和新材料开发】 2022年,东阳市推进新材料"万亩千亿"产业平台建设。新材料产业平台位于六石街道、巍山镇辖区,规划7.64平方千米,分东、西两个片区,总体形成"一轴两片、一廊三区"的发展格局("一轴"即前沿技术与产业发展融合轴;"两片"即依托西片区,拓展东片区;"一廊"即形成创研商服长廊;"三区"即应用研制区、高端制造区、终端应用区),打造"浙中智造新样板·东阳科技新引擎"。6月24日,省第四批"万亩千亿"新产业平台培育名单公布,东阳市新材料"万亩千亿"产业平台入选。9月14日,省经济和信息化厅办公室公布2022年度浙江省首批次新材料名单,认定浙江花园新能源股份有限公司的6微米高抗张力动力电池用铜箔、浙江恒成硬质合金有限公司的碳化铌(NbC)基新型硬质合金辊环为2022年度浙江省首批次新材料。

(胡俏婷)

工业重点产业和企业

·磁性电子产业·

【概况】 2022年,东阳市磁性电子材料规模以上工业企业产值281.9亿元,占全市规模以上工业企业产值的36.3%。永磁铁氧体材料、软磁铁氧体材料和稀土永磁材料三个大类产量、品种、技术含量均居全国首位(三个大类产品的产量分别占全国产量的50%、10%、11%左右)。磁性电子材料产业集聚横店集团东磁股份有限公司、横店集团得邦照明股份有限公司、浙江英洛华磁业有限公司、浙江花园新能源股份有限公司、浙江中科磁业股份有限公司、浙江中元磁业股份有限公司等一批龙头企业。年内,21家企业产值超亿元,其中横店集团东磁股份有限公司产值超100亿元,横店集团得邦照明股份有限公司、浙江英洛华磁业有限公司、浙江花园新能源股份有限公司产值分别超10亿元。

【磁性材料行业"N+S"轻量级数字化改造】 2022年6月20日,市数字经济工作领导小组办公室印发《东阳市磁性材料行业"N+S"轻量级数字化改造实施方案》。6月24日,东阳市召开磁性材料行业"N+S"("N"为细分行业基础数字化应用场景,可基本满足企业数字化车间、数字化工厂建设的共性需求;"S"为企业个性化应用场景,满足企业不同规模、不同发展阶段需求,供应用企业自愿选择)轻量级数字化改造启动会暨培训会,省智能制造专家委员会、省磁性材料行业协会、金华市经信局、金华市智能制造研究院有关人员和东阳市各部门单位以及规模以上磁性材料企业相关负责人等120余人参会。会议聚焦磁性材料主导产业,推进数字化改造企业示范样本的确立和全行业复制推广,推动行业提质增效、节能降耗、竞争力提升。7月23日,由市经信局主办、浙江师范大学和浙江省磁性材料行业协会承办的东阳市磁性材料行业人员能力提升培训班在横店镇开班,开展信息化、数字化、智能化专业技能培训,市内17家企业的160余人参训。8月3日,市经信局、市财政局联合发文,确定东阳市龙泽磁电有限公司、东阳市电磁器材三厂、浙江南磁实业股份有限公司、浙江省东阳市剑华磁业有限公司4家企业为东阳市磁性材料行业轻量级数字化改造先试先行企业。

【2022年磁性材料产业高峰论坛举行】 2022年9月19—20日,2022年磁性材料产业高峰论坛暨科技成果对接活动在横店东磁大厦举行。活动由中国电子元件行业协会磁性材料与器件分会、东阳市科技局主办,浙江省磁性材料行业协会、G60科创走廊新材料产业联盟承办,以"线上+线下+直播"相结合的方式进行,除横店主会场外,线上设12个分会场,为磁性材料专家学者、科研院所、行业上下游企业等搭建交流平台,推进磁性材料学术研究最新成果与应用实践的深化。主会场160余人与会,专网直播5000余人观看。

2022年9月19—20日,2022磁性材料产业高峰论坛暨科技成果对接活动在横店东磁大厦举行 (市科技局提供)

【高端磁性电子材料产业群入选省级培育名单】 2022年,东阳市磁性电子材料产业继续依托新科技,聚焦新领域,创造竞争优势,高端磁性材料领域的产值占全国80%。12月29日,浙江省制造业高质量发展领导小组办公室公布第二批省级"新星"产业群培育名单,东阳市高端磁性电子材料产业群上榜。

(胡倘婷)

·医药健康产业·

【概况】 2022年,东阳市医药健康产业以横店、六歌两个生物健康专业园区为主,有规模以上工业企业33家,其中制药企业24家、医疗器械生产企业3家。有主板上市企业3家(普洛药业股份有限公司、浙江花园生物高科股份有限公司、浙江海森药业股份有限公司)、国家专精特新"小巨人"企业1家(浙江花园生物高科股份有限公司)、省"专精特新"中小企业5家(浙江海森药业股份有限公司、浙江野风药业股份有限公司、浙江孚诺医药股份有限公司、浙江花园药业有限公司、浙江北生药业汉生制药有限公司)、纳入上市培育企业2家(浙江野风药业股份有限公司、浙江孚诺医药股份有限公司)。

【《东阳市生命健康产业园产业发展指引》发布】 2022年7月25日,根据省政府办公厅《关于印发促进生物医药产业高质量发展行动方案(2022—2024年)的通知》,市经济和信息化局、市发展和改革局、市应急管理局、金华市生态环境局东阳分局等部门联合印发《东阳市生命健康产业园产业发展指引(2022年版)》,引领生命健康科创高地的加快建设,全面优化化工园区功能布局和产业定位,推进医药健康产业高质量发展。

【医药健康产业集群产值突破百亿元】 2022年,医药健康产业实现规模以上工业企业总产值103亿元,首次突破100亿元。浙江普洛家园药业有限公司、浙江普洛得邦制药有限公司、浙江普洛康裕制药有限公司3家企业产值均达10亿元以上。作为市内主导产业之一,医药健康产业继续保持稳健发展,总产值居金华市首位、省内前列。

(胡倘婷)

·重大产业项目·

【概况】 2022年,东阳市推进产业升级大会战,招大引强,签约3亿元以上产业项目23个、总投资351.6亿元;落地10亿元以上制造业项目8个、总投资284.7亿元。入选省重大产业项目4个、省重大制造业项目8个、金华市制造业重点项目61个。一批重大产业项目建成投产,获金华市唯一的2022年全省投资“赛马”激励。

【4个项目入选省重大产业项目名单】 2022年8月31日,省发展改革委、省自然资源厅印发《2022年浙江省重大产业项目名单》,安排省重大产业项目129个,其中实施类项目107个、预选类项目22个。东阳市4个项目入选,其中浙江东阳光电子科技有限公司电容器建设项目、浙江普洛家园药业有限公司年产250.5吨高端医药中间体生产线建设项目、横店集团东磁股份有限公司年产2.35万吨新能源用高端磁性材料项目入选实施类项目,东阳华芯电子材料有限公司年产8000吨光刻材料新建项目入选预选类项目,入选项目数占金华市的26.7%,列金华市第一位。4个项目规划总投资61.38亿元,总用地46.6公顷。

【8个项目入选浙江省重大制造业项目名单】 2022年1月24日,省经济和信息化厅印发《关于印发2022年重大制造业项目计划的通知》,东阳市8个项目入选,总投资173.9亿元,年内计划投资39亿元。截至年末,省级重大制造业项目投资35.49亿元,完成年计划投资的91%。

【61个项目入选金华市制造业重点项目名单】 2022年3月10日,金华市经信局办公室印发《关于印发2022年金华市制造业重点项目计划的通知》,东阳市61个项目入选,占金华市项目数量的14.1%;计划投资275.6亿元,占金华市总投资额的14.2%;年计划投资73.6亿元,占金华市年计划投资额的25.5%。截至年末,金华市重点制造业重点项目投资66.68亿元,完成年计划投资的90.6%。

(胡俏婷)

2022年东阳市入选浙江省重大制造业项目计划名单一览表

表16

序号	企业名称	项目名称
1	浙江普洛家园药业有限公司	高端药物研发设计制造服务平台(CDMO)建设项目
2	正威(东阳)新材料科技有限公司	正威长三角新材料产业园项目一期
3	东阳赛特斯通信设备有限公司	赛特斯5G产业园项目
4	横店集团东磁股份有限公司	年产6吉瓦时高性能锂电池项目
5	浙江东阳光电子科技有限公司	电容器建设项目
6	横店集团东磁股份有限公司	年产50亿只高效率一体电感项目
7	横店集团东磁股份有限公司	年产2.35万吨新能源用高端磁性材料项目
8	东阳华芯电子材料有限公司	年产8000吨光刻材料建设项目

2022年东阳市入选金华市制造业重点项目计划名单一览表

表17

序号	企业名称	项目名称
1	浙江筑工科技有限公司	年产15万立方米全装配预制构件建设项目
2	横店集团得邦照明股份有限公司	智能家居照明产业化技术改造项目
3	浙江普洛家园药业有限公司	高端药物研发设计制造服务平台(CDMO)建设项目
4	千芝雅(金华)科技实业有限公司	智能制造项目
5	东阳市中振永磁有限公司	年产5000吨钕铁硼生产线项目
6	东阳赛特斯通信设备有限公司	赛特斯5G产业园项目

续表17

序号	企业名称	项目名称
7	浙江普洛康裕制药有限公司	高端医药中间体产业化技改项目
8	浙江埃森化学有限公司	年产500吨4-氨基-3,6-二氯吡啶-2-甲酸生产线技改项目
9	浙江花园新能源有限公司	年产5000吨动力电池用6微米超薄双光铜箔生产线技改项目
10	正威(东阳)新材料科技有限公司	正威长三角新材料产业园项目一期
11	浙江万衡工贸有限公司	年产200万台电子衡器扩建项目
12	东阳市亿力磁业有限公司	年产1500吨永磁材料技改项目
13	浙江富凯美工贸有限公司	年产100万套不粘锅生产线扩建项目
14	浙江东阳光电子科技有限公司	电容器建设项目
15	浙江省东阳市塑料有限公司	年产600万平方米高科技新型建筑装饰材料项目
16	横店集团得邦工程塑料有限公司	年产8万吨高分子材料智能制造技改项目
17	横店集团东磁股份有限公司	年产50亿只高效率一体电感项目
18	浙江普洛康裕制药有限公司	年产200吨AT医药中间体建设项目
19	浙江中科磁业股份有限公司	新增年产1800吨节能电机磁瓦自动化生产线项目
20	浙江新纳材料科技股份有限公司	年产300亿只MLCC产品开发及生产线项目
21	东阳市日盛电子有限公司	年产10亿只18650预镀镍新能源锂电池钢壳生产线技改项目
22	浙江金象科技有限公司	年产1200辆液化石油气(LPG)罐式车辆专用车建设项目
23	浙江雪丽日用品有限公司	年产5000万套生物降解PLA餐具项目
24	东阳市帛泰纺织有限公司	年产4000吨差别化锦纶POY、DTY及包覆纱生产线扩建项目
25	浙江炜晟包装有限公司	年产7000万平方米瓦楞纸板生产线技改项目
26	横店集团东磁股份有限公司	年产7万吨高性能永磁铁氧体预烧料产能置换项目
27	浙江孚诺医药股份有限公司	年产5000万支外用制剂建设项目
28	横店集团东磁股份有限公司	年产8500吨高性能永磁铁氧体磁体迁建项目
29	浙江藏美食品有限公司	年产10万条发酵火腿项目
30	横店集团东磁股份有限公司	年产2.35万吨新能源用高端磁性材料项目
31	东阳市恒业钢带有限公司	年产6000吨高性能合金弹簧钢带生产线节能技改项目
32	浙江普洛康裕制药有限公司	创新药CDMO生产基地建设项目
33	横店集团东磁股份有限公司	年产4吉瓦高效PERC单晶电池片项目

续表17

序号	企业名称	项目名称
34	浙江联宜电机有限公司	年产50万台交流电机生产线技术改造项目
35	浙江野风药业股份有限公司	年产60吨卡比多巴、5吨西洛多辛、2吨达泊西汀、2吨他达拉非技改项目
36	浙江嘉友控股有限公司	年产3万吨PET、PLA、PP杯子及异形盒生产线的技改项目
37	浙江海森药业股份有限公司	年产100吨阿托伐他汀钙原料药生产线二期技改项目
38	东阳市顶峰磁材有限公司	年产2500吨铁氧体磁瓦和4000吨钕铁硼磁钢生产线技改项目
39	浙江联宜电机有限公司	年产20万台太阳能光伏发电场用电机生产线技术改造项目
40	浙江喔刷企业管理咨询有限公司	数字科技产业园暨年产450万台支付终端POS设备生产线建设项目
41	浙江华洋缝制有限公司	年产2000万只梭壳的技术改造项目
42	浙江巍华气雾剂有限公司	年产2.8亿支气雾剂项目
43	浙江巍华赛能电子材料有限公司	年分装390万立方米电子级高纯气体项目
44	花园金波科技股份有限公司	年产30万套轨道交通用精密不锈钢波纹管自动化生产线技改项目
45	浙江微度医疗器械有限公司	医用生物材料类医疗器械系列产品产业化建设项目
46	花园新材料股份有限公司	年产1亿平方米瓦楞纸板绿色制造生产线技改项目
47	浙江花园铜业有限公司	年产2000吨超宽幅细晶高导铜带生产线技改项目
48	横店集团东磁股份有限公司	年产6吉瓦时高性能锂电池项目
49	东阳市奥隆机械设备有限公司	年产10000吨SSSMMS超薄型医疗卫生材料用无纺布项目
50	浙江英洛华磁业有限公司	年产300吨基体优化烧结时效均温控制技术高性能钕铁硼磁体技改项
51	浙江恒成硬质合金有限公司	年产300万片硬质合金数控刀片技改项目
52	东阳市毅龙制衣有限公司	年产450万条沙滩裤扩建项目
53	浙江斯米克焊接科技有限公司	年产7000吨焊接材料生产线建设项目
54	东阳华芯电子材料有限公司	年产8000吨光刻材料建设项目
55	浙江通达塑业有限公司	年产800万平方米汽车地板生产项目
56	浙江新纳陶瓷新材有限公司	年产2.4亿片5G通信用高性能电子陶瓷封装材料项目
57	浙江永歌休闲用品股份有限公司	年产100万件(套)户外休闲家具及用品建设项目
58	东阳市圣宝龙服饰有限公司	年产50万套高档西服生产线项目
59	纵目科技(东阳)有限公司	智能驾驶系统生产基地项目
60	浙江石金玄武岩纤维股份有限公司	年产5000吨玄武岩纤维池窑拉丝生产线项目
61	东阳市东横建材有限公司	年产8000万块新型空心砖生产线自动化技改项目

·横店集团东磁股份有限公司·

【概况】　2022年，横店集团东磁股份有限公司实现营业收入194.5亿元，比上年增长54.3%，其中锂电收入15.6亿元，比上年增长80%；光伏收入125.9亿元，比上年增长94%；磁材器件收入49.2亿元，比上年增长3%；其他收入3.8亿元。产品出口至70余个国家和地区。获评2021年度中国工业数字化转型领航企业50强，列2021年浙江省企业创造力百强第15位、2021年金华市创造力50强企业首位及新增发明授权20强企业首位。居2022年度中国能源企业（集团）500强，获评金华市制造业纳税十强企业、金华市制造业产值规模十强企业、金华市清廉民企建设示范单位、金华市纳税千万元以上工业企业。

【科创党建融合】　2022年，横店集团东磁股份有限公司重点聚焦长三角G60科创走廊集成电路、生物医药、人工智能等战略性新兴产业，以党建项目为载体、科技创新项目为内核，由企业党组织牵头发动，党员科技骨干带头攻关，累计产生18个示范项目、27个优秀项目。9月16日，第二届长三角G60科创走廊“双服双创”工作推进会（合肥）上，“DM4558超高内禀矫顽力永磁铁氧体材料”项目获评党建引领长三角G60科创走廊建设科技创新、党建创新深度融合示范项目。

【太阳能光伏产业技术创新】　2022年，横店集团东磁股份有限公司生产的M6、M10高效P型PERC电池转换效率成功突破24.01%，系主流量产设备、物料和工艺下PERC电池转换效率的行业最高水平。在全球环境信息研究中心（CDP，是2000年在英国成立的国际非营利组织，致力于推动减少温室气体排放，保护水和森林资源。以机构投资者为代表，对全球重点企业的“气候变化”“水”“森林”方面的风险和机遇进行调查和评估，是全球主流ESG评价机构。CDP的环境披露与评级标准是企业环境透明度的黄金准则，评级被广泛用于投资和采购决策，助力零碳、可持续和有活力的经济发展。以气候变化一项为例，评级对排放方法、排放数据、排放分解情况等多个维度进行全方位的调查和数据分析，得出企业最终的评级结果）发布的2022年全球企业评分中，横店集团东磁股份有限公司获管理级别“B-”评级，为国内光伏制造企业在该类评级中最高级别。连续两年被全球太阳能下游产业的领先独立测试实验室PV Evolution Labs评为“2022全球‘最佳表现’组件制造商”。

2022年7月6日，中科院宁波材料所专家参观横店集团东磁股份有限公司太阳能电池片七厂　（横店集团东磁股份有限公司提供）

【未来工厂建设】　横店集团东磁股份有限公司太阳能电池片七厂拥有年产4吉瓦的10条高效PERC单晶电池片生产线，采用行业最先进PERC高效工艺，设备效率提升，性价比更高，产品获评国家级“绿色设计产品”，配置5G工业互联网、智能工厂大脑系统、AI智能安防系统，全面实现自动化、信息化、数字化智能生产仓储一体化，是未来工厂的升级版。2022年，横店集团东磁股份有限公司太阳能电池片七厂接待参访人员2982人次；单晶电池片生产线日产180万片，年产4.7吉瓦，释放产能50亿元。

【知识产权示范】　2022年，横店集团东磁股份有限公司发挥国家级企业博士后科研工作站、国家磁性材料技术中心、浙江省磁性材料高价值知识产权培育平台等机构平台的创新驱动作用，完成专利申请385件，获专利授权260件、软件著作授权5件。4月，横店集团东磁股份有限公司发明专利“一种双面PERC太阳能电池结构及其制备工艺”获第23届中国专利优秀奖。9月20日，全省知识产权保护和发展大会召开，横店集团东磁股份有限公司获评首批浙江省知识产权示范企业。

（胡俏婷）

企业技术创新和技术改造

【概况】　2022年2月13日，市委办公室印发《2022年度市领导“三包五联”工作实施方案》，落实东阳市60个年度重点工业项目计划实施，其中新建项目5个、技改项目55个。年内，全市列入省级试制试产计划的工业新产品145个，其中132个通过专家验收评价。创建省级企业技术中心1家（浙江花园生物高科股份有限公司企业技术中心）、金华市级企业技术中心3家（浙江花园新能源股份有限公司、浙江天力磁电科技有限公司、浙江英洛华康复器材有限公司企业技术中心）、市级企业技术中心4家，组织申报其他省重点技术创新、重点高新技术产品等各类省、市级创新类项目38个。

【省级技术改造投资项目创立】 2022年2月17日,省经济和信息化厅印发《2022年全省千亿技术改造投资项目计划》,东阳市45家企业的50个项目入选,年度计划投资35.4亿元。

【省级重点技术改造示范项目创树】 2022年7月4日,省经济和信息化厅印发《2022年浙江省"五个一批"重点技术改造示范项目计划》,东阳市10个项目入选,其中数字化(智能化)改造示范项目2个、新兴产业示范项目1个、产业基础再造示范项目2个、绿色制造示范项目2个、高端化(服务型制造)示范项目3个。

【省级生产制造方式转型示范项目创树】 2022年3月14日,省经济和信息化厅印发《关于公布2022年度生产制造方式转型示范项目计划实施名单的通知》,浙江微度医疗器械有限公司医用生物材料类医疗器械系列产品产业化建设、浙江省东阳市腾辉新材料有限公司年产6亿只漏保零部件生产线、浙江联宜电机有限公司年产50万台交流电机生产线技术改造、横店集团得邦照明股份有限公司基于IOT的LED智能光源和灯具技术改造、横店集团得邦工程塑料有限公司13.5万吨立体智能仓储系统提升5个项目入选示范项目计划实施名单(数字化、高端化方向)。浙江普洛家园药业有限公司综合节能技术改造项目、浙江英洛华磁业有限公司节能零排放稀土永磁材料表面处理的关键技术集成及技改项目入围示范项目计划项目库名单(绿色化方向),2个项目的实施预计减少碳排放1.2万吨。4月15日,市经信局、市财政局联合印发《东阳市生产制造方式转型示范项目专项资金管理(验收)办法》,规范市内生产制造方式转型示范项目(数字化、高端化方向)专项资金的管理和验收工作。

【4家企业产品入选"浙江制造精品"名单】 2022年3月21日,省经济和信息化厅办公室公布2021年度"浙江制造精品"名单,东阳市4家企业各1种产品入选,分别是浙江孚诺医药股份有限公司的复方多粘菌素B软膏、浙江普洛家园药业有限公司的替卡格雷中间体、浙江普洛康裕制药有限公司的盐酸左氧氟沙星原料药及制剂、东阳市奥隆机械设备有限公司的4.2米宽幅SMS型高端无纺布生产设备。

2022年东阳市入选省级"五个一批"重点技术改造示范项目计划名单一览表

表18

项目类别	企业名称	项目名称
数字化(智能化)改造示范项目	浙江联宜电机有限公司	年产50万台交流电机生产线技术改造项目
	浙江微度医疗器械有限公司	医用生物材料类医疗器械系列产品产业化建设项目(一期)
新兴产业示范项目	横店集团东磁股份有限公司	年产2.35万吨新能源用高端磁性材料项目
产业基础再造示范项目	浙江东阳光电子科技有限公司	电容器建设项目
	横店集团东磁股份有限公司	年产38.2亿只小型化高档电感技改项目
绿色制造示范项目	横店集团东磁股份有限公司	年产7万吨高性能永磁铁氧体预烧料产能置换项目
	花园新材料股份有限公司	年产1亿平方米瓦楞纸板绿色制造生产线技改项目
高端化(服务型制造)示范项目	浙江普洛家园药业有限公司	高端药物研发设计制造服务平台(CDMO)建设项目
	浙江普洛康裕制药有限公司	高端医药中间体产业化技改项目
	浙江普洛得邦制药有限公司	年产398吨高端医药中间体生产线建设项目

2022年东阳市入选全省"千亿技术改造投资项目计划"名单项目一览表

表19

序号	企业名称	项目名称
1	横店集团得邦照明股份有限公司	智能家居照明产业化技术改造项目
2	浙江普洛得邦制药有限公司	年产15吨M3-AP077建设项目

续表19

序号	企业名称	项目名称
3	东阳市亿力磁业有限公司	年产1500吨永磁材料技改项目
4	横店集团得邦工程塑料有限公司	年产8万吨高分子材料智能制造技改项目
5	浙江新纳材料科技股份有限公司	年产120亿只MLCC产品开发及生产线项目
6	浙江联宜电机有限公司	年产20万台太阳能光伏发电场用电机生产线技术改造项目
7	浙江华洋缝制有限公司	年产2000万只梭壳的技术改造项目
8	浙江微度医疗器械有限公司	医用生物材料类医疗器械系列产品产业化建设项目
9	浙江英洛华装备制造有限公司	年产2000吨矿山机械用斗齿配件技改项目
10	浙江巍华气雾剂有限公司	年产2.8亿支气雾剂项目
11	浙江埃森化学有限公司	年产500吨4-氨基-3,6-二氯吡啶-2-甲酸生产线技改项目
12	千芝雅(金华)科技实业有限公司	智能制造项目
13	东阳市中振永磁有限公司	年产5000吨钕铁硼生产线项目
14	浙江花园铜业有限公司	年产2000吨特高压变压器用铜带生产线技改项目
15	浙江斯米克焊接科技有限公司	年产7000吨焊接材料生产线建设项目
16	浙江花园新能源有限公司	年产5000吨动力电池用6微米超薄双光铜箔生产线技改项目
17	东阳市帛泰纺织有限公司	年产4000吨差别化锦纶POY、DTY及包覆纱生产线扩建项目
18	浙江雪丽日用品有限公司	年产5000万套生物降解PLA餐具项目
19	东阳市毅龙制衣有限公司	年产450万条沙滩裤扩建项目
20	浙江孚诺医药股份有限公司	年产5000万支外用制剂建设项目
21	浙江筑工科技有限公司	年产15万立方米全装配预制构件建设项目
22	浙江藏美食品有限公司	年产10万条发酵火腿项目
23	横店集团东磁股份有限公司	年产7万吨高性能永磁铁氧体预烧料产能置换项目
24	浙江野风药业股份有限公司	年产60吨卡比多巴、5吨西洛多辛、2吨达泊西汀、2吨他达拉非技改项目
25	浙江省东阳市塑料有限公司	年产600万平方米高科技新型建筑装饰材料项目
26	浙江普洛康裕制药有限公司	年产200吨AT医药中间体建设项目
27	浙江普洛康裕制药有限公司	创新药CDMO生产基地建设项目
28	浙江普洛生物科技有限公司	年产300吨谷胱甘肽生产线建设项目
29	浙江中科磁业股份有限公司	新增年产1800吨节能电机磁瓦自动化生产线项目

续表19

序号	企业名称	项目名称
30	横店集团东磁股份有限公司	年产8500吨高性能永磁铁氧体磁体迁建项目
31	浙江海森药业股份有限公司	年产200吨阿托伐他汀钙原料药生产线技改项目
32	花园金波科技股份有限公司	年产30万套轨道交通用精密不锈钢波纹管自动化生产线技改项目
33	浙江普洛得邦制药有限公司	年产15吨头孢噻呋盐酸盐、5吨头孢噻呋钠、20吨头孢噻呋自由酸生产线技改项目
34	东阳市奥隆机械设备有限公司	年产10000吨SSSMMS超薄型医疗卫生材料用无纺布项目
35	浙江英洛华磁业有限公司	年产300吨基体优化烧结时效均温控制技术高性能钕铁硼磁体技改项目
36	浙江恒成硬质合金有限公司	年产300万片硬质合金数控刀片技改项目
37	东阳市日盛电子有限公司	年产10亿只18650预镀镍新能源锂电池钢壳生产线技改项目
38	花园新材料股份有限公司	年产1亿平方米瓦楞纸板绿色制造生产线技改项目
39	浙江花园铜业有限公司	年产2000吨超宽幅细晶高导铜带生产线技改项目
40	东阳市圣宝龙服饰有限公司	年产50万套高档西服生产线项目
41	浙江石金玄武岩纤维股份有限公司	年产5000吨玄武岩纤维池窑拉丝生产线建设项目
42	东阳富仕特磁业有限公司	年产9000吨铁氧体扩建项目
43	浙江圣泰婴童服饰有限公司	年产500万套高品质婴幼儿服饰套装生产线项目
44	浙江巍华赛能有限公司	年分装390万立方米气体项目
45	中天控股集团有限公司	年产7万吨装配式钢结构
46	浙江喔刷企业管理咨询有限公司	数字科技产业园暨年产450万台支付终端POS设备生产线新建项目
47	冀发集团有限公司	年产30万台72555LD台锯生产线建设项目
48	浙江新纳陶瓷新材有限公司	年产2.4亿片5G通信用高性能电子陶瓷封装材料项目
49	浙江通达塑业有限公司	年产800万平方米汽车地板生产项目
50	浙江普洛康裕制药有限公司	高端医药中间体产业化技改项目

【1个项目入选省首台(套)产品工程化攻关项目】 2022年8月26日，省经济和信息化厅办公室印发《关于公布2022年度浙江省首台(套)产品工程化攻关项目的通知》，东阳市浙江金象科技有限公司牵头总投资5818万元、杭州数成金象科技有限公司协同的智能液化石油气储罐供气成套装备项目入选现代能源装备领域攻关项目。

（胡俏婷）

小微企业园建设

【概况】 2022年12月29日，省小微企业园工作联席会议办公室公示第十批拟认定小微企业园名单，东阳市巍山万洋众创城、可津东阳产业园、华泰产业园3个园区入选。全市通过省级认定的小微企业园增至14个(含第十批拟认定的小微企业园3个)。省级小微企业园总占地面积68.48公顷，总建筑面积167.99万平方米，入驻企业823家。全市在建、拟建小微企业园4个，占地面积17.93公顷。

【东阳市获省中小微企业公共服务绩效考评优秀】 2022年1月30日，省经济和信息化厅通报2021年度全省中小微企业公共服务绩效考评结果，东阳市获评优秀等级。2022年，东阳市继续强化公共服务措施，促进中小微企业发展。国家统计局东阳调查队抽取市内30家中小微企业进行调研走访，了解企业需求。

【小微企业培育】 2022年1月4日，东阳市经信局获评浙江省2021年度中小微企业培育工作成绩突出集体。6月1日，市政府印发《东阳市贯彻落实国务院扎实稳住经济一揽子政策措施实施方案》，提出8个方面40项举措要求，其中加大支持中小微企业力度是重点之一。年内，东阳市培育壮大小微企业园市场主体，打造产业发展良好生态。开展"两园一点"安全隐患大排查大整治暨安全生产月活动，定期对小微企业园等开展安全检查，累计完成9个省级小微园安全生产评价。

【小微企业园绩效评价】 2022年8月19日，金华市工业转型升级领导小组办公室公布2021年度金华市小微企业园绩效评价结果，东阳市江北企业培育中心为生产制造类A类园区，赛歌小微园为生产制造类B类园区，东阳经济开发区万洋众创城（一期）、东阳经济开发区万洋众创城（二期）、南马万洋小微园为生产制造类C类园区，东阳红木创业园、巍山华鸿智造新城一期为生产制造类D类园区。东阳市跨境电商产业园、浙兴电商园分别为生产性服务类C类园区、D类园区。

（胡俏婷）

工业企业整治

【概况】 2022年，东阳市深化"亩均论英雄"改革，持续加大低效工业企业清理整治力度，实施工业用地全生命周期管理，促进产业转型升级和经营方式转变。全年整治低效工业企业520家，面积497.7公顷，全市规模以上工业企业亩均税收18.2万元。

【低效工业用地清理整治】 2022年4月8日，市政府印发《东阳市新一轮制造业"腾笼换鸟、凤凰涅槃"攻坚行动方案（2022—2023年）》，方案提出通过深化"亩均论英雄"改革，深入实施淘汰落后、创新强工、招大引强、质量提升四大攻坚行动，促进传统产业转型升级，推动工业经济提质增效。5月23日，市政府办公室印发《东阳市工业用地全生命周期管理实施办法》，提出充分发挥土地资源市场配置作用，建立工业用地"供给—监管—退出"全生命周期管理机制，确保工业用地用于工业。全年累计签订《履约协议》78件，涉及用地101宗，用地面积240余公顷。6月30日，市经信局、市财政局联合印发《东阳市"腾笼换鸟"专项经费使用管理办法》，从经费提取、支持领域、使用方向三个方面规范专项经费使用，推进全市低效企业改造提升。1—7月，市财政局下拨"腾笼换鸟"专项经费3944万元。8月30日，市工业企业转型升级领导小组办公室印发《东阳市招商已落地工业企业补用地指标简化办理方案》，优化招商落地工业企业用地审批流程。全年共受理简易程序15宗，补用地指标面积8公顷；解决11宗，用地面积6.77公顷。

【亩产效益评价】 2022年8月26日，市政府印发《关于开展工业企业亩产效益综合评价全面推进"亩均论英雄"改革的实施意见》，完善亩产效益综合评价体系，强化资源要素市场化配置措施，推进工业经济高质量发展。10月8日，市政府办公室公布2021年度工业企业亩产效益综合评价结果，全市规模以上工业企业评定为A类96家、B类331家、C类69家、D类9家。规模以下工业企业（地块）评定为B类企业（地块）673宗、C类企业（地块）507宗、D类企业（地块）410宗。

（胡俏婷）

东阳经济开发区

【概况】 2022年2月，浙江省东阳经济开发区变更为浙江东阳经济开发区（以下简称开发区）。开发区保持"一区两片"格局，"一区"即东阳经济开发区（增挂"浙江东阳横店电子产业园区""东阳磁性电子高新技术产业园区"两块牌子），"两片"即以原东阳经济开发区为核心的北片和以浙江东阳横店电子产业园区为核心的南片。年内，开发区内有工业企业5500余家，其中规模以上工业企业542家；实现总产值695.85亿元，比上年增长15.77%；实现规模以上工业企业增加值158亿元，比上年增长24.4%；完成固定资产投资222.3亿元，基础设施投资27.66亿元。

【核心区块发展】 2022年，开发区核心区块有工业企业680家，其中规模以上工业企业89家，产值超亿元企业16家。实现规模以上工业企业总产值74.84亿元，比上年增长21.46%；实现规模以上工业企业增加值14.8亿元，比上年增长11.7%；完成固定资产投资32.77亿元，比上年增长72.5%，其中工业投资13.6亿元，比上年增长95.9%。实现限额以上批发销售额29.73亿元，比上年增长102.28%；限额以上零售销售额2亿元，比上年增长15.9%。培育产值亿元以上企业2家（其中产值5亿元以上1家），培育"小升规"企业17家。完成企业低效工业用地出清50家，出清面积54.53公顷。开发区成立的东阳市科技孵化中心被认定为2022年度省级科技企业孵化器（众创空间），为东阳市首家省级科技孵化器。

【白云商贸园区】 2022年，白云商贸园区有工业企业1310家，其中规模以上工业企业60家（年产值超亿元企业11家），实现工业总产值40.57亿元，比上年增加4.63%；工业增加值8.13亿元，比上年增加1.5%；实现外贸出口33.15亿元；产业项目到位资金11913万元，其中制造业到位资金3749万元。培育"小升规"企业14家。增加专精特新"小巨人"企业2

2022年4月27日，东阳市一季度"扛旗争先"大比拼活动会场比拼与会人员察看正威长三角新材料产业园项目　（市经信局提供）

家、国家高新技术企业6家、省科技型中小企业16家。增加股份制企业1家。实施旧厂房改造项目29个，其中续建项目17个、新建项目12个。实施重点技改项目2个、两化融合项目9个。推进企业低效工业用地整治，完成改造提升64家，出清面积40.84公顷。其中，工业技改（旧厂房改造和技改）企业15家，土地面积11.77公顷；兼并重组企业3家，土地面积3.27公顷；税收提升企业35家，土地面积15.31公顷；司法拍卖企业2家，土地面积1.81公顷；"小升规"企业3家，土地面积3.03公顷；政府收储企业5家，土地面积4.28公顷；关停淘汰企业1家，土地面积1.37公顷。签约3亿元以上项目2个（东阳市旺球科技有限公司项目、东阳市甘特电气有限公司项目）。

【江北高新产业园】 2022年，江北高新产业园79家规模以上企业实现工业总产值40.75亿元，比上年增长8.7%。园区完成税收9.68亿元。建筑业实现年度总税收3.37亿元，比上年下降16.45%，其中增值税2.54亿元，超额1.64%完成目标任务。招引企业税收9144.82万元。商贸服务业除限额以上餐饮业、限额以下餐饮业、限额以下零售业营业收入比上年有所下降，其他各项指标均保持一定增长。完成企业低效用地整治62宗，盘活工业存量用地8.36公顷；完成中山北路沿街两宗工业用地的连片征收，涉及面积2.79公顷，关停淘汰产能落后企业11家。培育"小升规"企业12家，完成国家高新技术企业签约13家，省中小型科技企业签约16家。入围2022年金华市智能工厂项目培育库企业3家，入选东阳市两化融合项目4个。完成制造业投资10亿元以上；投资3000万美元的外资项目——恒维液晶显示屏项目完成规划许可后动工建设；实际利用外资173万美元，超额73%完成年度目标。

【浙江东阳横店电子产业园区】 2022年，浙江东阳横店电子产业园区（以下简称电子园区）规模以上工业企业90家，实现产值347.72亿元，比上年增长21.16%；完成出口交货值132.53亿元，比上年增长42.36%；主营业务收入402.83亿元，比上年增长34.19%；营业利润38.93亿元，比上年增长46.96%。引进内资18.22亿元。招引建筑企业3家，增加税收330余万元。企业申请专利1355件，其中发明专利378件、获授权专利977件，2019—2022年企业年均获授权专利566件。完成市重点技改项目20个，投资28.17亿元；市两化融合项目20个，投资31.39亿元；旧厂房改造完成6万平方米；市重点商贸服务项目2个，投资3.75亿元。培育"小升规"企业10家，增加国家高新技术企业8家，入选省级专家型人才7人。截至年末，有院士、博士后科研工作站11家，有中国驰名商标9个、省著名商标21个。　（黄燕明）

【重点项目建设】 2022年，开发区加强主导产业补链强链关键项目招引，落地一批产业链合作企业。新签约项目10个，计划总投资近百亿元（其中10亿元以上项目3个、3亿元以上项目3个）。东阳光电子科技有限公司铝电解电容器项目完成固定资产投资1.2亿元，西侧厂区主体封顶；正威国际集团有限公司的正威长三角新材料产业园1号厂房精密铜项目投产，3条生产线进入调试阶段；浙江筑工科技有限公司二期项目投产，4条生产线均完成调试；千芝雅（金华）科技实业有限公司智能制造中心项目5栋厂房结顶，5条生产线入场。浙江圣泰婴童服饰有限公司项目、浙江思科制冷股份有限公司三期项目、浙江富鸿科技有限公司二期项目、东阳市圣宝龙服饰有限公司项目等完成土地挂牌，其中浙江富鸿科技有限公司二期项目、东阳市圣宝龙服饰有限公司项目入场施工。

【新材料产业平台建设推进】 2022年，开发区围绕以高性能磁性材料为核心，量子新材料为未来产业重点领域，各类新兴需求材料为产业链延伸，构建形成"2+X"的新材料产业体系的发展方向，推进市新材料"万亩千亿"产业平台建设。结合"三区三线"划定工作，完成266.67公顷稳定耕地调整；完成平台东区城市设计规划和组团一、二、三、四控规编制；开展平台范围内一、二、三、四期村界走界，厘清村庄边界划定；完成平台一、三期路网初步设计和六石安置区二期方案设计审查。六石安置区项目一期22栋排屋主体结顶。

（严清瑶）

木雕 红木家具

综 述

【木雕红木家具产业链发展】 2022年,东阳市有木雕红木家具企业1300余家(其中规模以上工业企业46家)、木材交易市场4个(东阳木材交易中心、南马木材交易市场、横店木材交易市场、华东木材市场)、大型家具交易市场4个(东阳中国木雕城、东阳红木家具市场、花园红木家具城、东阳壹号红木家具城),分南市街道、横店镇、南马镇、画水镇四大产区,从业人员10余万人,形成集木材交易、产品设计、加工制作和市场销售于一体的完整产业链。增加规模以上工业企业7家。有产值超亿元企业1家。46家规模以上木雕红木企业申报产值12.29亿元,比上年下降7.5%。全产业链总产值713.93亿元,比上年增长4.99%。11月7日,在2022中非产业合作论坛上,东阳木材交易中心与4家外方企业签订项目协议,签约金额76.5亿元。

【木雕家居千亿产业推进】 2022年,市市场监督管理局牵头开展木雕家居千亿产业培育工作调研,制定《东阳市"木雕家居千亿级产业"培育方案》。加强平台建设、技术支撑、品牌宣传和人才队伍建设,市市场监督管理局牵头建设的"木雕红木行业产业大脑"完成核心架构搭建;国家木雕及红木制品质量监督检验检测中心(浙江)获实用新型专利3项;木雕红木产品获北京人民大会堂、世界经济论坛视频会议、国家版本馆、重庆广阳岛国际会议中心、第56届世乒赛开幕式、杭州大运河博物馆等重要场所和活动采用或展示;优化激励政策措施,壮大行业人才队伍。每月形成经济形势分析报告,完善宏观调控,推动木雕红木产业向千亿产业目标迈进。

【产业宣传推广】 2022年10月1日,在中央电视台、高铁、抖音平台、FM93浙江交通之声同步启动东阳木雕红木宣传。拍摄的宣传片在中央电视台新闻频道《新闻30分》后播出,围绕木雕之都、匠心制造、融合创新等重点,向全国观众展示东阳木雕红木独特的产业地位、工艺品质及文化内涵。"买红木到东阳""装中式找东阳"在冠名高铁列车车厢内随处可见。"东阳·红木"首次登陆抖音平台,全年发布涵盖木雕、竹编、红木家具发展历史、中式整装等方面的短视频127个,粉丝7.5万人,整体流量1200万人次,点赞量17.9万人次。

【"百花杯"评审活动】 2022年3月18—21日,由中国工艺美术协会主办、东阳市人民政府承办、各省工艺美术(行业)协会协办的2021年中国工艺美术协会"百花杯"评审活动在东阳市举行。评审活动是经全国评比达标表彰工作协调小组办公室(由中共中央办公厅、国务院办公厅牵头,人社部等九部委组成)审批的全国评比达标表彰保留项目之一,面向全国工艺美术从业人员。全国31个省级行政区选送的2269件(套)优秀作品参评,涵盖雕塑工艺品、美术陶瓷工艺品、金属工艺品等10个门类,其中浙江省选送作品460件(含东阳市66件作品),占作品总数的20%。4

2022年3月,2021年中国工艺美术协会"百花杯"评审活动在东阳市举行
(市红木家具行业协会提供)

月7日，中国工艺美术协会发文公布2021年“百花杯”评审活动结果。该活动共产生奖项294个，其中金奖78个、银奖98个、铜奖118个，东阳市获9金7银7铜奖项。

【清廉工艺美术作品创作比赛】 2022年7月，“匠心独具 清风廉韵”2022清廉工艺美术作品创作大赛启动。大赛由金华市纪委、东阳市委主办，东阳市市场监督管理局、东阳市纪委、东阳市文广旅体局和东阳市工艺美术行业协会共同承办，金华市非物质文化遗产保护协会、金华市工艺美术协会、东阳市文旅集团协办。参赛作品覆盖金华市工艺美术行业各个类别，含木雕、根雕、竹编、竹根雕、锡雕、米塑、玉雕、剪纸、雕塑、婺州窑、布艺扎染等。10月26日，从259件参赛作品中评出金奖作品2件、银奖作品5件、铜奖作品8件、优秀奖作品10件以及最佳工艺奖和最佳创意奖作品各1件。11月9日，该大赛27件获奖作品、参赛作品中甄选出的100余件优秀作品、国家级工艺美术大师创作的8件作品及中国木雕博物馆数件藏品，在东阳市美术馆展出。作品展开幕后，新华网、“人民日报”客户端、经济日报社、中新网、浙江党建杂志社、金华日报社等对活动进行报道。全市有60余家单位、5000余名党员干部群众观展。

【第三届“中国的椅子——品质·东阳”创新奖评选】 第三届“中国的椅子——品质·东阳”创新奖评选由中国林业产业联合会、中国林产工业协会、东阳市人民政府主办，红木家具产业国家创新联盟、东阳市委人才办、东阳市木雕红木家居产业发展局、东阳市家具研究院、东阳中国木雕城承办，于2021年6月启动后，共吸引来自67所高校和47家家具生产企业、设计机构、工作室等的参赛者参与，截至2022年10月，征集到有效作品513件。2022年11月29日，创新奖评选终评会在东阳中国木雕城举行，共有41件作品实物和16件作品设计稿入围终评。经专家组综合评审、中国林产工业协会官网公示、主办单位审定批准，产生一等奖2个、二等奖6个、三等奖10个、优秀奖20个、入围奖19个、优秀组织奖5个、优秀指导老师奖3个。东阳市18件作品获奖，包揽2个一等奖。浙江广厦建设职业技术大学及其一名教师分获优秀组织奖和优秀指导老师奖。

（陈婷婷）

产业管理扶持

【木雕竹编红木产业专项扶持资金管理】 2022年5月25日，东阳市召开“四大千亿产业”政策新闻发布会，市政府有关部门负责人就木雕竹编红木产业专项扶持资金管理政策调整回答记者提问。6月7日，市市场监督管理局、市财政局联合印发《东阳市木雕竹编红木产业专项扶持资金管理办法》，落实规模以下工业企业升规提档奖励、地方贡献奖励、超亿元企业奖励、木材经销商交易奖励、“世界木雕 东阳红木”品牌宣传基金设立、鼓励技术改造带动智能化转型、无偿使用“东阳红木家具”集体商标7个方面的奖励扶持政策。

【家具行业“油改水”工作】 2022年，市市场监督管理局(市木雕红木家居产业发展局)根据市政府《家具行业环保整治再提升工作实施方案》的统一部署，继续牵头开展家具行业“油改水”工作。对45家完成家具行业环保整治再提升工作的试点企业和规模以上企业发放奖励资金538.7万元。年内，全市有配备喷漆工艺设施的企业852家，其中完成“油改水”企业168家、完成设备提升企业368家、关停落后喷漆工艺设施的企业190家、停产126家。

【工艺美术人才培养扶持】 2022年，市委、市政府印发《关于大力实施人才强市、创新强市首位战略服务打造新时代强市名城的意见》。市市场监督管理局、市委人才办、市财政局等8个部门印发《东阳市“万人计划”奖励实施细则(试行)》和《东阳市领军人才奖励实施细则(试行)》，加强工艺美术人才的培养扶持。

1月30日，金华市经信局公布金华市第五届工艺美术大师评选结果，东阳市45人获评金华市工艺美术大师，占金华市获评总数的31%。年内，开展国家级、省级工艺美术大师和省高级工艺美术师的申报推荐组织工作。省级工艺美术大师陈一中入选浙江省“万人计划”(浙江省高层次人才特殊支持计划)传统工艺领军人才。市市场监督管理局指导东阳市工艺美术行业协会、东阳市红木家具行业协会联合浙江省红木产业协会开展木雕工、手工木工、机械木工和家具设计师等职业技能等级认定和培训工作，发放各类培训证书326份。

2022年9月，东阳市整治提升专项活动后的家具制作企业生产车间

(《今日东阳》编辑部提供)

【东阳市家具研究院运行】 2022年，市家具研究院开展市内木雕红木家具行业调研，形成的调研文章《东阳市木雕红木家具龙头骨干企业自主创新现状、问题与对策建议》在《东阳政研》刊发。设立浙江广厦建设职业技术大学木雕家居设计研究所、市职教中心学校东技校区木雕家居教学研究所、市东曦家具研习社木雕家居文化研究所。6月26日，分别为3家单位授牌。引进国家轻工行业室内装饰设计师职业能力（二级）评价考评资源，23名“红创二代”获得职业能力评价证书。开展木材稳定性处理实验室第二批仪器设备招标采购与安装验收，实验室设备总价值603.58万元，可开展木材热处理、湿热环境模拟、物理性能测试、微观形貌观测、化学组分分析等实验研究，建成全市首个木雕红木家具产业公益性科技创新平台。编制木材高温热处理工艺规程企业技术规范1件，与其他高校、科研单位共同申报发明、实用新型专利3项，指导东阳市尚德电器机械有限公司建成年处理量4000立方米的大型板材集中定性加工基地。

【木雕红木产业数字化改革】 2022年，东阳市成立以市市场监督管理局为牵头单位的攻坚专班，推进“木雕红木行业产业大脑”建设。6月28日，省数字经济系统建设专班公布第二批工业领域行业产业大脑建设名单，东阳市“木雕红木行业产业大脑”入选。11月，以数字木雕家居行业应用系统（一期）为基础参评的“木雕红木行业产业大脑”入选金华市数字化改革第五批双月最佳应用。截至年末，“木雕红木行业产业大脑”应用系统完成产业大脑底座、产业发展动态评估、木雕家具溯源链、展示与文化推广平台等四个板块的开发，总投资600余万元。

【浙江省木雕红木家具产品质量检验中心运行】 2022年度，浙江省木雕红木家具产品质量检验中心出具检验报告、检验证书1470份。完成实验室开放检测服务90家次，解决质量技术难题17个。“互联网+检验检测”公共服务平台（“浙里检”）完成线上业务订单317个。开放实验室为东阳市南林木材科技服务中心提供木材识别培训服务，为市红木家具行业协会提供“东阳红木家具”集体商标拟授权企业家具检测服务。参与起草的DB33/T 2428—2022《质量基础设施“一站式”服务平台建设与管理规范》发布实施，通过省市场监督管理局现场验收。获评2022年度金华计量与检验检测协会先进单位。

【劳动工资集体协商推进】 2022年7月22日，金华市2022年度企业“能级工资”集体协商和新业态“行业工资”集体协商推进会在东阳市明堂红木家俱有限公司召开。东阳市明堂红木家俱有限公司工会就“能级工资”集体协商进行现场教学演示。

（陈婷婷）

行业协会服务

·东阳市工艺美术行业协会·

【概况】 2022年，东阳市工艺美术行业协会有会员273人，其中各级工艺美术大师225人（国家级7人、省级59人、金华市级159人）。组织参展2次，参与者189人，参展作品330件，获奖项64个，其中金奖16个、银奖21个、铜奖13个、优秀奖10个、最佳创意奖1个、最佳工艺奖1个、最佳组织奖2个。开展木雕工技能培训，64人获颁技能等级证书。协助东阳市木雕红木家居产业发展局开展第八届中国工艺美术大师申报推荐工作。1月25日，入选金华市首批技能人才继续教育基地。11月起，配合浙江省技能人才评价管理服务中心（浙江省继续教育院）开展2022—2023年省级题库开发工作，负责手工木工（建筑木雕工）1~5级题库开发。

【承办展会及组织参展参赛】 2022年3月，市工艺美术行业协会与市红木家具行业协会组织东阳市工艺美术界人士创作的66件作品参加2021年中国工艺美术协会“百花杯”评审，获9金7银7铜奖项。6月17—20日，由浙江省工艺美术行业协会主办的第十届中国（浙江）工艺美术精品博览会在绍兴国际会展中心举行，市工艺美术行业协会组织24名工艺美术大师的70件作品参展，获金奖14个、银奖16个、铜奖5个和最佳组织奖。7—11月，参与承办由金华市纪委监委和东阳市委联合主办的2022“匠心独具 清风廉韵”清廉工艺美术作品创作大赛及作品展。东阳市获金奖2个、银奖5个、铜奖8个、优秀奖10个、最佳创意奖1个、最佳工艺奖1个和最佳组织奖。8月21日，第二届中国工艺美术博览会“百鹤杯”工艺美术设计创新大赛颁奖典礼在南京国际博览中心举行，东阳市有2件参赛作品获奖。

【行业培训和技能认定】 2022年4月25日，市工艺美术行业协会组织市职教中心学校东技校区在校生开展木雕工五级职业技能认定，共38名学生报名，经理论和实操考试，35人通过考核获得证书。5月23—25日，组织木雕从业人员在东阳木雕小镇实训基地开展2022年木雕工二级技能认定。31人报名（其中打坯21人、修光10人），经理论学习、实操练习、理论考试、实操考核、综合评审，29人考核合格获颁等级证书。12月3—5日，由市经济和信息化局主办、市工艺美术行业协会承办的2022年工艺美术专业技术人员继续教育培训班在东阳木雕小镇实训楼开课，40余名从业人员参训。

【行业荣誉评选和职称评审】 2022年，市工艺美术行业协会发布行业荣誉评选和职称评审申报通知，提供申报事项咨询等服务。1月30日，金华市经信局发文公布第五届金华市工艺美术大师名单，东阳市45人获评第五届金华市工艺美术大师。7月15日，省经济和信息化厅、省人力资源和社会保障厅联合发文公布浙江省正高级工艺美术师职务任职资格评审结果，东阳市籍黄小明、王向东、陆会勇、陆挺、蒋宝良5人获评正高级工艺美术师（其中蒋宝良由义乌市上报）。8月5日，省经济和信息化厅、省人力资源和社会保障厅联合发文公布省工艺美术师任职资格评审结果，东阳市何渊巍、俞祝江、王飞龙、郭向华、郭振江、卢培纲、卢国忠、朱金星、张节平、周桂新、蒋达成、孙权、赵伟阳、陈霞艳、陈有义、金俊锋16人获评高级工艺美术师。

（徐小红）

·东阳市红木家具行业协会·

【概况】 2022年2月，东阳市红木家具行业协会联合律师事务所到企业开展法律专项服务。5月，协会青年企业家委员会联合团市委开展慰问一线医护人员及志愿者活动，捐赠口罩、食品饮料等物资。3月、7月，组织会员企业选送作品参加第47届国际名家具（东莞）展览会、2022深圳时尚家居设计周暨第37届深圳国际家具展。年内，市红木家具行业协会通过浙江省AAAAA级社会组织复评。

【“东阳红木家具”集体商标推广】 2022年，市红木家具行业协会开展“东阳红木家具”集体商标的推广使用。组织召开“东阳红木家具”集体商标推广使用座谈会、研讨会，建立“东阳红木家具”集体商标推广工作领导小组、审核小组，印发《“东阳红木家具”集体商标实施方案（试行）》《“东阳红木家具”集体商标使用管理规则（试行）》《“东阳红木家具”VIS视觉识别系统管理使用手册》《东阳市“东阳红木家具”集体商标授权企业产品检验方案》。截至年末，获授权使用“东阳红木家具”集体商标的红木家具企业20家。

【红木家具行业品牌培育】 2022年，市红木家具行业协会引导支持会员企业开展经营管理改革和生产技术创新，促进行业品牌培育。2月，召开红木产业发展现状交流会，50余家红木家具规模以上工业企业及“红创二代”企业的代表参加，“中国红木产业发展现状调查”调研组负责人、中国林产工业协会红木分会负责人吴劲松作主题分享。年内，浙江卓木王红木家俱有限公司获评2022年浙江省专利示范企业、2022年浙江省知识产权示范企业。浙江卓木王红木家俱有限公司、东阳市御乾堂宫廷红木家具有限公司、东阳市华龙工艺品有限公司、浙江豪族工贸有限公司获评2022年度浙江省“守合同重信用”AAA级企业；浙江中信红木家具有限公司、东阳市双洋红木家具有限公司、浙江省东阳市华厦家具有限公司、浙江红天下家具有限公司、浙江九洲红家具股份有限公司、东阳市欧晨卫浴有限公司、东阳市正信红木家具有限公司、东阳市杜家古典红木家具有限公司获评2022年度浙江省“守合同重信用”AA级企业；东阳市六石忠信堂家具厂获评2022年度浙江省“守合同重信用”A级企业。东阳市苏阳红红木家具有限公司、东阳市兴成红木家具有限公司、浙江龙珍阁红木家具有限公司、浙江天勤红木家具有限公司、东阳市北墨家具厂、东阳市赤尊阁红木家具有限公司通过“浙江制造品字标”认证。

【《红木家具水性涂料涂饰技术要求》团体标准立项】 2022年10月13日，中国林产工业协会标准化技术委员会在浙江中信红木家具有限公司连线召开《红木家具表面涂覆水性木器涂料施工技术规范》团体标准立项评审会。该团体标准由浙江中信红木家具有限公司申报，通过中国林产工业协会标准化技术委员会专家组同意并命名为《红木家具水性涂料涂饰技术要求》。标准适用于工厂采用刷涂、喷涂、辊涂等方法进行水性木器涂料涂装施工，家庭或类似环境进行相关涂装可参照使用。

【东阳市红木家具企业参与中国国家版本馆建设】 2022年7月23日，中国国家版本馆举行落成典礼。在中国国家版本馆施工建设中，东阳市明堂红木家俱有限公司、浙江中信红木家具有限公司、浙江省东阳市华厦家具有限公司等红木家具企业参与木作装修和红木家具产品制作安装。

【职业技能培训和等级认定】 2022年，市红木家具行业协会开展手工木工五级、四级职业技能等级认定各1次，通过理论和实操考核，38人获手工木工五级职业技能等级证书，20人获手工木工四级职业技能等级证书。开展家具设计师四级、二级职业技能等级认定各1次，各有24名家具设计师报名参加，通过理论和实操考核，18人获家具设计师四级职业技能等级证书，11人获家具设计师二级职业技能等级证书。

2022年5月25日至6月1日，室内装饰设计师职业能力（二级）评价培训班在市市场监督管理局举行。培训班由中国轻工业联合会轻工业职业能力评价行业基地、中国家具协

2022年，东阳红木家具企业参与中国国家版本馆建设

（市红木家具行业协会提供）

会职业技能培训中心、北京国富纵横文化科技咨询股份有限公司主办，东阳市家具研究院、东阳市红木家具行业协会承办，活动分线上培训、理论考试、实操考核和线上答辩四部分。市红木家具行业协会组织25名木雕红木家具行业青年人才参加，听取清华大学商业美学博士后宋薇、德国福莱哥勒大中华区执行董事卢静线上授课，参加理论考试和现场作品设计，进行设计理念和创新的线上答辩，通过链接国内高质量培训资源，拓展创新思维。

【东阳市红木家具企业亮相首届全球数字贸易博览会】 2022年12月11—14日，首届全球数字贸易博览会在杭州市举办。浙江上汐家居有限责任公司是博览会官方唯一指定家具合作伙伴，为博览会的新闻中心、主论坛区域、VIP休息区提供全部家具产品及空间美学搭配服务。中国木雕艺术大师吴腾飞等设计制作的“生活国潮”空间——“上汐T客厅”在博览会现场展出。

【浙江省省长调研东阳红木家具企业】 2022年12月18日，浙江省省长王浩到东阳市调研红木家具企业，考察东阳市明堂红木家俱有限公司的研发中心、生产车间、大家居文化展厅等生产销售一线，了解企业的产品设计、工艺打磨、智造升级等实际情况。王浩指出企业要完整准确全面贯彻新发展理念，把高质量发展作为首要任务，把改革创新作为根本动力，在全面建设社会主义现代化国家、全面推进中华民族伟大复兴新征程上书写更加精彩的浙江篇章。

2022年6月11日，6名刚果（布）留学生拜中国工艺美术大师陆光正为师的拜师仪式在中国木雕博物馆举行　　（浙江广厦建设职业技术大学提供）

【非洲留学生作品展和拜师仪式举办】 2022年6月11日，“非常铸木”——浙江广厦建设职业技术大学雕刻艺术设计国际班非洲留学生作品展在中国木雕博物馆开幕。作品展由中国工艺美术协会、东阳市人民政府主办，市文广旅体局、市市场监督管理局、浙江广厦建设职业技术大学承办，市红木家具行业协会、市工艺美术行业协会、中国木雕博物馆、至博（东阳）文化传媒有限公司协办，展出浙江广厦建设职业技术大学首批21名非洲留学生创作的木雕艺术作品50余件。作品展开幕式后，举行由中国工艺美术协会主办、浙江广厦建设职业技术大学承办的拜师仪式，在中国工艺美术协会顾问王树忠等4名嘉宾的见证下，浙江广厦建设职业技术大学木雕专业6名非洲刚果（布）留学生拜国家首批非物质文化遗产东阳木雕的代表性传承人、中国工艺美术大师陆光正为师。刚果

2022年东阳市木雕红木家具企业获省级荣誉一览表

表20

荣誉	企业名称	发布时间
2022年浙江省知识产权示范企业	浙江卓木王红木家俱有限公司	2022年9月8日
2022年度浙江省“守合同重信用”AAA级企业	浙江卓木王红木家俱有限公司	2022年8月26日
	东阳市御乾堂宫廷红木家具有限公司	
	东阳市华龙工艺品有限公司	
	浙江豪族工贸有限公司	
2022年度浙江省“守合同重信用”AA级企业	浙江中信红木家具有限公司	2022年11月18日
	东阳市双洋红木家具有限公司	

续表20

荣誉	企业名称	发布时间
2022年度浙江省“守合同重信用”AA级企业	浙江省东阳市华厦家具有限公司	2022年11月18日
	浙江红天下家具有限公司	
	浙江九洲红家具股份有限公司	
	东阳市欧晨卫浴有限公司	
	东阳市正信红木家具有限公司	
	东阳市杜家古典红木家具有限公司	
2022年度浙江省“守合同重信用”A级企业	东阳市六石忠信堂家具厂	2022年12月6日
通过“浙江制造品字标”认证企业	东阳市苏阳红红木家具有限公司	2022年1月21日
	浙江龙珍阁红木家具有限公司	2022年7月4日
	浙江天勤红木家具有限公司	2022年7月14日
	东阳市北墨家具厂	2022年10月13日
	东阳市赤尊阁红木家具有限公司	2022年10月21日
	东阳市兴成红木家具有限公司	2022年12月19日

(布)林业部部长罗莎莉·马东多通过视频方式,向陆光正致谢并勉励留学生。

(郑文婷)

产业基地发展

·东阳木雕小镇·

【概况】 2022年,东阳木雕小镇完成固定资产投资1.4亿元,实现税收1.2亿元。共有31名省级以上工艺美术大师入驻,其中亚太地区手工艺大师3人、中国工艺美术大师6人、浙江省工艺美术大师22人。年内,组织“喜迎二十大”新征程·新民艺——浙江木雕艺术大展东阳巡展、“大手拉小手 向美好生活奋进”美术作品展、“文化共享 精神富有”徐永泽青田石雕精品展等展览活动10余场;引入全市首个全国连锁露营品牌“在山野”;引入10余名非物质文化遗产传承人,开发非物质文化遗产体验产品10余种,形成以木雕、竹编为主,锡艺、篆刻、拓印、玉雕、石雕、竹雕等多种艺术品类并存的非物质文化遗产体验基地。通过国家AAA级景区复核。

【校企合作】 2022年,东阳木雕小镇与浙江广厦建设职业技术大学签订“双师型”教师培养培训基地,启动文化传承体验中心二期建设,增加青绿园研学基地。通过校企合作、以需定训等举措,为传统木雕行业培育专业人才队伍,形成并完善“中小学生研学+大学生实训实习+木雕从业者”技能培训的培育模式。

【获评省首批三星级“妇女儿童驿站”】 2022年5月15日,省妇联公布2022年度首批浙江省三星级“妇女儿童驿站”认定名单,东阳木雕小镇“妇女儿童驿站”上榜。东阳木雕小镇“妇女儿童驿站”坚持高质量建设标准,以教培、维权、创业、公益、儿童服务为主要内容,设立创意手工体验区、妇女维权室、木文化展览馆、创业咨询室、心理咨询室、会议室、游乐区等功能区块;依托东阳木雕小镇专业团队运营,采用工作人员轮值制度,定期开展困境儿童学习指导、妇女儿童心理疏导、家庭教育亲子活动、特殊困难儿童个案辅导及日间照料等服务,为妇女就业创业牵线搭桥。

【城市风貌样板区建设】 2022年10月10日,省城乡风貌整治提升工作专班办公室公布浙江省2022年度第二批城乡风貌样板区名单,东阳木雕小镇上榜特色产业区类城市风貌样板区。东阳木雕小镇特色产业风貌区总面积56公顷,年内持续完善“小镇客厅”、古民居、石马溪公共广场等设施建设,形成具有区域特色的建筑群;整治低效企业,实施“腾笼换鸟”,继续推进研学实训基地和智慧管网建设、闲置用地绿化、风貌自主更新等工作；推进集木雕艺术创意设计、生产销售、展示展览、休闲旅游、行业研讨、木材交易等于一体的产业链发展，发挥“溢出效应”，带动周边区域的人员集聚和商业发展。

【华侨国际文化交流基地建设】 2022年，东阳木雕小镇以东阳国际木雕产业基地为核心，依托东阳木雕红木产业优势，通过举办展会、开展研学等，促进文化交流，接待港澳台同胞、国际友人及海外华人华侨1万余人。11月30日，省侨联公布浙江省第四批华侨国际文化交流基地名单，东阳木雕小镇上榜。

【浙江广厦建设职业技术大学木雕小镇校区项目启动】 2022年6月，浙江广厦建设职业技术大学木雕小镇校区（雕塑学院）项目指挥部入驻东阳木雕小镇。项目一期总用地面积为33.73公顷，估算总投资约18亿元，总建筑面积27.23万平方米，计划2024年6月竣工，建成后校区学生规模将达6000人以上。

【浙江木雕艺术大展（东阳巡展）】 2022年11月2—12日，“新征程·新民艺”浙江木雕艺术大展（东阳巡展）在东阳木雕小镇实训基地举行。展览由省文学艺术界联合会、中国美术学院、东阳市人民政府主办，省民间文艺家协会、中国美术学院民艺博物馆、东阳市委宣传部承办。展览以浙江木雕的历史脉络为主线，分“回望经典”“群英汇聚”“现实情怀”“生活之美”“装饰皆道”“唐风宋韵”“腐朽神奇”“叠翠新峰”8个篇章，展出东阳木雕、黄杨木雕、朱金漆木雕等木雕作品200余件，展示浙江木雕的制作工艺与艺术特色。展览期间举行“新征程·新民艺”浙江木雕艺术发展研讨会，与会专家学者、木雕技艺大师围绕传统工艺的美学价值、工艺的技术与科技、木雕艺术的当代表达3个主题进行交流研讨。

【获评省特色小镇2021年度考核优秀等级】 2022年12月15日，省特色小镇规划建设工作联席会议办公室公布浙江省命名和创建特色小镇2021年度考核结果，东阳木雕小镇获评优秀等级。在全省12个历史经典产业特色小镇和金华市11个省级特色小镇中，东阳木雕小镇是唯一获评优秀等级的特色小镇。

【人才培育】 2022年，东阳木雕小镇举办东阳市第七届浙江省工艺美术大师评选推荐、2022年东阳市职教中心学校木雕班中国特色学徒制下企业实习暨拜师仪式、2022年继续教育培训等人才培育相关活动。5月，市工艺美术行业协会在东阳木雕小镇举办2022年木雕工技师技能认定考试，全市近60名技能人才参加。年内，东阳木雕小镇培育产生13名金华市级工艺美术大师。

2022年5月，2022年木雕工技师技能认定考试在木雕小镇举行

（东阳木雕小镇提供）

2022年，东阳木雕小镇与西北工业大学、浙江工业大学之江学院、中国计量大学现代科技学院、金华职业技术学院签订校外实习实训合作协议。7月，金华职业技术学院组织学生在东阳木雕小镇开展非物质文化遗产木雕文化研究的暑期社会实践活动。12月，东阳木雕小镇与中国计量大学现代科技学院共同举办“创新驱动 科技赋能”科创成果路演推介会。

【木雕小镇宣传】 2022年，东阳木雕小镇分别在微信、抖音等平台开设“东作产业谈”“探馆指南”“工艺美术之木雕新说”专栏，打造小镇“名师、名品、名学”等品牌IP。3月8日，东阳木雕小镇8名工艺美术大师上中央电视台科教频道《探索发现》栏目，为东阳木雕代言，展示东阳木雕魅力。

（郑一玮）

·东阳中国木雕城·

【概况】 2022年，东阳中国木雕城实现市场成交额169亿元，完成税收1473万元。举办“国风文创市集”“七夕礼遇季”等线上、线下活动，助力入驻商户开展营销业务。获评浙江省文化和旅游企业梯度培育计划骨干企业。年内，接待省商务厅、省市场监督管理局、金华市政协、金华市市场监督管理局等9批考察团和调研组。

【木雕城品牌宣传】 2022年，东阳中国木雕城与金华市轨道交通集团传媒有限公司达成合作，发行30万张金义东市域轨道交通义东线试运营定制版试乘体验券，宣传东阳中国木雕城的品牌形象，展示“世界木雕之都”的文化魅力。联合中国铁塔股份有限公司金华市分公司在国风美学设计生活馆附近建立东阳首座集5G通信、地标亮化、LED信息宣传推广、城市辅助管理、视频播放功能于一体的个性化通信数字铁塔——国风东

2022年11月2日,“新征程·新民艺”浙江木雕艺术大展(东阳巡展)在东阳木雕小镇开幕

(东阳木雕小镇提供)

方柱。国风东方柱高40米,采用钢结构,融入东阳木雕的复古窗花图案,成为东阳中国木雕城展示东阳木雕文化的地标性景观之一。年内,金义东市域轨道交通义东线木雕城站客流量逐步提升。

【电商直播基地建设】 2022年,东阳中国木雕城继续推进东阳电商直播基地建设,展示数十万种包括木雕、根雕、红木家具、竹制工艺品在内的优势产品,为入驻基地的直播商户提供资源支持。搭建招商、运营、活动、培训一体化服务平台,东阳电商直播基地对东阳QIC仓(质检发货仓储一体化运营中心)进行服务升级,并与京东物流达成战略性合作。完成东阳QIC仓的迭代更新和服务升级以及青田QIC仓、龙泉QIC仓、东阳珠宝运营中心的多点位布局,克服新冠疫情影响,保持基础运营业务顺利运转,并推出个性化定制服务,根据商户实际情况提供“一对一”专属服务及线上、线下专属活动扶持。4月29日,省电子商务促进会公布2022年浙江省电子商务实践基地名录,东阳抖音电商直播基地入选。12月15日,省商务厅公示2022年浙江省第三批电商直播基地名单,东阳抖音电商直播基地上榜。

【产业链联合发展】 2022年8月29日,东阳中国木雕城与浙江中森资源供应链有限公司战略合作签约仪式在中国木雕博物馆举行。双方签署战略合作协议,实行多渠道多领域合作,共同推动红木全产业链生态新格局建设和东阳红木产业高质量发展。

(刘松庭)

·花园红木家具城·

【概况】 2022年,花园红木家具城市场总面积约50万平方米,入驻红木家具品牌经营户2300余家。产销红木家具涵盖各种风格款式和卧室、客厅、餐厅、书房、办公、茶室等不同系列,建成集零售、批发、旅游、休闲等功能于一体的红木家具“一站式”集散中心。

【花园现代家居馆建设】 2022年,花园红木家具城花园现代家居馆继续进行升级改造,提升服务水平,为顾客提供“一站式”购物体验。花园现代家居馆经营面积万余平方米,引进丽星、卡昂、佳尼、席梦思等国内外品牌20余个,经销品类以客厅、餐厅、卧房为主。先后举办“倾情3·15”“五一大惠战”“粽情粽意”“高考放榜,厂家放价”“巅峰‘惠’享福利”和“度中秋 迎国庆”家装节等促销活动。12月10日,启动“感恩周年庆”活动,举行现场慈善拍卖会,拍品由合作厂家提供,所得善款用于慰问资助困难群众。

【“花园购”应用平台建设】 2022年,“花园购”发布宣传视频(含实体花园红木市场视频、花园购App电脑版和花园购App手机版视频)。开展“花园购”App图片、店铺产品图片采集编制推广,在华为应用市场、应用宝、小米应用市场、苹果应用程序商店等各大应用市场上架。建成新版“花园购”App,推进新零售智慧市场建设。

【红木家具行业绿色发展推进】 2022年6月,花园红木家具城与市人民检察院、金华市生态环境局东阳分局通过共享法庭平台联合开展普法宣讲活动,宣传贯彻习近平生态文明思想,引导商户增强生态环境保护意识,推进红木家具行业高质量绿色发展,共建美丽“花园”。

(周姣姣)

建筑业

建筑管理

【概况】 2022年，东阳市有资质以上建筑企业230家（不含劳务分包企业），其中特级企业7家、一级企业43家、二级企业55家、三级及以下企业125家。企业签订合同金额1162.2亿元，比上年下降33.0%。房屋施工总面积21238.3万平方米（其中新开工面积3838.3万平方米），比上年下降35.0%。完成建筑业总产值1433.4亿元，比上年下降18.3%。其中，省内产值449.9亿元，比上年增长5.2%；省外产值983.5亿元，占总产值的68.6%。实现产值10亿～30亿元建筑市场（以省级为单位）23个，比上年减少4个；30亿～50亿元筑市场15个，比上年减少4个；50亿～100亿元建筑市场4个，比上年减少6个；超100亿元建筑市场1个，与上年持平。实现建筑业入库税金42.3亿元，比上年下降9.04%，占全市财政总收入的30.39%。

【建筑品牌建设】 2022年，东阳市建筑企业获国家专利163项、省级工法51项，获国家级QC成果20项、省级QC成果113项。由中天建设集团有限公司、歌山建设集团有限公司、浙江舜江建设集团有限公司联合承建的中国人寿大厦项目，由海天建设集团承建的中电海康集团总部基地建项目和金华市金东实验二小（新东孝小学）新建工程入选入选2022年度浙江省建设工程钱江杯（优质工程）考核认定名单。全市建筑企业承接的项目获“国家优质工程奖”2项、“中国安装之星”1项、中国建筑工程装饰奖3项、其他省部级奖项147项。

2022年7月，由中天建设集团有限公司、歌山建设集团有限公司、浙江舜江建设集团有限公司联合承建的位于杭州市的中国人寿大厦项目入选浙江省建设工程钱江杯（优质工程）考核认定名单　（市住建局提供）

【行政审批】 2022年，市住房和城乡建设局行政审批办理1523件，其中二级及以下房地产开发企业资质核准32件；建筑业资质核准14件、变更276件、重新核准1件，注销1件；商品房预售许可核准30件，面积1155681.6平方米；建设单位采用协议方式选聘物业服务企业审批6件；建筑工程施工许可245件（合同额1281266.77万元）、变更189件；施工图联合审查316件，面积4588096.9平方米；应建防空地下室的民用建筑项目报建审批19件；消防设计审查50件、消防验收（备案）239件；房屋建筑工程竣工验收备案32件；建筑节能审查41件，面积145.79万平方米；新入工程32个，工程档案资料4999卷。　（李　葵）

【建材集中采购】 2022年，东阳建筑供应链服务有限公司设有以浙江省杭州市、江西省南昌市、安徽省合肥市3个区域为主的配送中心，为全市数十家建筑企业提供服务，业务涉及全国20余个省份的310余个工程项目，集中采购钢筋等建材15.32万吨，采购金额6.7亿元。集中采购平台交易量105.367万吨，交易额45.35亿元。

【建筑行业招商】 2022年,东阳市实现建筑业入库税金42.3亿元,比上年下降9.04%,占全市财政总收入的30.39%。完成建筑业招商税收13.7亿元,比上年下降16.68%。巍山镇、歌山镇、白云街道、南马镇、湖溪镇、六石街道6个镇(街道)建筑业招商税收均超过亿元。

【建筑产业工人培育】 2022年,东阳市继续开展产业工人培育试点工作,依托浙江广厦建设职业技术大学组织开展建设类培训考试,参训18746人次,其中,"三类人员"10716人次、特种人员6062人次、现场管理人员1968人次。举办钢筋工技能竞赛1场。

【东阳市建筑科技研究院工作】 2022年,东阳市建筑科技研究院完成4项课题研究,形成研究报告3份、论文3篇、专利4项。邀请专家走访10余家东阳市建筑相关企业,开展技术交流;组织协调国内外建筑业专家,举办学术交流会、报告会,推广交流建筑行业研发的经验和成果。11月,与东阳职教中心学校共同成立建筑教学研究所,为东阳职教中心学校建筑专业教学改革、科研能力提升、优质教学资源引进、师资力量建设提供支持。

【建筑业维权】 2022年,建筑业巡回法庭诉讼正式立案1206件,结案1177件。首次申请执行立案389件,结案数390件,总结案标的392588万元(含诉讼保全标的)。

【"建筑产业大脑"项目启动】 2022年,"建筑产业大脑"项目启动,"建筑业产业大脑"围绕工程建设全生命周期数字化管理需求,包含劳务资源服务、建筑材料服务、建筑机械租赁服务、数字法务服务、网上"店小二"服务、智慧工地监管等应用场景,实施方案通过市政府常务会议审定。

【"智慧工地"建设】 2022年,东阳市搭建"智慧工地"监管平台,整合联网实名制考勤、塔吊升降机监测等各类设备246个,累计预警89次。搭建农村建筑工匠培训平台,完成线上培训260人次。

"浙里建"应用覆盖179个在建工程项目,检查发现并整改隐患51处。"浙里安居"应用覆盖7个保障性租赁住房项目。农房"浙建事"应用完成镇、村两级系统架构搭建,受理农房建房审批申请659件。

(孙逸云)

建筑企业选介

·中天建设集团有限公司·

【概况】 2022年,中天建设集团有限公司(以下简称中天建设集团)完成产值883亿元,年竣工面积3040万平方米。有中、高级工程师2800余人,有注册建造师、注册造价师、注册建筑师、注册结构师等注册类人员2300余人。获"东阳市'建企航母'"称号,连续六年获上海市进沪施工30强企业第一名,蝉联"上海市建筑业诚信

2022年中天建设集团承建的标志性工程项目一览表

表21

序号	承建单位	工程名称	项目业态	合同造价(万元)	建筑面积(平方米)
1	中天一建	金义电子商务新城(中国智能骨干网)二期项目施工总承包工程	物流仓储	50764.97	204747.51
2	中天二建	浙江方圆检测集团钱塘检验检测认证基地项目	综合体	46122.67	133626.30
3	中天三建	阿里巴巴徐汇滨江二期项目总承包工程	商业办公楼	56078.75	76373.00
4	西北集团	长安区滦镇新型示范区提升改造项目一期工程	更新改造	36297.90	435600.00
5	中天六建	海康威视武汉智慧产业园(一期)一标段项目	工业建筑	37434.81	188997.30
6	天津公司	滨江道221号3号楼(现代城高端百货项目)工程	商业办公楼	53000.00	170000.00
7	江苏公司	无锡先导集成电路装备材料产业园二期厂房建设项目总包工程	工业厂房	34860.00	178367.61

企业”称号，列2022年度美国《工程新闻纪录（ENR）》“全球最大250家国际承包商”榜单第27位。

【中国人寿大厦项目入选浙江省建设工程钱江杯考核认定名单】 2022年7月，由中天建设集团有限公司、歌山建设集团有限公司、浙江舜江建设集团有限公司联合承建的位于杭州的杭政储出〔2010〕32号地块商业金融用房（中国人寿大厦）项目入选2022年度浙江省建设工程钱江杯（优质工程）考核认定名单。

中国人寿大厦项目位于杭州CBD核心区块钱江新城，由商务主楼、商务副楼、培训楼、裙房及地下室组成，是浙江省重点金融产业项目。总建筑面积418610平方米，建筑高度190米，地下4层，地上42层，有商务主楼、副楼和培训楼3栋塔楼及裙房组成，钢管混凝土框架—钢筋混凝土筒体结构。该工程于2012年12月25日开工、2021年6月30日竣工、2021年10月投入使用。（陈淳戈 朱 杰）

【安徽省农村信用社联合社项目获国家优质工程奖】 2022年12月，由中天建设集团承建的安徽省农村信用社联合社项目获国家优质工程奖。

安徽省农村信用社联合社工程位于合肥市滨湖新区，总建筑面积15.5万平方米，建筑高度163.9米，由超高层办公楼、会议与多功能厅、培训交流中心、数据中心四部分组成，是一座现代化、高智能、花园式、“一站式”的大型综合性信息技术服务楼。（陈淳戈）

·海天建设集团有限公司·

【概况】 2022年，海天建设集团有限公司（以下简称海天建设集团）完成产值130余亿元；承接业务150余亿元。获国家级詹天佑住宅类金奖1项、国家级文明标化学习交流工地1项、全国绿色施工项目1项、省级优质工程杯5项、省优质结构奖3项、省级文明工地8项、省级绿色工地3项、省级文明学习交流工地1项；国家级实用新型专利8项、国家级QC成果奖5项、省级QC成果奖12项、省级工法8项，省级期刊上发表论文7篇；获国

2022年海天建设集团获国家级工程奖项情况一览表

表22

序号	工程名称	奖项名称	表彰单位	获奖时间
1	奉新县文体艺术中心建设项目	全国绿色施工项目	中国建筑业协会	2022年4月
2	环球港动感城（二期）	2022年全国建设工程项目施工安全生产标准化工地	中国建筑业协会	2022年11月
3	太原泰瑞城项目	2022年中国土木工程詹天佑奖优秀住宅小区金奖	中国土木工程学会	2022年10月

2022年海天建设集团承建工程获奖情况一览表

表23

序号	工程名称	奖项名称	表彰单位	表彰时间
1	保利良溪花园9、10、11、12栋	广东省建设工程优质结构奖	广东省建筑业协会	2022年4月
2	金华广播电视大学（浙江商贸学校）扩建二期工程	华东地区优质工程奖	华东6省一市建筑业协会	2022年5月
3	金华市金东实验二小（新东孝小学）新建工程	浙江省建设工程“钱江杯”	浙江省住房和城乡建设厅	2022年7月
4	中电海康集团总部基地建设项目			
5	朗勤产业园2号	辽宁省建设工程“世纪杯”	辽宁省建筑业协会	2022年12月
6	朗勤产业园3号			
7	正林全屋定制产业园项目二期1号厂房			
8	朗勤产业园2号	辽宁省优质结构	辽宁省建筑业协会	2022年12月
9	朗勤产业园3号			

家级综合项目BIM技术应用类别三等奖1次、省级市政工程BIM技术综合应用类别三等奖1次、单项BIM应用点落地实施成果类别优胜奖1次。海天建设集团获“中国建筑业AAA级信用企业”“浙江省AAA级守合同重信用企业”“浙江省建筑业先进企业”等称号。

【太原泰瑞城项目获中国土木工程詹天佑奖】 2022年10月,中国土木工程学会住宅工程指导工作委员会评选的“2022年中国土木工程詹天佑奖优秀住宅小区金奖”公布评选结果,由海天建设集团承建的太原泰瑞城项目获“2022年中国土木工程詹天佑奖优秀住宅小区金奖”。太原泰瑞城项目位于山西省太原市晋源区南中环以北,西中环以西,由5栋住宅楼、3栋商铺、商业综合楼、幼儿园、社区养老服务中心、换热站、垃圾处理站、地库组成,项目总建筑面积183855.1平方米,总造价40572.83万元,框架剪力墙结构33层。

【两个项目入选浙江省钱江杯】 2022年7月,由海天建设集团承建的中电海康集团总部基地建设项目和金华市金东实验二小(新东孝小学)新建工程入选2022年度浙江省建设工程钱江杯(优质工程)考核认定名单。

中电海康集团总部基地建设项目位于杭州市余杭区五常街道良睦路以东,爱橙街以北,总建筑面积234898.43平方米,框架剪力墙结构。地下二层,地下室面积95943.8平方米;地上由8幢单体建筑组成;其中一幢14层总部办公楼、两幢10层(分所研发中心楼、会议活动中心及独立办公楼)、两幢9层、两幢8层、一幢3层观景台楼及部分裙房,与地下车库连成一个整体建筑。

金华市金东实验二小(新东孝小学)新建工程位于金东区东孝街道横三路以北、纵四路以东、横二路以南、纵七路以西,项目由教学行政中心、人文艺术中心、自然科学中心、图书会议中心、后勤餐饮中心、健身运动中心、值班室(警务室)、监控消控室组成;校园各功能建筑左右对称,立面转角圆弧润滑,以智慧校园为引领,接轨STEAM课程体系的现代化校园。项目总建筑面积46215.92平方米,其中计容积率面积38080.87平方米、不计容积率面积8135.05平方米,地下1层,地上1~5层,为框架结构。

(吴凯乐)

·歌山建设集团有限公司·

【概况】 2022年,歌山建设集团有限公司(以下简称歌山建设集团)完成产值103.2亿元。截至年末,拥有总资产超70亿元。歌山建设集团获“2021中国承包商80强(第51位)”“2022浙商全国500强(第128位)”“2021年度浙江省建筑业先进企业”等称号。

【领秀前城FL-30地块项目获“真武阁杯”奖】 2022年6月,广西建筑业联合会公布2022年广西建设工程“真武阁杯”奖(最高质量奖)工程名单,由歌山建设集团有限公司承建的领秀前城FL-30地块13号、18号、19号楼及地下室工程获广西建筑工程“真武阁杯”奖(最高质量奖)。该工程位于南宁市青秀区凤岭南路,项目由两个标段6栋住宅楼、裙房商铺及地下室组成,总建筑面积151955.18平方米,地下2层,地上33~34层,建筑高度99米,钢筋混凝土剪力墙结构,集住宅、商业功能于一体,该工程于2017年11月1日开工,2020年6月22日竣工。

【领秀前城FL-05地块项目获“真武阁杯”奖】 2022年6月,广西建筑业联合会公布2022年广西建设工程“真武阁杯”奖(最高质量奖)工程名单,由歌山建设集团有限公司承建的领秀前城FL-05地块6号、7号、8号、12号、13号、15号楼及地下室工程获广西建筑工程“真武阁杯”奖(最高质量奖)。该工程位于南宁市青秀区凤岭南路,由6栋住宅楼、裙房商铺及地下室组成,总建筑面积118304.51平方米,地下两层,地上33~34层,建筑高度99米,钢筋混凝土剪力墙结构,集住宅、商业功能于一体,该工程于2018年6月27日开工,2021年5月21日竣工。

(朱　杰)

·浙江新东阳建设集团有限公司·

【概况】 2022年,浙江新东阳建设集团有限公司(以下简称新东阳建设集团)承接业务125项(其中设计类业务88项),建筑面积111万平方米、合同金额40.28亿元。承接省内项目合同额13亿元,占集团承接业务合同总额的32.5%。开拓辽宁省、云南省、

2022年歌山建设集团承建工程获奖情况一览表

表24

序号	工程名称	奖项名称	表彰单位	表彰时间
1	领秀前城FL-30地块13号、18号、19号楼及地下室工程	广西建设工程“真武阁杯”奖(最高质量奖)	广西建筑业联合会	2022年6月
2	领秀前城FL-05地块6号、7号、8号、12号、13号、15号楼及地下室工程			
3	杭政储出〔2010〕32号地块商业金融用房(中国人寿大厦)	浙江省建设工程钱江杯(优质工程)	浙江省建筑业行业协会	2022年7月

新东阳建设集团承建工程获奖情况一览表

表25

序号	获奖项目	奖项名称	获奖时间
1	保利时光印象二标段工程	安徽省建筑安全生产标准化示范工地	2022年3月
2	鱼台县中医院迁建工程项目—医疗综合楼	山东省工程建设泰山杯	2022年4月
3	万雅大厦	河南省建筑工程质量标准化示范工地	2022年9月
4	良渚新城人才房地块三	浙江省智慧工地示范项目	2022年11月

四川省、福建省、安徽省等业务市场。缴纳地方税5193万元，实现亩产税474.7万元。新东阳建设集团承接的义乌市城市有机更新胜利社区回迁房地块项目BIM应用成果获浙江省第七届“筑新杯”三等奖。

1月8日，新东阳建设集团向甘肃省陇南师范高等专业学校捐赠图书338种类、1925册，价值10万元。6月20日，新东阳建设集团第七建设公司甘肃省兰州市瑞辰玖阙项目部组织全体员工进行安全教育大会及消防应急演练系列活动。

【磐安·云水居项目】 2022年7月11日，新东阳建设集团二公司中标磐安·云水居项目。磐安·云水居项目位于磐安县南侧的水根坞地块，东为安文街道下应村、南为河道、北为山体，是由杭州长运运输集团有限公司全资子公司磐安杭长运建设开发有限公司开发的高档住宅小区，项目由20余幢排屋组成，总建筑面积72625平方米，其中地下建筑面积40625平方米、地上建筑面积32000平方米，总造价近2亿元。项目工期470天。10月17日，磐安·云水居项目举行开工典礼。

2022年10月17日，磐安·云水居项目举行开工典礼

（新东阳建设集团提供）

【拨浪鼓学校新建工程】 2022年9月8日，新东阳建设集团第一建设公司中标义乌市拨浪鼓学校新建工程，中标金额24669.75万元，工期780天。工程建筑总用地面积12856.65平方米，总建筑面积75387.68平方米，地下建筑面积17929.25平方米；地上建筑面积57458.43平方米。该工程含国际教育体艺中心（A区）、小学部教学楼（B、C区）、初中部教学楼（D、E区），宿舍楼F楼，宿舍楼G楼3个建筑单体，其中国际教育体艺中心（A区）、小学部教学楼（B、C区）、初中部教学楼（D、E区）为一组合栋整体工程。

【市民中心建设项目】 2022年9月14日，市委书记楼琅坚带队调研市民中心建设工地。市民中心建设项目于2021年11月开工，由新东阳建设集团直属公司承建，项目由城市规划馆、工人文化宫、文化馆、演艺大厅、科技馆、妇女儿童活动中心、青少年宫及其他配套服务设施组成，总用地面积4万平方米，总建筑面积89310平方米，其中地上计容建筑面积62311平方米、地下建筑面积26999平方米，项目概算投资额44598万元。

（金锦超）

·天祥建设集团股份有限公司·

【概况】 2022年，天祥建设集团股份有限公司（以下简称天祥建设集团）完成产值33.3亿元，有中、高级工程师260余人，有注册建造师、注册造价师、注册建筑师、注册结构师等注册类人员百余人。承接的项目建筑面积超78万平方米，施工合同额超10.9亿元。天祥建设集团获“金华市建筑业龙头企业”“东阳市建筑业龙头企业”称号。天祥建设集团控股子公司广州容联建筑科技有限公司（以下简称容联科技）获实用新型专利授权76项。

3月18日，天祥建设集团入选东阳市2021年度建筑业龙头企业名单，集团董事长胡刚锋获评东阳市2021年度建筑业发展杰出人才。9月，天祥建设集团投资建设的天祥兰

2022年天祥建设集团承建工程获奖情况一览表

表26

序号	工程名称	奖项名称	表彰单位	表彰时间
1	容县碧桂园	2021年玉林市建设工程施工安全文明标准化工地(第五期)安全/文明/平安/质量工地——工程荣誉(市级)	广西省玉林市建筑业联合会	2022年1月
2	海悦公馆	安徽省建筑安全生产标准化示范工地	安徽省建设行业质量与安全协会	2022年3月
3	天誉智慧城	2021年度昆明市房屋市政工程安全生产标准化工地	云南省昆明市住房和城乡建设局	2022年4月
4	钦州碧桂园·十里金滩A标	2022年第一批广西建设工程优质结构奖(省级)	广西建筑业联合会	2022年7月

溪智慧建造基地项目入选引领性省重大产业项目名单。

【PI体系发展】 2022年1月19日，中国建筑学会公布第一批装配式建筑“先进成熟适用新技术”清单，容联科技“免模装配一体化钢筋混凝土结构体系”入选。4月11日，容联科技“业化体系免模装配一体化钢筋混凝土结构工业化体系”入选清单的“技术引领”类别。8月，由广州容联建筑科技有限公司与广州容柏生建筑结构设计事务所合作研发的项目“错位层间隔震结构关键技术的研究及应用”获2022年“广东省工程勘察设计行业协会科学技术奖”二等奖。

【建筑技术交流】 2022年1月19日，省住建厅党组成员、总工程师宋炳坚到天祥建设集团兰溪智慧建造基地进行调研指导，召开关于部分建筑业、房地产企业“助企开门红”座谈会。5月17日，天祥建设集团股份有限公司与广东筑和建筑设计事务所签订战略合作协议，成立“天祥筑和建筑设计院”。7月20日，欢聚集团有限公司领导到天祥建设集团股份有限公司考察交流，双方探讨有关商业综合体的建设问题。9月16日，中共英德市委书记张杨彬到天祥建设集团英德禅茶溪谷项目部考察交流，调研项目建设情况。

（楼列伟）

商 贸

招商引资

【概况】 2022年，东阳市签约投资额3亿元以上产业项目23个，签约投资额共计351.6亿元，其中投资额3亿～10亿元项目13个、投资额10亿～20亿元以上制造业项目4个、投资额20亿～50亿元以上项目3个、投资额50亿～100亿元以上项目2个、投资额100亿元以上项目1个；年内完成落地项目8个，制造业项目到位资金38.89亿元。

【招商引智工作机制】 2022年，市商务局完善招商引智机制。选派28人到北京市、上海市、浙江省杭州市、广东省深圳市四地驻点招商。建立"1+5+X"招商联席会议制度，实现招商项目全生命周期管理；召集联席会议10次、研判项目48个。建立招商项目"四色"管理清单。制定招商引智领导小组《专题会议事规则》，召开专题会20余次，解决落地推进障碍问题70余个。

【招商引智成果】 2022年，市商务局创新开展基金招商、"以商招商"、东阳人回归招商，入库项目154个。开展基金招商，建立多种基金投资方式；跟投深创投S基金、设立产业引导基金等做法在金华市推广。开展"以商招商"，通过华懋（东阳）新材料项目成功招引总投资额20亿元的纵目科技智能驾驶系统生产基地项目落户东阳市。开展东阳人回归招商，投资额50亿元的东阳光铝电解电容器项目、投资额10亿元的年产450万台支付终端POS设备生产线建设项目分别于2月、6月开工。

（叶挺群）

商贸流通

【概况】 2022年，东阳市社会消费品零售总额336.25亿元，比上年增长3.3%，列金华市第四位；全市限额以上社会消费品零售额71.1亿元，比上年增长9.6%，列金华市第三位；限额以上批发业商品销售额436.14亿元，比上年增长18%；限额以上零售业商品销售额84.3亿元，比上年增长15.9%。东阳市获省政府促消费工作督查激励；入选2023年度浙江省县域商业体系建设示范县（市、区）名单，获批中央服务业发展专项资金1000万元。举办2022年省内首个全国性展会——"老字号嘉年华"活动。

【"老字号嘉年华"活动】 2022年6月24—27日，"浙里来消费·2022横店梦外滩——老字号嘉年华"活动在东阳市横店影视城梦外滩度假区举行。该次活动由金华市商务局、东阳市人民政府主办，以"国潮国货·品质生活"为主题，共有来自北京市、内蒙古自治区、山东省、云南省等10余个省（自治区、直辖市）的200余个老字号品牌参加，产品涵盖中华美食、国医国药、工美潮玩、美酒特产等多个品类。活动期间，主办方组织开展经验交流与合作洽谈，搭建主题展示馆，开设青少年"薪火传承"课堂，开通线上直播带货。

【消费促进活动】 2022年，市商务局启动持续3个月的消费促进季活动，包括夏季惠民车展、首届电动自行车惠民展销会、大型商超联合促销节、横店影视夏季清凉季等活动50余场；举办以汽车展销、商场促销、旅游消费为主线的2022金秋购物节；通过横店影视城夜游梦幻谷、卢宅景区非遗夜市、振兴路夜市等特色夜游项目挖掘夜间消费潜力。发放消费券1.11亿元，拉动消费金额23.21亿元。其中，一季度发放汽车、家电、文旅、住宿餐饮等消费券6980.9万元（含汽车消费券6387.4万元），拉动消费金额18.21亿元；二季度发放汽车、家电、文旅、住宿餐饮等消费券4125万元（含汽车消费券1800万元），拉动消费金额5亿元。开展全市184家限额以上批发零售企业走访活动，宣传贯彻促进消费扶持政策。"紧跟时势精准施策，促进消费逆势上扬"入选省委组织部攻坚克难优秀案例。市商务局获评全省促消费和批发零售业改造提升成绩突出集体。

【商贸行业安全监管】 2022年，市商务局开展商贸领域安全生产隐患排查整治，加强行业安全监管。贯彻落实"除险保安"工作要求，推进商场、超市、加油站、汽车拆解等领域安全生产排查整治。加强成品油市场管理，指导加油站点、大型商场和超市提高反恐怖应急处置及防范能力。

开展成品油经营、二手车交易、报废机动车回收拆解等行业专项检查。

(叶挺群)

经济合作

【概况】 2022年,东阳市货物贸易进出口总额354.35亿元,比上年增长11.6%,增幅列金华市第四位。其中,出口总额324.15亿元,比上年增长12.5%,增幅列金华市第三位;进口总额30.2亿元,比上年增长2.4%。“集装箱双重甩挂模式提升物流效率”入选全省自贸区联动创新区优秀案例。市商务局成功申报中央外经贸发展专项资金410万元。东阳市获批成立中国国际贸易促进委员会浙江省东阳市委员会秘书处。

【对外贸易政策支持】 2022年,东阳市落实《支持市场主体健康发展三十条意见》《战疫情抢发展的若干政策举措》《东阳市深化经济稳进提质若干政策措施》等文件要求,制定稳外贸稳外资政策措施。全年兑现外经贸政策资金超1亿元。

【对外贸易市场开拓】 2022年,市商务局稳住对外贸易基本盘,助力企业开拓新市场。组织企业参加第五届进口博览会、虹桥经济论坛;完成第131届、132届广交会的组织工作和会务工作;制订、落实RCEP行动计划,组织企业开展原产地证书相关业务培训,举办各类线上、线下业务培训6期,培训企业500家次。

【“一带一路”沿线投资】 2022年,东阳市培育和壮大市场主体队伍,响应“一带一路”倡议,推动企业“走出去”。布局“一带一路”沿线国家和地区项目投资和工程承包的企业有3家,对外承包工程营业额1.89亿美元,境外投资额5371万美元,比上年增长1479%,增速列金华市第一位。

【对外贸易预警服务】 2022年,市商务局加强对外贸易预警服务,将“订单+清单”监测预警系统的应用作为分析研判对外贸易形势、应对贸易摩擦的重点工作,依托各镇乡(街道)完成出口企业全覆盖,填报率、响应率均达100%。

(叶挺群)

电子商务

【概况】 2022年,东阳市实现网络零售额163.44亿元,比上年增长19.2%,增速列金华市第三位。组织东阳市第七届青年创业创新大赛暨第二届电子商务短视频·直播大赛。开展产业集群电子商务区域公用品牌培育工作。

【电子商务集聚发展】 2022年,市商务局推动电子商务集聚发展,开展电子商务进农村综合示范项目工作。建成省AAA级电子商务产业基地3个、省AAA级电子商务示范基地1个、省级电商专业镇7个、省级电商专业村21个、省级电子商务示范村4个;认定东阳市级电子商务园9个,分别为市数字电商产业园、市沃德电子商务创业园、市国诚网红直播电商园、市浙兴电商产业园、东阳国际汽车城电子商务创业园、市东源电商产业园、东阳银泰城电子商务园、东阳抖音直播基地电子商务园、市跨境电商产业园。完成东阳市“非遗”产品区域公用品牌名称征集。东阳市电子商务公共服务中心完成选址和功能区块规划,装修工程完成80%。

【跨境电子商务企业孵化】 2022年,市商务局发挥跨境电子商务综合服务平台“麒麟计划”作用,走访企业779家次,帮助企业开设跨境电子商务店铺87个,孵化企业42家;入驻阿里巴巴国际站的企业110家。市商务局组织线上、线下培训45期,线上培训810余人次,线下培训750余人次。浙江亚德工贸有限公司Eraspooky“魔法梦工厂”品牌出海项目获省产业集群跨境电商发展专项激励。

【电子商务人才培育】 2022年,市白云电商学院举办电子商务业务培训32期,培训电子商务师1561人次。市商务局举办电子商务进农村模块化培训14期,培训人员超1600人次。市电子商务协会入选2022年《浙江省电子商务培训机构名录》,东阳抖音电商直播基地、市白云电商学院、市跨境电商综合服务中心入选《浙江省电子商务实践基地名录》。

(叶挺群)

供销合作

【概况】 2022年,市供销合作总社实现总经营收入49.3亿元,实现利润4101万元,上缴税金1659万元。3月,金华市供销社春耕农资保供工作座谈会在东阳市虎鹿镇召开。7月,省分类办领导到横店综合分拣中心检查指导工作。11月,三单农事服务中心开业。12月,东阳市元胡产业农民合作

2022年7月27日,东阳市第七届青年创业创新大赛暨第二届电子商务短视频·直播大赛总决赛在浙江横店影视职业学院举行 (市商务局提供)

2022年9月23日，方圆农资公司工作人员在2022年中国农民丰收节浙江主场活动的展销会上为农民提供农用物资选购咨询服务 （市供销合作总社提供）

经济组织联合会成立大会举行，会议选举产生第一届理事会、监事会。

截至年末，市供销合作总社牵头创办的农民专业合作社有25家，其中获“国家农民合作社示范社”称号5家，获评省级示范性农民合作社3家；3家农民专业合作社的3种产品获绿色产品证书。市供销合作总社创办服务综合体9家、村级综合服务社50家。

【方圆医药】 2022年，浙江省东阳市方圆医药有限公司完成销售额9573万元，比上年增加1410万元，增幅17.27%。下属东阳市方圆大药房连锁有限公司有门店108家。2月，下属浙江方圆楚济堂医药有限公司（以下简称方圆楚济堂）第一次股东大会及第一次董事会召开，会议选举产生方圆楚济堂第一届董事会和监事会成员，讨论并通过三年发展规划及人事、薪酬、财务等管理制度；3月，方圆楚济堂第一季度加盟商交流会召开，20家药店现场签订加盟协议书；7月，方圆楚济堂通过现场验收，获药品经营许可证。

【方圆农资】 2022年，浙江东阳方圆农资连锁总公司（以下简称方圆农资公司）有连锁店69家，总资产2289万元，固定资产净额242万元；完成销售收入4673.9万元，比上年增加392.7万元，其中化肥销售收入2876.8万元、农药销售收入1249万元、农膜农具销售收入385.6万元、其他农用物资销售收入162.5万元。方圆农资公司实施农药废弃包装物回收处置工作，回收废弃包装物718万只、67吨，价值101万元，处置率100%。分别推广新品种化肥、农药34种、10种，推广化肥、农药、种子“试验示范田”666.67公顷；开展春耕备耕农资储备、供给端“配方肥替代平衡肥”工作，分别落实化肥、农药储备任务2500吨、9吨。开展“技术送下乡 服务送上门”活动，完成残疾人补助化肥配送15.2吨，安排技术骨干到庄稼医院“坐诊”1000余次、田间指导农民800余人次、微信服务4000余次，发放资料6000余份。

【供销电商】 2022年，东阳市供销电子商务有限公司（以下简称供销电商公司）完成农产品及四川省对口帮扶产品销售总额1428.1万元，实现利润105万元。供销电商公司宣传、推广“东白”农产品公用品牌，组织20余家会员单位参加中国农民丰收节线下展示展销和线上直播活动，设立三单乡农产品展销中心，在省运动会横店分站设立农产品展示台。全年销售红蟠桃、苹果梨、李子等水果共计27.5万千克。供销电商公司组织涉农培训13期，培训学员700余人。

【对口帮扶农产品销售】 2022年，市供销合作总社推进东西部协作和山海协作工作，帮助四川省理县果农销售冰糖心苹果9万千克、红脆李1.5万千克；销售四川省南江县鲜果类产品10.5万千克、大米五谷类产品2.5万千克、菌菇类产品1.8万千克、肉类制品3500千克等，销售额600余万元，完成对口帮扶销售任务。协助浙江省磐安县农民销售西瓜3000余千克。

【方圆石化】 2022年，东阳市方圆石油化工有限公司（以下简称方圆石化公司）实现销售收入8696.7万元，销售成品油7045.9吨，其中汽油4237.4吨、柴油2808.5吨；实现利润1391.7万元，上缴税金732.5万元。制定《方圆石化公司加油站点疫情防控指南》，落实各加油站点的新冠疫情防控工作。完成危险化学品经营许可证换证工作；加强安全、环保、质量、稳定四个方面的监督机制。开展为农服务，为种植大户和农业工程项目解决柴油储存难题，并配送柴油1680吨。

【废旧物资收购】 截至2022年年末，东阳市废旧物资总公司（以下简称废旧物资公司）有集散加工中心1家、正常经营的收购网点30家（年内收回营业执照并注销的收购网点9家、暂停运营的收购网点7家）；通过收购网点回收废旧物资57024吨，其中废金属34521吨、废纸22063吨、废塑料370吨、其他废旧物资70吨。浙中再生塑料集散加工中心有承租企业12家，其中塑料厂6家、锯板厂1家、镜框厂2家、纺织厂2家、超市1家。

4月，废旧物资公司与横店镇政府合作建设的横店综合分拣中心开始试运行；8月，横店综合分拣中心正式运行，其服务区域内的200余家产废企业完成固废管家服务平台注册。年内，横店综合分拣中心接收一般工业固体废物回收总量3905.7吨，实现资源化利用量2903.1吨，减量利用率

2022年8月，横店综合分拣中心正式运行　　（市供销合作总社提供）

74.3%；再生资源回收总量5593.2吨，其中塑料泡沫173.2吨、金属4867.6吨、玻璃366.6吨、针织115.4吨、纸类19.1吨、木材51.3吨。

【防汛物资储备】　截至2022年年末，市供销合作总社储备防汛麻袋14140只、编织袋3050个、1.5米木桩760根、彩条布10件、手套500双、安全帽160个、救生衣180件、抛绳500根、铁锹137把、锄头79把、大榔头3把、救生圈50个、雨鞋76双、雨衣61件、手电筒260只、汽车防滑链20条，足额完成全市防汛物资储备工作。

【供销学校】　2022年，市供销学校有在职教职工45人、学生431人。参加高考的学生121人，其中115人被录取；完成成人高考预报名登记的学生15人，正式入读学生15人。市供销学校组织学生假日实习20批、302人次；组织开展电子商务和物流管理、会计和酒店管理专业技能证书考试工作，参加考试学生214人，通过率100%。获东阳市教研比赛二、三等奖的教师5人次、获国家级奖学金的学生1人。

【蚕桑制品业务】　2022年，东阳市东供土特产有限公司(以下简称土特产公司)实现营业收入86.5万元，其中蚕丝被销售收入28.4万元；实现经营利润12.9万元。举办"东舒"蚕丝被促销活动6场，完成销售额12万元。

【农民合作经济组织联合会组织建设】　2022年，东阳市增加产业农民合作经济组织联合会(以下简称农合联)1家(东阳市元胡产业农合联)，截至年末，全市有市(县)级农合联1家、镇级农合联7家、农合联办事处3家、特色产业农合联5家；增加现代农业综合服务中心1家(三单农事服务中心)；新建及改建村级综合服务社15家。10月21日，东阳市农民合作经济组织联合会第二次会员代表大会举行，大会选举产生东阳市农民合作经济组织联合会第二届理事会、监事会成员，确定新会员名单和会员清退名单。

东阳市农民合作经济组织联合会开展农合联党建工作，推广虎鹿镇农合联党建经验；成立农合联党员志愿者队伍，不定期开展活动；虎鹿镇农合联的救灾、助农活动多次被中国蓝新闻、"学习强国"学习平台App等报道。

【"数字供销"应用上线运行】　2022年，市供销合作总社统筹推进农民合作组织以及农业生产、农技推广、农机研发、品牌建设、农资流通、农村金融等服务的数字化改革。组织开发的"数字供销"应用在"浙政钉"App上线运行。

【社有资产管理】　2022年，市供销合作总社开展社有资产租赁管理工作。供销大厦出租率80%，合同金额677万元；虎鹿供销社与虎鹿镇政府签订《房屋及场地租赁协议书》，将面积0.8公顷的肥料部场地出租，用于厦程里村民宿集聚区项目。投资45万元将老旧房屋改建成三单农事服务中心，作为展示展销农产品，提供农资、农技等服务的综合性助农平台；千祥供销社原肥料部拆建项目通过验收；吴宁供销社完成江北房屋的征迁工作，收到安置款88万元。

【供销合作重点工程建设】　2022年，市供销合作总社实施重点工程5个。打造巍山镇古渊头共享菜园示范基地，引导农户通过土地流转进入村经济合作社平台，建立基层示范农场；年内完成芥菜种植2公顷。投资3000万元，与城东街道合资成立东阳市强村农业有限公司，引入第三方运营公司，建设单良现代果蔬产业园。通过改造升级南山仓库，建设南山南农业创业园，打造农村创业、创新"双创"服务平台。建设横店供销生鲜超市，拓展农产品销售渠道。打造东阳市首个冬小麦生产示范基地，推行"六统一"(统一覆膜、统一旋耕、统一施肥、统一良种、统一拌种、统一穴播)；年内完成冬小麦试点种植4公顷。

（朱丹荔）

粮食流通和物资储备

【概况】　2022年，东阳市粮油供需平衡、价格稳定，粮食流通规范有序。截至年末，市内收(采)购政策性粮食24980吨，轮换政策性粮食25600吨；全市储备粮食50500吨、食用油470吨、冻猪肉970吨、应急生活物资2430件。

【粮食收购】　2022年，市粮食和物资储备局开展"送政策　送订单　送信息　送资金"为农服务活动，为5个镇乡(街道)的10户种粮大户发放粮食预购定金共143万元。与江西省粮食主产区进行粮食产销合作，调剂品种余缺；以公开竞拍方式，从省外采购粮食，弥补粮食产需缺口。全年收购政策性粮食24980吨，其中订单早稻16023吨、订单晚稻8957吨。

【粮油储备】 2022年，市政府将成品粮和食用油收归东阳市粮食收储有限公司自行储备。市粮食和物资储备局完善粮食储备结构，提高粮食宏观调控能力，增加市级储备粮3150吨，总储备规模达50500吨，其中晚籼谷储备量占总储备规模的40%以上。增加食用油储备量390吨、冻猪肉储备量710吨；完成食用油储备轮换工作，轮换后食用油储备量为470吨。通过对粮油市场监测和信息采集，全市落实30个应急供应网点、6家应急加工企业、1850吨成品粮储备和相应运输能力，推动粮食加工、储运、配送、供应等重点环节衔接，提升粮油应急处置能力，保障粮油供应安全。

【应急生活物资储备】 2022年，市粮食和物资储备局增加应急生活物资（包括防潮垫、帐篷、毛巾被）储备量684件。截至年末，应急生活物资储备量总计2430件。与有关企业签订应急生活物资储备保障协议，加强汛期救灾应急生活物资储备。根据市应急管理局调拨指令，向市交通局调拨帐篷4顶，向市中医院调拨帐篷3顶。

（陈俊艳）

烟草专卖

【概况】 2022年，市烟草专卖局（分公司）实现税利57698.02万元，比上年增长4.55%。市烟草专卖局开展烟草专卖零售许可证审批、涉烟案件查处工作。开展结对帮扶、敬老助幼等各类公益活动，设置“香溢红色驿站”，为户外工作群体免费提供饮用水、应急雨伞、手机充电等服务。

【行政审批】 2022年，市烟草专卖局受理烟草专卖零售许可证新办申请1493户，比上年下降34.05%，其中准予许可521户、劝退及不予许可972户；受理烟草专卖零售许可证延续申请2189户，比上年增长28.26%；受理歇业注销申请510户，比上年下降49.6%；辖区有持证户5447户，比上年增加12户。

【涉烟案件查处】 2022年，市烟草专卖局查获各类涉烟案件154起，比上年下降32.75%。查获涉案卷烟108365条，比上年增长73.78%，其中，查获真烟26675条，比上年下降16.82%；查获假私烟81680条，比上年增长169.68%。查获走私烟丝23950千克，比上年增长231.67%；查获滤嘴棒202.8万支。涉案总价值2134.9万元，比上年增长54.06%。刑事拘留涉案10人，判刑28人。

（张　玲）

盐业销售

【盐产品销售】 2022年，浙江省盐业集团打造精品食盐“雪涛”品牌，加强质量监管，推进数字化改革，实现资产证券化。浙江省盐业集团金华市盐业有限公司东阳分公司（以下简称东阳盐业分公司）以下销售各类盐产品7285吨，其中销售小包装碘盐2400吨左右；各类盐产品销售量、小包装碘盐销售量分别比上年增长7%、14%。

【盐产品市场竞争】 2022年，东阳盐产品市场的省外盐产品生产企业与品牌经历一轮淘汰替换，有些品牌退出东阳市场，有新的品牌进入东阳市场，以低端盐产品市场为主。东阳市的学校食堂、商超以使用、销售东阳盐业分公司的“雪涛”品牌食盐为主，且呈上升趋势。

（程瞠轩）

石油经营

【概况】 中国石化销售股份有限公司浙江东阳石油支公司（以下简称东阳石油公司）是东阳市主要的成品油批发单位。2022年，东阳石油公司销售汽油140190吨、柴油77429吨；开展风险隐患排查，落实HSE管理体系运行，配合开展“打非治违”行动12次，摸排社会加油站12座、企业自用油库28家，拆除非法网点11个，查获非法营运车辆8辆、油罐16只；落实新冠疫情防控责任，开展加油站现场管理和环境消杀，落实员工健康监测，常态化开展核酸检测。

【油价调整】 2022年，油价每10个工作日调整一次，年内调价24次，其中1月18日、6月15日调整后的价格分别为全年油价的低点、高点。1月18日调整后，0号柴油7.05元/升、92号汽油7.39元/升、95号汽油7.86元/升、98号汽油8.61元/升；6月15日调整后，0号柴油9.01元/升，92号汽油9.29元/升，95号汽油9.88元/升，98号汽油10.82元/升。

【石油经营网点】 2022年12月，东阳石油公司与市交投集团合资建设的下庄加油站投入试运营。完成对鹏程加油站的改造提升。截至年末，东阳石油公司有在营加油站37座、98号高标号汽油业务站21座、加油IC卡联调站37座，站级IC卡发卡点32个、易捷便利店37家、烟草门店34家、洗车网点14家，销售网点遍布城乡各地，是东阳市成品油供应主渠道。

（金浩阳）

旅 游

综 述

【旅游综合实力发展】 2022年,东阳市落实措施,加强重点区域、重点时段的监管,应对新冠疫情影响,保障旅游业的规范、有序、安全。全市接待国内游客832万人次,比上年下降22.1%;实现旅游收入156.2亿元,比上年下降13.65%。接待入境游客106人次,比上年下降53.91%。国际旅游外汇收入14.12万美元,比上年下降80.12%。限额以上住宿业营业额4.74亿元,比上年下降45.17%;限额以上餐饮业营业额2.52亿元,比上年增长116.93%;全市住宿业营业额比上年下降40.9%,餐饮业营业额比上年增长11.7%。6月,全国县域旅游研究课题组、北京华夏佰强旅游咨询中心联合发布第四届全国县域旅游研究成果《全国县域旅游研究报告2022》暨“2022年全国县域旅游综合实力百强县”“2022年全国县域旅游发展潜力百佳县”名单,东阳市列“2022年全国县域旅游综合实力百强县”第14位。

【旅游品牌建设】 2022年,东阳市继续加强旅游品牌建设。1月,3家文旅企业入围省文化和旅游梯度培育计划候选名单,其中浙江横店影视城有限公司进入领军企业候选名单,浙江东阳中国木雕文化博览城有限公司进入骨干企业候选名单,东阳市旭东工艺品有限公司进入新锐企业候选名单。5月,横店影视城梦外滩街区获评省级旅游休闲街区培育对象。10月,横店运动休闲旅游基地获评省级运动休闲旅游示范基地。虎鹿镇蔡宅村、六石街道“星火路”获评第四批金华市级红色旅游教育基地。12月,横店影视文化产业集聚区获评2022年国家旅游科技示范园区,横店影视城梦外滩美食街区入选省“百县千碗”美食街区,横店影视城的丰景嘉丽大酒店、旅游大厦入选2022年省级“百县千碗”美食体验店,浙江新东阳木雕有限公司获评浙江省工业旅游示范基地。

【国家旅游科技示范园区建设】 2022年,横店影视文化产业集聚区依托影视文化资源,持续推动影视文化和旅游产业融合发展,重视科技对文旅的赋能作用,应用数字化、智慧化等手段,推动跨界融合创新,创作旅游科技演艺产品,挖掘中华优秀传统文化、红色文化、影视文化、科学技术文化等内涵,培育主题研学、沉浸式体验等文旅新业态、新模式,优化文旅服务,推动横店文旅产业转型升级和高质量发展。12月29日,文化和旅游部公布2022年国家旅游科技示范园区名单,横店影视文化产业集聚区上榜。

【文化旅游促进共同富裕实践案例】 2022年,东阳市继续加强文化旅游促进共同富裕的探索和实践,促进共同富裕先行市建设。6月28日、12月16日,省文化和旅游厅分别发文公布第二批、第三批浙江省文化和旅游促进共同富裕最佳实践案例名单,东阳市2个案例上榜,“东阳市‘林栖三十六院’非物质文化遗产生态圈促进山乡共富”案例上榜第二批,“东阳市聚焦影视文化产业带动全域共同富裕”案例上榜第三批。

【旅游消费促进】 2022年,东阳市落实退税、减税政策,减免文旅企业税收超3000万元。以“免申直享”方式,向35家文旅企业发放一次性困

2022年10月25日,东阳市江滨景观 (厉红玉/摄)

2022年2月4日，游客到横店影视城梦外滩景区游览　（包康轩/摄）

难补助320万元。向旅行社暂退旅游质保金约90万元。促成10家旅行社与机关企事业单位在部分服务上达成合作。全市文旅企业获得纾困补助资金超2亿元。启动文化旅游领域稳经济促消费活动，投入资金2000万元用于刺激市场消费，吸引游客超15万人次。4—12月，发放消费券700万元，推出住宿餐饮、文旅产品50余种，拉动消费超2000万元。7—12月，全市住宿业、餐饮业等大众消费复苏回升。

（单望阳）

旅游资源

【概况】　2022年，东阳市围绕文创型全域旅游城市创建目标，推进省级文旅消费试点城市和未来景区试点建设，统筹“三宅”（卢宅、李宅、蔡宅）、东白山等文旅资源保护利用。加强乡村旅游资源开发，推进景区镇、村建设。全市有省级景区7个，其中AAAAA级景区1个、AAAA级景区4个、AAA级景区2个。景区镇、景区村庄覆盖率分别超过85%、65%。继续推进旅游基础设施升级改造，获评2021年度AAA级旅游厕所13个。

【卢宅景区数字化建设推进】　2022年5月，市文广旅体局组织开展“基因解码·卢宅数造”应用场景数据采集，推进卢宅景区的数字化建设。11月，省文化和旅游厅验收组到东阳市卢宅开展AAAA级旅游景区创建工作的验收。

【运动休闲旅游示范基地创建】　2022年，横店运动休闲旅游基地坚持体育、旅游、影视、休闲相结合，完善“体育+”模式，促进运动休闲旅游新业态发展。10月8日，省体育局、省文化和旅游厅联合公布2022年度浙江省运动休闲旅游示范基地认定名单，横店运动休闲旅游基地上榜。

【工业旅游示范基地建设】　2022年，东阳市继续加强工业和文旅产业的融合，开发地方特色旅游资源，推动工业旅游基地建设和文旅产业发展。12月2日，省文化和旅游厅、省经济和信息化厅发文公布19家单位为2022年浙江省工业旅游示范基地，浙江新东阳木雕有限公司入选。

【“百县千碗”美食街区创建】　2022年，横店影视城梦外滩美食街区第一期经营美食商铺24家，提供上卢馄饨、瑶仪麻糍、鸡子粿、肉沉子、东阳爊面、金华传统糕点、金华酥饼、东河肉饼、“横店第一包”、桃花酒酿等非物质文化遗产和特色美食40余种。组织传统特色街头演艺秀活动，传播传统美食文化。相继举办“百县千碗”美食节、“老字号嘉年华”、白日梦露营节、明星打卡美食、烟花秀、荧光跑等多场以美食为主题的大型品牌宣传活动。12月27日，省文化和旅游厅、省商务厅公布2022年“百县千碗”美食街区（镇）名单，横店影视城梦外滩美食街区上榜。同日，省文化和旅游厅、省商务厅公布2022年省级“百县千碗”美食体验店名单，横店影视城的丰景嘉丽大酒店、旅游大厦入选。

【景区镇创建】　2022年11月，南马镇花园村AAAAA级景区镇创建工作通过省文化和旅游厅验收组的验收。金华市文化广电旅游局对东阳市的省AAA级景区镇创建对象进行实地检查验收。12月13日，金华市文化广电旅游局公布2022年度浙江省AAA级景区镇名单，东阳市千祥镇、东阳江镇、巍山镇入选。

【景区村庄创建】　2022年5月，市文广旅体局举办省A级景区村庄创建培训会，18个镇乡（街道）的分管领导及旅游联络员、40个入选景区村庄培育对象的村负责人参训。12月，金华市文化广电旅游局、金华市农业农村局公布2022年度浙江省AAA级景区村庄名单，东阳市画水镇旭光村，南马镇莅竹村，六石街道石马村、里光明村，南市街道梨枫村，东阳江镇白泉村，千祥镇光周村、金村，马宅镇下瑶村9个村入选，市内省AAA级景区村庄增至29个。同月，城东街道任岭脚村、六石街道上横塘村、横店镇盛树头村、南马镇前山头村、歌山镇前岩村、湖溪镇郭一村、虎鹿镇夏岩村、东阳江镇周家庄村、马宅镇黄英村、佐村镇黄庄村、三单乡下吾岗村11个村获评省AA级景区村庄。

（单望阳）

旅游宣传和市场营销

【旅游宣传】　2022年，东阳市继续在杭州火车东站、杭州地标商圈地下人行通道设置宣传东阳旅游整体形象的灯箱广告，在全省中石化加油站设置宣传东阳旅游的立柱壁挂，在浙江

2022年2月10日,横店影视城梦幻谷景区举办赏花灯游园活动(包康轩/摄)

国际会议会展中心LED大屏幕上滚动宣传东阳旅游。6月,东阳市消费专班印发《关于印发2022年东阳市文化旅游领域稳经济促消费活动方案的通知》,启动文化旅游领域稳经济促消费活动。7月,市政府新闻办召开东阳市文旅稳经济促消费政策新闻发布会,介绍东阳市文旅产业发展的总体情况,发布东阳市文化旅游领域稳经济促消费的有关举措,回答媒体记者提问,新华社、中新社、中国经济导报社和浙江日报社等30余家中央、省、市级媒体单位的记者出席。

【市场营销】 2022年1月1日晚,浙江横店影视城有限公司举办"浙里过大年·金华横有戏"2022文旅惠民线上发布暨梦外滩免费开园仪式。2月,卢宅景区举办灯会及猜灯谜、DIY"冰墩墩"陶制品制作等体验活动,横店影视城梦幻谷景区举办"观千虎花灯,赏江南民俗"赏花灯游园活动。6月,在梦外滩景区内举办"浙里来消费·2022横店梦外滩——老字号嘉年华"全国性展会、影视主题职工疗休养推介活动。其中,"浙里来消费2022横店梦外滩——老字号嘉年华"展会2天内为景区吸引游客超6万人。7月9日,"浙江之心·水墨金华"新华东线产品三省五地发布会暨"元宇宙"沉浸式体验游推介会在横店影视城梦外滩召开,会上发布秦王宫"走进大秦"、清明上河图"游戏江湖"、明清宫苑"在逃公主"等一批融合影视、娱乐、互动等"元宇宙"沉浸式文旅产品。

6月25—26日,市文广旅体局联合浙江省义乌市和江西省南昌市、上饶市文化旅游部门分别在江西省上饶市万力时代广场和南昌市万达广场举办浙江·东阳·义乌2022年影视木雕购物美食游推介会。5—6月,先后参与在宁波市、湖州市、杭州市、绍兴市、衢州市、丽水市举办的"微度假·轻旅行"2022金华文旅迎省运走十城推介会。7月22—24日,组队到云南省昆明市参加2022中国国际旅游交易会。11月1—3日,组队到四川省参加2022浙江(四川)旅游交易会,其间在四川省成都市世纪城新国际会展中心举办"歌画东阳·秀美南江"2022东阳—南江联合推介会,介绍浙江省东阳市、四川省南江县的特色文旅资源,发放东阳—南江文旅伴手礼。

(单望阳)

旅游行业管理

【旅游业务培训演练】 2022年,市文广旅体局组织开展旅游行业安全生产业务培训、应急演练,160余人参训;联合南马镇政府开展室内摄影棚安全生产培训和演练,提高基层从业人员的综合素质和突发事件应急处置能力。加强从业人员防疫教育,提高员工防疫和突发事件应急处置能力。组织横店镇贵宾楼、东磁大厦2家星级酒店的工作人员参加金华市首届饭店茶歇创意设计比赛,横店镇贵宾楼参赛者获二等奖,东磁大厦参赛者获优秀奖。

【旅游服务质量监管】 2022年,市文广旅体局加强旅游安全生产管理,提高景区、酒店、旅行社、摄影棚等场所工作人员安全意识和应急能力;强化疫情防控,开展"无疫宾馆"创建工作,督促旅行社办理团队游客报备,签订疫情防控工作承诺书,加强核酸检测系统的维护,开展景区、星级饭店、旅行社包联责任单位"三天一检"疫情防控督查。落实安全生产常态化监管工作机制,将景区、旅行社、酒店汇总分成3个旅游网格,各配备一名工作人员承担安全生产监管、督查整改和日常安全生产检查台账归集等工作。每月开展安全隐患大排查1次以上,全年检查旅游相关场所342家次。全年受理旅游投诉307起,办结率100%。开展文明平安创建活动,促进旅游企业提档升级。横店影视城各景区开展省文明旅游示范单位创建活动,秦王宫景区和明清宫苑景区开展创建东阳市级文明旅游示范景区创建活动。横店影视城梦幻谷景区、国贸大厦和东阳市广厦旅行社有限公司开展金华市平安旅游单位创建。横店镇贵宾楼获评浙江省节水标杆酒店。东阳市旅游有限公司、浙江省东阳市交通旅游有限公司、东阳市中青国际旅游有限公司、东阳市春秋旅游有限公司、东阳市康嘉旅游有限公司、东阳市众旅旅游有限公司6家企业通过三星品质旅行社复核。

【"无废景区"创建】 2022年,横店影视城各景区将影视元素融入"无废景区"创建,在宣传方式、废品利用、智慧旅游等方面进行创新。推出快闪节目,通过表演宣传垃圾分类小知识;探索废品利用与研学活动相结合,在景区回收矿泉水瓶、纸板等各类固体废品并送进研学课堂作为教学材料,开设"无废景区·一纸千金"

研学课程，接待研学团队30余个，实现废品资源化、艺术化；将垃圾分类等环保理念倡导语植入导游词，倡导游客将垃圾带离景区、将垃圾投放到指定地点等，引导游客在旅游时践行绿色环保理念；各景区取消纸质门票，采用可重复使用的卡式门票，利用数字赋能建设“智慧旅游”服务，落实景区游客流量控制，采取旅游高峰限时错峰售票，保护景区环境。“无废景区”相关做法获省生态环境厅宣传推广。

（单望阳）

文化旅游投资建设

【概况】 2022年，东阳市文旅投资集团有限公司（以下简称市文旅集团）资产总额214116万元，实现营业收入4011万元，所有者权益145360万元，利润285万元，净利润282万元，纳税109万元，融资余额57500万元。完成场地租赁、水电等费用收缴231.04万元，其中场租费183.64万元、水电费47.40万元。

2022年，市文旅集团完成“岘峰广角”清廉文化阵地建设，推出由卢宅景区、中共东阳县委旧址纪念馆（卢福星故居）、浙江省“千万工程”展示馆、市体育馆、东白山景区组成的红色清廉线路。9月16日，市政协民生议事堂“助力共同富裕先行市建设专题协商议事月暨界别活动月”启动仪式在卢宅景区非遗序厅举行，成立“卢宅特色街区”党员委员履职临时党支部。11月9日，由金华市纪委和东阳市委主办、市文旅集团协办的2022清廉工艺美术作品创作大赛作品展在美术馆开幕。11月24日，“学习贯彻二十大 同心奋进新征程”东阳市统一战线图片展在市文旅集团下属卢宅景区太和堂展出。

【资产收购与划转】 2022年7月，市文旅集团完成浙江广厦文化产业发展有限公司股权收购，资产价值6500万元，旗下有浙江华越体育文化发展有限公司、浙江广厦文化旅游开发有限公司和东阳市广厦旅行社有限公司3家子公司。年内，市文旅集团完成卢宅保护利用管理委员会37处不动产、市体育馆和东阳剧院的资产划转，入账资产价值5.6亿元。

【重大项目投资】 2022年，市文旅集团投资浙江乡村共富学院、卢宅精品酒店、六石游乐中心、卢宅景区品质提升、浙江省“千万工程”展示馆二期、东白山茶云街、东白山古道修整、东白山导视系统和景观节点建设8个重大项目，完成投资3422.64万元。六石游乐中心项目完成土地划转，确定设计方案。浙江省“千万工程”展示馆二期项目完成立项。

【卢宅景区项目建设】 2022年，卢宅景区总营业收入720.94万元，其中门票收入70.01万元；接待游客88万人次，其中肃雍堂景区接待游客3.3万人次；举办“元宵节灯会”“风姿国悦筝艳卢宅”“麦奇萌宠乐园”“非遗市集”等活动15场次，吸引游客12万人次。卢宅景区获评金华市级科普教育基地。

市文旅集团在卢宅景区实施卢宅精品酒店和卢宅景区品质提升2个重大项目。卢宅精品酒店项目投资24万元，完成酒店可行性报告，确定运营方案，基本完成设计对接工作。卢宅景区品质提升项目完成投资121.54万元，其中建设类投资（卢宅景区夜景灯光标识标牌二期初步方案设计、AAAA级景区创建提升项目基础设施设计、游客服务中心及标识牌建设等）91.47万元、技术类投资（品质提升指导服务）10.04万元、规划类投资（卢宅景区旅游发展总体规划）20.03万元。

【东白山景区项目建设】 2022年，市文旅集团在东白山景区实施3个重大项目，共投资3277.1万元。其中，投资2110万元，完成东白山茶云街项目（含东白山生态休闲观光茶园建设工程、东白山茶园小镇风貌提升工程）总工程量的85%；投资106.1万元，完成东白山古道修整项目建设；投资1061万元，完成东白山导视系统和景观节点建设项目总工程量的90%。

（王　静）

东白山生态旅游

【概况】 2022年，东阳东白山省级旅游度假区管委会（以下简称东白山管委会）挖掘、整合、提升东白山文旅资源，继续加强茶旅融合，推进旅游度假区品牌建设，旅游秩序总体平稳有序。11月，东白山旅游度假区通过省文化和旅游厅评价考核。年内，东白山景区实现营业收入66.1万元，接待游客45.7万人次。

【景区旅游设施改造提升】 2022年，东白山管委会会同市财政局、市发改局、市文旅集团开展东白山旅游综合接待项目融资、东白山景区改造提升专项债项目报批，获农发行东阳市支

2022年8月4日，东白山太白峰全景　（厉红玉/摄）

行3.7亿元的融资授信。东白山管委会推进东白山茶云街(生态休闲观光茶园—风貌提升)项目建设。完成生态休闲观光茶园建设,完成风貌提升工程主体部分。开展东白山导视系统和景观节点项目建设,扩建茶场场部至五土坪路段停车泊位,增设路口道闸、车辆监控等配套设施。会同相关部门推进景区村庄创建、交通标识完善等工作。启动核心区供水及污水外引项目建设,完成项目初步设计方案编制。

【旅游度假区宣传推介】 2022年,东白山管委会在市级媒体推出旅游度假区的雪景、雾凇、云海、茶文化系列主题报道,向新华网、"学习强国"学习平台等媒体平台推送东白山生态旅游宣介文章。6月,协同市文广旅体局、市文旅集团、虎鹿镇政府等部门单位举办蔡宅端午文化旅游节主题活动。年内,联合市长跑协会举办东白山古道行(金华古道大环线越野行的东白山站)、越野跑等各类活动。

【旅游安全管理服务】 2022年,东白山管委会、市文旅集团加强重点节假日安全管理工作。会同市公安局、市交通局、市综合行政执法局、市卫健局、巍山镇政府、虎鹿镇政府等部门单位开展实地勘查、隐患排除。年内,组织旅游度假区森林消防培训及实战演练4次。加强旅游度假区停车、帐篷搭建、交通组织、卫生环境、森林防火等规范化管理,优化景区服务。

(曹刚平)

影 视

影视管理

【概况】 2022年，横店影视文化产业集聚区(以下简称集聚区)入区企业实现营业收入220.64亿元，比上年增长4.4%；上缴税金10.37亿元，比上年增长16.2%。入区影视企业营业收入107.78亿元，比上年增长13.1%。年内增加入区企业305家，总数1830家；接待影视剧组330个、游客364万人次。集聚区主办第九届"横漂"才艺大比拼之2022横有戏梦想秀，获奖选手获参演影视剧、免学费入学浙江横店影视职业学院的机会。

7月，横店影视文化产业创新发展区(涵盖横店镇核心区域及高铁新城区域，以影视文化产业为主导，由横店影视文化产业集聚区管委会运营)入选第二批浙江省现代服务业创新发展区名单。12月，集聚区获评2022年国家旅游科技示范园区。年内，科技部会同中共中央宣传部组织专家对55家国家文化和科技融合示范基地开展绩效评价工作，横店国家级文化和科技融合示范基地评价结果为合格；根据《国家文化和科技融合示范基地认定管理办法(试行)》相关规定，基地更名为横店国家文化和科技融合示范基地。

【领导调研影视文化产业】 2022年3月22日，省委副书记、省长王浩到集聚区调研横店影视文化产业发展情况。4月7日，省委副书记黄建发到集聚区调研影视文化助力共同富裕建设情况。5月27日，省政协主席黄莉新到集聚区调研高科技摄影棚建设情况。7月19日，中国文联党组成员、副主席、书记处书记俞峰到集聚区调研"文艺两新"工作开展情况。

【影视文化产业发展规划编制】 2022年，集聚区管委会开展《东阳市影视文化产业发展"十四五"规划》《横店影视文化产业集聚区概念性规划》编制工作。7月22日，市十六届政府第十二次常务会议审议通过《东阳市影视文化产业发展"十四五"规划》(以下简称《规划》)。《规划》擘画东阳(横店)影视文化产业的愿景：进一步提升横店作为全国影视文化产业驱动引擎、策源中心、集聚中心和辐射中心的能级，形成"1+X"的影视文化产业生态，优化东阳影视产业空间布局和功能布局，推动全域化发展，以影视文化产业塑造"影视之都、艺术之城"，把东阳建设成为全国领军、亚洲领先、世界一流的国际影视文化创新中心，建成新时代精神文明高地、国家影视文化业态融合发展先行区、国家影视文化产业高质量发展示范区、国际影视文化交流发展试验区。

【"横店影视文化产业指数"编制】 2022年，集聚区发布"横店影视文化产业指数"(以下简称"横店指数")4期。"横店指数"是立足于横店影视文化产业集聚区构建的影视文化产业集群综合评价体系，从集聚区指数、发展环境指数、影响力指数、创新性指数、国际化指数、景气指数六个方面对横店影视文化产业指数进行分析，下设一级指标18个、二级指标52个，反映影视文化产业综合发展状态。

【集聚区重点项目谋划和建设】 2022年，集聚区管委会推进总投资380亿元的"365重点建设项目"计划。谋划实施30个重点项目，完成形象投资20亿元，其中横店电影学院、横店影视创新中心、道具交易城等12个项目入选省级重点建设项目。横店影视创意城、道具交易城完成征地拆迁和方案设计；横店影视产业园基本完工，13个摄影棚建成投入使用、12个摄影棚完成主体建设、4个摄影棚开展主体施工；欢瑞世纪(横店)文创科谷项目完成签约；爱奇艺完成施工图设计；剧组演员村完成基础施工。

【国家影视文化产业改革先行示范区创建】 集聚区管委会推进国家影视文化产业改革先行示范区创建工作，在全国首创7项行业制度。2020年、2021年，集聚区管委会先后实施群众演员工伤保险制度、剧组临时党支部制度；2022年，集聚区管委会在剧组生产安全管理、剧组欠薪治理、未成年演艺人员权益保护、影视拍摄场景消防安全管理、演艺人员专业技术资格评价五个方面推行相应的管理、工作制度。成立剧组安全生产委员会，引入第三方安全生产服务机构、执行安全生产规范行业标准，实现影视剧组拍摄生产安全事故"零发生"；相关经验做法在"学习强国"学习平台、《中国电影报道》和《中国应急管理报》刊发。印发《关于建立影视剧组工资支付长效机制的指导意见(试行)》,建立影视剧组欠薪治理部门联席会议制度。制定《关于依法保障未成年演艺人员权益的实施意见》,规范有关部门、相关社会组织的职责,加强对经纪机构、经纪人员和演艺活动组织者的监督和管理,完善相关行业规范。制定《影视拍摄场景消防安全火灾风险防范指南》和《影视拍摄场景消防安全检查指引》两个影视行业消防安全管理规范文件。实施《东阳市演艺人员初级专业技术职务任职资格评价条件(试行)》;31人获首批初级演员职称职务任职资格。2月,“国家影视文化产业改革先行示范区建设探索”获2021年度浙江省改革突破奖提名。

【“影视文化产业大脑”迭代升级】 2022年,“影视文化产业大脑”完成一期建设并持续迭代升级。数据仓库汇聚影视相关数据1.42亿条,有注册用户30783人,总访问量超200万人次,接入省内影视基地228个、拍摄场景1063个,服务重大题材影视剧140余部。“影视文化产业大脑”入选浙江省2022年产业大脑信息业细分行业产业大脑建设名单、2022年度数字经济系统省级优秀理论成果名单,入选全省服务业高质量发展典型案例、2022年度省数字经济系统产业大脑优秀案例,获评金华市数字化改革最佳应用。

【“横店出品”影视精品】 2022年,集聚区入区企业出品或联合出品的《我和我的祖国》《我和我的父辈》《功勋》等8部影视作品入选中共中央宣传部第十六届精神文明建设“五个一工程”奖,《穿过寒冬拥抱你》《你好,李焕英》《送你一朵小红花》等7部影视作品获国家级专业性影视奖项9个,《人

2022年横店影视文化产业集聚区入区影视企业获奖作品一览表

表27

作品	奖项	影视企业
《我和我的祖国》	第十六届精神文明建设“五个一工程”特别奖	新丽传媒集团有限公司、华谊兄弟电影有限公司、浙江横店影业有限公司
《我和我的父辈》		新丽传媒集团有限公司、浙江横店影业有限公司
《功勋》		东阳春羽影视文化有限公司、东阳市乐视花儿文化有限公司
《峰爆》	第十六届精神文明建设“五个一工程”优秀作品奖	新丽传媒集团有限公司、浙江横店影业有限公司
《送你一朵小红花》		浙江横店影业有限公司
《山海情》		东阳正午阳光影视有限公司
《人世间》		新丽电视文化投资有限公司
《问天》		横店影视制作有限公司
《我和我的父辈》	第35届中国电影金鸡奖评委会特别奖	新丽传媒集团有限公司、浙江横店影业有限公司
《你好,李焕英》	第36届大众电影百花奖优秀影片	新丽传媒集团有限公司、浙江横店影业有限公司
《山海情》	第33届中国电视剧飞天奖优秀电视剧奖	东阳正午阳光影视有限公司
《巡回检察组》		东阳三尚传媒股份有限公司
《功勋》		东阳春羽影视文化有限公司、东阳市乐视花儿文化有限公司
《叛逆者》		新丽电视文化投资有限公司
《功勋》	第31届中国电视金鹰奖优秀电视剧奖	东阳春羽影视文化有限公司、东阳市乐视花儿文化有限公司
《人世间》		新丽电视文化投资有限公司
《山海情》		东阳正午阳光影视有限公司

世间》《山海情》获国家电视剧版本存储体系收藏证书。电影《万里归途》在中共二十大记者招待会上获外交部点赞，电视剧《人世间》收视率创下中央电视台综合频道近五年的最高纪录。入区企业出品或联合出品的电影票房总和173.5亿元，占全国总票房的57.7%。《珍馐记》是首部在美国迪士尼在线流媒体平台上线的华语剧集，《传家》是首部登陆美国HBO电视网的原创华语剧集。

【金华市影视文化产业全域化发展】 截至2022年年末，集聚区以影视文化产业链为抓手，突出横店核心，优化功能互补，辐射带动金华市域内外120余个拍摄基地加入金华市影视基地联盟，推动影视文化产业实现内容的延伸和地域空间的拓展；引导、推荐剧组到永康市、磐安县等地取景拍摄，带动影视文化产业全域化发展。

【"中国诗歌诵读艺术节横店行"大型文化活动】 "中国诗歌诵读艺术节横店行"大型文化活动由横店影视文化产业集聚区管委会、全国诗歌报刊网络联盟联合主办，包括诗歌采风活动、诵读晚会等环节，历时一年。2021年9月14日，中国诗歌诵读艺术节横店行大型诗歌采风活动在横店镇启动，以"探共富卓越成就 访共富领军人物"为主题，通过诗人实地考察，挖掘横店如何以发展影视文化产业为抓手，以物质富裕和精神富裕为双轮驱动，推动和满足人们对美好生活的追求。2022年9月21日，"颂共富成就 喜迎二十大——横店，用一首诗等你"中国诗歌诵读艺术节横店行大型诵读晚会在横店影视城秦淮八艳剧场举行。晚会分为"盛世华章"和"诗意横店"两个篇章，以配乐诵读诗歌作品的方式展现横店在共富道路上的探索与实践；晚会开始前，横店影视文化产业集聚区和浙江横店影视职业学院代表分别接受"全国诗歌报刊网络联盟诗歌采风基地"和"现代诵读艺术横店实践基地"牌匾。"中国诗歌诵读艺术节横店行"诗歌作品以"共富横店"为主题在"为你诵读""全民K诗""朗读者""校园诵读""方音诵读"五个诵读平台推出。

（刘丽敏）

【影视剧组管理与服务】 2022年，浙江横店影视剧组服务有限公司接待影视剧组330个、广告组102个。推进影视拍摄场景开发工作，签约外景基地32个。推动实施《关于支持剧组来东拍摄的意见》，推出支持东阳市影视文化产业稳进提质的政策措施；受惠剧组18个，财政补贴金额共356.7万元。协同市应急管理局推动剧组组建安全生产委员会。统筹推进新冠疫情防控、影视基地场景升级换代、服务体系完善优化，以"管家式"服务为核心，建立"一站式服务"和"400热线服务"工作机制，打造"综合成本最低影视基地"。（赵蒿菪）

【东阳市横店影视城演员公会】 2003年7月，横店影视城演员公会成立，是当时国内唯一一个对群众演员进行规范化管理和服务的非营利性社会组织。2016年1月，东阳市横店影视城演员公会（以下简称横店演员公会）在市民政局正式注册。横店演员公会在演员维权、纠纷协调、职业培训、困难帮扶等方面开展工作，推动"横漂"演员群体高质量发展。2022年，横店演员公会增加持有"演员通行证"群众演员6413人，完成群众演员岗前培训140期6413人。举办"助梦行动"公益培训22期，受益群众演员1500余人。开展前景演员选拔、特约演员考核、武行演员考核等35批次5419人，为剧组输送群众演员近50万人次。横店演员公会历年累计注册群众演员超13万人，为剧组输送群众演员800余万人次。

2022年，横店演员公会完善群众演员现场管理制度，加强社会合作机构日常监督管理。开展演员权益维护和纠纷调解工作，处理和解决演员受伤、劳资纠纷事件117起，处理率100%。自1月开始，横店演员公会为群众演员参保社会工伤保险。横店演员公会与市人力社保局对接演艺人员初级职称评审工作，制定演艺人员初级职称评定标准，建立专家委员会。横店演员公会加快推进数智化管理，"演员通行证"办证预约、出工管理、工资结算、工资查询等均可通过"浙里办"App上的"横影通"完成。

（厉玉珍）

影视游乐

【概况】 2022年，横店影视城接待游客402万人次、影视剧组330个。横店影视城推进重点项目建设，推动影视与文化旅游融合，提升服务和管理标准。1月，横店影视城梦外滩度假区试行金华市各县（市、区）居民免票入园的开放式经营模式；5月，入选浙江省首批旅游休闲街区培育对象名单；7月，上海滩影视旅游拍摄基地（即横店影视城梦外滩度假区）建设项目入选国家文化产业发展项目库第二批入库项目名单。横店影视城"我们的片场"入选中国旅游研究院2022中国旅游创业创新精选案例。横店影视城获评浙江省国际人文交流基地；横店影视政协委员会客厅获评省政协"五星级委员会客厅"。

【重点项目建设】 2022年，横店影视城推进建设重点项目3个。横店影视演员创新服务平台（演员村）项目正式开工建设，该项目总投资9亿元，总建筑面积16.68万平方米，建成后将为剧组及演员提供专业化、集约化的"一站式"配套服务。计算机博物馆建筑概念设计方案——"虫洞"于12月10日发布；12月18日，计算机博物馆项目奠基仪式在横店镇蒋栖泽地块举行。喜来登酒店项目推进前期设计工作。

【"影视+"文旅产品创新】 2022年，横店影视城开展影视文旅融合的工作，通过推动影视文化与多种娱乐休闲业态融合构建文旅大消费体系。6月24—27日，横店影视城梦外滩度假区承办"浙里来消费·2022横店梦外滩——老字号嘉年华"活动，让游客沉浸式体验老上海风情。9月10日，横店影视城梦幻谷江南水乡景区举办"花好月圆夜"中秋国乐夜宴活动，让游客在影视剧同款场景中穿越

2022年10月1日,游客在横店影视城明清宫苑演艺秀《公主大婚》现场沉浸式体验皇家婚礼 (横店影视城提供)

到北宋夜市,实现“人在景里游,似在剧中行”影视体验。明清宫苑、梦外滩、梦幻谷等景区与艺术团合作推出《步步惊魂》《无忧客栈》《僵尸乐园》等原创实景“剧本杀”,将影视文化、旅游产品和影视剧取景地有机融合;10月5日的横店剧本杀之夜·许凯见面会与广州街·香港街景区演艺秀《走进电影》融合,打造《走进电影》许凯特别版;明清宫苑推出的演艺秀《公主大婚》让游客沉浸式体验影视剧中的皇家婚礼。

【主题展览活动】 2022年,横店影视城泛博物馆群整合外部资源,围绕爱国主义教育和民族传统文化教育进行旅游产品策划。与海外收藏世家开展合作,在圆明新园开展国际文化艺术交流活动,举办“大清故事”清末流失海外文物展、茜茜公主专题展、大千世界迷你绘画展,共展出数千件文物和艺术作品。10月,横店影视城泛博物馆群入选第一批浙江省公共文化国际交流基地名单。在梦外滩度假区复原“周恩来同志在沪早期革命活动旧址”(上海市永安里44号)局部场景,建成“红色经典传颂地”;举办周恩来在“永安里”场景复原展,传播红色文化。举办以《格列佛游记》为灵感的“小人国”主题展览等活动。

【文旅市场营销】 2022年,横店影视城,加强线上、线下营销协同,成立线下营销转型升级工作专班;加大线上直播、短视频营销力度,成立直播销售部。与互联网销售平台——美团联合举办“横店影视城”代言人品牌营销、梦幻谷直播清凉季等活动;联合进行面向上海市,江苏省南京市、苏州市,浙江省杭州市,江西省南昌市等城市的线上文旅产品定向推广。横店影视城开发疗休养市场,扩大东阳市疗休养市场份额,与各地文旅局及工会联合组织疗休养产品推介会,开拓大型国有企业职工疗休养市场,为不同地区定制个性化疗休养产品。与京东网上购物平台、白酒品牌“江小白”等开展跨界线上联合营销活动,“京东——云上you个园”阅读量超3亿人次,“京东年货节——过年还能这样玩”阅读量超1亿人次。

(赵菡茵)

影视出品与院线影城

【概况】 2022年,横店影视股份有限公司(以下简称横店影视)总资产45.2亿元,归属于上市公司股东的净资产为11.74亿元,实现营业收入14.27亿元,上缴税金5426.3万元。

【影视剧出品】 2022年,横店影视推进全产业链战略布局。旗下子公司浙江横店影业有限公司、横店影视制作有限公司参与出品或联合出品的电影《送你一朵小红花》、《我和我的祖国》、《我和我的父辈》、《峰爆》及电视剧《问天》入选中共中央宣传部第十六届精神文明建设“五个一工程”奖。浙江横店影业有限公司参与投资并上映的电影有11部,包括《人生大事》《独行月球》《万里归途》《妈妈!》《四海》《新神榜:杨戬》《熊出没·重返地球》等,综合票房占全国电影票房的1/3。旗下浙江横店柏品影视传媒有限公司参与联合出品和发行的网络电影《依兰爱情故事》于4月27日在腾讯视频上线播出。旗下浙江横店影视投资有限公司参与联合出品的网络电视剧《拆案2》于5月2日在爱奇艺视频网站上线。

【影院建设】 截至2022年年末,横店影视旗下有影院493家、银幕3099块;按经营模式分,有资产联结型影院(直营影院)和加盟影院两类。直营影院415家、银幕2641块,覆盖全国29个省、自治区、直辖市,辐射197个城市;年内增加影院36家、银幕247块,关停影院15家、银幕98块。直营影院实现票房收入11.5亿元,列国内影院投资公司第二位。横店影视对影院进行技术升级,增加“横影巨幕”“杜比全景声”“4D”等特色影厅建设,旗下首批17家影院完成CINITY影厅升级。

(胡晓莉 陆美娅)

金融

金融监管

·市金融工作办公室·

【概况】　2022年，市金融工作办公室（以下简称市金融办）印发《关于金融支持激发市场主体活力的意见》《关于进一步发挥保险作用助推共同富裕先行市建设的若干意见》《2022年东阳市银行业金融机构支持地方经济发展考核办法》等文件，采取措施促进金融服务扩面提质，推动信贷总量供给和稳定运行。市本外币存贷款余额3622.35亿元，比上年增加553.89亿元。

【金融机构】　2022年年末，全市有银行业金融机构23家，其中政策性银行1家、大型银行6家、地方法人金融机构银行2家、股份制商业银行7家、城市商业银行7家。有保险公司分支机构32家（其中财产保险公司分支机构19家、人寿保险公司分支机构13家）、证券公司分支机构9家、小额贷款公司7家、民间融资服务中心1家、民间资本管理公司2家、政策性融资担保公司1家。

【金融服务规模】　2022年年末，东阳市银行本外币存款余额1964.09亿元，比上年增长16%；本外币贷款余额1658.26亿元，比上年增长20.58%。保险公司分支机构保费收入32.51亿元，其中财产险11.62亿元，比上年增长7.58%；人身险20.89亿元，比上年增长0.11%。证券公司分支机构存量账户26.23万户，比上年增长5.22%；证券交易额385.44亿元，比上年下降37.27%。小额贷款公司贷款余额15.14亿元，净利润1.07亿元，纳税8677万元。

【《东阳市金融业发展“十四五”规划》印发实施】　2022年7月5日，市金融工作办公室、中国人民银行东阳市支行、金华银保监分局东阳监管组联合印发《东阳市金融业发展“十四五”规划》，付诸贯彻实施。《东阳市金融业发展“十四五”规划》包括现实基础与发展环境、指导思想与发展目标、主要任务、保障措施四个部分，提出以习近平新时代中国特色社会主义思想为指导，建设新时代背景下可持续发展的东阳市金融体系，通过落实加强党对金融工作领导、优化多方协同工作机制、健全金融机构考核体系、推进金融人才队伍建设、健全规划实施保障机制五个方面保障措施，基本建成金融保障高能、产融特色鲜明、金融生态优良的“浙中金融高地”，为东阳经济社会高质量发展贡献金融力量。

【助力实体经济发展】　2022年，市金融办运用展期、无还本续贷等方式，缓解企业资金周转压力。加强小微企业融资服务，组建140支金融服务小分队开展普惠小微融资提升专项行动，对接企业3154家，融资173亿元。贯彻央行货币政策，推进精准惠企，综合融资成本稳中有降。对市内2家地方法人金融机构银行发放再贷款15.48亿元，支持小微企业和个体工商户664家。年末全市企业贷款加权平均利率4.31%，比年初下降0.18个百分点。信贷结构持续优化，重点领域支持力度增强。与上年相比，民营经济贷款增加186.79亿元，政府类贷款增加53.29亿元，普惠型小微企业贷款增加91.84亿元，制造业中长期贷款增加33.48亿元。

【服务企业上市和转型升级】　2022年，市金融办收集6家拟上市企业难题9个，召开座谈会对照企业问题清单寻求解决办法，推进企业上市进程。配合开展拟上市企业现场辅导验收工作，协助浙江新纳材料科技股份有限公司、浙江孚诺医药股份有限公司通过辅导验收，浙江思科制冷股份有限公司、浙江花园新能源有限公司呈报辅导。年内全市有过会企业1家、报会企业3家、辅导企业2家，辅导报会企业数居金华市各县（市、区）第一位，兑现财政奖励2575万元。加强上市后备企业培育，筛选6家企业进行重点培育。支持上市公司提高资本运作能力，围绕主业开展产业链上下游资源整合。

【推进数字化金融服务应用】　2022年，市金融办结合实施“凤凰行动”计划，指导15家企业开通“凤凰丹穴”应用。推广金融综合服务应用，通过“浙里金融”平台为2820家企业提供贷款83.62亿元。运用大数据技术拓展首贷户3566户，首贷金额70.63亿元。推进政务、医疗、文旅、教育、商贸等多个领域的数字人民币应用试点建设。引导法人机构构建县域自主可控的数智金融云平台,其中东阳农商银行建立的“阳光·数据云”系统信贷投放超400亿元。推进政策性农业信贷担保服务创新省级试点工作,为全省推广积累经验。

【金融风险防控】 2022年,东阳市建立“1+8+N”金融风险防范化解工作机制,统筹协调全市重大金融风险化解工作。动态监测企业资金链、担保链风险和债券及股权质押流动性风险。市金融办受理44家企业帮扶申请,涉及金额6275万元;为34家企业向有关单位出具帮扶函,延缓代偿8笔5937万元。发挥“财政+金融”优势,加大企业帮扶力度。浙江广厦建设集团有限责任公司重整工作取得阶段性进展,在东阳市的存量土地盘活工作有序推进;白云街道印染企业债务问题解决,相应地块完成挂拍;5家企业的纾困帮扶工作完成,1家企业纾困方案经市长办公会议研究通过。

【地方金融组织服务监管】 2022年,市金融办引导政策性融资担保助力小微企业发展,市国控融资担保公司为464家企业提供优惠担保支持,为46家企业提供汇率避险担保资金4779.3万元,免除企业担保费用223万元。由市财政局拨款200万元,为全市服务业市场主体提供疫情防控复工复产保险,受益单位2.6万个。开展地方金融组织的日常服务监管,完成年度监管评级、考核工作和股权转让、高管变更等审核工作,加强日常风险排查,维护金融、社会秩序稳定。12月6日,省地方金融监督管理局发布2021年度全省小额贷款公司监管评级结果,东阳市获评A+级(优秀标兵小额贷款公司)2家(金华市内仅此2家)、A级(优秀小额贷款公司)4家、B级(良好小额贷款公司)1家。

(胡楚楚)

·中国人民银行东阳市支行·

【概况】 2022年,中国人民银行东阳市支行(以下简称人行东阳市支行)贯彻国家货币政策,加强金融知识和政策宣传,维护金融环境的健康发展。截至年末,东阳市银行业金融机构本外币各项存款余额1964.09亿元,比年初增加270.88亿元,比上年增长16%;本外币各项贷款余额1658.26亿元,比年初增加283.01亿元,比上年增长20.58%。

【金融支持“扩总量”专项行动开展】 2022年,人行东阳市支行开展金融支持“扩总量”专项行动,贯彻上级稳经济大盘政策措施,协同市政府及相关部门成立6个工作专班,制定《东阳市贯彻落实国务院扎实稳住经济一揽子政策措施实施方案》,实施6项32条金融政策措施。1—12月,全市新增贷款283.01亿元,创历年同期新高。截至年末,全市民营经济、小微企业、制造业贷款分别比年初增加186.79亿元、91.84亿元、33.48亿元。

【央行政策工具运用】 2022年,东阳市综合运用各项央行货币政策工具,调节信贷规模共55.55亿元,其中支农支小再贷款等长期性工具15.48亿元;申报符合政策口径的阶段性工具35.09亿元(含科技创新贷款31.51亿元、设备更新改造贷款1.53亿元、交通物流贷款2.05亿元);全市投放政策性开发性金融工具项目2个、金额1.95亿元;获国家调增8000亿元信贷额度落地东阳市金额0.21亿元;运用普惠小微贷款支持工具,为2家法人金融机构兑现用于普惠小微贷款的激励资金5335万元;其他政策工具运用贷款2.29亿元。

【金融助企纾困推进】 2022年,人行东阳市支行落实金融助企纾困政策,对受到疫情影响的困难群体,通过展期、无还本续贷等方式,缓解资金周转压力。全市发放无还本续贷107.5亿元,办理贷款展期11.91亿元。常态化开展“三张清单”“首贷户拓展”“贷款码推广”活动,全市新增首贷户贷款金额64.15亿元,通过“贷款码”支持企业融资70.63亿元。巩固利率下降成果,推动辖区银行继续向实体经济合理让利,全市企业贷款加权平均利率为4.28%,比年初下降0.21个百分点,其中小微和普惠小微企业贷款加权平均利率分别为4.38%和4.77%,比年初分别下降0.25个和0.34个百分点。优化退税业务流程,落实留抵退税政策,办理留抵退税2919笔,金额11.98亿元,受益主体1949户。

【金融服务住房领域发展】 2022年,人行东阳市支行完善住房领域金融服务,合理把握房开贷款、个人住房贷款投放节奏。与市住建局建立定期会商工作机制,促进房地产融资的平稳有序。5月,人行东阳市支行、市住建局联合制定实施《支持东阳市房地产健康平稳发展8条工作措施》,稳定房地产市场预期。

【金融风险防范化解】 2022年,人行东阳市支行加强金融风险防控。开展法人机构风险监测,关注机构核心指标变化情况,发挥非现场监督、现场评估核查作用,落实风险隐患早发现、风险预警早提示。开展大型企业、有问题企业金融风险监测,通过走访调研等形式了解掌握辖内企业的风险状况。关注金融机构重要业务,针对热点问题落实舆情应对措施,避免出现重大投诉和信访事件。截至年末,全市不良贷款余额8.24亿元,不良率0.5%,比年初下降0.03个百分点。

【打击金融领域违法犯罪工作】 2022年,人行东阳市支行通过警银信息共享平台,加强金融诈骗风险预警和拦截,持续开展警银联动专项打击行动,开展涉案账户线索核查。向市公安局移送可疑取现线索24条,立案并破获12起;移送断卡可疑线索288条,抓获32人;其他柜面或非柜面形式拦截电信网络诈骗39起。加强金融市场管理和整治,开展反洗钱工作,移送洗钱线索24条,立案并破获5起。加强警银反假币协作机制,打击假币犯罪,全市假币收缴金额24.8万元,比上年下降4.91%;收缴假币3061张,比上年下降3.3%。与公安部门、税务部门、商务部门建立合作备忘录，打击外汇市场投机行为，处理违反外汇管理规定案件1起。开展“征信修复”乱象专项治理“百日行动”，向公安部门移送可疑线索1条，6家被列入专项治理行动清单的企业完成整改。

【数字人民币应用场景建设推进】 2022年，人行东阳市支行推进数字人民币试点工作。拓展专业市场应用场景覆盖面，以东阳中国木雕城、东阳国际汽车城、浙江缝配城为重点，开展数字人民币进市场专项行动，覆盖3个市场商户80%以上。加强政银合作，拓展政务民生应用场景，在全省率先以数字人民币形式发放人才大礼包43.25万元，在金华市内率先以数字人民币形式发放购房产补贴。推动“校食安”平台迭代升级，增加高频数字人民币应用，完成省“一本账”S0中数字人民币运用子场景建设。拓展文旅商圈应用场景，推动横店镇“全镇+全民+全景”场景建设。横店影视城完成十大景区20余个景点数字人民币全场景覆盖。截至年末，全市开立对公钱包1.83万个、个人钱包37.99万个，交易73.56万笔，交易金额18.35亿元；应用场景数量2.05万个，综合排名列金华市第二位。

【外汇领域改革推进】 2022年，人行东阳市支行推进投融资便利化改革，在全国率先落地高新技术企业跨境融资便利化业务和“企业多笔外债共用一个外债账户”。其中，外债便利化政策落地工作作为“区域金融改革看浙江——开放金改看金华”活动的先进典型，获省内外10余家媒体报道。继续开展贸易便利化试点，全市纳入贸易便利化试点企业28家，累计从简、从优办理货物贸易外汇业务8556笔、金额16.9亿美元，分别比上年增长140.5%、152.2%。全市新型离岸国际贸易试点业务金额5676.2万美元，比上年增长35.9%。推动全市远期结售汇、期权等衍生产品业务增量扩面，全市企业衍生产品结售汇签约额22.7亿美元，履约额19.27亿美元，履约套期保值比率42.07%，比上年增长11个百分点；汇率避险规模“浙里汇”平台业务居全辖第一位。人行东阳市支行制发《2022年东阳市跨境人民币“首办户”拓展行动实施方案》，建立“首办户”清单，开展跨境人民币“首办户”拓展活动，拓展跨境人民币“首办户”63户。全口径跨境人民币收付金额合计81.01亿元，比上年增长87.17%；总行考核口径（贸易及直接投资项下）跨境人民币收付金额合计为49.3亿元，比上年增长252.14%，两项增速排名均列金华市第二位。

【金融知识与政策宣传】 2022年3月，人行东阳市支行和全市金融机构围绕“权利·责任·风险”主题，开展“3·15”金融消费者权益日系列活动。人行东阳市支行青年金融志愿者到市建澜小学开展“金融知识进校园”活动，开设金融知识讲堂。浦发银行金华东阳支行在吴宁街道麻车埠小区设立宣传台，宣传反诈骗、反洗钱等金融知识，发放宣传折页。东阳农商银行通过滚动播放宣传标语和发放“3·15”宣传折页等方式开展金融知识宣传，引导年轻消费者远离不良网络贷款。9月，开展金融知识普及月活动，面向金融消费者和投资者，宣传基础金融知识和金融风险防范技能。全年开展线上、线下宣传活动218场，受到教育的市民群众达16万人。

（吴雪婷）

·金华银保监分局东阳监管组·

【概况】 2022年8月，中国民生银行股份有限公司金华东阳支行批准成立。东阳市银行业金融机构增至23家，银行网点205个，从业人员2600余人。全市五级不良贷款余额8.24亿元，不良率0.5%，比年初下降0.03个百分点；关注类贷款余额17.19亿元，关注率1.03%，比年初下降0.14个百分点。

东阳市有人寿保险公司分支机构13家，网点数25个，从业人员2000余人，保费收入20.89亿元，比上年增长0.11%；财产保险公司分支机构19家，网点数32个，从业人员900余人，保费收入11.62亿元，比上年增长7.58%。

【信用风险监测】 2022年，金华银保监分局东阳监管组（以下简称东阳监管组）加强信用风险日常监测工作，重点监测不良贷款、大额贷款风险，掌握风险底数；下发突破监管指标事项的监管提示单，督促机构整改。督促全市银行业金融机构推进金融风险化解工作，提升不良贷款的处置效率，全年共处置不良贷款5.5亿元。

【企业帮扶纾困】 2022年，东阳监管组推进债权人委员会组建。加强与市金融办、市帮扶办、市住建局等部门的沟通协调，参与出险企业风险化解协调会，减少担保链风险蔓延。督促银行落实主体责任，防范建筑企业大额贷款风险。关注大型企业经营状况及社会舆情，对出现负面舆情的企业，引导金融机构注重分析其业务经营状况，不盲目抽贷压贷。

2022年，东阳监管组推动延期还本付息纾困措施的落实，辖内银行业金融机构实施享受政策的企业名单制管理，对受新冠疫情影响严重的个人住房、消费贷款等一并纳入延期还本付息清单管理。开发与企业生产经营周期相匹配的金融产品，丰富“连续贷+灵活贷”服务模式，辖内企业“连续贷+灵活贷”贷款余额258亿元，无还本续贷贷款余额102亿元。

【法人机构监管】 2022年，东阳监管组加强对东阳农商银行和东阳富民村镇银行两家法人机构的属地监管，按照非现场监管流程开展工作，收集机构经营管理和风险信息，了解机构经营发展和风险状况。督促落实监管要求和目标，开展监管部门、外部审计和银行机构三方会谈各1次、审慎监管会谈各2次，传递监管要求；列席董事会、监事会，掌握董事和监事及管理层履职情况；走访机构网点，了解机构实际经营状况。推进法人机构风险防控机制建设，督促整改各项检查发现的问题。

【推动政保合作】 2022年4月,市政府制定《关于进一步发挥保险作用助推共同富裕先行市建设的若干意见》,推出45款政保合作项目。东阳监管组、市金融办推动人保财险东阳支公司等四家保险机构成立保险共同体推行营业中断损失保险,保费200万元,保额400万元,为受疫情影响不能正常营业的商户提供保障。加强保险宣传,推广火灾人身意外保险、老年人意外保险等涉及民生保障的险种。

【信贷便利化】 2022年,东阳监管组持续引导辖内银行机构依托浙江省金融综合服务平台,在"浙里办"App"浙里掌上贷"上线信贷产品,通过引导企业在线上提出融资申请,满足个体工商户"短、小、频、急"的融资需求,实现让企业少跑腿。强化金融科技和大数据应用,提升客户风险画像精准度,在管控风险的基础上推广信用贷款,2022年度东阳辖内小微企业信用贷款增加27亿元。

(王颂洁)

银行业

【概况】 2022年8月18日,中国民生银行股份有限公司金华东阳支行成立,并于11月25日开业。年内,东阳市内的股份制商业银行增至7家,银行业金融机构增至23家。年末全市各项存款余额(本外币)1964.09亿元,比上年增加270.88亿元,比上年增长16%;各项贷款余额(本外币)1658.26亿元,比上年增加283.01亿元,比上年增长20.58%。

2022年东阳市银行机构情况一览表

表28

机构类别	机构数(家)	机构名称
大型银行	6	中国工商银行股份有限公司东阳支行 中国农业银行股份有限公司东阳市支行 中国银行股份有限公司东阳支行 中国建设银行股份有限公司东阳支行 交通银行股份有限公司金华东阳支行 中国邮政储蓄银行股份有限公司东阳市支行
政策性银行	1	中国农业发展银行东阳市支行
地方法人金融机构银行	2	东阳市农村商业银行股份有限公司 浙江东阳富民村镇银行股份有限公司
股份制商业银行	7	兴业银行股份有限公司金华东阳支行 中信银行股份有限公司金华东阳支行 平安银行股份有限公司金华东阳支行 浙商银行股份有限公司金华东阳支行 上海浦东发展银行股份有限公司金华东阳支行 恒丰银行金华东阳支行 中国民生银行股份有限公司金华东阳支行
城市商业银行	7	金华银行股份有限公司东阳支行 浙江稠州商业银行东阳支行 浙江民泰商业银行金华东阳支行 浙江泰隆商业银行金华东阳支行 台州银行股份有限公司金华东阳支行 宁波银行股份有限公司金华东阳支行 杭州银行股份有限公司金华东阳支行

2022年末东阳市银行存贷款余额(本外币)统计表

表29　　单位:万元

机构	年末存款余额			年末贷款余额			
	合计	单位存款	个人存款	合计	短期贷款	中长期贷款	票据融资
农业发展银行	90382.32	90382.32	—	513525.03	25595.03	487930.00	—
工商银行	2293427.86	735746.79	1445488.14	1682159.36	460721.93	1215841.92	5595.51
农业银行	3435744.44	1496458.98	1937856.32	2449791.90	1263100.30	1177937.11	8754.49
中国银行	1135607.43	608819.76	522062.10	1541194.02	528034.08	972875.23	40232.03
建设银行	2008336.31	1165765.82	838589.91	1743144.01	673311.28	948193.84	121594.74
农商银行	5882537.16	1766021.90	4077493.03	4496221.04	1558110.09	2831907.98	106202.97
富民村镇银行	169328.02	32665.70	136662.32	220103.74	131582.14	88521.61	—
金华银行	469367.00	287060.00	182127.00	378175.00	167724.00	210451.00	—
邮政储蓄银行	1712662.79	55866.62	1655813.85	556834.84	244363.60	312471.24	—
兴业银行	190897.06	126887.83	63962.17	532706.06	156509.30	376196.76	—
交通银行	177484.67	132712.25	44711.91	221947.92	77212.59	144735.33	—
平安银行	96289.58	799.78	95407.15	4520.00	4000.00	520.00	—
稠州银行	413083.74	39250.43	292443.96	187678.91	113218.91	74460.00	—
浙商银行	306844.88	200033.83	106811.05	532140.54	273610.83	258511.71	18.00
中信银行	295686.66	229228.85	66401.86	528893.36	262479.40	266413.96	—
浦发银行	109171.65	28206.00	80943.65	217126.00	119490.00	97636.00	—
民泰银行	136068.79	93517.30	42551.50	90014.64	52668.92	37345.72	—
恒丰银行	19363.65	13276.29	6087.31	157064.30	3803.68	153260.62	—
泰隆银行	98486.99	42151.30	56335.66	73343.07	65520.03	7533.19	289.85
台州银行	62005.60	34568.67	27436.93	88285.75	66092.74	21373.00	820.01
宁波银行	187072.93	149776.93	37293.00	224456.35	163275.35	61181.00	—
杭州银行	93576.14	89435.90	4140.24	137754.68	100582.07	37172.61	—
民生银行	7385.95	7033.57	352.38	5475.65	1643.00	3832.65	—
合 计	19390811.64	7425666.82	11720971.45	16582556.16	6512649.26	9786302.48	283507.60

说明:各行存款金额不包含代理财政性存款

【中国农业发展银行东阳市支行】 2022年,中国农业发展银行东阳市支行(以下简称农发行东阳市支行)各项贷款总额51.35亿元,比上年净增28.3亿元,增幅122.19%;各项存款总额9.69亿元,比上年净增2.78亿元,增幅38.56%;贷款不良率为0。贷款投放净增居农发行金华市第一位。实现FTP利润1862.74万元。截至年末,购销储粮油贷款余额15936.2万元,库存原粮5663.1万千克、成品粮油259.5万千克,其中省储粮库存904.8万千克,贷款2253.9万元;县储粮油库存5017.8万千克,贷款13682.3万元,服务国家粮食安全。

农发行东阳市支行支持东阳市国有企业发展。发挥政策性银行贷款利率低优势,向部分企业发放中长期贷款。构建服务粮食安全、现代农业、乡村建设、生态文明的重要窗口、品牌,支持省级高质量发展建设共同富裕示范区建设。

(王瑞中)

【中国工商银行股份有限公司东阳支行】 2022年,中国工商银行股份有限公司东阳支行(以下简称工行东阳支行)加强向制造业、民营企业等实体经济重点领域输送金融资源,推进信贷投放量的增长和结构优化。截至年末,各项存款余额229.97亿元,比年初增加21.65亿元,增长10.39%;各项贷款余额168.22亿元,比年初增加27.01亿元,增长19.13%。

2022年,工行东阳支行的民营企业、制造业贷款较年初分别净增6.46亿元、3.44亿元。普惠贷款余额49.57亿元,比年初增加11.68亿元,增长30.58%。服务产业绿色改造,绿色信贷全年净增16.86亿元。服务乡村振兴,"兴农贷"余额1.78亿元,比上年增加1.64亿元。

2022年,工商东阳支行加强村镇普惠金融服务点网络化建设,建立"网点+服务点"网络渠道协同机制,通过"线上+线下""传统+创新""集中性+阵地化"渠道促进人民群众共享金融发展成果。落实打击治理电信网络诈骗犯罪的主体责任,拦截电信网络诈骗事件7起,涉及风险金额144.58万元。

(姚蔚蔚)

【中国农业银行股份有限公司东阳市支行】 2022年年末,中国农业银行股份有限公司东阳市支行(以下简称农行东阳市支行)下设"六部一中心"(综合管理部/纪委办公室、风险管理部、运营财会部、个人金融部、公司金融部、国际业务部和营业中心),有二级支行19家(镇乡12家、城区7家)、分理处1家(农行东阳市支行东阳江镇分理处),员工369人。各项贷款余额244.98亿元,比年初增加31.87亿元;各项存款余额343.57亿元,比年初增加42.8亿元;不良贷款余额为4240万元,不良率0.17%。

2022年,农行东阳市支行优化金融供给,提升服务质效,助推社会主义现代化先行市争创。为义东高速公路建设项目、浙江藏美食品有限公司年产10万条发酵火腿项目、低效工业资产清理整治等重点项目发放贷款15.42亿元。加强小微企业扶持,支持实体经济发展,推出"抵押e贷""首户e贷""科技e贷"等线上产品,依托"浙江金融服务综合平台""贷款码"等平台,为636家小微企业提供信贷支持,贷款余额21.93亿元,比年初增加4.09亿元。其中开展专项攻坚活动,成立突击小组,实现小微企业首贷195家。制定实施"支持制造业发展十六条",支持制造业重点细分行业产业链提升、十大标志性产业链培育以及传统制造业改造提升,增加制造业投向贷款12.75亿元,比年初增长19.23%。

2022年,农行东阳市支行成立支持乡村振兴工作领导小组,设3个分组,并组建21支党员先锋队,开展新型城镇化建设、全面乡村振兴、居民消费升级等建设的金融服务。开展农户信息建档,以整村推进方式打通农户线上申贷、办贷渠道,推进以"惠农e贷"为主的线上农户贷款发展,同时推出村集体流动资金贷款。截至年末,总建档客户数10.16万户,农户贷款余额24.43亿元。搭建"数字乡村"平台,为农村农民提供数字化场景服务。建立健全"网点+自助银行+惠农通"服务体系,全市设立农村"惠农通"星级服务点44家。

2022年,农行东阳市支行聚焦政务、民生、消费等智慧场景建设,推进数字人民币应用普及,开立个人数字钱包71406户、对公数字钱包5429户、数字人民币收单商户4734家。农行东阳市支行南马(二级)支行开展金华市数字人民币应用拓展"校食安"项目试点。对受新冠疫情影响较大的五个行业的中小微法人客户实施差异化利率优惠,降低实体经济融资成本。加强消费者权益保护、反欺诈、反洗钱等工作,全年拦截各类诈骗事件25起,其中异常办卡4起、异常取现5起、异常开立数字钱包2起、异常开设电子银行1起、诈骗事件13起;向人行东阳市支行报送重点可疑报告5件、一般可疑报告3件。

(许晨铭)

【中国银行股份有限公司东阳支行】 2022年,中国银行股份有限公司东阳支行(以下简称中行东阳支行)加大工业、基础设施、重点项目、企业转型升级的信贷投入。本外币贷款余额154.22亿元,比年初增加13.99亿元,在四大行中的份额为20.83%;本外币存款余额为113.85亿元,与年初持平,在四大行中的份额为12.85%。中行东阳支行扶贫金额达13.95万元。

中行东阳支行贯彻落实市政府与中国银行签订的战略合作框架协议,加大资源投入向政府投资项目的倾斜力度,2020—2022年先后为高铁新城未来社区、义东高速公路、国置房开、白云开发建设、东阳—磐安山海协作等项目批复授信90亿元,贷款余额增加近60亿元,助推地方经济发展。

中行东阳支行与市城投集团、市产发集团等国有企业建立战略合作关系,加大服务基础设施建设力度。截至年末,为东阳市城市更新、交通建设、文化旅游、卫生健康、养老教育等领域的重点建设项目批复授信超100亿元,投放贷款超40亿元。

中行东阳支行支持市民营企业转型升级、制造业高质量发展,助力共同富裕和乡村振兴。截至年末，制造业贷款比年初增长5.6亿元，其中科技金融贷款比年初增长2亿元。涉农贷款比年初增加13.99亿元，增幅达9.98%。

中行东阳支行发挥外汇专业银行优势，倡导企业使用线上电子交易平台产品，指导外贸企业增强风险意识、用好汇率避险产品、合理运用外汇市场工具开展套期保值。截至年末，实现汇率保值产品10.95亿美元，为企业避免汇率损失300万元以上（人民币）。

中行东阳支行利用“中银E企贷”“银税贷”“信用贷”等普惠金融特色产品，投放小微企业普惠金融贷款6.5亿元。截至年末，小微企业普惠金融贷款余额达31.77亿元，比上年增长28.85%。成功投放全省普惠条线首笔设备更新改造再贷款。

中行东阳支行支持东阳市工业、建筑业、影视文旅、木雕家居“四大千亿产业”。2015—2022年，通过“影视通宝”产品，为20余家影视企业提供信贷累计超过30亿元，其中2022年支持《狂飙》《长风渡》等4部优秀电视剧拍摄。2022年，与11家建筑企业建立授信合作，涉外工程保函份额居东阳市同行业第一位。

（张　瑜）

【中国建设银行股份有限公司东阳支行】 2022年，中国建设银行股份有限公司东阳支行（以下简称建行东阳支行）各项存款余额154.6亿元，各项贷款余额174.31亿元，不良贷款余额9415万元，不良率0.54%。获评东阳市2022年度金融机构支持地方经济发展先进单位。9月，建行东阳花园支行揭牌仪式举行，建行东阳南马支行更名为建行东阳花园支行。

建行东阳支行向上级行申报项目18个，获批15个，项目总授信金额92.95亿元，项目贷款余额30.25亿元，比上年增加项目贷款余额17.56亿元。根据政府贴息政策推介短期出口信保应收账款买断业务，全年办理信保融资5200余万元，办理全国首笔专精特新“小巨人”企业综合险买断业务。根据浙江横店影视剧组服务有限公司系统内支付、跨行支付、代发等业务需要，上线全国首批、全省首家“财资云”与外联平台的互联互通。获批中铁建产发（东阳）开发建设有限公司的项目授信25亿元。与东阳市政府签订新材料“万亩千亿”产业平台开发项目战略合作协议，加强政银协作。支持疫情防控和经济稳定复苏，通过续贷、展期、减免逾期利息等方式开展信贷纾困工作，为97家企业办理延期还本22988.2万元。降低金融业务成本，为小企业减少房屋评估、保险、房产登记等费用70余万元；为外汇客户减免转账及结售汇手续费630余万元。

2022年，建行东阳支行推进“双子星”平台建设，手机银行月活跃客户6.36万户；“建行生活”注册用户6.39万户，比年初增加3.03万户，上架商户215家。多维度构建数字人民币商圈，截至年末，开立数字人民币个人钱包32378户、对公钱包4606户、数字人民币商户3061户，有数字人民币活跃商户628户。搭建数字人民币在体育彩票行业的应用场景，全年发展体彩销售商户137户，实现数字人民币体彩交易990万元。9月7日，浙江横店影视职业学院开设“校园e银行”，加强银校合作，助推创新发展。

（黄淑芝）

【浙江东阳农村商业银行股份有限公司】 2022年，东阳农商银行各项存款余额588亿元，比年初增加82亿元；各项贷款余额451亿元，比年初增加70亿元；不良贷款率0.8%；纳税3.13亿元，连续17年获评市纳税十强企业。1月6日，中国金融思想政治工作研究会公布2020—2021年全国金融系统思想政治工作优秀单位名单，东阳农商银行上榜。7月6日，浙江农商银行系统2022年二季度业务监测交流会议在东阳市召开，东阳农商银行相关负责人作交流发言。

2022年，东阳农商银行推进村级金融服务工程。10月，设立总额为2000万元的“阳光·共富基金”，支持乡村振兴。

东阳农商银行推进整镇、整街授信，实施“12354”工程，推进小微企业扩面提额，为1.6万家企业预授信180亿元；授信49个街区，其中吴宁支行向振兴路夜市授信，签约授信商户60户，授信金额1206万元。聚焦“四大千亿产业”培育，与市经信局合作推出“阳光·数改贷”，助力小微企业数字化改造；推广“小微易贷”“小微速贷”线上循环类产品，发放贷款8.7亿元，惠及市场主体1526家；持续“无本续贷”“延期还本付息”服务，银行让利超1.5亿元。

2022年，东阳农商银行加强数字化改革服务。7—12月，与市人民法院合作实行查冻扣业务“云上跑”，办理业务195次，涉及金额715万元。年内增加35个智柜机开卡点，畅通换卡渠道；换发三代社保卡23.88万张。开发建成“阳光检辅通”系统、数据治理辅助管理系统等平台。科技项目入选全国2022农村金融品牌创新年度案例1项（“阳光文化”品牌提升发展软实力），入选浙江农商联合银行2022年度“数智化，赢未来”数字化改革十大创新成果1项（智能反诈反洗钱预警平台），获浙江农商联合银行创新大赛行社一等奖1项，获2022金华数据开放创新应用大赛优胜奖、金华农商银行系统数据分析大赛三等奖、金华农商银行系统零售金融数据分析大赛一等奖、三等奖各1项。

2022年，东阳农商银行加强金融风险防控工作，开展“清核增效”活动，累计清收核销贷款本息1.56亿元，超额62.09%完成任务，列金华市各县（市、区）第一位，获评浙江农商银行系统“清核增效”先进集体；运用智能风险管理系统基础模块功能，实现贷前查询、贷后批量检查和贷款资金流向监测的“智慧风控”。开展审计大检查活动，审计项目31个，处理处罚2479人次，处罚金额81.57万元。“资金理财业务和普惠金融领域信贷风险专项审计”项目获金华农商银行系统“一行一项目”总结评比一等奖、全省农商银行系统优秀审计项目三等奖。开展平安单位创建工作，全年安全无事故，利用监控设备协助公安部门侦查案件9

起,涉案金额102万元。

2022年,东阳农商银行推进公益服务,组建"红小二、红管家、红顾问"团队,建立服务"红榜单",服务群众5.36万人次;与市人民法院、市文旅集团、市金投集团、野风集团有限公司、福建省上杭县农商银行签订战略合作协议。出资500万元建立"未成年人保护及发展专项基金",助力未成年人成长和权益保护;捐赠50万元,联合市人民法院和市慈善总会成立"矛盾纠纷化解社会关系修复专项基金";连续八年冠名"农商银行救援队"(市红十字救援队),年内资助金额60.6万元。

(贯琳巧)

地方金融组织

【小额贷款公司】 2022年,东阳市有小额贷款公司7家,总注册资本15.65亿元,贷款余额15.14亿元;年化加权平均利率14.15%;逾期贷款余额2.84亿元,逾期率18.78%。发放贷款121.05亿元,比上年增长29.41%;净利润1.07亿元,比上年下降33.94%;纳税0.87亿元。 (张超男)

【民间融资服务中心】 2022年,东阳市民间融资服务中心出借需求登记余额23.25亿元,借入需求登记余额255.82亿元,撮合成交余额3.38亿元,其中自有资金匹配1.18亿元,委托资金匹配2.2亿元,成交平均年利率13.58%。办理转贷业务2003笔、金额28.24亿元。 (张超男)

【民间资本管理公司】 2022年,东阳市有民间资本管理公司2家,注册资本1.5亿元。全年增加股权或债权投资(1年及以上)11笔,投资金额4341.14万元;短期财务性投资(1年以下)749笔,投资金额174800万元。 (单忆佳)

【典当公司】 2022年,东阳市有典当公司6家,典当总额10910.05万元,年利息及综合服务费收入875.09万元。年动产质押典当业务余额653.8万元。 (单忆佳)

【东阳市国控融资担保有限公司】 2022年,东阳市国控融资担保有限公司对外担保42.95亿元,担保笔数3260笔;截至年末,在保余额13.31亿元,在保笔数1699笔。 (单忆佳)

证券业

【概况】 2022年,东阳市有证券公司分支机构9家。截至年末有存量账户262322户,比上年增长5.22%;托管市值余额538.71亿元;融资余额21.89亿元,融券余额667.07万元。(胡楚楚)

【浙商证券股份有限公司东阳营业部】 2022年,浙商证券股份有限公司东阳环城北路证券营业部(以下简称浙商证券东阳营业部)下设运行保障中心和财富管理中心2个职能部门。截至年末,有客户93531户,托管市值229.15亿元,融资融券余额12.18亿元,全年完成A股、B股、基金和债券交易总量2432.73亿元,是2022年度东阳市纳税超亿元企业。 (蒋舒蓓)

2022年东阳市证券经营机构运行情况统计表

表30

证券经营机构	存量账户		托管市值		融资		融券	
	户数	比上年增长%	余额(万元)	比上年增长%	余额(万元)	比上年增长%	余额(万元)	比上年增长%
全市合计	262322	5.22	5387124.11	4.55	218871.37	3.86	667.07	—
浙商证券东阳营业部	93531	1.55	2291492.89	0.40	121778.57	-1.86	50.29	26368.42
中信证券东阳营业部	86680	0.11	2536181.50	22.06	69753.88	14.07	0.00	—
方正证券东阳营业部	40327	9.2	129314.14	-15.20	9797.91	6.30	200.57	100.00
财通证券东阳营业部	5917	4.43	28596.72	-14.27	2263.04	73.58	0.00	0.00
金元证券东阳营业部	3015	4.61	28612.86	-9.62	1294.02	-49.83	0.00	—
浙商证券横店营业部	13392	6.21	273068.58	-15.59	8608.95	27.48	416.21	0.00
东方财富证券东阳营业部	718	5.74	12874.48	-90.74	1471.54	-35.59	0.00	0.00

续表30

证券经营机构	存量账户		托管市值		融资		融券	
	户数	比上年增长 %	余额（万元）	比上年增长 %	余额（万元）	比上年增长 %	余额（万元）	比上年增长 %
银河证券东阳营业部	11253	39.72	73149.91	-25.12	1651.71	-50.92	0.00	0.00
信达证券东阳营业部	7489	97.13	13833.03	-6.39	2251.75	30.63	0.00	0.00

【中信证券股份有限公司东阳营业部】 2022年，中信证券股份有限公司东阳吴宁西路营业部(表30中简称中信证券东阳营业部)内设运营管理部、市场拓展部、财务部3个职能部门。时点融资规模69753.88万元，日均融资规模65103.86万元，营业收入2160万元；有客户86680户；是2022年度东阳市纳税百强企业。（王倩倩）

保险业

【概况】 2022年，东阳市有保险公司分支机构32家，其中财产保险公司分支机构19家、人寿保险公司分支机构13家。保费收入32.51亿元，其中财产险11.62亿元，比上年增长7.58%；人身险20.89亿元，比上年增长0.11%。理赔支出9.49亿元。

（胡楚楚）

【中国人寿保险股份有限公司东阳支公司】 2022年，中国人寿保险股份有限公司东阳市支公司(以下简称中国人寿东阳支公司)，实现总保费13.89亿元，其中新单首期保费2.94亿元，10年期及以上保费1.15亿元，首年标保6989.14万元，实现大短险保费8035.5万元。占东阳市寿险市场份额的66.49%。

2022年，中国人寿东阳支公司承办东阳市老年人意外伤害保险，全市符合政府补贴参保条件的60周岁以上及所有80周岁以上老人为参保对象，3.4万名老人参保受益；推出男60～79周岁、女55～79周岁老年人意外保险项目；中标入围东阳市公路养护公司承建的项目；中标东阳市残疾人意外伤害保险服务项目；中标东阳市独生子女保险、失独家庭保险服务项目，开展失独老人保险业务；继续承保东阳市学生、儿童意外伤害保险业务，全市17.37万名学生参保受益；中标东阳市公安局警务辅助人员意外伤害保险服务项目，为全市2000名警务辅助人员提供意外、疾病保险保障。（韦 华）

【中国人民财产保险股份有限公司东阳支公司】 2022年，中国人民财产保险股份有限公司东阳支公司(以下简称人保财险东阳支公司)实现保费收入4.13亿元，比上年增长6.78%，累计赔款2.25亿元。7月26日，启动由市公安局交警大队、东阳人民广播电台FM100.2、人保财险东阳支公司、平安财险东阳支公司联合主办的首届“百日交通零违法 安全行车无事故”——6吨油大奖挑战赛，全市共有7000余名驾驶员报名参赛，250人获奖。（朱佳慧）

2022年东阳市各保险经营机构运行情况统计表

表31

类别	保险经营机构	保费收入（万元）	赔款支出（万元）	赔付率 %
财产险	合计	116199.76	63325.50	54.50
	人保财险东阳支公司	41258.72	22536.97	54.62
	太平洋财险东阳支公司	12682.90	5886.02	46.41
	平安财险东阳支公司	31612.36	16241.16	51.38
	天安财险东阳支公司	1670.45	838.73	50.21
	中华联合财险东阳支公司	2657.58	1798.99	67.69
	大地财险东阳支公司	3687.10	2022.26	54.85
	阳光财险东阳支公司	1466.76	1068.35	72.84

续表31

类别	保险经营机构	保费收入（万元）	赔款支出（万元）	赔付率%
财产险	中银保险东阳支公司	277.52	206.22	74.31
	人寿财险东阳支公司	10829.20	7036.01	64.97
	华泰财险东阳支公司	—	—	—
	长安保险东阳支公司	702.28	535.50	76.25
	安诚财险东阳支公司	1519.82	960.25	63.18
	浙商财险东阳支公司	809.13	473.43	58.51
	紫金财险东阳支公司	927.57	656.70	70.80
	大家财险东阳市营销服务部	350.43	58.60	16.72
	永安财险东阳市营销服务部	1160.44	518.06	44.64
	太平财险东阳支公司	2419.89	1712.99	70.79
	华安财险东阳市营销服务部	1576.67	475.27	30.14
	都邦财险东阳支公司	590.94	299.99	50.76
人寿险	合计	208868.69	—	—
	中国人寿东阳支公司	138874.14	—	—
	太平洋人寿东阳支公司	9793.42	—	—
	平安人寿东阳市营销服务部	36125.35	—	—
	太平人寿东阳支公司	5931.64	—	—
	人民人寿东阳支公司	4257.71	—	—
	信泰人寿东阳支公司	1247.59	—	—
	幸福人寿东阳支公司	153.88	—	—
	泰康人寿东阳营销服务部	3902.62	—	—
	新华人寿东阳市营销服务部	6562.91	—	—
	中韩人寿东阳支公司	—	—	—
	英大人寿东阳营销服务部	—	—	—
	华泰人寿东阳营销服务部	321.85	—	—
	合众人寿东阳营销服务部	1697.58	—	—

（胡楚楚）

城乡建设与管理

国土资源管理

【概况】 2022年,东阳市获省政府督查激励事项奖励、省级国土资源节约集约模范县奖励、农民建房专项等用地指标427.8公顷,完成报批432.05公顷,居金华市前列。消化批而未供土地431.33公顷,盘活238.73公顷,低效再开发241.6公顷,闲置处置37.6公顷。出让土地95宗,面积15.75公顷,出让金额94.5亿元。完成临时用地审批47宗、乡镇公共设施和公益性事业建设用地审核12宗。

【土地开发整理】 2022年,金华市下达垦造和补充耕地任务81.33公顷、"千亩方""万亩方"项目立项任务6个、全域土地综合整治验收任务1个。截至年末,东阳市增加垦造和补充耕地82.8公顷,完成"千亩方""万亩方"项目立项6个、全域土地综合整治验收2个。南市街道槐堂村等15村全域工程、江北街道王户口村等17村全域工程被省自然资源厅纳入2022年度乡村全域土地综合整治与生态修复"11350工程";六石街道等3个街道(镇)土地综合整治项目入选首批省级跨乡镇全域土地综合整治试点名单。东阳市土地开发整理工作连续八年综合成绩列金华市各县(市、区)第一位。6月7日,东阳市永久基本农田集中连片整治工作获省政府督查激励。8月29日,东阳市土地综合整治工作获省自然资源厅主要领导肯定批示。

【自然资源监察】 2022年,市自然资源和规划局开展土地卫片执法检查整改拆除工作,完成1—12月土地卫片执法检查遥感监测图斑系统数据填报1597个、面积1368.1公顷(含耕地面积557.47公顷、永久基本农田面积104.63公顷)。围绕自然资源部下发的8309个图斑开展乱占耕地建房非住宅类房屋信息补充摸排,增加上报乱占耕地建房问题80宗,申请删除25宗,历年累计上报乱占耕地建房问题1963宗。常态化开展扫黑除恶专项斗争活动,开展交办线索调查报结工作。登记办理群众信访诉求645件,化解交办的重复信访、信访积案159件。

【征地管理】 2022年,市自然资源和规划局完成土地征收项目49个,征收总面积375.7公顷。收缴报批规费24521.56万元,其中收缴征地补偿费14530.83万元;支付统一征地补偿费15077万元。核定被征地农民参保人数1483人,收缴被征地农民社保补贴资金57318.4万元。

【矿产资源管理】 2022年,东阳市采矿权总量控制在金华市自然资源和规划局下达的指标内,全市持证矿山总数14家。截至年末,有绿色矿山5家。其中,通过自然资源部遴选的绿色矿山2家(东阳市忠信堂萤石矿、东阳市佐村萤石矿),通过第三方单位评估的绿色矿山3家(东阳市防军莹石矿棺材坞矿井、东阳市南马镇大厦萤石矿、东阳市南马镇木棉田萤石矿)。出让采矿权1宗(东阳市南市街道梨枫村矿地综合开发利用项目建筑用石料矿),出让金11.75亿元。

【地质灾害隐患点治理】 2022年,市自然资源和规划局发布《东阳市2022年度地质灾害防治方案》《东阳市自然资源和规划局地质灾害应急预案》《东阳市自然资源和规划局地质灾害应急预案操作手册》《东阳市自然资源和规划局地质灾害群测群防员工作制度》等文件。完成东阳江镇1:2000比例尺地质灾害风险调查工作。核减地质灾害风险区21处,落实地质灾害群测群防员131人,完成地质灾害工程治理任务6处,完成"专群结合"(专业监测技术手段与群测群防体系相结合)地质灾害专业监测预警点建设10处、山区雨量监测站建设8处。市自然资源和规划局开展地质灾害防治、"地灾智防"App使用等培训,组织"地质灾害防治知识进农村文化礼堂"宣传月等活动,提升基层地质灾害群测群防员的业务水平,加强基层群众防灾减灾意识。

【国土空间治理数字化应用】 2022年,东阳市加快"浙地智用"东阳节点建设。成立"省域空间治理数字化平台2.0贯通"工作专班,推进省域空间治理平台2.0场景贯通工作。东阳市土地集约利用评价模型接入省域空间治理平台"浙地智用"场景。在省域空间治理数字化平台"最强工具"综合评选中,市自然资源和规划局开发的“工业用地调查工具”列全省第四位。市自然资源和规划局推行数字化耕地保护,安装并接入“耕地智保”应用场景的铁塔摄像头有368个,覆盖全市98%耕地范围;“天巡地查”应用场景完成18个镇乡(街道)的人员架构组建并开展场景使用。

【测绘与地理信息服务】 2022年,市自然资源和规划局完成1747平方千米1:2000比例尺基础地理信息更新工作。其中,对变化较大区域100平方千米1:2000比例尺基础地理信息资源进行全要素更新,其他区域1647平方千米按省、市要求整合数据并对重大要素进行更新。市自然资源和规划局完成数字东阳地理空间框架运行维护及更新融合工作(天地图数据融合),包含80平方千米1:2000比例尺数字线划图(DLG)数据更新。办理2021年基础测绘成果使用许可28次,提供小面积地形图影像图75次,为东阳市村庄规划、自然资源执法、地质灾害隐患排查等提供数据支撑。以2021年12月31日为时间节点,开展2021年度东阳市土地利用现状变更调查,对2021年土地利用地类变化进行更新,更新成果通过自然资源部核查后,拟于2023年1月印发使用。

(徐超群)

资源开发

【概况】 东阳市资源开发集团有限公司(以下简称市资发集团)作为资源综合开发利用平台,主要承担土地、矿产、林业等资源要素的整合盘活职责,具体负责全市低效闲置用地的清理、收购、利用和土地指标的交易,土地整理开发,林业资源的开发经营利用,建设工程的勘察、规划设计、测绘等业务。2022年,市资发集团增加东阳市资发山水文化发展有限公司、东阳市林业资源开发有限公司、东阳市资发房地产开发有限公司3家全资子公司。市资发集团资产总额103.06亿元,比上年增长53%;营业收入4.53亿元;净利润7156万元,比上年增长97.68%;上缴税金超3000万元;增加融资11.11亿元。与15家金融机构建立融资合作,取得银行授信83.7亿元,为江北健康产业园项目建设、低效用地清理整治、土地综合整治、招大引强要素保障、非农建设指标购买等提供资金支撑。8月,市资发集团获评AA信用等级。

【低效用地整治工作】 2022年,市资发集团联合画水镇政府开展新能源产业园建设区块所涉47家企业资产收购、腾空拆除与产业园基础设施配套建设等攻坚工作,为东阳利维能新能源科技有限公司一期10吉瓦时新型动力电池项目等一批市重点招商引资项目提供用地支持。配合市低效整治办制定《东阳市集体工业用地收回与补偿办法(试行)》,明确集体低效工业用地收回程序。出让地块7宗、面积14.53公顷,盘活资金25.29亿元,收购低效用地39.29公顷。低效工业用地清理整治工作获省经济和信息化厅副厅长叶健松、金华市副市长李斌峰的肯定。东阳市低效用地整治工作综合考核列金华市第一位。

【土地综合整治工作】 2022年,市资发集团拨付土地开发整理项目资金5.5亿元,保障完成补充耕地省、市联合验收82.8公顷,土地整治工作综合成绩列金华市第一位。保障落实水田指标187.8公顷、旱地指标21.3公顷;支付“非粮化”整治资金1.46亿元,出资购买跨市(县)补充耕地指标53.3公顷;持续推进江北全域土地综合整治与生态修复工程项目。土地综合整治工作获省自然资源厅厅长陈龙、金华市副市长赵秋立的批示肯定。

【测绘与规划设计服务】 2022年,市资发集团下属东阳市资源勘察规划测绘有限公司获批浙江省测绘资质工程测量甲级资质,是东阳市唯一一家拥有该资质的单位,获评金华市自然资源和规划局A级信用测绘资质单位、金华市测绘与地理信息行业协会先进集体、金华市测绘与地理信息学会先进集体。市资发集团下属东阳市规划建筑设计院有限公司获批风景园林设计乙级资质,完成规划编制370项、市政设计284项、建筑设计80余项,获评浙江省勘察设计行业企业文化建设优秀单位、金华市标准型清廉国企。

(赵静涵)

城乡规划

【概况】 2022年,市自然资源和规划局完成新材料“万亩千亿”产业平台组团一的控制性详细规划编制,完成中心城区连片工业区的控制性详细规划修改,完成《东阳市中心城区道路系统优化提升规划》和《东阳经济开发区(东扩新区)城市设计》编制;启动东阳市总体城市设计整合提升及中心城区详细城市设计国际征集工作;完成城区城市规划项目规划论证50项、规划报批98项(含危旧房整治改造规划60项),出具规划设计条件56个;完成乡镇零星地块控制性详细规划修编14个、控制性详细规划局部调整6个、村庄规划局部调整166个、村庄规划修编19个,出具规划条件49个;核发建设工程规划许可证1681本、建设用地(含临时建设用地)规划许可证380本、乡村建设规划许可证346本,核实建设工程竣工规划259个。

【国土空间规划】 2022年,市自然资源和规划局开展国土空间总体规划编制工作,“三区三线”(“三区”:生态空间、农业空间、城镇空间;“三线”:根据生态空间、农业空间、城镇空间划定的生态保护红线、永久基本农田和城镇开发边界三条控制线)划定成果通过自然资源部审查,于10月正式启用。市自然资源和规划局推进“多规合一”实用性村庄规划编制,南马镇花园村小城市国土空间发展研究及详细规划方案完成论证,城东街道寀卢村村庄规划方案完成公示。

【上位规划编制】 2022年,东阳市主城区总体城市设计通过市第十六届人大常委会第四次主任会议审议。

市自然资源和规划局启动东阳市总体城市设计整合提升及中心城区详细城市设计国际征集工作，完成相关工作的策划服务采购招标，完成东阳经济开发区（东扩新区）城市设计。

【控制性详细规划编制】 2022年，东阳市中心城区、镇区控制性详细规划编制覆盖率100%。市自然资源和规划局完成江北街道05单元和30单元的控制性详细规划修改，完成吴宁街道22单元、六石街道32单元、市文化艺术中心街区、市体育馆街区等的控制性详细规划编制及修改；完成9个连片工业区控制性详细规划单元修改工作，其中江北街道4个单元、白云街道3个单元、六石街道1个单元、城东街道1个单元；完成新材料“万亩千亿”产业平台组团一的控制性详细规划编制，及组团二、组团三、组团四的控制性详细规划公示；启动白云街道控制性详细规划修改和城东街道之江路工业园区控制性详细规划编制工作。市自然资源和规划局协助各镇乡（街道）开展零星地块控制性详细规划编制及镇区控制性详细规划局部调整工作；年内完成零星地块控制性详细规划修编14个、控制性详细规划局部调整5个。

【配套服务设施专项规划】 2022年，东阳市中心城区道路系统优化提升规划和东阳市5G智慧多功能杆布局专项规划经市政府批准后实施。市自然资源和规划局完成城区空闲地整治专项规划，制定空闲地整治方案并督促相关街道实施。东阳市工业用地控制线划定专项规划项目、东阳市域生态廊道规划项目完成招标；开展六石街道村庄规划引导研究，形成初步方案。

【村庄规划编制】 2022年，市自然资源和规划局围绕危旧房治理改造工作，对市域乡村建设规划、市域村庄布局规划进行优化完善。完成村庄规划修编19个、村庄规划局部调整166个；完成农户单体户型建筑方案44个、农户放样定桩947户。

（徐超群）

不动产登记

【概况】 2022年，市不动产登记中心运用“互联网+不动产登记”信息服务平台，实施线上、线下一体化办理。不动产相关业务总办件量62006件，发放不动产权证书39995本、不动产登记证明26442本，办理注销登记17207宗、查封登记2351宗、解封登记1191宗，办理不动产信息查询35236件，办理行政限制235宗，权籍调查编制不动产单元号25309个。办结“一窗受理”业务11212件。

【“互联网+不动产登记”服务】 2022年，市不动产登记中心推进“互联网+不动产登记”服务，实现金华市域内存量房信息共享，不动产抵押登记延伸服务“网上办”扩展至全省174家银行。全年办理“掌上办”“网上办”服务事项11996项，不动产抵押登记抵押延伸服务27261项。

【不动产登记服务】 2022年，东阳市工业企业不动产抵押登记档案基本在一个工作日内办理完毕。市不动产登记中心完成企业供地、首次登记、抵押“一日办”模式测试，实现一天内完成“交地即交证”，同时完成企业融资抵押。完成上卢、横店、南马、巍山4个农房集聚区项目一期的集聚房档案办理和不动产权证书发放工作。实行咨询台主任轮班制、延时服务制、预约服务制、上门服务制、容缺受理制等便民服务和优化营商环境举措。全年免收工业企业登记费156200元、银行抵押登记费1159040元，合计1315240元。

市自然资源和规划局起草不动产登记领域历史遗留问题解决建议报告。确定艺海路8户历史遗留问题购房户的不动产权证办理方案；成立艺海路27号集资房、树德路以西自建房、万利大厦等问题楼盘及登记信访积案处置专班，召开工作例会商讨后续工作解决方案；会同市人民法院到衢州市柯城区人民法院对接艺海路35户集资房执行异议事项办理的相关工作；完成海德小区的公寓式住宅房不动产权证书办理。

【“不动产智治”应用测试】 2022年，市自然资源和规划局开展“不动产智治”应用高频事项办理的测试工作。完成商品房预告登记测试办件数量909宗、二手房转移登记测试办件数量5宗、权属查询测试办件数量19168宗。

【农房确权登记】 2022年，市自然资源和规划局开展农房确权登记工作。完成省自然资源厅布置的农房确权登记任务数，登簿数107238户，超额2%完成任务。

【低效用地产权登记】 2022年，市自然资源和规划局协助市低效办开展浙江省东阳市东达棉纺有限公司、东阳市振华塑料玩具有限公司等6家企业的低效工业用地产权档案查阅、产权面积认定，完成东阳市画水储亿红木家具厂、东阳市画溪诚成五金塑料厂等企业低效用地收购产权登记29宗。

（徐超群）

房地产管理

【概况】 2022年，东阳市完成存量房房屋网签1650宗，面积32.67万平方米；完成商品房网上备案1977套，面积31.28万平方米。市房屋征收服务中心协助市人民法院、市公安局查封房屋10套，解封房屋30套；完成商品房预售备案MDB（网签数据包）文件包17个、面积107.33万平方米；完成商品房预测成果备案、审核9宗，建筑面积104.99万平方米；完成房地产经纪机构备案33家；办理房屋租赁备案19户。对全市房地产经纪机构进行8次检查，检查房地产经纪机构60余家。

【住房保障】 2022年，东阳市完成筹集保障性租赁住房11553套，超额16%完成。完成年度公共租赁住房租赁补贴发放家庭116户，超额93%完成。城市住房保障受益覆盖率11.33%，超额完成金华市一类考核目标任务。起草《东阳市第三次城镇房屋排查方案》，会同相关部门及街道

2022年3月30日,2022年度第一批公共租赁住房抽签分配工作在建筑业总部中心会议室开展　（市房屋征收服务中心提供）

完成排查任务,排查房屋52000幢;完成自然灾害房屋建筑普查356345幢,建筑面积约1.8亿平方米,通过金华市、浙江省、建设部三级质检。开展年度公共租赁住房抽签分配工作。3月30日,开展年度第一批公共租赁住房抽签分配工作,符合东阳市公共租赁住房实物配租条件并通过审核公示的家庭72户,其中选择租赁补贴保障家庭3户、参与抽签配租家庭69户(包括优先配租家庭2户);年度第二批公共租赁住房申请家庭有65户,其中符合条件家庭37户。

【住房安全管理】　2022年,市房屋征收服务中心对全市物业小区的消防安全工作进行排查,完成整改问题30余个,配合消防大队对有关小区依法进行处罚。开展防汛防台风工作,督导全市127个有地下空间的小区安装水漫监测终端,增强防汛工作的智能化。对直管公房、公租房、过渡性租赁用房不定期开展安全排查,对所管辖的220处公房进行巡查,排查安全隐患。

【白蚁防治】　2022年,市房屋征收服务中心完成新建项目白蚁预防验收22个,建筑面积127.1万平方米,支付白蚁预防费用59.55万元。完成5个传统村落的白蚁治理,对65处白蚁危害严重区域进行整治。

【物业管理】　2022年,市房屋征收服务中心完成省级“红色物业”项目申报3个,超额50%完成。8个市级“红色物业”项目通过验收,完成率100%。8个业委会和5家物业服务企业建立党组织,构建起以党组织为支撑的多元化基层社会治理工作格局。完成6个小区配建新能源汽车充电接口,完成率100%。开展拉网式检查8轮,整改问题6700余个。召开物业企业培训会、推进会8次;制定小区顽疾整治工作总体方案、楼道清理专项行动方案等;完成111个物业小区、907个单元的楼道清理工作。

【房屋征收】　2022年,市房屋征收服务中心完成城市更新总投资额72.56亿元,超额45.12%完成投资。全市启动面积1平方千米以上片区改造项目5个,完成率100%;完成片区投资额28.54亿元,完成率81.54%。建筑物总拆除面积26.14万平方米,拆除率87.13%。5个片区的房屋征收签约户数1362户,签约率96.8%;腾空户数1021户,腾空率72.57%;拆除户数980户,拆除率69.65%。制定《东阳市城中村改造实施办法》、《东阳市国有土地上房屋征收与补偿办法》和《东阳市征收集体所有土地上房屋补偿实施意见》3个房屋征收政策,制定《东阳市房票使用管理办法(试行)》、《月亮湾片区房屋征收补偿安置方案》和《东七里区块更新改造工程项目房屋征收补偿安置方案》等政策,构建“3+X”政策体系闭环。完成《城市更新专项规划(评审稿)》编制。贯通房屋征迁监管(“浙里迁”)在线应用。

(杜　俊)

城乡建设

【概况】　2022年,市住建局统筹推进实施项目147个,其中完工的项目70个、开工建设的项目44个、开展前期工作的项目33个。完成市民中心建设。完成接官亭小区、朝阳小区等老旧小区改造11个,完成老旧小区加装电梯5台,完成二次供水设施改造小区5个。完成第二批传统建筑认定、公布、建档和挂牌工作;完成历史文化名城保护专项体检。完成整治城市道路7.6千米;完成绿道建设8千米,贯通省级绿道29.44千米、绿道交界面两个。猴塘公园、江滨景观带北岸休闲文创公园、南岸艺术公园开工建设。完成“迎接省运会”环境整治和风貌提升项目共26个;建成美丽城镇建设省级样板1个、省级城乡风貌样板区2个、省级未来社区1个。东阳市入选全省第一批全域推进未来社区建设和城镇社区公共服务集成落地改革试点名单。

【城乡风貌整治提升】　2022年,市住建局开展城乡风貌整治提升工作。完成美丽城镇建设,横店镇获评美丽城镇建设省级样板,南马镇、虎鹿镇、巍山镇、千祥镇、三单乡通过美丽城镇建设基本达标考核;启动5个城乡风貌区建设,其中木雕小镇特色产业风貌区和横店—湖溪县域风貌区获省级城乡风貌样板区,木雕小镇特色产业风貌样板区获评新时代富春山居图城市样板区,江北新区、行政中心、白云商贸3个城市风貌区通过金华市级验收;成功申报第五批省级未来社区创建项目4个(江北街道猴塘社区和恬里社区、白云街道中山社区和蓝天社区)、第六批省级未来社区创建项目4个(白云街道昆溪社区和学陶社区、吴宁街道蒋桥头社区、横店镇下莲塘社区);12月,江北街道猴塘社区入选第二批省级未来社区名单。

【危旧房治理改造】 2022年,市住建局开展农村困难家庭住房改造即时救助,完成"四类人员"(低保户、低保边缘户、贫困残疾户、分散供养特困户)农村危房改造验收57户,发放补助资金130.62万元。推进农房集聚区项目建设,高铁新城农房改造集聚安置区(一期)建设项目完成主体结构施工,配套绿化工程开工建设;高铁新城农房改造集聚安置区(二期)建设项目主体结构完成28%;巍山镇农房集聚区建设项目(二期)完成主体结构施工,配套绿化工程完成50%,电建工程进场;上卢农房集聚区建设项目(二期)主体结构完成99%,电建、配套绿化完成50%;横店镇农房集聚区建设项目(二期)主体配套工程完成90%。

(康红阳)

城市综合开发运营

【概况】 东阳市城市建设投资集团有限公司(以下简称市城投集团)作为城市综合开发运营平台,承担城市基础设施投资建设主体与城市综合运营服务提供主体的双重角色,主要负责城市土地一级开发、市政公用基础设施及相关产业投资、融资、建设、运营、管理等城市开发建设工作,业务涉及城市建设投资、房屋拆迁服务、土地开发、房地产开发、停车服务、建筑材料生产和检测、建筑设备租赁、物流配送、物业管理等领域。2022年,市城投集团资产总额219亿元,比上年增长45.45%;收入总额26.8亿元,比上年增长41.05%;利润总额1.97亿元,比上年增长31.33%;净融资额33.1亿元;缴纳税金1.53亿元,是东阳市第一家纳税超亿元的国有企业。全年实施项目44个,项目总投资117.6亿元。其中,前期类项目17个,完成投资1.6亿元;在建项目27个,完成投资33亿元。

2022年,市城投集团投资成立浙江城投华铁工程设备租赁有限公司和东阳市城投供应链管理有限公司,开展高空作业设备平台租赁业务和建筑材料采购供应业务。市城投集团下属东阳市城建建筑材料有限公司的孙村、南马建材砂石料生产线投入生产。

【房建工程】 2022年,市城投集团完成市民中心、巍山粮站两个项目建设。上卢农房集聚区建设项目(二期)基本完工;城西安置区完成总工程量的92%;城东休闲养生项目住宅部分完成工程量的45%,商业部分完成工程量的50%。市城投集团协同推进横店农房集聚区(二期)、高铁新城农房改造集聚安置区(一期)等项目建设。

市城投集团完成吴宁街道蔡家村、陈塘村、金钩塘村、一都许村共391户房屋征收补偿安置协议签署,支付补偿款2.4亿元;完成吴宁街道东七里片区74户房屋征收补偿安置协议签署,签约率97%;完成高铁新城西一路20户、林业总场地块(书院路、东义路)35户的房屋征收签约工作。完成马宅镇三和村、吴宁街道四联小区和西岘小区等拆迁安置项目29.75公顷的农用地转用报批工作。

【市政基础设施工程】 2022年,市城投集团完成艺海路(城南东路—兴平路)、甘溪路(关山路—艺海路)、人民北路(江滨北街—北五路)、画水北路(江滨北街—北五路)、汉宁东路、江滨北街东延等道路工程建设。完成江北街道轻纺街防涝工程、城东街道雅溪村危旧房整治改造工程、人民路人行天桥工程等项目建设。人民广场人防工程基本完工。四号路(城南西路—书院路)、歌山路(江滨北街—东义路)、振兴路(艺海路—学士路)等道路改造提升工程的主路完成建设并通车。截至年末,博士大桥完成总工程量的30%;歌山大桥完成总工程量的75%。完成涉及江滨南街、江滨北街、博士路、教授路、望江路等城市道路项目的土地征用报批工作,面积19.97公顷。

【城市风貌提升项目】 2022年,市城投集团完成市文化体育中心、猴塘文化公园、浪坑口公园项目涉及的土地征用工作,完成猴塘文化公园、南岸艺术公园、休闲文创公园等20万平方米的绿地种植和4个口袋公园(迎宾大道口袋公园、市职教中心学校东技校区口袋景观公园、巍山大龙身口袋公园、城东街道徐田村三角绿地口袋公园)的建设。完成东阳中学南大门前广场及道路修复、第十七届浙江省运动会火炬传递路线改造提升、迎宾大道两侧沥青道路改造、市体育馆周边设施景观提升等项目建设。

【物业服务】 2022年,市城投集团下属的东阳市国置物业服务有限公司,东阳市城投朗诗物业服务有限公司,物业服务总面积201万平方米,比上年增长136%;营业收入共计2730万元。其中,东阳市城投朗诗物业服务有限公司进驻江北街道锦溪北苑小区、横店镇屏岩南苑小区、巍山镇金源里小区、南马镇南强名苑小区等开展物业管理服务。

【城市综合服务】 2022年,市城投集团下属东阳市公共服务有限公司管理城区公共停车泊位4280个。下属东阳市城投新能源有限公司有换电站1座、充电站11座、租赁车辆66辆、与美团优选和多多买菜社区电子商务平台的合作配送仓8座(日均配送量7万~8万单)。

(黄琪悦)

综合行政执法

【概况】 2022年,市综合行政执法局办理行政处罚案件17291起,收缴行政罚没款1346.3万元;参与拆除违法建筑1091宗、建筑面积49.5万平方米;数字城管平台派遣处置件70993件,结案数70733件(市综合行政执法局职责处置件52304起,结案数

52262件，结案率99.92%)；拆除各类户外广告1547块(幅)；受理行政许可3293件，收取各类规费109.15万元；受理信访件3015件、受理热线举报2692件；承办市人大代表建议和政协委员提案共77件。

【"大综合一体化"行政执法】 2022年4月，《东阳市推进"大综合一体化"行政执法改革方案》施行。市综合行政执法局行使行政执法事项1779项，占整体执法事项的33.5%，覆盖75%以上行政执法领域；有综合行政执法队伍1支，有市场监管、生态环境、文化市场、交通运输、农业、自然资源、应急管理和卫生健康领域专业执法队伍8支，65.3%的执法力量下沉镇乡(街道)。市综合行政执法局推广使用省"大综合一体化"执法监管数字应用，实行"一支队伍管执法"。全市各镇乡(街道)均成立综合行政执法队，打破"一事项一查""一部门一查"限制；自2022年7月15日起，市政府将部分县级部门行政处罚权交由吴宁街道等17个镇乡(街道)行使并动态调整南马镇行政执法事项目录(自2021年3月15日起，南马镇作为综合行政执法改革试点，开始行使17个方面530项行政处罚权及与之相关的行政检查权、行政强制权)；年内，全市各镇乡(街道)综合行政执法队运用"大综合一体化"执法监管数字应用开展"综合查一次"执法检查967次，检查各类单位5000余家。东阳江镇建立"联勤+联席+联动"综合行政执法机制，"一支队伍管库区"工作获副省长高兴夫批示肯定。《东阳市综合执法指导办公室运行规则》入选《省"大综合一体化"行政执法改革制度成果50例》。

【综合行政执法办案】 2022年，市综合行政执法局规范执法，明确第一批轻微违法行为"首违免罚"事项60项；制定《东阳市综合行政执法局行政处罚自由裁量细则(2022版)》；编写典型案例；成立电力执法联络室、"检执联动"联络室，开展焚烧、油烟、扬尘、教育、燃气等专项执法行动。全年，办理一般程序案件6504起、简易程序案件10787起；收缴罚没款1346.3万元。

2022年，市综合行政执法局首次对16个领域69项执法事项开展执法，分别是串通投标等建设领域执法事项36项、毁坏林地等林业领域执法事项7项、人行道违法停放机动车等公安领域执法事项5项、擅自在河道采砂等水行政领域执法事项3项、私拉电线和插座给电动车充电等消防救援领域执法事项3项、非法销售烟花爆竹等应急管理领域执法事项2项、非法捕捞等农业农村领域执法事项2项、违法使用童工等人社领域执法事项2项、环境噪声污染等生态环境领域执法事项2项、危害电力设施等发改领域执法事项1项、销售封建迷信殡葬用品等民政领域执法事项1项、擅自升放系留气球等气象领域执法事项1项、拆除人防工程设备设施等人防领域执法事项1项，擅自经营高危险性体育项目等体育领域执法事项1项，宾馆(酒店)主动提供一次性用品等文广旅体领域执法事项1项，未经批准进行临时建设等自然资源领域执法事项1项。非法燃放、销售烟花爆竹立案查处15起，罚款金额35.61万元；非法采砂立案查处4起，罚款金额8万元；娱乐场所非法使用未成年人立案查处4起，罚款金额11.5万元；其他行业单位非法使用童工立案查处16起，罚款金额22.75万元；违规办学立案查处9起，罚款金额51.68万元。

【行政执法数字化改革】 2022年6月，东阳市城市综合管理服务系统在"浙政钉"App上线运行。该系统接入市大数据中心500路智能分析视频，24小时自动采集问题、智能识别发现案件、自动跨部门流转城市管理领域各类问题，相关处置部门和执法人员通过"浙政钉"App完成案件查收、现场处理核查、案件回复等处置闭环。全年发现城市管理领域案件34638起，完成案件处置34635起，问题解决率99.99%。

【人行道违法停车治理】 2022年7月15日，人行道违法停放机动车的行政处罚权正式划转至市综合行政执法局。启用违法停车管理系统，加强严管路段执法，对非严管路段采取"先提醒后处罚"机制。全年，开出人行道机动车违法停车罚单32976张，处罚金额494.64万元；规整人行道非机动车违法停车5000余辆次，暂扣非机动车1600余辆次，立案查处1500余起。梳理、清除占用盲道、市政设施等设置不合理的停车泊位，督促市城投集团施划人行道停车泊位超10000个；纠正擅自设置、占用停车泊位行为1200余次，立案查处100余起。

2022年7月15日，市综合行政执法局执法人员在艺海路开展人行道违法停车秩序管理 （市综合行政执法局提供）

【违法建设管控】 2022年，市综合行政执法局开展日常动态巡查，实施精准管控，加强封闭式小区管控和在建工程督查，对发现的问题实施督查交办制度。全年查处违反规划类案件52起，拆除相关违法建筑1091宗、面积49.5万平方米。

【建筑垃圾规范化处置】 2022年，市综合行政执法局开展建筑垃圾资源化利用和消纳周转点选址建设的督查落实。3月，画水建筑垃圾资源化利用中心投入运行（全市7家建筑垃圾资源化利用中心均建成投入运行）。市综合行政执法局完成《东阳市建筑垃圾治理专项规划（2022—2035）》修编工作。查处违法运输、处置建筑垃圾案件502起，处罚金额247.66万元。建筑垃圾管理年终考核列金华市第三位。

（卢丽莎）

城市管理

·城市公用事业建设管理·

【概况】 2022年，东阳市环境卫生有限公司服务范围内有公厕70座、垃圾中转站（点）37座、垃圾填埋场2座。市政公用事业中心管理绿地面积282万平方米、行道树3.2万株、东阳江水面及湿地公园保洁面积75.3万平方米；市政道路维护混凝土路面476.7万平方米、沥青路面349.9万平方米、人行道面积223.6万平方米；管护各类桥涵99座（含8座跨江大桥）；有照明设施4.5万盏、控制箱632台，装灯功率约5500千瓦；有大桥（艺海大桥、人民大桥、中山大桥、望江大桥）两岸LED景观、楼面亮化等景观照明灯约23万盏、控制箱103台，装灯功率3077千瓦。

【环卫设施改造】 2022年，市综合行政执法局推进城区环卫设施改造。11月，树德路中转站、艺海路中转站、通江路中转站完成改造提升，投入使用。东阳市餐厨垃圾生态处理中心项目于3月完成餐厨垃圾处置中心建设，进入设备调试阶段；9月，完成配套室外工程；12月，完成绿化工程施工；年内，该项目完成餐厨（含地沟油）、厨余垃圾收运量1.83万吨，其中餐厨中心处置9787吨，电厂协同处置8513吨。东阳市生活垃圾综合利用项目（市垃圾焚烧厂项目一期）于6月完成渗滤液处理站调试运行；12月，完成“三通一平”抗滑桩施工和厂区绿化配套设施建设，通过项目自主环保验收后正式投入运营；年内，该项目完成垃圾焚烧量40.27万吨，上网电量1.65亿千瓦时。

【园林绿化管理】 2022年，东阳市建成区面积48.16平方千米，建成区绿地率38.88%，建成区绿化覆盖率43.94%，人均公园绿地面积13.6平方米；公园服务半径覆盖率90.07%。12月，百工园获评省级优质综合公园，江北街道紫樾府获评省级园林式居住区。市政公用事业中心牵头编制《东阳市绿地系统专项规划（2021—2035）》；完成城区古树名木后备资源普查工作；完成城区中山小公园等5个口袋公园改造提升项目。全年完成城区绿化日常养护面积282万平方米；补种乔木3378株、灌木6.76万平方米、地被4.76万平方米，种植时令草花1.64万平方米。

【市政设施维护】 2022年，市综合行政执法局完成城区绿地提升改造约3万平方米；增设草坪护栏5000余米，增加钢质隔离栏243处，改造绿地内排水沟340米、汀步94平方米；更换果壳箱64只，安装停车限位杆149根，更换座椅25条、广告警示牌260块，更换园林路灯杆及刷漆翻新197根；铺设雨花石面积400平方米，改造亲水平台栏杆269米。完成公园地面设施破损维修面积3.44万平方米；维修公园长廊、建筑小品面积780平方米；完成公园庭院灯灯源更换363套。维修改造人行道面积3.15万平方米、沥青路面面积18.99万平方米、混凝土路面面积2199平方米，维修路侧石904米，整修树框585个。完成桥涵常规定期检测99座，提升改造桥涵栏杆27座，安装桥梁限载牌11座，定期跟踪观测10座桥梁的沉降、裂缝。

【路灯管理】 2022年，市综合行政执法局完成兴平东路、青春广场、百家塘等亮化提升改造工程，共计铺设电缆7436米，安装路灯76套。日常维修道路和小区的路灯1767处；排查、修复路灯控制箱故障916处，更换电缆4800米；矫正处理倾斜灯杆157处；增补路灯84杆，安装灯头97个，改造灯头75个；整改路灯设施缺陷131处；刷漆翻新道路老旧灯杆1700余根；拆除小区路灯线缆“上改下”架空线15120米。全年路灯亮灯率98.44%，设施完好率96.7%。

·城市环境卫生管理·

【概况】 2022年，东阳市环境卫生有限公司服务范围内清扫保洁总面积为1289.07万平方米。可机扫面积756.6万平方米，实现机械化清扫面积559.9万平方米，机扫率74%；洒水作业面积575万平方米，洒水率76%。建成垃圾分类集中投放点1000余个；清运可回收物132.02吨、有毒有害垃圾9.02吨（含废弃口罩2.75吨）。

东阳市生活垃圾分类覆盖面、资源化利用率、无害化处理率均达100%，基本形成垃圾分类投放、分类收集、分类运输、分类处置体系，实现生活垃圾总量负增长0.63%，生活垃圾回收利用率39.07%。

【环境卫生管理】 2022年，东阳市推进环境卫生“一把扫帚”改革。市综合行政执法局、市财政局、市国资办联合印发《东阳市城区环境卫生“一把扫帚”保洁扩面实施方案》；截至年末，吴宁街道、江北街道完成“一把扫帚”保洁扩面共92万平方米，白云街道完成“一把扫帚”保洁扩面47.33万平方米。

【城区生活垃圾分类】 2022年5月，市垃圾革命办印发《2022年东阳市生活垃圾革命工作实施方案》，明确各部门工作任务和职责。持续推进城镇垃圾分类“两定四分”模式，建成垃圾分类集中投放点1021个。截至年末，主城区303个小区基本完成“撤桶并点”工作，投入运行“两定四分”垃圾分类亭759个；配置各类垃圾收集清运机动车辆310余辆,均接入监管平台系统,实行运行监控和社会监督;落实“五定”(定车、定人、定时、定点、定路线)管理,做到垃圾日产日清,分类收运。市综合行政执法局开展垃圾分类专项执法整治行动,处理垃圾分类违法案件1943起,处罚金额65.5万元。利用《行风热线》《每周聚焦》等栏目及微信公众号曝光垃圾分类不文明行为38期。开展垃圾分类示范小区、示范片区创建活动;东方小区、江南名都、新兴一品、碧水名府、汇豪名邸、下宅口小区、九龙公馆、江南名邸、金鼎名苑9个小区获评2021年度省级高标准生活垃圾分类示范小区,吴宁街道获评2021年度省级高标准生活垃圾分类示范片区。

【垃圾分类宣传工作】 2022年,市综合行政执法局开展垃圾分类“进机关、进学校、进社区、进企业、进家庭、进商超、进宾馆、进窗口”宣传活动和入户宣传活动,全年入户宣传3.2万户,覆盖人数7.9万人。组织垃圾分类专题培训;开展公职人员生活垃圾分类知识测试,参与测试人数约4万人次。在东阳市级以上媒体刊发垃圾分类宣传报道320篇,在东阳市广播电视台播放垃圾分类公益广告。发放《垃圾分类,从我做起》宣传册,落实中、小学生人手1册。

·燃气行业管理·

【概况】 2022年,市综合行政执法局推进管道燃气进村入户民生实事工作,完成中低压燃气管道铺设安装315.56千米,超额9.81%完成年度目标;完成小区燃气管道安装14049户,超额75.61%完成年度目标。完成瓶装燃气标准化供应站点建设17个。加强燃气安全监管和执法检查。

【燃气安全监管】 2022年,市综合行政执法局推广瓶装燃气用户端软管集中更换行动,消除因软管老化、破裂引发事故的隐患;更换用户端瓶装燃气软管24.21万户,占总用户数的91.28%。加强燃气安全监管,实施燃气居民用户“一户一检一挂”,餐饮场所“一户一档一公示”等工作举措。督促燃气公司开展瓶装燃气实名登记和入户安检工作;全年完成入户安检45万户,实名制配送登记112万起,发现并整改隐患1.5万处。市综合行政执法局持续推进老旧小区燃气管网更新改造,排查燃气设施使用10年以上的旧小区27个;市燃气公司投入资金164万元更新燃气管道5.1千米。

【燃气安全执法检查】 2022年,市综合行政执法局开展燃气安全执法检查,查处燃气类案件357起,比上年增长441%;对违法违规燃气用户处以罚金31.8万元。东阳市燃气安全管理工作在住房和城乡建设部安全检查中获肯定。

(卢丽莎)

“三改一拆”工作

【概况】 2022年,市“三改一拆”办拆除违法建筑88万平方米,完成“三改”面积104.8万平方米(旧住宅区改造面积70.38万平方米、旧厂区改造面积21.87万平方米、“城中村”改造面积12.55万平方米),分别超额10%、26.22%完成金华市年度任务数。完成面积0.67公顷以上连片违建拆除13处,腾出用地空间17.98公顷。相关镇、街道于7月15日之前完成344个省委巡视反馈问题全部整改销号。市“三改一拆”办在全市范围内开展常态化无人机巡查,整理出一套违法建筑台账资料,实现违法建筑整体登记在册。东阳市获评2021年度省级“无违建县(市、区)”、2021年度省级“无违建”创先争优示范县(市、区),获跨省城乡建设用地增减挂钩结余指标奖励5.33公顷。

【城区涉安全隐患违法建筑整治】 2022年,市“三改一拆”办加快存量违法建筑处置工作。印发《关于持续推进城区涉安全隐患违法建筑专项整治行动的通知》,要求各城区街道加强组织领导,落实责任分工,持续推进城区涉安全隐患违法建筑整治行动。12月13日,东阳市召开深化城区违法建筑专项整治行动工作会议,要求重点开展城区拆后反弹严重小区庭院违建集中整治。年内,吴宁街道、白云街道、江北街道整治涉安全隐患违法建筑405宗、面积5.2万平方米。

【涉安全隐患违法建筑整治】 2022年,市“三改一拆”办印发《关于加快推进涉安全隐患违法建筑整治工作的通知》,召开动员会进行专项整治行动部署,要求相关镇、街道对企业

2022年11月,执法人员在南马镇南马工业区拆除企业涉安全隐患违法建筑

(市综合行政执法局提供)

涉安全隐患违法建筑问题进行攻坚，提高整治标准，逐宗销号到位。市“三改一拆”办成立督查组，到相关镇、街道督查工作落实情况。全市拆除企业涉安全隐患违法建筑523宗、面积51.6万平方米。

【违法建筑管控机制建立】 2022年，市“三改一拆”办要求各镇乡（街道）建立以村、小区为单元的信息化管理网格，成立常态化巡查队伍，对发现的新增违法建筑及拆后反弹现象进行拆除和制止。制定行政问责制度。落实“回头看”制度，要求各镇乡（街道）每周组织人员对相关村、小区进行实地走访，查看是否有工作遗漏与拆后反弹情况；同时，市“三改一拆”办不定期对拆除验收通过的村、小区开展“回头看”。

（金 靓）

高铁新城建设

【概况】 2022年，高铁新城管委会完成22个设计、施工、咨询等项目的公开招标。完成城东街道溪田村、牛头山村的房屋征收。对南市街道五一功能区解除投资协议的12家企业、城东街道东屏工业区解除投资协议的1家企业，实施土地收回。上报政府专项债项目7个，分别是五一科创谷市政及基础设施建设项目、影视创意谷市政及基础设施建设项目、高铁新城农房改造集聚安置区（二期）幼儿园项目、高铁新城渣土消纳和泥浆固化项目、杭温高铁东阳横店站停车场及进站道路工程、高铁新城天然气高中调压站及管网建设工程、高铁新城棚户区改造项目，共申请专项债额度73.8亿元，其中五一科创谷市政及基础设施建设项目、影视创意谷市政及基础设施建设项目、高铁新城农房改造集聚安置区（二期）幼儿园项目和高铁新城渣土消纳和泥浆固化项目获批专项债额度共计6亿元。

2022年，高铁新城管委会完成“三区三线”规划编制，调整稳定耕地211.8公顷，核减省级项目用地36.8公顷，盘活成片开发用地8平方千米。市自来水二厂和横店水厂管网连通项目加压泵站（高铁新城段）一期2万吨/日供水设施完成建设并投入运行；迎宾大道至高铁新城600毫米供水总管完成安装。槐堂棚户区改造项目A地块、C地块完成建设；E地块完成占地面积50万平方米的安置房规划建筑方案公示并开工。杭温高铁东阳横店站停车场及进站道路工程完成工程总承包（EPC）招标工作。槐堂未来社区建设启动，年内建成全市第一个“人车分流”、户户通管道天然气的联体式上槐安置房小区。农房改造集聚安置区项目一期通过竣工验收；农房改造集聚安置区项目二期完成投资1.95亿元，主体结构及地下室建设完成总工程量的50%。

【五一科创谷项目】 2022年，五一科创谷项目完成“一横一纵一溪”建设，经三路、纬四路、王后坑溪完成施工。乐之翼新型产销研一体化游乐产业项目、奇美环保科技年产600套有机垃圾微生物处理设备生产项目、海派

2022年高铁新城公开招标项目一览表

表32

序号	项目名称
1	高铁新城影视创意谷排污管道建设工程
2	槐堂棚户区改造C地块集聚安置用房——苗木及节点工程
3	上槐古建筑厉无畏旧居迁建项目
4	高铁新城0579-DY-ZX-42单元02街区17-20地块场地平整工程
5	东阳市高铁新城业务用房配套用房项目
6	东阳市高铁新城业务用房配套道路工程
7	槐堂棚户区改造E地块集聚安置用房（第二次）项目
8	东阳市东仙线“白改黑”道路工程设计项目
9	西二路设计项目
10	槐堂棚户区改造E地块集聚安置用房施工监理项目
11	花廿线“白改黑”道路工程

续表32

序号	项目名称
12	横店影视摄影棚公共服务配套设施项目设计招标项目
13	高铁新城创业中心改造工程
14	东阳市高铁新城农房改造集聚安置区(二期)幼儿园项目工程总承包工程
15	高铁新城渣土消纳和泥浆固化项目
16	五一科创谷排污管道建设工程
17	站北路二期设计项目
18	杭温高铁东阳横店站停车场及配套道路总承包工程
19	东阳市东仙线白改黑道路工程
20	东阳影视创意谷市政及基础设施建设项目工程总承包工程
21	东阳槐堂社区工程总承包工程
22	东阳五一科创谷市政及基础设施建设项目工程总承包工程

亚太服饰新建年产160万套记忆功能针织内衣项目开工建设,项目占地面积分别为1.99公顷、2公顷、1.33公顷。

【影视文化创意项目】 2022年,影视创意谷项目污水总管工程完成政策处理工作,排污管道建设完成总工程量的50%;东九路路基进场施工。爱奇艺创意文娱综合中心项目推进建设面积10.17公顷的施工图审查工作。腾讯视频文创中心项目完成11.53公顷建设用地的场地平整、围墙施工工作。欢瑞世纪文创科谷项目启动4.87公顷建设用地的征收工作,其中城东街道下庄村、厚奕村的建设用地完成征收。

【赛特斯5G产业园项目】 2022年,赛特斯信息科技有限公司IPO通过证监会审核,进入股票发行注册申请阶段。年内,增加产值6134.57万元,上缴税金481.11万元,项目历年累计产值27511.49万元,入库税金5969.57万元。该项目一期用地2公顷,厂房外墙、办公楼幕墙完成施工,室内水电安装工程及室外附属工程于年内开工建设。

【纵目科技东阳智能驾驶系统生产基地项目】 2022年,纵目科技东阳智能驾驶系统生产基地项目一期用地2.33公顷,7月29日开工建设,12月9日结顶。

【矗峰重工年产28500台高端智能高空作业平台产业基地项目】 2022年,矗峰重工年产28500台高端智能高空作业平台产业基地项目一期完成5公顷建设用地的受让合同签订,启动建筑方案设计工作,推进赋码备案、环境影响评价和能源技术评价审批工作。

【高铁新城实验幼儿园项目】 2022年,高铁新城实验幼儿园亲乐园园区建成并投入使用。高铁新城实验幼儿园未来社区园区、农房改造集聚安置区一期园区启动施工图设计工作,农房改造集聚安置区二期园区进入施工图审查阶段。

【交通道路项目】 2022年,博士路隧道东线全长2263米、西线全长2360米,均于10月贯通。站南路泗渡溪桥项目完成图纸交底、安全风险交底,完成桥台施工,进入桥板安装施工阶段。花甘线“白改黑”道路工程通过竣工验收。东仙线“白改黑”道路工程完成施工招标并开工建设。

(许赛枭)

全国文明城市创建

【概况】 2022年,东阳市通过加强统筹协调、完善机制、整治顽疾短板、常态化督查指导、审核网上申报资料、宣传发动群众等举措,推进全国文明城市创建工作。东阳市优化调整全国文明城市创建工作领导小组,市委书记、市长共同担任组长。充实20余名干部到市创建全国文明城市工作领导小组办公室(以下简称市创建办),成立专班,实行实体化运作。市机关各部门单位、18个镇乡(街道)均成立创建工作领导小组,下设办公室和工作专班,实现市、部门单位、镇乡(街道)、村(社区)四级创建工作组织体系全覆盖。

【文明城市创建工作督查】 2022年,市委、市政府及创建工作领导小组共同印发《东阳市2022年创建全国文明城市工作实施方案》《东阳市推进创建全国文明城市重点顽疾专项整治行动方案》《东阳市创建全国文明城市"四乱"集中整治行动方案》《东阳市创建全国文明城市百日攻坚行动方案》《东阳市机关部门单位"心连心"文明共建活动方案》等17个专项文件，细化落实各项整治工作，明确各部门单位工作职责。

市创建办制定《东阳市创建全国文明城市工作督查考评办法》等相关制度文件，实行日常督考、专项考核、"红黄旗"评选、镇乡（街道）与部门捆绑考核等工作机制。常态化开展各类督查80余次。完成18个镇乡（街道）三轮专业测评和三轮实地交叉互评、122个文明物业小区及68个无物业小区测评。印发履职通知书519期，交办问题7.5万个，整改率98.7%。

【"顽疾"问题专项整治】 2022年3月18日，东阳市召开创建全国文明城市年度工作部署会，部署开展交通秩序、环卫保洁、门前包干、闲置空地、农贸市场及周边管理、建筑工地管理、"牛皮癣"及非法小广告、社区小区管理、线乱拉、夜市及马路市场、餐饮行业11项"顽疾"整治专项行动。市创建办开展全国文明城市创建标准普及工作，完善《实地点位创建任务》（2022版），编发《创建百科》推文20余期；开展培训27期，培养创建标准专业指导队伍。制定专项整治方案，由市公安局、市住建局、市市场监管局、市综合行政执法局、城市品质提升大会战指挥部5个部门（专班）牵头开展。召集相关职能部门召开专题工作协调会20余次。

【文明城市创建工作全域化】 2022年，全国文明城市创建范围从东阳市主城区延伸到全域，按中心镇、经济型、生态镇分类推进镇、村创建工作。全市开展省级以上文明村、镇专项测评2次，完成城区外镇乡（街道）交叉测评3轮。市创建办对镇乡（街道）资料申报进行两轮点对点指导，印发履职通知书18份，组织小班化培训12期、联审会审15次，审核图片资料54个条目1.2万张、说明报告133份，完成45项部门评价。东阳市建立"市级全面统筹、部门镇街联动、村社迅速响应"的创建指挥体系，在市、部门单位、镇乡（街道）、村（社区）四级创建工作组织体系均成立创建队伍，攻坚排雷队伍、志愿服务队伍，构建覆盖街道、社区、小区、楼栋（单元）的创建网格3456个。全市清单化推进"补短板"项目建设17类、1047个，投资总额3.16亿元，推进道路、绿化、消防设施、外立面等基础设施优化，丰富新时代文明实践站等配套设施建设。截至年末，完成项目建设894个。

【文明城市创建工作全民化】 2022年，市创建办完成两轮文明城市入户宣传，发放问卷16.8万份、市民文明手册13万份；组织"小手拉大手 共创文明城"新时代文明实践活动106场；开展"万家小主人 千名楼道长"活动362次；征集"小手拉大手·童声诵文明"短视频400余个；开展"烟头换鸡蛋"活动46场。常态化开展机关部门"心连心"文明共建活动。开展"崇尚践行浙风十礼""争做文明有礼东阳人""礼让斑马线"等活动。建成新时代文明实践中心1个，提升文明实践主题广场2个、实践所18个、实践站388个、实践点300余个，实现"15分钟文明实践圈"全覆盖。

【文明城市创建宣传工作】 2022年，市创建办制定《2022年东阳市创建全国文明城市公益广告提升行动工作方案》，提高公益广告质量。市创建办在城区主干道、重要场所打造公益宣传节点13处、精品景观小品51个，增加"社会主义核心价值观"主题节点50余处，更新路灯杆、F杆、公交站棚（牌）、绿化带宣传牌、交通隔离栏等公益广告9540余处。开展文明城市创建宣传工作，发布创建成果、实地测评结果，曝光"不文明"行为。

【志愿服务助力文明城市创建】 2022年3月3日，东阳市全民志愿服务助力全国文明城市创建活动暨志愿关爱社会联盟成立。在成立仪式上，志愿者代表宣读志愿服务助力全国文明城市创建倡议书，倡导志愿者发挥力量，做文明的宣传员、战斗员和传递员。该联盟定期举办志愿服务工作培训班，首批成员单位包括通信、酒店等多个行业与领域的17家单位。7月12日，"红马甲进网格 心连心共创建"东阳市创建全国文明城市志愿服务百日攻坚行动启动。交通干警、行政执法人员、党员干部志愿者、"红领青年"志愿者、金融志愿者、红领巾志愿者、社会组织志愿者代表、"横溧"青年志愿者、"亲青小哥"志愿者和大学生志愿者代表在活动现场接受授旗；全市18个镇乡（街道）同步开展全国文明城市创建知识宣传，推进全国文明城市创建百日攻坚。

（金芷羽）

【行政执法助力文明城市创建】 2022年，市综合行政执法局牵头开展"门前包干"、夜市及马路市场、"牛皮癣"及非法小广告、环卫保洁四项顽疾整治，牵头或配合开展垃圾分类规范化等11个文明城市创建"补短板"项目。开展早间、晚间市容集中拉网式整治行动，实施道路路面、园林绿化、路灯设施管养提升行动，加大普扫保洁力度，加强垃圾分类全过程管理，持续推进公共厕所提升改造。完成省级检查任务2轮次。出动10万人次开展道路共建，完成全市44条共建道路的5871份责任书签订工作；组织开展共建道路沿街商户"红黄旗"评比，保障共建成效。劝导占道经营行为18240次、流动摊贩19811人次，清理各类"牛皮癣"141万张，整改市政环卫问题4.5万个；办理养犬登记1816例，收容犬只1710只，查处养犬违法行为560余起；立案查处各类违反"门前五包"行为1351起、室外无照经营案件4215起、各类"牛皮癣"及非法小广告案件175起。（卢丽莎）

供　电

【概况】 2022年，国网浙江省电力有限公司东阳供电公司（以下简称东阳供电公司）完成固定资产投资3.94亿元；资产总额18.32亿元；售电量

68.44亿千瓦时,比上年增长10.25%;营业总收入458230.08万元,比上年增长26.06%,其中售电收入454441.43万元、其他收入3788.65万元。营业总成本460276.69万元,其中购电成本394844.99万元、输配电成本64837.62万元、其他成本及费用594.08万元。实现利润1112.23万元,上缴增值税8045.1万元。职工劳动生产率134.05万元/人·年,线损率2.44%。

【电网建设】 2022年年末,东阳市境内有500千伏变电所1座,主变压器3台,变电容量3000兆伏安;220千伏变电所4座,主变压器9台,变电容量1920兆伏安;110千伏变电所20座,主变压器41台,变电容量2040兆伏安;35千伏变电所5座,主变压器9台,变电容量99兆伏安;500千伏线路4条;220千伏线路12条;110千伏线路48条,线路总长357.29千米;35千伏输电线路23条,线路总长205.59千米,其中水火风电专线9条。10千伏配电线路468条,总长4308.57千米,电缆长度1437.8千米;10千伏开闭所162个,环网柜351个,高压分支箱22个;配电变压器13022台,配电容量5698.3兆伏安,其中公变5125台,容量2352.5兆伏安。有发电企业46家,其中火电企业2家、光伏企业16家、小水电企业26家、风电企业1家、新能源企业1家,发电机装机容量268846千瓦。

9月24日,35千伏鹤威3684线投入运行,线路长度2.05千米。9月27日,35千伏阳陈3549线投入运行,线路长度2.029千米;35千伏阳塘3550线投入运行,线路长度2.03千米。9月29日,110千伏石马1446高新支线投入运行,线路长度2.76千米。10月15日,110千伏济贸1291线投入运行,线路长度13.68千米;110千伏济福1290线投入运行,线路长度17.69千米。增加光明冀发光伏电站、木艺馆光伏站,装机容量分别为3985千瓦、3999.6千瓦。

济慈变110千伏送出工程部分线路投入运行,110千伏怀鲁变、220千伏杭温高铁横店牵引站外部线路、220千伏杭温高铁磐安牵引站外部线路、220千伏甬金铁路东阳牵引站外部线路工程开工建设。220千伏桥南变和110千伏亭塘变项目土地指标获批并进入流转阶段。110千伏万国变项目获核准;东阳供电公司与横店集团控股有限公司就该项目建设用地供应和线路优化方案初步达成一致意见。完成110千伏长征变项目的属地街道对接与站址路径图设计修改工作。

东阳供电公司完成“十四五”配电网规划滚动修编和中期评估工作,完成“万亩千亿”区块和横店镇区块“十五五”主网建设规划方案编制,促成市政府和金华公司签订输变电工程站址廊道保护框架协议。协助省公司完成500千伏吴宁变3号主变扩建的环保问题处理及500千伏缙云送出工程的前期工作。花园变10千伏河泉线、乐业线配套送出工程入选省公司二十佳优质配网工程。

【供电用电】 2022年,东阳市供电量701464.68万千瓦时,售电量684357.14万千瓦时;全社会用电量715512.95万千瓦时,其中第一产业用电量1247.77万千瓦时、第二产业用电量459814.84万千瓦时、第三产业用电量114229.73万千瓦时、城镇居民生活用电量40496.96万千瓦时、农村居民生活用电量99723.65万千瓦时。全市用电户数457539户,其中城乡居民用电户数398429户。最高供电负荷1316000千瓦,负荷率64.29%,线损率2.44%;农网综合电压合格率99.8%;农网供电可靠率99.99%;电费回收率100%。

【节能减碳政策实施】 2022年,东阳供电公司、市发改局、市经信局联合举办企业绿色转型专题研讨会,开展“绿色低碳 节能先行”“助力稳经济 服务零距离”等活动。协助市经信局完成产业链预警平台数据接入,实现835家企业能源数据采集率100%,完成企业综合能效诊断报告推送799家。推动政府制定支持新能源和节能降碳相关政策,协调市政府印发的《加快东阳市光伏产业发展和促进节能降碳的实施意见》落地,完成340千瓦用户侧储能系统并网运行。加快省管产业绿色转型,超额完成光伏项目投建任务;加快推进新能源汽车公共充换电基础设施建设,新建充电桩190个,年内总充电量1602.69万千瓦时,比上年增长173.23%。

【东阳市首个非公共机构海量可中断负荷场景落地】 2022年,市政府印发《关于进一步加强东阳市空调负荷管理工作的通知》,同意设立东阳市

2022年6月7日,东阳供电公司在南马镇花园红木家具城完成海量可中断负荷场景建设
(东阳供电公司提供)

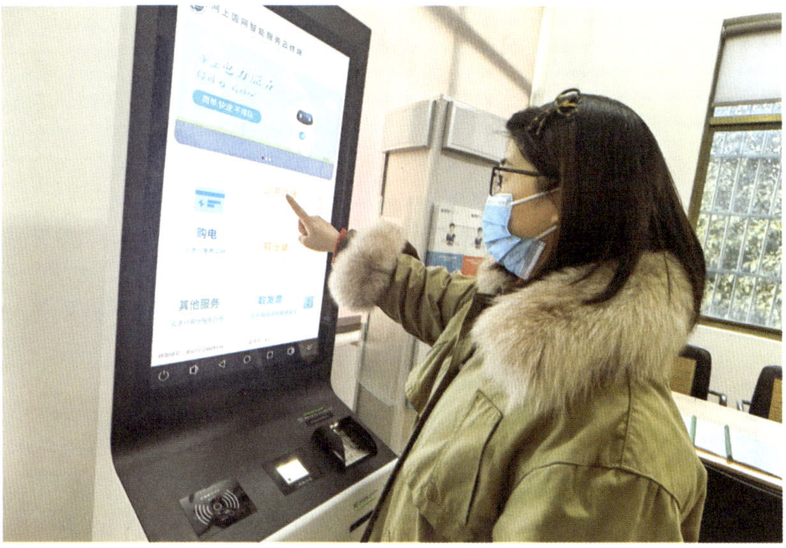

2022年1月13日，城东街道单良村村民在“光明驿站”自助办理业务

（东阳供电公司提供）

电力负荷管理中心。东阳供电公司在南马镇花园红木家具城建设海量可中断负荷场景应用，完成空调负荷需求响应建设，通过加装智能断路器实现中央空调远程调控；完成可召测分路负荷的高压专变分路负控改造，实现高压专变用户从整体控制到细分程度更高单元控制的突破。

【小微企业园区综合能源体系建设】 2022年，东阳供电公司为浙江普洛康裕制药有限公司多个厂区建设企业级能源管理系统，在巨和众创城、舒泰健康产业园等小微企业园区实施能效提升项目，打造东阳特色小微企业园区综合能源体系。每日监控巨和众创城小微企业园区各变压器、低压线路线损，确保线损率控制在3%以内；对接巨和众创城小微企业园区分布式光伏项目、储能项目，完成分布式光伏项目询价、储能项目现场勘察等前期工作。开展舒泰健康产业园分布式光伏项目前期规划设计工作，提前介入方案制定和初步建设工作。

【东阳市首个用户侧储能系统投入运行】 2022年，东阳市首个用户侧储能系统——横店增量配电试点区域“源网荷储”一体化创新实践项目在横店影视产业园正式投入运行。该试点项目服务区域面积1.81平方千米。储能设备配合园区内的屋顶光伏设备、智慧建筑管控平台、配网设备“双环网+母联”改造，构建“源网荷储”一体化平台，完成微电网系统建设。年内，屋顶分布式光伏发电量达498万千瓦时，减少二氧化碳排放3503吨。该项目入选2022年省新型电力系统试点项目，获财政奖补资金400万元。围绕“源网荷储”一体化平台，东阳供电公司建设“一县一景”项目，在横店增量配电试点区域建设绿弹数智微电网应用场景，聚合源网荷储互动潜力，完善能源插座接口平台，打造微网矩阵群调群控系统，截至年末，完成一次设备改造和系统开发工作。

【横店“量子小镇”全场景示范应用项目建设】 2022年，东阳供电公司研究开发电力量子安全服务平台并部署实施，完成横店“量子小镇”全场景示范项目建设，实现4G/5G+量子模式下FTU、三遥DTU终端、分布式光伏、用户侧储能、智慧充电桩、输电线路可视化、变电站机器人巡检七大场景示范应用，单次电网故障抢修时长从小时级降为分钟级，提高配网供电可靠性；通过源网荷储灵活互动能力提升，实现负荷削峰填谷；通过“量子+无线通信”安全应用，减少光缆基础设施投资，预计可节省资金1238万元。

【乡村电气化改造】 2022年，东阳供电公司吴宁供电所在城东街道单良村试点实施“乡村振兴·电力先行”工程，为该村蔬菜大棚实施“一棚一表”改造，节省农户电费成本，降低单良村线损和线路维护成本；完成配电房改造、架空线路“上改下”及线路“拆旧换新”工程。东阳供电公司在单良村打造的“光明驿站”获评国网浙江电力“红船·光明驿站”。

【电力科技创新和信息化应用】 2022年，东阳供电公司自主研发吸顶式充电桩取得发明专利授权，实现市场化运用。“基于综合能源服务站的小微企业园区能效服务模式构建与实施”获浙江省企业管理创新成果一等奖。35千伏雅畈变“5G+量子”示范项目被中国电力企业联合会评为电力5G应用创新典型案例，获浙江电力学会科技成果鉴定证书，获专利6项；电力量子安全服务平台获省公司新型电力系统建设典型经验二等奖，该项目获电网头条、《国家电网报》手机报、国际在线等多家媒体报道。

【全域公益生态圈打造】 2022年，东阳供电公司成立“东阳市向红社会工作服务中心”，形成以“幸福蜗居”为代表的枢纽型公益平台管理模式，打造“幸福轮友”“幸福芯灯”等7个子项目，延伸开展以“助老、助困、助学、赋智”为主要内容的志愿服务，组成全域公益生态圈。“幸福轮友”助残项目为百余名脊髓损伤患者提供自理能力培训、心理治疗等服务。“幸福蜗居”助残公益项目持续在浙江省、四川省等地落地实施，截至年末，完成危旧房改造221户，修缮（重建）危房近7000平方米，吸纳社会志愿服务12215次。该项目获评第七届“浙江慈善奖”慈善项目并获慈善信托奖，获评2022中国公益慈善项目大赛拾点公益联合募捐优秀项目。东阳供电公司红船共产党员服务队和横店红船共产党员服务队分别被省公司评为优秀分队和优秀服务队，虞向红获评全国岗位学雷锋标兵。

（陆俊英）

生态建设

·森林资源保护·

【概况】 2022年,东阳市推进浙江横店八面山森林质量提升项目建设,承办金华市湿地保护管理现场会,组织开展东阳江省级湿地公园保护宣传与生态修复项目建设,完成生态公益林调整工作,开展松材线虫病防控工作。南山国家森林公园实施建设项目3个,东阳东江源省级自然保护区推进生态修复项目1个、规划修编项目1个。

【浙江横店八面山森林质量提升项目建设】 2022年,东阳市推进省重点林业项目——浙江横店八面山森林质量提升项目建设。该项目包括迎宾大道沿线森林质量提升工程、八面山森林入口公园工程和田园综合体工程,总用地面积144.6公顷,总投资2105万元。其中,迎宾大道沿线森林质量提升工程面积97.9公顷,通过补植树木提升整体林相;八面山森林入口公园工程面积5.08公顷,通过疏伐、补植等措施打造山地花园;开发园艺科普、创意农业等功能性田园综合体,工程面积61.93公顷。截至年末,迎宾大道沿线森林质量提升工程完成建设,八面山森林入口公园工程建设完成工程总量的90%,田园综合体工程完成工程建设面积的50%。

【南山国家森林公园建设】 2022年6月23日,《浙江东阳南山国家森林公园总体规划(2021—2030年)》获省林业局批准。年内,南山国家森林公园实施建设项目3个。其中,智慧南山项目于4月24日开工,项目总投资1000万元,主要建设内容包括智慧林业系统、智慧旅游系统、智慧路灯系统、监控指挥室、供电线路改造及智慧南山综合管控平台,集森林防火、应急指挥、监控管理、环境监测、游客服务等多种功能于一体,项目建设完成总工程量的90%;市人防办南东侧山体坡面泥石流灾害应急治理项目于10月12日完成竣工验收工作,项目总投资40万元。森林步道项目一期总投资5000万元,建设内容包括五方庙至天宫寺横向森林步道、周边景观绿化及配套基础设施,森林步道全线贯通,总长约20千米。

【东江源省级自然保护区建设】 2022年,市林业局投入资金17万元用于东阳东江源省级自然保护区生物多样性保护监测和运行维护,对主要保护对象进行长期监测,监测到的珍稀濒危野生动物有白颈长尾雉、中华鬣羚、白鹇等,对保护区内生态环境进行修复。8月,完成东阳东江源省级自然保护区生态修复项目招投标工作,项目总投资150万元。11月,完成东阳东江源省级自然保护区总体规划修编项目的招投标工作,项目总投资49万元。全年巡查东江源省级自然保护区15590分钟,巡查路程500.8千米。每日向省林业局上报东江源省级自然保护区野生动物疫源疫病监测数据。

【湿地保护】 2022年,东阳市在山口大桥至望江大桥段开展场地整理、杂草清理、堆坡造型、排水沟开挖、湿地植物种植等湿地生态修复7.6万平方米。在人民广场水上步道建设湿地科普宣教走廊,长度360米,步道增设科普宣传牌。7月6日,东阳市承办金华市湿地保护管理现场会,推广东阳市湿地保护工作经验。11月2日,市林业局、江北街道办事处获评浙江省湿地保护修复工作成绩突出集体,王珍(市林业局)、苏海阳(歌山镇人民政府)、蔡国胜(白云街道办事处)获评浙江省湿地保护修复工作成绩突出个人。

【生态公益林管理】 2022年,东阳市林地补偿面积达66880公顷,其中公益林建设面积44086.67公顷、天然商品林建设面积22793.33公顷。林地补偿资金达2886.87万元,全市有2.32万名林农和1000余个村集体从公益林补偿和天然商品林补助政策中受惠。东阳市对2021年度涉及公益林的26个项目进行占补平衡调整,公益林调整实现“征一补一”政策,调整总面积36.34公顷,其中国家级公益林28.42公顷、省级公益林7.92公顷。

【松材线虫病防控】 2022年,东阳市开展松材线虫病防控面积14133.33公顷、清理枯死木4.78万株,比上年分别下降50.19%、44.35%,实现疫情发生面积和疫木株数双下降,实现高标准全域疫情有效控制。开展松材线虫病免疫针剂打孔注药工作，通过公开招投标，采购2%甲维盐免疫针剂6.5万支，投入市财政资金约70万元，重点对自然保护地（风景名胜区、森林公园、湿地公园等）、主要交通廊道和节点共3.5万株松树进行免疫针剂打孔注药保护。

·森林防火·

【概况】 2022年，市林业局开展森林防灭火工作督查，出动督查组72组，督查人员212人次，发现并整改森林火灾隐患10处，取缔林区露天烧烤点3个；加强护林员日常巡查，制止野外违规用火行为600起；加强队伍建设，建成早期森林火情处置队伍22支、村级兼职处置队伍54支，组织实战化演练；2支市级队伍于国庆节期间支援永康市扑救山火。

全年，东阳市签订森林防火责任书27份、护林防火承包合同42份；开展森林防火宣传工作，悬挂森林防火宣传横幅300余条，发放宣传单2000余份，推送宣传短信、微信、美篇等20余万条。

【野外火源管理】 2022年，市林业局加强护林员监管，督促护林员运用“金华森林防火”小程序开展巡察工作。全年收缴火种86个，制止烧烤、吸烟、烧秸秆、烧灰积肥等野外违规用火行为为660余起，宣传教育700余人次，发现并制止涉林案件85起。

【森林防火队伍和基础设施建设】 2022年4月，市林业局投资327.87万元采购460套阻燃服、29台森林消防高压水泵、63台割灌机、86台风力灭火机、565块固定宣传牌等设备，建立22支460人的早期森林火情处置队伍、54支村级兼职处置队伍。10月，投资150万元的引水灭火提升建设项目完工，完成安装蓄水桶（池）203只，采购13台森林消防高压水泵、120套阻燃服、21台风力灭火机等设备。

【森林消防演练】 2022年，全市22支早期火情处置队伍均多次开展200米以上扬程引水灭火森林消防演练。年内，全市开展森林消防演练47次，参与人数1200人次。3月24日，市林业总场消防队、市森林消防应急大队、横店镇森林消防队、六石街道森林消防队等6支早期火情处置队伍在落鹤山对森林消防水泵进行扬程测试和280米扬程引水灭火实战演练，各型号的森林消防水泵均完成320米以上扬程出水。

·动植物资源保护·

【概况】 2022年，市野生动植物保护管理站救护陆生野生动物155只（条）。组织开展“世界野生动植物日”、野生动植物保护宣传月暨“爱鸟周”和“国际生物多样性日”等宣传活动，开展“除险保安”现场检查工作。

【野生动植物保护宣传活动】 2022年3月，市林业局在市政府大厅电子屏设置标语，开展第九个“世界野生动植物日”主题宣传活动。4月，开展野生动植物保护宣传月暨“爱鸟周”宣传活动，在西山公园布置展板8块，悬挂横幅2幅，发放野生动植物宣传资料300余份；在市政府大厅电子屏设置宣传标语；在“歌画东阳”App、东阳电视台进行宣传。5月21—22日，市林业局、金华市生态环境局东阳分局和市融媒体中心在歌山画水公园联合举办东阳市“5·22”国际生物多样性日主题活动，为160余名小记者现场讲解野生动植物保护知识，普及生物多样性保护的重要性和野生动植物保护相关法律法规，现场发放宣传资料300余份，同时通过媒体进行宣传。

【生物多样性保护】 2022年，东阳市划分东白山风景区、南山国家森林公园、东江源自然保护区、落鹤山风景名胜区、屏岩洞府风景名胜区、八面山景区、国有林场（五个分场）等11个物种监测网格。市林业局与浙江广厦建设职业技术大学、市教育局、市摄影家协会、市市场监督管理局、千祥镇等单位建立合作机制，开展生物多样性调查，联合组建150余人的物种监测员队伍，在物种库网站定期上传物种卡；发动群众上传物种观察记录，全年上传东阳市的动物物种卡200余张和植物物种卡400余张，推动生物多样性保护“主流化”；相关工作获国家林业和草原局肯定。

【陆生野生动物救护】 2022年，市野生动植物保护管理站救护陆生野生动物155只（条）。其中，救护猫头鹰60只、白鹭（夜鹭）19只、松鼠2只、猴面鹰1只、雀鹰9只、画眉9只、雉鸡1只、翠鸟4只、刺猬6只、黑天鹅1只、狗獾5只、王锦蛇1条、黄鼠狼2只、猕猴2只；与市公安局森林警察大队联合放生画眉鸟33只。

【野生动植物保护管理】 2022年，市林业局开展野生动物展览、人工繁育场所、农贸市场“除险保安”现场检查32次。对东阳市森堡旅游开发有限公司（西山公园动物园救护点）、人工繁育场、农贸市场等定期开展安全检查，督促提升安全意识，加强笼舍安全和卫生消毒防疫工作。全年开展野猪危害防控种群调控应急狩猎2次。8月，市林业局与中国人民财产保险股份有限公司金华市东阳支公司续签《东阳市野生动物肇事公众责任保险合同》，合同于9月2日生效，保险金额29万元，保险期限1年。

·植树造林·

【概况】 2022年，东阳市造林面积340公顷；增加油茶面积14公顷，改造油茶低产林面积13.3公顷；封山育林面积781公顷。全市生态公益林面积44086.5公顷，森林面积107700.29公顷、森林覆盖率61.66%，森林蓄积量6684999万立方米。

【国土绿化】 2022年，东阳市完成国土绿化上图308.8公顷，超额1.03%完成任务，增加森林面积上图787.93公顷，超额0.84%完成任务。种植珍贵树种1.7万株，作业面积33.33公顷，提升森林质量7800公顷。开展“森林系列”创建工作，完成“森林村庄”创建22个、省“一村万树”示范村创建7个。

【义务植树活动】 2022年1月4日，市林业局在湖溪镇雅江村举行全市

2022年3月11日，市林业局在南岸艺术公园组织开展2022年“我为亚运种棵树”义务植树活动 （王伟民/摄）

林业部门职工义务植树活动，种植桂花、樱花2000余株。3月11日，在南岸艺术公园组织开展2022年“我为亚运种棵树”义务植树活动，栽植树苗800余株。各镇乡(街道)因地制宜开展义务植树活动，全民植树尽责率86%以上。

（马丹雅）

环境保护

·综述·

【生态文明建设】 2022年，东阳市推进国家级生态文明建设示范市创建。市委市政府美丽东阳建设工作领导小组办公室印发《2022年度美丽东阳建设工作任务书》，95项工作任务分解落实到36个相关部门单位。持续推进水气、土壤污染防治工作，践行“绿水青山就是金山银山”理念。创建美丽城镇建设省级样板1个(横店镇)、省级美丽城镇建设基本达标城镇5个、省级美丽乡村示范乡镇1个(千祥镇)、省级美丽乡村特色精品村5个、省级“一村万树”示范村7个、省级美丽河湖1条(南江画水段)、省级生态文化基地1个(南市街道梨枫村)，创建市级新时代美丽乡村209个、新时代美丽乡村达标村67个、新时代美丽乡村精品村43个、森林村庄20个。六石街道夏溪潭村、东阳江镇黄铺村、湖溪镇八里湾村和南马镇联合村入选省级低(零)碳村试点创建单位名单。东阳市获评2021年度美丽浙江建设工作优秀县(市)、2021年度美丽金华建设工作优秀县(市)、2022年度全省深化“千万工程”建设新时代美丽乡村(农村人居环境提升)工作优胜县。2022年度生态环境公众满意度得分89.75分，列全省第15位，比上年上升20位。

【生物多样性保护】 2022年，金华市生态环境局东阳分局开展生物多样性保护工作，在全域范围内启动生物多样性本底调查。组织开展首届东阳市中小学生自然笔记大赛，是金华市各县(市、区)首个举办该类活动的县(市)，大赛收到作品2893件；相关做法获“学习强国”学习平台专题报道。横店圆明新园皇家实景动物王国入选第一批省级生物多样性体验地培育名单、第十二批省级生态文明教育基地名单。

【全省首个“影视碳汇林”项目启动】 2022年6月3日，全省首个“影视碳汇林”项目在横店镇星光森林公园启动。“影视碳汇林”项目遵循生态、环保、低碳理念，在横店影视城拍摄的剧组自愿植树，每棵树上留有二维码，扫一扫即可呈现剧组简介、海报照片、拍摄花絮等信息。通过植物景观、林下空间公共艺术等形式，让游客了解每棵树、每片林、每组景背后的影视故事，共享绿色理念。

【2022年“6·5”环境日浙江主场活动】 于2022年6月3日在东阳市横店镇举行。活动由省生态环境厅、金华市人民政府主办，省生态环境宣传教育中心、金华市生态环境局、东阳市人民政府承办；活动以“共建清洁美丽世界”为主题，主会场设在横店影视文化产业集聚区影视广场。活动以情景剧的形式倡导影视行业绿色低碳转型。活动发布“坚持绿色低碳发展 共建清洁美丽世界”浙江倡议书，市民代表、企业家代表、志愿者代表、学生代表及影视界代表共同向全社会发出倡议，践行绿色生活方式。《人民日报》、中央电视台、《中国环境报》等媒体报道该活动。

·水气治理·

【概况】 2022年，金华市生态环境局东阳分局深化水气环境监测和治理工作，保障水气环境质量高位改善。环境空气质量连续五年达到国家二级标准，全年空气质量优良率97.5%，环境空气质量$PM_{2.5}$浓度23微克/立方米，均列金华市第二位；空气综合指数(AQI指数)达3.09。市控以上地表水断面水质Ⅲ类水达标率100%，县级以上饮用水水源地水质达标率100%，交接断面出境水质综合评价优秀。

【蓝天保卫行动】 2022年，金华市生态环境局东阳分局深化蓝天保卫行动，提升大气污染防治水平。完善污染天气预警管控机制，印发《东阳市大气环境质量预警响应制度》《大气颗粒物污染防治日常工作机制》等文件。运用挥发性有机物走航监测车、颗粒物激光雷达，实现挥发性有机物和颗粒物精准溯源。推进省第十七届运动会环境质量保障提升行动，落实涉大气污染治理10项重点任务，完成源头替代111家、低效挥发性有机物治理设施改造98家、挥发性有机物污染突出问题整改202个、产业集群整治提升1个，启动东阳经济开发区“清新园区”创建。

金华市生态环境局东阳分局开展扬尘治理巡查，涉及建筑施工企业97家，监理单位38家，建筑面积820万平方米；制止秸秆焚烧事件3125起，查处焚烧类案件1128起，建成秸秆焚烧防治高空瞭望点位10个、道路扬尘自动监测点位10个。淘汰“国三”标准及以下柴油货车41辆，完成新能源非道路移动机械替代30辆。

【碧水提升行动】 2022年，金华市生态环境局东阳分局加强区域风险排查管控，“水、陆、空”立体排查、排口区域同步监测，实施东阳江流域重点区块环境风险排查及溯源评估，完成《东阳市东阳江排口溯源排查分析报告》《东阳江上游河段环境风险排查分析报告》编制并通过专家评审。加强工业园区污水管控，横店电镀园区入选省级标杆工业园区“污水零直排区”培育名单。开展饮用水水源地保护，完成横锦水库水源保护区环境基础状况调查和勘界定标。

·土壤治理·

【概况】 2022年，东阳市全域推进“无废城市”建设攻坚，全市受污染耕地安全利用率、污染地块安全利用率均达100%，重点建设用地安全利用率达100%；规模养殖场粪污处理设施配套建设实现100%全覆盖，畜禽粪污综合利用率98.1%。

【“无废城市”创建】 2022年，市委市政府美丽东阳建设工作领导小组办公室印发《东阳市“无废城市”建设工作实施方案(2022—2025年)》，明确20项重点任务，确立64项目标指标。实施64个重大项目，构建制度、市场、技术、监管四大体系。创建“无废机关”“无废学校”“无废饭店”“无废景区”等“无废城市细胞”69个。在《人民日报》、中国新闻网、《中国环境报》等媒体刊发“无废城市”建设相关信息7条。

金华市生态环境局东阳分局启用动物诊疗废弃物监管系统，组织全市24家动物诊疗机构经营者进行培训，实现动物诊疗废弃物闭环管理。引入科技企业，提高危险废物资源化利用能力，东阳纳海环境科技有限公司的年处理规模3万吨危险废物焚烧线、年处理规模0.4万吨废包装桶资源化处理线及配套实验室、危险废物贮存仓库及公辅工程等均投入试运行。由浙江美臣新材料科技有限公司和上海大学共同牵头编制的《铝灰用于替代铝土矿石技术规范》团体标准通过专家组审核。推广应用快递电子运单技术，推行简约包装、胶带“瘦身”，快递企业采购、使用符合标准的包装材料和可循环中转袋比率分别达100%和98.04%。建筑垃圾综合利用率达90.22%。规范综合分拣中心运营，开展废物源头减量和资源化利用，全年向白云综合分拣中心、江北综合分拣中心等发放一般工业固体废物回收补助资金200余万元。横店影视城各景区将影视元素融入“无废景区”创建中，在宣传方式、废品利用、智慧旅游等方面进行创新。

【固体废弃物管理】 2022年，东阳市提升固体废弃物处置能力，构建危险废物收集体系。垃圾焚烧厂一期正常运行，处理规模达1650吨/日，实现东阳市域生活垃圾自行处置；处理规模315吨/日的餐厨垃圾生态处理中心投入运行；5家垃圾综合分拣中心完成建设并投入使用，总处置规模5.9万吨/月；3家建筑垃圾资源化中心完成建设，年处理量可达240万吨。

·环保督察与执法·

【概况】 2022年，金华市生态环境局东阳分局推进中央、省委环保督察反馈问题和信访件整改工作。两轮中央督察、两轮省委督察反馈问题事项共44项，完成整改41项，销号38项；交办信访件392件，完成销号391件；对未完成整改的信访件督促整改。省委生态环保专项督察交办信访件7件，完成整改7件。

2022年，金华市生态环境局东阳分局开展“打击危险废物和重点排污单位自动监测数据弄虚作假”违法犯罪、“绿剑2022”等生态环境专项执法行动，出动执法人员9000余人次，检查企业3000余家，立案213起(含查封扣押案件5起、刑事案件4起)，处罚款1000余万元；各项主要执法数据均居金华市第一、全省前列。某废旧金属回收点非法处置危险废物案执法案卷获评2022年度浙江省生态环境保护执法优秀案卷。

【“重大生态环保督察清单”工作】 2022年，金华市生态环境局东阳分局协同推进“重大生态环保督察清单”工作，考核结果列金华市第三位，获评金华市推进党建统领整体智治工作成绩突出集体。开展排查整治行动并建章立制，全年发布省级清单问题排查整治类文件14个、建章立制文件10个。全市梳理、上报“督察在线”省级清单问题660个，主动上报省级清单问题4个、金华市级清单问题13个、东阳市级清单问题72个。

【生态环境领域安全隐患排查整治行动】 2022年，金华市生态环境局东阳分局印发《东阳市生态环境系统“除险保安”百日攻坚行动实施方案》，委托第三方开展安全隐患大排查、大整治行动，检查排污许可企业176家、饮用水水源地11个、化工园区2个、电镀集聚区1个，发现、整改安全隐患100余处。

【红木家具行业整治】 2022年，金华市生态环境局东阳分局推进红木家具企业“提升改造一批、集聚入园一批、关停淘汰一批”工作。完成家具企业“油改水”168家、设施提升改造368家，关停淘汰316家，完成红木家具行业污染环保督察反馈问题销号。开展红木家具行业小微企业园建设，配套建设集中喷涂中心、废水集中处理中心，探索环保治理设施有偿共享共用。构建家具行业环保智能监管系统和“木雕红木行业产业大脑”，300余家企业被纳入在线监管。“东阳红木家具整治提升 推进行业共富共兴”入选第二批全省生态环境系统共同富裕最佳实践名单。

【工业噪声违法案件查办】 2022年，金华市生态环境局东阳分局对工业企业开展新修订的《中华人民共和国噪声污染防治法》(以下简称新《噪声法》)宣贯工作。6月5日,执法人员在“夜间静音行动”过程中,发现东阳经济开发区某箱包厂传出机器噪声,经检查发现噪声源来自该箱包厂北侧的粉碎车间。经调查取证,金华市生态环境局东阳分局认定该箱包厂违反新《噪声法》第二十二条第一款之规定,对该公司下达责令改正违法行为决定书并处罚款2万元。该案是全省首例依据新《噪声法》查处的工业噪声超标排放案件。

【全省首起干扰涉气自动监控设施排放污染物刑事案件查办】 2022年7月2日,金华市生态环境局东阳分局执法人员发现辖区某建材有限公司员工进入自动监控站房进行关机等操作后,该公司多项污染物自动监控数据出现异常。经调查,该公司员工葛某某通过两次电源重启、一次校零的操作,造成该公司上传浙江省污染源自动监控信息管理平台的烟尘、二氧化硫、氮氧化物等指标出现异常长达67分钟,从而达到监测数据虚假达标的目的。金华市生态环境局东阳分局责令该公司立即改正违法行为,并依法将该案件移送公安机关。该案例是全省首起干扰涉气自动监控设施排放污染物刑事案件,入选2022年度浙江省生态环境违法典型案例。

【“首违不罚”制度实行】 2022年,金华市生态环境局东阳分局执行《金华市生态环境轻微违法行为不予处罚清单(2022年修订版)》,对16种情形轻微的环境违法行为不予处罚,截至年末,发出不予处罚决定书23份、告知书23份。推行学法积分抵扣生态环境行政处罚金额举措,举办企业生态环境普法培训会议暨“轻微违法行为不予处罚”企业生态环境普法培训讲座;实施执法正面清单管理机制,对符合正面清单管理条件的企业,予以优先指导帮扶并减少或免除现场检查。

【企业环保法治意识提升】 2022年,金华市生态环境局东阳分局开展“送法入企”活动,落实“谁执法谁普法”责任制,向企业发放《中华人民共和国噪声污染防治法》《浙江省生态环境保护条例》《浙江省固体废物污染环境防治条例》等法律法规读本3000余册。组织企业参加省生态环境厅《浙江省生态环境保护条例》线上培训;组织全市79家重点排污单位和危险废物收集、贮存、利用、处置企业参加金华市环境安全管理专题讲座,集中学习《浙江省生态环境保护条例》;组织全市146家企业参加《浙江省生态环境保护条例》答题活动。

【公众环保法治意识提升】 2022年,金华市生态环境局东阳分局开设金华市首档生态环境法治电视栏目《法治环保》,每月一期,通过以案释法、法条解读等形式进行普法宣传。制作法治微视频《用最严法治守护绿水青山》并在省生态环境厅大楼电子屏幕展播。在微信公众号上开设“以案释法”专栏,多篇信息被“法治东阳”公众号、“金华普法”公众号、“浙江普法”公众号采用。通过生态文明教育基地、生物多样性体验馆、公园、乡村文化礼堂、法治长廊、主干道、广场等场所的电子屏、噪声显示屏等媒介,向公众普及《浙江省生态环境保护条例》;通过各银行网点发放《浙江省生态环境保护条例》宣传册1000余册。结合国际生物多样性日、世界环境日、浙江生态日、国家宪法日等宣传节点,开展环保法律法规普法专项活动,向公众发放宣传手册1000余册。

(吴平凡)

“五水共治”工作

【概况】 2022年,市“五水共治”(河长制)工作领导小组办公室(以下简称市“五水共治”办)进一步理顺治水工作机制,完成国家长江办督办的白云街道奔驰4S店排水口整改工作,实施重点治水工程、“污水零直排区”建设工程,落实河(湖)长制。年内,义东桥和方塘断面综合水质Ⅲ类水、青石渡断面综合水质Ⅱ类水、7个市控以上地表水断面水环境功能达标率均为100%,县级以上城市集中式饮用水水源横锦水库水质达标率100%。东阳市水源地生态环境工作获副省长高兴夫批示肯定。

【治水工作机制】 2022年,市委办公室、市政府办公室印发《关于调整优化排水与污水处理管理体制的方案》《东阳市农村生活污水治理“强基增效双提标”行动实施方案》《东阳市各部门、镇乡街道年度重点治水任务清单》《关于进一步加强排水口巡查督查的通知》。9月,调整东阳市“五水共治”(河长制)工作领导小组,市“五水共治”工作领导小组成员中增加镇乡(街道)主要领导,并将主要职能部门的单位负责人、相关科室负责人、工作人员纳入市“五水共治”(河长制)工作领导小组办公室工作人员范围。

【治水经费】 2022年,市城投集团、市水投集团完成计划投资5.8亿元用于“五水共治”工作,追加资金850余万元安装水体自动监测系统52套,投入资金19.3万元购置无人机,治水经费投入力度居金华市前列。南江水库水质提升项目经生态环境部组织的专家评审后入选中央生态环境资金项目储备库,拟申请中央补助资金1亿元以上。

【涉水领域巡察整改专项行动】 2022年,东阳市开展省、市、县三级“五水共治”“找短板寻盲区查漏洞挖死角”专项行动。对涉水领域开展“大排查、大整治、大曝光”,发现各类问题888个,全部完成整改。上级交办问题142个,完成整改139个,整改率97.8%。健全督查机制,对发现的问题实行挂牌销号,下发29份督办单和21份交办单;建立全市“五水共治”重点任务及项目进展情况通报制度。

【污水治理】 2022年,东阳市完成《东阳市市域污水专项规划(2017—2035)》修编工作。完成污水处理厂建设6座,全市污水处理能力达36.3万吨/日,实现污水处理城镇范围全覆盖；完成城镇污水配套管网建设63.32千米、管网排查20千米。全市882个农村污水设施均实现标准化运行维护。开展农业面源水污染防治工作，完成主要农作物配方肥和按方施肥推广量1.02万吨、主要农作物统防统治面积7000公顷；1条农田氮磷生态拦截沟渠（位于六石街道）通过验收。处理能力5000吨/日的应急设施投入运行，吴山小区和银田小区的截污改造工程分别完成总工程量的75%和65%，污水总管南迁工程完成管道铺设50%，污水管网工程建设完成总工程量的91%。全市开展不稳定支流、排水口整治工作，江北街道完善“一溪一策”整改方案；吴宁街道雅溪整治项目、白云街道甘井东溪整治项目完成招标；南市街道、横店镇分别对罗溪、绕溪进行整治；六石街道、画水镇分别对友谊桥排水口、画水二桥排水口开展整治；城东街道开展东阳市华能新型建材有限公司污水乱排问题整治；南马镇开展企业雨污分流整治提升。6月29日，国家长江办调研组到东阳市开展半年度整改工作评估调研，实地检查白云街道奔驰4S店排水口污水长期排入东阳江问题整改情况，对东阳市的整改工作给予肯定。

【“污水零直排区”建设】 2022年，东阳市推进“污水零直排区”创建工作。完成建设“污水零直排区”村、生活小区163个。东阳市横店电镀集聚区入选2022年度省级标杆工业园区“污水零直排区”培育名单。

【河(湖)治理】 2022年，东阳市完成南江水库和横锦水库河湖健康评价，发布2个总河长令和4个县级河长令，完成全市18个镇乡（街道）的村级河长人身意外伤害保险参保，定期召开河(湖)长制联席会议。全市县、乡、村三级巡河率均达100%，组织巡河11341人次，巡查河道13610千米，发现并整改问题5762个，整改率100%；通过无人机巡查，发现并整改问题26个。完成乱占、乱采、乱堆、乱建“四乱”问题动态清零41个，完成中小河流整治22千米。制定南江、柽溪江、东阳江、白溪江四条县级河段责任河湖“一河一策”“一湖一策”实施方案。南江画水段（南下线桥—东义交界）入选省级美丽河湖名单。完成“水美乡镇”（画水镇）建设。

2022年10月5日，20余组家庭在湖溪镇八里湾共享田园参观生态拦截沟渠
（市“五水共治”办提供）

【防洪排涝工程建设】 2022年，东阳市完成病险水库除险加固11座、水土流失综合治理5.3平方千米、供水管网新（改）建5千米、病险山塘整治130座。完成雨水管网建设5千米、排水管网清淤210千米。

【供水设施建设】 2022年，东阳市保障全市市民生活和生产用水，完成农业灌溉设施提升改造2座，开展大流量灌溉14轮，加强灌溉期间渠道清淤。实现横店水厂向南马水厂供水，搭建横店水厂至南马镇的第二条供水管道，保障南马镇10万余人的供水。市自来水二厂和横店水厂管网连通项目完成建设，东阳江镇八达水厂及其管网延伸、佐村镇厦城水厂等供水保障民生工程均投入运转。

【“五水共治”宣传工作】 2022年，市“五水共治”办投入资金30万元开展“五水共治”宣传工作，发放倡议书20万份、环保袋1万个；在各级媒体刊发东阳市“五水共治”工作相关新闻200余条。10月5日，与市农业农村局、湖溪镇政府联合主办“五水共治 童力同行——治水小卫士探访湖溪镇八里湾共享田园小型湿地长廊”活动，组织20余组家庭参观八里湾共享田园生态拦截沟渠。

（厉颖蕾）

浙中生态廊道建设

【概况】 2022年，东阳市浙中生态廊道建设领导小组办公室（以下简称市生态廊道办）组织各相关部门、镇乡（街道）建立2023年度浙中生态廊道建设项目预备库，谋划预备项目47个。7月，东阳市被浙中生态廊道建设领导小组授予“2021年度浙中生态廊道建设优秀县（市、区）”称号。9月6日，金华市生态廊道办生态廊道建设部常务副部长贾亦俭带队到东阳市督查、调研浙中生态廊道建设工作。

【生态廊道管护】 2022年，东阳市浙中生态廊道管护工作铺开。市生态廊道办开展“日常暗访、季度督考、年度终考”考核工作，督促生态廊道的各属地镇乡（街道）落实管护工作。六石街道、千祥镇、歌山镇、横店镇、南马镇等镇（街道）采用委托第三方公司的模式开展运维管护工作；城东街道、东阳江镇等镇（街道）采用组建运维管理队伍的模式开展运维管护工作；江北街道、虎鹿镇等镇（街道）

委托第三方公司的同时,结合河长制等模式开展运维管护工作等。6月,市生态廊道办与市财政局联合签发《关于印发〈东阳市生态廊道绿道(乡村段)管理维护考核及奖励补助办法〉的通知》,完成2021年度生态廊道绿道(乡村段)考核补助奖金下达工作。

【生态廊道建设项目投资】 2023年,市生态廊道办安排实施生态廊道建设项目20个。其中,风貌提升类项目7个、精品创建类项目13个。总投资额103.37亿元,全年计划投资额11.95亿元,实际完成投资额17.32亿元,超全年计划投资额44.94个百分点。

【廊道品牌维护】 2022年,东阳市持续开展廊道品牌与“廊道百景”的宣传维护,在廊道沿线举办“赏花花世界·游多彩花园”乡村旅游节、“浙里来消费·2022横店梦外滩——老字号嘉年华”、2022梦外滩中秋夜荧光跑、2022年中国农民丰收节浙江主场等活动。5月,南马镇花园村成功创建浙江省首批“未来乡村”,东阳市酒文化馆入选浙江省第一批乡村博物馆名单;7月,横店园明新园皇家实景动物王国入选首批浙江省生物多样性体验地培育名单;10月,横店影视城泛博物馆群获评浙江省公共文化国际交流基地。12月,横店影视城获评第三批浙江省国际人文交流基地,横店慶蘭民宿入选浙江省首批“百县千宿”名单。

2022年东阳市浙中生态廊道建设项目一览表

表33

序号	项目类型	项目名称
1	风貌提升类	南岸艺术公园工程
2		休闲文创公园工程
3		木雕主题公园工程
4		浪坑溪及巧溪节点工程
5		人民广场人防工程及其周边交通与景观提升工程
6		歌山大桥建设项目
7		东阳市厦程里慎德堂二期修缮工程
8	精品创建类	东阳市创建乡村A级旅游景区和景区镇工程
9		东阳市横店影视产业园项目
10		东阳市横店上海滩影视旅游拍摄基地建设项目
11		东阳市横店欧洲小镇影视旅游拍摄基地项目
12		东阳市横店广州街香港街整体转型项目
13		东阳市卢宅景区提升工程
14		东阳市白溪江共享田园项目二期
15		东阳市石马溪共享田园项目
16		东阳市光里湖共享田园项目
17		东阳市蔡宅共享田园项目
18		东阳市歌山镇美丽城镇建设项目
19		东阳市歌山·凤凰谷生态旅游农业园项目
20		东阳市红曲酒全产业链示范建设项目

2022年11月11日，生态廊道湖溪镇南干渠段及周边原生态彩色林景观

（市生态廊道办提供）

【生态廊道品质提升】 2022年，市生态廊道办开展生态廊道品质提升工作。生态廊道绿道（乡村段）亮化提升工程处于设计阶段。生态廊道绿道安全生命防护工程完成招投标工作，于12月开工。投资396.76万元的人民公园（亲水区）木栈道提升改造项目于8月通过验收并投入使用。东阳市厦程里慎德堂二期修缮工程完工。江滨景观带整体提升改造项目（一期）主要包括木雕主题公园、休闲文创公园、南岸艺术公园、水驿田园四个主题公园建设，其中南岸艺术公园完成工程量的80%、休闲文创公园完成工程量的30%。人民广场人防工程及其周边交通与景观提升工程完成总工程量的96%。

【"廊道+"融合发展】 2022年，东阳市发展"廊道+"模式，推进农业、文化、旅游产业融合发展。7月，串联起湖溪镇八里湾共享田园、横店镇追梦剧情风景线和南马镇瑶仪村共享田园的东阳市"寻访田园·品味乡村"精品线上榜浙江省2022年"浙里田园"休闲农业与乡村旅游精品线路名录；12月，东阳横店镇—湖溪镇县域风貌样板区获评浙江省第三批城乡风貌样板区，横店镇入选浙江省美丽城镇建设省级样板名单，千祥镇金村村进入省AAA级景区村庄公示名单。

（周婷婷）

交通规划与建设

【概况】 2022年,东阳市综合交通大会战计划完成年度投资85.07亿元。截至年末,交通建设完成投资107.33亿元,其中铁路建设投资34.5亿元、机场建设投资3.45亿元、公路建设投资69.38亿元,分别超5%、14%、17%完成投资。全市境内公路总里程2483.04千米,其中高速公路95.19千米,公路密度142.13千米/百平方千米,公路里程数、公路密度均居全省前列。东阳市重大公路建设项目主要由东阳市交通投资建设集团有限公司(以下简称市交投集团)负责实施。市交投集团总资产(含在建工程项目)161.21亿元,比上年增长43.25%;完成营业收入7.58亿元,比上年下降2.19%;净资产80.86亿元,比上年增长12.73%;负债80.35亿元,比上年增长96.89%,资产负债率49.84%。年内计划投资36.5亿元,实际完成有效投资44.93亿元;出资铁路项目12.05亿元;完成固定资产投资24.04亿元。实施主要公路建设项目13个,其中续建项目6个、完工项目4个、开工项目3个。

2022年市交投集团主要公路建设项目一览表

表34

项目类型	项目名称
续建项目	义东高速公路东阳(江北至南市)段
	义东高速公路东阳(南市至南马)段
	351国道磐安安文至东阳马宅段改建工程(东阳段)
	白峰岭至李宅公路(白峰隧道)
	东阳市雅致古村风景线(雅坑至洪塘)工程
	351国道东阳周官至山口段改建工程
完工项目	217省道东阳南午岭互通工程
	蒋店公交首末站提升改造工程
	315省道三门至婺城公路东阳南市至画水段改建工程
	怀万线(马槽坞段)改建工程
	汽车东站提升改造项目
	横店至千祥公路绕溪隧道工程
	李宅至南上湖公路隧道工程

【交通发展规划】 2022年,东阳市以“打造浙中区域交通枢纽、建设高水平交通强市”为总目标,围绕“枢纽强心、城轨聚带、高速环城、快线成网”要求,打造现代化综合交通体系,实现东阳“10-20-45”地区交通时空圈和“1-2-3”区域交通时空圈,提升东阳市综合交通枢纽地位,促进东义同城化、市域一体化发展。1月25日,市政府办公室制定《东阳市综合交通“十四五”发展规划》;3月1日,市政府办公室制定《东阳市中长期综合立体交通规划》。

【东阳市入选2022年“四好农村路”全国示范县创建单位】 参见类目“东阳市人民政府”之分目“重要政事”的条目【东阳市入选2022年“四好农村路”全国示范县创建单位】。

【217省道东阳市南午岭互通工程】 2022年9月,217省道东阳市南午岭互通工程建成通车。该项目起点位于217省道与南市路交叉口,沿现状217省道向南,在K0+311.2~K0+994.9设长686.02米南午岭互通主线桥跨越527国道,止于南大门广场南侧接217省道老路,最后通过205米路基

渐变段与老路衔接，全长1.64千米（其中互通范围主线长1.43千米），主线采用六车道一级公路技术标准，设计速度60千米/时。

【三门至婺城公路东阳南市至画水段改建工程】 该项目起点位于南市街道梨枫村附近，与在建217省道（39省道）交叉，路线向西布设，经南市街道、画水镇，与金义东公路顺接，路线全长9.36千米。截至2022年年末，完成路基工程、桥梁工程、路面工程等建设。

【义东高速公路东阳（江北至南市）段工程】 该项目起点位于江北街道，设湖田枢纽与甬金高速公路相接，路线向南经过白云街道、吴宁街道、南市街道，止于西甑山隧道出口附近，顺接义东高速公路东阳（南市至南马）段，路线全长10.7千米。概算投资45.29亿元。截至2022年年末，完成总体形象进度的87.5%，完成路基工程的100%，桥涵工程的95.5%，隧道工程的100%，路面工程的50%，交安工程（交通安全设施工程）的20.5%。

【义东高速公路东阳（南市至南马）段工程】 该项目起点位于南市街道境内西甑山隧道出口，顺接义东高速公路东阳（江北至南市）段，经南马至该项目终点，设置王店枢纽，与东永高速公路相接，全长22.9千米，项目概算总投资55.52亿元。截至2022年年末，完成总体形象进度的43.8%，完成路基工程的45.1%、桥梁工程的32%、隧道工程的55%。

【351国道东阳周官至山口段改建工程】 该项目路线起于江北街道周官村，与351国道（迎宾大道）相接，起点处设置迎宾大道互通，在交叉起点处设置主线下穿隧道，预留规划东延的527国道与351国道联络线对接，迎宾大道设A匝道（下穿隧道）与主线相接。路线与甬金高速并行，路线终点位于埠头村东阳与义乌交界处，与351国道义乌段顺接，路线全长6.88千米。截至2022年年末，完成八华路互通A匝道下穿通道防护桩160根，甬金高速公路保通便道沥青路面铺设，江北高架桥桩基230根，梁板预制20片。

【351国道安文至马宅段（后山隧道）工程】 该项目起点位于马宅镇七秩塘村西侧，顺接351国道磐安安文至东阳马宅（磐安段）公路，路线向西北穿越后山山脉，设后山隧道，在隧道K4+880（=ZK4+870）处与规划杭温高铁交叉（主线上跨），终点位于351国道磐安安文至东阳马宅段公路，截至2022年年末，完成隧道工程的50%。

【白峰岭至李宅公路（白峰隧道）工程】 该项目在527国道现状白峰岭隧道北侧再建单洞隧道，新建隧道全长745米。527国道东阳白峰岭至李宅段改建工程K9+949处涵洞工程，与甬金铁路交叉，与铁路配合同步建成1-6×2米钢筋砼盖板涵，涵洞规模为37米/1道。截至2022年年末，完成隧道工程的60%。

2022年9月7日，义东高速公路湖田枢纽航拍全景　　（市交通局提供）

【横店至千祥公路绕溪隧道工程】 该项目起点位于横店镇绕溪村南侧，顺接规划横店至千祥公路，路线向南穿越秀溪岭山脉，设绕溪隧道，终点位于山旺村顺接规划横店至千祥公路，绕溪隧道右洞长719米，左洞长585米。截至2022年年末，完成勘测定界。

【李宅至南上湖公路隧道工程】 该隧道节点工程是李宅至南上湖公路其中的一段，项目起点位于城东街道任岭脚村附近，独山隧道进洞口处，终点位于横店镇南上湖村附近，明前山隧道出洞口处。截至2022年年末，完成该项目总工程量的7%。

【351国道磐安安文至东阳马宅段改建工程（东阳段）】 该项目起点位于马宅镇七秩塘村北侧接351国道磐安段，路线向西设置后山隧道（长1275米），出隧道后向西过胡家塘、下金堂村，与现状南下线菱形立交后，折向东北，利用南下线老路与351国道（218省道）相交，路线全长4.19千米，总投资7.84亿元。截至2022年年末，该项目进入合同签订、征地工作阶段。

【351国道东阳马宅至江北段主线工程】 该项目顺接351国道磐安安文至东阳马宅段，经横店镇、南市街道、吴宁街道、城东街道，终于江北街道，与351国道周官至山口段相接，全长37千米。八面山森林公园规划修编评审准备工作完成。其中节点工程东阳马宅至江北公路（上新屋至周官段）是351国道东阳马宅至江北段改建工程一部分，起点位于城东街道上新屋村西北侧、迎宾大道兴平东路分离立交南侧桥头处，路线沿迎宾大道布设，对迎宾大道进行快速化改造，终点位于江北街道周官村西北侧，与即将建设的351国道周官至山口段相接。全过程跟踪审计、涉金义东市域

轨道交通安评招标文件发布公告；节点工程东阳马宅至江北段公路（涉杭温高铁段）是351国道东阳马宅至江北段改建工程一部分，路线起点位于杭温高铁站南侧，路线沿规划351国道布设，终点位于杭温高铁站北侧，项目在横店高架站特大桥2～4号墩之间正交下穿通过。截至2022年年末，该项目施工图批复完成。

【527国道白峰岭至李宅段改建工程】 该项目起点为嵊州东阳交界处（白峰岭），与527国道嵊州段顺接，经白峰岭隧道后，经虎鹿镇、巍山镇北部，与诸永高速公路交叉后，沿城市总规划确定的环城东路，跨白溪江、东阳江后，在城东街道李宅村东侧与现状527国道相接，并预留往南延伸至横店。按照一级公路技术标准设计，路线全长29.5千米，设计车速80千米/小时，估算投资约40亿元。截至2022年年末，工程项目可行性研究报告上报审批，省财政厅出具财评意见。

【甬金衢上高速公路（诸永高速公路至义龙庆高速公路段）工程】 该项目起于湖溪镇，与诸永高速公路相接，设置湖溪枢纽，路线呈东西走向，经过东阳市、义乌市，止于义乌市赤岸镇，与义龙庆高速公路（规划）相接，设置赤岸枢纽。路线全长32.2千米。截至2022年年末，完成设计招投标，进入工可文本编制阶段。

【城南东路改建工程（东岘峰隧道工程）】 该项目起点为527国道与城市道路博士路交叉处，沿527国道至泗雅线路口后折向西南方向设置东岘峰隧道，在金罗马皇家森林别墅南侧出隧道，往西在南午岭上跨39省道，终点塔脚新村南侧与527国道顺接，路线长4.5千米，双向六车道一级公路，设计速度为80千米/小时，截至2022年年末，完成博士路高架规划实施相关单位意见征求工作。

【527国道东阳西岘互通工程】 该项目起点位于白云街道竹园附近，终点位于天宫寺隧道之前，距离天宫寺隧道250米。315省道（39省道）起点位于象金路与金旺路交叉口附近，终点位于前山坞水库西侧，在527国道、39省道上增加互通。截至2022年年末，修改南山国家森林公园影响报批稿，开展土地预审节地评价工作。

【211省道桐乡至永康公路东阳李宅至南马段】 该项目起点527国道李宅附近，经里坞东、横店南，在南马附近与原39省道相接。按照一级公路技术标准设计，设计速度80千米/小时，路线长45千米，路基宽32米。总投资约55亿元。截至2022年年末，完成工可文本编制。

【217省道萧山至磐安公路义乌佛堂至东阳画水段改建工程】 该项目起点为东阳义乌交界的白岩山（设白岩山隧道），沿南江，经南岸村、石塘头村、画溪村、画溪工业功能区，与711乡道稠岭线交叉后与画水至南马公路顺接，终点为画水镇陆宅村附近，路线长8.5千米。按照一级公路技术标准设计，设计速度为80千米/小时，路基宽度33米，双向六车道，总投资8.3亿元。截至2022年年末，完成工可文本编制。

【217省道萧山至磐安公路东阳三联至磐安新渥段改建工程（东阳段）】 该项目起点为千祥镇与千祥至马宅公路交叉，终点为磐安县新渥镇（与42省道改建段相接），全长13千米（其中东阳段长9.3千米，磐安段长3.7千米）。二级公路，设计速度为60千米/小时，总投资5.63亿元。截至2022年年末，该项目完成工可文本编制。

【湖溪夏黄至东江东门公路工程】 该项目规划起点在南郭线（诸永高速公路湖溪出口）与里歌线交叉处湖溪镇夏黄村附近，经白水口、天山南至东门，路线全长9.3千米；东门经尚舒至八达段，路线全长4.3千米；东门至新城段，路线全长4千米。合计建设里程17.6千米，采用双向两车道二级公路标准，设计速度60千米/小时，总投资约13亿元。截至2022年年末，该项目完成工可文本编制。

（张骋畅　吴　婷）

【拓展融资业务】 2022年，市交投集团计划融资28.55亿元，实际融资29.06亿元。第二期公司债券完成交易所审批，东阳市城乡公交车站建设项目、东阳绿色交通出行产业项目于10月入选市政府专项债备选项目库。

【交通循环产业园】 2022年，市交投集团下属东阳市世展产业发展有限公司所属的交通循环产业园和东阳市世展新型建材有限公司完成营业收入2.42亿元。年产200万吨湿法砂石骨料生产线完成基础建设、设备安装及联动调试；年产60万立方米的商品混凝土生产线完成搅拌楼基础结构、设备安装及联动调试；南市街道梨枫村矿地综合利用项目于12月完成业权招拍挂手续；5G砂石骨料行业工业互联网平台信息化供应调度功能上线，完成5G物联网平台搭建。

【综合供能服务产业】 2022年，市交投集团下辖综合供能服务站8座、加气站1座，完成营业收入1.62亿元，比上年增长47%。年内，下庄、罗店、三单3座综合供能服务站投入运行，王凡综合供能服务站完成装修，西岘油氢合建站开展控制性详细规划编制工作。

【公共交通数字化改革】 2022年，市交投集团完成“东城行”App改版，添加用户碳积分信用分、上下车提醒等功能；实现东阳“东城行”App与义乌“恒风行”App两地公交扫码通用。协同市交通运输局实施公共交通数字化暨农村客运数智服务与监管项目。对接公交驾驶员健康监测与市卫健局数据库贯通工作。

【东阳绿色交通出行产业项目】 2022年，市交投集团实施东阳绿色交通出行产业项目，完成营业收入950万元，比上年增长87.74%。完成交投创享新能源服务中心建设与启用，设立新能源汽车快充桩18个，在老西站增设新能源公交车快充桩40个，在市区及横店镇区等增加新能源汽车充电桩100余个；取得东阳市公共电动单车的特许经营权，在市区、横店镇区各投放公共电动单车2000辆；在西

2022年12月，三单综合供能服务站投入运行　　（市交投集团提供）

街社区建设二轮电动车充电场站示范点20个，共设立二轮电动车充电桩300个。

（张　庭）

公路养护

【概况】　2022年，东阳市境内公路总里程2483.04千米，其中按行政等级分，国道119.81千米、省道162.96千米、县道603.28千米、乡道915.77千米、专用公路13.40千米、村道667.82千米；按技术等级分，高速公路95.19千米、一级公路92.88千米、二级公路353.81千米、三级公路88.463千米、四级公路1852.691千米；按铺装路面等级分，水泥混凝土路1416.4千米、沥青混凝土路1013.19千米、简易铺装路面53.45千米。公路桥梁总计761座39580.31延米，其中特大桥2座1772延米、大桥89座18071.81延米、中桥178座11351.07延米、小桥492座8385.43延米。

市公路与运输管理中心完成东阳市普通国道养护大中修工程、东阳市普通省道养护大中修工程、东阳市事故多发点（段）整治工程、公路水毁修复及交通安全设施损坏应急抢修工程、东阳市公路病旧桥隧维修加固改造工程（一期）、东阳市部分县道路灯改造工程、东阳市公路安全生命防护工程佐村镇桑梓服务站工程、东阳市351国道台小线K173+100路段山体崩塌整治工程等工程，完成年内目标任务。

【公路日常保洁】　2022年，公路部门完成清扫路面10.83万千米、修补坑槽沉陷面积2.52万平方米、路面灌缝94.1万米、清理边沟3660千米、隔离带绿化修剪3385千米、行道树整枝2.9万株、行道树刷白10.2万株等工作，继续实行养护日常保洁市场化，对辖区部分公路承包给东阳市世诚交通服务有限公司和东阳市交通绿化有限公司进行养护市场化运作。

【完善道路基础设施建设】　2022年，市公路与运输管理中心开展省级、金华市级、东阳市级“完善道路基础设施建设”民生实事项目建设，完成11.48千米国、省道起伏不平等病害点段整治，改建农村公路43.6千米，建设农村公交停靠站（含港湾式停靠站）5个。完成5项东阳市级“完善道路基础设施建设”民生实事，其中完成“四好农村路”提升改造（大中修）120千米，实施农村公路安防工程15千米以上，在农村道路临水林崖、池塘、河流、落差临崖等增设防护设施30处以上，实施路口“五个一”工程（路口一条减速带、一套停让设施，一组警示桩、一套凸面镜、一盏爆闪灯）343处，农村道路增设中间隔离护栏、机非隔离护栏、绿化隔离护栏20处。

【桥隧养护】　2022年，市公路与运输管理中心加强桥梁隧道的日常巡查与经常性养护，日常检查县道桥梁、隧道每月5次，国、省道桥梁、隧道每日1次；经常性检查县道以上桥梁每月1次，汛期增加相应频次。

【公路养护工程“四新技术”应用】　2022年，市公路与运输管理中心首次使用基于三维探地雷达的注浆技术，该技术应用于211省道在K61+100~K62+170路段，使用不同频率的雷达对路段内部的复杂病害进行检测。根据探地雷达的隐形病害检测结果，结合掺有外加剂的聚合物注浆材料，完成相应的注浆工艺；推进高韧GT磨耗层、微裂均质化、混凝土截水墙、无纺抗裂基布、SFP-13半柔性路面技术等四新技术的使用，节约资源，加快工期，延长路面使用寿命。

2022年12月，市交投集团在环城北路投放公共电动单车

（市交投集团提供）

2022年8月29日，市公路与运输管理中心工作人员在诸东线K58段进行易密实施工路段铣刨后清理工作　　（许江晖/摄）

【公路应急抢险】 2022年，交通部门开展防汛、防洪、防台风“三防”工作、极端天气应急保畅工作，加大路面巡查力度，做好恶劣天气物资储备，开展公路、公交、水上运输防恐消防演练，提高交通应对突发事件应急抢险能力。在强降雨、梅雨季节期间抢险工作中挡墙修复80处1850立方米，圆管涵修复3处32米。夜间应急抢险112次，出动人员608人次，出动车辆154辆，保障公路安全畅通。

【路域环境整治】 2022年，根据迎省运“两路两侧‘三化一平’”（两路两侧：公路及铁路两侧；三化一平：洁化、美化、绿化和道路路面平整）专项整治行动要求，市交通部门开展路域环境专项整治工作，出动养护作业人员14420人次，机械车辆6586台班，路面清扫79063千米，公路服务站清理146处，路基边坡清理998千米，隧道清洗620.4千米，垃圾清运895吨，坑洞修复9913.7平方米，路面灌缝173936米。为赛事提供交通运输保障车辆大巴车15辆，中巴车25辆，电动观光车8辆，及时调配运力完成交通运输相关任务。

（张骋畅　张　璇）

公路管理

【概况】 2022年，全市公路客运量118.5万人，比上年下降43.9%，旅客周转量14695万人·千米，比上年下降52.3%；公路货运量1866万吨，比上年下降5.7%，货物周转量121908万吨·千米，比上年下降19.3%。城市公交营运里程546.41万千米，客运量913.39万人次。城乡公交客运人次376.84万人次，旅客周转量5658.65万人·千米。

东阳市推进数字化改革，谋划建设数字交通综合管理平台，初步完成方案编制；完成省厅级试点应用东阳市农村客运数智服务项目，形成7个制度成果和2个理论成果，方便农村群众乘坐公交车。

【交通执法】 2022年，市交通运输行政执法队查处各类道路运输违法违规案件928起，处罚金额610.81万元。开展货车超限超载联合整治“百日攻坚”行动，查处超限超载车辆2101辆（其中非现场查处605辆、处罚488.31万元，路警联动查处1496辆），查处非法改装车辆69辆。打击各类道路运输非法营运、违规经营行为，查处客运班车、包车违法违规经营案18起，查处未经许可从事网络预约出租车汽车经营案33起，查处客运出租车违法违规案17起，查处未按规定实施安全生产管理制度案等28起，查处未经许可擅自从事危险货物运输案9起，查处承运人未按规定制作危险货物运单案1起，查处驾培行业违法违规经营案48起。对企业进行安全生产、质量监督，检查企业2221家次，发现隐患259处，并完成整改。检查公路在建工程491次，检查出隐患198处，并完成整改。

【交通运输基层站所建设】 2022年，市公路与运输管理中心投资1600万元完成9支基层中队的基层站所规范化建设。各中队配备违法处理中心、调查询问室、纠纷调解室、数字执法室、会议室、执法装备室、档案室、值班备勤室等设施；执法队员配备数字通信（对讲）终端、移动执法终端、执法记录仪等执法必备装备，按需配备固定式办案设备、移动办案终端等，为推行数字办案、移动办案提供基础保障。

2022年7月22日，市公路与运输管理中心工作人员对桥梁隧道进行日常巡查　　（张　璇/摄）

2022年8月31日，交通运输行政执法队城北中队联合交警、城市行政执法工作人员在江北辖区进行渣土车联合整治（徐敏帅/摄）

【交通运输管理】 2022年，东阳市有营运客车757辆（其中客运班车174辆、旅游包车125辆、城区公交车178辆、城乡公交车280辆）；有城区公交营运线路46条、城乡公交营运线路137条。全市客运省际班线9条，日发6个班次；市际班线23条，日发74个班次。全市345个行政村开通公交车（班车），通达率100%。

【城市和城乡公交】 2022年，市公路与运输管理中心增设开通天山至东站、防军至东站等多条城乡公交线路；全年累计租车量7.3万次；实施公交及公共自行车配套轨道交通场站接驳方案，对途经轨道交通场站的线路进行局部优化调整3条，增加1条；打造医共体专线，开通78路新中医院公交专线，轨道沿线公交线路优化后由16条增至20条。报废、更新公交车25辆，新能源汽车110辆；推动老旧营运车辆淘汰工作，提前完成388辆目标任务。完成汽车西站网络安全升级和监控设施改造、西站母婴室建设；完成汽车东站提升改造。完成省厅级试点应用东阳市农村客运数智服务项目，形成7个制度成果和2个理论成果。

【绿色交通出行】 2022年，市公路与运输管理中心授权市交投集团经营电动自行车业务，购置2000辆电动自行车投放到城区主要集散地；购置15辆非站立式新能源公交车，配套增设40个充电桩；完成公共自行车配套轻轨项目3个站点的建设。

【出租车和网约车管理】 2022年，市公路与运输管理中心加快道路运输共享经济的发展，网约预约出租车经营管理趋于规范化、规模化、合法化。全市有巡游出租车公司3家，巡游出租车476辆；增加463辆网约车，总计1072辆。

【交通安全综合治理】 2022年，市公路与运输管理中心开展交通安全综合治理大会战，完成省级、金华市级、东阳市级事故多发点段整治8处，增设中间隔离护栏、机非隔离护栏、绿化隔离护栏20处，平面交叉口交通安全配套设施完善343处，路侧临水临崖护栏完善11处。投入经费90余万元，修复完善交通标志标线，设置交通标志牌84块、道口标柱142根、增设更换隔离栅1500米。

【水上运输】 2022年，东阳市完成水上运输航班3149班次，完成客运量10.1万人次，周转量80.8万人/千米，年营业收入9万元，实现水上运输第35个安全年。横锦渡口被金华市公运中心列入渡运公交化改革创建名单。

【交通热线服务及建议提案办理】 2022年，交通部门畅通服务热线，接受监督，受理各种来访来信来电网上咨询等2042件，答复率100%，办结率100%。承办人大建议和政协提案办理，收到建议提案105件，25件会办件完成转交主办单位，主办件完成或基本完成24件，进入解决程序46件，待条件成熟后解决10件。

【全国文明城市创建交通责任点位工作】 2022年，市交通运输局安排道路共建、社区共建人员4665人，世贸大道、汉宁社区排查问题729条，整改709条。入城口、客运站场等责任点位成效良好，出动人员12896人次、机械1849台次，更换公益广告154块，清洗站台3900次，清扫路面49120千米。检查整改出租车318辆、公交车65辆。

（张骋畅　徐敏帅　张　璇）

铁路建设

【概况】 2022年，东阳市开展金甬铁路东阳段、杭温高铁东阳段、金义东市域轨道交通东阳段、杭温高铁横店站4个铁路建设项目，计划完成有效投资22亿元，实际完成有效投资34.5亿元。

金义东市域轨道交通东阳段、金甬铁路、杭温高铁的东阳段项目分别完成土建工程总量的98%、91%、89%，金义东市域轨道交通东阳段于9月28日试乘。航空方面，横店通用机场完成一期主体工程。公路方面，义东高速公路东阳（江北至南市）段完成总体工程形象进度的87.5%，义东高速公路东阳（南市至南马）段完成总体工程形象进度的43.8%，甬金衢上高速公路（诸永高速公路至义龙庆高速公路段）完成招标设计。

【金义东市域轨道交通东阳段工程】 2022年，金义东市域轨道交通东阳段工程及轨道交通两侧环境整治、部分配套设施基本完成，完成土建工程总量的98%。3月1日，金义东市域轨道交通义东线（体育馆站—秦塘站）试运行；9月28日，义东线（凌云站—体育馆站）开通试乘；12月28日，义东线（凌云站—体育馆站）开通试运营。金义东市域轨道交通全长107.17千米，途经22个镇乡（街道）、200余个村（社区），由金义线和义东线组成，在秦塘枢纽站呈丁字形相交。

2022年2月，金甬铁路5标预制箱梁架设完成　（市铁路办提供）

【杭温高铁东阳段工程】　2022年，杭温高铁完成红线内企业及农户房屋拆除工作；基本完成环评线内农户房屋拆除工作。完成全线四电用地的政策处理工作，推进沿线道路、水系等"小三改"工程施工。完成土建工程总量的89%。完成横店站站房区域房屋拆迁工作，完成站房土建施工总量的10%。6月1日，杭温高铁2标首条合龙的连续梁——跨省道217大桥连续梁7～8号墩中跨合龙；6月9日，杭温高铁东阳段首孔箱梁架梁完成；12月20日，杭温铁路横店特大桥矮塔斜拉桥最后一段合龙。

【金甬铁路东阳段工程】　2022年，金甬铁路完成土建工程量的91%。5月9日，金甬铁路全线最长双线特大桥——全长7.1千米的北后周特大桥完成架设；6月12日，金甬铁路尚武村隧道进口至斜井小里程贯通。7月5日，金甬铁路东阳站站房首根桩基开钻，金甬铁路站房开工建设，进入实质性主体工程施工阶段。7月19日，跨诸永高速(40+72+40)米转体连续梁合龙。9月10日，尚武村隧道贯通。10月25日，跨甬金高速公路东阳收费站72米系杆拱桥施工完成，金甬铁路东阳段桥梁特殊结构完成。

【铁路建设规划】　2022年，东阳市统筹推进货运专线方案可研审批申报，配合市交投集团推进货运专线建设，打造具备海关、交易、仓储、物流功能的联动创新区、东阳国际陆港、建材交易中心。配合市经济开发区完成金甬铁路站前广场建设。配合金华市人民政府、金华市轨道交通集团有限公司开展轨道二期金武永东线位的规划工作。与国铁上海局和省、市部门对接，开展金台高铁、金绍甬铁路、沪绍金铁路线位的前期谋划工作。

（葛轶馨）

2022年东阳市铁路建设投资情况一览表

表35　　单位：亿元

项目名称	计划完成有效投资	实际完成有效投资
金甬铁路东阳段	6	9.6
杭温高铁东阳段	9	15.7
金义东市域轨道交通东阳段	2	9.2
杭温高铁横店站	5	—
合计	22	34.5

航空建设

【概况】　2022年，东阳横店通用机场占地面积34.73公顷，飞行区等级2B，建有跑道长800米、宽45米，停机坪面积26000平方米，可停放A、B类飞机24架；机库面积7500平方米，可停放A、B类飞机30架。年内开展应急救援、低空游览、航拍航测、高空跳伞、飞行体验、短途运输、国产飞机试飞、飞行培训等通航业务。8月23日，东阳横店通用机场获批浙江省职业技能无人机技能培训点；10月20日，成为金华市航空体育运动基地。

【航空企业引进】　2022年，东阳横店通用机场引进浙江星空翔业通用航空服务有限公司、中航外企（廊坊）航空运动俱乐部有限公司、东阳极限分子体育文化发展有限公司、浙江龙翼通用航空有限公司、海警航空大队等航空单位。机场安全保障275个飞行日、10356架次、1964.6小时，飞行量首次突破1万架次。

【航空体育培训】　2022年，东阳横店通用机场开展海军气象系统超视距

2022年4月22日，跳伞爱好者在横店机场上空进行高空跳伞训练

（郭晨艳提供）

无人机培训、东阳市退役军人无人机技能培训、金华消防系统UTC无人机培训、市人力社保局职业技能无人机培训，近100人通过培训取得无人飞手执照。两次组织全省260人次参加中国民用航空局AOPA（中国航空器拥有者及驾驶员协会）无人机考试。与跳伞公司合作开展3000米、4000米高空跳伞训练，重点进行单人跳考证培训、双人跳体验和持证爱好者刷跳。7月，东阳横店通用机场成为东阳市退役军人无人机培训基地和东阳市市民无人机学习体验基地。

【横店机场改扩建工作】 2022年，东阳横店通用机场进行改扩建。项目总投资21.06亿元，总用地面积141.73公顷。800米跑道延长至1800米，飞行区等级4C，设置Ⅰ类精密进近灯光和仪表着陆系统，建设相应滑行道、停机坪、机库、航站楼、油库、助航灯光、通信导航监视等配套设施设备。截至2022年年末，机场改扩建工程基本完成跑道水稳层和道面的浇筑；完成VOR/DME（全向信标/测距仪）、ILS（仪表着陆系统）、ADS-B（广播式自动相关监视系统）、助航灯光、航管、气象等专业设备的采购，完成塔台/航管楼、公务机机库和飞行程序设计。

（张艳晓　郭晨艳）

物流服务

【概况】 2022年，东阳市出台《加快东阳市现代物流业发展的若干意见（2022年修订）》。完成2021年度现代物流“三强”企业（企业管理、企业机制创新、经营情况、诚信服务等方面的综合评定和考核排名前三）评选，确定东阳市陆港物流发展有限公司、东阳市鸿运物流有限公司、东阳市交通物流有限公司为东阳市2021年度现代物流“三强”企业。开展低效工业用地清理整治，其中物流仓储用地整治地块底数13宗（6.8公顷）。截至年末，完成10宗地块（4.9公顷）的整治。

市物流业服务中心开展疫情防控工作，全市8个高速出口和2个国、省道服务点出动工作人员102609人次，从金华、义乌火车站（机场）转运2451车次、32737人次，完成金华、“8·2”义乌疫情、“11·13”疫情等快转运任务，完成转运1255车次，转运人员14166人，转运核酸采样标本10580车次，转运防疫物资3578车次。

【东阳国际陆港物流园及专用线铁路建设】 2022年，东阳国际陆港物流园工程用地面积约20公顷，包括铁路集装箱作业区、海关查验监管核心区、高标准仓库、建材木材进出口交易存储区、货运营运楼、停车服务区等，工程设计年运量329万吨；中远期工程用地面积126.6公顷，包括预留铁路物流功能区、海关保税物流区、冷链物流区、城市分拨配送区、社会第三方物流仓储区、社会联运配送区、社会联运配送区（危化品）等，中远期工程设计年运量465万吨。

专用线铁路等级为Ⅳ级，设计速度80千米/小时，线路全长7.83千米。全线新建桥梁3座4.85千米，新建隧道1座0.53千米，桥隧总长5.38千米，桥隧比68.73%，金甬铁路开通前开建，建设总工期24个月，投资估算总额7.79亿元。2022年8月，完成工可报告编制；10月，开展工可报告修编。截至年末，与中国铁路上海局集团对接审查意见，把2023计划报省发改委立项，土地报批等手续，专用线与金甬铁路并线段3千米计划提前施工。

【物流行业综合发展】 2022年，市物流业服务中心发展多式联运模式。发挥东阳国际物流园龙头效应，发展宁波港集装箱进出口物流服务体系，创新集装箱供应与流转平台，发展“甩挂双重运输”（车子重箱去重箱回，不跑空趟，基本实现“箱停车不停”“集卡运输不放空”），每天流转集装箱600个。

东阳市打造综合性木材交易平台，东阳市木材交易中心引进东阳市十方家居科技有限公司、中国林业集团有限公司等一批国际木材进口商，以及中林供应链有限公司、浙江东阳快牛保税物流有限公司、浙江万宜进出口有限公司等报关公司70余家，形成非洲规格料及进口家具，古构建（古代建筑构件）生产加工市场特色区块，是东阳市乃至全国最具规模和特色的非洲规格材料、光身家具交易市场。

东阳市推进花园红木产业国际物流中心建设，依托花园和横店红木产业，在大永线与231乡道干道交叉路口附近筹建花园物流园，一期建成投入使用，引导园区内东阳市豪骏物流有限公司、东阳市朝辉物流有限公司、东阳市豪宇物流有限公司(2家)、东阳市豪顺物流有限公司、东阳市陆军物流有限公司、东阳市鸿辉物流有限公司7家企业合并成立“千城驿站”，涉及60余条货运专线。创建鸿运物流微创园，东阳市路路通物流有限公司、东阳市顺峄物流有限公司2家物流企业入驻该微创园。

【物流安全管理】 2022年，市物流业服务中心完善物流行业安全生产体制机制。修订《东阳市道路运输突发公共事件应急预案》，组织危化运输企业开展安全演练。提高常压液体危险货物罐车安全性能防护，优化罐车准运介质管理，实现辖区内所有罐体100%罐检。执行推广危险货物运输车辆智能视频监控报警装置改造，安装率100%。加强常态化监督检查，线下检查企业155次，68个问题完成整改。线上收到异常线索446件，其中移交执法队处理23件；动态查岗1579次，发现缺岗22次；车辆抽查7783次，发现问题48个，除移交执法队问题外，其余完成整改。推进老旧营运“国三”车辆淘汰工作，完成43辆老旧营运车辆的淘汰。

（张骋畅）

2022年10月20日，交通运输行政执法队横店中队配合镇政府，联合横店交警，对物流企业严管严查 （徐敏帅/摄）

邮　政

·邮政管理·

【概况】 2022年，东阳邮政管理局（以下简称东阳邮管局）制定实施《东阳市邮政快递企业健康指数监测评估体系建设实施方案》，每季度发布监测评估报告，促进邮政快递企业提升服务质量。探索构建“党建+乡村共富”模式，与巍山镇岭下村结对，4家快递企业向岭下村捐赠资金8万元，助力山区群众增收致富。启动数字化的“东阳市快递物流指挥中心”建设，委托技术团队完成初步建设方案编制，开展与省邮政管理应用场景的对接贯通。全市有快递业务经营机构13家、邮政快递处理场所及服务末端网点265家、大型快递分拣场地12处、从业人员约2200人。完成快递业务量5.69亿件，比上年增长36.96%；业务收入13.17亿元，比上年增长35.16%，两项指标均列金华市各县（市、区）第一位。

【快递服务监管】 2022年，东阳邮管局联合国安、公安、消防、市场监管等职能部门开展安全生产、反诈、跨境揽收、“扫黄打非”等专项检查154次，覆盖网点372个，发现并整改问题168个，立案查处10起。在冬奥会、省运会、中共二十大期间，实现邮政快递业安全生产事故、“平安寄递”问题事故“零发生”和金华市级以上“零通报”。承办2022年金华市邮政快递业应急演练活动。与公安等部门联合开展“跨区揽件”专项整治15次，约谈快递企业4家。

【绿色生态邮政建设】 2022年，东阳邮管局推进塑料污染治理三年攻坚行动计划实施，加强垃圾分类、包装减量、绿色回收等相关工作的宣传、引导和检查。截至年末，各邮政快递企业年使用循环包装箱约2万只，全面推广应用45毫米以下瘦身胶带，各邮政快递企业分支机构及末端网点建成使用快递包装回收利用装置。

2022年9月9日，东阳邮政处理中心邮寄流水线　（东阳邮管局提供）

【邮政快递业末端寄递服务保障支持】 2022年，东阳邮管局推进“快递进村”工程实施，完成全市345个行政村“中邮驿站”的验收工作，东阳成为金华市首个主要快递品牌入村的县（市、区）。6月，东阳邮管局、市财政局联合制定《支持东阳市邮政快递业末端寄递服务保障的实施细则》，从末端服务设施建设、快递专用电动三轮车迭代更新、从业人员权益保障等方面，实施邮政快递业末端寄递服务10条保障措施。其中市财政局对邮政快递企业在2022年12月31日前按规定购置的每辆标准专用电动三轮车补助1000元，年内建成的每个邮政快递示范网点补助2万元。6—12月，完成快递电动三轮车上牌180余辆，建成邮政快递末端示范网点（“旗舰店”）8家，创建“扫黄打非”省级示范点1家，拨付邮政快递企业疫情防控纾困补助资金45万元。

【快递从业人员权益保障】 2022年，东阳邮管局引导邮政快递企业规范劳动用工，落实工伤保险制度。联合市委组织部建设100个供快递员学习、休息的“红色驿站”。联合行政执法、交警等职能部门采取快递车辆的人性化管理措施，推荐快递员参选“最美快递员”评比。组建反诈宣传队、治安巡逻队，参与社会治理体系建设。联合市总工会开展“11·11”“12·12”慰问活动。

【快递员安全出行主题月活动开展】2022年9月，东阳邮管局组织开展快递员安全出行主题月活动，增强快递员交通安全意识，预防和减少道路交通事故发生。活动月期间，开展交通安全大宣讲，联合交警部门加强快递企业员工交通安全教育，印发文明交通出行倡议书，签订承诺书2600余份；建立健全交通违章通报机制；向一线快递员免费发放印有“东阳快递”“东阳邮政”标志的安全头盔1040个。

（王　铭）

2022年12月15日，市邮政分公司城区特快揽投员将市人民医院云药房配出的药品送达客户　（市邮政分公司提供）

·邮政业务·

【概况】　2022年，中国邮政集团有限公司浙江省东阳市分公司（以下简称市邮政分公司）推进基层营业所规范化建设，加强内部管理，提高服务质量。实现业务收入4.26亿元，超额7.23%完成计划，比上年增长20.13%，列全省邮政县（市）公司第5位，比上年晋升1位；上缴经营性利润5771万元，比上年增加512万元。

【普遍服务业务】　2022年，市邮政分公司实现函件业务收入428.76万元，比上年增长21.61%。开展《全民体育　冠军中国》项目营销活动，销售270套。报刊业务收入1332.41万元，比上年增长18.64%。发行《习近平在浙江》12895册、《习近平浙江足迹》12210册、《习近平谈治国理政（第四卷）》12216册。

【金融业务】　2022年，市邮政分公司实现金融业务收入2.13亿元，比上年增长9.56%。其中，利差收入1.63亿元，比上年增长10.53%；保险业务收入4081万元，比上年增长22.62%；理财收入247万元，比上年下降6.8%；其他收入639万元，比上年下降39.5%。截至年末，储蓄余额150.71亿元，净增14.93亿元，增幅10.99%，存量市场占有率12.93%。完成邮政保费4.21亿元，其中中邮长期险4893万元、中邮健康险160.1万元。

【寄递业务】　2022年，市邮政分公司实现寄递业务收入1.75亿元，比上年增长37.22%；特快业务收入2660万元，比上年增长49.04%。承接市人民法院寄递政府采购项目；实现市内规模性医院中药配送全覆盖；推进市人民医院云药房项目，市邮政分公司安排工作人员驻点市人民医院开展揽投服务，从云药房揽投药品包裹10867件。实现快递包裹收入1.31亿元，比上年增长37.33%；收寄快递包裹7368万件，比上年增长25.24%。实现国际业务收入1558.12万元，比上年增长22.31%，完成率排金华市第一位。物流业务实现收入84.42万元，比上年增长4.33%。

【农村电商推进】　2022年，全市农村地区有“中邮驿站”345个，其中示范点40个，市邮政分公司通过实施邮快合作、交邮合作等模式激活“驿站”功能。全年“中邮驿站”入库快递量222.9万件。在虎鹿镇厦程里村开通与中通快递的邮件共配，配送邮件达1万件。与市公交公司合作，开通公

2022年3月10日，市邮政分公司开展“非遗特色农品”东邮直播专场活动　（市邮政分公司提供）

交车代运代收画水镇林村邮件。完善“驿站”收寄功能，完成惠农服务活跃合作社广覆盖88家，“两个1000”三项业务合作达标重点客户40家，“融资E”新增贷款3808万元，实现自营农产品销售收入1381万元；历年累计建成活跃“邮乐购”站点731个、优质站点369个、满足进销存使用进度站点41个、标杆站点5个。实现批销交易额1998万元；实现大单品批销交易额1822万元，其中亿元级大单品完成1188万元，千万元级大单品完成634万元。历年累计建立社区团购群54个。年内收寄团购订单41017单。

2022年，市邮政分公司推进网点形象改造，完成三单所、千祥支局等6个普遍服务网点升级改造工作。开展创建普遍服务示范窗口活动，西牌楼支局获评省级示范窗口。邮政电商平台助力本地农产品销售，销售额2.5万元；通过社区团购、直播等模式为本地农户、合作社拓展草莓、蓝莓、桃子、豆腐干等农产品销售渠道。推进绿色邮政建设，投放可循环包装0.46万个，新增和更新4.5吨以下的轻型生产车辆，100%使用新能源车和符合“国六”排放标准的清洁能源车辆。回收瓦楞纸箱10.7万个，全省抽样检测中规范包装操作比率99.4%。100%采购使用符合标准的包装袋、包装箱。

【邮政文化传播】　2022年，市邮政分公司创新丰富企业文化载体，拓展文化传播途径，推进企业文化建设。10月9日，开展以“邮政守护地球家园”为主题的2022年世界邮政日宣传活动。组织工作人员采取定点宣传加客户体验的方式，在菜市场、幼儿园、超市、新华书店、社区等人流量较大的重点场所，向市民宣传电信防诈知识，进行新邮预订、寄递服务介绍，提供邮寄明信片、贺卡等传统邮政服务免费体验。12月21日，中国交通企业管理协会发布2022年度交通运输文化建设优秀成果，市邮政分公司获评全国交通运输公益文化建设优秀单位。

（陈晓莉）

电　信

【概况】　2022年，中国电信股份有限公司东阳分公司（以下简称中国电信东阳分公司）下设5个部门、17个分支局，有员工480余人，电信服务覆盖全市镇乡（街道），电信网络覆盖全市行政区划范围。全年主营业务收入2.44亿元。

【云网基础设施建设】　2022年，中国电信东阳分公司推进云网融合3.0，加快以云网融合为核心特征的智能化综合性数字信息基础设施建设。在实现重点区域5G商用网络连片覆盖和重要场所场景覆盖的基础上，推进5G建设与资源共建共享，开展4G补盲，提升无线网络覆盖能力。加快千兆光网建设，推进城域网扩容升级，提高端到端业务承载力，超千兆网络服务容量达29.5万户。截至年末，宽带上网速率达500兆及以上用户占宽带用户总数的比率达28.33%。

【数字化改革应用】　2022年，中国电信东阳分公司助推数字技术和实体经济融合，服务全市经济发展和民生保障。参与各领域数字应用平台建设，拓展政务云规模化，推进各政务单位机房向“城市大脑”迁移；持续推进“建筑产业大脑”、市级垃圾分类管理平台、文明城市和智慧乡镇平台建设，中标共享田园数字应用信息化建设项目，为助推乡村振兴和农业农村发展提供数字化解决方案；与浙江广厦建设职业技术大学签订校园网建设、运维暨5G专网合作协议；推进智慧警务项目建设；推进5G定制网建设，签约实施浙江省东阳市弄潮制衣有限公司5G+AGV定制网和东阳富士特磁业有限公司5G+AR定制网等项目，促进企业数字化转型；继续开展磁性行业工业互联网平台建设，整合产业资源，提升磁性产业链数字化、智能化水平。

【通信安全保障】　2022年，中国电信东阳分公司加强网信安全保障工作，开展全网风险隐患排查整治，对重要楼宇、机房、办公场所及房屋加强消防安全隐患排查。开展反诈防诈工作，与市公安局联合开展“三电设施安全保护暨防范通信网络诈骗、打击治理跨境赌博”宣传，配合公安机关依法调取涉诈信息50余次，协助破获3起团伙诈骗犯罪案件。加强重大项目保障工作，完成北京冬季奥运会、中共二十大期间重要通信保障任务。完成第十七届省运会、中国农民丰收节浙江主场、“6·5”环境日浙江主场等重大活动现场的通信支撑保障任务。

【5G定制网+智能车间建设】　2022年6月，横店集团东磁股份有限公司锂电二厂车间实现5G室内信号全覆盖全连接，成为中国电信东阳分公司在东阳市的首个5G定制网+智能车间应用。5G定制网是基于5G无线、专线电路、核心网能力构建的从5G移动端到平台侧的专网全流程业务。横店集团东磁股份有限公司锂电二厂车间通过5G定制网，组建大带宽、低延时的无线连接环境，实现安全数据传输、稳定网络覆盖、便捷运维管理等5G业务能力。中国电信东阳分公司在构建5G定制网的基础上，加载车间的数据采集、设备的质检巡查等应用能力，融合MEC与天翼云，形成差异化定制服务，促进企业实现高效数据管理和精准生产控制，提高生产效率和保障生产可靠性。

（卢美玲）

移　动

【概况】　2022年，中国移动通信集团浙江有限公司东阳分公司（以下简称中国移动东阳分公司）位于吴宁街道吴宁东路34号，下设市场部、政企部、网络部、综合部4个部门和横店、白云、江北、吴宁、南马、巍山、千祥、画水、城东、湖溪10个网格，有员工150人。有自营营业厅18家（含4家加盟厅）、社会签约渠道营业厅236家，涵盖全市各镇乡（街道）。全年实现通信服务收入9.6亿元。截至年末，有移动客户超97万户、家庭宽带客户近26万户、移动基站超6000个（含5G基站近1000个）、室内分布系统近1300个，实现5G网络建设"村村通"，拓展信息化项目60余个，深化"影视文化产业大脑""智慧横店""智慧花园"等东阳市重大数字化改革项目的应用管理，推进"数字水务""中医院机房建设/5G查房""城市人行道管理"等信息化项目建设。

【通信公益服务活动开展】 2022年，中国移动东阳分公司成为东阳市志愿者服务关爱联盟首批爱心单位之一，为志愿者提供套餐优化、积分兑换等服务活动。3月，开展"弘扬青春正能量"学雷锋活动，组织21名党员、团员和青年志愿者到吴宁街道"残疾人之家"进行结对帮扶。联合虎鹿镇开展"党建和创"活动，通过"乡土直播"助力佐村镇春茶宣传，对接茶农13户，直播观看量达到6500余人次。5月，在全市镇乡(街道)开展"致敬劳动者，温暖在身边"志愿者慰问服务活动，派送温暖慰问礼包，慰问建筑工人、外卖快递员、环卫工人、医护人员等。在横店镇开展"迎建团百年 展青春风采"主题活动，联合"横漂"青年社团，组织青年员工参加沉浸式"自我觉醒"剧本杀活动，加强党史教育。在画水镇莪溪村开展助农活动，通过线上智慧赋能、员工团购等方式，帮助村民推销特色水果白枇杷。9月，开展"慈善一日捐"活动，募集善款11241元。11月，联合市经信局在西街社区开展"智慧助老"活动，开设以智能手机使用、防诈防骗为主要内容的公益课堂。

【信息化助力疫情防控】 2022年，中国移动东阳分公司通过志愿者服务、网络保障、数智赋能等投入新冠疫情防控工作。对接政府部门单位及各镇乡(街道)，完成基站扩容25个，开通抗疫专线170余条，保障无线网络和专线稳定运行。8月，组织志愿者配合吴宁街道、江北街道、疫情防控指挥中心等发送防疫、公共卫生提示等公益类短信60余万条。

【5G网络实现"村村通"】 2022年4月，中国移动东阳分公司开展5G网络建设攻坚行动，牵头组织建设团队，历时半个月完成91个乡村5G基站建设任务。至5月11日，全市5G基站架设超1000个，5G网络覆盖扩至全市行政村，实现5G网络从"乡乡通"到"村村通"的跨越，助推各行各业数字化转型。

【通信安全保障工作】 2022年5月17日，中国移动东阳分公司与市公安局联合开展世界电信日主题活动，进行通信线路保护法规普及宣传。5月24日，中国移动东阳分公司召开东阳市应急通信保障集合点验大会，加强应急通信保障。6月16日，举行安全生产知识技能比武，共14支队伍参加安全知识竞答、灭火器灭火、消火栓出水打靶、生产场景(办公室)找隐患4个项目的比赛。

(全燕卿)

联　通

【概况】 2022年，中国联合网络通信有限公司东阳分公司(以下简称中国联通东阳分公司)主营业务收入7390万元，其中通信服务收入6554万元。发展移网用户50043户、宽带专线和固定电话7068户。通信项目签约金额839.53万元。

【网络共建共享推进】 2022年，中国联通东阳分公司与中国电信东阳分公司合作推进5G网络共建共享，加强双方应用互通，完成5G通话对接联测，互联互通、共建共享5G基站增至857个。4G网络向中国电信东阳分公司开放实现共享小区496个，历年累计达611个。从中国电信东阳分公司获共享4G网络小区950个，历

2022年5月11日，东阳市实现移动5G网络行政村全覆盖

(中国移动东阳分公司提供)

年累计达1399个。推进东阳区域1800频率共建共享。推进宽带专线和固定电话线路投资覆盖建设，完成新国标小区、"四合一"小区、南方补短、零星接入、商务楼宇等工程272个，改善网络线路状况。

【通信服务】 2022年，中国联通东阳分公司组织开展通信服务宣传进企业、进农村、进小区活动。为用户提供各类提速降费、降本增效通信方案及服务保障。加强从业人员培训辅导，开展职工沟通服务技巧专题培训，完善业务考核标准，严格规范要求，提升服务质量。

（李　鑫）

华数广电

【概况】 2022年，东阳市华数广电网络有限公司（以下简称东阳华数）有数字电视用户16万户、互动宽带用户8万户。拓展5G网络业务，发展5G卡9622张、集团客户35个。继续实施"广电低保"工程，减免全市5650户低保用户视听维护费142万元，减免5495户优抚对象视听维护费69万元。

【广电网络业务拓展】 2022年，东阳华数实施东阳市教育机构"班班通"项目，为市内学校（幼儿园）的2934个教室、350个阶梯教室、150个教师办公室、693个教工宿舍安装高清4K机顶盒，增加"基础+互动"大众业务机顶盒4127个；推进全域未来社区项目建设；推进技防村维保（新建及升级改造）项目，基本完成对全市行政村、自然村的覆盖，累计运维监控点位超22000路；参与市数字化改革项目，建立"城市大脑"解析管理系统，完成8000路人脸人体图片路算法和1000路11种部门视频流算法，完成项目基础硬件安装并投入使用。年内，东阳华数开展美好生活冠军版套餐推广活动、"升级新网络 畅享新品质"专项行动等，在全市各镇乡街道的农村地区发展互动村业务，签订17个互动村的建设合同，增设宽带1947条、含互动点播功能的机顶盒1304个。全市华数业务融合互动村增至33个。

【网络建设改造工程】 2022年，完成网络建设及改造工程项目265个，FTTH（光纤通信接入）用户累计7.5万户。推进宽带质量提升，持续实施光网改造小区的入户工程，接入网网络综合质量分由年初的74分提高到80分；启动东阳—义乌、东阳—永康、东阳—磐安干网第二光缆路由建设。

【运营服务质量保障】 2022年，东阳华数继续加强运营维护工作，健全监控运维管理长效机制，推进运营服务智能化、人性化和精准化，监控月在线率均保持在99%以上，无播出事故发生。11月21日，省广播电视局公布2022年度全省有线广播电视运营服务质量评价结果与2022年度浙江省有线广播电视运营服务工作成绩突出集体和个人名单，东阳华数获评2022年度有线广播电视运营服务质量省级优秀单位，实现2017—2022年该评价项目省级优秀单位六连创；东阳华数及员工顾瑛分别获评2022年度浙江省有线广播电视运营服务工作成绩突出集体和个人。

（徐瑞玲）

科学技术

综述

【高新技术产业发展】 2022年，东阳市持续推进高新技术产业发展，高新技术产业增加值占规模以上工业企业增加值的78.36%，列金华市各县(市、区)第一位；高新技术产业增加值129.63亿元，比上年增长12.1%，列金华市各县(市、区)第二位；规模以上工业企业研发费用29.25亿元，比上年增长27.5%，列金华市各县(市、区)第二位；规模以上工业企业研发费用占营业收入的3.35%；高新技术产业投资额51.33亿元，比上年增长48%。全市科技成果转化和技术交易额19.25亿元，比上年增长59.75%。

【科技专项资金投入】 2022年，市财政局拨款兑现主体培育、研发投入、技术成果交易等科技政策奖励资金7000余万元。获省级科技专项资金补助1294万元，资金额居金华市各县(市、区)第一位。4月26日，召开市科技信贷工作推进会，落实措施，加大科技金融支持力度，"科技贷"额度增至2亿元，扩大科技金融政策惠及面。年内，发放科技信用贷款近1.6亿元，惠及企业43家。

【科技人才培养引进】 2022年，东阳市加强科技创新创业领军人才培养，继续实施浙江省海外工程师引进计划。获评"科技婺商"1人。继续推行科技特派员制度，推进实施第十一批金华市科技特派员项目7个。截至年末，全市有外国专家71人。

【科技企业培育发展】 2022年，东阳市继续实施"双倍增"计划，搭建市、镇、企业三级联动高新技术企业培育网格，采取定向辅导、集中培训等方式进行，加强科技企业培育。12月20日，省科技厅公布2022年度浙江省科技型中小企业备案名单，东阳市149家企业上榜，省级科技型中小企业总数增至759家。12月24日，全国高新技术企业认定管理工作领导小组办公室公示浙江省认定机构2022年认定的高新技术企业备案名单，东阳市55家企业上榜。年内，有13家企业被取消国家高新技术企业资格，全市国家高新技术企业净增42家。总数增至239家。12月31日，省科技信息研究院公布2022年浙江省高新技术企业创新能力500强榜单，东阳市的浙江普洛康裕制药有限公司、浙江普洛家园药业有限公司、浙江联宜电机有限公司、浙江普洛得邦制药有限公司、横店集团得邦照明股份有限公司5家企业上榜。

【企业技术研发机构建设】 2022年，东阳市加强企业建立研发机构的服务工作，促进企业自主研发能力的增强，增加金华市级及以上研发机构81家，其中省级及以上研发机构14家。12月31日，省科技厅公布2022年新认定省级企业研发机构名单，浙江英洛华磁业有限公司的浙江省英洛华稀土永磁材料重点企业研究院被认定为省级重点企业研究院，东阳市顶峰磁材有限公司的浙江省顶峰磁材磁性材料企业研究院被认定为省级企业研究院，12家企业研发中心被认定为省级高新技术企业研发中心。

2022年4月26日，东阳市科技信贷工作推进会召开　　（市科技局提供）

年内，增加金华市级高新技术企业研发中心67家；东阳市跨之境商业运营管理有限公司的东阳市跨境电商产业园众创空间、东阳天鹿数字科技有限公司的东阳麒麟众创空间入选2022年度省级备案众创空间，有2家众创空间入选金华市级众创空间。截至年末，全市有省级重点企业研究院4家、省级企业研究院17家、省级高新技术企业研发中心63家、金华市级高新技术企业研发中心201家。

（刘　静）

2022年东阳市被认定为浙江省高新技术企业研究开发中心的企业及企业研究开发中心一览表

表36

序号	企业名称	企业研究开发中心名称
1	东阳市银海磁业有限公司	浙江省银海高性能钕铁硼磁粉高新技术企业研究开发中心
2	浙江雪丽日用品有限公司	浙江省雪丽可降解餐具高新技术企业研究开发中心
3	东阳市鑫泽金属制品有限公司	浙江省鑫泽精品钢材蛋糕模制备高新技术企业研究开发中心
4	浙江亚德工贸有限公司	浙江省亚德新型化纤游戏服高新技术企业研究开发中心
5	东阳市中洲钢带有限公司	浙江省中洲优碳钢带高新技术企业研究开发中心
6	浙江飞翔线业有限公司	浙江省飞翔线业高新技术企业研究开发中心
7	浙江好视佳反光材料有限公司	浙江省好视佳反光材料高新技术企业研究开发中心
8	浙江炜晟包装有限公司	浙江省炜晟包装高新技术企业研究开发中心
9	东阳市真牛针织服饰有限公司	浙江省真牛针织服饰高新技术企业研究开发中心
10	浙江晨宇化纤有限公司	浙江省晨宇化纤高新技术企业研究开发中心
11	东阳市中兴电机有限公司	浙江省中兴新型节能电机高新技术企业研究开发中心
12	浙江东阳东磁稀土有限公司	浙江东阳东磁稀土高新技术企业研究开发中心

科技平台建设

【概况】 2022年，东阳市加强科技平台建设，横店影视文化产业省级创新服务综合体通过考核，东阳市科技孵化中心成为市内首个省级科技企业孵化器，东阳科技城青创、智创、科创、科孵四个板块建设规划和实施方案确定，东阳市上大产业发展研究院装修完成后投入运行，产业创新研究总院方案初步拟定，市内各类科研机构逐步进行整合。12月16日，市科技局、市财政局联合印发《东阳市科技创新平台奖励实施细则（试行）》，规定对东阳市注册登记的技术研发中心、科技合作基地、科技企业孵化器、优秀众创空间、星创天地、孵化运营机构、外国专家工作站、技术创新中心、新型研发机构、重点企业研究院、国家重点实验室和浙江省重点实验室等实施奖励，完善科技奖励工作机制。

【东阳科技城规划建设】 2022年10月，市委召开东阳科技城初步规划方案专题汇报会。会议宣布成立东阳科技城建设领导小组，确定东阳科技城位于迎宾大道以西、湖莲西街以南、望江北路以东、东阳江以北，实行“一校四中心”（浙江广厦建设职业技术大学、青创中心、科孵中心、智创中心、科创中心）的空间布局，搭建各类就业创业平台，加强企业服务保障，强化科技创新成果转移转化，推动创新链、产业链融合发展。

【科技孵化基地建设】 2022年12月14日，省科技厅印发《关于认定2022年度省级科技企业孵化器的通知》，东阳市科技孵化中心被认定为省级科技企业孵化器（综合型），成为东阳市第一家省级科技企业孵化器。市科技孵化中心投入运营孵化面积1.2万平方米，有在孵企业40家。截至年末，全市有省级科技企业孵化器1家、金华市级科技企业孵化器1家、省级备案众创空间5家、金华市级众创空间2家。

【科技类校外培训机构管理】 2022年，根据《金华市“双减”工作专班关于开展校外培训机构预收费监管专项核查工作的通知》，东阳市17家科技类培训机构的基本资料上传“金信培”平台。5月16日，市科技局、市教育局完成东阳市喵星科技培训有限公司的审核工作，该公司成为实施"双减"后东阳市第一家、金华市第二家通过审核的科技类校外培训机构。

(刘　静)

科技合作交流

【校地(院地)合作】 2022年,"一院两中心"(东阳市上大产业发展研究院、西北工业大学国家大学科技园东阳协同创新中心、西安交通大学国家技术转移中心东阳协同创新中心)建设推进,3批18人次高校教授团队到东阳市对接企业、调研产业和洽谈成果转化。8月28日,召开东阳市上大产业发展研究院第一次理事会。会议推选第一届理事会理事,东阳乡贤、中国工程院院士、上海大学副校长吴明红当选研究院院长;会议审议通过研究院章程、五年建设方案等;会议决定科学仪器研制与产业化创新团队入驻,对接落实水体污染治理工程技术研发项目、以质谱仪为代表的科学仪器研制与产业化、芯片级/电子级封装用胶黏剂的研发与产业化项目、基于MEMS技术的新型气敏传感器研制项目4项成果转化。10月12日,建立北京中科老专家技术中心东阳服务站。11月3日,建立中科院长三角物理研究中心东阳服务站。各合作项目针对东阳市产业升级、企业转型进行科技成果引进和转化。

【东阳新材料产业专场活动】 2022年6月7日,金华市千榜进百校"2+4+X"重点产业云揭榜——东阳新材料产业专场活动在海天大酒店举行。活动由市委组织部(人才办)、市科技局主办,东阳科技大市场、东阳市上大产业发展研究院、西北工业大学国家大学科技园东阳协同创新中心、西安交通大学国家技术转移中心东阳协同创新中心承办,围绕"四大千亿产业"发展,促进产学研合作和科技成果转化。通过"揭榜挂帅"云平台共发布技术难题280项,吸引10余家高校、科研院所的专家团队到东阳市洽谈,攻克关键技术难题37项,兑现榜金4467.9万元。

【磁性材料产业高峰论坛】 2022年9月20日,2022磁性材料产业高峰论坛暨科技成果对接活动在横店镇东磁大厦举行。活动由中国电子元件行业协会磁性材料与器件分会、东阳市科技局主办,浙江省磁性材料行业协会、G60科创走廊新材料产业联盟承办,采取"线下+线上+直播"的方式进行。浙江省磁性材料行业协会会长、横店集团东磁股份有限公司副总经理郭晓东,浙江大学教授严密,中国计量大学副校长葛洪良,安徽大学教授刘先松,西北工业大学教授胡星浩,教授级高工赵光,中国电子元件行业协会磁性材料与器件分会副理事长汪小明、卢杨成等专家学者以及152名企业负责人出席东磁大厦主会场现场活动,中国电子元件行业协会磁性材料与器件分会秘书长谈浒明主持。在3所大学和9家企事业单位开设12个线上分会场,西安交通大学教授杨森、马天宇,西北工业大学教授闫浩,中科院宁波材料技术与工程研究所研究员闫阿儒在线上出席活动。13名教授和专家发表专题报告。现场直播有5000余人观看。活动进行科技成果对接,为磁性材料专家学者、科研院所、行业上下游企业等搭建交流平台,促进产业进步和信息共享。

(刘　静)

2022年8月28日,东阳市上大产业发展研究院第一次理事会在市行政中心召开　(市科技局提供)

科技创新和科技成果

【概况】 2022年,东阳市继续引导企业、单位加强科技创新。12月16日,市科技局和市财政局联合印发《东阳市科技创新平台奖励实施细则(试行)》《东阳市研发投入奖励实施细则(试行)》《东阳市"揭榜挂帅"项目奖励资助实施细则(试行)》《东阳市科技贷奖励实施细则(试行)》,完善科技创新激励机制。年内全市完成科技成果评审110项。

【科技项目规划立项】 2022年,申报金华市级公益类科技项目50项,获立项47项;获金华市级工业类科技计划立项3项、社会发展类重点计划立项32项。组织开展东阳市级科技项目申报,立项49项,其中社会发展类1项、公益类48项。开展金华市、东阳市两级51项公益类科技计划项目的验收工作。

【3个项目入选2023年省研发攻关计划】 2022年,作为2022年度省"尖兵"研发攻关计划项目的横店集团东磁股份有限公司"高性能18650动力电池全生命周期设计及低碳智造关键技术研发和产业化"项目和省"领雁"研发攻关计划项目的浙江微度医疗器械有限公司"基于能量智能精准控制的超声刀系统研发及产业化"项目研发进展顺利。11月,浙江英洛华磁业有限公司申报的"高性能钕铁硼磁体强韧化关键技术研发及产业化"项目和横店集团东磁股份有限公司申报的"非晶/纳米晶软磁粉末关键制备工艺及成套设备"项目入选2023

年度省“尖兵”研发攻关计划，浙江朋诚科技有限公司申报的“航空航天用特种钢棒/线材大型精密智能化三辊减定径机组关键技术研究及应用”项目入选2023年度省“领雁”研发攻关计划。

【首批市政府科技创新奖】 2022年4月7日，市政府印发《关于公布2021年度东阳市政府科技创新奖的通报》，横店集团东磁股份有限公司、浙江微度医疗器械有限公司、浙江花园药业有限公司、浙江朋诚科技有限公司4家企业和横店集团东磁股份有限公司刘立东、浙江石金玄武岩纤维股份有限公司许加阳、浙江普洛得邦制药有限公司厉昆3人获2021年度东阳市政府科技创新奖，成为东阳市政府科技创新奖首批获得者，奖金总额230万元。

【科技成果】 2022年7月11日，全省科技创新大会颁发2021年度浙江省科学技术奖，东阳市3个项目获省科技进步奖，其中浙江英洛华磁业有限公司与浙江大学等合作完成的“高稳定性钕铁硼重稀土减量与高丰度稀土替代成套技术”项目获一等奖，浙江恒成硬质合金有限公司与台州学院等合作完成的“高性能WC硬质合金制备关键技术研发及产业化应用”项目获二等奖，东阳市顶峰磁材有限公司与中国计量大学等合作完成的“黏结复合永磁体三维可控构筑技术及产业化应用”项目获三等奖。

（刘　静）

科普活动

【科技馆建设】 2022年，市科协组队考察浙江省科技馆、杭州低碳科技馆、金华市科技馆等，梳理市科技馆建设及后续活动开展的思路。市科协对接上海市、浙江省杭州市、安徽省合肥市等地的专业设计团队，谋划市科技馆装饰和布展初步设计概念方案，推进市科技馆项目建设。市科技馆北邻市体育中心，西为迎宾大道，项目主体基本完工，场馆装饰和布展工程进入设计阶段。

【青少年科技活动】 2022年1月，东阳市获金华市第36届青少年科技创新大赛一等奖9个、二等奖15个、三等奖13个。5月24日，市科技局、市科协联合在市职教中心学校李宅校区开展2022年东阳市科技周——科普进校园活动，并向学校捐赠科普书籍。10月16日，市科协、市教育局联合在东阳木雕小镇科普教育基地举行第37届东阳市青少年科技创新大赛，共收到科技小发明、科技小论文等6个项目参赛作品1100余件，经专家组评审，评出一等奖44个、二等奖74个、三等奖132个。12月，推荐23件优秀获奖作品参加金华市37届青少年科技创新大赛，获一等奖3个、二等奖3个、三等奖6个。

【科学家精神教育基地建设】 2022年5月27日，2022年全国科技工作者日浙江省主场活动在西湖大学云谷校区开幕，省科协公布首批23家浙江省科学家精神教育基地名单，位于东阳市角尖山的严济慈陈列馆入选。5月30日，中国科协、教育部、科技部、国务院国资委、中国科学院、中国工程院、国防科工局联合印发《关于命名2022年度科学家精神教育基地的决定》，东阳市严济慈陈列馆入选，成为全国首批、金华市首家国家级科学家精神教育基地。7月12日，九三学社中央全国传统教育基地揭牌仪式在严济慈陈列馆举行。

【新时代文明实践中心科普平台建设】 2022年6月7日，东阳市新时代文明实践中心启用，市科协工作人员在启用仪式现场向市民发送科普宣传资料。中心位于艺海北路298—1号（艺海大桥旁立德广场内），设有科普平台，设置VR体验、知识抢答、景区拍照体验等功能区域，常年有科普志愿者为到中心参与活动的市民提供服务。

【全国科普日活动】 2022年9月29日，以“喜迎二十大 科普向未来”为主题的东阳市2022年全国科普日宣传活动在西山公园前广场启动。市科协组织16个学会、协会的专业技术人员开展现场科普咨询服务，举办科普展览，赠送科普资料，科普志愿者向市民宣传科普知识，开展“银龄跨越数字鸿沟”科普专项培训，吸引广大市民参与。横店国防科技园科普教育基地在全国科普日开展的“超能少年 强国有我”活动被中国科协评为2022年全国科普日优秀活动。

【科技教师队伍建设】 2022年1月，在金华市科协、金华市教育局联合举办的第36届金华市青少年科技创新大赛中，东阳市4名教师获评优秀科技辅导员，吴宁五校获优秀组织奖。年内，市科协继续加强科技辅导员队伍建设。12月10日，市科协召开学习中共二十大精神暨科技辅导员典型工

2022年7月12日，九三学社中央全国传统教育基地揭牌仪式在东阳市严济慈陈列馆举行

（九三学社东阳市基层委提供）

作交流会议，全市中小学校科技辅导员30余人参加并进行交流。

【科普基地建设】 2022年4月14日，省科协、省委宣传部、省教育厅、省科技厅联合发文公布第八批浙江省科普教育基地名单，东阳市妇幼保健院科普教育基地入选。7月，金华市科协公布2022年度金华市级农村科普示范基地和科普教育基地名单，东阳市卢宅文化科普教育基地入选金华市级科普教育基地，东阳市黄江农业开发有限责任公司入选金华市级农村科普示范基地。11月，经市科协、市财政局、市纪委纪检组等部门单位及农林专家联合验收，认定东阳市级农村科普示范基地4家、东阳市级科普教育基地3家。12月7日，市科协在东阳木雕小镇召开东阳市科普基地培训会议。全市科普教育基地、农村科普示范基地相关负责人参加培训。市妇幼保健院和横店影视城等科普教育基地代表作交流发言。

【科普进校园活动和科普特色学校创建】 2022年，市科协开展科普进校园活动，推进科普特色学校创建。11月，经市科协、市科教中心、市教育局基础教育科联合验收评估，市科协命名市职教中心学校李宅校区(市第二职业技术学校)为东阳市级科普特色学校。12月19日，市科协在新华书店举行科普书籍、教具捐赠活动，向15所科普特色学校各捐赠价值1万元的图书和教具。

【第三届东阳市“冲刺！科学+”科普大赛】 2022年12月4日，市科协、市教育局联合浙江经视在市残联乒乓球馆举办第三届东阳市“冲刺！科学+”科普大赛现场赛，决出一等奖5对、二等奖5对、三等奖11对、优秀组织奖2个。获一等奖的5对亲子组合代表东阳市参加金华市复赛。

(朱金灵)

2022年4月26日，2022年东阳市世界知识产权日活动在英洛华科技股份有限公司举行 (市市场监督管理局提供)

2022年12月4日，第三届东阳市“冲刺！科学+”科普大赛举行 (市科协提供)

知识产权管理

【概况】 2022年，东阳市继续实施科技兴市战略，加强知识产权创造、保护、管理、运用。7月，市市场监督管理局印发《关于全面加强知识产权工作的实施意见》，整合市内原商标和专利政策，引导企业整体推动知识产权工作，专利方面从原来注重授权补助调整为注重运用转化的补助；调整对企业、协会、市场的知识产权补助和奖励标准，实施第三方知识产权代理机构奖励政策，促进知识产权的管理服务。

【创造力在金华各县(市、区)领先】 2022年4月25日，金华市市场监督管理局发布2021年度金华各县(市、区)创造力排行榜和金华市创造力十强乡镇(街道)，东阳市排2021年度金华各县(市、区)创造力排行榜第一位(有效发明专利拥有量2806件，每万人有效发明专利拥有量25.79件)；横店镇、江北街道上榜金华市创造力十强乡镇(街道)，其中横店镇排名第一。2022年，全市获专利申请授权3443件，其中发明专利358件、实用新型专利1690件、外观设计1395件。增加注册商标4647件，通过PCT申报海外发明专利48件。2022年年末，东阳市有效发明专利拥有量3174件，每万人有效发明专利拥有量29.17件。

【知识产权服务】 2022年，东阳市推进知识产权全周期服务保障体系建设，完善知识产权服务。继续开展知识产权质押工作，其中专利权质押13.8亿元、商标权质押3.2亿元；推进知识产权保险，完成浙中首单PCT国际专利申请费用补偿保险，全市参与保险专利220件，保额超4000万元。4月20—26日，开展知识产权宣传周活动，通过各种媒体进行知识产权宣传，并组织企业有关人员参与知识产权线上培训2期。4月26日，市市场监督管理局在横店镇举行世界知识产权日活动，4家企业代表介绍知识产权工作经验。年内，加强企业的知识产权培训工作，600余家次企业的相关人员参加线上、线下培训。推广“浙江知识产权在线”应用，全市600余家企业上线“浙江知识产权在线”，享受线上知识产权申报、评估、交易、保护、培训等各项知识产权服务。继续加强基层知识产权公共服务平台建设和品牌建设指导，浙江东阳经济开发区和南马镇两个品牌指导服务站获评省级品牌指导服务站，完成10家企业知识产权品牌建设贯标认证。

2022年8月2日，市市场监督管理局开展商标侵权专项检查

（市市场监督管理局提供）

【国家知识产权强县建设试点工作】 2022年8月29日，国家知识产权局印发《国家知识产权局关于确定国家知识产权强县建设试点示范县和国家级知识产权强国建设试点示范园区的通知》，东阳市入选第一批国家知识产权强县建设试点县（传统知识类）名单，试点时限为2022年8月至2025年7月。10月26日，市政府印发《东阳市国家知识产权强县（传统知识特色县）建设试点县工作方案（2022—2025年）》，部署开展国家知识产权强县建设试点工作。

【知识产权示范创建】 2022年9月，东阳市的横店集团东磁股份有限公司、横店集团德邦照明股份有限公司、浙江英洛华磁业有限公司、浙江联宜电机有限公司、浙江金象科技有限公司、浙江卓木王红木家俱有限公司6家企业获评2022年浙江省知识产权示范企业。10月31日，国家知识产权局公布2022年新一批及通过复核的国家知识产权示范企业和优势企业，东阳市的浙江英洛华磁业有限公司入选2022年新一批国家知识产权优势企业，横店集团东磁股份有限公司、浙江联宜电机有限公司、横店集团得邦照明股份有限公司3家企业通过国家知识产权示范企业复核，浙江恒成硬质合金有限公司、横店集团英洛华电气有限公司、浙江普洛家园药业有限公司3家企业通过国家知识产权优势企业复核。年内，完成10家企业知识产权贯标。

2022年，省市场监督管理局公布省级产业知识产权联盟2021年度绩效评估结果，浙江省磁性材料知识产权联盟获评优秀等次（全省参与评估的16个联盟中有5个优秀等次）。7月，横店集团东磁股份有限公司发明专利“一种双面PERC太阳能电池结构及其制备工艺”和普洛药业股份有限公司发明专利“一种头孢克肟的合成方法”获第二十三届中国专利奖优秀奖。

【知识产权执法行动】 2022年，市市场监督管理局组织开展专利真实性、商标使用行为“双随机”抽查，开展知识产权“雷霆”专项行动，办结知识产权案件105起，罚没款金额235.85万元，移送公安机关3起，办理专利侵权裁决2件，推进知识产权全链条保护和知识产权强县建设。

（方立东）

教育

综述

【学前教育和中小学教育规模】 2022年，东阳市有中小学、幼儿园285所，在校(园)学生(幼儿)173489人。其中，普通高中14所，在校学生16459人；职业中学3所，在校学生7467人；初中37所，在校学生32106人；小学74所，在校学生78056人；特殊教育学校1所，在校学生149人；幼儿园156所，在园幼儿39252人。在职教职工14818人，其中专任教师11852人。退休教师3867人，离休4人。校园占地面积500.29万平方米，生均面积28.84平方米；校舍建筑面积289.19万平方米，生均面积16.67平方米。

2022年11月8日，市委教育工作委员会召开第一次全体会议
(市教育局提供)

【市委教育工作委员会揭牌】 2022年11月8日，中共东阳市委教育工作委员会(以下简称市委教育工委)揭牌仪式举行，市委教育工委第一次全体会议召开，会议审议通过《中共东阳市委教育工作委员会工作规则》。会议要求完善教育局党委运行机制，推动中小学党建提质创优，推进中小学校党组织领导的校长负责制，加强教育队伍建设，以"党建+"模式推进党建品牌创建，实施清廉育人工程，创建教育强市品牌，加快教育数字化改革，维护学校政治安全和平安稳定。市委教育工委办公室设在市教育局。

【开设"校长大学堂"】 2022年7月1日，东阳市"校长大学堂"(东阳市教育部门开设的校长培训课程，贯彻"讲政治、勤学习、重团结、强服务、肯干事、守底线"六个方面基本要求，旨在提升校长业务能力、管理水平和人格魅力)开班典礼暨"三大专项整治"动员部署会举行，会议部署师德师风、校园安全、教育收费三项整治工作，开设师德师风建设专题讲座。全年举办"校长大学堂"4期，每期开设专题讲座，内容包括校园安全、清廉学校建设等。

【教育经费投入】 2022年，东阳市中小学(幼儿园)经费全面纳入公共财政保障，一般公共预算教育支出237288.3万元，比上年增长2.97%。定向生均公用经费(含幼儿园幼儿人均公用经费)标准为小学1000元、初中1200元、普通高中1600~2200元、中职2650元、一级普惠幼儿园1000元、二级普惠幼儿园700元、三级普惠幼儿园500元。购买民办义务教育段学位补助经费标准为初中生6000元/人·年、小学生4000元/人·年。加大教育教学质量激励力度，拨出激励经费高中教育教学质量奖1000万元/年、名优教师奖励1100万元/年、班主任考核激励奖励500~1000元/人·月。

【教育项目建设】 2022年，东阳市优化教育资源配置，推进实施类教育项目31个，其中18所新(改、扩)建学校完工并投入使用，增加学位3780个。东阳职教中心学校扩建、吴宁雍和路地下停车场(吴宁七校)建设被列入专项债项目，各发行债券1亿元。撤并堂鹤小学、八达小学、宅口小学3所学校，撤并18所幼儿园(含教学点)。全市更换课桌椅1.3万套，完成11所学校厕所、25所学校破旧校舍、11所学校运动场改造工程建设。

【"双减"工作】 2022年，东阳市推进教育"双减"工作，实现义务教育段学校课后服务全覆盖和社会学科类培训机构清零。全市参与课后服务的小学学生74485人，初中学生31998人。

1月，开展研学实践教育基地、非学科类校外培训机构及课程进校园参与课后服务评审，发布"白名单"，其中4家研学实践基地、5家非学科类校外培训机构及16门课程进校园，丰富学校课后服务课程资源。

4月，市教育局、市发改局、市财政局、市人力社保局联合印发《关于义务教育段学校课后服务财政补贴和服务性收费的指导意见》，规定义务教育段学校按每生600元/学期标准收取课后服务费。校外非学科类培训机构参与学校课后服务不再额外收费。对符合资助政策的学生参加课后服务的，减免其课后服务费。市财政局对义务教育段学校按照每生100元/年的标准进行补贴，补贴经费通过财政专项补助或生均公用经费予以解决。

年内，市第二实验小学"'四联'同频，开辟课后服务'邻+'帮扶新路径"、教研室"学为中心教研：'双减'视域下的区域教研探索与实践"入选省"双减"优秀实践案例。25个案例入选省教育厅教研室"魅力寒假"活动方案，案例数居金华各县（市、区）第一位。14家学科类培训机构实现全面清零，289家非学科类培训机构（3家科技类、45家体育类、241家文化艺术类）纳入监管。与有关部门联合开展对培训机构的执法检查，检查培训机构129家（次），责令整改12家，关停无证无照培训机构10家，立案查处8起。规范义务教育段民办学校办学，完成3所"公参民"学校转公，保留民办学校5所，其余纳入政府购买服务。

【奖教奖学】 2022年6月22日，第八届赵纯心奖教奖学基金颁奖典礼举行，奖励巍山第一小学教育集团巍山校区师生147人，发放奖金30万元（历届累计奖励师生973人，发放奖金150余万元）。8月10日，南市街道第三届奖教助学基金颁奖大会举行，奖励师生、家长276人次，发放奖金18.97万元。9月9日，巍山教育发展基金理事会暨第四届颁奖典礼举行，奖励巍山高中和巍山镇属初中、小学、幼儿园师生1004人，发放奖金303万元。同时，巍山高中第八届海天奖学金颁发，奖励师生364人，发放奖金30万元；巍山高中第四届徐国强教育质量优胜奖颁发，奖励师生349人，发放奖金100万元。11月25日，第十届赵惠仁奖学金颁奖典礼举行，奖励巍山第一小学教育集团巍山校区师生125人，发放奖金9.25万元。12月2日，第33届王惕吾基金颁奖典礼举行，奖励东阳中学、巍山高中、巍山镇初中、吴宁一中4所学校师生1131人，发放奖金142万元（历届累计奖励师生28452人次，发放奖金1968万元）。12月7日，东阳二中君毅基金首届颁奖大会举行，奖励教师192人、学生305人，发放奖金150万元；特聘东阳二中生涯规划导师6人，聘期5年。

【教育数字化改革】 2022年，东阳市贯通省级教育数字化改革重大应用2个（"浙江双减在线""学在浙江"），牵头开发并入选金华市重点应用清单3个（入学入园报名综合集成服务、东阳市基于数据的未来学校项目、校园食品安全与营养健康应用）。市教育局被省教育厅列为国家智慧教育平台省级区域试点单位，获金华市第二十三届学生信息素养能力提升实践活动和金华市教师信息素养提升实践活动优秀组织奖，市职教中心学校和横店镇小学教育集团横店校区列为省级试点学校。

2月，2021年浙江省区域教育信息化发展水平评价报告公布，东阳市获得99.41分，列全省各县（市、区）第一位。2月23日，东阳市"融入体系提服务 创新模式促变革"入选教育部办公厅公布的2021年度基础教育信息技术与教育教学深度融合示范案例。4月11日，国家教育资源公共服务体系联盟公布"三个课堂"应用案例征集结果，东阳市教育局"云上研修，赋能云中课堂"入围区域案例，吴宁一校"以同步课堂为篙 向教学更深处漫溯——基于'互联网+'教育下网络同步课堂教学模式"入围学校案例。10月11日，市外国语小学的全息学习场获评省级基于学习方式变革的新型教学空间典型范例。11月，在2022年全国"智慧教育示范区"创建项目经验交流研讨会上，市教育局相关负责人作"国家中小学智慧教育平台应用的探索与实践"交流发言。"入学入园一件事"公共数据应用案例获评金华市优秀案例，获省教育系统的数据应用决赛三等奖。

【教育信息化工作】 2022年，东阳市将"互联网+义务教育"列入中小学发展性评价指标。设立跨地区教育共

2022年4月20日，东阳市实验小学与四川省南江县实验小学联合开展语文线上教研活动
（市教育局提供）

同体5个,市域内城乡教育共同体结对学校103所,涵盖义务教育段所有公办学校。开展同步课堂1033次,参与师生82640人次;教师网络研修587次,参与教师11740人次。在之江汇教育广场新开网络同步课程62门;开设寒暑假初中名师网络公益课堂,开课162节,40余万人次收看。2021—2022年,之江汇教育广场网络同步课程东阳结课数为143门,12门专递网络同步课程入选省级课程。推进全国在线教育创新应用试点,完成中央电教馆立项课题《区域推进在线“5433”模式的建构与实践研究》,确定“基于在线教育的教育教学方式创新”等7个子课题方向,征集遴选子课题16个。开展教育信息化课题研究,申报省级立项课题2个、金华市立项课题8个。推进中小学教师信息技术应用能力提升工程2.0,完成61所学校2346名教师研修任务,形成学校信息技术应用组织实施典型案例43个、信息化教学创新典型案例108个,其中获评省级优秀典型案例19个。9月,省教育技术中心公布整校推进绩效评价结果,东阳市平均得分85.59分,高出省平均分0.4分,其中6所学校绩效评价为A等、2所学校获评省级示范校。

2022年,开展学生信息素养能力提升实践、中小学教育技术优秀论文评比、中小学智慧校园评定、教师信息素养提升实践、中小学优秀空间征集和中小学教师信息化教学应用比武等活动。组织学生参加第二十三届全国学生信息素养提升实践活动,2人获评创新之星,1人获交流证书,4人获入围证书。组织师生参加信息素养提升实践活动(评比类)获省级一等奖6个、二等奖12个、三等奖17个,获金华市级一等奖79个、二等奖117个、三等奖64个。评定东阳智慧校园29所,入选金华智慧校园24所。市实验小学、吴宁五校分别获评2021年全国空间应用优秀学校、2022年省级空间应用优秀学校;获评省级专业教学空间18个。获金华市之江汇教育广场空间建设与应用活动学校空间一等奖1个、二等奖1个和学校空间案例二等奖1个。年内,推进数字家长学校建设,73所学校在之江汇教育广场开通数字家校,8所学校通过认定(2021—2022年通过认定的学校累计62所),9所学校开通联盟校。

【教育技术保障】 2022年,东阳市推进“一仓二中心一应用”(教育大数据仓、标准化接口中心、快轻应用发布中心、中小学生体质健康综合应用)建设,基本完成教育数据仓建设。完成图书、报告厅、班级多媒体、新建学校(幼儿园)、信创电脑落地系统及配套设备的招标采购和市智安校园设备采购项目招标。参与省教育系统网络安全攻防演练,开展教育城域网内网和数据中心的网络安全预警通报、隐患排查和整改,教育城域网内网终端虚拟货币“挖矿”整治专项行动、教育城域网链路常态化监测等,保障网络和信息安全。

2月,市第二实验幼儿园、横店镇中心小学、市第二实验小学、市外国语学校、市职教中心学校、湖溪镇成人文化技术学校6所学校获评省现代化学校。同月,东阳市获评2021年度浙江省县域基础教育生态监测A等(列全省第12位)。11月,获评浙江省2021年度教育现代化发展水平监测评估A等(列全省第19位)。

【教育政务服务】 2022年,市教育局注销学科类培训机构14家;民办幼儿园增设1家、注销3家、名称地址变更2家;民办学校名称、地址变更5家,注销5家;完成科技、体育、艺术类培训机构资料审核291家;办理休学、复学、转学等356人次。办理教师工资晋升、变动、调整审批31002人。全市办理教师资格认定621人,教师资格证补发、换发及信息变更23人。推进清廉学校建设,获评省级清廉学校1所、金华市级清廉学校4所、东阳市级清廉学校27所。

【考试招生工作】 2022年,市教育局组织各类考试11次,报名参考学生52609人次(报考普通高校7091人、高职774人、“职普融通”76人,参加中考9858人、学业水平考试和选考科目考试31708人、职业技能考试728人、自考和各类证书考试及其他考试2374人)。普通高中录取5670人。高中段学校招生录取首次在统一网络平台进行;中考体育考试总分从30分提高到40分;录取按照“公民同招、普职同招”原则。东阳中学定向招生名额占招生计划的比率为70%,比上年增长5%。享受中高考政策性优待考生634人,5名残疾考生享受中高考便利服务。投入300余万元完成8个高考考点视频会议系统安装和15个中考考点、285个试场的视频监控、屏蔽仪的安装及网络服务建设,首次启用中考标准化试场。市教育局获评省考试招生工作先进集体。东阳中学学生吴健杰、东阳二中学生李锦楠被空军航空大学飞行技术(航空飞行与指挥)专业录取。

【教师队伍建设】 2022年5月,举行市中小学班主任基本功大赛,146人参赛。6月,在城东街道斯村小学举办市小学教学联盟第五届“四自”班主任工作论坛。市教师进修学校获评2019—2021年省师训工作先进集体。7月,在市教师进修学校举行华东师大东阳教育骨干研修班论坛。8月,在广州举行市2022年暑期小学校长、幼儿园园长高级研修班开班典礼。开展中小学(幼儿园)教师业务素质考试,7738人参考。9月,市教师进修学校“‘三课并进’助推青年教师成长”“‘主题式 体验化’培训模式探究”入选浙江科学技术出版社出版的《先导与赋能——百个教师培训精彩案例》一书。同月,东阳中学教师蒋一平获评浙江省首届中小学思政课教师年度人物。12月,在市外国语小学举行市小学语文新星教师培养班结业典礼。在巍山第一小学教育集团巍山校区举行市第六届小学班主任工作现场推进会。在江北第三小学(市外国语小学江北校区)举行2022年市教育系统新任学校领导任前集体谈话暨宪法宣誓仪式。年内招聘义务教育段教师158人、学前教育段教师10人。教师援疆5人,援川3人;获评省级特级教师1人,获省春蚕奖5人、绿叶奖1人,获评金华市

2022年东阳市学校教职工基本情况一览表

表37　　　　　　　　　　　　　　　　　　　　　　　　　　　　单位：人

学校	教职工数	专任教师数		学历		职称			年龄结构							
		合计	其中：女	合格人数	合格率%	高级人数	中级人数	初级人数	24周岁及以下	25～29周岁	30～34周岁	35～39周岁	40～44周岁	45～49周岁	50～54周岁	55～59周岁
小学	4868	4618	3888	4618	100	254	2280	1537	301	1083	1128	835	694	285	238	54
初中	2564	2496	1642	2496	100	438	1168	618	168	507	302	363	297	317	348	194
高中	1553	1418	832	1418	100	315	458	435	73	310	232	155	217	175	142	114
职中	513	482	247	472	97.93	144	199	63	92		54	39	108	108	52	29
幼儿园	5270	2788	2755	2788	100	8	239	1228	—	—	—	—	—	—	—	—
特殊教育	50	50	40	50	100	5	24	18	3	10	19	8	4	2	3	1

级优秀班主任28人、名师2人、名校长1人、最美教师2人。

【平安校园建设】 2022年，市教育局加强师生安全教育工作，利用全国学生安全教育平台开展授课和学习；开展交通安全、消防安全、饮食卫生、心理健康等专题宣传教育；印发《东阳市校园突发事件应急预案》《东阳市学校应对极端天气停课安排指引》等，开展应急疏散演练；加强学生防溺水宣传教育。开展预防欺凌和暴力专题教育，制定《教育系统预防校园性侵害工作实施方案》。加强学校人防、物防、技防建设，落实专职保安配置、校园封闭式管理、“一键式”紧急报警和视频监控系统联网、“护学岗”设置四个100%。完成“智安校园”工程建设，并接入属地公安机关监控或报警平台。完成全市学校围墙防攀爬设施改造。落实值班信息报告制度，建立应急联动机制。完成全市学校应急广播系统安装。督查学校、幼儿园1746所次，整治隐患192处。

2022年，市教育局开发建成“校园食品安全与营养健康”应用，实现校园食材智能验收、智能留样，校园食品安全态势“一屏可视”。8月，该应用入选省“一地创新、全省共享”“一本账”S0目录，是省教育厅、金华市唯一入选数字政府系统的应用项目。截至年末，在省内22个县（市、区）推广使用。

【教学研究】 2022年，东阳市举办教学研讨类活动260余次，承办省级教研活动5次、金华市级教研活动3次。开展教学设计、项目化、精品课等主题评审活动，基础教育精品课项目入选国家级3个、省级4个，义务教育段精品课程入选省级2门。开展“导学评”一体化教研实践与探索，组织教研员听课、评课、开设讲座。开展以“基于教师发展的作业管理与教学改进”“聚焦核心素养的课堂教学新样态构建”为主题的专项视导调研，了解学校教育教学情况。组织区域“双减”、改进学校教学管理、非纸笔测试等实践案例的征集；入选省“双减”优秀实践案例2个，获金华市第二批“双减”优秀实践案例二等奖1个。举办以“服务双减”为主题的第三届“空中课堂”精品课评选活动，评出优秀课例150个。开展东阳市、义乌市、浦江县联合教研；开展教育评价改革实践；推进项目化教研。入选金华市教育质量综合评价改革试点学校4所、金华市作业改革实验项目“基地学校”4所。开展教研组建设、校本教研案例展示、园本教研推进深化等活动15场次，获评省先进教研组5个、金华市先进教研组9个。组织教学联盟教研78次，举办小学第四届“教研互助”活动、2期“教研互助”成果评审。组织骨干教师参加市级及以上培训研修30余期。组织教师参加课堂教学（优质课）评审，获国家级一等奖1个，省一等奖3个、二等奖3个，金华市一等奖14个、二等奖7个；参加省市各类教学技能比赛并获奖200余人次。推进数据驱动项目试点区工作，召开“基于数据改进教育教学”的质量监测分析反馈会8次，举办小学“创新作业设计与管理”论坛，召开省数据驱动项目东阳市试点区工作研讨会，开展区域质量监测的反馈与培训，组织征集试点项目的学校实践案例，入选省“改进学校教学管理”优秀实践案例1个。

【教育科研】 2022年，东阳市入选省、金华市、东阳市教科规划课题305个，其中省教科规划课题4个、省教科规划“双减专项”认定性课题2个。课题研究成果在省级、金华市级获奖23个；获评金华市第六届“智慧班主任”5人、优秀班主任2人；获评金华市第三届教改实验先锋校长3人。省级、金华市两级教科研论文(案例)评选中获奖107篇(个)。

建立协作体课题督导机制和志愿团导师结题指导机制，组建学校科研协作体12个，科研志愿团导师小组6个。5月，举办市优秀教科研成果推广会暨课题课推进会。市教科所与浙师大教师教育学院、浙师大高质量育人综合改进研究中心等联合在吴宁五校举行新时代高质量育人教育论坛暨“概念构图教学研究”成果推广会。9月，举办市教科研工作会议暨初中课题课推进会。11月，分别推荐55个、15个和8个课题参加金华市2023年规划课题、作业改革专项课题和小学综合评价改革专项课题申报评审。

【心理健康教育】 2022年，东阳市常态化开展学校心理健康教育，各校落实中小学健康教育课程。全市128所中小学配备标准化心理辅导室，124所学校配备专职心理教师。3—5月，开展76所学校的心理健康教育现场督导。5—6月，举行小学心理健康教育优质课评比活动。6月，市教育局印发《学校心理健康教育工作实施办法》，提出中小学心理健康教育工作具体指导意见和工作标准。9月，召开市心理健康教材使用培训暨心理健康教育工作会议，国家心理咨询师吴美姣作专题讲座。同月，举办中小学心理咨询实战培训班，国家二级心理咨询师金巧兰和孙玮作专题讲座。12月，在全市初中学校开展心理健康教育“互观互学”活动。全年举办心理健康教育C证培训3期，980名教师参训；组织C证续证培训4期，1100名教师参训。

(陈全洪)

学前教育

【概况】 2022年，东阳市有幼儿园156所(其中教育部门办59所)、班级1378个，毕业生12889人，招生9479人，在园幼儿39252人，园均规模253人。教职工5270人，其中专任教师2788人。幼儿园总占地面积62.67万平方米，生均15.97平方米；总建筑面积57.35万平方米，生均14.61平方米。12个部门联合印发《东阳市加快学前教育发展第四轮行动计划(2021—2025年)》。增加省二级幼儿园13所、普惠性民办幼儿园5所，普惠园、二级园及以上在园幼儿占比分别提高至96.77%、80.23%。

2022年1月20日，市妇联幼儿园开展“虎虎生威迎新春”活动(包康轩/摄)

【全国学前教育普及普惠市创建】 2022年5月，市委、市政府成立创建全国学前教育普及普惠市领导小组，印发《东阳市创建全国普及普惠市工作方案》。市教育局、市委编办、市财政局、市人力社保局四部门联合印发《幼儿园专项布点(布局)规划》《东阳市公办幼儿园劳动合同制教职工管理办法(试行)》，增加雇员制教师编制300人。11月，省政府教育督导委员会办公室组织督导组对东阳市创建全国学前教育普及普惠县进行省级实地评估。12月，市十六届政府第二十一次常务会议专题研究部署后一阶段创建工作。截至年末，全市有幼儿园城乡发展联盟6个。

【学前教育师资培育】 2022年，市教育局举办学前教育教师资格证考前培训班2期，86名学员通过教师资格证笔试考试，62名学员通过面试考试。与市卫健局联合举办春、秋季保育员、保健员上岗培训，共1300余人参训。6月，在市妇幼保健院举行市保育员职业技能培训第三阶段理论

2022年9月27日，2022浙江省项目化学习展示月项目研究共同体研讨活动在东阳市实验幼儿园举行(市教育局提供)

测试与实践操作测试活动，90人参加。9月，在市第三实验幼儿园举行幼儿教师师德演讲比赛。同月，浙江省项目化学习展示月项目研究共同体研讨活动——“瓦屋世界”在市实验幼儿园举行。12月，开展市幼儿园、小学教师联合教研，探讨幼儿园、小学教育衔接的科学实施。

【幼儿园新园开园】 2022年5月，东阳市高铁新城实验幼儿园新园开园仪式举行。该园由市高铁新城开发投资有限公司投资，亲乐园公寓投资有限公司捐资500万元设立亲乐助教基金，是一所“国投民助”公办幼儿园。10月，市第三实验幼儿园青春路园区投入使用，园区占地面积3800平方米，设小班、中班各3个班，配备教师和保育员18人。同月，市第五实验幼儿园上卢园区第二期工程投入使用，增加15个班，总共21个班。

（陈全洪）

义务教育

【概况】 2022年，东阳市有小学74所（其中教育部门办69所），班级1932个，毕业生11465人，招生13226人，在校学生78056人（其中女生35840人），校均规模1055人；教职工4868人，其中专任教师4618人；总占地面积193.42万平方米，生均24.78平方米；建筑面积103.18万平方米，生均13.22平方米。初中37所（其中教育部门办32所），班级732个，毕业生10080人，招生11136人，在校学生32106人（其中女生14649人），校均规模868人；教职工2564人，其中专任教师2496人；总占地面积121.41万平方米，生均37.81平方米；建筑面积62.93万平方米，生均面积19.60平方米。小学学龄人口入学率、初中入学率、初中巩固率均为100%，初中毕业生升入高中段比例99.59%。停止民办义务教育段学校审批。

【教育共同体建设】 2022年，市教育局印发《东阳市关于继续做好城乡义务教育共同体建设的通知》《东阳市教育共同体考核细则》《东阳市教共体核验项目与流程》，推进义务教育共同体（以下简称教共体）建设，将城镇优质教育资源下沉乡村学校，提升乡村学校整体水平。增加教共体结对学校22对，实现市内义务教育段学校结对帮扶全覆盖，其中吴宁二校的“创新模式促研修 跨区抱团共成长”、市外国语小学的“借助‘一个App’，构建一个‘优质阅读共同体’”入选浙江省城乡义务教育共同体学校典型案例。累计开展同步课堂1033期，参与师生82640人次；网络研修587次，参与教师11740人次。同时推进STEM项目教学、少先队课、主题班会、家长课堂等其他学科同步教学与教研。

推进跨地区教共体建设，市教育局与磐安县教育局联合印发《关于开展跨地区教共体结对帮扶民生实事工作的通知》，明确吴宁三中、市外国语小学、吴宁二校、巍山镇第一小学教育集团巍山校区、横店镇中心小学5所学校为跨地区教共体结对支援学校。5所支援学校成立10个名师工作室，选派15名优秀教师到结对学校支教。师徒结对参与教师66人，开展指导活动107次；异地跟岗锻炼5人；开展同步课堂或送教下乡143次；进行集体网络教研或线下集体教研105次；共享拓展课程7门、134课时；学生集体交流活动9场，参与学生584人次。

【教育评价改革】 2022年9月5日，市教育局“过程性评价与结果考核有机结合的小学学业考评制度”项目入选省深化新时代教育评价改革单项试点项目。9月，召开全市教育评价试点研讨会，提出完善试点区工作方案，健全综合评价体系。10月，市外国语小学校长卢雁红的“基于大数据的精准诊断和专业服务”获评中国长三角地区教育评价改革优秀案例。同月，开展省中小学教育质量综合评价监测，12所样本初中的720名学生参加“学生发展+学生成长环境”测试。

【义务教育段阳光招生】 2022年3月，义务教育段学校招生“准新生”登记与查询功能上线。7月，市教育局印发《东阳市2022年义务教育阶段学校招生入学工作实施意见》，规定义务教育段招生以户籍、房产、社保、居住证等条件为依据，实行免试就近入学，落实公办、民办学校同招；全市公办、民办学校统一实施网上报名，按照招生工作安排同步报名、同步录取、同步注册学籍。开通申报入学的学生家庭住房上线查询，新购（取得房产证）的私有住房从2021年1月1日起三年内只接受一户家庭适龄子女入学报名；“公参民”转公学校、民办学校参与电脑随机派位名单按要求进行公示，电脑随机派位结果向社会实时发布，涉及8所学校、14个批次。同月，市外国语小学、市外国语学校初中部招生入学电脑派位现场会举行，全市有4096名学生参与，录取336人；义务教育段民办学校招生入学电脑派位现场会举行，全市有2269名学生参与6所民办学校9个批次的电脑派位，录取783人。实施长幼随学和积分入学政策，经审核录取167人。年内，录取24289人（小学13184人、初中11105人）。

【少先队工作】 2022年，市教育局开展职业体验、夏冬令营、文化体育、科学探究、志愿服务、红色研学等六大“争做新时代好队员”主题教育实践活动，15.2万人次参与。开展“红领巾大宣讲”活动43场次。开展“红领巾学院”思政微队课评比活动。开展寻找“我身边的新时代好少年”活动。举行2022年“新时代好少年”优秀事迹发布会，评选2022年东阳市“新时代好少年”10人，其中5人获评金华市“新时代好少年”。全市有小学的25个社区建立少工委。增加少先队校外辅导员136人，实现全市中小学至少配备1名校外辅导员。开展“万家小主人 千名楼道长”东阳红领巾助力全国文明城市创建行动，招募“红领巾楼道长”1000人，参与楼道清洁、文明劝导等志愿服务；9人获评2022年度金华市优秀“红领巾楼道长”。大队辅导员、中队辅导员中党团员比例分别从68.2%、48.9%提高至76.3%、55.6%。

吴宁一校“基于PBL的少先队活动‘三赋三化’实施路径探究”获全国少工委立项,市外国语学校“竞标赋权 创新赋能:初中少先队中队活动课的设计与实施研究”获评浙江省少先队研究课题优秀成果评比二等奖。2名辅导员获评浙江省成绩突出个人,1个少先队中队获评浙江省成绩突出少先队集体;2名少先队员获评浙江省“红领巾奖章”个人四星章,1个少先队中队获评浙江省“红领巾奖章”集体四星章。

【思政教育】 2022年,东阳市实施“互联网+思政”融合项目。东阳少先队建立空间智慧队建模式、金字塔式的资源共享展示模式,各校建立工作网、联系网、服务网“三网合一”的“网上少先队”,开通理想信念、核心价值观、传统文化、生态文明、安全教育、健康教育等六个方面140余个主题的德育专题课程。6月,开展学宪法讲宪法知识竞赛与演讲比赛。9月,选送9名选手参加第七届金华市中小学学生“学宪法讲宪法”演讲和知识竞赛,3人获特等奖并参加省赛,6人获一等奖,综合成绩列金华市各县(市、区)第一名。开展“宪法日”活动,组织全市学生参与全国宪法卫士线上学习活动。11月,市中天实验初级中学吴晨皓获第七届省学生“学宪法 讲宪法”活动特等奖,湖溪镇中杜飞雨、东阳三中刘煜祺分获二等奖和三等奖。

【科技教育】 2022年,东阳市通过专家讲座、新父母课堂、科普社团活动、科普比赛等形式,开展青少年科普教育。2月,吴宁一中入选“2022—2023年度中国自动化学会科普教育基地”,是全国13个入选基地中唯一的中学基地。开展省STEM教育试点项目研究,推进STEM教育和项目化学习深度融合。召开省STEM教育项目东阳试点区工作年度会议、阶段总结表彰与项目化学习研讨会,组织项目成果展示推广。开展STEM教育项目化学习资源众筹,入选省级众筹资源“二星项目”4个、“一星项目”4个。白云中心小学入选省STEM教育与项目化学习基地学校。承办全省STEM教育项目展示学前教育专场活动,市实验幼儿园项目作为全省唯一的幼儿园项目参与展示。

2022年10月28日,浙江省青少年体育运动联合会校园发展专项委员会成立暨“快乐体育”进校园启动仪式在东阳市吴宁二校举行

(市教育局提供)

【体育教学】 2022年,东阳市推动文化学习和体育锻炼协调发展,组织篮球、排球、足球、网球等常规赛事近10项;公开招聘事业编制体育教师(初中、小学)10人。东阳中学、吴宁一中承担省运会足球项目比赛相关筹办工作,圆满完成任务。城东街道斯村小学、南马高中等获评全国青少年校园足球特色学校,横店中心幼儿园、马宅中心幼儿园获评全国足球特色幼儿园。市内全国足球特色学校、省级足球特色学校分别增至13所,另有金华市级及以上其他项目特色学校15所。

5月,在金华市田径特色学校、省一级重点中学运动会暨市直高中田径运动会中,东阳中学、吴宁一中运动员分获高中、初中组团体总分第一,获该项赛事高、初中组团体冠军。ZSFL“特步”省第十三届中小学生校园足球联赛小学男子甲组总决赛在横店三校举行,横店三校足球队夺得季军并获一等奖,创造迄今为止东阳市男子足球在省级比赛中的最好成绩。市小学生象棋、围棋比赛在上卢小学举行,来自全市25所小学的204名选手参赛。6月,江北第三小学(市外国语小学江北校区)建成东阳市首个公办学校室内恒温游泳馆并投入使用。8月,吴宁一中田径代表队在全国中学生田径锦标赛中获女子400米栏冠军、女子团体第一名,获团体总分第五名(是迄今为止东阳市代表队在全国中学生田径锦标赛中团体总分最好成绩)。10月,由省青少年体育运动联合会主办,市文广旅体局、市教育局、吴宁二校承办的省青少年体育运动联合会校园发展专项委员会成立暨“快乐体育”进校园启动仪式在吴宁二校举行。11月,东阳市第35届中小学生田径运动会在吴宁一中田径运动场举行,89支运动代表队1153名运动员参加27个项目比赛,比赛成绩达国家一级运动员标准1人、国家二级运动员标准85人次、国家三级运动员标准31人次,破东阳市纪录8人,破年龄组东阳市纪录12人次,破东阳市中小学生田径运动会纪录22人次。

【艺术教育】 2022年2月,东阳市学生画作入选“北京2022年冬奥会和冬残奥会青少年绘画作品展”20幅,数量居金华市第一名,入选作品赠送参加北京2022年冬奥会和冬残奥会的各国(地区)代表团成员。5月,横店小学教育集团南上湖校区选送的

2022年5月28日，横店小学教育集团南上湖校区选送的童话剧《绿书签·蓝星球》获2022"温泉杯"全国童话剧擂台赛金奖　　（市教育局提供）

《绿书签·蓝星球》参加2022"温泉杯"全国童话剧擂台赛获得全场最高分，获比赛唯一金奖。举办东阳市中小学生艺术节，开展市精品社团、市最美艺术教室评比。9月，东阳市中小学生音乐个人才艺展演在市外国语小学江北校区举行。11月，横店小学教育集团横店校区举行第八届影视文化艺术节文艺会演暨颁奖典礼。12月，金华市教育学会书法分会五届四次年会暨书法教育实验基地学校师生书法展评活动在南马镇校举行，展出作品362幅。南马镇校获评金华市书法实验基地。横店小学教育集团南上湖校区获评金华市第十批艺术特色学校。在金华市2022年义务教育阶段学生音乐素养监测中，合格率达88%，列金华市第一位；优秀率达21%，列金华市第二位；美术素养监测中，合格率达72%，列金华市第一位；优秀率达19%，列金华市第二位。

【校园文化】　2022年，东阳市印发《关于推进2022年全市中小学书香校园建设暨师生阅读推广活动的通知》，开展阅读推广征文、微课等比赛，推进书香校园建设。3月，江北中心小学"开展水润教育　打造节水教育基地"入选省2021年度"节水行动十佳实践案例"名单。9月，组织教师参加第十五届浙江省教师读书征文活动，183人获奖，其中一等奖25人、二等奖64人、三等奖94人；18所学校获组织奖。年内，获省级奖学生征文3篇、教师好书房2个和教师微课1项。

【语言文字工作】　2022年，东阳市开展全市中小学语言文字工作典型案例评选；开展第25届全国推广普通话宣传周活动；组织参加《中国诗词大会》浙江赛区选拔赛、金华市推普周活动等。6月，组织参加金华市经典诵读比赛，东阳市获一等奖1个、二等奖7个、三等奖4个。4—7月，组织参加金华市"笔墨中国"汉字书写大赛，东阳市获一等奖18个、二等奖18个、三等奖14个，市教育局获优秀组织奖，1名教师和3名学生入选"笔墨中国"汉字书写大赛全国赛。10月，由省教育厅批准、省朗诵协会主办的浙江省中小学生课文朗诵大赛评选结果公布，东阳市获一等奖3个、二等奖4个、三等奖1个，获奖数居金华市各县（市、区）第一位。11月29日，省青少年中华经典诗文诵读活动组委会公布浙江省2022年"诵读中国"经典诵读大赛获奖名单，东阳市获一等奖1个、二等奖3个、三等奖2个、优秀奖2个、优秀指导教师一等奖1个，其中横店镇中心小学作品《枸杞红了》入围2022年浙江省选送教育部经典诵读大赛名单。

【家庭教育】　2022年1月，东阳市举行《中华人民共和国家庭教育促进法》线上知识竞赛。组织家庭教育优秀课程资源及典型案例评比。6所学校申报省家庭教育创新实践基地，10所学校被认定为金华市第三批数字家长学校，金华市级数字家长学校增至69所。开展市女童保护讲师培训活动，100余名学校女童保护讲师参训。

【劳动教育】　2022年，东阳市加强劳动教育师资队伍建设。9月，"中国教育报"微信公众号发文报道市白云实验小学劳动课。11月，在金华市劳动教育现场推进会上，市教育局相关负责人作题为《聚焦高质量：中小学劳动教育师资队伍建设的实践》的经验交流，并在会议现场设立东阳市展区

2022年4月3日，"东阳市校园垃圾分类宣传大使选拔"启动仪式举行
（市教育局提供）

展示东阳市中小学校劳动教育现状情况。年内，横店影视城劳动实践基地、花园村劳动教育实践基地、湖溪八里湾趣野田园劳动实践基地、白溪江共享田园劳动实践基地、市职教中心学校匠者善工劳动实践基地入选金华市首批劳动教育实践基地，其中横店影视城劳动实践基地、花园村劳动教育实践基地入选省级劳动教育实践基地；市外国语小学、白云中心小学、巍山第一小学教育集团巍山校区、南市街道槐堂小学、横店镇中心小学、市第二实验小学、吴宁四校、市实验小学、吴宁二校入选金华市首批劳动实践教育示范学校。

【学校卫生保健】 2022年，市教育局开展近视防控宣传月和屈光发育普查，评选近视防控示范学校，其中巍山第一小学教育集团巍山校区、南马实验小学获评省级近视防控示范学校。5月，市“5·20”中国学生营养日主题宣传活动在江北中心小学举行，举办营养科普知识讲座。6月，市教育局联合市妇幼保健院举行“端午节走进眼科普馆”活动。9月，29所学校获评省健康促进银牌学校。10月，吴宁五校、市职教中心学校东技校区获评省健康促进学校(金牌)，巍山第一小学教育集团巍山校区、南马实验小学获评第三批浙江省近视防控特色学校。

(陈全洪)

高中教育

【概况】 2022年，东阳市有普通高中14所、班级375个，毕业生5448人，招生5648人，在校生16459人(其中女生8193人)，校均规模1176人；教职工1553人(专任教师1418人)。其中教育部门办普通高中7所，毕业生3444人，招生3553人，在校学生10493人，教职工990人，其中专任教师961人。学校占地面积895808.48平方米，生均面积54.43平方米；校舍建筑面积491761.12平方米，生均面积29.88平方米。参加高中学考和选考学生18000余人次，完成学考、选考109223课次。普通高中学业水平考试合格率99.4%。报名参加普通高校招生考试6447人，第一段录取4528人。其中教育部门办高中第一段录取3125人(含文化课总分在特殊类型招生控制线以上1437人)。4人被录取为飞行员，其中空军飞行员2人。

2月，中科院院士、西湖大学校长施一公到东阳中学作《科技强国与拔尖创新人才培养》主题讲座。5月，东阳中学举行“水火箭”创新制作比赛。12月，东阳二中举办师生画展。

【高中体育】 2022年，东阳中学承办省运会足球赛和省中学生足球赛，学校游泳馆建设列为政府年度重要投

2022年东阳市普通高中办学基本情况统计表

表38

类别	学校名称	在校学生数(人)	教职工数(人)			学校占地面积(平方米)		校舍建筑面积(平方米)		藏书量(册)		数字终端(台)
			总数	专任教师	高级教师	合计	生均	合计	生均	合计	生均	
全市	合计	16459	1789	1624	315	1014594	61.64	555659	33.76	1171778	71.19	6609
教育部门办	东阳中学	2168	248	238	88	184268	84.99	82004	37.82	173479	80.02	667
	东阳二中	2210	182	178	56	151355	68.49	74040	33.50	112500	50.90	491
	巍山高中	1926	156	149	49	67262	34.92	33544	17.42	130500	67.76	748
	东阳三中	1074	104	99	21	59168	55.09	33902	31.57	67259	62.62	643
	南马高中	1381	119	117	33	68984	49.95	34447	24.94	89658	64.92	603
	湖溪高中	599	66	65	20	39176	65.40	14728	24.59	37003	61.77	272
民办	市外国语学校	1135	226	225	25	82137	72.37	62429	55.00	123067	108.43	821
	中天高中	1586	122	101	4	66600	41.99	42763	26.96	88062	55.52	405
	顺风高中	1600	180	138	3	51784	32.37	47063	29.41	111550	69.72	953
	横店高中	906	73	53	4	64600	71.30	32280	35.63	74100	81.79	210

续表38

类别	学校名称	在校学生数（人）	教职工数（人）			学校占地面积（平方米）		校舍建筑面积（平方米）		藏书量（册）		数字终端（台）
			总数	专任教师	高级教师	合计	生均	合计	生均	合计	生均	
民办	利民高中	970	90	80	2	52026	53.64	16545	17.06	54500	56.19	230
	尚学传麒学校	—	53	37	—	35333	—	9464	—	8050	—	70
	花园外国语学校（高中部）	458	53	50	7	44556	97.28	39299	85.81	24050	52.51	122
	花园高中	446	117	94	3	47345	106.15	33151	74.33	78000	174.89	374

资项目。6月，东阳中学足球队获“茂新房产杯”金华市中小学校园足球春季联赛（中学组）决赛冠军，东阳中学击剑队获金华市青少年击剑锦标赛暨省运会选拔赛甲组男子重剑团体冠军。8月，在第九届中国中学生网球锦标赛中，东阳中学教师李锦程获授“优秀教练员”称号，王孝聪获授“优秀运动员”称号，王一川、俞快获高中组混合双打第七名，陈诺、俞快、周子涵、王弋格获高中组女子团体第八名及国家二级运动员证书。9月，东阳中学教师蒋一平和学生许宽田、吴江东成为浙江省第十七届运动会火炬传递东阳站第45棒、第12棒和第16棒火炬手，参加火炬传递。

【高中学科竞赛】　2022年，东阳中学培育、引进金牌教练，成立名师工作室，形成学科特长生培养体系。7月，在全国中学生生物学联赛（浙江赛区）中，东阳中学吕展眉、马慧源、金鸿渐获全国生物联赛（浙江赛区）一等奖。10月，东阳中学周家恒、严一康、施易辰、厉宸睿、林思沩获第36届中国化学奥林匹克（初赛）浙江赛区一等奖。12月，东阳中学周家恒获第36届中国化学奥林匹克决赛金牌。

【东阳二中建校80周年庆典】　2022年11月20日，东阳二中举行建校80周年庆典。举行图书捐赠仪式，东阳二中校友、中国工程院院士任其龙代表中国工程院一局科学道德与院士监督处向学校捐赠中国工程院院士传记丛书120本。举行捐资授牌仪式和“君毅”基金成立仪式，徐江、许加良、许振强、徐振华、潘叔刚5名东阳二中校友以及浙江中昊电子科技有限公司卢英俊共捐资6000万元成立“君毅”基金，每年用基金收益进行奖教奖学。举行东阳二中校友林、校史馆揭幕仪式。东阳二中校友、中国工程院院士任其龙为东阳二中在校学生授课讲学，活动通过“歌画东阳”App全程直播。

（陈全洪）

中等职业教育

【概况】　2022年，东阳市有中等职业学校3所（教育部门办2所）。班级191个，毕业生2441人，招生2241人，在校学生7467人，校均规模2489人。教职工513人，其中专任教师482人；专任教师中硕士学位33人（其中市职教中心学校东技校区24人），占专任教师总数的5.81%。学校占地面积321854.28平方米，生均43.1平方米；建筑面积156838.49平方米，生均21平方米。毕业生参加高考1178人，其中“3+2”专业499人，上线492人，上线率98.6%；参加高职考试679人，上线632人，上线率93.1%，其中33人升入本科。3月，市职教中心学校东技校区获评2020—2021年度全国学校文化建设先进单位，并获“全国特色文化学校”称号。

【市政府常务会议研究中等职业教育发展】　2022年11月23日，市十六届政府第二十次常务会议讨论通过《关于加快东阳市中等职业教育发展的若干意见》，提出加快市中等职业教育发展的八个方面举措，争取通过五年时间，完成中职学校布局调整，形成“市职教中心1+1布局，花园高中有益补充”的格局，重构智慧建造、工艺美术、智能制造、现代交通、现代商贸、旅游与影视服务、健康养护、生物科技、现代农林业九个专业群，推动市技工学校逐步升格为技师学院，推进中、高、本（中等职业教育、高等职业教育、应用型本科教育）一体化办学。

【学校项目建设】　2022年，市职教中心学校启动市职教中心学校东技校区（以下简称东技校区）扩建工程（二期）和市职教中心学校二职校区（以下简称二职校区）整体布局优化提升工程。东技校区完成“达才楼”“校友路”“青松园”“德馨园”改造、校园主干道“白改黑”工程。总投资4500万元的宿舍楼及东大门配套工程基本完工，总投资2800万元的教学楼、总投资9800万元的产发大楼和非遗大楼进场施工。升级改造校园网络，添置服务机器人、工业机器人、无人机、信息安全专业配套岗课赛证融通、实训教学录播系统、会计专业实训室、零件测绘、终端设备、虚拟现实VR制作与应用系统等价值3673万元的设施设备。

【教学竞赛成绩】 2022年,市职教中心学校制定教学监测指标,激发学习兴趣,提升课堂效率。东技校区教师邓玉获全国第七届黄炎培职业教育杰出教师奖;李杭铖获评"浙江工匠";在全国教师教学能力大赛中,教师团队获一等奖;获专利3项。在各级各类比赛中,师生共获国家级奖项6个(一等奖2个、二等奖1个、三等奖3个)、省级奖项28个、金华市级奖项114个。

7月,木雕设计与制作专业课题"非遗项目新传人培养机制的改革与实践"获省教学成果奖二等奖,课题"基于企业新型学徒制在木雕专业中的探索与实践"获省阳光教育基金会中华职教基金专项资助,课题"'1+1+N'非遗传承模式在中职学校的实践与研究"获省职教与成教优秀教研成果奖一等奖。12月,旅游专业团队获全国职业院校技能大赛教学能力比赛一等奖。二职校区"'1-2-3-4'中职帮学课堂课程重构的创新与实践"获金华市中等职业教育改革发展典型案例二等奖。

【首批四川省南江学生到东阳求学】 2022年9月1日,四川省巴中市南江县20名初中毕业学生到东阳市职教中心学校就读。该批学生将在东阳市学习五年,前三年就读于市职教中心学校,后两年在浙江广厦建设职业技术大学和浙江横店影视职业技术学院就读。市职教中心学校为其开放建筑施工、机电、会计、电子商务、跨境电商、木雕设计制作、家具设计制作、旅游服务管理、表演艺术、人物形象设计等10余个专业,实行免费就读和各类助学、奖学政策,助力南江县职业技术人才培养。

【市职教中心学校挂牌市技工学校】 2022年11月,经省人力资源和社会保障厅批准,东阳市职教中心学校东技校区挂牌成立东阳市技工学校。11月12日,市职教中心学校东技校区举行东阳市技工学校授牌仪式,举办首届校友节暨第四届学校发展论坛。

【市职业教育活动周启动】 2022年5月10日,由市教育局主办、市职教中心学校承办的2022东阳市职业教育活动周启动仪式举行。仪式上,市教育局招生办解读2022年全市职业高中招生和录取方法。作为新修订的《中华人民共和国职业教育法》施行后的首个市职业教育活动周,采取"主会场+分会场"联动、"线上+线下"并行,专业介绍、成果展示、招生咨询等系列主题活动均在线上举行。

【京东客服进中职校园】 2022年,市职教中心学校建设产教融合平台,在校内开设京东校园实训中心。市职教中心学校京东校园实训中心是京东电商平台在浙江省开设的第四家校园实训中心,由京东电商平台派出导师驻扎校园负责传授实操理论,组织学生在京东电商平台导师指导下开展业务实战。参加实训学生均享有绩效奖励,实训成绩突出的优秀学员由京东电商平台推荐就业岗位,颁发入职绿卡证书,优先到总部实习,并参与京东电商平台的人才培养"百人计划"。

【开展职业技能等级认定】 2022年5月,市红木家具行业协会工作人员到市职教中心学校东技校区,为该校42名学生进行手工木工初级职业技能等级认定。作为备案许可的职业技能等级认定评价机构,市红木家具行业协会首次为在校生进行职业技能等级认定。

(陈全洪)

特殊教育

【概况】 2022年,东阳市特殊教育学校有教学班14个,毕业生38人,招生43人,在校学生149人(女生38人)。教职员工50人,其中专任教师50人。学校占地面积10269.98平方米,生均面积68.93平方米;校舍建筑面积8722.46平方米,生均面积58.54平方米。增置价值40万元的体感互动设备与彩色沙盘,为残疾学生个别化训练和康复提供帮助。配合市残联开展残疾人体育运动,与市中医院合作实施医教结合项目,让学生免费享受专业的康复治疗。

【特殊教育信息化】 2022年,市特殊教育学校获评金华市智慧校园。该校全体教师参加省信息化2.0提升工程学习研修,学校特教信息化案例及两名教师的学科案例获评东阳市优秀典型案例。教师参加网络同步课程开发14人次。张晓盛、赖晨晨、霍俊名教学空间获评省级优秀教学空间。张晓盛的信息化课题"智能技术赋能教育评价改革研究——以特殊教育学校培智美术教学为例"获省级立项,美术课"综合撕贴画——美食"获省之江汇寒假公益课堂活动快乐网课二等奖,同步课程"少儿美术拓展课程——创意绘画(撕贴篇)"获评省精品网络同步课程;赖晨晨的"舞动的笔尖"、霍俊名的"看图说话"在省之江汇教育广场网络同步课程推广;张晓盛的"少儿美术拓展课程——创意绘画(水油分离篇)"、邵丽婷的"烹饪之家常菜"、郭娇娇的"我有一双勤劳的手"、赵婵君的"争做合格小公民"、赖晨晨的"同心同梦·同唱童谣"、申屠航丽的"小古文解析二"在省之江汇网络同步课程开课结课。

【特殊教育师资培育】 2022年,市特殊教育学校深化课改,加强校本研训,提高特教教师专业化水平。组织教师参加业务比赛,霍俊名获省教师基本功大赛三等奖,陈瑜获金华市特殊教育课堂教学评比二等奖,王珺获市中小学书法课堂教学评审一等奖、市"我的寒假阅读故事"征集活动一等奖、东阳市中小学教师"烹饪与营养"技能比武一等奖。李丹芬获评2022年度"东阳好人",赵婵君获评东阳市优秀教师,霍俊名获评东阳市优秀班主任。

(陈全洪)

成人教育

【概况】 2022年,东阳市将社区学校和老年学校建设纳入全市现代社区建设范围,社区教育"一老一小"服务体系纳入市民生工程。全市有成人文化技术学校(以下简称成技校)18所,均为省标准化学校。有省现代化成人学校1所，省现代化学校（社区学校）4所。

【完善社区教育工作机制】 2022年，东阳市强化市社区学院综合指导功能，统筹课程规划、师资调配、活动组织；发挥镇乡（街道）成技校骨干作用，组织实施社区教育活动，结合社区治理开展技能培训、文化教育。修订《东阳市镇乡（街道）成技校考核细则》，汇编社区教育政策法规，加强成技校工作督导；总结社区教育“一校一品”成果，编撰《东阳市社区教育优秀案例集》；制作电子学习地图上线“东阳社区教育”微信公众号，并向城乡居民发放纸质学习地图。

【社区教育服务】 2022年，东阳市加强社区教育，提高居民学历水平和常住人口平均受教育年限。开展成人高中“双证制”教育培训，授训2287人，考试合格毕业1828人；通过成人继续教育获大专以上学历提升6230人。镇乡（街道）成技校通过举办学制班、短期培训及“三入服务”活动，开展老年人智能技术应用培训，参训25613人次。市社区学院探索医教结合老年教育模式，联合市卫健局、市老龄办、市老年电大开展“健康养老和智慧助老”送课下乡活动14场，受益老年人800余人次；开发老年人学用智能手机方言版微课资源5个，编印《智慧助老 学好手机（第一辑）》校本教材。依托市社区学院成立东阳市社区家庭教育指导服务中心，开展0～6周岁幼儿学托教育指导。2022年12月30日，省教育厅办公室公布2022年浙江省政府终身学习相关项目名单，市社区学院入选省社区教育示范基地项目名单，虎鹿镇蔡宅村入选省学习型社区项目名单。

【现代化社区学校建设】 2022年，东阳市开展现代化社区学校建设，歌山镇成技校、佐村镇成技校通过浙江省现代化学校（社区学校）评估。4月13日，教育部职业教育与成人教育司公布首批国家级“智慧助老”优质教育培训项目，佐村镇成技校的“‘护老助老 享受智慧生活’老年人智能手机应用培训”入选。6月，横店镇成技校受理点获评2021年度浙江省终身教育学分银行先进单位，歌山镇成技校受理点的胡玉君获评省先进个人。9月，省社区教育指导中心办公室公布第三届全省社区居民漫画大赛获奖名单，白云街道、吴宁街道成技校组织的青少年获二等奖2个、三等奖5个、优胜奖2个。10月，画水镇、湖溪镇、巍山镇成技校（老年开放学校）老年学员的书法作品获全省老年教育书画教学成果展（书法组）一等奖1个、二等奖3个、三等奖2个，浙江老年开放大学东阳学院老年学员国画作品获（国画组）三等奖1个、优胜奖1个。11月，白云街道成技校的“四重奏”获评全国老年教育教学成果短视频展示优秀奖。12月26日，教育部职业教育与成人教育司公布社区教育“能者为师”推介典型案例，巍山镇成技校的“周五家学堂助家庭教育回归育人本位”入选。12月26—28日，市社区学院主持申报、录制“浙开·浙里美”空中课堂“传统建筑——东阳古民居”直播课程，通过“浙学通”学习平台播出。12月，虎鹿镇成技校的“葛老讲故事——守红色根脉 育时代新人”获评2022年浙江省终身学习品牌项目。年内，横店镇、巍山镇、歌山镇成技校的3个金华市成人教育科研课题结题。

【高素质农民培训开展】 2022年，东阳市依托市内高校，开展高素质农民培训。11月7日，市2022年高素质农民培训班在浙江广厦建设职业技术大学开班。该期培训开设乡村振兴产业带头人班、茶叶评审班、农创客班、智慧水产班，重点培训农村基层干部、农业生产经营管理骨干等人才，以提升农民生产技术和经营管理水平，增强创业就业增收能力。210人参训。

【金华市暨东阳市全民终身学习活动周启动】 2022年12月9日，金华市暨东阳市全民终身学习活动周启动仪式在东阳市江滨文化中心举行。活动周以“深化全民学习 助力‘两个先行’”为主题，由金华市社区教育工作领导小组、金华市教育局、东阳市人民政府主办，金华开放大学（金华社区大学）、东阳市教育局、东阳市社区学院承办。启动仪式开展文艺表演，表彰2022年金华市百姓学习之星、金华市终身学习品牌项目、金华市最美社区教育工作者，并举行东阳市社区家庭教育指导服务中心揭牌仪式。外场设置东阳木雕、竹编、蛋雕、葛巾制作、麦秆贴画、李宅荷花灯等学习体验项目和茶艺、古筝等才艺表演项目。

（陈全洪）

高等教育

·浙江广厦建设职业技术大学·

【概况】 2022年，浙江广厦建设职业技术大学（以下简称广厦大学）设有二级学院10个；有本科专业18个、专

2022年11月7日，东阳市2022年高素质农民培训（乡村振兴产业带头人）班在浙江广厦建设职业技术大学开班
（胡扬辉/摄）

科专业44个,其中国家骨干专业2个、省优势特色专业7个。建筑工程技术专业群入选浙江省高职高水平专业群。建有中央财政支持实训基地1个,国家级生产性实训基地3个,国家级技能大师工作室1个,省级示范性实训基地4个。全日制在校生15120人,其中本科6321人、专科8799人。教职员工1003人,其中专任教师846人(副高级专业技术职务及以上225人)。学校占地面积984736.82平方米,建筑面积292233.42平方米,图书馆藏书124.1万册。继续开展本科层次职业教育试点工作,推动学校各项工作发展。

1月10日,省教育厅同意广厦大学转为在东阳市进行民办事业单位登记。6月,市委、市政府印发《关于推进广厦大学高质量发展的若干意见》,提出整体提升学校办学实力和服务经济社会发展能力,推进广厦大学高质量发展。

【党组织建设】 2022年,广厦大学与金华市党史研究室合作开展"奋进新征程 建功新时代 献礼二十大"主题宣讲。联合校内外多支宣讲力量,开展中共二十大精神宣讲28场。"广说习语"师生宣讲团与市融媒体中心合作,开设《传音启未来 青春汇荣光——青年说》特别节目,听众超5万人次。艺术设计学院与东阳经济开发区共建"匠心传承、人才共育"党建联学联建基地。管理工程学院工程造价教师党支部获评教育部第三批全国党建工作样板支部。10月27日,举行中共广厦大学第四次党代会,会议选举产生新一届校党委委员和校纪委委员。

【教育教学】 2022年,推进广厦大学《提质培优行动计划(2021—2023年)》实施,加强专业、课程、教材、精品在线、产教融合等九类项目建设。新开设数字媒体艺术等7个本科专业和1个高职专业,新申报8个本科专业和2个高职专业。配套投资101.6万元启动省高水平专业群建设项目30个,上线国家智慧教育平台课程8门,上线国家职业教育智慧平台课程1门,上线浙江省高等教育智慧教育平台课程3门。在"智慧树""浙江省高等学校在线"开放共享平台等上线课程46门,共享学生19.56万人,共享高校1576所。参与数控技术和电子商务2个本科专业国家教学标准制定。推进住房和城乡建设部"十四五"规划教材和省新形态教材建设,获批省重点教材7部。获省级教学能力大赛三等奖2个,在浙江省教师教育技术成果评比中,获一、二、三等奖共6个,获优秀组织单位奖。获批准认定省级课程思政建设项目20个,获评省课程思政优秀教学案例一等奖2个、二等奖3个。管理工程学院工程造价教研室被列为浙江省高等学校课程思政示范基层教学组织建设单位。推进1+X证书试点工作,提升学生职业能力和综合素质。共获省级及以上学科技能竞赛奖项90个,其中国家级12个。获建筑装饰技术应用、电子商务技能、工业机器人技术应用3个项目的省级赛事举办权。首届184名本科毕业生获学士学位。

广厦大学开展心理咨询157人次,有效干预心理危机24起。与金华市第二医院建立医校合作,开通学生诊疗绿色通道。调查认定学生资助对象2519人,规范评审国家奖学金9人,国家励志奖学金323人,省政府奖学金286人,国家助学金2194人。配合市人武部开展征兵宣传暨国防教育活动,学生应征入伍167人;为116名退役学生办理复学手续;减免退役复学学生的学费100余万元。2支暑期社会实践活动队获浙江省百优团队称号。学校首位研究生吴昊成为省运会开幕式火炬接力选手之一。学生武术节目《板凳龙》亮相浙江省第十七届运动会开幕式文艺展演。在2022年浙江省大学生艺术节上,团委编排的舞蹈《守护》获舞蹈类比赛一等奖,广厦大学获优秀组织奖。

2022年,推动校企联学联建共建双赢新平台。与市委宣传部网信办联合共建东阳市首家网络文明实践基地;与东阳市非物质文化遗产保护中心合作推出5集非遗慕课,并被"学习强国"学习平台采用;在各级主流媒体发表报道226篇。官方微信公众号共发表文章近500篇,最高阅读量近3万人次。新媒体公众号排名为民办职业大学第四位。抖音平台最高阅读量达到82.5万人次,4个短视频被国家级抖音平台转发报道,获评2022年第一季度全国职业大学官方抖音综合影响力第二名。

【科研和社会服务】 2022年,广厦大学进入2022年中国高职院校科研与社会服务竞争力评价动态排行榜100强,列全国职业技术大学第二位。科研论文在EI期刊发表8篇、SCI发表32篇。专利授权127件,其中发明专利33件。推进"三个聚焦"为核心的职业本科试点,《围绕"三个聚焦"彰显职业本科担当作为》刊载于《中国教育报》,《"三个聚焦"促进职业本科试点高质量发展》入选省委教育工作领导小组秘书组、省教育厅《教育参阅》教育改革与政策专辑第88辑。承办现代职业教育西湖论坛的职业本科理论与实践分论坛,推进新时代职业本科教育发展的理论与实践研究。两份职业本科教育研究对策报告获副省长成岳冲批示肯定。获批教育部产学合作协同育人项目立项60项,立项数位列全国职业本科高校前列。获批浙江省哲学社科规划课题6项。由王兴主持申报的课题"职业教育中、高、本一体化研究:动力机制、内在逻辑与体系构建"被列为全国教育科学"十四五"规划2022年度教育部重点课题。与市政府联合,推进省农业农村领域高质量发展推进共同富裕第一批实践试点项目"探索建设共享田园推动乡村高质量共同富裕"的实施。学校"彰显职业本科担当作为,打造'全方位、全过程、全覆盖'共享田园支撑体系"项目入选省教育厅2022年教育助力乡村振兴典型案例。学校创业园新入驻项目18个,参与学生近200人;成功孵化9个创业项目。继续教育成人学历招生1245人,涵盖行政管理、土木工程等20个专业;开展建设类培训与考证,参训1.6万人次。1月29日,省教育厅发布《浙江省教育厅关于公布

2021年省教学成果奖名单的通知》，广厦大学“‘三链融合、四位一体、五维对接’：建筑类专业职业人才培养改革与实践”项目获省教学成果奖一等奖，入围国家教学成果奖评审；“基于民族手工艺传承与创新的雕刻艺术设计专业人才培养改革与实践”项目获二等奖。

【师资建设】 2022年，广厦大学组织参加省内外引才活动8场；引进教师237人，录用人数比上年增长123%，其中正高职称23人，博士25人；开展校级培训7期，授训近750人次；选派28名教师进名校访学，选送396名教师参加企业实践；开设公开课54节；组织教师参加网络专题培训，700余人参训；组建名师工作室、技能大师工作室等师资培育平台19个。建立完善具有针对性、系统性和规范性的学历进修机制，修订符合职业本科教育高质量发展的职称评审办法，加大“双师型”教师认定范围，提升师资队伍建设水平。9月，启动报备员编制第一批入编工作，270人入编。

【招生就业】 2022年，广厦大学本科新生（含专升本）录取3246人，报到2984人；专科新生录取2877人，报到2737人。联合市人力社保局举办线上实习就业双选会，吸引省内外860余家用人单位，提供2.5万个岗位。开展书记校长访企拓岗专项活动，走访用人单位124家，走访数居全省高职院校第9位。6月，与江西省南昌市高新区在广厦大学联合举行南昌市“赣才归巢”人才工作站签约授牌仪式，成立浙江省内首家高校“赣才归巢”人才工作站。

【督导评估和教育评价改革】 2022年，广厦大学对照2021年度和2022年度指标体系差异，开展督导评估。教学质量管理平台上线，完善教学督导组管理办法，加强教学督导队伍建设。校院两级督导组共听课1251门次，开展线上、线下巡课查课1018门次，全面覆盖专兼职教师和各类课程。遴选学生教学信息员289人，壮大学生教学信息员队伍，共收到学生有效建设性反馈4000余条。

2022年6月20日，浙江广厦建设职业技术大学“歌山画水 千帆竞发”2022届毕业典礼暨学士学位授予仪式举行（广厦大学提供）

9月5日，省委教育工作领导小组秘书组公布浙江省深化新时代教育评价改革试点项目，广厦大学《新时代“五维五环”职业本科学校综合评价体系改革》试点方案入选，学校获批为浙江省深化新时代教育评价改革综合试点校，成为省内8所综合试点本科高校之一。

【国际化合作办学】 2022年，广厦大学持续开展刚果（布）留学生项目。5月，举行艺术设计学院雕刻艺术国际班非洲留学生木雕作品展。6月，首届刚果（布）21名留学生毕业，毕业作品在中国木雕博物馆展出并被收藏。有6名留学生被中国工艺美术大师陆光正收为徒弟，6人被南开大学等国内本科专业录取。11月，第二批29名刚果（布）留学生到校，开始为期5年的本科层次木雕专业学习。申报立项的2022年教育部“汉语桥”线上团组交流项目——“东阳木雕体验之旅”获资助45万元，资助额度列全国职校申报亚非项目第一位。国际学院与德国比勒菲尔德中等企业应用技术大学开展交流联系，与德国德累斯顿芯片学院探讨双方合作事宜，拟共同建立中德芯片学院。

【办学条件】 2022年，广厦大学先后立项实验实训建设项目20个，教学仪器设备总值和实验实训资产总值增长率均超过10%。航空物流实训基地、制药实训基地等一批建设项目开工建设准备基本就绪。完成网络核

2022年5月16日，广厦大学艺术设计学院雕刻艺术国际班非洲留学生木雕作品展开展（胡扬辉/摄）

心全面升级、中心机房整体改造、无线网络修复增补、认证系统全新升级等校园网建设业务。创新建立校园110指挥中心三级指挥长制，结合可视化指挥系统、周界防范、人脸轨迹、智能对讲机，建成快速反应、精准指挥、科学决策的数字应急指挥体系。10月，广厦大学综合实训大楼、学生公寓楼扩建工程开工建设，项目计划投资约2亿元。

【新校区建设启动】 2022年1月，完成广厦大学木雕小镇校区(雕塑学院)可行性研究报告，获市发改局立项批准。新校区占地面积88公顷，总计划投资额约59亿元，分3期建设，其中一、二期计划投资43亿元，建筑面积约50万平方米。6月，市委、市政府成立木雕小镇校区建设指挥部，新校区建设启动。12月，完成设计招标，确定全过程咨询公司，完成工程总承包(EPC)单位招标。

【学士学位授予仪式举行】 2022年6月2日，根据《浙江省学位委员会关于同意浙江广厦建设职业技术大学为学士学位授予单位的批复》，学校为学士学位授予单位，土木工程、工程造价、工艺美术、电子商务、软件工程5个专业具有学士学位授予权，从2022年毕业生开始执行。6月20日，2022届毕业生毕业典礼暨学位授予仪式在学校文体中心举行，广厦大学首批184名职业本科毕业生获授学士学位。

(张雷珍)

·浙江横店影视职业学院·

【概况】 2022年，浙江横店影视职业学院(以下简称横店影视职院)坐落于横店影视文化产业集聚区内，下设影视表演、影视制作、影视美术、影视旅游、影视经济、继续教育6个二级学院，有28个专业，其中教育部骨干专业1个、省级优势专业2个、省级特色专业6个、省级现代学徒制试点专业1个。有教育部生产性实训基地1个、省级示范性实训基地4个、省级产学合作协同育人项目6项。为教育部第三批“1+X”证书试点高校。教职工总数522人，其中专任教师444人，高级职称89人，硕士及以上学位289人；在校生10065人，其中普通专科生9894人、成人专科生171人。

4月8日，横店集团总部批复同意横店影视职院教学实训用房及食堂改扩建项目投资立项。该项目于5月30日动工建设，项目总建筑面积17753平方米，项目预算投资11100万元。7月28日，横店影视职院调整内部行政机构设置，由原行政后勤、组宣人事、教学科研、学生管理、财务管理五个中心调整为行政人事、组宣合作、教学科研、学生管理、财务管理、后勤服务六个中心。

【党建和思政工作】 2022年5月26日，金华市属高校党建工作推进会在横店影视职院举行。9月15日，横店影视职院入选2021年度浙江省高校(高职高专)新媒体综合力十强。10月19日，联合市人民法院举行共建法治教育基地、共享法庭揭牌仪式，并举行法治教育报告会。11月14日，2022年省级课程思政教学项目建设立项名单公布，横店影视职院入选省级课程思政示范课程4门、省级课程思政教学研究项目3项、省级课程思政示范基层教学组织1个。7月6日、11月24日，金华市委常委、纪委书记、监委主任吴燕到横店影视职院宣讲省第十五次党代会精神、中共二十大精神。

【师资建设】 2022年，横店影视职院获东阳市引进人才杰出奖，共引进教师和行政管理人员76人，其中博士1人、硕士67人，高级职称2人、中级职称6人，海外留学回国11人，另柔性引进博士教授4人；获批省访问学者4人、省访问工程师17人；开展职称自主评聘工作，职称晋升45人；组织开展人才补贴、人才津贴、购房补贴、晋升高级职称津贴等6类东阳市人才政策补贴申报工作，办理310人次。继续开办“影视金牛讲坛”，共举办8期。

5月6日，横店影视职院演艺事业中心获评2022年东阳市模范集体。6月9日，孙浩、郑御真入选金华市“八婺金匠”培养项目。6月18日，金华市首届十佳新锐导演颁奖礼在东阳市横店镇举行，刘晓东、冯文分别获评金华市首届十佳新锐(编)导演和优秀新锐(编)导演。8月，王睿劼获“我心向党”全省青年职工演讲比赛铜奖。5—11月，教师参加金华市第五届职工网络文化节，获一等奖1个、二等奖1个、三等奖2个。

【教学科研】 2022年，横店影视职院修订《学校科研项目经费使用管理办法》和《关于教科研工作成果奖励的实施办法》，规范科研经费使用管理，提高科研奖励标准。纵向课题确认立项159项；开展横向课题64项，合同成交金额295.4万元；发表论文574篇。

7月27日，横店影视职院推荐5件作品参加由省教育厅主办的2022年浙江省高职院校教学能力比赛，其中影视美术学院作品《年龄毛发造型设计》和影视表演学院作品《演员片场表演技术》均获三等奖。9月5日，省教育工委公布浙江省深化新时代教育评价改革试点项目，横店影视职院“中高职一体化学生自主发展评价探索”被列为浙江省深化新时代教育评价改革单项试点项目。横店影视职院印发《推进中高职一体化学生自主发展评价工作实施方案》，推进试点项目实施。12月，《数字绘景影视项目实战》《盖碗花茶茶艺教学》获2022年浙江省高校教师教育技术成果评比三等奖。

【产教融合】 2022年1月25日，横店影视职院成为金华市首批技能人才继续教育培训基地。3月24日，通过金华首批职业技能等级认定试点单位复评。4月11日，横店影视职院联合三单乡人民政府、广州市汇美时尚集团股份有限公司、浙江东阳林栖文化传播有限公司举行“共同富裕·产教融合”签约揭牌仪式暨茶研学课程体验活动，成立“乡土中国影像工作室”“非遗蓝印花布教学生产基地”，开展“林栖三十六院”助力乡村振兴示范区建设。4月26日，茶艺传承进社区实践项目入选教育部首批社区教育“能者为师”实践创新项目的“生

2022年9月21日，中国诗歌诵读艺术节横店行大型诵读晚会在横店影视职院举行（横店影视职院提供）

活技艺”主题特色类项目。9月20日，横店影视职院“基于产教融合的财务共享订单班人才培养模式探索”入选金华市产学合作协同育人项目。9月，横店影视职院获授“现代诵读艺术横店实践基地”牌匾。10月18日，“重塑乡土文化 赋能乡村振兴——浙江横店影视职业学院助力乡村文化振兴”入选2022年浙江省教育助力乡村振兴典型案例。录制的乡村振兴微视频《希望》由省教育厅向教育部推荐并被录用。

【学生技能竞赛获奖】 2022年，横店影视职院组织学生参加各级各类技能竞赛，获省级及以上奖项245项。其中，6月获浙江省“遥望杯”第十七届大学生电子商务竞赛暨第十二届全国大学生电子商务“创新、创意及创业”挑战赛一等奖1个；11月获浙江省第十届大学生中华经典诵读竞赛一等奖2个、二等奖3个、三等奖4个，连续两年获优秀组织奖；同月获浙江省第十届大学生摄影竞赛一等奖1个、二等奖2个、三等奖3个；12月获第14届全国大学生广告艺术大赛二等奖、三等奖各1个。

【校园文体和志愿服务】 2022年，横店影视职院开展“红歌荟”“草地音乐节”“社团文化节”等校园文化活动。6月1日，举行第十三届“青牛奖”颁奖盛典，共颁发短片创作、影视配音、“横店好声音”、艺术设计、导游风采等15项学生专业技能赛事的93个奖项。11月，举行第十六届学生运动会，共有18人次打破17项运动会纪录，刷新2项接力比赛纪录。年内，横店影视职院团委获评2021年度金华市先进团组织，获2021年度金华市高校无偿献血最佳团体组织奖。李琼入选省委组织部、团省委、省教育厅、省财政厅、省人力资源和社会保障厅联合组织的2022年度浙江省大学生志愿服务山区、海岛、边远地区计划，成为校内首位参加该项计划的志愿者。百灵宣讲团获2022年金华市第七届志愿服务项目大赛铜奖。

【招生就业】 2022年，横店影视职院招生录取4596人，在籍学生首次突破万人。2022中高职一体化新高一计划下达数为4378人，居全省第一位。6月，联合市人力社保局在横店影视职院举行2022届毕业生就业、2023届毕业生实习校园招聘会，180余家用人单位通过资质筛选入校招聘，提供就业及实习岗位4000余个，参会学生3000余名，招聘会用人单位收到简历1800余份，达成就业或实习意向554人。年内，开展二级学院院长、书记直播带岗活动，校、院两级领导走访联系用人单位100家。2022届毕业生2762人，就业率达97.54%。

【交流合作】 2022年1月11日，横店影视职院与韩国又松信息大学举行线上视频会议，就中韩办学项目（人物形象设计）师资派遣、教学材料、学风建设等进行交流。7月25—27日，由金华市台办主办、东阳市台办承办、横店影视职院和宁波台湾同胞投资企业协会协办的“金台携手·同心筑梦——走进横店 穿越华夏”2022台湾青年影视文化体验活动在横店镇举行，60余名在浙台湾大学生参访横店影视职院、横店影视城等。9月8日，协助市台办、市台联会、台北东阳同乡会举行“金台携手·同心筑梦”2022东台中秋联谊活动。10月11日，举行2022级人物形象设计专业（中韩班）线上开学典礼，47名中韩班新生入学。11月15日，与泰国格乐大学举行“影视动漫丝路学院”“留学生培养基地”线上签约暨揭牌仪式。

（董永芳）

2022年11月15日，横店影视职院与泰国格乐大学合作签约暨揭牌仪式举行（横店影视职院提供）

文化　传媒

综　述

【文化机构设施建设】　2022年,东阳市有文化馆1个、文化馆分馆21个,有公共图书馆1个、图书分馆18个、"通借通还"悦读吧(主题馆)3个、特色阅读空间15个,有市文化中心1个、镇乡(街道)文化中心18个、城乡文化礼堂375个。有文化艺术表演团体918个,演出场次850场。"15分钟品质文化生活圈""城市书房"2个民生实事项目建成并投入使用。

【文化精品和文化人才扶持】　2022年,东阳市加强文化人才扶持,推动文化影视精品创作,获省文化产业发展专项资金(2023—2025年)等各级文化精品奖励、扶持资金超3650万元。12月13日,市委宣传部发布《东阳市文化精品和文化人才扶持奖励办法》,规定由市财政局设立东阳市文化精品和文化人才扶持奖励专项资金,重点用于引导文化精品创作,奖励文艺类、哲学社科类、新闻类的文化精品和文化人才;市文化精品和文化人才扶持奖励工作由市文化精品和文化人才工作领导小组负责统筹、指导,设市文化精品和文化人才工作领导小组办公室(设于市委宣传部)负责具体实施,成立东阳市文化精品和文化人才专家评审委员会,负责评估、审核和认定工作;该办法自2023年1月1日起执行。

【文化惠民工程开展】　2022年,东阳市继续实施文化惠民工程,开展文化下乡活动,其中送书18.9万册次,送戏407场,放映电影7732场,送春联8000余副、斗方15000余个。"文旅通""品质文化惠享应用"等省级重大应用贯通率100%。市婺剧演出公司停演不停"功",创排婺剧《雕刻大爱》。市美术馆推出"'相约歌画东阳·共享精彩省运'2022首届国际体育幽默画展"等大型展览11场。市文化馆举办各类展览127场、文化艺术训练班100期,组织文艺活动386次;镇乡街道文化站举办各类展览112场、文化艺术训练班548期,组织文艺活动780次。"周末惠民剧场"演出于6月10日重启,首场演出剧目《东阳马生》,年内演出21场。打造政务服务2.0平台,实现全省受理同标准。全年受理行政许可380件,办结159件,培训机构备案339家。推进"百姓文化艺术节""特色广场文化""百姓文化茶坊""非遗讲堂""周末惠民剧场""文化节目进景区"等特色文化惠民服务品牌建设,开展各类文化活动11530次、县市间"文化走亲"47次。

【市委文化工作会议召开】　2022年4月23日,市委文化工作会议在市行政中心召开。市委副书记、市长黄胜可主持会议。市委书记楼琅坚讲话强调坚定扛起做好文化工作的使命担当,重点打造文化东阳十大标志性成果,加快将文化优势转化为发展优势,为新时代强市名城、共同富裕先行市建设作出贡献。与会人员观看《文润东阳》专题片,市文明办、市文广旅体局、湖溪镇、横店集团相关负责人分别围绕"精神文明建设""文旅融合、文化惠民和公共文化设施补短提升""文化强镇建设""文艺精品创作、推动影视文化产业发展"主题作交流发言。

【文化艺术中心项目建设推进】　2022年,市文化艺术中心项目(主要由博物馆、图书馆、美术馆构成)建设启动。市文化艺术中心项目位于迎宾大道以西、博士路以东、江滨北街以南、江滨南街以北区块,规划建设用地10.67公顷。6月,完成申报立项,争取专项债17亿元,列入2023年政府专项债项目库。8月,成立市文化艺术中心项目建设领导小组,召开项目推进会,宣布成立项目指挥部,下设5个工作组,合力推进建设。9—11月,举行项目设计方案招投标和全过程咨询单位招投标,启动征地程序。12月,项目指挥部召开协调会,就"三通一平"、砂矿处置、供地手续、体育中心征地等相关工作推进进行专题研究。

【文旅融合"驿站"建设】　2022年,东阳中国木雕城完善公共旅游场所及附属设施,构建融"服务、宣传、公益"于一体的文旅休闲服务平台,建成文旅融合的"旅游驿站",为游客提供休憩补给、信息咨询、文化展示、购物体验等服务。3月25日,东阳中国木雕城"旅游驿站"上榜浙江省第一批"旅游驿站"(试点),入选三级"旅游驿站"。6月30日,东皋"文化驿站"启用并免费向市民开放。东皋"文化驿站”建筑面积600平方米左右，定期为市民提供文化分享、艺术普及、互动交流、文旅资讯等公共文化服务，年内开展各类文化活动近百场。

【历史文化（传统）村落保护利用】 2022年，东阳江镇天山村入围浙江省第十批（2023年度）历史文化（传统）村落保护利用重点村名单。东阳市的省级历史文化（传统）村落保护利用重点村增至6个，另有省级历史文化（传统）村落保护利用一般村29个，录入省级历史文化（传统）村落保护利用项目库的在建村落8个。年内，市财政局拨款1000万元，推进省级历史文化（传统）村落保护利用。

【文艺节目亮相省运会】 2022年6月，市文广旅体局组织开展第十七届省运会开幕式表演节目的选拔，组织排练武术、跳绳、广场舞、大鼓等节目参选。经省运会专班考评，融入东阳特色文化的鼓阵舞《鼓乐龙腾》和武术表演《板凳龙》两个节目入选，成为金华市唯一在省运会开幕式有节目表演的县（市、区）。《鼓乐龙腾》表演者为湖溪镇镇西村志愿者，《板凳龙》表演者为92名浙江广厦建设职业技术大学学生和22名市婺剧传承中心教师。11月18日，第十七届省运会开幕式在金华市体育中心体育场举行。《鼓乐龙腾》成为开幕式暖场节目，《板凳龙》在开幕式正式演出。

【南江—东阳文化旅游交流周活动开展】 2022年11月3日，南江—东阳文化旅游交流周活动启动仪式暨文艺表演在四川省巴中市南江县举行。仪式上，为横店影视城南江外景拍摄基地授牌，南江县的24个点位获授牌；南江县、东阳市联合举行文艺表演，演出具有东阳、南江地方特色的文艺节目。活动周期间，举办东阳书画摄影奇石根艺作品展、百米长卷书画现场创作等活动，促进两地交流协作。

（单望阳）

公共文化

·博物馆文化传播·

【概况】 2022年，东阳市博物馆和中国木雕博物馆在开展疫情常态化防控的前提下实行免费开放。接待观众15万余人次，讲解380批次，其中接待省部级领导6批次。结合世界地球日、国际博物馆日、文化和自然遗产日等节日开展博物馆文化宣传活动101场，其中线下73场、线上28场，活动参与者2.45万人。推出东阳市抗疫主题影像展、婺州窑精品展、非洲留学生作品展、木雕班毕业作品展、“牛腿”之美作品成果展等临时展览10次。征集铅印设备及配件17件（组）、木雕馆序厅《春夏秋冬》等壁挂6件。接受社会捐赠藏品197件（套）。

2022年2月8日，东阳市举行“欢乐春节‘艺’起来”大联欢文艺演出

（市文广旅体局提供）

【博物馆数字化建设】 2022年1—3月，市文广旅体局、中国木雕博物馆举办“新春民族雕刻艺术特展”数字展览，展示中国木雕博物馆征集自全国各区域各民族的特色雕刻艺术作品，弘扬中国传统文化。年内，市博物馆甄选馆藏地方文献154册（共计18000余页）进行数字化扫描，建立重要古籍数据库。完成20件馆藏珍贵文物数字化采集。

【管理服务人员学习培训】 2022年，市文广旅体局加强博物馆工作人员培训和志愿者队伍建设，组织业务交流学习20余次。讲解员骆冠妍获评浙江省第三届诗路文化带景区讲解员大赛优秀讲解员，楼珊获浙江省诗路讲解大赛金华市选拔赛优秀奖。

【馆校合作研学推进】 2022年，市博物馆和中国木雕博物馆加强馆校合作，开展“宋韵探博”等研学活动。结合研学活动开展小小讲解员培训，在节假日为观众提供免费讲解210次。中国木雕博物馆开展“小小木雕传承人”社团课进白云中心小学活动。11月9日，市博物馆在吴宁一校开展“博物馆进校园”活动，专业人员开设以东阳恐龙文化为主题的科普课，吴宁一校300余名学生通过线上、线下的方式参加活动。

【“博物馆里说文物”视频节目制作】 2022年，市文广旅体局、市博物馆摄制《人文东阳——博物馆里说文物》视频节目，介绍市博物馆馆藏文物和东阳人文历史，弘扬民族文化。年内推出婺州窑“天圣六年造自使也”铭碾轮、宋婺州窑青瓷菊瓣纹粉盒、春秋双耳玉樽、东阳龙、银鎏金双龙纹承盘摩羯双耳金杯、宋银鎏金云龙纹匙箸瓶、宋代钏镯、南宋满池娇纹金帔坠8集，并在“学习强国”学习平台、微信、抖音等平台推广，播放及点赞40余万人次。

【横店影视城泛博物馆群入选省级公共文化国际交流基地】 2022年10月，省文化和旅游厅公布第一批浙江省公共文化国际交流基地和项目名单，横店影视城泛博物馆群入选。横店影视城泛博物馆群以中华五千年历史文化为主线，挖掘横店影视城各景区文化内涵构建，建成并开放广州街·香港街度假区中国电影放映机博物馆、梦外滩度假区海上洋货博物馆、清明上河图景区大宋市井生活博物馆、明清宫苑景区清宫御膳博物馆、圆明新园钢琴博物馆等博物馆，藏品达40余个门类30000余件。

（单望阳）

2022年1月3日，小读者在市新华书店少儿专柜挑选书籍　（包康轩/摄）

·公共图书管理·

【概况】　2022年，市图书馆购买图书72199册，年末总藏书量751829册，服务读者64.2万人次，馆藏图书流通101万册次。数字资源浏览量337万人次，下载量113万册次。结合文化惠民工程的实施，继续加强镇乡（街道）图书分馆（悦读吧）建设，促进图书阅读推广。

【图书馆（室）建设】　2022年，江北街道、马宅镇建成悦读吧，歌山镇、千祥镇、虎鹿镇、南马镇、东阳江镇和三单乡完成图书分馆建设，实现镇乡（街道）图书分馆全覆盖。全市镇乡（街道）图书分馆各有藏书近万册，统一安装图书借还系统、“e家书房”软件。实现金华市内公共图书馆“通借通还”。

【图书阅读活动开展】　2022年，市图书馆服务读者609856人次，馆藏图书流通858326册次。数字资源浏览量337万人次，下载量113万册次。市图书馆及图书分馆开展全民阅读活动377场（讲座311场、展览11场、阅读推广活动55场；线上242场，线下135场），参与人数13.5万人次。4月，开展全民阅读月活动，市图书馆开展阅读宣传活动周。是月起，举办“听书马拉松”“图书馆之夜”“书香润童心”“工艺人生·名宅故事”“青少年科普阅读创作大赛”“乐绘迎省运·奋翼向未来”“童年有书·未来有梦”“雕版印刷体验”“童心绘文明·共筑中国梦”和名家语录展等系列活动，助力阅读氛围建设，引导青少年热爱阅读。年内，图书馆携手新华书店开展“你选书·我买单”惠民便民推广服务。

（单望阳）

2022年3月22日，东阳市图书馆歌山镇图书分馆挂牌成立并对外开放

（市融媒体中心提供）

·图书经营·

【概况】　2022年，浙江东阳市新华书店有限公司（以下简称新华书店）有直营门店3家、连锁书店9家。集中经营图书报刊、电子出版物、教材发行，同时组织文化艺术交流活动，拓展综合服务。总营业收入1.1亿元。

【店校合作特色经营】　2022年，市新华书店继续采取店校合作模式，加强特色经营服务。推进少年儿童读书研学，组织开展第十三届“温暖的旅程”未成年人亲子读书活动。参与浙江省新华书店集团有限公司组织的“四季展陈”“之江荐书”“之江惠品”“之江畅品”等主题展陈活动。开展“阅东阳·润童心”系列活动，其中举办“七色花故事汇”“阅伴伴成长”等定期活动15场，参与者约1000人次。组织暑期研学“红色新华少年店长”活动25期。举行“亲轻成长加油站”3期，传递家庭教育经验方法。开展“陪你读书”“亲子朗读点赞”等线上读书活动和“我是小小书香大使”短视频征集，加强阅读指导，促进中小学生和低龄儿童阅读素养提高。

【全民阅读服务】　2022年1—2月，市新华书店与市教育局、市妇联、市普法办、市融媒体中心联合开展东阳市《中华人民共和国家庭教育促进法》线上知识竞赛，助力全民阅读氛围建设。4月起，与市图书馆联合开展“你选书 我买单”便民活动。10月起，市新华书店组织落实中共二十大文件及学习辅导读物发行工作。年内，市新华书店按照宣传系统工作要求，加强“全民阅读在线”系统维护；围绕文明城市创建，提升硬件设施与服务水平，助力社区共建，推进文化建设。

（李倩楠）

群众文化

【概况】 2022年，东阳市各级文化管理部门和文化团体单位采取线上、线下相结合的方式，开展群众文化活动。市美术馆持续推进“艺路同行”云课堂，录制上线9场。市文化馆在“歌画东阳”App推送“喜迎二十大·文化进万家”线上优秀文艺作品展播29期。在各镇乡（街道）开展“庆祝二十大·文化助共富”送戏下乡演出活动110场。举办书画展览3场、中共二十大精神宣传图片镇乡（街道）巡回展1场，开展东阳市首届文化艺术类校外培训机构教师作品征集评选活动、“助力省运·全民健身”第八届广场舞大赛、百姓文化艺术节“欢乐‘艺’起来”优秀文艺团队展演活动、“我们的村晚”、东阳市第五届少儿春晚筹备和“交投杯”广场舞大赛等一系列文化活动。选送作品参加省级和金华市级比赛，获省级奖项7个、金华市级奖项73个，4个优秀文艺节目推送至“学习强国”学习平台播出。城东街道单良村、虎鹿镇蔡宅村分别获评金华市“婺风乡韵”乡村文化样板村、特色村。

【群众性文艺培训开展】 2022年，市文广旅体局及下属文艺团体单位举办各类艺术培训90余期，“空中课堂”线上公益艺术培训58期。其中下半年在江滨文化中心开展全民艺术普及系列艺术培训，开设瑜伽、形体、声乐、越剧、萨克斯、琵琶、手机摄影、服装表演等课程，吸引大批文艺爱好者参加。培训结束后，举办汇报演出。与横店影视职院合作开展全民艺术普及帮扶活动20场。到千祥镇、虎鹿镇、马宅镇、佐村镇等地开展合唱、民乐演奏、舞蹈、形体等公益艺术培训。加强全市校外艺术类培训机构的业务指导及管理，开展艺术培训机构的疫情防控与培训师资摸底排查；举办全市各艺术培训机构消防安全培训4期。

【书画艺术普及和展示活动】 2022年“六一”期间，由市文广旅体局主办、市文化馆承办的“喜迎‘六一’·童绘精彩”东阳市群星少儿美术大展在江滨文化中心举办。从全市70余家培训机构选送的300余幅原创书画作品中评出100幅优秀作品参展，展出作品包含中国画、书法、油画、素描、水粉画、水彩画、蜡笔画、版画等。6月24日，由市老年书画研究会、东阳老年大学、市图书馆主办的“喜迎二十大”书画作品展在市图书馆开展，100余位老年书画爱好者的书画作品参展。9月30日至10月15日，由市文广旅体局和市文联主办，市文化馆承办的“同心庆国庆·喜迎二十大”东阳市书画作品邀请展在江滨文化中心开展，展出东阳籍书画家40余幅作品。10月3—4日，市文化馆在东皋“文化驿站”开展“喜迎二十大·追光好少年”全民艺术普及系列书画活动。

【镇乡（街道）文艺会演】 2022年7月1日，“喜迎二十大 奋进新征程”东阳市2022年镇乡（街道）文艺会演在东阳剧院举行，迎接中共二十大召开，推进习近平新时代中国特色社会主义思想学习贯彻，助力强市名城和共同富裕先行市建设。会演由市委宣传部、市文广旅体局主办，市文化馆承办，全市18个镇乡（街道）代表队表演歌曲、舞蹈、小品等节目。评出金奖5个、银奖6个。

【学习贯彻中共二十大精神文艺演出】 2022年11月8日，在城东街道单良村文化礼堂开展“奋楫争先·砥砺前行”学习贯彻中共二十大精神专场演出活动。11月11日，由市委宣传部指导，市总工会、市文联、市融媒体中心、市文旅集团共同主办的“歌颂二十大 奋进新征程”文艺晚会在卢宅梨园广场举行，并在“歌画东阳”App上进行现场直播。

【《文化东阳》获省群众文化报刊评比银奖】 2022年10月8日，省文化馆公布2022年度浙江省群众文化报刊评比获奖名单，《文化东阳》获银奖。《文化东阳》由市文广旅体局主办、市文化馆具体负责，设文化风标、文旅融合、文脉守望、艺苑撷英、资讯点击等栏目，每年刊出2～3期，每期发行3000册。2016年4月创刊至2022年12月，共刊出18期。

【全民艺术普及网课编纂】 2022年，市文化馆组织人员开展艺术普及网课的编纂工作，推进全民艺术普及活动。10月24日，省文化馆公布2022年浙江省“全民艺术普及网课评选”获奖名单，市文化馆选送的晏李霞网课作品《中国舞入门课程》《民族民间舞入门课程》和何想成网课作品《笛子入门与网课技巧讲解》获最佳人气奖。

（单望阳）

文物保护

【概况】 2022年4月，市文广旅体局撤销六石街道枫树下村九间头、鹤峰村光齐堂、湖心塘村北十三间头、湖心塘村中十三间头、夏溪潭村扶兴堂、夏溪潭村门坊、夏溪潭村十三间头、吴良村光训堂、梧塘村十三间头、泗庭芳村105号10处自然灭失的三普登记点和虎鹿镇厦程里村六成堂、南马镇下格村济美堂、江北街道华店小区十三间头、江北街道恬里小区任氏宗祠4处文物保护点。6月，推荐南市街道大联村黄文玉烈士墓、马宅镇雅坑村四份厅、巍山镇吕潘村十三间头列入浙江省第二批不可移动革命文物初选名单。10月，开展红色标语类革命文物调查。完成宋代不可移动文物资源和墓志碑刻专项调查，发现彭山摩崖石刻6处。11月11日，公布南市街道槐堂行政村花墩塘自然村厉文才墓为第十三批文物保护点。推进土地储备考古前置赛马机制建设,邀请省文物考古研究所专家开展东阳经济开发区东后里、西后里山背古墓群损毁情况现场踏勘评估,开展广厦大学木雕小镇校区(雕塑学院)、金甬铁路站前广场、市文化艺术中心、石马潭水库、市体育中心、市公共卫生中心建设项目范围的考古调查勘探。

【古建文物修缮】 2022年,东阳市编制出台《东阳市文物建筑修缮技术导则》,组织开展古建文物修缮。建立2022年文物保护项目库,分配下拨2022年度修缮补助资金165万元。六石街道下石塘村德润堂(一期)、画水镇紫薇山村民居小厅、横店镇米塘社区下湖严小区严济慈故居等修缮工程竣工并通过省文物局终验。巍山镇白坦村务本堂门楼、南马镇上安恬村懋德堂西侧倒塌民居、横店镇柏塔村杜氏三合院、南马镇上安恬村广远公祠、千祥镇大路村史大宗祠、马宅镇王潭村王氏宗祠等修缮工程进入验收阶段。虎鹿镇厦程里村慎德堂后堂二期修缮工程进入收尾。吴宁街道卢宅社区东吟堂、巍山镇白坦村福舆堂(正厅、勤房、恭房)、湖溪镇马上桥村花厅(门楼院落、前厅厢房、中堂厢房及后堂厢房)、虎鹿镇厦程里村位育堂修缮工程获国家文物局批准立项。画水镇紫薇山民居之大夫第中堂、后堂修缮工程设计方案报批,获国家文物保护专项资金补助220万元。

【文物平安工程】 2022年,推进文保单位(点)属地管理,落实主体责任,各镇乡(街道)、属地村(社区)及文物所有人、使用人、管理人逐层签订文物安全责任书。维护完善文物安全监管平台,加强社会监督。聘用业余文保员263人,开展日常巡查,其中负责省级以上文保单位的18人,负责市级文保单位(点)的245人。建立"三色图"文物巡检系统,落实业余文保员巡检工作。组织开展安全检查,巡查全市文保单位(点)1087个,参加巡查的专业人员2609人次。推进实施文物建筑消防提升工程。开展虎鹿镇厦程里村慎德堂电气线路隐患整改,低压改造完成招投标。木结构文保单位、文保点电气线路整改提升工程全面铺开,年内完成60%以上。完成省级以上文保单位及毗邻建筑电气线路整改提升工程。开展清朗行动和全市文保单位(点)视频监控安装需求调查摸底。完成东阳市古墓群的视频监控安装。加强古建筑监控视频和烟感探测报警器的检查维护。全年发现文物安全隐患514处,整改隐患461处,整改率89.7%。

(单望阳)

非物质文化遗产保护

【概况】 2022年,市政府公布市第九批非物质文化遗产(以下简称非遗)代表性项目12个。市文广旅体局公布市第七批非遗传承人81人、新一批市级非遗传承基地45个和首批市级非遗工坊17个。东阳市获评省级传统民居文化传承生态保护区,获评金华市第五批非遗传承教学基地2个(歌山镇西宅小学、巍山第一小学教育集团)、示范性非遗传承教学基地2个(浙江东阳雄心营造技艺有限公司、浙江广厦建设职业技术大学)、优秀案例2个(巍山第一小学教育集团竹编项目、吴宁四校婺剧项目),六石街道吴良村、三单乡三单村入选第六批金华市非物质文化遗产旅游景区(民俗文化村)。入选省级传统工艺工作站创建名录1个、省级非遗工坊创建名录3个。东阳木雕古宅文化游入选金华市文广旅游局推荐名单。启动市级非遗项目和传承人评估工作,推进非遗项目质量和传承人素养提升。

【非遗数字应用和文化基因解码】 2022年1月,省文化和旅游厅公布"文化基因解码工程"解码成果评审结果,东阳市文化基因解码成果获评优秀等次,东阳木雕、东阳竹编、卢宅营造获评优秀解码项目。同月,省文化和旅游厅公布首批100项"浙江文化标识"培育项目,东阳市木雕文化入选。7月29日,东阳市"古建筑营造技艺在线"应用入选省文化和旅游数字化改革第二批试点应用名单,纳入"非遗在线"省重大应用子场景,上线"浙里办"App。年内,完善非遗名录体系,推进非遗传承数字化建设。

【非遗项目交流展示】 2022年,市文广旅体局及市非遗保护中心加强非遗项目交流展示。元宵节,开展线上猜灯谜、线下观灯展活动。6月,发动非遗项目参加2022"非遗购物节·浙江消费季"。同月,开展"文化和自然遗产日"非遗展演进景区活动。9月,组织8个非遗项目参加第八届北京王府井国际品牌节暨2022北京国际时装周,登上国际时尚舞台。28个非遗项目参加中国农民丰收节浙江主场活动。11—12月,10件东阳竹编作品参加"乡情国韵·非遗焕新——中摩非遗巡回展",在中国与摩洛哥巡回展出。年内,依托卢宅非遗街区,组织"非遗市集"6场,"非遗一台戏"演出6场。各场馆开展非遗体验活动,参与体验2000余人次。

(单望阳)

媒体融合

【概况】 2022年,市融媒体中心发挥媒体融合优势,坚持主业与多元产业经营协同发展,构建产业矩阵,实现总营业收入10236.43万元,比上年增加580余万元。推进暖心工程,推出融媒Logo。开展重大主题宣传报道,推出专栏20余个,刊发特刊70余期,刊播各类新闻报道3万余篇(条)。在国家级媒体刊播新闻报道50余篇(条),在省级媒体(包括"学习强国"学习平台刊播近800篇(条);获中国县市区域媒体新闻奖25个、浙江新闻奖等省级新闻奖29个、金华市级新闻奖31个。

【媒体品牌建设】 2022年,市融媒体中心围绕"打造全省县级融媒体标杆"的发展定位,制定三年发展规划、干部成长规划、"领跑者"培训培养计划,搭建三个展示平台,形成移动端先行播发、网络跟进报道、广播电视报纸联合刊播的发布机制。"领跑者"培训培养计划受训1400余人次。市融媒体中心获金华市广播新闻协作先进单位一等奖，获评“学习强国”浙江学习平台2022年度优秀供稿单位、浙江在线全省十佳支站。史莹获评浙江县域传媒十佳领军人物；黄永强、胡鼎获评第七届全国县市区域“百佳优秀媒体人”。

【重点主题宣传】 2022年，市融媒体中心围绕中共二十大、全市中心工作和疫情防控开展重大主题报道活动。市融媒体中心全平台开设《喜迎二十大》《学习贯彻党的二十大精神》《二十大精神在基层》《沿着总书记的足迹》《实干争先谱新篇——贯彻党的二十大精神系列访谈》《国家安全教育日》《领航中国》专栏，策划刊播“喜迎二十大·我们这十年——共同富裕的东阳实践”特刊。挖掘共富故事，探寻共富经验，在电视节目和“歌画东阳”客户端播出系列短视频。东阳新闻网开设《奋进新征程 建功新时代》《文明东阳人人共建 幸福家园人人共享》等专题专栏。《东阳日报》推出“经济开发区成立30周年”特别报道。东阳电台城市广播FM100.2推出“喜迎二十大”特别节目，与广厦大学合作播出《广说习语》节目15期；与市外国语小学、吴宁五校合作播出《童心向党学热词》《童心颂家乡》节目各12期。在影视生活频道《东城六点半》栏目推出《喜迎二十大·幸福看东阳》专题报道12期。9月，市融媒体中心与市文联、东阳第一百货等联合举办“喜迎二十大 天涯共此时”2022中秋诗会，与市委宣传部、横店影视文化产业集聚区管委会联合举办“颂共富成就 喜迎二十大——横店，用一首诗等你”大型诵读晚会。

2022年，市融媒体中心围绕全市重点工作，策划实施“三大行动五大会战”“强基共建 携手共富”“助企纾困稳增长”“城市品质提升大会战”“文明东阳人人共建 幸福家园人人共享”等主题报道活动。承接全市重大会议氛围营造，开展“学习贯彻省第十五次党代会精神”“市第八次党代会”“市委十六届二次全体(扩大)会议”等主题报道活动。继续组织开展植树节、惠民车展、三人篮球赛、“横有戏梦想秀”、东报小记者、东报研学等品牌活动。年内，编发《东阳视听监评》12期，刊发监评稿件300余篇，完成新闻阅评30余篇。

【宣传形式创新】 2022年，市融媒体中心利用短视频、海报、H5、直播等新媒体传播手段提升宣传的覆盖面和影响力。原创、转制各类短视频2300余个、H5作品20余个、系列海报200余张，开设“东阳中考招生面对面”“专家支招！‘优化’过后我们这样做”等各类直播、转播近100场。加强视频制作队伍建设，开展各类视频制作业务，输出高质量短视频2000余个，累计浏览量超过3亿人次。短视频作品《“手”护，守护》，获“学习强国”学习平台、“浙江新闻”客户端等平台转发，《带上自己电脑手机每天核查近千条数据 东阳百余名大学生在“疫线”绽芳华》获省委宣传部新闻处肯定。

【多元产业经营】 2022年，市融媒体中心组织开展线上、线下活动，促进地方经济社会建设。全年举办拍卖会24期；推出首届线上房交会；开展或参与“万元大礼包”等你拿、三人篮球赛、金华文旅消费券在线抢、中秋诗会、中国农民丰收节活动、省第十七届运动会火炬传递、网络知识答题、惠民车展、“横有戏梦想秀”、东报小记者、东报研学等活动。组织实施南午岭开通仪式、“逐梦新征程·奋进共富路——‘浙’十年”主题宣传、全民终身学习活动周等活动。承办东阳市“全民戴口罩”宣传活动、东阳市《中华人民共和国反有组织犯罪法》宣传活动；承接市司法局“国家宪法日”活动、2022东阳市健康科普宣讲、市住建局安全施工等视频直播活动。

市融媒体中心承制各类宣传片、汇报片、公益片50余部。成立歌画青苗艺术培训有限公司，组织开展小记者培训、研学活动；成立融媒电商公司，进行抖音平台线上抖店、“东融优选”小程序的开发，蓄力直播带货；参与数字化、社会治理项目，完成白云街道智慧垃圾分类系统、虎鹿镇垃圾分类站、市新时代文明实践中心网络共享平台等项目的建设；参投网络大电影《香港往事》摄制；完成《东阳日报》印刷发行，承接《永康日报》《磐安报》代印刷业务和近20种内部刊物报纸、数十本书籍的编印业务。

【中国新闻社浙江分社融媒体联盟揭牌】 2022年3月17日，中国新闻社浙江分社融媒体联盟战略合作签约仪式在市融媒体中心举行。市融媒体中心与中新网浙江分网(筹)签订中国新闻社浙江分社融媒体联盟战略合作协议。中国新闻社浙江分社融媒体联盟在东阳市融媒体中心揭牌成立，确定加深战略合作伙伴关系，在平台、内容、业务等方面加强互联互通，合作产出更多高质量融媒体产品。

【第23个中国记者节活动开展】 2022年11月7日，东阳市庆祝第23个中国记者节活动在南市街道紫溪村举行，表彰2022年度东阳市“飘萍新闻奖”一等奖5个、二等奖7个、三等奖12个；表彰2022年度东阳市优秀新闻工作者10人、外宣工作贡献奖获得者7人。活动期间，参加人员参观邵飘萍故居陈列馆，追溯中国报业先驱邵飘萍以笔为枪、秉笔直书的一生。

（骆　意　董之震）

卫生健康

综　述

【医疗卫生机构】 2022年，东阳市有医疗卫生机构600家，其中市级医疗卫生单位18家，镇乡街道社区卫生服务中心(卫生院)18家，卫生服务站30家，一体化村卫生室225家，门诊部19家，个体诊所、卫生所、医务室290家。有三级甲等医院1家(市人民医院)，三级乙等医院2家(市中医院、市妇幼保健院)，二级甲等医院2家(市人民医院巍山分院、横店文荣医院)，二级乙等医院4家(市横店医院、市红会医院、市第七人民医院、花园田氏医院)。

截至年末，全市有省级“平安医院”9家，省级规范化社区卫生服务中心(卫生院)18家，省示范社区卫生服务中心1家(六石街道社区卫生服务中心)，基层医疗机构达“优质服务基层行”国家基本标准18家、推荐标准5家(六石街道社区卫生服务中心和南马镇、画水镇、千祥镇、湖溪镇中心卫生院)，社区医院1家(六石街道社区卫生服务中心)。全市医院有开放床位5047张(含民营医院1184张)，其中综合性医院3003张、市中医院520张、市妇幼保健院310张、专科医院1014张、社区卫生服务中心(卫生院)200张。有各类卫技人员7810人，其中执业(助理)医师3315人、注册护士3171人；具有高级职称者1154人、中级职称者2214人。全市医疗卫生单位固定资产总值28.43亿元，房屋建筑面积109.03万平方米，其中业务用房67.58万平方米。　(何　莎)

【清廉医院创建】 2022年，9家医疗卫生单位获评首批金华市级清廉医院建设标准单位，市中医院、市红会医院获评2021—2022年度金华市清廉建设成绩突出单位。市卫健局印发《东阳市卫生健康局推进清廉医院建设五年行动计划》《东阳市卫生健康局清廉医院建设标准(试行)》，落实清廉承诺制度，加强清廉文化建设和警示教育。增设警示标语和职业规范宣传栏88处，刊出清廉宣传专栏13期。针对物资采购、财务支付、工程项目建设、干部人事调整四大重点领域，开展廉政风险排查，梳理廉政风险点10个，完善防范措施10条。成立采购领导小组，建立大型医用设备采购廉政风险提醒机制，规范采购行为。开展11家医疗机构的内部审计工作，发现并整改7个方面问题。健全工程项目管理机制，签署清廉承诺书117份，发放清廉政商关系告知书19份、廉政风险评估书13份。规范干部任免、岗位调整等工作流程。全市医疗机构工作人员退还(上交)红包金额214988元。开展公务接待、公务用车、项目建设、设备采购、财务管理、医疗检测六大专项整治。建立负面清单管理制度，全年列入负面清单管理32人。　(石　磊)

【医共体发展】 2022年，东阳市推进医共体内部人、财、物整合，实现资源、信息互联互通；实行统一的人才招聘、培训、调配和全员岗位管理；统筹资金分配和使用。按照医共体议事规则，每月组织召开医共体管理中心会议、基层院长会议，每年开展内部审计。推进基层医疗机构医疗质量同质化管理，8个质控中心每季度组织开展质量检查；每月对重点指标进行考核，年末进行全方位综合考核。推进高血压、糖尿病(以下简称两慢病)患者全周期管理，通过就诊人群的血压、血糖数据在线，将异常信息推送社区责任医生进行复核，复核确诊后的病人纳入两慢病规范管理，实现应管尽管。全年异常血压、血糖推送复核33522人次，新发现高血压患者17204人、糖尿病患者5379人。开展医护人员模块化培训考核152期，授训2185人次；阶段性考核2024人次，考核合格1755人次，合格率86.71%。加强人才池管理，近百人入住医共体人才公寓，运行5条基层医护人员免费乘坐的交通线路。年内，16家基层医疗机构完成门、急诊服务244.54万人次，比上年增长9.65%；住院医治5560人次，比上年增长39.17%。　(李君权)

【项目建设】 2022年，东阳市有医疗建设项目12个，完成投资5.15亿元；争取专项债券项目7个、专项债券资金8.35亿元。市人民医院手术中心大楼、市中医院公共卫生临床中心、横店医院公共卫生综合楼和白云街道社区卫生服务中心等7个项目完成建设，市红会医院迁建、市妇幼保健院妇产中心大楼、市人民医院巍山分院制剂中心、市中医院迁建二期和南马镇中心卫生院公共卫生综合楼5个项目按期推进。　(严辉亮)

【卫生监督】 2022年，市卫生监督所共有监管对象4626家(存在职业病危害因素用人单位未完全统计)。采用“互联网+监管”模式实行监督1654家次，组织卫生监督协管员巡查12470家次，监督监测医疗机构、公共场所、供水单位、学校、餐饮具集中消毒单位等827家，抽检样品3653份。立案查处违法案件590起，其中一般程序案件473起、简易程序案件117起；执行一般程序案件438起，收缴罚没款2052621元；移送公安机关办理案件1起。受理各类投诉举报130起，无行政复议案件和行政诉讼案件。加强信息化系统建设，提升监管能力，实现智能化精准监管。开展职业健康示范企业和职业健康达人评比活动，评出2022年职业健康示范企业3家、职业健康达人5人。连续三年在全省卫生健康行政执法效能监测中获满分。 (张 玲)

【医疗科研】 2022年5月5日，省卫生健康委、省财政厅和省深化医药卫生体制改革联席会议办公室等联合印发《关于公布2021年度全省公立医院综合改革评价结果和2022年度主要目标任务的通知》，东阳市在2021年度全省公立医院综合改革评价中得97.1分，获评优秀，列全省各县(市、区)第11位。6月，“国医养国娃”中医育儿项目入选健康浙江示范样板培育计划。8月10日，全省推进高水平县级医院建设现场会在东阳市召开。9月30日，国家卫生健康委公布2021年度国家三级公立医院绩效考核结果，市人民医院列全国县级医院首位。年内，科技项目完成国家级验收1项、省级验收1项，被立项为省级项目1项，金华市公益类一般项目47项、社会发展类重点项目32项。 (李君权)

【“优质服务基层行”活动】 2022年2月9日，国家卫生健康委办公厅、国家中医药局办公室通报2021年“优质服务基层行”活动中表现突出、服务优质机构，六石街道社区卫生服务中心、画水镇中心卫生院达到国家服务能力推荐标准受到表彰。3月，市卫健局召开专题工作会议，部署基层医疗机构“优质服务基层行”推进工作。10月末至11月初，六石街道社区卫生服务中心、千祥镇中心卫生院和湖溪镇中心卫生院通过“优质服务基层行”省级复核评估专家组的复核。年内，推进医疗服务公共场所服务大提升行动，构建规范化的诊疗模式，营造人性化的就医环境，推进智能化的院内服务、便利化的医防服务。市第七人民医院、六石街道社区卫生服务中心分别获评市深化医疗卫生服务领域“最多跑一次”改革推进就医体验大提升行动引领型单位和示范型单位。 (李君权)

【中医药发展】 2022年，东阳市推进名中医工作室建设，组织17名省、市级名中医及中医骨干在14家基层卫生院(社区卫生服务中心)建立名中医工作室。申报的科技项目被立为浙江省中医药科技计划项目6项、金华市中医药科技计划项目11项。各医疗单位组织中医药进农村文化礼堂活动11场，现场开展中医义诊、中医药知识普及宣传、“浙八味”中药展示、中药特色膏方品鉴等，免费送药价值2.2万元，服务群众1500余人次。9月，东阳市代表队获金华市卫生健康系统中药炮制调剂鉴定技能竞赛团体二等奖，获个人二等奖、三等奖各1个。11月，东阳市代表队获金华市第二届中医经典知识竞赛团体一等奖，获个人二等奖、三等奖和优胜奖各1个。 (周瑶新)

公共卫生

【概况】 2022年，东阳市加强公共卫生状况调查，推进慢性病综合防控、传染病防治和卫生防疫。居民的前5位死因依次为恶性肿瘤、脑血管疾病、心脏病、呼吸系统疾病、损伤和中毒，5种疾病致死占总死亡数的81.12%。慢性病报告发病率分别为糖尿病496.51/10万，冠心病急性发作81.32/10万，脑卒中477.71/10万，恶性肿瘤584.89/10万。恶性肿瘤发病前10位依次为肺癌、甲状腺癌、前列腺癌、肠癌、胃癌、肝癌(前移一位)、乳腺癌、子宫颈癌、子宫体癌(前移一位)和白血病(排入前十)，占全部恶性肿瘤的80.69%。

【慢性病综合防控】 2022年3月，市卫健局、市财政局、市医保局联合印发《东阳市高血压糖尿病全周期健康管理推进分级诊疗改革实施方案》，在南马镇中心卫生院、六石街道社区卫生服务中心、千祥镇中心卫生院和画水镇中心卫生院率先开展慢性病一体化门诊试点建设。6月28日至7月1日，省疾病预防控制中心在东阳市举行浙江省大型自然人群队列培训班，并启动基线调查工作，为居民健康监测和慢性病防控提供经验和科学支持。

截至年末，全市登记高血压患者14.6万人，发现率13.42%(2022年辖区常住人口数采用第七次全国人口普查数据，为108.79万人)；管理患者10.28万人，健康管理率42.66%；规范管理7.22万人，规范管理率70.2%；血压控制6.81万人，血压控制率66.19%。登记糖尿病患者3.94万人，糖尿病患者发现率3.62%，管理患者2.71万人，健康管理率40.79%；规范管理1.94万人，规范管理率71.54%；空腹血糖控制1.53万人，血糖控制率56.33%。

【传染病防治】 2022年，东阳市通过网络直报系统报告法定传染病15种、6168例(58例未发病的艾滋病病毒感染者不计入总数)，年报告发病率560.73/10万，发病数比上年上升8.71%。无甲类传染病报告；报告乙类传染病10种、1419例，报告发病率129/10万，发病数比上年下降6.52%。乙类传染病报告发病数居前五位的分别为肺结核(414例)、病毒性肝炎(400例)、淋病(266例)、梅毒(175例)和猩红热(82例)，占甲乙类传染病报告总数的94.22%。

【结核病防治】 2022年，东阳市非结核病防治机构网络应转诊患者1206例，到位患者1178例，到位率97.68%；报告肺结核患者414例，报告发病率38.33/10万，比上年下降

4.31%。登记治疗活动性肺结核患者436例,其中病原学检测阳性患者389例,病原学阳性率89.22%;病原学检测阴性36例;单纯结核性胸膜炎11例。登记满1年的普通肺结核患者459例,其中治愈366例,完成疗程51例,诊断变更患者7例,转入耐药治疗1例,成功治疗率92.26%。

【艾滋病综合防治】 2022年,各镇乡(街道)卫生院(社区卫生服务中心)开展高危人群艾滋病行为干预工作。新报告艾滋病感染者和病人92例(含58例未发病的艾滋病病毒感染者),累计报告929例(其中死亡115例)。按现住址管理634例,在治病人619人,治疗覆盖率97.63%。

【蚊虫监测】 2022年4—11月,市疾病预防控制中心每月在4个镇乡(街道)的2个固定点和2个流动点开展布雷图指数监测。检查13个镇乡(街道)18个村(社区)1600户,发现白纹伊蚊阳性水体119处,白纹伊蚊阳性户数92户。年内,通过广播、电视、报纸、微信、讲座等多种形式向市民宣传蚊虫孳生地环境整治、积水容器清理方法等蚊传疾病防控知识,动员市民参与清理蚊虫孳生地活动。

【预防接种】 2022年,东阳市继续实施扩大免疫规划,提供11种疫苗免费接种,接种免疫规划类疫苗19.67万针次,建卡率与各疫苗接种率均保持在95%以上。继续开展65周岁以上老人免费接种流感疫苗项目,全市接种80996人,接种率53.25%。

【查灭钉螺】 2022年,东阳市完成查螺面积149.12万平方米,查螺投工4213.5工,复现钉螺面积1.02万平方米,其中佐村镇2705平方米、巍山镇7250平方米、横店镇200平方米。解剖捕获的钉螺10498只,未发现感染性钉螺。六石街道、巍山镇、横店镇、佐村镇的有螺区域开展春、秋季灭螺工作,投工5687.5工,环境改造灭螺面积9420平方米,药物灭螺面积59.84万平方米,消灭钉螺面积2.35万平方米。对2176人进行血吸虫病抗体血清采集(其中流动人口1051人),血清抗体阳性0人。

【食品及营养】 2022年,全市上报监测病例数977例,其中市人民医院完成重点监测病例515例,采集样品503份,采样率97.67%;检出阳性致病微生物110株。全年采集各类食品样品1249份,达到1.16件/千人,完成省疾病预防控制中心食品微生物及其致病因子监测项目、食品污染物和有害因素自主监测项目采样监测。开展巍山镇、歌山镇、佐村镇3个镇6个行政村205户居民膳食营养摄入量调查和492户居民营养知晓率调查;全市镇乡(街道)开展营养知识宣传活动90余场。

【环境卫生】 2022年,东阳市组织开展农村饮用水工程基本情况调查,采集检测水样76份,其中出厂水28份、末梢水48份。检测合格水样74份,总合格率97.37%;出厂水合格27份,合格率96.43%;末梢水合格47份,合格率97.91%。开展隔离点消杀巡回指导350余次、各类疫点的终末消毒500余处、消毒效果评估工作63次。

【学校卫生】 2022年,市卫健局组织开展全市学生近视筛查工作,纳入近视统计样本2061人,男生、女生分别为1107人、954人;筛查检出近视1102人,近视率53.47%,男生、女生近视人数分别为573人、529人,男生、女生近视率分别为51.76%、55.45%。幼儿园5.5~6.5岁组儿童近视率10.23%;小学生近视率37.31%;初中生近视率76.51%;高中生(普高)近视率92.44%。与市教育局联合,5月开展营养健康知识宣传月活动,12月开展学生常见病防治宣传月活动和学生常见病防治六大行动,落实学生常见病防控措施。

【职业卫生】 2022年,市卫健局组织开展职业健康素养调查,调查市内重点行业(塑胶行业)从业人员120人;开展尘肺病人随访调研,通过现场走访、电话随访、死亡系统比对等方式对市内55例职业性尘肺病病例进行调查;开展市内企业生产环境监测调查,共监测和调查企业40家,对其中6家企业采用定性和定量两种方法进行风险评估;开展医疗机构和非医疗机构放射作业的设备配置、从业人员及职业健康等基本情况调查,调查市内设有放射作业的医疗机构24家、非医疗机构16家。

(吴健晗)

妇幼保健

【概况】 2022年,东阳市产妇总数4306人;住院分娩率100%,高危产妇发生率56.93%,管理率100%;发生户籍孕产妇心源性猝死1例,户籍孕产妇死亡率22.89/10万。流动孕产妇产前保健覆盖率100%,住院分娩率100%;未发生流动孕产妇死亡。7周岁以下儿童数46647人,纳入7周岁以下儿童健康管理46278人,管理率99.21%;3周岁以下儿童数14357人,纳入3周岁以下儿童系统管理14106人,系统管理率98.25%。5周岁以下儿童数28576人,其中低体重患病率0.59%,生长发育迟缓患病率0.6%,消瘦患病率0.19%,超重患病率9.05%,肥胖患病率1.68%,贫血患病率2.53%,中重度贫血患病率0.08%。5周岁以下儿童死亡率3.21‰,其中新生儿死亡率1.6‰,婴儿死亡率2.52‰。继续加强妇幼健康服务管理,流动孕产妇保健覆盖率100%,3周岁以下流动儿童保健管理率98.73%,开展0~3周岁儿童发育监测和筛查、0~6周岁儿童视力筛查、0~6个月婴幼儿髋关节筛查、新生儿先天性心脏病筛查、户籍地孕产妇产前筛查工作;完成妇幼重大公共卫生项目、免费避孕药具、孕前优生检查与计生技术服务任务,未发生因计划生育手术死亡或伤残病例。全市11家接产医院按照“出生一件事”业务要求,开展出生证、预防接种证、户口本、医保卡、社保卡(市民卡)、领取母子健康手册等“多证联办”服务,享受便利的新生儿家庭8434户。落实孕产妇管理,实行较高风险及高风险孕产妇的“一对一”管理。建立健全危重孕产妇个案点评、孕产妇死亡评审、新生儿死亡评审及5周岁以下儿童死亡评审制度。加强医院产科急救能力培训、母婴技术培训考核,组织全市产科实施产科特色服务和关爱项目。

【市妇幼保健院发展】 2022年1月11日,省卫生健康委公布第四周期第二批妇幼保健院等级评审结论,东阳市妇幼保健院被确定为三级乙等妇幼保健院。4月14日,省科协、省委宣传部、省教育厅、省科技厅联合发文公布第八批浙江省科普教育基地名单,东阳市妇幼保健院科普教育基地入选。

【中医育儿样板培育】 2022年,东阳市建立实施市妇幼保健院与基层医疗机构联动的中医儿童健康干预管理模式,健全"县乡村"三级婴幼儿照护网络,推进"国医养国娃"中医育儿项目实施,加强中西医结合儿童健康管理、育儿照护指导、家庭养育小组活动、家庭访视及签约服务,培训婴幼儿照护服务人员1100人,开展养育小组活动509场,惠及1229个家庭。6月,"国医养国娃"中医育儿项目被浙江省卫生健康委列入2022年健康浙江妇幼健康促进行动示范样板培育计划。10月,创新"国医育国娃"中医育儿服务受到国家卫生健康委妇幼司通报表扬。

【妇幼健康管理服务】 2022年,东阳市加强孕产妇保健管理、儿童保健管理、新生儿疾病筛查、妇女"两癌"检查等项目质控督导,对重点人群通过微信、钉钉等小程序答疑解惑和随访催诊。在新冠疫情期间,开通24小时专线电话,为孕产妇、儿童家长提供咨询服务,指导做好自我监测和居家照护,对有特殊需求对象随时上门服务。8月,市卫健局、市计生协会联合推出由市妇幼保健院负责实施的"蒲公英"女性盆底健康促进项目启动,引导女性盆底功能障碍的早发现、早治疗。年内,举办专题宣教活动4期,参加活动女性300余人;免费盆底筛查21人,盆底康复治疗2人。

【妇幼保健职业技能培训】 2022年,市卫健局与市教育局、市人力社保局、市总工会协作开展各类培训和竞赛,提高妇幼保健职业技能水平和专业素养。其中举办托育机构保健员与保育员培训6期、月嫂培训3期、养老护理员培训1期,组织举行全市托幼机构保育员技能竞赛、母婴护理员职业技能竞赛、健康管理师职业技能竞赛,参训参赛人员3000余人次。

(华含珺)

健康东阳建设

【概况】 2022年,东阳市居民健康素养水平37.75%,国民体质监测合格率94.1%;中小学校学生体质健康标准达标优良率56.42%。10月,市健康东阳建设领导小组办公室印发《关于2022年度健康东阳建设考核细则》《2022年健康东阳建设工作要点》,部署推进健康东阳建设。年内,每季度跟踪健康金华考核排名情况,对健康东阳建设进行模拟自评。

【东阳获2021年健康浙江建设考核优秀】 2022年8月,省委、省政府健康浙江建设领导小组办公室通报2021年健康浙江建设考核结果,东阳市获评优秀等次。从2018年健康浙江建设考核启动,至2021年,东阳市连续4年在健康浙江建设考核中获评优秀等次。

【健康生活普及宣传】 2022年,东阳市利用各种宣传阵地,加强健康生活知识宣传,提升群众健康素养。3月3日,《浙江日报》专版刊登《东阳:笃行不怠 守护群众生命健康》一文,介绍健康东阳建设成果。4月,市卫健局与市红会医院联合开展世界卫生日宣传活动。5月,市卫健局与市红十字会联合开展"校园守护救在身边"急救知识培训现场直播活动;市卫健局与市文明办、市创建办联合开展世界无烟日手抄报评比活动;组织开展健康浙江行动知行大赛答题活动。

【健康东阳行动推进】 2022年,东阳市根据《推进健康东阳行动组织实施方案(2020—2022年)》,推进健康东阳行动的深化。5月18日,金华市健康金华建设领导小组办公室印发《关于健康浙江行动市级示范样板培育项目工作的通知》,东阳市8项健康东阳行动实施项目列入2022年度健康金华行动示范样板培育项目。9月,市卫健局、市疾病预防控制中心和市文广旅体局联合举办东阳市首届减重大赛,比赛历时2个月,150余人参加,拍摄的比赛专题片登上"学习强国"学习平台。12月,开展首届健康东阳行动健康达人评选活动,评出健康达人魅力奖、人气奖、风采奖、风尚奖共41个。

(王淑丽)

2022年10月8日,市红会医院开展高血压日活动 (包康轩/摄)

爱国卫生

【概况】 2022年,东阳市通过第二轮国家卫生城市复审,横店镇通过国家卫生镇复审,东阳城区通过城区病媒生物密度控制水平C级复审。全市7个国家卫生乡镇通过全省首轮国家卫生乡镇量化分级评审,湖溪镇、东阳江镇获评优秀等级,横店镇、南马镇、巍山镇、佐村镇、三单乡获评良好等级。组织开展新一轮省级卫生村创建工作,增加省级卫生村117个,通过复审的省级卫生村18个,全市省级卫生村增至264个。开展农村生活饮用水水质卫生监测和农村改厕工作,监测水样76份,水质合格率97.37%;完成294702户农户改厕,全市卫生厕所普及率99.97%。

【健康促进工作】 2022年,市横店医院、市红会医院通过浙江省健康促进医院复评,吴宁五校、市职教中心学校东技校区获评浙江省健康促进学校(金牌),29所学校获评浙江省健康促进学校(银牌)。7个镇乡(横店镇、东阳江镇、佐村镇、巍山镇、南马镇、湖溪镇、三单乡)获评省级健康乡镇,37个村获评省级健康乡村,28个村庄申报参加健康村创建。截至年末,全市健康乡镇创建率58.33%,健康村(社区)创建率53.35%。

【病媒生物防制工作】 2022年,东阳市调整从事病媒消杀的第三方公司服务内容,增加第三方服务点位建设。组织开展主城区的春季统一除“四害”工作,免费发放灭蟑粉剂、饵剂各1.12万份,灭蟑烟炮9万份,灭鼠药2500千克,灭蚊蝇药水340千克。市病媒防制监管系统上线,“城市病媒防制服务群众一呼达场景”应用入选省爱国卫生在线核心模块试点。筹集资金40余万元,建设“除四害”样板村20个。8月27日,省爱卫办、省农业农村厅、省千村示范万村整治办、省卫健委联合公布2021年度省级“除四害”样板村名单,东阳市江北街道猴塘社区东丰小区、南市街道梨枫村上榜。

(侯晓锋)

卫生应急管理

【概况】 2022年,东阳市加强卫生应急培训工作,组织全市卫生应急骨干开展传染病防控等知识培训,由各医疗单位对院内骨干进行培训;开展新冠疫情防控、病毒消杀技术、血吸虫病防治、麻风病性病防治管理、犬伤处置等卫生应急专业培训,提升卫生应急专业技术水平。

【卫生应急演练】 2022年,东阳市在镇乡(街道)、各中小学校开展卫生应急演练,检验和提高应急响应与处置能力。

【卫生应急处置】 2022年,东阳市成功处置东阳市及其与周边县市关联的多起突发新冠疫情;处置一起浙江省首例、全国第二例人感染H10N3禽流感疫情;处置两起食源性疾病暴发事件;处置一起居民地下室酿酒导致一氧化碳中毒事件;开展人感染鹦鹉热、新布等传染病疫情的处置,保障人民群众的身体健康。

(吴健晗)

生育服务和老龄工作

【人口家庭发展服务】 2022年,东阳市继续实行生育登记服务制度,通过“浙里办”App办理生育登记5148件。全市上报出生人口4940人,比上年减少600人,下降10.83%;二孩及以上出生2248人,比上年减少441人,下降16.40%;三孩及以上出生229人。全员常住人口信息覆盖率95%以上。新建或提升公共场所母婴室7家,累计建成44家,其中达到省级五星标准的6家、四星标准的9家、三星标准29家;建有移动母婴室1家。开展农村部分计划生育家庭奖扶特扶工作,年内享受对象20999人,发放金额2786.03万元,其中奖扶20293人,发放奖扶金2189.15万元;特扶706人,发放特扶金596.88万元。开展失独家庭和计生困难家庭帮扶工作,走访失独家庭12户,发放慰问金5.5万元;发放计划生育公益金66.8万元,涉及计生困难户389户。

【老年健康与医养结合】 2022年,市卫健局、市民政局、市财政局、市医保局联合印发《东阳市关于推进医养结合发展工作的六项措施》;优化老年医疗资源配置,在市人民医院、市人民医院巍山分院、市中医院、市红会医院、市横店医院、横店文荣医院、市妇幼保健院、花园田氏医院设立老年医学科;开展老年健康与医养结合服务培训,参训医护人员1055人次;开展老年友善医疗机构创建工作,截至年末,有各级老年友善医疗机构23家,其中省级3家、金华市级5家、东阳市级15家;开展老年健康与医养结合服务项目,惠及65周岁以上居民4万余人;千祥镇胡山村心理关爱项目入选全国老年人心理关爱项目典型经验案例。

【健康老龄工作】 2022年,东阳市推进“智慧助老”行动,开展打击整治养老诈骗专项行动。制作的《擦亮眼睛防诈骗、钞票要“园”牢》反诈宣传短视频获浙江省老年活动中心举办的反诈短视频作品征集活动三等奖。开展老年健康宣传周活动,发放宣传资料28600余份,制作宣传短视频等152个,举行义诊58场。开展“重阳节”走访慰问活动,市卫健局联合市政协、市老年体协等单位开展“百岁老人体验轻轨”“老年书画展”“浓浓重阳意 悠悠敬老情”“敬老爱老孝老”“爱在重阳 孝在平常”和防诈反诈宣传及老年人集体生日会等主题活动12场次。各镇乡(街道)开展走访慰问、文艺宣传活动60余场次。在《东阳日报》、东阳广播电视台等媒体刊登、播放“敬老月”宣传报道32篇(条),新媒体报道点击总量10万余人次。

(陆建贞)

医疗机构选介

·东阳市人民医院·

【概况】 2022年,东阳市人民医院完成门、急诊190.23万人次,比上年增长2.77%;住院患者出院87697人次,比上年增长4.16%;开展手术30827例,比上年增长4.25%;出院患者手术占比35.15%,其中四级手术占比

2022年7月26日，市红会医院开展2022年老年健康宣传周活动

（包康轩/摄）

20.22%；患者平均住院6.58天。

【市人民医院居2021年全国县市级医院绩效考核第一名】 2022年9月30日，国家卫生健康委公立医院绩效考核管理平台公布2021年度国家三级公立医院绩效考核结果，全国1355家三级公立医院参评，东阳市人民医院的绩效考核成绩进入A序列，排在第176位，居县市级医院第一名。

【医疗技术】 2022年，市人民医院有28个重点关注术种进入全省前20位；冠状动脉旁路移植术、肝/肺恶性肿瘤射频消融术（经皮）、房/室间隔缺损修补术列全省前10位。市人民医院生殖中心成功取卵1035周期，数量居全省前10位。全年，完成三四级手术10394例，占手术总数30827例的33.72%，比上年增加1132例；完成胸外科、泌尿外科、甲乳外科、肛肠外科四级手术增量超20%；开展经胆道子母镜（SpyGlass）施行胆道病变活检及治疗胆总管巨大结石、手术机器人辅助下的关节置换手术、支气管镜下氩气刀治疗、ECPR技术等一批高精尖手术。综合技术能力继续保持全省县（市）级领先地位。

【医疗科研】 2022年，市人民医院发表论文130篇，其中SCI论文93篇、中华级论文10篇；获授权专利23项；省级、金华市级、东阳市级课题立项85项，比上年增长约50%；列入GCP（药物临床试验质量管理规范）项目经费755万元，比上年增加252万元；每百名卫生技术人员科研项目经费68.7万元。与温州医科大学联合招收8名研究生，与杭州电子科技大学联合成立智慧医疗研究中心，2名国家级专家签约院士专家工作站，首名博士入驻博士后科研工作站。医院住院医师首次参加医师资格考试通过率96.77%。

【“26+6”山海医院书记院长培训班】 2022年，市人民医院参与实施浙江省医疗卫生山海提升工程。10月始，举办“26+6”山区海岛县（市、区）医院书记院长培训班，定向邀请全省26个山区县、6个海岛县的医院管理者参加。培训班围绕健康共富主题，设计“4+1”课程模块，涵盖基础管理学原理和方法、经济运行管理和薪酬体系建设、专科能力建设、质量与安全管理4个主题和1次管理实践论坛，每月一期，分五期完成。10月21—23日，举行“26+6”山区海岛县（市、区）医院书记院长培训班第一期培训。

【新手术中心启用】 2022年11月26日，市人民医院新手术中心正式启用。该中心总建筑面积超3.1万平方米，总投资约3.3亿元；设有4个区39个不同等级的层流手术间，接入与手术相关的重症监护（ICU）、病理中心、血库、内镜中心、介入中心等科室以及消毒供应中心、洗涤中心等保障部门，并配备PET-CT、3.0T核磁共振、双源CT高端诊断设备，突出现代化、智慧化、人性化的建设理念。

（李　鹏）

·东阳市中医院·

【概况】 2022年，东阳市中医院门诊服务79.39万人次，比上年增长2.35%；出院总人数16520人次，比上年增长8.16%；业务收入3.83亿元，比上年增长6.65%；患者平均住院9.23天，比上年下降0.23天；门诊人均费

2022年10月21日，“26+6”山区海岛县（市、区）医院书记院长培训班开班仪式举行

（市人民医院提供）

2022年6月，东阳市中医院新院区全景 （包康轩/摄）

用285.54元，比上年增长0.69%；住院病人均次费用9480.11元，比上年增长3.84%。

【"一院三区"格局形成】 2022年6月，市中医院迁建项目一期交付使用。6月15日，市中医院启动本部的分步搬迁。8月10日起本部门诊住院医疗服务全面启用。市中医院"一院三区"格局形成，其中本部提供门诊住院综合医疗服务，艺海路院区提供中西医综合门诊服务，吴宁东路院区设口腔医院和名中医馆。78路中医院公交专线同步开通，连接艺海路院区与本部，途经8个站点，为市民提供免费乘坐服务。年内，位于本部的市中医院迁建项目二期开工建设。

11月，市中医院获评2022年度浙江省老年友善医疗机构；12月，获评2021—2022年度金华市清廉建设成绩突出单位。

【三甲中医医院评审】 2022年11月1—4日，浙江省第四周期三级甲等中医医院评审专家组对市中医院开展现场评审。评审专家组由省卫生健康委中医药综合管理处二级调研员吴建锡担任领队，省名中医研究院院长肖鲁伟担任组长，省内管理、医疗、护理、院感、药事等领域专家共同承担评审工作。

【医药科研】 2022年，市中医院获浙江省中医药科技计划项目立项1项、金华市科技计划项目立项16项(其中公益类9项、重点项目7项)、金华市中医药科技计划项目立项5项、东阳市科技计划项目立项6项，承办金华市继续医学教育项目9项，中西医结合呼吸内科通过浙江省"十三五"中医药(中西医结合)重点学科建设项目验收，金华市科技计划项目通过验收4项，东阳市科技计划项目通过验收4项。

【医疗技术】 2022年，市中医院的11个重点监测病种和术种在2022年度浙江省三级中医院(DRG)质量绩效分析报告重点监测的病种及术种中排名前十位，其中膝关节置换术位列第一位。全年，市中医院开展经皮冠状动脉支架植入术(PCI)、牛津单髁膝关节置换术、经股动脉全脑血管造影术等新技术新项目34项。7月，疼痛科成功实施东阳市首例面神经射频热凝术。12月，本部高压氧治疗中心通过验收，舱内宽度3.6米，可容纳36人同时治疗。

8月，在市卫健局主办、市中医院和市中医质控中心联合承办的东阳市第一届中医经典知识竞赛中，市中医院代表队获个人一等奖、个人二等奖、个人三等奖各1个。11月，市中医院获金华市第二届中医经典知识竞赛团体一等奖，获个人二等奖、三等奖各1个。

（段闪闪）

综　述

【体育设施建设】　2022年，东阳市继续加强体育设施建设，开展体育特色村（社区）创建，推进全民健身活动开展。围绕所承办的省运会艺术体操、高尔夫球、女篮乙组、男足丙组、射箭五大项目比赛，落实相关场馆的维护保障。建成镇乡（街道）全民健身活动中心1个、街道体育公园1个、村（社区）百姓健身房4个、村（社区）全民健身运动场7个。截至年末，全市有体育场馆151个、室外全民健身广场（公园）1950个、室内全民健身中心294个。

【体育社团评估】　2022年年初，市文广旅体局组织开展13家市级体育社团评估工作，推进体育社团建设和群众性体育运动。2月15日，市文广旅体局发文公布2021年度体育社团评估结果，市太极拳协会、市乒乓球协会获评优秀，市老年人体育协会、市射箭协会、市体育舞蹈协会、市气排球协会、市跆拳道协会获评良好，其余6家合格。

【省运会东阳站火炬传递】　2022年4月21日，根据浙江省第十七届运动会火炬传递活动协调会精神，市委副书记潘国东、副市长龚杭娟一行实地调研省运会东阳站火炬传递线路及周边风貌提升工作。5月7日，市文广旅体局会同省运会东阳赛区筹备委员会下属火炬传递维稳安保组、城市风貌提升组、新闻宣传工作组实地走访东阳站火炬传递路线，落实火炬传递活动起点和终点设置、火炬手点位、维稳安保、氛围营造、直播报道等事项。6月29日，召开火炬传递培训会。9月7日，开展火炬传递模拟演练。9月20日，市文广旅体局召开省运会火炬传递活动（东阳站）工作会议，部署火炬传递的仪式流程、现场直播、暖场节目、人力调配及场地布置等。9月24日，火炬传递活动举行。

省运会东阳站火炬传递启动仪式上，东阳市委副书记、市长黄胜可致辞，金华市委常委、宣传部部长吕伟强宣布省运会东阳站火炬传递开始，东阳市委书记楼琅坚点燃镌刻东阳木雕红木元素的“登峰”火炬交给首棒火炬手——第十七届省运会首金获得者陈洛凡。随后，省运会圣火在东阳市传递。东阳站火炬传递路线以人民公园为起点，经市民花园、骄傲广场，终点为东阳中学田径场，全程3.5千米。东阳市的全国优秀党务工作者、全国岗位学雷锋标兵、中国好人、全国平安英雄、全国五一劳动奖章获得者等45名火炬手参加接力传递。

【省运会比赛项目承办】　2022年2月23日，市委、市政府成立浙江省第十七届运动会东阳赛区筹备委员会，下设综合协调、竞赛、宣传、安保、医疗保障、场地保障、后勤保障及志愿服务8个工作组。4月14日，成立东阳市亚运会、省运会工作领导小组，下设12个工作小组。4月18日，召开

2022年11月19日，省第十七届运动会射箭项目在横店影视城明清宫苑举行

（《今日东阳》编辑部提供）

动员大会,部署亚运会、省运会相关筹备工作。5月26日,金华市省运会筹办攻坚动员誓师大会(东阳分会场)在东阳市体育馆举行。省体育局副局长张亚东一行到东阳市调研省运会筹办情况,走访5个赛事场馆。6月25日,省篮协专家组到东阳市体育馆对接省运会女子篮球乙组场馆设施设备筹办情况。7月7日,在横店影视城明清宫苑举行安保、疫情防控、医疗保障、赛事保障等7个方面的赛前演练。7月8日,开展“省运在线”现场培训会。7月4日至11月27日,省第十七届运动会的艺术体操、女子篮球乙组、高尔夫球、男子足球丙组、射箭等赛事先后在市体育馆、横店禹山高尔夫球场、东阳中学、吴宁一中、横店影视城明清宫苑举行。

【体育产业发展】 2022年5月,市政府向横店体育发展公司、东阳市蔚佳体育文化发展有限公司、浙江欧帝尔体育用品有限公司拨发2021年度第一批体育发展专项资金78万元,支持企业发展。6月,金华市体育局副局长钱寿坤一行考察东阳市2个“体育+”特色村(居)、4个体育产业创建申报项目。金华市体育局党组书记何吉军一行走访浙江欧帝尔体育用品有限公司和省运会东阳赛区横店影视城明清宫苑射箭场地。7月,市文广旅体局调研体育企业发展现状和存在问题。10月8日,横店运动休闲旅游基地入选2022年度浙江省运动休闲示范基地。

(单望阳)

竞技体育

【体育赛事举办】 2022年,东阳市核准计划举办各类体育赛事103场次。受新冠疫情影响,实际举办83场次,其中国家级2场次、省级13场次、金华市级4场次、东阳市级64场次。

2022年东阳市体育赛事一览表

表39

序号	赛事名称	举办时间	举办单位	级别
1	国家杯棋牌职业大师赛	9月	中国动漫集团、中国智力运动产业基地、中国互联网上网服务行业协会智力竞技分会	国家级
2	第四届中国·东阳“纤惠杯”体育舞蹈全国公开赛	10月	浙江纤惠文化传媒有限公司	国家级
3	第26届中国大学生网球锦标赛分区赛(华东赛区)	4月	省教育厅、省体育局	省级
4	浙江省大学生足球赛	4—5月	省教育厅	省级
5	浙江省青少年中小学生乒乓球冠军赛第二站	5月	省体育局	省级
6	浙江省老年人气排球(男子)交流赛	6—7月	省老年体协	省级
7	浙江省小小足球俱乐部比赛	6月	浙江小小足球俱乐部	省级
8	浙江省第十七届运动会(艺术体操比赛)	7月	省体育局	省级
9	浙江省第十七届运动会(女子篮球乙组比赛)	7月	省体育局	省级
10	浙江省第十七届运动会(高尔夫球比赛)	7月	省体育局	省级
11	浙江省第十七届运动会(男子足球丙组比赛)	8月	省体育局	省级
12	浙江省围棋段位赛	8月	省围棋协会	省级
13	浙江省射箭青少年锦标赛	11月	省体育局	省级
14	浙江省大学生足球比赛	11月	省教育厅	省级
15	浙江省第十七届运动会(射箭比赛)	11月	省体育局	省级
16	金华市青少年儿童羽毛球积分赛	5月	金华市体育局、金华市教育局	金华市级
17	金华市老年气排球交流赛	6月	金华市体育局、金华市老年体协	金华市级

续表39

序号	赛事名称	举办时间	举办单位	级别
18	金华市第二届“可津杯”乒乓球大赛	10月	金华市乒乓球协会	金华市级
19	金华市少儿围棋等级赛	12月	金华市围棋协会	金华市级
20	东阳市中小学生网球比赛	4月	市文广旅体局、市教育局	东阳市级
21	东阳市青少年儿童短式网球公开赛	4月	市文广旅体局、市教育局	东阳市级
22	东阳市小学生篮球联赛	5月	市文广旅体局	东阳市级
23	东阳市中小学生羽毛球比赛	5月	市文广旅体局、市教育局	东阳市级
24	东阳市中小学生排球比赛	6月	市文广旅体局、市教育局	东阳市级
25	第八届江滨4小时接力赛	6月	市文广旅体局、市长跑协会	东阳市级
26	东阳市羽毛球友谊赛	6月	市文广旅体局	东阳市级
27	东阳市青少年跆拳道比赛暨金华市青少年跆拳道锦标赛选拔赛	7月	市文广旅体局	东阳市级
28	东阳市第八届广场舞大赛	7月	市文广旅体局	东阳市级
29	“鑫奥林杯”第三届儿童速度轮滑、滑板车比赛	8月	市文广旅体局	东阳市级
30	全国太极拳之乡交流活动	9月	市文广旅体局、市老年体协	东阳市级
31	东阳市青少年(儿童)游泳比赛	8月	市文广旅体局、市教育局	东阳市级
32	东阳市中小学生田径运动会	10月	市教育局、市文广旅体局	东阳市级
33	东阳市中小学生足球联赛	10—11月	市文广旅体局、市教育局	东阳市级
34	东阳市中学生篮球联赛	11月	市文广旅体局、市教育局	东阳市级
35	东阳市中小学生乒乓球比赛	11月	市文广旅体局、市教育局	东阳市级
36	白云街道登山协会新年登高比赛	1月	白云街道、白云登山协会	东阳市级
37	“兴业银行杯”2022年东阳市网球双打邀请赛	1月	市网球协会	东阳市级
38	东阳市象棋围棋棋王赛	2月	市棋类协会	东阳市级
39	东阳市“三八”妇女节门球交流活动	3月	市门球协会	东阳市级
40	第六届笔架山4小时赛	3月	市长跑协会	东阳市级
41	东阳市气排球协会第一季排名赛	3月	市气排球协会	东阳市级
42	金华市老年人持杖健身活动	4月	市老年体协	东阳市级
43	东阳市第三届射艺大赛	4月	市射箭协会	东阳市级
44	东阳市横店太极拳邀请赛	4月	横店体育发展有限公司	东阳市级

续表39

序号	赛事名称	举办时间	举办单位	级别
45	东阳市门球邀请赛	4月	市门球协会	东阳市级
46	东阳市第八届老年人运动会	4—11月	市老年体协	东阳市级
47	东阳市网协杯双打邀请赛	5月	市网球协会	东阳市级
48	“东通杯”个人积分赛	5月	市乒乓球协会	东阳市级
49	东阳市气排球协会第二季联赛	5月	市气排球协会	东阳市级
50	东阳市少儿象棋等级赛	5月	市棋类协会	东阳市级
51	东阳市小学生(幼儿园)象棋围棋比赛	5月	市棋类协会	东阳市级
52	东阳市筏钓钓鱼比赛	5月	市钓鱼协会	东阳市级
53	第七届横店足协五人制足球比赛	5—6月	市横店足球协会	东阳市级
54	东阳市少儿围棋等级赛	6月	市棋类协会	东阳市级
55	东阳市路亚钓鱼比赛	6月	市钓鱼协会	东阳市级
56	东阳市太极拳健身气功交流展示活动	6—7月	市太极拳协会、市健身气功协会、市老年体协	东阳市级
57	东阳市健身气功比赛	6—7月	市健身气功协会	东阳市级
58	东阳市气排球协会第三季联赛	7月	市气排球协会	东阳市级
59	东阳市第二届门球单打比赛	7月	市门球协会	东阳市级
60	东阳市全民健身日门球比赛	8月	市门球协会	东阳市级
61	东阳市第十一届五人制足球赛	8月	市体育总会、市足球协会	东阳市级
62	全民健身日交流活动	8月	市气排球协会	东阳市级
63	东阳市少儿象棋精英赛	8月	市棋类协会	东阳市级
64	“蔚羽争锋”俱乐部赛	8月	市羽毛球协会	东阳市级
65	第五届东阳跑神夜跑东白山	8月	市长跑协会	东阳市级
66	东阳市重阳节门球交流活动	9月	市门球协会	东阳市级
67	佳得乐“羽林双骄”羽毛球赛	9月	市羽毛球协会	东阳市级
68	东阳市气排球协会第四季联赛	9月	市气排球协会	东阳市级
69	东阳市“网协杯”双打邀请赛	10月	市网球协会	东阳市级
70	第四季皇宫接力赛	10月	市横店马拉松协会、横店体育发展有限公司	东阳市级

续表39

序号	赛事名称	举办时间	举办单位	级别
71	东阳市门球双打比赛	10月	市门球协会	东阳市级
72	金华市气排球交流活动	10月	市老年体协	东阳市级
73	东阳市乒乓球俱乐部联赛	10月	市乒乓球协会	东阳市级
74	东阳市射箭市民赛	10月	市射箭协会	东阳市级
75	东阳市象棋围棋公开赛	10月	市棋类协会	东阳市级
76	东阳市第十四届“足协杯”足球赛	10—12月	市体育总会、市足球协会	东阳市级
77	第三届浙中地区俱乐部邀请赛暨东阳市第五届速度轮滑比赛	11月	市轮滑协会	东阳市级
78	东阳市“乒协杯”乒乓球个人积分赛	11月	市乒乓球协会	东阳市级
79	东阳市气排球协会年终总决赛	11月	市气排球协会	东阳市级
80	东阳市少儿象棋等级赛	11月	市棋类协会	东阳市级
81	第五届东阳跑神轻越野山径挑战赛	11月	市长跑协会	东阳市级
82	第四届东阳市大众跆拳道比赛	12月	市跆拳道协会	东阳市级
83	金华市少儿围棋等级赛	12月	市围棋协会	东阳市级

【竞技体育贡献奖励政策】 2022年6月28日，市文广旅体局、市财政局联合制定《东阳市竞技体育贡献奖励办法》，调整在金华市级以上竞技体育比赛做出贡献的东阳市运动员、带训教练员等的奖励政策。在第十七届省运会中，东阳市获金牌23.5枚，其中田径9枚、街舞2枚、篮球8.5枚、拳击3枚、散打1枚；获银牌16枚、铜牌12枚。12月14日，向在第十七届省运会中获奖运动员、教练员颁发奖金66万元。

2022年浙江省第十七届运动会东阳市运动员成绩一览表

表40

序号	项目分类	小项	名次	运动员姓名	比赛日期	奖牌或名次	计入总分
1	田径	17~18周岁组男子100米	5	葛家恺	11月23日	第五名	4
2	田径	17~18周岁组男子400米	1	张阳康	11月26日	金牌	9
3	田径	17~18周岁组男子800米	2	张阳康	11月24日	银牌	7
4	田径	17~18周岁组男子800米	4	朱垚钢	11月24日	第四名	5
5	田径	17~18周岁组女子1500米	3	陈秀美	11月27日	铜牌	6
6	田径	17~18周岁组女子10000米	2	陈秀美	11月25日	银牌	7
7	田径	15~1周6岁组男子800米	6	叶聪伟	11月25日	第六名	3
8	田径	15~16周岁组男子1500米	4	叶聪伟	11月26日	第四名	5

续表40

序号	项目分类	小项	名次	运动员姓名	比赛日期	奖牌或名次	计入总分
9	田径	15~16周岁组女子800米	2	张佳鑫	11月25日	银牌	7
10	田径	15~16周岁组女子400米栏	3	张佳鑫	11月24日	铜牌	6
11	田径	15~16周岁组女子铁饼	5	陈　怡	11月26日	第五名	4
12	田径	15~16周岁组女子铅球	2	陈　怡	11月25日	银牌	7
13	田径	14周岁组男子1500米(400米)	5	徐涵辰	11月27日	第五名	4
14	田径	14周岁组男子五项全能	2	陆健豪	11月24日	银牌	7
15	田径	14周岁组女子800米(200米)	7	郑　瑶	11月24日	第七名	2
16	田径	14周岁组女子1500米(400米)	5	郑　瑶	11月27日	第五名	4
17	田径	14周岁组女子跳远(60米)	5	洪雨轩	11月25日	第五名	4
18	田径	14周岁组女子三级跳远(60米)	4	洪雨轩	11月23日	第四名	5
19	田径	14周岁组女子铅球(60米)	1	张珲婷	11月25日	金牌	9
20	田径	14周岁组女子铁饼(60米)	1	张珲婷	11月27日	金牌	9
21	田径	14周岁组女子铁饼(60米)	6	王嘉雯	11月27日	第六名	3
22	田径	14周岁组女子标枪(60米)	7	王嘉雯	11月23日	第七名	2
23	田径	13周岁及以下组男子200米栏(60米+立定跳远)	7	范乐枭	11月24日	第七名	2
24	田径	13周岁及以下组女子400米(立定跳远+后抛铅球)	4	傅晨曦	11月27日	第四名	5
25	田径	13周岁及以下组女子800米(200米+立定跳远)	4	傅晨曦	11月25日	第四名	5
26	田径	13周岁及以下组女子800米(200米+立定跳远)	5	叶佳晖	11月25日	第五名	4
27	田径	13周岁及以下组女子1500米(400米+立定跳远)	2	叶佳晖	11月27日	银牌	7
28	田径	13周岁及以下组女子60米栏(60米+立定跳远)	2	周　艳	11月25日	银牌	7
29	田径	13周岁及以下组女子60米栏(60米+立定跳远)	5	陈姿伊	11月25日	第五名	4
30	田径	13周岁及以下组女子200米栏(60米+立定跳远)	1	周　艳	11月24日	金牌	9
31	田径	13周岁及以下组女子200米栏(60米+立定跳远)	3	陈姿伊	11月24日	铜牌	6

续表40

序号	项目分类	小项	名次	运动员姓名	比赛日期	奖牌或名次	计入总分
32	田径	14~18周岁组男子4×400米接力	1	张阳康	11月23日	金牌	18
33	田径	14~18周岁组女子4×100米接力	6	王　文	11月27日	第六名	6
34	田径	14~18周岁组女子4×400米接力	1	张佳鑫	11月23日	金牌	18
35	乒乓球	丙组男子团体	2	俞衎祖	9月7日	银牌	7
36	乒乓球	丁组男子团体	2	王一垚、卢语泽	9月6日	银牌	7
37	乒乓球	丁组女子团体	4	李奕奕	9月6日	第四名	5
38	乒乓球	戊组男子单打	7	杜　赫	9月9日	第七名	2
39	乒乓球	戊组男子团体	3	杜　赫	9月7日	铜牌	6
40	乒乓球	戊组女子团体	3	楼馨媛	9月7日	铜牌	6
41	羽毛球	乙组男子团体	5	骆兴豪	9月5日	第五名	4
42	羽毛球	丁组女子单打	7	陈筱涵	9月8日	第七名	2
43	羽毛球	丁组女子团体	4	陈筱涵	9月4日	第四名	5
44	羽毛球	戊组男子单打	2	陈　立	9月8日	银牌	7
45	羽毛球	戊组男子团体	5	陈　立	9月4日	第五名	4
46	网球	丙组男子单打	2	戚毅帅	8月3日	银牌	7
47	网球	丙组男子团体	4	吴雨宸、叶宸宇 戚毅帅	7月28日	第四名	5
48	网球	丁组男子团体	7	王　睿、刘佳豪	7月30日	第七名	2
49	网球	丁组女子团体	7	汪子琪	7月30日	第七名	2
50	网球	戊组男子团体	7	徐仕杰	7月29日	第七名	2
51	网球	戊组女子团体	6	陈恩泽	7月29日	第六名	3
52	艺术体操	甲组个人团体	4	周瑜瑄	9月21日	第四名	5
53	蹦技	男子甲组蹦床个人	5	姚辰昊	9月29日	第五名	4
54	蹦技	女子乙组蹦床团体	6	秦瑜珧	9月29日	第六名	3
55	蹦技	女子乙组蹦床个人	7	秦瑜珧	9月29日	第七名	2
56	街舞	霹雳舞男子甲组	1	郑浩东	7月26日	金牌	9
57	街舞	霹雳舞女子甲组	1	陈洛凡	7月25日	金牌	9
58	街舞	霹雳舞男子乙组	6	童杰荣	7月28日	第六名	3

续表40

序号	项目分类	小项	名次	运动员姓名	比赛日期	奖牌或名次	计入总分
59	五人制篮球	男子甲组	5	王哲烨、张钧毅	9月15日	金牌	16
60	五人制篮球	女子甲组	6	徐宸轩、郭添翼	9月15日	金牌0.5	12
61	五人制篮球	男子乙组	2	董江浩	9月6日	金牌3	28
62	五人制篮球	女子乙组	1	吴雨静	8月2日	金牌4	36
63	三人制篮球	男子乙组	5	吴昊泽	9月29日	第五名	4
64	举重	女子甲组+64千克	3	何乐乐	8月8日	铜牌	6
65	举重	女子甲组+64千克	4	包展颜	8月8日	第四名	5
66	柔道	女子甲组~48千克	7	沈跃语	9月14日	第七名	1.5
67	拳击	男子甲组51千克	2	余嘉豪	7月31日	银牌	7
68	拳击	男子甲组54千克	2	杨　爽	7月31日	银牌	7
69	拳击	男子甲组75千克	1	杨程友	7月31日	金牌	9
70	拳击	女子甲组48千克	2	潘温静	7月31日	银牌	7
71	拳击	女子甲组48千克	3	胡曼钰	7月31日	铜牌	5.5
72	拳击	女子甲组57千克	2	方　红	7月31日	银牌	7
73	拳击	男子乙组50千克	1	黄本浩楠	7月31日	金牌	9
74	拳击	男子乙组52千克	3	叶家俊	7月31日	铜牌	5.5
75	拳击	男子乙组69千克	5	刘士豪	7月31日	第六名	2.5
76	拳击	男子乙组+69千克	1	杨远帆	7月31日	金牌	9
77	拳击	女子乙组46千克	2	项冰洁	7月31日	银牌	7
78	拳击	女子乙组50千克	5	谢佳彤	7月31日	第六名	2.5
79	拳击	男子丙组45千克	5	卢浩南	7月31日	第八名	1
80	跆拳道	男子乙组56千克	3	杜国阳	9月20日	铜牌	5.5
81	跆拳道	男子乙组64千克	3	刘江鑫	9月20日	铜牌	5.5
82	武术散打	男子甲组70千克	3	王依振	9月22日	铜牌	5.5
83	武术散打	男子甲组75千克	1	王紫豪	9月22日	金牌	9
84	击剑	甲组女子重剑团体赛	6	刘晴萱	9月29日	第六名	3
85	击剑	乙组男子重剑团体赛	8	陈　锘、许文豪	9月30日	第八名	1
86	象棋	女子乙组	6	楼婉倩	7月30日	第六名	3

续表40

序号	项目分类	小项	名次	运动员姓名	比赛日期	奖牌或名次	计入总分
87	航空航天模型	仿真高度带降火箭团体（S5B+S6A/2）	4	吴燚因	9月21日	第四名	5
88	航空航天模型	室内橡筋动力遥控室内花式团体(P1D~P+P3P)	3	单政航	9月22日	铜牌	6
89	田径	14~18周岁组女子800米	1	郑颖超	11月23日	金牌	18
90	田径	17~18周岁组男子10000米	2	虞磊弘	11月27日	金牌2	9

（单国炉）

群众体育

【群众性体育健身活动推进】 2022年，东阳市继续引导各镇乡（街道）和社会团体结合文旅发展，开展群众性体育健身活动。6月28日，东阳江镇举行“弘峰杯”2022山水东江首届环库自行车赛暨水果采摘推介会。9月23日，在城东街道寀卢村举办2022中国农民丰收节浙江主场活动的“农商银行杯”田园迷你跑活动。10月24日，市政府印发《东阳市全民健身实施计划（2021—2025年）》，落实措施推进体育健身事业发展。12月16—17日，“喜庆二十大 奋进新征程”2022年全国老年人太极拳科学健身指导活动（浙江东阳站）在六石街道湖心塘文化礼堂举行，70余名太极拳学员参加。

2022年9月23日，2022年中国农民丰收节浙江主场活动“农商银行杯”田园迷你跑在城东街道寀卢村举行（东阳农商银行提供）

【东丰小区获评金华市“体育+”特色村（居）示范单位】 2022年2月14日，金华市体育局公布2021年度金华市“体育+”特色村（居）示范单位名单，东阳市江北街道东丰小区是2021年度唯一的上榜村，成为东阳市首家金华市“体育+”特色村（居）示范单位。2018年，东丰小区获评省级全民健身中心，后投入600余万元开展“体育+”特色村（居）提升工程建设，推进体育锻炼和健身运动开展。

【学校体育活动开展】 2022年2月25日，金华市优秀跳绳示范校园授牌仪式在东阳市实验小学建设路校区举行，市实验小学、六石实验幼儿园、博大幼儿园、横店集团幼儿园、花园外国语幼儿园获授金华市级优秀跳绳示范学校或优秀跳绳示范园。10月28日，浙江省青少年体育运动联合会（以下简称省青体联）校园发展委员会成立暨“快乐体育”进校园启动仪式在吴宁二校举行，启动仪式由省青体联主办，市文广旅体局、市教育局、吴宁二校承办。吴宁二校展示学生集体操、社团活动，省青体联航模专项委员会、霹雳舞专项委员会向吴宁二校赠送航模和霹雳舞体育训练器材。12月14日，市财政局向市内125名在校学生下拨人均7000元的体育后备人才培养资金，共计87.5万元。

【“全民健身”健康体育工程建设】 2022年，金华市下达2022年东阳市农村、社区体育设施建设目标，主要是建成镇乡（街道）全民健身中心1个、体育公园1个、村级全民健身广场2个、社区多功能运动场5个、百姓健身房4个。5月，东阳市文广旅体局完成定点。6月，完成相关体育设备的招标采购，拨付年度体育发展专项资金284.65万元。截至年末，建成虎鹿镇厦程里村全民健身活动中心，江北街道高新产业园区体育公园，城东街道李宅社区堂鹤村、横店镇桥下社区上湖田小区、歌山镇泮田村全民健身广场，城东街道李宅社区大屋小区、南马镇大厦村、虎鹿镇新周村、千祥镇大路村、湖溪镇楼店村多功能运动场，江北街道湖沧社区湖沧小区、虎鹿镇厦程里村、南市街道大联村前新屋、湖溪镇楼店村百姓健身房。

（单望阳）

社会事务

就业创业

【助企复工复产】 2022年,市人力社保局推出稳岗补贴、交通补助、“留雁春训”特色培训等政策鼓励外省员工留东阳市过年、返乡员工尽早返岗。发放返东阳市人员交通补助560万元,惠及296家企业、13005人;发放“留雁春训”特色培训补贴289万元,惠及110家企业、5010人;发放企业新招员工补贴61万元,惠及61家企业。“一对一”精准服务规模以上及重点企业。开展线上劳务对接,组成5个工作组对接四川省、云南省、贵州省11个劳务输出县(市)。派出“就业直通车”接送400名新员工到东阳市。线下搭建人力资源市场、乡镇招聘会、零工市场,线上开发“东阳就业”平台,完善求职招工信息发布。举办“春风行动”等招聘活动114场,2403家企业提供岗位3.85万个,登记求职人员4.97万人。

【就业政策支持】 2022年,市人力社保局开展失业人员登记、就业困难人员帮扶援助工作,对低保低收入群体开展公益性岗位托底安置,增加城镇就业29629人。支持企业稳定就业岗位,发放稳岗补贴、一次性留工补助等1.13亿元。实施阶段性降低失业保险费率政策,为16698家企业减征失业保险费4046万元。拓宽技能提升补贴申领范围,技能提升补贴享受条件从36个月缩短至12个月,为1901人发放技能提升补贴363万元。

2022年8月31日,市人力社保局工作人员到企业开展用工情况检查

(市人力社保局提供)

【数字化智控帮扶】 2022年,东阳市以重点群体就业帮扶数字化平台作为破解就业难的小切口,全市18个镇乡(街道)388个村(社区)开通数字化就业平台账号467个,整合市民政局、市残联等相关信息,建成就业困难人员数据库,锁定大龄、身有残疾、低保低边、连续失业一年以上等就业困难群体。帮扶重点群体8032人,重点群体帮扶率100%,就业率99%,服务重点群体人员10527人次。

【高校毕业生就业】 2022年,市人力社保局建立“1234跟踪服务机制”,在毕业年度内至少为离校未就业高校毕业生推荐一次职业或创业培训、开展两次政策辅导、提供三次就业机会、进行四次电话回访。为1935名离校未就业高校毕业生提供就业服务5100余次。对于镇乡(街道)无法推荐就业的147名未就业毕业生,优选东阳规模以上企业、上市公司等172家企业1180个岗位助力就业。高标准建设见习实习基地,鼓励基地开发见习实习岗位,增加见习实习基地11个,吸纳505名高校毕业生见习实习,发放见习实习补贴157万元。

【职业培训】 2022年,市人力社保局开展职业培训3.77万人次,其中影视、旅游服务行业开展全员特色培训,6482人次参训。搭建农村学堂,推动培训延伸城乡,农民素质提升培训1万余人次。为在校大学生、青年创业群体开展创业培训,参训1132人,扶持创业602人。培训退伍军人、残疾人、失业人员、脱贫人员等特殊群体人员11685人次。

【创业带动就业】 2022年，市人力社保局开展创业马兰花SYB创业师资培训，东阳市29名创业讲师成功晋级为国家认证的创业培训讲师。与市商务局等单位共同主办第七届青年创业创新大赛暨第二届电子商务短视频·直播大赛。参照省级创业孵化示范基地评价标准，推荐浙兴电商创业园参评省级创业孵化示范基地。开展创业担保贷款提量增效工作，发放创业担保贷款4026万元。

（吴　航）

2022年9月27日，市人力社保局与浙江艺术职业学院联合召开政企人才智力交流合作洽谈会　　（市人力社保局提供）

人才交流

【招才引智】 2022年，市人力社保局开展为期两个月的企业人力资源需求线上问卷调查工作，通过研判企业问卷结果，梳理企业人才需求清单。通过“社招校招”两端发力，市内、市外共同推进，线上、线下齐步走，多渠道打造“智汇东阳”引才金名片。打造“云聘东阳”线上引才品牌，开通“直播＋招聘”云端功能，实现校园招聘会的“线上线下”融合，为企业和高校毕业生搭建“线上直通车”。组团到高校招聘，通过企业与高校毕业生面对面对接，使用人单位能招引到更多专业对口的高校毕业生。组织发动用人单位参加各类线上、线下高层次人才洽谈会，搭建用人单位与高层次人才面对面交流平台。推出90余场线上、线下招才引智活动，参会企业1921家次，推出招聘岗位64648个，收到简历25533份，达成就业意向6326人。

【政校企合作】 2022年，市人力社保局联合企业开展政校企座谈推介活动，加强人才智力各领域的交流，推进政校企融合发展。走访湖南省、江西省、浙江省杭州市等地的16所高校，与湖南理工学院、湘潭大学、浙江科技学院3所高校签订《东阳市引才联络站合作协议》，设立引才联络站；与南华大学、台州学院、浙江财经大学等12所高校签订《人才智力项目合作意向书》。增加浙江野风药业股份有限公司、市人民医院、浙江恒成硬质合金有限公司、浙江新纳材料科技股份有限公司4家博士后科研工作站，协助浙江普洛康裕制药有限公司、浙江联宜电机有限公司等博士后科研工作站成功招收11名博士后科研人员进站。10月，浙江花园生物医药股份有限公司获批设立国家级博士后科研工作站。

2022年11月25日，市人力社保局工作人员到南京市参加2022年长三角高校毕业生就业交流大会　　（市人力社保局提供）

【人才引进政策保障】 2022年，东阳市为到东阳市就业、创业的各类人才提供全周期保障政策，内容涵盖人才购房补助、人才租房补助、引才补贴、人才生活津贴、技能提升奖励、人才培育奖励、交通食宿补贴以及人才大礼包。11月，制定博士后科研工作站奖励、研究生联合培养基地奖励、用人单位引育人才奖励、高层次人才工资薪金奖励、人才引育奖补、人才交流对接补助、人才津贴、住房保障等12项实施细则。兑现、发放人才政策奖补5639万元，其中发放博士后科研工作站等载体建设奖励692万元、发放引进人才奖补津贴4947万元，惠及人才3169人次。

【技能人才培育】 2022年，东阳市开展职业技能培训35912人次，培养技能人才22758人，其中培养高技能人才6242人；引进大学生18658人，其中硕士671人、博士71人。入选“浙江工匠”5人、“八婺金匠”24人、“八婺杰出金匠”13人、“八婺大金匠”2人。组织茶艺师、商业摄影师、电子商务师、劳动关系协调员等13场16个工种竞赛。推进企业职业技能等级认定试点工作,增加备案企业9家,其中2家企业开展自主评价。建设“人力资源影视产业协同平台”,归集影视行业人才数据,实现影视产业人力资源分析监测、预测预警和战略目标管理。该项目参加金华市人社系统数字化改革路演,被评为金华市人社系统数字化改革最佳应用。市人力社保局制定《东阳市演艺人员初级专业技术职务任职资格评价办法》,开展横店“横漂”人员的职称申报评审工作。

(吴　航)

社会保障

【社会保险】　截至2022年年末,东阳市参加职工基本养老保险人员393248人,其中参保缴费人员272376人、离退休人员120872人;城乡居民基本养老保险人数209371人,其中参保缴费人员98773人,领取养老金人数110598人;工伤参保人数276991人,比上年增加3820人,其中建筑工伤参保人数57094人;机关事业养老保险参保人数20130人,机关事业单位退休人员10036人;被征地农民养老保障人数23440人,含待遇享受人员5190人。

【新业态领域劳动者权益保障】　2022年,市人力社保局构建工伤保险全链条治理“东阳模式”,运用“防、证、质、核”四法,推动工伤保险全面协调可持续发展,提升劳动者权益保障能力;4月,该做法获省人力社保厅领导批示肯定,在全省人力社保系统推广。9月,构建新业态领域工伤参保闭环体系相关经验做法在省委《浙江信息》刊登。12月13—14日,东阳市承办省人力社保厅“新就业形态劳动者在线”应用推广集中调研和劳动关系协调员师资培训现场会,东阳市相关负责人在会议上介绍应用推广工作经验。

【政务服务办理】　2022年,市人力社保局助推企业社保业务100%“网上办”,引导灵活就业人员App掌上办。完善企业网上申报操作指南,在办事大厅专员“一对一”引导专管员和群众网上申报操作。网上办理260362件,掌上办理145158件,自助终端机办理7086条。窗口“一窗受理”实现“一证通办”,办事群众无须提供户口本、死亡证明等,工作人员登录金华市一证通办综合服务平台,进行信息核查,实时核验公安、民政等数据。取消证明事项43629项,其中直接取消45项,改为告知承诺19228项、数据查询24309项、部门核验47项。推广“浙里就业”“新业态在线”“东阳人社”“工伤智控”“智配直享”等场景应用,优化“退休零跑直享”流程及告知单,引导参保人多途径办理退休业务。

【社保政策落实】　2022年,市人力社保局推进被征地农民参加基本养老保险新老政策过渡,自2022年5月起,按照新政策受理被征地农民相关业务。建立2021年度、2022年度被征地农民参保指标台账,进行动态管理。按新政已缴费项目129个,受理2008人。职工基本养老保险延长期一次性缴费办理204人,城乡居民基本养老保险高档次登记人员1250人。鼓励非本地户籍灵活就业人员通过网报的方式完成就业登记并参加职工基本养老保险。年内全市有2990名外地户籍灵活就业人员参加职工基本养老保险。

【新业态企业工伤参保】　2022年,市人力社保局与邮政部门、市商务局、横店演员公会联系落实快递、电子商务、群众演员平台企业新业态工伤参保工作。东阳市有新业态标记企业1024家,2022年新业态企业工伤保险参保人员5134人,其中该年度增加工伤参保人员2297人。

(吴　航)

劳动关系

【根治欠薪工作】　2022年,市人力社保局开展根治欠薪专项行动,排查用人单位3253家,为1111人追回工资251.81万元。推进“党建+安薪”建设,完成“党建+安薪”项目部建设136家;在全市177个在建项目和2家快递业企业建立“安薪之家”,建立临时党支部62个,有“安薪”监督员405人,监督发放工资8.3亿元。开展工程建设领域劳资专管员业务培训2期,280名劳资专管员参加培训取得上岗证;开展新建工地“六项制度”培训会10期,201个新建项目355名劳资员、项目经理参加。开展根治欠薪专项行动、“安薪护航迎亚运”排查整治欠薪隐患专项检查、根治欠薪工程建设领域专项治理行动,推动杭温铁路站前2标等多个项目落实问题整改。

【“无欠薪”数字平台建设】　2022年,市人力社保局推进“无欠薪”双平台建设。推进“浙江省工资支付监控预警平台”在建设领域的应用,全市240余个在建项目纳入平台监管,通过平台预警存在欠薪隐患项目16个;创新开发欠薪处置“一件事”应用,纵向打通金华市、东阳市劳动纠纷登记系统,贯通全市镇乡(街道)、经济开发区,横向实现公安、住建、交通、市场监管等部门多跨协同,构建起“镇乡(街道)开展属地纠纷调处,部门负责重大疑难案件处置”的分类处置体系。召开“一企一码”应用推进会,推广东阳“安薪码”,开展座谈、宣传57场,培训人员4000余人,发放宣传资料1.5万份,张贴推广东阳“安薪码”4.3万份,设立应用企业“安薪码”28个,推送定向维权短信30万余条。

【劳动争议仲裁】　2022年,市人力社保局完善新型用工模式的劳动争议调解工作,在全市范围内建立6家新业态劳动争议多元化解中心,定期上门指导案件化解工作;到横店集团东磁股份有限公司、浙江新纳材料科技股份有限公司、法律协会企业顾问委员会开展企业常见劳动争议防范讲座,解读相关法律法规和政策规定。推进“党建+基层”调解,在各镇乡(街道)及村(社区)设立名人“红社调解室”,组建优秀党员调解员队伍,为劳动纠纷当事人提供便捷优质调

2022年10月20日，市人力社保局开展“送法进企业 服务促和谐”劳动法律法规主题讲座
（市人力社保局提供）

解服务。江北街道、吴宁街道、电子商务协会等10余个镇乡（街道）和行业协会完成建设。

【裁审衔接机制】 2022年，东阳市通过裁审思路、裁审资源的互通共享，实现定期与法院沟通案件情况，推进基层劳动争议纠纷化解。定期召开联席会议，通报案件办理情况、研讨裁审难点等，完善裁审衔接工作机制。针对新业态劳动关系中确认难度大等问题，共建“巡回法院（仲裁院）”“共享法庭（仲裁院）”，拓展合作渠道。举办广场法律咨询活动、举办劳动法律法规知识培训班、开展劳动用工普法宣传活动，从源头预防劳动纠纷发生。

（吴 航）

医疗保障

【概况】 2022年，东阳市基本医疗保险参保人员82.83万人，其中职工医保参保26.25万人，城乡居民医保参保56.58万人，基本医疗保险户籍人口参保率99.99%，“金惠保”选缴率95.19%；生育保险参保21.3万人。收付实现制口径下，基本医疗保险基金总收入23.28亿元，比上年增长4.82%；基金总支出19.55亿元，比上年下降0.81%；基金年末滚存结余30.81亿元，比上年增长13.77%。全市定点医疗机构146家（含卫生服务站），定点零售药店120家，其中慢性病种定点零售药店11家。市医保局获金华市医保系统2022年度综合考评第一名、获评浙江省医保系统2022年度县级局先进单位。

【助力疫情防控】 2022年，市医保局将新冠病毒抗原试剂及检测项目纳入医保支付范围，将增加救治药品临时性纳入医保基金支付范围，新冠疫苗和接种费用专项累计支出14940.46万元。落实中小微企业免申请医保缓缴政策，缓缴金额11000余万元。

【金华市级统筹标准落实】 2022年，市医保局统一筹资标准、基本政策和医疗服务价格，调整用人单位职工缴费比例和城乡居民基本医疗保险财政补助标准，实施金华市域范围内统一的医疗救助、生育保险政策，落实医疗服务价格动态调整机制，城乡居民基本医疗保险财政补助标准提高至每人980元。7月，生育医疗费用由原先的定额待遇直接调整为基本医疗保险报销。

【医保支付方式改革】 2022年，市医保局优化总额预算下的住院DRGs点数法付费（总额预算下按疾病诊断相关分组结合点数法医保付费）、门诊APG点数法付费（总额预算下按人头包干结合点数法付费）。6月，住院定点医疗机构实行急性后期“PDPM点数法”付费（符合条件的医疗机构，收治参保人员中长期康护住院的，按患者导向模型点数法付费）办法，减轻中长期康护住院患者就医负担。11月，试行中医按疗效价值付费，对以西医为主的住院DRGs点数法付费形成补充。

【医保工作联席会议】 2022年4月28日，东阳市召开2022年度医保基金总额预算工作会议，由分管市领导牵头，市财政局、市卫健局、市医保局与6家医共体牵头医院面对面商议医保基金预决算、年度绩效考核等重大事项。6月21日，对东阳市医疗保障工作联席会议成员进行调整，由分管市领导任总召集人，市财政局、市卫健局、市审计局、市医保局和市人民医院、市中医院、市妇幼保健院、市横店医院、市人民医院巍山分院、市红会医院为联席会议成员。

【医保领域数字化改革】 2022年，市医保局成立工作专班，协同各部门推进省“智慧医保”系统建设工作。2月15日，省“智慧医保”信息系统上线运行。推进医保电子凭证全流程应用，医保电子凭证应用结算率54.19%，居全省各县市首位。推进医保移动支付、“互联网+医保”建设，全市三级以上定点医疗机构开通医保移动支付，市人民医院成为全省首批、金华市首家开通“互联网+医保”结算的县级医疗机构。

【医保基金监管】 2022年，市医保局开展骨科、心内科、血液透析和康复领域打击欺诈骗保专项整治和定点零售药店全覆盖检查；深化与市纪检监察机关工作联动机制，将纪律监督融入医保基金运行全过程；组建首批医疗保障社会监督员队伍，建立医保外伤专管员机制；调整优化定点医药机构绩效考核和定点零售药店信用评价分级分类监管；开展医保基金监管集中宣传月活动。追回医保基金2030万元，占基金支出比居金华市第一；处理定点医药机构161家次，其中解除医保定点3家；处理医保医师37人，其中解除医保医师服务协议3人；意外伤害费用拦截1509件，涉及费用1869万元；行政处罚案件4起。基金监管工作做法获国家医保局刊物刊发。

【医保经办服务】 2022年，医保服务窗口为群众办理业务11.3万件，在线指导企业完成网申业务办理8.2万件；推行从出生到死亡生命全周期"一件事"服务，政务服务事项"一网通办"率100%；推进医保服务下沉，打造"15分钟服务圈"；构建防范因病致贫返贫长效机制，医疗救助资助参保2.03万人次，补助资金2308.61万元，医疗救助10.76万人次，涉及资金980万元，实现资助参保率、医疗救助政策落实率、高额医疗费用动态清零化解率100%；建立生育孩次(一对夫妇生育的子女数量)部门协查机制，补发生育津贴1295.22万元；实现5个规定病种跨省直接结算。

【医保定点医疗机构工作会议】 2022年6月9日，东阳市召开全市医保定点医疗机构工作会议，会议通报2021年绩效考核、医保基金2021年清算和2022年预算情况，部署2022年度医保重点工作。市医保中心与32家定点医疗机构签订2022年度医保定点服务协议。

(周赛男)

住房公积金管理

【概况】 2022年，金华市住房公积金管理中心东阳分中心开展住房公积金归集、提取和贷款工作，获评2022年度金华市住房公积金管理机构工作目标考核优秀单位。12月，档案工作通过省一级档案达标认定。

【住房公积金归集与提取】 2022年，全市住房公积金账户95651人，实际缴存77177人(其中活跃人数71019人)，封存24632人。开户单位增加289家，缴存职工增加10510人，实缴职工增加4849人，归集资金14.76亿元，比上年增长9.5%；全市提取住房公积金142868人次，提取资金9.7亿元，比上年下降2.56%。

【住房公积金贷款发放】 2022年，住房公积金管理中心与16个楼盘建立住房公积金贷款合作业务；向1356户家庭发放贷款5.98亿元；结清贷款542户，收回本金4.15亿元；逾期率为0；个人住房公积金存贷比为91.56%。

【政策调整】 2022年4月12日起，执行金华市住房管理委员会《关于调整个人住房公积金贷款政策的通知》，公积金缴存职工家庭为改善居住条件再次购买住房申请住房公积金贷款的，最低首付比例由60%降低至40%。

6月1日起，执行金华市住房管理委员会《关于组织实施住房公积金阶段性支持政策的通知》，受新冠疫情影响的企业和灵活就业缴存人员，可按规定申请在2022年12月31日前缓缴住房公积金，到期后进行补缴。缓缴期间缴存时间连续计算，不影响职工正常提取和申请住房公积金贷款；受新冠疫情影响的缴存职工，2022年12月31日前住房公积金贷款不能正常还款的，经申请可不作为逾期处理，不作为逾期记录报送征信部门；无房职工租房，每户家庭最高提取额从每年2.4万元提高到每年3万元。

6月15日起，执行金华市住房公积金管理中心东阳分中心《关于调整东阳市住房公积金个人住房贷款政策的通知》，公积金缴存职工购买首套住房申请公积金贷款的，职工单方正常缴存公积金的最高贷款额度为40万元，夫妻双方均正常缴存公积金的最高贷款额度为80万元。执行金华市住房公积金管理中心东阳分中心《关于调整东阳市住房公积金个人住房贷款政策的通知》，按国家政策生育三孩的家庭，购买住房申请公积金贷款时，在规定的可贷比例和个人公积金账户余额倍数以内，贷款额度可上浮20%。公积金贷款需要轮候时，可优先放款。

7月1日起，执行金华市委人才工作领导小组《关于实施"智选金华"大学生人才集聚工程的若干意见》，硕士、博士购买自住普通商品住房，可提取本人及配偶的住房公积金支付首付。硕士、博士购买自住普通商品住房申请公积金贷款的，贷款额度可按家庭当期最高贷款额分别上浮50%、100%。硕士、博士租赁普通自住住房，可按实际支付的房租提取本人及配偶的住房公积金。

7月19日起，执行金华市住房公积金管理中心东阳分中心《关于调整东阳市住房公积金个人住房贷款政策的通知》，公积金缴存职工购买二套住房申请公积金贷款的，职工单方正常缴存公积金的最高贷款额度为25万元，夫妻双方均正常缴存公积金的最高贷款额度为50万元。实施购买二套住房申请公积金贷款的，单人最高贷款额度为25万元，双人最高贷款额度为50万元。

9月1日起，施行金华市住房管理委员会《金华市灵活就业人员住房公积金缴存使用暂行办法》。

10月1日起，调整公积金贷款年利率，首套房5年以下(含5年)和5年以上利率分别为2.6%和3.1%，二套房5年以下(含5年)和5年以上利率分别为3.025%和3.575%。

11月11日起，执行金华市住房公积金管理中心东阳分中心《关于调整东阳市住房公积金个人住房贷款存贷挂钩倍数的通知》，在规定的贷款比例和最高限额内，住房公积金贷款额不超过贷款申请时申请人及配偶各自公积金账户余额的20倍，不足5000元的按5000元计算可贷额。

(任妙旦)

社会福利

【养老民生实事项目】 2022年，市民政局启动"一中心多节点"养老机构建设("一中心"指以市养老中心为中心，"多节点"指各个乡镇养老中心)，谋划市养老中心二期(孙村)项目和横店镇、巍山镇等镇级养老机构建设项目。截至年末，市养老中心二期

（孙村）项目完成征地工作，巍山镇、横店镇镇级养老机构建设项目开展前期工作。建成智慧养老院1家，增加持证养老护理员293人，增加认知障碍照护专区床位104张，18家镇乡（街道）居家养老服务中心配备无感智能终端，完成3家城市社区居家养老照料中心改造提升。

【养老服务体系建设】 2022年，市民政局建有居家养老服务照料中心384家，其中镇乡（街道）示范型居家养老服务照料中心18家；有各类养老机构25家，总床位数6695张。市民政局考核认定2021年度星级照料中心49家，其中五星级居家养老照料中心3家、三星级居家养老照料中心46家。下拨居家养老补助资金2232万元。开展全市20.8万名老年人自理能力筛选，对疑似失智失能的1.3万名老年人按《长期护理保障失能等级评估规范》开展上门评估。开展首届养老护理员竞赛，有138人获养老护理员三级证书，3人获养老护理员二级证书。开展养老护理员和救护员培训6期，增加持证养老护理员237人。推动医疗康复资源进入养老服务领域，指导康养老联合体建设，完成1家市级和1家街道级康养联合体建设。

【福利院工作】 2022年，市社会福利院在院老人168人，孤残儿童（弃婴）12人，特困供养对象（系成年残障人员）3人。开展新冠疫情防控特殊时期的管理服务，于3月、8月和12月实施三次封闭管理，封闭管理期间，为老人孩子提供日常服务和基本生命监测，代买代购药物和日用物资、开展家属远程视频探视服务。推进疫苗接种工作，完成智慧养老院建设和认知障碍照护专区改造，组织开展护理知识技能培训。在东阳市养老护理员职业技能竞赛中，市社会福利院获团体一等奖，周国琴获个人一等奖并被授予东阳市“技术标兵”称号，朱云兰获个人三等奖。

【老年优待工作】 2022年，东阳市19个办理点制发老年优待证17402张，其中红卡9967张、绿卡7435张。有百岁老人60人，发放百岁老人长寿保健补助费用22.95万元。对“浙里养”相关信息进行维护，完成社保卡信息核对。为全市3.59万名老年人购买老年人意外伤害保险，理赔结案1000例、金额313.83万元。

【慈善事业】 2022年，市民政局指导建立镇乡（街道）慈善分会，建立村（社区）慈善工作站，搭建慈善工作站389个。探索“司法+慈善”工作法，设立“未成年人保护及发展专项基金”和“矛盾纠纷化解社会关系修复专项基金”，推进慈善事业发展。筹集物资价值300余万元助力东西部协作和山海协作。全市慈善组织募集资金6537万元，救助支出2966万元。成立首家慈善组织社会救助服务联合体——千祥镇“同心向善”社会救助服务联合体。东阳市慈善组织孵化基地获评2022年度浙江省示范性慈善基地，陈连弟获第七届浙江慈善奖个人捐赠奖。国网东阳市供电公司组织实施的“幸福蜗居——给残疾人一个明亮温暖的家”项目获评第七届浙江慈善项目和慈善信托奖。

（潘　婷）

社会救助

【概况】 2022年，东阳市有低保对象6324人、特困对象226人、低保边缘对象863人、困难残疾人生活补贴人员3278人、残疾人护理补贴人员10044人。发放低保救助金及物价补贴5078万元，发放特困供养金及特困人员照料护理补贴602万元，发放残疾人生活补贴1138.5万元，护理补贴2603.5万元。与14个部门实现数据联网比对，实行社会救助对象动态管理，对在册低保对象、低保边缘对象、特困对象进行信息复核。对全市困难对象开展探访关爱和幸福清单送达工作，探访关爱32906人次，幸福清单送达22368人次。

【临时救助】 2022年，市民政局推动社会救助单一型救急难向多样化精准服务转变，对遭遇突发事件、意外伤害、重大疾病等特殊原因导致疾病生活暂时陷入困难的对象进行临时救助，划拨镇乡（街道）临时备用金105万元，开展临时救助755人，发放救助金107万元。

【儿童关爱保护工作】 2022年，市民政局加强留守儿童和困境儿童的关爱保护工作，通过“金保未”未成年人关爱保护应用对困境儿童、留守儿童进行入户调查和探访关爱，实现未成年人保护联动机制，全面摸底排查农村留守儿童866人。提高孤儿生活养育费标准，6月起，机构孤儿生活养育费标准由2357元/月调整为2725元/月，社会散居孤儿生活养育费标准由1886元/月调整为2180元/月。开展“儿童之家”建设工作，建设19家示范型“儿童之家”，截至年末，全市有45家示范型“儿童之家”。有机构供养孤儿12人、社会散居孤儿16人、其他困境儿童对象493人。困境儿童中，事实无人抚养儿童65人、低保家庭中的重病重残儿童36人、低保边缘户家庭中的重残儿童2人、其他低保家庭儿童390人。发放困境儿童福利资金371.6万元，其中散居孤儿救助金31.3万元、事实无人抚养儿童救助金119.2万元、其他困境儿童救助金221.1万元。

【流浪乞讨人员救助】 2022年，市救助管理站依法救助流浪乞讨人员700人，护送精神病人返乡12人。通过救助服务站、街头救助点、流动救助车、救助引导牌、夜间巡查救助等渠道，对需要救助者展开救助服务。救治流浪乞讨中的危重病人15人、精神病人36人。完善救助对象安置机制，对长期滞留站内且无法查明身份户籍的24名救助对象进行落户安置。

（潘　婷）

社会事务管理

【概况】 2022年，东阳市创建省级引领型农村社区5个（南市街道梨枫村、千祥镇甘棠村、画水镇陆宅村、虎鹿镇厦程里村、东阳江镇上陈村);创建金华市级完善型农村社区15个(六石街道吴良村、城东街道堂鹤村、南市街道广丰村、横店镇仁棠村、南马镇泉府村、巍山镇曙光村、歌山镇凤山村、千祥镇三宝村、湖溪镇罗青村、画水镇黄田畈村、虎鹿镇燕山村、东阳江镇黄铺村、马宅镇宅溪村、佐村镇珊门村、三单乡青溪村)。

【社区治理】 2022年,市民政局加大社会工作专业人才队伍培育力度,分两批次招聘专职社区工作者514人。在吴宁街道东街社区、江北街道茗田社区、白云街道中山社区开展"人文东街""和美茗田""美好中山"社区公益服务,常态化开展"墨香茗田""耆乐茗田""银龄课堂""东街巧娘""'双减'课堂"等服务活动,开展"迎冬奥 庆元宵""圆月知秋 共度佳节""暑期夏令营"等专题活动。截至年末,开展各类服务项目200余场次。

【民政行政审批】 2022年,市民政局办理结婚登记6922对,离婚登记859对,补办结婚证15726本,补办离婚证103本。办理结婚生育户口"一件事"联办3001件。发放门牌证1213本,地名预命名2个,住宅小区命名2个,道路命名1条。异地人员遗体运回火化10件。

【地名管理】 2022年,市民政局编制门牌4156户,制作安装门牌1265块,整治不规范门牌195户,查勘116条道路,维修道路指示牌162块。完成吴宁街道成家里小区256户,江北街道杨武小区133户、华店小区700户等旧村改造区整体门牌编排。挖掘地名文化,编印完成《东阳地名故事》系列丛书之《繁星似海话村名》。

【水库移民后期扶持】 2022年,市民政局制定2022年移民后期扶持项目计划,安排移民项目68个,投入移民资金2378万元,总投资4232万元;核定大中型水库移民2万余人,发放直补资金1220.58万元;验收水库移民项目61个,拨付移民资金2153万元。水库移民年人均可支配收入41325元。

【婚俗改革】 2022年,东阳市通过全省婚俗改革试点工作验收,被评为省婚俗改革实验县(市、区)优秀单位,被列入省持续深化婚俗改革重点推进县(市、区)。推进结婚生育户口"一件事"联办,实现婚姻电子证照共享应用和省内内地居民婚姻登记全省通办,开展集中补领(办)婚姻登记证工作。倡导简约适度的婚俗礼仪,在圆明新园举办横店集团股份有限公司"爱在横店"集体婚礼;举办2022年"琴瑟之好 喜结良缘"公益集体婚礼。开展集体颁证26次,单独颁证1351次。实行婚姻家庭辅导和离婚预约双轨制。为1599对新人开展婚前辅导,为1359对夫妻提供离婚调试和婚姻家庭关系辅导,受理离婚申请1107对,实际办理离婚859对,有36.8%的夫妻申请离婚后放弃办理离婚登记。

【殡葬改革】 2022年,市民政局推进节地生态安葬设施建设。六石街道镇级公墓二期扩建工程竣工并完成验收,新建节地生态墓穴1万余穴。指导画水镇创建省级公益性节地生态安葬示范点,一期完成生态墓穴1100余穴。建造村级节地生态安葬点20处,建造生态墓穴3200余穴。实施树葬1例、草坪葬11例。完善殡葬设施建设,购置消防器材,在殡仪馆内建立微型消防站,改造家属休息室,建造公共厕所、危废仓库,购置丧户家属接送车2辆和高档灵车1辆,购置冰柜3组和骨灰存放架200穴。实行安全行车40万余千米,火化遗体6560具、整容316次,冰尸4327具、骨灰寄存2876盒,减免殡葬费用673.5万元。

8月1日,市民政局实行殡葬基本服务项目免费增项扩面,将惠民殡葬四项减免政策提高到六项,提升殡葬服务保障水平。依托"浙里办"App中的"金华数智殡"应用,开发建设骨灰跟踪及网上祭祀应用场景,10月完成系统验收。

(潘 婷)

社会组织管理

【概况】 2022年,全市有社会组织779家,镇乡(街道)备案社区社会组织3125家。市民政局办理社会团体名称预登记4件、社会团体成立许可2件、社会团体登记注册2件、社会团体变更登记16件、社会团体注销登记3件、民办非企业单位名称预登记13件、民办非企业单位成立登记11件、民办非企业单位变更登记24件、民办非企业单位注销登记17件、基金会变更登记1件、社会组织到期换证63件。全市有各类社会团体211个、民办非企业单位555个、基金会6个。完成2021年度社会组织年检工作,参加年检的社会组织有744个,其中合格572个、基本合格49个、不合格102个、注销21个,完成年报基金会5个。完成2022年度社会组织等级评估工作,16个社会组织被评为AAA级及以上,其中AAAAA级3个、AAAA级8个、AAA级5个。东阳市慈善总会获评金华市级品牌社会组织,吴刚、林维生、黄德道3人获评金华市级社会组织领军人物。

【社会工作推进】 2022年7月,东阳市社会组织服务中心、社会组织党群服务中心正式启用。建成镇级社会工作站18个,实现镇乡(街道)全覆盖。发展壮大社工队伍,7315人报考社会工作职业水平考试,开展社工证考试线上免费考前培训和冲刺培训,通过考试1832人,发放2021年度社会工作者职业水平考试通过人员补助经费85.9万元。

【公益创投项目实施】 2022年,市民政局完成第七届公益创投10个项目的结项评估,划拨补助金77.5万元,开展公益活动500余场,直接受益人数超8万人次。启动第八届公益创投项目,通过项目征集、前期筛选、项目评审,最终10个项目入围,拟投入公益创投补助金88万元,截至年末,各签约组织开展公益活动751场,服务人数超30万人次。

2022年东阳市第八届社会组织公益创投项目一览表

表41

序号	项目名称	社会组织
1	“校园安全小卫士”——中小学生安全体系建设项目	东阳市红十字救援队
2	“公益大巴”暖心便民服务进社区	东阳市义务工作者协会
3	“平安少年”心困境儿童心理护航	东阳市心理咨询师协会
4	与爱“童”行——携手困境儿童共成长志愿服务项目	东阳市与爱同行志愿者协会
5	太极进社区 健康进家门	东阳市太极拳协会
6	解开心锁，拥抱阳光——关爱抑郁症儿童	东阳市一亩心田社会工作服务中心
7	情系孤困 伴爱童行	东阳市叶子帮帮社会工作服务中心
8	小手牵大手 矫心齐向阳	东阳市社区矫正工作协会
9	乐享夕阳 当新时代智慧老人	东阳市乐义社会工作服务中心
10	照亮夕阳 守望幸福	东阳市一米公益协会

2022年9月26日，东阳市第八届社会组织公益创投项目签约暨社会组织服务中心启用仪式在社会组织服务中心广场举行（市民政局提供）

【社会组织年度检查】 2022年，市民政局对2021年6月30日前经市民政局核准登记的社会团体实施年度检查，其中合格社会团体152个、基本合格社会团体31个、不合格社会团体19个、注销社会团体3个；对2021年6月30日前经市民政局核准登记的民办非企业单位实施年度检查，其中合格民办非企业单位420个、基本合格民办非企业单位18个、不合格民办非企业单位83个、注销民办非企业单位18个。

【东阳市基金会年度报告】 2022年，市民政局对2021年6月30日前经市民政局核准登记的基金会实施年度报告工作。东阳市品悦公益基金会、东阳市和贵教育基金会、东阳市三宝慈善基金会、东阳市和丰公益基金会、东阳市东阳中学教育发展基金会完成基金会年度报告。

（潘　婷）

退役军人事务

【概况】 2022年，东阳市退役军人事务局（以下简称市退役军人事务局）完成全市退役军人及其他优抚对象建档立卡。落实年度接收安置任务，完成转业军官和转业士官安置工作；走访慰问退役军人及优抚对象，及时调整优抚标准；推动建立退役军人荣誉体系，组织指导退役军人服务站通过省“新时代枫桥式退役军人服务站”考核验收；发动全市退役军人参加各类志愿服务，完善老兵志愿服务队伍建设；维护退役军人的合法权益，服务保障体系建设继续走在金华市前列。

【优抚优待】 2022年，市退役军人事务局完成全市退役军人及其他优抚对象建档立卡，优待证申领26012人，完成率97%。发放优抚对象抚恤及生活补助金4474万元、慰问金593万元、自主就业一次性经济补助金843.14万元、入伍义务兵家庭优待金和大学生奖励金3740万元、困难救助金15万元。523家加盟商家为全市退役军人、现役军人提供优惠优待服务，在银泰城打造东阳首个“崇军联盟”商圈。

【退役军人安置就业】 2022年，市退役军人事务局落实年度接收安置任务，完成转业军官和转业士官安置工作，转业军官100%安置到公务员岗位，士官安置质量提升，事业岗位比例提高到60%以上。创新开展待安置期退役士兵（军转干部）管理做法得到省、金华市肯定。创新开展自主就业退役士兵接收工作，构建返乡欢迎、“退役一件事”联办、适应性培训、推荐就业工作闭环，形成东阳特色，推进退役军人就业。服务退役军人就业相关做法在退役军人事务部官网、省委办公厅工作简报刊登。

2022年9月9日，市退役军人事务局组织举办退役士兵就业双选会

（《今日东阳》编辑部提供）

【拥军优属】 2022年，市退役军人事务局和镇乡(街道)走访慰问退役军人及优抚对象6.2万人次。召开全市双拥工作会议。推动军人未就业随军家属安置、随军子女集中入学入托等一系列拥军实事落地，5名未就业随军家属安置到市属国企就业，发放9名自谋职业随军家属安置金22.5万元，13名驻东阳市现役军人子女安排至城区优质公办学校就读入学。投入60万元，配备接送校车2辆，开通拥军教育专线1条。

【体系建设】 2022年，市退役军人事务局组织指导31个退役军人服务站通过省"新时代枫桥式退役军人服务站"考核验收。完善镇、村两级老兵志愿服务队388支，发动全市退役军人1.3万人次参加各类志愿服务。注册成立金华市首支老兵志愿服务队——东阳市汉宁老兵志愿服务队。关爱退役军人协会、三宝慈善基金会等社会组织开展活动81场，帮扶资金120余万元。"幸福蜗居"项目获全省退役军人志愿服务项目大赛银奖。市军队离休、退休干部休养所被评为省军休工作成绩突出集体。

【褒扬纪念】 2022年，市退役军人事务局联合市人武部为立三等功以上现役军人家庭送立功喜报。巡查县级及以下烈士纪念设施62处，修缮8处，东阳市烈士纪念设施管护工作经验做法被列为全省14个典型案例之一。全市48万人参与"奋进·2022清明祭英烈"网上祭扫。举办"烈士纪念日"向烈士敬献花篮仪式，开展"缅怀抗美援朝烈士 弘扬抗美援朝精神"主题活动，发挥红色教育功能。

（王诗妍）

关心下一代工作

【概况】 2022年，东阳市关心下一代工作委员会(以下简称市关工委)开展未成年违法犯罪嫌疑人合法权益保护志愿者陪护工作，到各镇乡(街道)、社区、学校和企业开展法治教育宣讲。开展中天爱心慈善基金会助学工作，资助大学生86人，发放助学金51.6万元。6月28日，四川省巴中市关工委执行主任熊光林到东阳市开展调研学习，交流关心下一代工作。9月15日，省关工委主任徐宏俊到虎鹿镇蔡宅村、葛宅村，调研关心下一代工作开展情况。

【基层组织建设】 2022年，市关工委调整完善全市村(社区)关心下一代工作委员会组织架构，完成行政村、中小学校关工委组织全覆盖。市人民检察院关工委、吴宁四校关工委、东阳市飘萍小学关工委、白云街道中山社区关工委、江北街道茗田社区关工委、江北街道东丰小区关工委、城东街道寀卢村关工委、南马镇花园村关工委8个基层组织获评2021—2022年度金华市关心下一代工作"五好"基层关工委。

【青少年思想道德建设】 2022年2月27日，市关工委与市妇联联合开展"学雷锋精神 树文明新风"新时代文明实践主题活动。3月3日，与市文明办联合开展东阳市全民志愿服务助力全国文明城市创建活动暨志愿关爱联盟成立仪式。3月26日，市关工委、市妇联联合在市抗美援朝纪念碑小广场开展"传承红色基因，助力全国文明城市创建"新时代文明实践活动。5月31日，联合团市委、市教育局举行"万家小主人、千名楼道长"助力文明城市创建集中行动启动仪式暨庆"六一"活动。5月12日，开展"增强消防意识 守护美好家园"、"5·12"全国防灾减灾日主题活动。6月29日，开展"老少同心向党 强国复兴有我"系列活动启动仪式。7月14日，邀请省十五次党代会代表蒋一平为回乡大学生宣讲中国共产党浙江省第十五次代表大会精神。

【"希望之星"评选】 2022年，市关工委与市教育局联合举办第十一届"希望之星"评选活动，评选产生东阳市第十一届"希望之星"100人，其中"文明之星"49人、"智慧之星"12人、"科技之星"6人、"技能之星"10人、"艺术之星"12人、"体育之星"11人。

【"五老"志愿服务】 2022年11月27日，市关工委承办金华市"婺老之声"宣讲团成立仪式暨"婺老颂党恩"宣讲比赛。年内，市关工委联合市教育局确定"五老"(老干部、老战士、老教师、老专家和老模范)校外辅导员105人。到夏令营、教育基地开展"四史"学习教育，开展各类活动20场；开展中共二十大宣讲活动15场；各镇乡(街道)组织当地"五老"、留守儿童开展"丹青迎省运"活动3场。曹金龙、赵一强、何钢锋、厉萍、蒋慧敏、金洪驹、卢淳高7人获评2021—2022年度金华市关心下一代工作“最美五老”。

【教育基地建设】 2022年4月25日，东阳市印发《关于统筹做好2022年度“五好”基层关工委培育和关心下一代教育基地推荐工作的通知》，培养金华市级关心下一代教育基地3个，其中金华市关心下一代教育基地2个（东阳欢娱中华美学传播中心、东阳梦外滩度假区金华舰教育基地），金华市关心下一代示范教育基地1个（虎鹿镇蔡宅村）。10月25日，在横店镇开展教育基地授牌仪式暨“迎二十大 四史铸信念 奋进新征程”教育实践活动，欢娱中华美学传播中心入选金华市关心下一代教育基地。

【家庭教育宣讲】 2022年3月7日，市关工委举办亲子教育公益讲座。5月13日，联合市纪委、监委举行“亲子共读 清风传家”宣传教育暨家庭教育宣传周活动。5月15日，联合市妇联开展国际家庭日“送法进万家 家教伴成长”家庭教育宣传周活动暨家庭文明创建活动。10月5日，开展双节同庆话家风活动。11月，到各镇乡（街道）、社区、学校和企业开展家庭教育宣讲。

【青少年关爱活动】 2022年1月20日，市关工委联合市妇联印发《关于开展“关心下一代”儿童关爱服务活动的通知》，开展青少年关爱活动。2月26日，与市委宣传部、市教育局联合启动“阅东阳 润童心”活动，开展各类阅读分享活动10场。

（李　妍）

慈善工作

【概况】 2022年，市慈善总会募集慈善资金2007.19万元（其中“慈善一日捐”活动筹募善款406.04万元）；慈善救助总支出1562.51万元（其中临时困难救助支出43.86万元），用于灾害救助、困难救济、助老扶幼、大病救助、爱心助学等领域，帮助困难群众7513人次。开展“慈善送温暖”系列活动，发放慰问款和物资价值22.45万元。为高速卡口、服务区及隔离点志愿服务人员送上慰问物品价值43万元。

市慈善总会与市人民检察院、市人民法院设立“未成年人保护及发展专项基金”和“矛盾纠纷化解社会关系修复专项基金”；联合企业设立“陆润德慈善信托”；联合市义务工作者协会、市爱盟社会工作服务中心、市叶子帮帮社会工作服务中心、市一亩心田社会工作服务中心、市爱国拥军促进会等慈善组织，开展“中华慈善日”活动。

市慈善总会横店分会、画水润德嘉园黄秀工作站获评第三批省级示范分会；市慈善组织孵化基地连续两年获评省级示范型慈善基地。

【东西部协作和山海协作慈善帮扶】 2022年，市慈善总会动员社会力量通过捐助、公益项目等方式参与东西部协作和山海协作社会帮扶工作，各筹集帮扶资金250余万元和50余万元，助力四川省南江县和浙江省磐安县。

【定向慈善捐赠】 2022年，市慈善总会收到定向捐款250.42万元。东阳市星吉年工贸有限公司捐款1万元用于周某贞一家日常生活与就医；白云街道办事处捐款13万元用于白云街道教育发展基金；深圳市艾普希隆科技有限公司捐款15万元，用于画水镇旭光村古建筑保护及老年食堂使用；东阳市中汽市场管理有限公司捐款6.9万元，用于助学；上海玺运医疗器械有限公司捐款5万元，用于重点疾病筛查慈善基金；东阳市天泓置业有限公司捐款50万元，用于东岘文化苑修建项目；品茗科技股份有限公司捐款2万元、浙江科佳工程咨询有限公司捐款2万元、浙江中诚工程管理科技有限公司捐款2万元、中汇工程咨询有限公司捐款2万元，用于资助浙江广厦建设职业技术大学管理工程学院工程咨询产业学院；中联集团教育科技有限公司捐款1万元，用于资助浙江广厦建设职业技术大学管理工程学院智慧财经产业学院；浙江中昊电子科技有限公司捐款25万元、东阳市众振汽车销售服务有限公司捐款12.5万元、浙江东阳市天琪投资有限公司捐款25万元、潘某刚捐款12.5万元、许某良捐款25万元，用于东阳二中“君毅基金”；东阳市明堂红木家俱有限公司捐款5万元，用于新生儿救治慈善基金；浙江省烟草公司金华市公司捐款28万元，用于助学和美丽乡村建设。

【冠名基金支出】 2022年，市慈善总会有15个冠名基金，冠名基金定向支出1003.16万元。“君毅基金”支出150万元用于第二高级中学奖教奖学；“海天教育基金”支出30万元用于巍山高中奖教奖学；“华洋教育基金”支出15万元用于虎鹿镇中心学校奖教奖学；“志成教育基金”支出10万元、“康恩贝季强奖学基金”支出9.8万元用于虎鹿镇初级中学奖教奖学；“江北教育发展基金”支出244.27万元用于奖教奖学；“巍山教育发展基金”支出340.28万元用于奖教奖学；“白云教育发展基金”支出111万元用于奖教奖学；“重点疾病筛查慈善基金”支出56.65万元用于特定人群重点疾病免费筛查；“未成年人保护及发展专项基金”支出16.4万元用于开展未成年人保护及发展工作；“矛盾纠纷化解社会关系修复专项基金”支出19.76万元用于开展矛盾纠纷化解和社会关系修复工作。

【慈善助学】 2022年，市慈善总会对全市44名困难大学生给予每人5000元的助学金，共计22万元（其中10万元通过慈善信托支出）。8月24日，与东阳国际汽车城联合开展助学活动，发放助学金8.4万元；12月21日，与市烟草专卖局（分公司）联合开展助学活动，发放助学金6.9万元。

【慈善助老助医】 2022年，市慈善总会联合市老龄办开展助老活动，发放慰问金33.4万元。市慈善总会支出52.73万元，用于市人民医院、市中医院、横店文荣医院困难家庭尿毒症患者。市人民医院冠名的医疗基金支出31.23万元，用于无主病人救助。

（姚　瑶）

公益组织选介

·东阳市义务工作者协会·

【概况】 2022年,东阳市义务工作者协会(以下简称义工协会)联合东阳市乐义社会工作服务中心(以下简称乐义社工),开展关爱老人和儿童、社区便民服务、导医服务、文明城市创建、公益夏令营等活动852场,参与活动人数9897人次,服务时长45303小时,服务群众289.4万人次。

【志愿服务】 2022年,义工协会联合乐义社工开展"小手拉大手、共建文明城"亲子活动,开展全国文明城市创建志愿服务;开展雷锋岗亭志愿服务;开展环保志愿活动25场。

义工协会在虎鹿镇参与"携手做慈善传播真善美"主题活动,慰问资助困难群体;在市人民医院、市人民医院巍山分院开展导医服务;在各核酸检测点开展志愿服务;在城区、画水镇开展全民戴口罩宣传活动;开展"义工心向党 喜迎二十大"主题活动。

7月15日至8月13日,义工协会在虎鹿镇厦程里村承办暑假公益托管活动;联合乐义社工开展智慧助老活动15场;开展留守儿童专题活动9场,开设青少年健康教育课堂。

【社区便民服务】 2022年,义工协会联合乐义社工,在各社区为居民提供修理小家电、健康体检等便民服务;开展垃圾分类、禁毒防艾宣传和文艺演出,宣传反诈骗经典案例,帮助市民下载"国家反诈中心"App,在20个小区开展活动,8633人受益,服务时长1900小时。

(周志伟)

·东阳市爱盟社会工作服务中心·

【概况】 2022年,东阳市爱盟社会工作服务中心(以下简称东阳爱盟)以"双工"(社会工作者+志愿工作者)联动的形式开展各类服务项目和活动,组织并参与项目21个,承接镇乡(街道)社会工作站12个,以社会工作站为依托解决居民需求;开展低保户入户走访、需求排摸,走访2090户。开展未成年人保护工作,对21名涉罪未成年人进行结对帮扶。参与涉案未成年人陪护1130人次;参与疫情防控工作,为患者、社区居民提供防疫知识宣传和心理危机干预服务。

东阳爱盟"非遗小传人"志愿服务项目获浙江省青年志愿服务项目大赛铜奖,"红色露天电影院"新时代影宣志愿服务项目获第三届浙江省志愿服务项目大赛优秀奖;东阳爱盟理事长吴坚强获评全国学雷锋志愿服务"4个100"最美志愿者。

【生态环境公益宣传】 2022年,东阳爱盟组建30人的环保志愿者队伍,定期进行服务培训,每周开展关于生态环境的公益活动,每月不定期对重点企业、区域排污情况进行暗访,并将巡查信息及问题汇总,通知涉事单位整改。对全市220处存在生态问题的地块及860家企业进行巡查,参与志愿者760人次。开展寻找生活垃圾公益活动,参与志愿者812人次,检查出村庄垃圾及道路垃圾90处。

【婚姻家庭辅导室】 2022年,东阳爱盟入驻市婚姻登记处设婚姻家庭辅导室,组建由婚姻辅导师、心理咨询师、律师等人员组成的专业团队,为有需求的家庭提供现场纠纷调解和心理咨询服务。年内,为745个家庭提供婚姻辅导服务,挽回家庭452个。

(白小琴)

吴宁街道

【概况】 2022年，吴宁街道行政区域面积31平方千米，辖卢宅、江滨、东街、西街、东岘、迎晖、朝阳、城南、西园、荷塘、兴平11个社区和31个经济合作社，下设65个居民小区。办事处驻吴宁街道东街1号。辖区总户数32068户，总人口84738人，人口出生率5.2‰，出生人口535人，出生人口性别比116（女为100），人口自然增长率0.3‰。完成税收8.5亿元。城镇居民人均可支配收入66808元，农村居民人均纯收入40171元。

【工业和商贸服务业】 2022年，吴宁街道工业经济以服装、木雕工艺品等行业为主，有规模以上工业企业9家，实现规模以上工业企业产值49.5亿元，比上年增长24.8%；完成外贸出口总额4.4亿元。开展低效工业用地清理工作，全年整治低效工业用地15宗、面积9.13公顷。有限额以上批发零售企业29家、限额以上住宿餐饮企业12家、规模以上服务业企业14家。完成限额以上批发零售销售额23.8亿元，比上年下降16%；限额以上住宿餐饮营业额0.95亿元，比上年增长1.7%。

2022年，吴宁街道培育工业企业“小升规”两家（东阳市中森工艺品有限公司、东阳市康家日用品有限公司）；增加限额以上（规模以上）商贸服务业企业9家，其中限额以上批发零售企业6家（东阳鑫旺农业发展有限公司、东阳市远想汽车销售有限公司、东阳市海格家电有限公司、东阳市海佳贸易有限公司、东阳市顶好美承数码有限公司、东阳市晨阳磁性材料有限公司）、限额以上餐饮企业2家（东阳市威汀餐饮管理有限公司、东阳市吴宁鹤的家日料店）、规模以上服务业企业1家（东阳市兵管家保洁服务有限公司）。

【农业】 2022年，吴宁街道完成农业总产值3130万元，有山林面积1368公顷，种植经济作物36.87公顷。推进森林防火、防汛抗台风、松材线虫病防治等工作，全年清理枯死松树1249.82吨。

【城镇建设】 2022年，吴宁街道整治金义东市域轨道交通沿线学士路与兴平东路两侧违章建筑，拆除违章建筑110宗、面积8.9万平方米。完成老旧小区改造11个，总投资2.03亿元。建成“两定四分”垃圾分类亭298个，实现居民小区全覆盖；创建垃圾分类省级高标准示范小区12个、示范片区1个。

2022年，吴宁街道推进“污水零直排区”建设，完成49个生活类小区、96家工业企业、1702家“六小”行业经营单位、111个机关企事业单位、1个集贸市场的整治工作，实现城区截污纳管全覆盖，完成辖区河道重点支流和重点排污口整治。完成白溪、雅溪、西溪河道溪底淤泥清理与垃圾清理，完成东溪修复以及卢三溪部分河段清淤工作。增加电动自行车充电口2800个。

【重点工程建设】 2022年，吴宁街道推进荷塘、东七里2个片区拆迁。荷塘片区完成一都许村农户签约205户，签约率97.3%，支付征收补偿款9800万元；金钩塘村、陈塘村农户签约158户，签约率100%，支付征收补偿款5500万元，金钩塘村房屋拆除99%；完成土地预征用66.67公顷。东七里片区完成农户签约66户，签约率94.29%；完成企业征收3家。完成博士大桥项目征地5.84公顷、市文化艺术中心项目征地11.38公顷、市养老中心项目征地5.73公顷。完成南午岭互通、义东高速公路项目所涉房屋的土地征收和拆除工作；完成振兴路东延遗留房屋的征收签约，推进振兴路东延、教授路南延项目前期调查评估，出具红线图和土地征收预公告。

【文教卫生】 2022年，吴宁街道新建群众文化团队2个，培育新文艺精品节目3个，获金华市级奖项2个。开展群众性宣传教育和文艺活动，举办吴宁街道文化艺术周活动，组织开展社区巡演。卢宅“三乡”文化科普教育基地获评金华市级科普教育基地。整改提升新时代文明实践站（所）工作，招募志愿者3.7万名，开展各类宣讲活动360余场，完成文化礼堂点单服务4000余次。打造新型公共文化空间，建设“15分钟”品质文化生活圈点位7个、“百姓百艺”全民艺术普及工作坊业务试点1个。在常态化开展新冠疫情防控的同时，依托15分钟医疗卫生服务圈，加强医疗卫生服务保障。

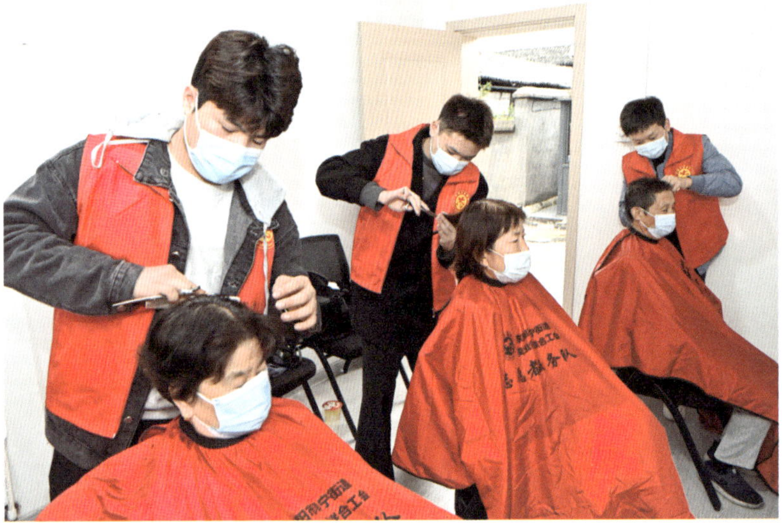

2022年10月9日，吴宁街道美业联合工会志愿者服务队在西街社区开展服务活动　（包康轩/摄）

【社会保障】　2022年，吴宁街道推进居家养老中心建设，建成社区居家养老服务站4个，完成60周岁以上老年人自理能力筛查。各群众团体组织开展各种形式的公益服务活动。振兴路地摊经济联合工会创新经验获评浙江省第二届工会改革创新十佳成果。

2022年，辖区有低保对象124户153人，低保边缘对象8户18人。发放低保金等各类补助160余万元。开展根治欠薪专项行动，受理劳动保障咨询和劳动者工资拖欠投诉272次，其中立案99起，涉及125人，涉及金额83.12万元。

【社会治理】　2022年，吴宁街道实体化运行街道综合信息指挥室，调整优化网格135个、微网格744个；有各级人民调解委员会13个、人民调解员105人，分布在11个社区。调处矛盾纠纷1039起（其中重大疑难矛盾纠纷7件），涉及金额429.82万元。发挥“四个平台”作用，流转办理各类诉求2.6万件。开展重点领域消防安全专项整治，检查出租房、沿街店铺6600余处，整改问题隐患967处。完成电气线路套管整治，加装电梯轿厢阻止系统99套。吴宁街道禁毒办获授“省一级乡镇（街道）禁毒办”称号。

【组织建设】　2022年，吴宁街道党工委辖14个党委、2个党总支、131个党支部，有党员4461人。推进基层党组织建设，开展街道党校“每月一讲”培训活动9场。推进“金华有爱·幸福婺里”现代社区品牌创建，东街社区和西街社区通过金华市级验收。

2022年，吴宁街道党工委完善党风廉政建设责任制，构建党工委主体责任、党工委书记第一责任、班子成员“一岗双责”机制；开展基层“五整治五提升”专项行动，推进清廉村居建设。运用监督执纪“四种形态”第一种形态处置33人，发放监察建议书5份。

【吴宁—玉山“百镇共建”工作】　2022年，吴宁街道开展吴宁—玉山“百镇共建”工作，通过“互联网+”云课堂、义诊巡诊、文化走亲等活动，实现教育、医疗、文化资源共享。开展振兴路“共富工坊”、舞龙源龙文化研学基地等六个重点共建项目建设，发放共建帮扶资金60万元。

7月，吴宁街道开展“亲凉一夏·吴山行”主题月系列活动。统筹辖区内旅游资源，通过定向发放优惠券、旅游通票等举措，吸引游客前往磐安县玉山镇游玩。发动企事业单位到磐安县玉山镇内景区、家庭农场、农家乐等开展工会活动。

【吴宁街道社会工作站建立】　吴宁街道社会工作站位于尊经阁内，2022年7月开始由东阳市爱盟社会工作服务中心负责运营。该站加强与街道、社区、社会组织、企业、高校等多方主体的联动，在社会救助、养老服务、儿童关爱保护和社区治理等领域，提供困难纾解、关系调适等服务。走访社区，为困境人群提供人文关怀；开展社区活动17场次，服务900余人次。常态化开展“义诊”活动8场次，服务300余人次。相关工作被中国公益在线、公益头条、知乎、中国县域频道网站等多家媒体报道。

【市内首家省五星级“残疾人之家”产生】　2022年，吴宁街道“残疾人之家”配备有培训教室、康复室、休息

2022年7月9日，吴宁街道在玉山古茶场举办“百镇共建强基”吴宁玉山共建项目推进会暨“亲凉一夏·吴山行”主题月启动仪式　（吴宁街道提供）

室、健身房、工疗车间、厨房、餐厅等功能场所，为辖区残疾人提供日间照料、技能培训、文体活动、康复训练、辅助就业等各项服务。集中照料智力残疾、精神残疾和肢体残疾等残疾人40余人。4月5日，省残联公布2021年度五星级"残疾人之家"评定结果，吴宁街道"残疾人之家"上榜，成为东阳市首家省五星级"残疾人之家"。10月25日，联合街道社会工作站招募16名助残志愿者和2名救护员，组织残疾人乘坐市域轨道交通到中国木雕博物馆参观学习。

（虞晨昊）

白云街道

【概况】 2022年，白云街道行政区域面积57平方千米，辖8个社区、40个小区。街道办事处驻白云街道中山社区望江北路2号。辖区总人口182562人，其中本地人口49551人、外来人口133011人。出生人口439人，出生人口性别比106(女为100)。实现税收16.34亿元，比上年增长5.82%。

【工业】 2022年，白云街道有工业企业1310家，60家规模以上工业企业实现工业总产值40.57亿元，比上年增长4.63%；工业增加值8.13亿元，比上年增长1.5%。完成产业项目到位资金11913万元，其中制造业到位资金3749万元；实现外贸出口33.15亿元。培育"小升规"企业14家，增加专精特新"小巨人"企业2家（浙江东政电机有限公司、浙江恒成硬质合金有限公司）、国家高新技术企业6家（浙江索特环境科技有限公司、浙江天力磁电科技有限公司、东阳市恒达金属波纹管有限公司、浙江省水电建筑机械有限公司、浙江省东阳市荣盛橡塑制品有限公司、东阳市甘特电气有限公司）、省科技型中小企业16家、股份制企业1家。有年产值超亿元企业11家，其中年内增加2家（浙江华登服装有限公司、浙江天力磁电科技有限公司）。实施旧厂房改造项目29个，其中续建项目19个、新建项目10个，实施重点技改项目6个、两化融合项目8个。推进低效工业用地整治，完成改造提升64家，出清面积40.84公顷。签约投资5000万元以上项目5个（东阳市旺球科技有限公司项目、浙江东政电机有限公司项目、浙江莫奇拉户外用品有限公司项目、东阳市雄宇电子有限公司项目、东阳市航晓电器有限公司项目），其中东阳市旺球科技有限公司项目、浙江东政电机有限公司项目投资均超3亿元。招引浙江民瑞建设有限公司、浙江中利建筑劳务有限公司入驻，增创税收0.91亿元，获评东阳市2022年度招商引资工作先进集体。

【商贸服务业】 2022年，东阳中国木雕城获评2021年度浙江省放心消费街区（商圈）；东阳国际汽车城获评浙江省电子商务产业AAA基地；东阳红木家具市场获评全国商品交易市场系统最具影响力品牌市场，居"2021年中国建材家居卖场单店50强"第8位；东阳银泰城电商创业园获评金华市级创业孵化基地。增加品牌汽车4S店6家（东阳元基汽车销售服务有限责任公司、东阳市众浩汽车销售服务有限公司、东阳市弘迪汽车销售服务有限公司、东阳市白芸埃安汽车销售服务有限公司、东阳市吉通汽车销售服务有限公司、东阳泰通汽车销售有限公司）。

2022年，白云街道实施白云商贸园区商贸服务业重点开发项目7个。其中，东阳国际汽车城二期项目（电商中心）基本完成；远疆·天域项目二期、"顶兑"电音剧场项目主体结顶；数字电商园项目完成装修改造（商户入驻率98%）；雷克萨斯项目完成征地。有限额以上商贸批零住餐企业和规模以上服务业企业66家（增加9家），实现营业收入98.27亿元。

2022年，东阳市数字电商产业园建成开业，总营业面积5.6万平方米。街道辖区内电商产业园（基地）增至10个，其中省AAA级电子商务产业基地3个、省电子商务产业示范基地1个、省电子商务实践基地1个、省电子商务培训机构1个，招引短视频、直播等新业态企业4456家。举办东阳市第七届创业创新大赛暨第二届电子商务短视频直播大赛第一场分赛区活动、汽车城二手车行业抖音直播培训会、2022跨境电商政策宣讲会——白云站分享会、上进电商村首届年货节等各类电商活动40余次。

【农业】 2022年，白云街道有耕地面积61.88公顷，山林面积314.65公顷。实现农村集体收入26261.79万元，固定资产在建工程（除设备外的土建部分）9409.33万元，农村集体储蓄存款余额73256.56万元。

【城镇建设】 2022年，白云街道实施碧水提升行动，推进6个截污纳管工程项目，完成西庄小区局部排水管道提升改造、望江路排水管网提升、东针路（小康路—东义路）污水改造等项目建设。新建垃圾分类亭40个，发放宣传手册2万余册，创建高标准垃圾分类示范小区5个。开展全国

2022年12月30日，白云街道上进电商村首届年货节开幕（白云街道提供）

文明城市创建，落实问题整改7000余个；开展全域巡查900余次，落实问题整改3.3万个；清理出租楼道4000余处，清运堆积物1万余车；开展文明城市建设项目建设，涉及16个方面617个项目，投资超1.5亿元；5个小区获评东阳市"十佳文明小区"。完成102家"六小"行业企业隔油池改造、5家企事业单位"污水零直排"整改、23家工业企业雨污分流整治。5家红木家具企业"油改水"替换通过验收。加强工业固废集中处置，回收工业固废2万余吨，实现资源化处置利用1.5万吨；回收大件垃圾1.2万吨，实现资源化处置利用1万吨。拆除各类违法建筑12.25万平方米。

【基础设施建设】 2022年，白云街道完成城市基础设施更新投资32.1亿元。启动实施面积1平方千米以上片区改造项目2个(接官亭片区、白云片区)，完成房屋拆除面积5.94万平方米；投资2430万元，创建未来社区2个(中山社区、蓝天社区)。完成投资2000万元，创建风貌样板区1个，其中西一路、平川路、昌盛路道路改造完成。开展城市品质提升大会战，推进23项重点工程建设，完成年度投资1.93亿元，其中风貌提升项目5个，投资6895万元；城市道路、公园等基础配套工程4个，投资5495万元。完成2个老旧小区改造和焕山、笠里、上进3个小区市政配套项目建设。出让兴平路以南、歌山路以西3、4、5号地块(原林业总场区块)。改造东针路(汉宁西路—兴平西路)、中环路(南环路—昆山路)、南环路(西一路—紫荆庄园)、37省道连接线4条城市道路，打通东针路(汉宁西路—兴平西路)、西一路(东义路—世贸大道)、书院路(东义路—世贸大道)3条道路。盘活存量建设用地23.53公顷。推进西一路、书院路建设以及白殿、河东、林业总场等区块更新改造的政策处理工作，涉及11个小区799户农户，完成签约771户，拆除378户。

【文教卫生】 2022年，白云街道有街道综合文化站、广播电视站、农民工文化活动中心各1个，农家书屋9个。有幼儿园27所(其中幼儿园25所、教学点2个)，在园幼儿6997人，教职工935人；小学8所，在校生9445人，教职工691人，专任教师497人；初中4所，在校生4647人，教职工387人，其中专任教师302人；九年义务教育覆盖率100%。白云街道社区卫生服务中心有在岗工作人员67人，其中卫技人员59人(其中执业医师、助理医师27人，注册护士15人；副高职称3人，中级职称20人)，非卫技人员8人。全年卫生服务中心门诊诊疗101805人次(不含体检人次)。农村安全饮用水普及率100%，农村卫生厕所普及率100%。

【社会保障】 2022年，白云街道复核确认社会救助对象82户，其中城镇低保对象77户102人，低保边缘对象2户6人，特困对象3户3人。发放低保金82.9万元；临时救助5户5人，发放救助金7500元；慈善救助8人，发放救助金12500元。办理公共租赁房补贴21人；完成困难老人能力评估9420人。生育登记服务审核502人次，发放农村部分计划生育家庭奖励扶助、计划生育家庭特别扶助和浙江省"双农二女户"奖扶161户。落实重度残疾人护理补贴304人、困难残疾人生活补贴70人、残疾人个体养老保险补贴56人，完成残疾人基本状况调查645人，办理贫困残疾人(低保家庭残疾人子女、残疾人学生)助学18人，实施低保残疾人家庭幸福安居工程1户、无障碍设施进家庭改造项目13户，完成白云街道残联换届选举。投资60万元改造神道门居家养老照料中心。创建示范型"儿童之家"3家(莲花山社区、十里头社区、中山社区)。推广"老兵码"应用1167人，创建"枫桥式退役军人服务站"1个。白云街道民生议事堂和白云街道民宗所挂牌成立。

【社会治理】 2022年，白云街道受理"8890"事项4368项，办结网格员上报事项15849项。开展专职网格员专题培训36期，进行网格优化调整，划定网格174个、微网格810个，设置"连心群"2788个，每个"连心群"群主联系10~20户农户。推进全民防诈骗工作，设立3处宣传阵地，开展反诈宣传99次。常态化排查整治欠薪隐患，劳动管理服务站调处化解劳资纠纷511起，涉及金额888万元。组织联合执法检查3次，开展"综合查一次"行动27次，办理执法案件一般程序74件、简易程序77件。推动第二轮安全生产综合治理，排查各类场所1.3万余处，整改突出问题8万余个，开展应急大演练等各类宣传活动110次；在下昆溪小区举行全市自建民房合用建筑消防安全专项整治现场会暨"119"消防宣传月启动仪式；推进白云消防站点位建设，完成征地

2022年11月8日，东阳市自建民房合用建筑消防安全专项整治现场会暨"119"消防宣传月启动仪式在白云街道下昆溪小区举行　　(白云街道提供)

工作；实施“千塘百库”除险清零行动，完成山塘水库除险加固1座。

2022年，白云街道在册社区矫正对象53人，办理入矫35人、解矫44人，走访安置帮教对象188人次，未发生刑满释放人员严重刑事案件和个人极端犯罪案件。街道司法所调解纠纷1353件，其中书面案件167件，涉案金额817.64万元。开展禁毒宣传活动16场，悬设横幅30条，张贴禁种铲毒海报80张，发送禁毒宣传小礼品1500余份，发放禁毒宣传手册2000余份。街道禁毒办获评浙江省二级乡镇(街道)禁毒办。

【组织建设】 2022年，白云街道党工委辖党委1个，党总支8个、党支部94个，有党员2717人。年内结对三单乡开展“百镇共建强基”行动，实施八个方面帮扶，其中，联合开辟“共富菜园”，助力高山蔬菜生产、销售，帮助农户走向规模化经营；培养“共富人才”，举办公益托管营为两地学生搭建交流平台，以跟班锻炼形式推动干部共建交流，组织各类人才推介活动，鼓励村民外出就业创业；推动“共富产业”，将三单乡贤林栖回乡投资项目——林栖三十六院列为帮扶共建项目之一。中山社区“党建统领善治中山”和十里头社区“春风十里暖在心头”党建品牌入选2022年度“金华有爱·幸福婺里”现代社区品牌“争先榜”单位。成立“河小二”“孝心骑兵队”等多支小巷队伍，开展志愿服务活动200余场；举办“非遗体验”“七彩假期”“护苗计划”“小哥歇歇”等特色活动20余场；推广党员、“红领青年”、少先队员“三级楼道长”志愿服务活动经验，相关工作获“学习强国”学习平台、《浙江党建》报道。加强正风肃纪反腐，推广“后陈经验”，梳理问题21个，第一种形态处置29人，第二种形态处置免职1人、停职1人，办结涉纪信访案9件。

（黄阳阳）

江北街道

【概况】 2022年，江北街道行政区域面积88平方千米，辖10个社区、3个行政村、77个小区(自然村)。街道办事处驻翠竹路1号。辖区总户数28949户，总人口68346人；出生人口547人，出生率0.642%，出生人口性别比109(女为100)。

【工业】 2022年，江北街道有规模以上工业企业79家，实现总产值40.75亿元，比上年增长8.7%；完成固定资产总投资30.17亿元，比上年增长10.74%；规模以下样本企业主营业务收入4.78亿元。完成税收9.67亿元，比上年增长38.18%。建筑业招引企业完成税收7792.49万元。完成招商引资项目10个，其中投资额10亿元以上项目1个、3亿元以上项目9个。推进低效工业用地整治，销号62宗，整治面积42公顷。加强企业技术开发引进，入选东阳市两化融合项目4个，总投资880万元；入选金华市智能工厂(数字化车间)项目培育库项目3个；完成申报国家高新技术企业13家、省科技型中小企业16家。

【农业】 2022年，江北街道有耕地面积819.5公顷，12家种田大户承包耕地203公顷，其中承包百亩(6.67公顷)以上种田户6家。华店村张长彩承包耕地76公顷，湖沧村王跃辉承包耕地46公顷。盘溪共享田园项目规划总面积97.2公顷，投资额约2200万元，完成初步设计、概算编制及工程总承包(EPC)招标文件联审。

【重点工程建设】 2022年，江北街道推进落实甬金铁路、义东高速公路、351国道等交通路网建设所涉政策处置工作；协调处理市公共卫生服务中心“健康驿站”建设的基础工作，完成土地清表9.33公顷；推进市科技城等市重点工程项目政策处置，挖掘辖区范围内可开发土地8块113.33公顷，中山路以西、湖莲西街以南地块和歌山路以东、江滨北街以北地块完成挂牌公告。

【村镇建设】 2022年，江北街道推进城市核心区域精品街区建设，改造提升甘溪路、人民路、中山路精品街区。完成猴塘文化公园、北岸文创公园、浪坑溪景观带等项目建设所涉政策处理工作，拆除猴塘文化公园建设所涉厂房3处。提升湖莲东街风貌，拆除棚户18户3900平方米。启动上徐施小区等4个小区房屋集中拆除工作，推进月亮湾片区城市风貌更新，完成签约667户、腾空634户、拆除566户。猴塘社区及茗田社区恬里小区精品社区建设初具雏形。完成部分小区危旧房整治遗留的无房户、缺房户农转用指标分批报批工作。

开展文明城市创建，投资8.15亿元，实施城市品质提升类项目137个，整治空闲地519宗、面积614.6万平方米。投资700余万元，完成楼店、仙山、仓前3个小区的美丽乡村建设项目，其中楼店小区、仙山小区获评东阳市“十佳村(小区)”。

【基础设施建设】 2022年，江北街道建成宝悦君亭东侧、蟾院小区南侧、下范小学南侧、琴岚幼儿园西侧4个停车场。增加垃圾分类亭31个，完成12个垃圾分类亭的智能化监控及配套设施改造工程，5个省级高标准生活垃圾分类示范小区、2条垃圾分类示范街通过创建考核。加快东义同城化进程，推进友谊路、江滨北街西延、惠民路等交通联动建设。完成辖区内周店溪以东道路等5条道路以及江滨北街东延工程建设。

【文教卫生】 2022年，江北街道有幼儿园18所、教学点2个(其中教育部门办幼儿园7所、教学点2个、民办幼儿园11所)，在园幼儿5082人，教师363人；小学10所(其中教育部门办8所，民办2所)，在校学生9335人，教师472人；初中2所，教学班44个，在校学生2005人，教师131人(其中中学高级教师41人)。年内，投资1600万元建成江北初中运动场。江北初中获评金华市智慧校园、东阳市清廉建设示范学校，上卢初中获金华市中小学婺剧会演初中组第一名、金华市第五届运动会女子甲组乒乓球比赛团体第一名、金华市青少年举重比赛团体总分第二名、东阳市中小学生篮球比赛初中女子组比赛第一名，江北中心小学获评省现代化学校，上卢小

2022年6月1日，江北街道社会工作站与社区培训机构共同开设“妙趣茗田”儿童公益课程 （江北街道提供）

学获金华市青少年棋类锦标赛象棋团体小学男子、女子组第一名，湖田小学获评浙江省健康促进学校（银牌）、金华市中小学数字家长学校、金华市智慧校园，第四实验幼儿园教研组获评省先进教研组，第五实验幼儿园王峰园区被省教育厅命名为全国青少年校园足球特色学校（幼儿园）。

2022年，江北街道社区卫生服务中心有在职卫技人员69人，全年门急诊接诊161332人次。完成居民健康规范建档61213份，电子档案开放率100%。完成对341名产妇的产前检查、23所幼儿园6080名儿童和14所中小学生13342人的全面体检以及65周岁以上4670名老人的健康体检。

【社会保障】 2022年，江北街道加强低保对象和低保边缘对象动态管理，入户核查在册救助对象255户398人，低保对象增加13户19人，注销23户34人；低保边缘对象增加4户11人；发放低保金271.6万元。救助困难家庭18户，发放救助款11.533万元。完成1038户持证残疾人的入户调查和信息录入工作；发放困难残疾人护理补助13.16万元、生活补贴4.59万元、春节慰问金1万元。完成困难残疾人家庭无障碍改造104户，发放贫困残疾人家族子女就学补助48人、38200元。4家居家养老照料中心（石宅、潭沿、上王、王户口）正常运行；建成东丰颐康居家养老服务中心，建筑面积5452.4平方米，设托养床位28张。

【社会治理】 2022年，江北街道便民服务中心办理房产证及修房手续300余项、建设规划许可证380余户；办理农村养老保险160余份、新农保认证898人次；办理新征地业务确认58余份，被征地待遇核定84人，被征地农民养老保障参保增加868人，医保参保缴费1800余人。

2022年，江北街道调委会下设调解工作室1个、社区（村）调委会13个，有调解人员219人（含专职调解员3人）；调解案件775件，涉及金额1039.58万元。安置帮教对象118人，刑满释放52人，增加矫正对象42人，均依法实施管理。

2022年，江北街道建有网格126个、微网格562个，配有专职网格员125人、兼职网格员125人、网格指导员125人，其他包联人员377人。组织开展“三合一”排查，对1116家食品经营户、1975户“三小摊”、1692家餐饮商户、3012台特种设备涉及的1260家使用单位进行安全宣传、安全检查和风险排查，注销市场主体1847家，立案76件，结案73件，罚没款62万元。

【组织建设】 2022年，江北街道党工委辖13个党总支、112个党支部，有党员3696人。加强基层党建，推进党校规范化建设，培育东丰小区党课精品课程，推广凤凰、月亮湾、猴塘社区党群服务中心党建品牌，推动茗田社区金华市现代化社区“争先榜”创建工作。落实党员干部常态化监督，发现整改问题45处，问题线索处置21件，查办案件8件，移送协审2件，诫勉谈话7人，批评教育11人，书面检查5人，处理违纪党员6人。街道团委深化智慧团建系统建设，开展系列教育活动。街道妇联完成妇联换届选举，选举产生执委15人；落实社区专职妇联干部，推行“妇联+社工+

2022年6月30日，市人民检察院工作人员在江北街道猴塘社区东丰小区举行防诈讲座 （市人民检察院提供）

志愿者”工作机制。江北街道增加基层工会11家，成立金华市首家网约送餐行业工会联合会。

【江北街道综合行政执法队成立】 2022年3月20日，江北街道综合行政执法队挂牌成立。综合执法队行使自然资源、建设、环保等6个领域、37项法律规定的行政处罚权，通过联合执法，推进环境优化，提升社会管理水平。年内办结各类违法案件1374件，收缴罚没款118.41万元；办理各类行政审批事项1184件，收缴规费39.54万元。

【退役军人服务和民兵工作推进】 2022年，江北街道退役军人服务站获评浙江省退役军人服务保障体系建设先进单位，在该基础上，继续加强退役军人服务站建设，推进站内设施升级。组成基干民兵队伍，分别组成伤病员救治连、应急排、车辆排、情报信息侦搜排。普通民兵编设各社区、行政村民兵连。分期参加集训比武，获金华岗位练兵大比武应急搜救第一名、炊事第一名、防爆第三名。

（许庆首）

六石街道

【概况】 2022年，六石街道行政区域面积65平方千米，辖1个社区(7个小区)、22个行政村(62个自然村)。街道办事处驻六石街道湖心塘村综合楼。辖区总户数18005户，总人口40588人。出生人口240人，出生人口性别比95(女为100)。完成税收7.09亿元，比上年下降5.3%。

【农业和商贸服务业】 2022年，六石街道完成粮食播种面积412.13公顷，粮食复种面积705.07公顷，粮食复种指数175%。有早稻高产示范畈、单晚稻新品种展示畈、稻虾共养基地各1个，面积共6.67公顷。开展政策性农业保险工作，种粮大户参保率100%。加强惠农政策和粮食病虫害防治宣传，组织种粮大户培训4期。实现限额以上批发销售额29.73亿元，比上年增长102.28%；实现限额以上零售销售额2亿元，比上年增长15.9%。

【工业】 2022年，六石街道(经济开发区核心产业区块)有工业企业680家，其中规模以上工业企业89家。实现规模以上工业企业总产值74.84亿元(16家企业产值超亿元)，比上年增长21.46%；规模以上工业企业增加值14.8亿元，比上年增长11.7%；完成固定资产投资32.77亿元，其中工业投资13.6亿元；实现限额以上批发销售额29.73亿元，比上年增长102.28%；实现限额以上零售销售额2亿元，比上年增长15.9%。实现外贸出口额14.39亿元，比上年下降5.3%。

2022年，六石街道继续开展低效工业用地整治。夏溪潭村整治面积3.93公顷；湖心塘村广福路两侧整治100%完成腾退协议签订，拆除闲置厂房95%。推进新材料“万亩千亿”产业平台建设，完成涉及38个自然村的坟墓搬迁；完成枫树下、笠峰和祥湖3个村638户农户宅基地预审、社会风险评估和房屋评估工作；笠峰村拆迁工作完成签约119户；启动祥湖村拆迁签约。

【村镇规划建设】 2022年，六石街道完成派园、横塘、北后周、康厦4个村的“一事一议”项目，完成病危山塘水库整治项目4个。完善集镇路网，完成泗庭芳小区振兴路东延项目涉及的51户农房拆除和香潭小区针织路西延项目涉及的4户农房拆迁签约。规划振兴路东延沿街店面50间。推进新材料“万亩千亿”产业平台六石安置区建设，完成六石小区、泗庭芳小区政策处理及复兴路、小学路等主干道建设；完成六石安置区一期B地块工程量的90%、C地块基础施工以及安置区二期初步方案设计、论证。促进村级集体经济壮大，20个村实现集体年经营性收入50万元以上，其中10个村实现集体年经营性收入100万元以上。

【美丽乡村建设】 2022年，六石街道投资3500万元，完成美丽城镇项目建设13个。完成六石垃圾中转站初步方案设计和16个“两定四分”垃圾分类亭建设。整改基础设施破损、停车无序、飞线充电、小广告、占道经营等问题3520个，整治隐患2820处。推进12个“污水零直排区”村创建，完成日上、青塘安、仙伍3个村项目建设。完成白溪江共享田园二期工程量的90%，完成石马溪共享田园项目现场放样。后石村获评省美丽宜居示范村创建优秀村庄，里光明村获评省美丽庭院特色村，蟠松村、岩口村、裘家岭村获评东阳市垃圾分类最好村。

【重大项目建设】 2022年，六石街道谋划未来乡村建设项目13个，与3家

2022年12月26日，新材料“万亩千亿”产业平台六石安置区一期B区块建设主体结顶

（六石街道提供）

2022年10月29日,六石街道中心小学学生在六石街道白溪江共享田园开展收割水稻、打谷子等研学活动 (六石街道提供)

运营公司完成对接。依托蟠松老砖瓦厂,引进浙江青春里项目,启动投资3000万元的大型研学运动中心建设,其中卡丁车项目于8月试运营,年内接待游客1万人次。7个影视外景拍摄基地发展良好,接待剧组126个,拍摄总收入600余万元;白溪江共享田园和石马溪露营基地共接待游客50余万人次。

【共建强基项目建设推进】 2022年,东阳市六石街道与磐安县九和乡开展"百镇共建强基"结对交流活动,围绕治村共享、医疗互助、产品促销等方面开展共建,完成"六九携手共富来料加工点""六九石屋"共享食堂等建设项目4个,谋划产业项目3个。招引第三方选址磐安县九和乡,实施覆盖面积超11平方千米的"穿山甲之路"(中国)极限穿越项目,规划投资1000万元。

【文教卫生】 2022年,六石街道下辖初中1所、小学3所、公办幼儿园1所。有初中在校学生1117人,小学在校学生2713人,公办幼儿园在园幼儿789人。推进仙鹤幼儿园规划编制。六石街道中心小学获评省中小学数字家长学校、金华市作业改革项目基地学校。开展广厦大学木雕小镇校区建设协调保障工作,完成8个自然村的土地征收、边界确认和权属纠纷处理等事项;推进花上头村、上坑村279户农户的签约工作,签约率96.5%,房屋拆除率85%。

2022年,六石街道社区卫生服务中心创设"市人民医院专科医生+社区全科医生+公卫医生"的签约团队模式,有效签约居民15429人,有效签约率37.99%。规范管理肺结核患者,发现肺结核病例13例。开展慢性病随访和健康干预工作,有高血压管理人数5728人、糖尿病管理人数1265人、重度精神病管理人数210人。加强老年人健康管理服务,辖区65周岁以上老年人健康管理率77.37%,免费为老年人接种流感疫苗4860人次,举办健康知识讲座64次。

【社会保障】 2022年,六石街道有低保对象167户203人,发放低保金26万元;在册低保边缘对象14户21人。动态变更低保、低保边缘信息181条,低保对象退出1人、新增2人,低保边缘对象退出2人、新增1人。有特困人员6人,其中在院供养2人、户院挂钩供养1人、分散供养3人,发放供养费2.86万元。临时救助15人,发放救助金1.86万元。为3名困难儿童申请困境儿童救助,落实4户符合廉租房申请条件的家庭获得廉租房补助。发动乡贤捐助6000万元,投入街道公益事业。完成六石居家养老中心项目选址。

【社会治理】 2022年,六石街道迭代升级网格体系,分设网格75个、微网格231个、"连心群"1507个,选优配强"一长三员"(网格长和专职网格员、兼职网格员、网格指导员)251人及网格治理团队成员1895人。开展反诈宣传,创建东阳市级无骗村(小区)69个。依托安全生产数字化平台,完成辖区内94家单位的风险梳理,排查并整改隐患780余处;常态化开展森林防火、危旧房排查整治等工作。

【组织建设】 2022年,六石街道党工委辖党总支1个、党支部37个,有党员1983人。实施驻村干部组团式专职化管理,落实党员干部联系服务群众制度,党群双向熟知率达100%。制定"年轻干部一月一主题""村社工作晒拼"等工作机制,激发镇村干部干事创业热情;设立先进村激励专项资金500万元,发放奖励资金70万元。开展党员守规履职专项整治行动,查处违法党员4人。加强廉政教育宣传,发送廉政短信提示5万余条,分发提醒卡3500余份,组织集中学习12次。开展各类工作督查100余次,问责违法违纪党员干部17人。

(张媛媛)

城东街道

【概况】 2022年,城东街道行政区域面积61平方千米,辖李宅、塘西、罗屏3个驻村分中心,下辖1个社区、18个行政村。办事处驻吴宁街道工人路90号。辖区总户数17869户,总人口42115人。出生人口233人,出生人口性别比124(女为100),人口出生率5.27‰。完成税收2.87亿元,比上年增长3.78%。

【工业】 2022年,城东街道实现工业总产值15.13亿元,比上年下降0.53%。指导技术改造与旧厂房改造提升5家,培育"小升规"企业8家,实现"小升规"4家。申报国家高新技术企业6家,省级科技型中小企业4家。完成低效企业改造提升30家,关停淘汰落后企业33家。招引建筑业企业3家,完成建筑业税收8974万元,其中年内招引的3家建筑业企业实现税收5104万元。

【商贸服务业】 2022年,城东街道完成批发业商品销售额2.34亿元,比上年下降2.5%。有限额以上批发业企业5家,完成商品销售额2.3亿元,比上年下降3.99%;限额以上零售业企业1家,完成商品销售额3347万元,比上年增长45.5%

【农业】 2022年,城东街道有耕地面积1186.5公顷,花木苗圃17公顷,果园135.6公顷,茶园19.6公顷。主要经济作物产量为油料270.9吨、棉花13.5吨、甘蔗1818.5吨、中草药材514.4吨、蔬菜25181.6吨、水果3543吨、茶叶3.8吨。完成道塘、光地、奎吾堂等村土地流转55.4公顷。

【重点工程建设】 2022年,城东街道推进14个省市重点工程项目建设,其中杭温高铁城东段特大桥建设孔桩完成100%,高铁新城农房改造集聚安置区完成主体砌体工程和场地"三通一平"工作,金义东市域轨道交通主体、附属工程全部完成,市民中心主体建筑完成,落实康优食品、城投养生、城东石材市场和城投沙场等5个项目无障碍施工。获评东阳市"三大行动""五大会战"先进单位。

【村镇建设】 2022年,城东街道落实《控制新增违章建筑实施办法》,查处违建18家并完成整改。推进人居环境全面提升专项行动,寀卢村入选省第二批未来乡村名单,李宅社区获评省级高标准农村生活垃圾分类示范村,五四、雅溪、新陈宅3个村获评东阳市"十佳村"。依托寀卢村、单良村,成立八村共富联盟,投资2.3亿元实施农村综合改革集成建设项目,并根据各村实际发展方向开展4个子项目的建设。加强村级集体经济发展,实现年经营性收入100万元以上村11个,50万元以上村6个,20万元以上村1个。获评东阳市乡村振兴工作成绩突出集体、建设共同富裕示范市工作先进集体。

【文教卫生】 2022年,城东街道有初中2所,在校学生1283人,教师80人;小学7所,在校学生3685人,教师171人;适龄儿童入学率和小学升初中升学率均为100%。城东街道社区卫生服务中心通过全国基层医疗机构"优质服务基层行"活动"回头看"评审,获评东阳市老年友善医疗机构。完成城镇居民医疗保险参保居民健康体检(65周岁以上体检4795人,体检率73.73%)、"两癌"筛查1632人次、妇女病普查1373人次。家庭医生有效签约15596人次,签约率36.92%。单良村获评金华市"婺风乡韵"乡村文化样板村,单良村文化礼堂获评省特色文化礼堂。

【社会保障】 2022年,城东街道有低保对象190户268人,发放低保金19.68万元;低保边缘对象15户33人;特困人员31户31人,发放保障金6.04万元;注销低保对象24户35人、低保边缘对象18户31人;临时救助18户44人,发放救助金4.48万元。有养老机构2家、居家养老照料中心11家。支出协助资金(包括物资)12万元,完成社会工作站档案室、综合活动室、咨询台、办公室等配套基础设施建设。建成示范性"儿童之家"1家(单良村)、基础性"儿童之家"10家(徐田村、五四村、奎吾堂村、塘西村、东光村、东兴村、湖店村、斯村村、雅溪村、东屏村)。

【社会治理】 2022年,城东街道推进便民服务工作,代办便民事项22670项。加强宗教场所、民间信仰场所巡查,配合市民宗局查处李宅古茅墩寺庙非法活动。开展防诈主题宣传活动;开展青少年、儿童防溺水宣传活动,辖区内水域未发生溺亡事故;开展禁毒宣传活动,辖区内未发生吸毒前科人员违法犯罪、肇事肇祸案件,单良村获评省级"无毒村居"。寀卢村获评全国民主法治示范村。

【组织建设】 2022年,城东街道党工委辖党总支14个、党支部80个,有党员2318人。推进"八个专项行动"实施,开展"转变作风从我做起"专题大讨论。通过"十佳村"创建,激活共富乡村建设,以百日攻坚行动为契机推进信访生态持续向好,推行重点信访问题公开反馈机制。从严管理干部队伍,实行片办例会制度,社区(村)每季度开展评比,评定"红旗村"5个、"进步村"3个、"黄旗村"6个。落实党风廉政建设责任,党纪立案27人,自办案件6件,办结4件。第一种形态处置20人次,其中批评教育

2022年,城东街道寀卢村"喜迎二十大共富寀卢"彩色稻田画 (包康轩/摄)

4人、提醒谈话11人、诫勉4人、责令书面检查1人。主动约谈31人次。发放监察建议书4份,纪检建议书1份。

【乡村共建共富推进】 2022年,城东街道推进产业植入,夯实共富基础。4月7日,浙江省委副书记黄建发到寀卢村调研,对该村把"共享田园"打造成"共富项目"的做法给予肯定。9月5日,金华市八婺同心·共建共富"十百千万"结对行动现场推进会暨社建委系统"扛旗争先"大晒拼活动在东阳市举行,与会人员考察寀卢村、单良村现代化基本单元建设和基层治理工作。

【中国农民丰收节浙江主场活动在城东街道寀卢村举行】 参见类目"东阳市人民政府"之分目"重要政事"内条目【中国农民丰收节浙江主场活动举行】。

(贯　玉)

南市街道

【概况】 2022年,南市街道行政区域面积81平方千米,辖大联、槐堂、南溪三个驻村分中心、25个行政村、81个自然村。办事处驻吴宁街道朝龙路8号。辖区总户数19722户,总人口44323人。外来人口14872人。出生人口288人,出生人口性别比110(女为100)。

【农业】 2022年,南市街道有耕地面积1467.46公顷,其中水田面积1176.09公顷。农业以种植粮食作物和经济作物为主,有家庭农场47家、农民专业合作社10家。粮食作物以水稻为主,有种粮大户19户,其中东阳市耀峰家庭农场投资400余万元,建成集育秧、粮食烘干、粮食加工为一体的南市农事服务中心。主要经济作物为南枣、蜜枣、草莓、西瓜、柑橘等,种植面积780.7公顷。青枣种植面积约700公顷,有南枣加工户7家、蜜枣加工户50家。上朱蔬菜基地种植面积6.67公顷,供应蔬菜367吨。

【工业】 2022年,南市街道完成固定资产投资9.96亿元,比上年增长87.66%,其中工业投资项目21个,投资额3.42亿元;政府性投资项目5个,投资额4.21亿元;房地产投资项目1个,投资额1.43亿元;政府性房地产投资项目1个,投资额0.9亿元。完成税收2亿元,比上年下降2.91%。有规模以上工业企业25家,实现规模以上工业企业总产值18.68亿元,比上年下降10.11%。深化低效工业用地清理整治,改造提升低效企业25家,出清低效用地23.87公顷。

【红木"南市精品"品牌建设】 2022年1月,南市街道提出推进红木产业精品区发展,加强品牌建设。10月,浙江大清翰林古典艺术家具有限公司、东阳市恒达木业有限公司、国祥红木家具有限公司、浙江省东阳市华厦大不同家具有限公司获评2022年度东阳市红木龙头骨干企业。年内,南市街道有红木家具制造企业189家,实现工业总产值8.9亿元。

【村镇规划建设】 2022年,南市街道编制(调整)3个地块的控制性详细规划,调整村庄规划13次,办理审批农户危旧房整治95户,建设工程规划许可127户,定桩放样63户,竣工验收82户,不动产登记规划审核134户,发放高铁新城新增农房集聚安置凭证677份。

南市街道局部调整8个自然村规划。补办乡村道路提升改造工程、五一科创谷绿化用地、高铁新城城西二路道路等项目用地许可证。开展自建房排查19076户,并录入灾害普查系统,其中复核经营性自建房1822户,鉴定较为陈旧的自建房330户,确定C级危房30户,D级危房19户,C、D级危房均完成腾空防控。拆除违章建筑94宗、46266平方米。完成西路村和前新屋村的旧住宅综合整治,面积2.9万平方米。15个村的全域土地整治与生态修复项目标段(一)完工并通过市级验收,标段(二)完工,标段(三)完成项目工程量的50%,项目建设增加耕地面积16.4公顷(其中旱地6.4公顷、水田10公顷)。

【美丽乡村建设】 2022年,南市街道24个自然村、241家工业企业、93家"六小"行业企业完成"污水零直排"整改。大联片区农村生活污水实现纳厂处理,罗溪村清淤9000余平方米。紫溪村、横城村获评东阳市"十佳村"。发挥"飘萍故里"红色名片优势,紫溪村建设邵飘萍故居陈列馆及京报广场,打造特色红色研学路线,带动村民增收致富。

【重点工程建设】 2022年,南市街道配合杭温高铁建设,完成东阳市方正制钉厂面积4000平方米厂房拆除及

2022年3月3日,南市街道大联小学劳动基地开垦　　(胡扬辉/摄)

补偿发放相关工作，完成南溪村弃土场意向签约和岑山头村81户农户征迁签约相关工作。配合义东高速公路建设，完成洗马塘、沧江两个村公墓迁移及补偿发放，完成15户农户面积9748平方米住宅和2家企业面积8365平方米厂房拆迁，完成22个村面积62.35公顷的土地征用费及青苗费发放。5月，完成稠岭线公路拓宽及"白改黑"工程涉及南峰村9户农房征迁补偿。10月，落实315省道建设相关村的路、溪"小三改"及矛盾调处，年末完成路基建设。完成金义东市域轨道交通桐川村车站建设征地工作。

【文教卫生】 2022年，南市街道有初中3所、小学4所、幼儿园6所；教职员工376人，其中中学129人、小学172人、幼儿园75人；在校初中学生1826人、小学学生3144人，在园幼儿1117人。年内，利用邵飘萍故居陈列馆、黄文玉烈士墓、农业园区等教育基地，开展研学教育活动。开展辖区居民免费体检和妇科检查，其中中小学生体检4995人次、幼儿园幼儿体检2037人次、妇女"两癌"筛查1909人次、妇女病普查4423人次、居民健康体检11813人次，建立档案39680份。南市街道社区卫生服务中心门诊、急诊人数122422人次，比上年增长11.8%；实现总收入1563.15万元，比上年增长6.4%。

【新时代文明实践站所建设】 2022年，南市街道以"红木红枣红色故事筑红色梦想"志愿服务为基本形式，开展新时代文明实践站所工作。整合社会组织服务中心、义工协会、成人技术学校、"妇女微家"等机构团体，组织开展党员联系服务、便民服务、学雷锋志愿服务、综治调解、消防安全等公益活动。完善志愿服务"线上+线下"管理制度，建立志愿服务队员库，健全志愿者注册登记，新注册9900人。"志愿汇"App记录志愿服务时长10万小时。

【社会保障】 2022年，南市街道有备案在册社区自治类、平安类、服务类、文体类社会组织264个，开展活动532场次。委托第三方机构对居家养老服务中心进行专业化建设运营，6月1日起正式投运。核实低保对象302户412人，增加15户17人，注销41户；低保边缘对象35户73人，增加2户5人；有"五保"供养对象8人。临时救助困难群众28人，发放救助款39400元。完成困难户危旧房整改3户。完成南溪、梨枫、五一、高潮4个村的水库移民后期扶持项目。开展殡葬领域突出问题专项整治23次。增加基础型"儿童之家"12家、示范型"儿童之家"1家，实现街道基础型"儿童之家"建设全覆盖。开展留守儿童和困境儿童帮扶工作，完成金华市未成年人关爱保护应用系统信息录入，落实困境儿童应保尽保。

【社会治理】 2022年，南市街道优化网格设置，辖区划分网格72个，配备专、兼职网格员81人。建立大联共享田园反诈宣传教育阵地，大联村被列为金华市流动人口数字化改革管理试点，探索推进信息采集智能化、重点防控精准化、数据分析精细化。开展工贸企业消防、安全生产隐患排查997次，排查整改隐患656项，完成19385户燃气"一户一检一挂"和燃气软管阀门更换工作，获评东阳市平安创建先进集体。建成综合信息指挥中心，提供化解服务，实现登记、分流、调处、督办工作闭环。槐堂村、石盆村获评2022年度"浙江省善治示范村"。

【组织建设】 2022年，南市街道党工委辖3个党总支、65个党支部，有党员2440人。街道党工委加强"四种形态"运用，第一种形态处置56人次，受理办结市纪委交办及本级信访22件，办结党纪案件18件，印发纪检监察建议书4起，通报1起；牵头拍摄微电影《刀笔》和微视频《光》，其中微电影《刀笔》获金华市纪委"清廉金华·横有戏"大赛铜奖。加强"三资"（资金、资产、资源）代理会计和村报账员管理，调整清退报账员5人。完善农村集体经济数字化管理水平，收集录入25个村运行管理模块各项数据。加强村居巡察问题整改，规范村级误工工资和村级工程项目管理，提升"三资"管理水平。广丰村获评东阳市示范型清廉村居，南溪村、五一村、上朱村获评东阳市标准型清廉村居。

【共建基地建设】 2022年5月，东阳市南市街道与磐安县双溪乡结对开展共建合作。6月22日，与磐安县双溪乡实行共建的"百镇共建农副产品展销基地"和"党建示范合作基地"在南市街道大联村揭牌。南市街道以"飞地"模式为双溪乡提供2个市场商铺，销售特色农产品。7月15日，东阳—磐安"百镇共建 亲凉一夏"活动暨磐安县首届山地露营节开幕仪式在磐安县双溪乡金鸡岩景区举行。同月，南市街道资助双溪乡50万元。年内，南市街道组建党建强村"帮帮团"每季度到双溪乡"把脉问诊"，双溪乡滚动选派党支部书记到党建示范村驻点学习，共同推进乡村振兴。

【东磐木雕家具产业园建设推进】 2022年1月16日，东阳—磐安山海协作"消薄飞地"项目——东阳市东磐木雕家具产业园开工仪式举行。东阳市市长黄胜可、磐安县县长何浩挺等参加开工仪式。产业园项目位于东阳市南市街道陈宅村以西、大永线以东。项目总规划面积11.53公顷，投资2.8亿元，由市产发集团与磐安县农发公司共同出资成立浙江东磐山海协作有限公司，负责项目具体开发建设、招商引资和运营管理，分三期实施，建设集标准化生产厂房、共享车间、市场式产品展厅、精英式员工宿舍、小区式生活配套、便利化停车设施于一体的综合性园区，投资收益双方共享，共同推动区域协同高质量发展。年内，南市街道开展土地政策处理与矛盾纠纷调解工作，为东磐木雕家具产业园建设提供保障服务。全年完成项目投资1.25亿元。

（陆晓刚）

横店镇

【概况】 2022年，横店镇行政区域面积121平方千米，辖10个社区（95个小区)、17个行政村。镇政府驻横店镇华夏大道355号。辖区户籍人口95177人,外来人口13.6万人。出生人口672人,出生人口性别比109(女为100)。镇域综合实力位居全省第三位、全国第十八位。

【农业和商贸服务业】 2022年,横店镇有耕地953.9公顷,规模种粮344.93公顷,其中早稻99.81公顷,单季稻99.83公顷,连作晚稻80.58公顷,大小麦13.03公顷,旱粮19.47公顷,油菜32.21公顷;水稻总产量1900余吨,小麦产量40余吨,油菜60余吨。

2022年,横店镇有限额以上批发企业18家,实现销售额149.35亿元,比上年增长14.51%;限额以上零售企业9家,实现销售额10亿元,比上年增长68.97%;限额以上住宿企业13家,营业额2.54亿元,比上年下降62.74%;限额以上餐饮企业6家,营业额1.42亿元,比上年增长356.76%。

【工业】 2022年,横店镇规模以上工业企业实现工业产值347.22亿元,比上年增长21.16%;固定资产投资完成73.75亿元,比上年增长38.34%,其中工业投资34.72亿元,比上年增长63%。培育企业"小升规"11家。有国家高新技术企业47家,省科技型中小企业122家,设有国家级、省级博士后科研工作站各3家。全年实施固定资产投资项目106个,其中亿元以上项目60个、省"4+1"重大项目4个、省重点建设项目3个;实施数字化改造项目46个,完成投资33.75亿元。横店集团完成8个项目建设并投产,新增产值36亿元。全镇有工业企业职工7.3万人,职工人均年收入8万元。

【美丽乡村建设】 2022年,横店镇创建"十佳村"14个,数量居全市首位。推进"污水零直排区"建设,完成10个农村生活小区的"污水零直排区"创建。开展绕溪支流东溪段整治,绕溪断面水质达到Ⅳ类水;开展工业园区溪、苦竹溪段整治,部分断面水质达到Ⅲ类水。推动"五水智治"数字平台建设,完成基础功能架构搭建向日常实际应用升级。开展病险山塘水库整治,完成2座水库、13座病险山塘综合整治工程的招标、施工等相关工作,整治工程进度居全市首位。开展未来乡村建设,官桥村完成八大场景的20项标配项目及17项选配项目系统化管理提升,通过金华市初验。

2022年5月30日,"浓浓粽香情 两岸一家亲"在东台胞、台青端午节联谊活动在横店镇官桥村举行 (胡扬辉/摄)

【城镇规划建设】 2022年,横店镇投资15.2亿元开展美丽城镇和电子产业园区整体风貌提升,完成道路、绿化景观、市政管线等11个大类150个子项建设,南江风貌提升方案进入深化设计阶段。完成兴业路、电子产业园区智慧路灯改造及东磁高新园区电力配套等工程建设,推进济慈路、经三路、园五路、纬四路等70余项基础设施配套工程建设。12月20日,横店—湖溪县域风貌样板区获评2022年度浙江省第三批城乡风貌样板区。12月21日,横店镇入选2022年度美丽城镇建设省级样板名单。

【基础设施建设】 2022年,横店镇推进横店通用机场改扩建、杭温高铁、金义东市域轨道交通等重点交通项目建设,构建"航空+高铁+轻轨+高速+快速路"综合交通体系。推进横店通用机场建设所涉574户拆迁户安置房建设,基本完成机场1800米跑道扩建工程。开工建设影视大道隧道复线,该工程北起江南二路,南至国防路,呈南北走向,路线全长1.25千米,宽15.5米,包含道路、隧道、排水、园林、安装、路灯六项施工内容,其中隧道工程全长690米,隧道内路宽11.5米。都督大桥拓宽工程于7月开始施工,该工程在老桥两侧各拼宽7米,中间预留2米,增加人行道和机动车道。江南大桥拓宽工程推进。十里街南延项目完成施工招投标。影视大道北延工程完成前期工作。

【文教体卫】 2022年,横店镇有电影院2家、实体书店(屋)27家、公共图书馆(室)38家。有高职院校1所,即浙江横店影视职业学院,在校学生10065人;普通高中在校学生904人,义务教育阶段在校生11185人;幼儿园25家,在园幼儿6786人。有二级以上综合性医院3家、医护人员1093人、床位1020张,每千名老人拥有养老机构床位数比率25.5%。横店高中新建项目完成宿舍楼建设,教学楼、实验楼、行政办公楼主体结顶,体艺楼、图书科技楼开始网架施工。开展"三孩"政策宣传、青春健康教育和海峡两岸文化交流等活动。5月30日,"浓浓粽香情 两岸一家亲"在东台胞、台青端午节联谊活动在横店镇官桥村举行。

【社会保障】 2022年，横店镇开展低保专项清理行动，核实低保对象290户389人，集中供养“五保”对象9户。开展救助工作，发放各类救助金、慈善款75.61万元，救助困难群众631人次。关爱残疾人事业，落实扶残政策。全镇有持证残疾人1892人，发放残疾人各类补贴350.48万元，落实贫困残疾人安居工程3户。规范运行居家养老照料中心16家，夏阳山小区居家养老照料中心完成三星级申报。完成任湖田、东朱、绕溪、柏塔、马山前5个村(小区)的水库移民后期扶持项目。开展全镇老年人自理能力筛查工作，为2万余名老年人开展失能等级评定。

【社会治理】 2022年，横店镇分设网格175个(其中村社网格166个、专属网格9个)、微网格1037个；夯实全科网格建设，组织专职网格员培训70期，通过“基层治理”App上报、流转、处理事件信息11103条；落实“一警情三推送”机制，协同处理重大事件281件。开展反诈、禁毒教育宣传活动及无骗社区、无骗单位、无骗村居创建，开展禁毒重点整治工作和扫黑除恶专项斗争，完成中共二十大期间安保工作。处理各类劳资纠纷1066起，涉及职工2769人，支付拖欠工资2022.81万元。筹建横店镇产业园区联勤服务中心，公安、交警、经济开发区、行政执法、市场监管、属地办事处等部门单位合署办公，实现联勤联治，护航园区发展平安稳定。深化“大综合一体化”行政执法改革，7月成立镇综合执法队，至年末立案848起，处罚结案789起。

【公共服务】 2022年，横店镇推进“互联网+政务服务”，梳理高频事项线上办理流程，发放“浙里办”便民服务手册，实行“网办优先、自助为辅、窗口兜底”政务服务新模式。推进“帮办代办”服务，建立以网格员、驻村联企干部、社工等为主体的村级政务服务队伍，实现“受理及时、登记清楚、程序规范、办理迅速、群众满意”目标。市行政服务中心横店分中心现场办理事项234144件，占市行政服务中心办事大厅现场办理事项的44.7%。

【组织建设】 2022年，横店镇启动现代社区建设，以横店社区、荆溪社区为试点，开展社区边界划分、办公场地装修、社工培训、“一老一小”线上点单服务功能开发等工作。成立共富党建联建片区2个，签订联盟公约，组建党员综合执法队、党员义务巡逻队和党员志愿者3支队伍。推行镇干部“月度之星”评选，评选出“月度之星”24人，“月度单项重点工作先进个人”115人次；签订承诺书5400余份，排摸重点苗头性党员143人。开展清廉村居建设，建成清廉村居示范村2个、标准村6个。

2022年7月7日，横店镇举行庆祝中国共产党成立101周年大会暨七一大党课 (包康轩/摄)

【“百镇共建强基”行动开展】 2022年5月19日，东阳市横店镇与磐安县安文街道签约结对，启动“百镇共建强基”行动。6月10日，横店镇组队考察安文街道共建项目基础条件，建立“古香榧共富基地”，出资购买千年古树香榧认养服务，与安文街道党政部门召开座谈会，梳理共富项目及任务清单，举行“横店—安文共建资金”捐赠仪式，横店镇捐资50万元。6月15—17日，在安文街道举行民宿(农家乐)提档升级培训班，助推安文街道民宿(农家乐)提档升级。7月起，横店镇设立农产品销售平台，整体包销安文街道“荷花共富基地”的莲蓬、莲藕。12月7日，横店文荣医院医疗专家到安文街道墨林村开展义诊活动，接诊群众150余人次，免费发放价值2000余元的药品；横店镇组队到安文街道各居家养老照料中心和社区(村)，慰问特殊群体居民。年内，横店镇组织协调影视企业通过派员指导、引流剧组等，帮助安文街道打造影视取景基地，带动5个村增收100万元以上。横店镇与安文街道强村富民公司共同投资1500万元，启动建设“产业共建”孵化园。启动结对共富项目10个、共建任务清单34项，加强合作建设。

【智慧横店建设】 2022年，横店镇深化“县乡一体、条抓块统”改革，迭代升级“141”体系，在设置党建统领、经济生态、平安法治、公共服务4个模块的基础上，创设应急指挥模块，贯通省、市各级应用场景。“智慧横店”三期完成停车管理、智慧治水、安全生产等11个场景的建设，搭建乡镇一体化智治平台，实现基层治理工作的数字化赋能。

(徐筱璐)

南马镇

【概况】 2022年，南马镇行政区域面积107平方千米，设花园、镇中、镇西、防军4个工作片，辖30个行政村、97个自然村。镇政府驻泉府村定安路59号。辖区总户数26196户，总人口62988人。出生人口407人，出生人口性别比109(女为100)。完成税收5.63亿元,比上年增长10.66%。

【工业】 2022年,南马镇增加规模以上工业企业7家、国家高新技术企业7家、省级科技型中小企业16家。规模以上工业企业增至61家,完成工业总产值90.8亿元;实现工业增加值16.03亿元,比上年增长9.2%。招引建筑企业申报税收8186.53万元,比上年增长131.95%,申报税收总量列全市第一。推进低效用地整治,实施工业企业亩均效益评价,在工业园区收储低效用地24.87公顷;持续推进低小散乱企业"清零入园"行动,整治153家,腾出发展用地23.78公顷,获评东阳市低效用地整治板块突出集体。启动老工业区改造提升工程,南马镇机械工业功能区基础配套设施工程列入政府专项债项目库,完成初步设计;持续推进小微园建设,万洋众创城二期完工并投入使用,园区总面积7.93公顷,入驻企业76家。

【农业】 2022年,南马镇申报规模种粮户33户,承包土地面积608.47公顷;申报一次性种粮补贴面积28.36公顷,涉及农户177户。建设高标准农田面积229.93公顷,并通过验收;完成西山脚村、绕川村旱改水及夏居村、陈塘村建设用地复垦等项目,推进南湖村全域整治项目。开展农产品质量安全检测570批次。完成国土绿化10公顷;夏居村获评浙江省"一村万树"示范村,张西院村获评东阳市级森林村庄。

【商贸服务业】 2022年,南马镇限额以上批发业销售额54.2亿元,比上年增长143.79%;限额以上零售业销售额6821万元,比上年增长55.03%;限额以上住宿业营业额1452万元,比上年增长7.12%。6月16日,《浙商》杂志发布"2022浙商全国500强"榜单,花园集团有限公司上榜,排名第72位。

【村镇建设】 2022年,南马镇完成镇区控制性详细规划调整及上宅、上安恬、葛府、湖滨、大厦、东一、南湖等村

2022年7月5日,南马镇东湖大桥建成通车 (南马镇提供)

村庄规划修编;完成瑶仪、西山脚等村村庄规划局部调整。实施农村住房安全排查、鉴定、信息录入及复查工作,完成26户危房拆除、93户危房腾空防控及1户危房修缮。启动南马镇卫生院综合楼扩建工程,完成南马消防站征地报批,开展共富学院、南马养老中心、机械工业园区道路等项目征地前期工作。12月,南马镇通过省级美丽城镇建设验收工作,获评金华市级美丽城镇建设样板,入选省2022年度美丽城镇建设基本达标城镇名单。

【基础设施建设】 2022年,南马镇开展交通安全隐患排查整治,整治隐患点168处,安装减速带1500余米、隔离软桩1700余个,修复路面破损40余处,施划道路标线2500米,增设镇区非机动车位80余处。新建、修建镇区道路11条7.2千米。投资696.5万元,建成跨柽溪的东湖大桥。开展义东高速公路南马段建设,启动后葛线公路镇区段改建及南马二桥项目。在镇区新建官山公园、文体中心、人民体育广场,优化群众休闲娱乐设施。实现横店镇至南马镇应急自来水管网与南马水厂贯通,启动高铁新城至南马镇供水总管项目建设。

【文教卫生】 2022年,南马镇有综合文化站1个、镇级新时代文明实践所1个、村级新时代文明实践站30个、村级文化中心30处。有幼儿园11所、小学5所、初中2所、高中1所、外国语学校1所。有中心卫生院1家、社区卫生服务站7家,有专业卫技人员110人,其中执业(助理)医师59人、注册护士31人、药师和检验师等10人;二级乙等医院1家(花园田氏医院),设22个科室,有专业卫技人员277人,其中注册医生84人、注册护士109人。年内,南马镇中心卫生院公共卫生综合楼项目进场施工。

【社会保障】 2022年,南马镇城乡居民基本医疗保险参保45651人,大病保险参保41262人。有农村低保对象366户476人、低保边缘对象74人,发放低保、低保边缘救助金388.56万元;临时救助20人,救助金额2.95万元。有持证残疾人1540人,其中享受护理补贴对象833人,发放补贴18.19万元;享受生活补贴对象294人,发放补贴9.32万元。有居家养老照料中心29家、敬老院2家(南马镇中心敬老院、花园敬老院)。

【社会治理】 2022年,南马镇分设网格103个(农村网格101个、专属网格2个),建有微网格592个,建立微信工作群2763个。专职网格员向"四平台"上报事件19396件,报告三级事件和新系统自办自结事件6302件,线索报料13632件,排查矛盾纠纷风险隐患175件。调解矛盾纠纷

598件，涉案金额4600余万元。镇司法所获评金华市级“枫桥式司法所”。开展线上反诈直播，加强反诈宣传。登记电信诈骗发案数118起，损失金额519万元。镇矛盾调解中心接访37批61人次；市镇领导集中接访120批172人次。

【法治化综合改革试点工作推进】 2022年3月9日，省委全面依法治省委员会办公室公布2021年度镇乡（街道）法治化综合改革试点最佳实践案例，南马镇“‘三化’引领打造合法性审查工作体系”入选。9月26日，南马镇劳动纠纷多元化解中心获评2021年度全省劳动人事争议案件处理工作成绩突出基层调解组织。年内，南马镇结合法治化综合行政改革试点工作的推进，探索党委领导、社会协同、公众参与的新时代乡村治理体制机制。承接市相关部门18个领域执法事项564项，作出处罚决定939件，收缴罚款86.36万元。

2022年，南马镇花园村继续发挥全国民主法治示范村的示范作用，加强法治宣传教育基地建设。基地由省“千万工程”展示馆、花园党群服务中心、花园矛盾调解中心等为主体，在法治大楼、善治文化广场、剧院、红木家具市场、露天舞池、吉祥湖等场所全面融入法治元素，通过“法治一条街”将其串联，建成有机组合的普法宣传阵地，形成浓厚的法治文化氛围。11月24日，全国普法办公室公布第四批全国法治宣传教育基地名单，南马镇花园村法治宣传教育基地入选。

【组织建设】 2022年，南马镇党委辖党总支5个、党支部100个，有党员4554人。年内，镇党委建立实施“扛旗争先、奋进共富、比学赶超”“红黑榜”及末位帮扶制度，组织开展专题学习、志愿服务，激发镇村干部干事创业热情。推动干部守纪立规，党员违法违纪5人次，比上年减少72.22%。推进百镇共建合作，与马宅镇结对开展美丽乡村交流会、暑品共享节、“五整治五提升”推进会、争当有为青年座谈会等活动，村书记跟班锻炼体验的经验在金华市内推广。

2022年7月，南马镇花园村全景　（厉红玉/摄）

【共富党建联建开展】 参见类目“特辑”之分目“共同富裕示范区建设”的次分目“综述”内条目【南马镇花园村以党建联建带动镇域乡村振兴】

【花园村入选国家级充分就业社区】 2022年1月7日，人力资源和社会保障部办公厅公布第五批国家级充分就业社区名单，南马镇花园村入选，成为东阳市首家国家级充分就业社区。年内，花园村继续依托村劳务市场、花园集团有限公司人力资源部、“智慧花园”平台等，优化就业创业网络，改进就业创业工作流程、服务制度，落实就业扶持政策，完善数字管理、重点帮扶、高效对接、多点布局、全域辐射于一体的就业创业服务格局。花园集团有限公司人力资源部定期开展员工入职培训与人才云聘直播，建成“线上+线下”智能化培训招聘服务平台。花园便民服务中心、劳务市场及“智慧花园”平台常年为村民与外来务工人员免费提供就业岗位咨询和创业信息服务。花园村村民就业率达99%以上，无“零就业”家庭。

【花园村上榜省首批未来乡村名单】 2022年1月27日，南马镇花园村入选全省首批未来乡村建设试点村。随后，花园村请专业研究院编制未来乡村实施规划，围绕“一统三化九场景”重点，加大投入，建立健全工作机制，高质量推进未来乡村建设各有关项目实施，构建引领数字生活体验、呈现未来元素、彰显江南韵味的乡村新社区，争当农村数字化改革的排头兵。5月27日，在浙江省共同富裕现代化基本单元建设推进会上，省农业农村厅、省住房和城乡建设厅公布全省首批未来乡村名单，花园村上榜。12月21日，花园村获评全省未来乡村创建成效优秀村。

（杜璐璐）

巍山镇

【概况】 2022年，巍山镇行政区域面积178平方千米，设胡村、象岗、中心、古光、怀鲁、罗山6个工作片，辖2个社区、29个行政村，共有119个自然村（小区）。镇政府驻巍山镇工人南路1号。辖区总户数29138户，总人口69364人。出生人口334人，出生人口性别比121（女为100）。完成税收4.1亿元。

【农业和商贸服务业】 2022年，巍山镇有常用耕地面积2169公顷（其中水田1832公顷），主要农作物为水稻、小麦、玉米、豆类、油菜、花生等。曙光、尚武宅、排塘等村完成土地流转779.25公顷，流转期限为5年，通过市级验收。年出栏生猪15万头的华统生猪养殖场投入生产。有森林面积7866.6公顷，其中生态公益林2047.28公顷。完成国土绿化造林任务140公顷，下卜宅、狮山、若仙塘、笑山4个自然村获评市森林村庄。巍山镇有限额以上批发企业3家，年内完成营业额2.36亿元，比上年增长121.47%。

【工业】 2022年,巍山镇有规模以上工业企业53家,实现工业产值29.4亿元,比上年下降2.58%;销售产值29.25亿元,比上年增长5.94%;规模以上工业企业增加值4.68亿元,比上年下降9.1%。完成固定资产投资7.53亿元,其中工业投资4.28亿元。引进内资2.87亿元。外贸出口总额13.04亿元,比上年下降1.59%。推进低效用地清理,制定《巍山镇低效工业企业“一企一策”整治任务清单》,整治低效企业41家,出清土地面积32.93公顷。完成建筑劳务企业招商认定8家,其中5家完成资质和安全生产许可证的办理。完成建筑业税收2.57亿元,有纳税超千万元建筑劳务企业3家(浙江中垚建设有限公司、浙江省东阳市中骏建筑劳务有限公司、杭州设备租赁商会)。

【重点工业项目建设】 2022年,巍山镇推进重点工业项目建设。浙江巍华巨久科技有限公司年产2.8亿支气雾剂项目完成一期投资1.6亿元,实现工业产值9677万元;浙江巍华赛能电子材料有限公司年分装390万立方米电子级高纯气体项目投产,实现工业产值2.87亿元,完成税收1010万元。招引投资3亿元以上项目1个(浙江巍华铭寰能源有限公司年产5万台氢燃料电池产业化项目)。谋划推进溪西、狮山、红海3个区块连片收储,涉及12家企业、面积11.35公顷土地,收储及达成收储意向10家。万洋众创城园区南北区55幢厂房通过验收,84家企业通过市级评审,其中69家企业入驻园区。

【重点工程建设】 2022年,巍山镇农房集聚区一期工程项目完成交房90户,二期工程项目完成所有楼栋主体施工。完成市民广场建设、影剧院改造、渼沙溪污水总管埋设、狮山小微企业园道路工程、长安路道路改造工程等30个美丽城镇建设项目,投资6000万元。平安小微企业园、新天地等重点项目竣工并投入使用。

【“万亩千亿”产业平台建设推进】 2022年,巍山镇推进新材料“万亩千亿”产业平台建设,开展成片方案编制、指标落实及土地征收程序等工作,发布土地征收预公告。启动配套道路及高压线“上改下”项目,完成施工图纸编制,其中高压线“上改下”项目进场施工,计划投资约2500万元。新材料“万亩千亿”产业平台安置区项目开工建设,共51栋,完成工程量达主体夹层结构的16栋、主体一层结构的12栋、主体二层结构的10栋、主体三层结构的4栋,高层区块1~6区地下室筏板全部完成、1~2区地下室顶板浇筑完成。

2022年12月,新材料“万亩千亿”产业平台巍山安置区项目建设现场

(郑人木/摄)

【村镇建设】 2022年,巍山镇办理乡村建设规划许可证119份、镇区建设工程规划许可证70份;企业建设工程规划许可证18份、建设用地规划许可证23份。完成放样定桩53个村160户。拨付2021年度困难群众危房改造补助资金20万元、2022年度困难家庭危房改造补助资金34.78万元。完成自建房系统农房房屋信息录入32797户、房屋鉴定1308户,完成C、D级危旧房整治67户。完成在农房“浙建事”系统输录危房改造和农房审批相关资料,整改17户农户危房,申报审批73户农户建房。拆除违法建筑32416平方米,超额29.7%完成,其中拆除大面积违法建筑1宗面积3355平方米。整治“散乱污”企业51家,升级改造50家,关停淘汰1家;拆除31家企业违章建筑面积20380平方米。推进“五水共治”工作,镇、村河长巡河1174次,完成污染源整治6处。29个自然村完成“污水零直排区”建设。12月21日,巍山镇入选省2022年度美丽城镇建设基本达标城镇名单。

【基础设施建设】 2022年,巍山镇完成10余个工业企业建设方案的评审和公示,万洋众创城南区北区、巍山集镇改造综合安置区(永宁华庭项目)等10余个厂房、住宅楼项目竣工并通过验收,开展配套基础设施建设。完成新练—下林口、罗店—市前乡道的破板修复和路面硬化,完成古渊头—市前、罗店—炼仙坞、学典—岭头乡道的“白改黑”工程。完成镇第二公墓二期建设工程的审批手续,并进场建设。南前、炼仙坞、楼下畈、下林口等村的地质灾害治理项目完工并通过验收。

【文教卫生】 2022年,巍山镇有幼儿园7所,班级61个,教职员工222人(其中专任教师122人),在园幼儿1782人;小学3所,班级90个,在校学生3701人,应届毕业生558人,教职员工228人(其中专任教师192人);初中2所,班级42个,在校学生1843人,应届毕业生595人,教职员工191人(其中专任教师143人),九年制义务教育覆盖率100%;高中2所,班级62个,在校学生2979人,教职员工247人(其中专任教师218人)。巍山第一小学教育集团巍山校区4名教师获评市中小学教坛新秀。巍山高级中学高考特控线上线率24.72%，一段线比例95.06%。9月9日，巍山教育发展基金理事会暨第四届颁奖典礼在巍山第一小学教育集团白溪江校区举行，发放奖金433万余元（含巍山高中第八届海天奖学金、第四届徐国强教育质量优胜奖奖金）。

2022年，巍山镇有镇文化站、广电服务站各1个。有数字电视用户12356户、双向互动电视用户2002户、广电云宽带用户2731户、技防监控探头2139只。广电服务站全年为居民提供服务28000余次。

2022年，巍山镇有医疗机构38家，其中二级甲等医院1家、中心卫生院1家、社区卫生服务站9家、村卫生室13家、个体诊所14家。有专业卫技人员489人，其中执业医师177人、助理医师27人、注册护士179人。市人民医院巍山分院康复治疗中心高压氧仓治疗病患2.43万人次。

【社会保障】 2022年，巍山镇城乡居民医疗保险参保人数37121人，参保率99.9%。有优抚对象91人；农村低保对象523户695人，城镇低保对象3人，发放低保金525.95万元；特困人员22人，其中集中供养15人；临时救助16人，发放救助金额3.11万元；低保边缘户50户，低保边缘对象100人。

2022年，巍山镇开展村集体经济增收行动，30个村（社区）总收入增长15%以上，26个村集体年经营性收入50万元以上，其中收入100万元以上的村14个。建成示范型居家养老中心1家，年内23家居家养老中心正常运行。仙学塘村、尚武宅村、八字墙村、曙光村三甘塘自然村的水库移民项目完工。雅联村示范型“儿童之家”通过验收。

【社会治理】 2022年，巍山镇入选金华市基层治理“四平台”迭代升级试点乡镇，基层智治平台共处置各类事件信息16725条，满意率100%。完善全科网格及网格员队伍建设，分设网格115个。组织网格员培训119次，通过“掌上基层”上报事件38931件。完成各类矛盾纠纷调解384起，涉及金额1169.93万元。受理“8890”信访件2275件，办结率100%。推进反诈工作，推广使用“国家反诈中心”App；曙光村开展无诈示范村创建，相关经验在东阳市总结推广。开展普法宣传活动20余场，发放宣传资料2000余份。解除社区戒毒人员1人、社区矫正人员14人。加强化工企业、工贸企业、烟花爆竹店、餐饮住宿企业、超市、交通隐患点安全生产检查，排查出安全隐患498项，现场整改395项，责令限期整改103项。

【组织建设】 2022年，巍山镇党委下设党总支、党支部160个，有党员3824人。评选表彰镇级优秀党支部9个、优秀共产党员30人；收到党员关爱基金捐款3.51万元，慰问困难党员77人及离任干部23人。培训入党积极分子94人，发展预备党员25人，办理预备党员转正38人。

2022年9月，巍山镇“红色古村庆丰收，同心共富迎盛会”甲坵农民丰收节系列活动举行
（“歌画东阳”客户端提供）

2022年，巍山镇党委开展全镇党员干部违纪违法专项治理行动，提醒约谈党员70人，批评教育13人，督促书面检查29人，通报批评90人，诫勉谈话9人。给予党内警告处分23人，党内严重警告处分8人，撤销党内职务7人，留党察看2人，开除党籍5人。继续开展清廉村居建设，王宅、麻家、茶场3个村获评东阳市示范型清廉村居。

（金雨甜）

歌山镇

【概况】 2022年，歌山镇行政区域面积64平方千米，辖21个行政村、75个自然村。镇政府驻歌山镇楼西宅村。辖区总户数17430户，总人口41035人。出生人口222人，出生人口性别比126（女为100）。完成税收5.6亿元。

【工业】 2022年，歌山镇实现规模以上工业企业总产值25亿元；实现规模以上工业企业增加值5.7亿元，比上年下降2.5%。完成固定资产投资总额6.98亿元，比上年增长70.3%，其中制造业投资4.7亿元，比上年增长50%；投入科技研发费用1.03亿元，比上年增长21.6%。申报省科技型中小企业10家、国家高新技术企业6家。增加亿元以上投资项目5个，其中20亿元以上项目2个；有固定资产投资在库项目37个，计划总投资78.2亿元。洽谈回归项目20余个，总投资超30亿元。注册建筑劳务公司5家。5月11日，金华市镇乡（街道）党委（党工委）书记工作交流会以视频会议的形式召开，歌山镇负责人在东阳分会场作招大引强工作经验交流。

2022年，歌山镇参加市级联合执法4次，开展镇级综合执法20余次，整治、腾空产能落后等问题企业60余家，处理历史遗留问题、评估发现问题20余个。开展低效工业用地整治，对接完成5个拟安置企业项目评审，与企业主谈判百余次，完成计划征地任务。7月12日，承办金华市低效工业用地整治现场推进会，与会人员考察歌山镇六歌生物健康园区。

2022年7月21日，歌山镇尚侃村菊花基地花农分拣采收的菊花
（包康轩/摄）

【农业】 2022年，歌山镇粮食播种面积1333.3公顷以上。增加东阳市示范性家庭农场1家；推进北江渔场与横源农业科技有限公司渔场的市水产健康养殖示范场认定工作；出栏生猪3.05万头。行政村均实现村集体年经营性收入20万元以上，其中50万元以上的村17个（8个村收入分别达100万元以上）。完成消除年家庭人均收入11000元以下低收入农户任务，年家庭人均收入比上年增长30%。增加规范化土地流转4.33公顷。尚侃村46.6公顷菊花基地继续保持生产和出口稳定，助推乡村振兴。创建俞黄村同心实践基地，推进共富实践，相关工作获省委副书记黄建发肯定。

【村镇建设】 2022年，歌山镇完善集镇规划，开展美丽城镇建设项目22个，计划总投资4600万元；年内完成17个项目，投资额3000万元。组织13个自然村开展全市“十佳村”创建工作，其中新溪村获评示范类“十佳村”、楼村头村获评达标类“十佳村”。推进农村人居环境整治工作，创建示范性公厕1座。增加垃圾集中投放点位10个。投入300余万元开展卫生清理整治，1.7万人次参与。推进文明城镇创建，完成网上资料申报，数智文明系统上报整改问题3950条，获评一季度东阳市“红旗单位”。

【文教卫生】 2022年，歌山镇开展文化活动40余场次，其中举办文艺活动9场，组织文化志愿服务30余次，获评市文化工作先进镇。有幼儿园4所（其中省二级幼儿园3所）、教学点1个，班级25个，在园幼儿700人，教职工100人（其中专任教师55人），普惠性幼儿园达到100%，等级园达到100%，其中二级及以上优质园比例达到75%；小学3所，49个班，在校学生1935人，教职工142人（其中专任教师118人）；初中1所，班级21个，在校学生988人，教职工96人（其中专任教师69人）。推进各级学校（幼儿园）教育教学改革，落实“双减”工作要求，加强中小学生防溺水工作。歌山镇卫生院为乙等乡镇卫生院，辖10个村卫生室，有职工71人，其中专业卫技人员62人。年内，加强公共医疗卫生服务，保障人民群众身体健康。

【社会保障】 2022年，歌山镇有低保对象343人、低保边缘对象56人、特困人员7人、集中供养“五保”对象7人，发放低保金264万余元；临时救助7户，发放临时救助金7.1万元。收缴老年人意外保险保费31万元，比上年增长20%。实行退役军人服务站与社会工作站、“妇女儿童驿站”等多站融合，举办全市退役军人服务工作现场会。创新推进镇级社会工作站建设，通过识别服务对象、评估服务需求、孵化志愿服务组织，为村民提供精准服务。7月，相关工作获省民政厅相关负责人调研肯定。

【社会治理】 2022年，歌山镇排查化解矛盾纠纷362件，涉及金额479.5万元。组织安全生产培训36期，开展应急演练13次，发放宣传资料2000余份。排查整改隐患1000余处，保持企业安全生产事故零发生，火灾事故比上年下降40%。瓶装燃气软管更换整治进度全市排名第一，获评东阳市平安创建工作成绩突出集体。开展“三服务”活动，帮助企业解决职工子女就学、旧厂房改造、招工等问题132个。

【组织建设】 2022年，歌山镇党委辖2个党总支、58个党支部，有党员2580人。创建共富工坊3个、共富党建联建展厅1个、东阳市党校精品课程1个。开设“两新”大党课课程，培育企业党建联建。推进党风廉政建设责任落实，开展能力作风建设主题实践活动。创建省善治示范村8个、东阳市清廉村居5个。

【“百镇共建强基”行动开展】 2022年5月12日，“百镇共建强基”歌山镇—东阳江镇结对仪式在歌山镇举行，歌山镇与东阳江镇签约开展结对共建，推进乡村振兴。年内，在组织、经济、文化、教育、农村等各领域开展合作，开办“两节一会”活动，提供就业岗位207个，谋划镇级“飞地”抱团项目1个，相关工作获人民网、光明网等媒体报道。

【六歌生物健康园区建设推进】 2022年，歌山镇以六歌生物健康园区东、西两侧连片、可利用为目标，通过收储、征收、改造等方式，推进六歌生物健康园区平台优化提升。投资280万元完善园区信息化平台建设，投资1000余万元对园区供水、高压线、物流通道等配套设施进行改造。被列为2022年省重大产业项目的东阳华芯电子材料有限公司年产8000吨光刻材料建设项目完成土地平整、桩基工程等前期工作，野风博聚新材料项目、孚诺医药项目等多家企业项目开工建设。

（陈钺钢）

千祥镇

【概况】 2022年，千祥镇辖区总面积104平方千米，辖33个行政村、88个自然村。镇政府驻千祥南路127号。辖区总户数19655户，总人口44388人。出生人口215人，出生人口性别比107(女为100)。

【工业】 2022年，千祥镇有工业企业375家，其中箱包企业186家。有规模以上工业企业11家，实现规模以上工业企业产值5.14亿元，比上年增长20.2%；实现规模以上工业企业增加值7601万元，比上年增长13.4%。完成税收总额12409万元。完成建筑业税收7970万元，其中增值税7122万元；完成招引建筑企业税收7551万元。完成固定资产投资额18486万元(其中工业投资额5544万元)，比上年增长35.5%。整治散乱企业46家；清理低效用地相关企业5家，其中税收提升3家、政府收储2家，出清土地3.67公顷。完成企业“小升规”4家。增加省级科技型中小企业5家。

【农业】 2022年，千祥镇有耕地面积1353.29公顷，粮食总产量稳定在3000吨以上；保持“中国元胡出浙江，浙江元胡产东阳，东阳元胡在千祥”美誉，中药材元胡种植面积超470公顷。开展村集体经济增收行动，33个村均达到村集体年经营性收入20万元以上。

【重点工程建设】 2022年，千祥镇推进产业集聚平台建设、柽溪江及中小河道综合治理、山塘水库除险加固等重点工程建设。九峰箱包产业园一期工程主体完工，占地面积11.4公顷的二期工程开工建设。投资5400余万元的新污水处理厂进入联调、联试。实施24座山塘水库除险加固工程建设，其中完工8座。乡贤捐资1500余万元兴建的石门书院进入扫尾阶段，该书院占地面积1050平方米，总建筑面积2100平方米。投资3亿元的金华千祥(桥南)220千伏输变电工程完成涉及46户农户的征地工作。推进路网建设，建成“四好农村路”4条，完成5个路段的乡村公路“白改黑”及大中修工程；完成事故多发路口隐患整治17处。

【村镇建设】 2022年，千祥镇投资5200万元的美丽城镇建设项目通过省级验收。“小镇客厅”重新装修后开放，大厅布置镇区沙盘和LED屏，集中展示千祥区位、资源、文化、产业等优势特色。镇区亲子公园建成投入使用。开展文明城市创建，通过两轮省测检查。推进“五水共治”和大气环境治理，空气优良率连续居全市前列。

【美丽乡村示范镇创建】 2022年，千祥镇继续加强美丽乡村建设。3月，与市水投集团联合举办“青春水投 绿色千祥”系列活动。7月，在全市率先启动生物多样性保护暨林长制工作，相关做法获国家林草总局相关领导肯定。9月15日，东阳市生物多样性保护暨林长制、田长制工作推进会在千祥镇召开，市委副书记、市长黄胜可出席会议，千祥镇相关负责人作交流发言。全镇森林覆盖率62.83%，5个村获评市“十佳村”，88个自然村实现美丽乡村创建全覆盖。11月，千祥镇政府获评省护林先进单位。12月11日，浙江省“千村示范、万村整治”工作协调小组办公室公布2022年度浙江省美丽乡村示范乡镇名单，千祥镇上榜。12月13日，千祥镇获评省AAA级景区镇。12月21日，千祥镇入选省美丽城镇建设基本达标城镇名单。

【文教卫生】 2022年，千祥镇按规范化标准建有新时代文明实践所1个和新时代文明实践站33个，有注册志愿者人数7877人，全年开展志愿服务活动263场次。组织开展辖区内好人、最美人物等先进典型评选、宣传活动，3人获评“东阳好人”。有群众文体团队71个，举办线上文艺演出2场，超10万人次点击观看。有东阳市级文物保护单位3处、文物保护点18处。有幼儿园4所、幼儿教学点4个、小学2所、初中2所，学前教育、小学、初中教职员工390人，在校(园)学生(幼儿)4136人，九年义务教育覆盖率100%。有各级各类医疗卫生机构20家，其中镇中心卫生院1家，口腔诊所5家，村卫生室7家，服务站7家；专业卫技人员89人。

【社会保障】 2022年，千祥镇增加低保对象15户16人、低保边缘对象1户4人。共有低保对象284户357人、低保边缘对象49户78人，发放低

2022年6月28日，千祥镇后周村在廊桥举办“喜相逢”庆祝中国共产党成立101周年文化活动

（千祥镇提供）

保金261.91万元。排查消除人均年收入低于1万元家庭户。救助困难群众15人次,发放临时救助金53920元。创设"同心向善"社会救助服务联合体,开展"六个一"活动。加大困境儿童关爱帮扶力度,3名低保家庭儿童纳入救助保障范围。实施重度残疾人护理补贴606人,困难残疾人生活补贴210人,千祥镇"残疾人之家"获评市三星级"残疾人之家"。加强老年人服务工作,制作老年人优待证绿卡484张、红卡520张。完成水库移民项目5个,涉及金额125万元。开展便民服务帮办代办500余次,完成27591人次的医保参保及信息变更登记,调处劳资纠纷16起。

【社会治理】 2022年,千祥镇加强基层治理提升工作,配齐配强网格队伍,实现事情在网格办理、问题在网格解决。推行村级组织分类议事决策和村级重大事项预审报备制,成立自然村议事决策机构,完善群众参与民主决策的管理机制,实现金华市级"后陈式"法治村全覆盖。33个行政村全部成立村级人民调解委员会,调解各类矛盾纠纷539件。加大安全生产检查频率,镇安监所联合第三方机构开展安全教育培训,完成除险保安交办任务7件,未发生较大生产安全事故。7月13日,东阳市信访工作"千祥做法"推广现场会在千祥镇召开,与会人员参观学习千祥镇及千祥镇三联村、胡山村基层社会治理工作。9月2日,全市应急救援体系建设暨社区应急体系改革现场会在千祥镇召开,千祥镇交流乡镇综合应急救援队伍建设经验。

【组织建设】 2022年,千祥镇党委辖1个党总支、55个党支部,有党员2845人。开展村级组织"扛旗争先赶超崛起"大比拼活动。推进农村党员干部整治立规创优工作,规范村务运行,强化规矩意识、纪律意识。运用监督执纪"四种形态",开展教育和惩处,主动约谈20人次,提醒谈话62人次,批评教育39人次,责令作出书面检查3人次,诫勉2人次,党纪立案2人次。

2022年3月11日,千祥镇2022年度春季入伍新兵欢送会举行(千祥镇提供)

【"同心向善"社会救助服务联合体成立】 2022年5月26日,千祥镇举行"同心向善"社会救助服务联合体启动仪式,千祥镇"同心向善"社会救助服务联合体宣布成立并向联合体公益伙伴即成员单位授牌,成为市内首家慈善组织社会救助服务联合体。联合体成员单位有东阳市三宝慈善基金会、东阳市柽溪公益志愿者协会、千祥镇妇联、千祥镇团委、千祥镇工会、千祥镇慈善分会、千祥镇社会工作站和11个村级慈善工作站及8家企业。启动仪式后,联合体服务队到下东陈、千二等村慰问困难儿童。

【柽溪江综合治理推进】 2022年,千祥镇继续实施柽溪江三联以上段综合治理工程建设。5月16日,千祥镇组织全体千祥籍东阳市人大代表视察工程项目,现场了解建设情况。8月31日,省水利厅河口研究院专家组抽检工程质量。截至年末,完成柽溪江三联以上段18.7千米河道治理,占总工程量的85%。总投资4200余万元的东阳市南江流域柽溪江南马镇防军、千祥镇综合治理工程(千祥镇段)项目基本完工。

(包燊兰)

湖溪镇

【概况】 2022年,湖溪镇辖区总面积98平方千米。设镇东、镇西、镇北3个工作片,辖28个行政村、75个自然村。镇政府驻镇西村炉庄自然村通新路10号。辖区总户数17260户,总人口40990人。出生人口191人,出生人口性别比142(女为100)。

【工业】 2022年,湖溪镇有各类企业217家,从业人员4208人;有规模以上工业企业35家,实现规模以上工业企业产值17.47亿元,比上年增长17%;建筑业有资质企业7家,总产值7.19亿元;注册劳务公司53家,累计开票业务营业收入1.6亿元。完成税收1.48亿元;实现外贸出口总额4.06亿元,比上年增长16.76%;固定资产投资额2.28亿元,比上年增长2%;引进内资1500万元。加大企业技改力度,入选国家高新技术企业5家、省科技型中小企业11家。开展低效用地清理整治,100%完成供而未用工业用地整治,低效用地企业整治31家,出清土地面积20.93公顷。

【农业】 2022年,湖溪镇有耕地面积1473.08公顷,其中,瓜果类种植面积192.4公顷,单产2.03吨,年产5874.5吨;中草药材种植面积298.8公顷,单产0.18吨,年产845.6吨;蔬菜及食用菌种植面积398公顷,年产10708.85吨;油料种植面积176.86公顷;花卉苗木种植面积55.3公顷。有家庭农场38个、农民专业合作社12个。9月23日,2022年中国农民丰收节浙江主场活动的分会场系列活动在湖溪镇八里湾共享田园举行。

【镇域旅游开发】 2022年，湖溪镇以八里湾共享田园、象田村生态文化、南江沿线为重点，加强镇域旅游资源开发，推进全域旅游。6月8—9日，省农业农村厅组织专家组开展湖溪"修心农旅小镇"农村产业融合发展示范园验收认定工作。7月，湖溪镇获授"省级农村产业融合发展示范园"奖牌。年内，湖溪镇获评省AAAA级景区镇。

2022年，湖溪镇完善八里湾景区旅游业态，完成湖心岛网红露营基地项目一期、八面来风影视外景基地二期建设；打造八里湾劳动研学品牌，八里湾趣野田园获评金华市中小学生劳动教育实践基地、东阳市科普基地。推进旅游宣传，乡村旅游宣传内容在《中国旅游报》、"学习强国"学习平台、浙江新闻网、金华新闻网等刊发。

【村镇建设】 2022年，湖溪镇投资1000余万元建设南江生态绿道。省级美丽城镇通过复评。完成桥南大桥连接线交叉口改造工程项目框架路基，贯通江滨北路全线。完成道路交通安全隐患整治130处，农村道路大中修6千米，路灯亮化改造18千米，道路窨井改造提升3.2千米。加大镇区"污水零直排"工程建设力度，农村生活污水工程建设全面完工。施划机动车位1133个，获评东阳市第二轮文明城市创建综合考评镇乡（街道）第一名。12月20日，东阳横店—湖溪县域风貌样板区获评2022年度第三批浙江省县域风貌样板区。

【文教卫生】 2022年，湖溪镇有幼儿园2所，在园幼儿797人，专任教师56人；小学2所，在校学生1450人，专任教师84人；初中1所，在校学生900人，专任教师64人，九年制义务教育覆盖率100%；高中1所，在校学生600人，专任教师67人；成人文化技术学校1所。镇政府教育事业支出5975.06万元。湖溪镇中心小学改扩建工程二期竣工并投入使用。

2022年，湖溪镇有医疗卫生机构13家，其中镇中心卫生院1家、村卫生室（公立）6家；每千人拥有医疗床位0.8张；有专业卫技人员88人，在编72人，其中正高级职称3人、副高级职称2人、中级职称36人、初级职称31人。

2022年6月，湖溪镇八里湾露营基地 （湖溪镇提供）

2022年，湖溪镇组织开展各类文艺活动，丰富群众文化生活。7月1日，《花开盛世》节目获2022年东阳市镇乡（街道）文艺会演金奖。10月13日，湖溪镇获评浙江省农村文化礼堂建设示范乡镇。

【社会保障】 2022年，湖溪镇有农村低保对象242户313人、城镇低保对象5户7人、"五保"供养对象18户19人，发放低保救助金272.52万元、特困供养金43.98万元。发放残疾人护理补贴544人、149.315万元，生活补贴186人、63.879万元。有敬老院2家，居家养老中心正常运行25家，其中星级以上居家养老中心5家。

【社会治理】 2022年，湖溪镇分设网格75个（村社网格73个、专属网格2个）、微网格226个（村社微网格224个、专属微网格2个），形成全面覆盖所辖空间、组织、人群的大一体网格治理平台。网格按标准配备网格长、专职网格员、兼职网格员、网格指导员和其他包联干部、专业执法力量、基层党员干部、在职党员、志愿者，有微网格治理团队人员1623人。镇司法所与"老娘舅"调解矛盾纠纷47件。开展除险保安大排查、大整治行动，建成智慧安全监管平台，获评金华市首批"基层党建+安全生产标准化"建设示范镇。

【组织建设】 2022年，湖溪镇党委辖2个党总支、53个党支部，有党员2619人。推进"红耀湖溪 扛旗强基"行动，建立健全党建工作例会、党员发展和管理制度，提升党建工作水平。推进以八里湾村为核心村的共享田园党建联建机制；深化以镇西村为核心村的村企融合党建联建机制，推动公益资源集聚，助力乡村振兴。

开展村级监察工作联络站规范化建设。约谈督促镇、村干部53人，其中党员干部诫勉1人、党纪立案查处23人、村干部免职处理2人。溪南村、南江村、罗青郭村3个村获评东阳市示范型清廉村居，南塘村、东雅村、后山店西村、康庄村4个村获评东阳市标准型清廉村居。

【共富工坊助力物质和精神共富】 2022年，湖溪镇建立共富指导员、共富宣传员、共富监督员三支队伍，加强共富工坊的资源挖掘、宣传推广和管理监督，推进共富工坊建设。在八里湾村建设农旅融合型"共富工坊"，提炼完善"1+4+N"党建联建运行机制，即依托八里湾共享田园这个主战场，纳入核心村、沿线村、示范村、争先村4个党建联建参与主体，引进若干家建设运营单位，为农民增收、企业增效、集体增富提质增速。湖溪镇建成东阳市酒文化馆，传承东阳酒酿

2022年11月,湖溪镇镇西村大鼓队排练现场　　（湖溪镇提供）

造技艺,5月入选省首批乡村博物馆。“志成墙纸共富工坊”年内支付农户用工费达百万元,启动筹建“草编墙纸博物馆”,展示作为非物质文化遗产项目的手工草编墙纸织造技艺。

【镇西村大鼓入选省运会开幕式表演】 2022年9月24日,湖溪镇镇西村大鼓队参加省运会火炬传递东阳站的暖场表演。11月18日,100名村民组成的大鼓队表演的节目《鼓乐龙腾》参加省运会开幕式表演。

（方文央）

画水镇

【概况】 2022年,画水镇行政区域面积117平方千米,下辖18个行政村、74个自然村,镇政府驻黄田畈村旭光自然村画宁路20号。辖区总户数23242户,总人口54847人。出生人口292人,出生人口性别比103(女为100)。完成税收1.75亿元,比上年下降0.27%。

【工业】 2022年,画水镇有规模以上工业企业34家,实现规模以上工业企业总产值15.56亿元,比上年下降3.16%;实现规模以上工业企业增加值2.7亿元,比上年下降7.1%;完成固定资产投资4.93亿元,工业性投入1.73亿元。整治低效工业用地相关企业40家,清理整治土地面积28.13公顷。建筑业实现税收6014.53万元,比上年下降21.81%,其中增值税5472.97万元,比上年下降21.15%;建筑业招引企业纳税4960.84万元,比上年下降2.35%。

【农业】 2022年,画水镇有常用耕地面积1878.7公顷,其中水田面积1755.3公顷;实行粮食复种面积1604.92公顷,水稻机械化插秧面积755.53公顷,粮食总产量21447.06吨;蔬菜播种面积318.5公顷,总产量8547.8吨。推进农田基本建设,实施垦造耕地项目面积6.7公顷、高标准基本农田建设项目面积60公顷、“旱改水”项目面积5.3公顷。全年实现农林牧渔业总产值2.5亿元。

【重点项目建设】 2022年,画水镇推进东阳新能源产业园(杨梅园)建设,完成企业收储协议签订42家、权证过户18家,拆除涉及10家企业纳入东阳新能源产业园建设范围的相关厂房,拆除违章厂房3处、面积18000平方米,完成坟墓迁移和26.7公顷地面附着物登记统计和清表。完成利维能新能源一期项目的土地摘牌工作。推进“画水之芯”项目,项目计划总投资45000万元,累计完成投资37683万元。

【村镇建设】 2022年,画水镇拆除违章建筑56宗、65600平方米,完成旧住宅区改造两宗、面积35200万平方米。进行上坞工业区内占用消防通道违章建筑全面排查、集中处置;开展治违除患促安全专项整治,查处28宗、面积17200万平方米。启动“歌山画水”人居环境提升示范区建设,实施洪塘村历史文化村落保护项目建设,古建修复标段基本完工;共享田园项目开工建设;推进村庄“立改套”项目建设,完成王凡村项目竣工验收、平原村项目主体结顶、画溪四村项目规划许可证办理。创建市级“十佳村”1个,通过市级“十佳村”达标验收8个。施划车位1000余个,建成“两定四分”垃圾分类投放点10个。12月15日,省水利厅、省美丽浙江建设领导小组河长制办公室公布2022年美丽河湖名单,东阳市南江画水段(南下线桥—东义交界)入选。12月20日,旭光村获评省AAA级景区村庄,道院村、上宅村获评省AA级景区村庄。12月22日,浙江省“千村示范、万村整治”工作协调小组办公室公布2022年度浙江省美丽乡村特色精品村名单,画水镇月峰村上榜。

【基础设施建设】 2022年,画水镇推进江滨公园污水管网改造、菜市场提升等项目。实施南江两岸(画水一桥—方朱村)提升改造、金义东市域轨道交通两侧美丽田园建设等项目建设。开展八华书院整修、紫薇山民居修缮、云山古道(许宅段)修复等。启动“污水零直排”和水利强基增效工程,污水总管建设工程进展顺利。开展千塘百库除险清零工程,其中5座完工,其余29座正常进行。

【文教卫生】 2022年,画水镇有综合文化站1个、文化休闲广场28个、村级文化活动室18个,创建省级文化示范村1个。设有东阳市图书馆画水分馆,有各类藏书6.8万册。有国家级文物保护单位1处、市级文物保护单位12处、市级文物保护点43处。开展“画水好人好事好风尚”评选活动,1人获评“金华好人”。完成画水乡贤馆建设。有幼儿园5所,其中中心幼儿园1所(4个园区)、民办幼儿园4所,专任教师188人,在园幼儿1713人;小学4所,教职工189人,在校学生3340人;初中2所,教职工100人,在校学生1305人;九年制义务教育覆盖率100%。举行画水镇第二届教育基金颁奖典礼,表彰奖励优秀师生200余人。有中心卫生院1家、卫生服务站4家、专业卫技人员105人。推进医共体建设,市级医院专家下沉74人次;实施责任医生签约服务20054人。计划生育特殊家庭双岗联系人及家庭医生签约服务落实率100%,户籍人口基本医疗保险参保率99%。

【社会保障】 2022年年末,画水镇有低保对象467人、低保边缘对象44人、特困人员19人。完成年度低保户复核工作,增加低保对象19户27人、低保边缘对象3户6人,注销低保对象56户86人、低保边缘对象32户68人;发放低保金512万元,特困人员救助金46万元。开展各类临时救助80余次,发放救助金10万元。有村级社会组织196家,组织活动100余次。运营居家养老中心10家,解决全镇382名老人就餐问题。推进殡葬领域改革,开展骨灰跟踪管理工作,骨灰入葬公墓率实现100%。推进两个移民项目建设。建成东阳市级示范型"儿童之家"2家,基础型"儿童之家"8家。12月19日,画水镇退役军人服务站获评省级"枫桥式退役军人服务站"。

【社会治理】 2022年年末,画水镇优化"一中心四平台一网格"体系设置,分设网格76个、微网格463个、"连心群"1784个。开展"矛盾化解攻坚月""四大走访深化月"行动,国家、省级信访积案和三大领域信访件全部化解。开展企业消防、安全生产隐患排查846次,排查整改隐患2670项,关停企业27家;开展自建房安全隐患排查,发现疑似危房119户,其中修缮加固2户,拆除2户,其余均腾空处置。获评金华市平安护航中共二十大先进集体。

【组织建设】 2022年,画水镇党委辖14个党总支、105个党支部,有党员3045人。印发《画水镇关于深化驻村干部组团式专职化管理的实施意见》,深化驻村干部组团式专职化改革;打造中国结共富工坊,相关案例先后被《非公有制企业党建》杂志、省委组织部《党建引领"共富工坊"建设

2022年5月18日,"千团结千村 巾帼助共富"金华市来料加工工作推进会暨经纪人技能培训班(技能培训)在东阳市画水文园工艺品厂举办(画水镇提供)

案例集》采用。深化农村党员干部整治立规专项行动,明焕村、画塔村分别获评东阳市示范型清廉村居、标准型清廉村居;全年处理违纪、违规党员干部51人。开展"三师助企"行动,累计为146家企业送政策、送服务。

【中国结共富工坊建设】 2022年,画水镇有中国结集中加工点300余个,中国结加工品种500余个,常年从业人员1万人。有巾帼共富工坊10家,工坊以上门派单服务的形式将加工项目派发给居家人员,并负责原材料供应、工艺指导、成品回收等环节,辐射带动东阳市内外60余个村、500余人从事中国结制作加工,全年发放加工费1200余万元。

【来料加工经纪人技能培训】 2022年5月18—20日,金华市来料加工工作推进会暨经纪人技能培训在东阳市画水文园工艺品厂举行。推进会和培训由金华市妇联、东阳市人民政府主办,东阳市妇联、画水镇人民政府承办。磐安县、武义县、婺城区山区乡镇从事或计划从事中国结加工的经纪人50余人及丽水市驻义乌来料加工办公室派出工作人员6人参加中国结编织培训、视频制作培训。推进会上,举行东阳市、磐安县合同金额2500万元的来料加工项目签约仪式,同时签订东阳市与磐安县来料加工经纪人协会、东阳市画水镇与磐安县双溪乡等多个来料加工框架协议,15名经纪人与东阳市画水文园工艺品厂达成初步合作意向,拓展合作领域,促进创业共富。培训期间,开展中国结编织大比武,决出一等奖1人、二等奖2人、三等奖3人、巧手奖6人。6月21—24日,金华市来料加工经纪人技能培训巴州、婺城班在画水镇举行,金华市婺城区30余名来料加工经纪人和四川省巴中市巴州区5名经纪人骨干参加中国结编织技能培训。年内,画水镇共富工坊先后在四川省巴中市巴州区、浙江省丽水市、金华市等地举办中国结技能培训班12期,培训经纪人230人。

【东阳新能源产业园建设推进】 东阳新能源产业园主要位于画水镇,园区总净用地面积133.33公顷,南侧距315省道0.5千米,东侧距离义东高速公路出口4千米、杭温高铁东阳横店站8.5千米。规划在5年内建成产值超500亿元的新能源产业发展平台,产业植入重点围绕锂电池、钠电池、氢能源等新能源产业进行链式布局,促进画水工业经济从"低小散"向"高精聚"转变,形成"产业共聚、科创共赢、生态共享、产城共荣"发展格局。年内,园区成功引入利维能和蔚蓝创造2个项目。

(朱梦婷)

虎鹿镇

【概况】 2022年,虎鹿镇行政区域面积97平方千米,下设溪东、溪西、溪口、白溪4个驻村工作组,辖18个行政村。虎鹿镇政府驻厦程里村。辖区内总户数12589户,总人口29802人。出生人口151人,出生人口性别比139(女为100)。完成税收7072万元。

【工业】 2022年,虎鹿镇规模以上工业企业4家,实现工业总产值1.38亿元,比上年增长12.2%;完成工业增加值2981万元,比上年增长15.2%。完成工业固定资产投资1916万元,比上年增长33.52%;外贸出口总额3.58亿元,比上年增长42.65%。增加"小升规"企业1家(东阳市腾塑生物科技有限公司);有规模以下样本企业3家,营业收入1162.37万元,比上年增长9.63%;有国家高新企业3家,其中浙江安可信五金工具有限公司为年内入选。

开展低散乱企业"飓风整治"行动,整治企业11家,拆除4家企业违章建筑1515平方米。加快低效工业用地清理,累计出清土地15宗、面积7公顷。注册成立"香缝虎鹿"区域公共品牌。

【建筑业和商贸服务业】 2022年,虎鹿镇增加限额以上批发企业1家(东阳市金振进出口有限公司),限额以上批发企业增至5家,销售额19614万元,比上年增长16.78%;缝配城有商户350家,实现销售收入22亿元。实现建筑业税收4260.69万元,其中增值税3685.03万元;招引建筑劳务公司2家;全镇有65家建筑企业,其中有资质建筑企业4家。

【农业】 2022年,虎鹿镇实现茶叶总产量129吨;蔬菜播种面积417.8公顷,总产量10289.76吨;水稻、小麦规模种植面积163.14公顷。开展粮食功能区非粮化面积调查,完成耕地地力保护面积993.68公顷,申报散户种粮补贴面积75.13公顷。办理规模种粮户农业政策保险投保17户,涉及耕地161.37公顷;规模养殖户投保2户。推广使用复合肥360吨、有机肥800吨,发放施肥建议卡400份。创建东阳市级森林村庄2个,增加绿化面积13.33公顷。清理枯死松树969株,清理面积466.67公顷。完成新坑塘水库除险加固改造、东风山塘综合整治、白溪江水毁修复工程,白岩湾、红江2处河道整治工程完工并通过验收,高标准农田(粮食功能区)改造提升项目完成15%。开展饮用水"一户一表"改造,涉及农户547户。

【乡村旅游】 2022年,虎鹿镇推动文旅经济融合发展,整合高跷、葛巾、竹编、锡艺、子篷灯等非遗项目,组织1万余人开展研学活动。举办第八届蔡宅端午文化旅游节、潦溪文化旅游节等活动,吸引游客2万人次。夏岩村获评省AA级景区村庄,蔡宅村入选第四批金华市红色旅游教育基地,厦程里村古村落开发获评省2021年传统村落风貌保护提升优秀村庄。

【村镇建设】 2022年,虎鹿镇有5个自然村开展东阳市"十佳村"创建并通过验收,其中白岩湾村获评"十佳村"。投资30万元,申报生态型乡镇建设补助项目1个。完成6个村"强基增效"规划准备工作,其中5个村进入实施阶段。4个村完成"污水零直排"创建,第二污水处理厂虎鹿段污水总管建设工程完成80%。拆除违章建筑17宗、4182平方米。建成镇区"两定四分"垃圾分类集中投放点12个,垃圾分类行政村合格率、自然村覆盖率均达100%。虎鹿镇获评东阳市2021年度农村生活垃圾减量化处理优秀乡镇,坞葛村、厦程里村获评东阳市2022年度农村生活垃圾减量化处理示范村。

2022年,虎鹿镇推进老街改造、体育馆、"小镇客厅"、溪口玻璃栈道、蔡宅共享田园、虎峰山康养、精品民宿等20项工程建设,完成阿溪古道、厦程里健身广场、周村社区多功能运动场、厦程里健身房建设和葛宅文化基因馆改造。蔡宅村红色美丽村庄项目完工,共享田园项目开工。葛宅村省级美丽宜居示范村创建工作完成85%,相关建设项目完成初步设计、概算。溪口玻璃栈道建设完成80%。镇区"小镇客厅"建成开放。

【文教卫生】 2022年,虎鹿镇有文化站、广播电视站各1个,村级文化活动中心18个。初中1所,在校学生519人,在职教职员工42人;小学1所,在校学生821人,在职教职员工56人;幼儿园2所,在园幼儿407人,教职员工54人。全镇有镇中心卫生院1家、村卫生室4家、"卫生服务驿站"1个。虎鹿镇中心卫生院公卫楼开工建设,燕山村卫生室建成并投入使用。镇中心卫生院在岗工作人员46人,门、急诊105769人次,比上年增长12.18%;实现业务收入1039.06万元,比上年增长8.78%;网上办理生

2020年10月,东阳日报社小记者在虎鹿镇葛宅村开展葛巾布艺研学

(《今日东阳》编辑部提供)

育登记156人次。建成金华市级示范型新时代文明实践站1个，获评“金华好人”1人、“东阳好人”1人，开展各类新时代文明实践活动100余次。

【社会保障】 2022年，虎鹿镇城乡居民医疗保险参保17315人，参保率99.95%；大病医疗保险参保17863人。全镇职工社保参保350人，职工医保参保63人，城乡养老保险退休待遇核准837人。复查核准低保对象250户320人，低保边缘对象43户107人，特困人员7户。开展“无欠薪企业”调查，走访调查企业55家，调解劳资工伤纠纷42起，办理异地退休认证28人。创建示范型“儿童之家”2家、基础型“儿童之家”13家，蔡宅村示范型“儿童之家”获评金华市关心下一代示范教育基地。落实残疾人无障碍设施进家庭12户、残疾人幸福安居工程5户，虎鹿“圆梦残疾人之家”通过金华市四星级评定。

【社会治理】 2022年，虎鹿镇便民服务中心设立服务窗口10个，涉及服务项目220余项，受理即办件5119件，代办件2126件，办结率100%；受理咨询4428人次，服务满意率100%。推进危旧房整治，排查自建房15715栋，120栋存在安全隐患房屋全部采取腾空警示、修缮加固等整治措施；以辖区企业、文保点、“两房一店”（出租房、生产经营性自建房、沿街店面）等为重点，开展消防安全和安全生产督查。

【组织建设】 2022年，虎鹿镇党委辖3个党总支、44个党支部，有党员1580人。深化党建联建机制建设，打造以蔡宅村为中心的红色研学党建联建和以虎鹿农合联（农民合作经济组织联合会）为中心的农业产业党建联建两个实践案例。推进“百镇共建强基”行动，与巍山镇在党建引领、基层治理、美丽乡村、集体经济增收等领域开展共建，搭建产销互助平台拓宽农产品销路，助推农民增收。加强年轻干部培养，在东白学堂开展“青年干部上讲堂”活动。落实驻村干部组团式专职化管理及帮办代办工作，推行“三张清单”工作机制，压实驻村联企责任。依托镇党校加强镇村干部思政教育和业务培训，举办村级“晒拼创”活动，葛宅村、蔡宅村入选市级“晒拼创”十佳案例。葛宅村获评省清廉村居建设示范村、省级民主法治村，蔡宅村获评省学习型社区，三星村获评第4批省级引领型农村社区。

【中国·虎鹿第二届国际云会展举行】 2022年10月28日，2022年中国·虎鹿第二届国际云会展开幕式暨东阳市电子商务协会缝配分会成立仪式在虎鹿缝配城举行。启动虎鹿缝配第二届国际云会展，同时成立市电子商务协会缝配分会。1个月的云会展展期中，近400家参展商参加，平台总广告展现量近200万次，总浏览量30余万人次，浏览者覆盖221个国家地区8253个城市，缝配产品在云会展后交易额环比增长20%，年交易额超20亿元。

【美丽城镇建设】 2022年，虎鹿镇坚持“生态立镇、工贸强镇、农旅兴镇、文化优镇”的发展思路，深挖地方特色、创新驱动、融合发展潜力，总投资3000余万元，开展老街改造、体育馆、“小镇客厅”等20项工程建设，其中存量改造面积2.75万平方米，增量建设面积2194平方米，文旅融合，打造全域大美格局。12月21日，虎鹿镇入选全省2022年度美丽城镇建设基本达标城镇名单。

（沈萱萱）

东阳江镇

【概况】 2022年，东阳江镇行政区域面积140平方千米，辖镇中、镇西、八达3个工作片、27个行政村，镇政府驻东阳江镇茜畴村。辖区总户数8404户，总人口21593人，其中男性11173人、女性10420人。出生人口78人，出生人口性别比100（女为100）。

【工业】 2022年，东阳江镇完成税收7804万元，比上年增长16%。完成固定资产投资5204万元，比上年增长3.91%。完成建筑业招商企业税收6943万元，比上年增长32%。实现建筑业总税收6991万元，比上年增长22%，其中增值税6375万元，比上年增长25%。有规模以下工业样本企业1家，实现营业收入174.4万元，比上年增长5.4%。

【农业和商贸服务业】 2022年，东阳江镇建有粮食功能区13个，总面积421.5公顷；有全市农业龙头企业4家。推进横锦水库库区内外新型农业产业格局构建，库区内以香榧、茶叶、桑葚果蔬种植基地为主，库区外以蜜桃、布朗李、蓝莓等水果采摘基地为主。新东村实现“桑柿”水果品牌重组，东门村水果玉米产能扩大。有限额以上服务企业1家，实现销售额1932万元，比上年下降56%。

【乡村旅游】 2022年，东阳江镇通过加强文化旅游基础建设、举办特色体育赛事、开展省级景区镇村创建等，推进文化旅游产业发展。天山村云海客栈在获评浙江省“银宿级”民宿基础上，继续开展优化建设。10月26日，天山村入围第六批中国传统村落公示名单。11月30日，在磐安县举行的浙江省“百县千宿”启动会暨乡村文旅运营专题推进活动中，天山村云海客栈入选省首批“百县千宿”培育名单。年内，东阳江镇获评省AAA级景区镇。天山村、白泉村获评省AAA级景区村庄，天山村入围浙江省第11批历史文化（传统）村落保护利用重点村。

【村镇建设】 2022年，东阳江镇加强城镇建设，完成镇区控制性详细规划局部调整方案，开展土地成片开发后续工作；优化镇区道路框架，中甲路西延工程基本完工，断头路完成贯通；“小镇客厅”进入装修阶段，完成总工程量的60%。推进基础设施完善，八达水厂一期完成并实现通水；建成5G基站22座，优化库区信号8处和28个站点的升级改造；便民服务中心完成装修，一楼服务大厅启用。11月5日，市委书记楼琅坚带队

2022年6月28日，东阳江镇举行“弘峰杯”2022山水东江首届环库自行车赛暨水果采摘推介会　（厉红玉/摄）

到东阳江镇调研，察看白泉村、黄铺村美丽乡村建设，了解八达“服务驿站”开展情况，对东阳江镇生态环境保护、建筑业招商、文旅产业培育、镇区建设等工作给予肯定。

【优美生态环境建设推进】 2022年，东阳江镇组建横锦水库水上执法工作室，统筹生态环境巡逻执法，建立“联勤+联席+联动”机制，加强横锦水库库区生态环境保护，相关经验做法获省政府领导批示肯定；实施鱼苗放养20万尾，查处非法垂钓人员700余人次，收缴渔具2000余件，横锦水库水质达到Ⅰ类水标准；加强森林防火和宣传劝导工作，实行常态化镇区洒水及工地扬尘治理，查处秸秆焚烧100余起；空气质量达到国家二级标准。

【文教卫生】 2022年，东阳江镇建成农村文化礼堂2个，实现新时代文明实践站行政村全覆盖，开展文化走亲、送戏下乡、文艺巡演等文化活动37场次。11月12日，承办2022东阳市老年健身球比赛。

2022年，东阳江镇有幼儿园1所、小学1所、初中1所、12年一贯制民办学校1所（尚学传麒实验学校）。依托千树教育等3个教育基金，开展奖教助学活动。完成八达小学撤并工作，适应库区群众教育需求。

2022年，东阳江镇有镇卫生院1家、社区卫生服务站3家。组建家庭医生专家团，建立规范化健康电子档案，免费体检3000余人；组织医共体专家下乡400余人次；落实疫情防控各项要求，加强数据核查、重点人员管控等工作，60周岁以上老年人疫苗接种率96.46%。

【社会保障】 2022年，东阳江镇有农村低保对象273户327人，人均每月救助金额771元；“五保”供养对象24户25人，发放特困供养金50800元；实施临时救助6人，救助金额42010元；助学救助6人，救助金额2.6万元。

【社会治理】 2022年，东阳江镇分设网格35个、微网格136个、“连心群”484个，深化基层治理“东江做法”，在全市现代治理大会战考核中排名前列。《打造“三个阵地”实现全年电信诈骗“零发案”》《“三联并进”保护浙中“大水缸”》工作报道获省领导批示肯定。实施除险保安百日攻坚行动，组建应急队伍，开展消防、燃气、在建工程、地质灾害点、自建房风险隐患排查等工作，全年未发生安全生产事故。9月，部署落实台风“梅花”防御战，排查全域山洪灾害危险区、地质灾害点、危旧房、危旧自建房底数，实行清单化动态管理；储备村级防汛物资，转移安置东风村10户危房户，做到应转尽转。年内，继续加强反诈工作，连续两年保持电信诈骗“零发案”。

【组织建设】 2022年，东阳江镇党委辖1个党总支、37个党支部，有党员1397人。持续开展“扛旗争先”大比拼，推动镇村干部履职尽责。5月12日，“百镇共建强基”东阳江镇—歌山镇结对仪式在歌山镇凤凰谷举行，与歌山镇签订《“百镇共建强基”行动乡镇结对共建协议》，开展结对共建。5—12月，东阳江镇65人通过招聘进入歌山镇企业就业。6月27日，东阳江镇党委与南马镇花园村党委签约建立共同富裕战略合作关系，花园村资助东阳江镇乡村振兴发展基金50万元。9月，设立乡村振兴专项发展基金100万元，11个村入股成立镇级强村公司——东江农村集体经济发展有限公司。年内，东阳江镇与浙农集团股份有限公司、市资发集团分别签订共富合作协议，组织新东村与农商银行湖溪支行、天山村与城东街道寀卢村、召塘里村与南马镇花园村第三支部开展共富结对。

【首届环库自行车赛暨水果采摘推介会举行】 2022年6月28日，东阳江镇举行“弘峰杯”2022山水东江首届环库自行车赛暨水果采摘推介会。省内外101名选手参加横锦水库自行车赛。比赛起点设在镇区中兴街，终点设在白泉村，全长25千米，途经横锦村、横锦水库大坝渡口、三兴村、双和村、八达村等地。比赛期间，东阳江镇果农展出蟠桃、水蜜桃、葡萄等特色水果，吸引市民、游客采摘购买。

（单统彤）

马宅镇

【概况】 2022年，马宅镇行政区域面积120平方千米，设中心、青联、徐山3个工作片，辖17个行政村、68个自然村。镇政府驻马宅村。辖区总户数10280户，总人口24980人。出生人口124人，出生人口性别比110（女为100）。南江水库库区大部位于马宅镇境内。

【农业】 2022年，马宅镇实施自然资源部退回整改农田“旱改水”项目20.67公顷，新立项“旱改水”项目农田6.67公顷，完成高标准农田建设134.07公顷。加强配方肥、商品有机肥推广，按方施肥农田282.73公顷。完成864.2公顷耕地地力保护补贴申报，受益农户7099户。开展农产品生产主体巡查，农业龙头企业、示范性家庭农场、县级以上示范性专业合作社的达标合格证使用率均达100%。增加国土绿化面积26.67公顷，清理松材线虫病枯死松树3500余吨，森林覆盖率70%，空气质量保持优良。加强动物防疫工作，集中免疫牛羊234头、生猪825头、家禽5196羽。改造无害化冷库3个、冷柜1个，全年无扩散性动物疫病发生。7月26日，建立马宅农村集体经济发展有限公司(强村公司)，推进飞地抱团项目，壮大村级集体经济。年内，有12个行政村实现村集体年经营性收入50万元以上，其中收入100万元以上的行政村1个。

【工业】 2022年，马宅镇实现规模以上工业企业总产值31953万元，完成税收1.13亿元；完成固定资产投资11937万元，比上年增长30.72%。开展建筑业招商，招引建筑业企业5家。优化产业结构，投资1300万元，推进年产600吨高性能黏结永磁粉生产线技术改造、年产3000套五金厂水暖紧固件生产线和年产2.5万立方米钢筋混凝土桥梁构件等项目建设。开展低效用地清理，关停和搬迁区块内企业7家，出清土地面积2.87公顷，完成地上建筑物面积测绘与附属物价格评估，拆除3家企业违章建筑7000平方米。

【重点工程建设】 2022年，马宅镇开展境内351国道建设土地征用农户签约，签约农户264户，签约率84%；完成塘里村便道政策处理，实现全线贯通；后山隧道建设完成工程量的15%。杭温高铁马宅段完成隧道贯通、路基铺设，启动桥梁工程架梁；启动实施全段“小三改”(铁路外的通信线路、广播电视线路、电力线路迁改)工程，完成全段四电用地政策处理。完成龙景三期项目土地出让，落实建设单位，进行地面清理。下瑶村省级“一事一议”项目完成工程量95%。加快土地流转，开展白岩坞大宋影视拍摄基地、雅坑现代影视拍摄基地等项目前期工作。

【村镇建设】 2022年，马宅镇加强美丽城镇建设，投资800万元推进5个续建项目、11个新建项目实施，其中10个项目完工。开展“十佳村”创建，13个自然村均通过市农业农村局验收，其中孔村获评东阳市“十佳村”。年内，落实马宅镇至千祥镇、湖溪镇方向污水总管配套工程沿线12个村政策处理工作，排查“污水零直排”项目13个，完成13个污水处理强基增效支管建设项目勘察设计。落实河湖长制、塘长制，辖区内流域水质达到Ⅱ类水标准。饮用水“一户一表”完成安装850户，自来水二期延伸工程完成工程量的60%。完成两座水库除险加固提升改造工程预算审核及招投标；完成31座山塘加固提升财政预算审核及招投标。落实改造旧住宅区3.4万平方米，拆除违章建筑3871平方米。开展秸秆焚烧专项整治，当场扑灭89起，立案查处59起。加强农村垃圾分类工作，新建镇区“两定四分”垃圾分类投放点6个。12月18日，塘里村获评省级高标准农村生活垃圾分类示范村。12月21日，屠梁村获评2022年度浙江省“一村万树”示范村。年内，孔村、雅三湖村获评东阳市级“森林村庄”，白岩坞村、下陈村、三和村获评东阳市人居环境“垃圾分类”最好村，下瑶村获评省AAA级景区村庄，黄英村获评省AA级景区村庄，和协村获评金华市首批高质量就业村。

【文教卫生】 2022年，马宅镇有中心幼儿园1所，班级12个，在园幼儿162人，教职员工30人(其中专任教师16人)；小学1所，班级12个，在校学生406人，教职员工28人(其中专任教师28人)；初中1所，班级7个，在校学生230人，教职员工26人(其中专任教师26人)；九年制义务教育覆盖率100%。马宅镇中心小学与杭州市胜利小学启动结对共建合作。有镇中心卫生院1家(专业卫技人员37人)、社区卫生服务站4家、村卫生室6家。马宅镇组织志愿者开展新时代文明实践暨学雷锋志愿服务活动，组织文艺活动70余场。“帮帮姐”开展帮老扶幼、扶危济困、乡村共建等活动，倡导文明新风。马宅镇获评浙江省国家卫生乡镇量化分级良好乡镇。

【社会保障】 2022年，马宅镇增加低保对象22户29人、低保边缘对象2户3人、特困供养老人1人、困境儿童4人。创建基础型“儿童之家”9个，全镇17个行政村实现“儿童之家”全覆盖。开展城乡居民医疗保险投保工作，提高大病医疗保险覆盖面，完成参保办理1.3万人；办理居民养老保险业务555件、企业退休人员相关业务118件、个体劳动者(灵活就业者)相关业务169件、公益性岗位补贴申报7人，解决劳资纠纷5起、工伤事故2起。建立马宅镇社会工作站。七秩塘村、杨岩村、屠梁村水库移民项目完工。镇退役军人服务站完成退役军人的建档立卡及优待证申领、优抚退役军人年度确认工作，获评镇级“枫桥式退役军人服务站”和1个村级“枫桥式退役军人服务站”。举办“新婚俗新风尚”集体婚礼活动，补办结婚登记证2480余对。

【社会治理】 2022年，马宅镇启动“八五”普法教育活动，落实“一村一法律顾问”，开展群众法律援助工作。开展除险保安、居住出租房合用场所大排查、消防“大清查、大培训、大演练”等专项整治行动，整改隐患657处；推进应急管理责任体系建设，实现移动端责任人100%全覆盖。开展自建房安全专项整治，排查10265户，完成疑似C、D级危房鉴定67处，并隔离到位。开展电动自行车交通秩序整治工作，在351国道15个重点交通点位安排专人进行文明劝导，查处电动自行车违法行为为89起。12月2日，王楼、瑶昌桥、张塘、马宅、三和、徐宅6个村被命名为金华市2022年度“后陈式”法治村(社区)。12月

28日,省司法厅、省民政厅、省普法办公室公布浙江省2022年度省级“民主法治村(社区)”名单,马宅镇七秩塘村入选。

【组织建设】 2022年,马宅镇党委辖7个党总支、47个党支部,有党员1670人。马宅镇与南马镇结对开展“百镇共建强基”行动。组织17个行政村的党员干部开展“大学习、大培训、大提升”“每月一讲”集中培训活动和村主职干部工作“扛旗争先”活动,完善镇村两级干部绩效考核办法。优化党员队伍结构,新发展党员6人。加强村级治理能力建设,列出重点整治村5个,对标查找问题13个,提出整改措施27条,批评教育和处理8人,其中党纪处分4人。深化“四风”和群众身边腐败问题专项整治,累计发现违纪、违法问题17个,约谈提醒13人次;查处“四风”问题1起,批评教育5人。推进清廉村居建设,探索村务监督新模式,马宅村获评省善治示范村,三和村、祥旺村获评省善治村,屠梁村、塘里村、和协村、三和村、七秩塘村、王楼村、白岩坞村获评东阳市标准型清廉村居。

【微电影倡导清廉文化】 2022年11月,《中国纪检监察》杂志社、浙江省纪委监委、中央广播电视总台浙江总站、浙江日报报业集团等主办的第四届“玉琮杯”清廉微电影微视频大赛获奖结果揭晓,马宅镇拍摄报送的微电影《翻车》获评微电影类优秀奖。12月,微电影《翻车》获东阳市“影视名城、清廉光影”微电影微视频大赛一等奖、“清廉金华·横有戏”2022年微电影微视频创作大赛金奖。

（何飘逸）

佐村镇

【概况】 2022年,佐村镇行政区域面积154平方千米,下设佐村、罗峰、宅口、上村、西营5个分中心,辖25个行政村、220个自然村。镇政府驻佐村村。辖区总户数10182户,总人口24691人,其中男性12913人、女性11778人。出生人口129人,出生人口性别比84(女为100)。完成财政预算收入4518.79万元。实现农村集体经济总收入3863.24万元,农村常住居民人均可支配收入28814元。

【工业】 2022年,佐村镇有工业企业10家,其中规模以上工业企业4家;实现规模以上工业企业产值7500万元、限额以上批发业销售额1.35亿元,完成固定资产投资额2000万元、税收1.05亿元。建筑类企业注册20家、招商认定5家;完成建筑业税收8661万元,比上年下降19.67%;完成招引建筑企业税收4755.4万元。

【农业】 2022年,佐村镇有常用耕地面积1483公顷,其中耕地流转面积620公顷、耕地灌溉面积863公顷。完成高标准农田建设217.27公顷。开展休闲观光农业建设,推进茶叶、毛竹、香榧、油茶、高山蔬菜等特色农产品生产,有茶园800公顷、毛竹533.33公顷、香榧466.67公顷、高山蔬菜16.67公顷、树莓106.67公顷、蓝莓13.33公顷。加强“龙盘玉叶”“木禾”等茶叶品牌建设,依托茶产业,拓展茶香米花糖、茶酒、茶叶索粉等茶叶衍生产品。举行佐村镇文化旅游节开幕式暨第三届云上开茶节、“笋趣佐村 乐活田园”挖笋节等活动,吸引游客近10万人次。

【村镇建设】 2022年,佐村镇投资800万元,实施78个美丽乡村建设项目。市级“十佳村”创建工作实现全覆盖,21个村通过验收,麻车岭、大楼和大山3个村获评市“十佳村”。完成14个村“污水零直排”创建和5个污水终端改造项目,全域水质常年保持Ⅱ类水以上;立案查处露天秸秆焚烧57起,空气质量排名列全市前三位;强化联合执法,推进“非法采矿、乱倒渣土”专项治理行动。推动农村生活垃圾“两定四分”,前塘、赵楼和五丰3个村获评市级垃圾分类“最好村”。镇区星级生态公厕、灯光球场、污水终端、新区配套4个项目通过验收并交付使用。推进文明城市创建、“三改一拆”、无违建创建、治危拆违整治等工作,拆除各类违法违章建筑7处,累计拆除面积6340平方米。农村安全饮用水普及率达100%。

【文教卫生】 2022年,佐村镇开展25个新时代文明实践站和1个新时代文明实践所的改造提升工作。有文化礼堂24个,全年开展活动600余场次。有九年一贯制中小学1所,在校学生397人(其中小学187人、初中210人),九年义务教育覆盖率达100%。佐村中心幼儿园获评省二级幼儿园,有在园幼儿71人。镇级成人技校获评省级标准化成技校,下设佐村、宅口、上村、瑚门教学点。有医疗卫生机构10家,其中镇中心卫生院1家、社区卫生服务站8家、村级卫生室1家。有专业卫技人员41人,其中执业(助理)医师26人、注册护士9人、药师3人、检验师3人。完成第十一轮农民健康体检。

【社会保障】 2022年,佐村镇继续加强城乡居民医疗保险投保组织工作,参保15071人。增加低保对象26人、特困户1人,注销低保对象43人、低保边缘对象37人、特困户2人;临时救助困难群众56人,发放临时救助金64581元。上村村、西营村居家养老中心分别获评市五星级、三星级居家养老中心。25个行政村全部实现村集体年经营性收入20万元以上,其中17个村集体年经营性收入超50万元,1个村集体年经营性收入超100万元。

【社会治理】 2022年,佐村镇划分为32个网格、143个微网格。网格采集各类信息22896条,处理“四平台”职能部门流转事件3323件。落实208名重点帮扶人员的帮扶工作,其中刑满释放人员22人、社区矫正人员18人。“国家反诈中心”App安装8677个,电信网络诈骗发案3起,反诈工作成效列全市第一位。处理信访件405件,化解394件。镇村人民调解组织化解处理各类矛盾纠纷166件。开展平安阵地建设,建成反邪教主题公园1个、法治文化广场1个、反诈主题公园1个、法治长廊1个,创建金华

2022年4月3日，佐村镇举行康庐山水胜境开工奠基仪式　（佐村镇提供）

市级民主法治村20个。加强技防措施，辖内主要出入口安装视频监控。建设基层法律服务站点25个，行政村全部聘有法律顾问。连续17年获评市平安乡镇。

【乡村文化旅游活动开展】 2022年3月30日，佐村镇文化旅游节开幕式暨第三届云上开茶节在宅口村万亩茶山中举行。现场举行开茶喊山、茶叶采摘、手工炒茶比赛、直播带货等活动。4月9日，佐村镇第七届乡村休闲旅游节暨佐村挖笋节在罗峰村开幕。该节以"笋趣佐村·乐活田园"为主题，设置挖笋大赛、趣味野炊、寻宝大赛等活动，吸引市内外游客参加。活动开设笋王拍卖环节，拍卖所获钱款用于捐助村里的困难户与困境儿童。

【康庐山水胜境开工奠基仪式举行】 2022年4月3日，康庐山水胜境开工奠基仪式在佐村镇斯光村里高岗自然村举行，省文化和旅游厅党组成员、副厅长叶菁，东阳市委副书记、市长黄胜可，浙江康庐文化旅游有限公司总经理郭孝伟等出席。康庐山水胜境项目是佐村镇重点生态文旅项目之一，属浙商回归项目。项目规划占地面积49公顷，总建筑面积6.08万平方米，总投资7.8亿元，建设高端度假酒店、游客集散枢纽、水上乐园、拓展野营基地等，建成集文化旅游、亲子娱乐、康养度假、田园休闲于一体的大型文旅综合体。

【组织建设】 2022年，佐村镇有基层党组织36个，其中行政村党支部25个；党员1321人，其中农村党员1187人。加强镇村干部考核，推进党风廉政建设和反腐败工作。开展"五整治五提升""不作为、慢作为、乱作为"等专项治理，查处党员16人，其中开除党籍2人、党内严重警告3人、党内警告10人、警告1人。继续开展"大走访、大排查、大化解、大提升"行动，落实平安建设、疫情防控等工作。

（余　雯）

三单乡

【概况】 2022年，三单乡行政区域面积89平方千米，设三单、青溪、玉溪3个工作片，辖14个行政村、26个自然村。乡政府驻三单行政村底吉自然村1号。辖区总户数4369户，总人口11246人，出生人口49人，出生人口性别比88（女为100）。全乡地形以山地为主，绿化覆盖率90%以上。三单乡无规模以上工业企业。年内完成固定资产投资4834万元，引进飞尔静心园项目（固定投资413万元）、建筑劳务公司6家，完成税收2574万元。

【农业】 2022年，三单乡有茶园1052.93公顷、香榧林地770.13公顷，种植高山蔬菜344.93公顷、花卉70.07公顷，炒制茶叶563吨、香榧129吨。有家庭农场64家、农业专业合作社23家、农产品加工企业12家，形成浙江榧哥、三单小京生、海明白茶等农产品品牌。办理农机购置补贴62户次，落实11户3.07公顷露地蔬菜、10户2.67公顷露地西瓜种植的政策性农业保险。实施动物防疫2874头次。完成农事服务中心建设，开展农业技术宣传和培训。

【重点项目建设】 2022年，三单乡有亿元以上重点建设项目3个。其中飞尔静心园项目完成主体建设，从上海市引入锦江饭店集团第三方运营团队并完成协议签订，开展运营筹划。计划总投资3亿元的云客山居·流南坪田园康养项目签约，项目选址在中村村。推进电商服务中心项目建设，完成电子商务公共服务协议签订。助推企业复工复产，促进经济企稳回升。实施民间投资项目3个、政府投资项目8个。

【村镇建设】 2022年，三单乡4个村的"十佳村"创建工作通过市级验收，其中华孙村获评东阳市"十佳村"；美丽乡村建设实现全覆盖。下吾岗村创建省AA级景区村庄并通过验收。完成投资1240万元的金航村产业特色精品村建设项目和投资1300万元的下西楼村省"一事一议"财政奖补助推美丽乡村建设项目。完成美丽城镇建设项目37个，其中新农贸市场投入运营，农特产品展示中心项目完成主体工程建设和内部装修，便民服务中心、综治中心、邻里中心和四个平台等综合性场所开放使用。

2022年，三单乡完成怀万线二期宅口畈连接线工程建设；完成4个村污水终端和5个村污水管网施工技术交底、1个村污水管网建设、7个村饮用水"一户一表"工程、4个山塘整治项目。推进建筑工地、道路扬尘、秸秆焚烧、餐饮油烟治理等工作，辖区无工业废气、燃煤烟气污染。空气质量指数达标，境内5条干流交接断面常年保持在Ⅱ类水，环保领域实现零投诉。12月21日，三单乡入选省

2022年度美丽城镇建设基本达标镇(乡)名单。

【文教卫生】 2022年,三单乡中小学有班级12个,在校学生360人,教师32人。其中小学部班级6个,在校学生171人;初中部班级6个,在校学生189人。三单乡中心幼儿园有班级3个,在园幼儿85人,教师6人,保育员1人。有乡中心卫生院1家,年门、急诊17921人次,实现总收入206万元,家庭医生有效签约3589人,签约率31.54%。下西楼、青溪、山背、玉溪4个村开展省级卫生村创建。

【社会保障】 2022年,三单乡推进偏远山区农户下山搬迁工作,完成15个不通公路居住点169户392人的摸底调查。开展供销社地块提升改造项目前期市场调研。开展低收入农户走访帮扶,增加低保对象11人、低保边缘对象2人。截至年末,有低保对象181户260人、低保边缘对象22户35人,特困户3户3人,发放低保金、低保边缘对象救助金214.48万元;临时救助24人,慈善救助7人,发放救助金5.26万元。乡级社会工作站建成并常态化运行,乡级居家养老照料中心引入第三方开展运营。

【社会治理】 2022年,三单乡分设27个网格、71个微网格,建立298个微信塔群。"国家反诈中心"App安装率59.37%,无诈骗案件发生。排查自建房安全5270户,发现疑似危旧房43户,均完成腾空处置。组织召开安全生产专题培训4期,600余人参训。全年安全生产形势稳定,未发生较大以上交通、火灾死亡事故。

【组织建设】 2022年,三单乡有党组织17个,其中行政村党支部14个;有党员520人,其中农村党员490人。乡党委加强村级考核评比,发放优秀村奖励资金30万元。开展党员干部守纪立规创优行动和"五整治五提升"专项行动,实施第一种形态处置16人,其中提醒谈话12人、书面检查3人、诫勉1人;自办案件2起,党纪立案4人;完成重点整治问题9个。推进清廉村居建设,创建东阳市清廉村居示范点2个。

2022年4月11日,三单乡共同富裕·产教融合签约揭牌仪式暨茶研学课程体验活动启动仪式举行 (徐 艳/摄)

【"一事一议"财政奖补支持打造共富乡村试点开展】 2022年,三单乡申报2023年度浙江省"一事一议"财政奖补支持打造共富乡村试点项目。该项目以三单乡政府所在地为核心,串联三单、金航、山背、搭钩、下西楼5个行政村,形成乡村共富示范带,以非遗生态圈联盟抱团共建方式,采用非遗传承、非遗民宿、非遗体验、非遗研学等形式,建设非遗工坊群落,同时带动乡村产业发展,促进农民增收。项目计划总投资5050万元,其中申请省级财政资金2000万元、地方财政配套资金2000万元,筹措村级自筹资金及社会资本投入1050万元。项目涉及的5个村均开展房屋租用、土地流转等前期工作。

【"林栖·三十六院"文旅项目推进】 2022年,三单乡推进"林栖·三十六院"项目建设运营。浙江东阳林栖文化传播有限公司投资6000余万元,修复旧居100余间,建成蓝染、银器等非遗工坊,接待省内外游客2万人次,实现总收入800余万元;为横店影视公司提供短视频拍摄基地、汉服打卡地和茶研学课程体验地,双方合作持续深化。三单乡政府联合广州市汇美时尚集团股份有限公司、浙江横店影视职业学院和浙江东阳林栖文化传播有限公司,建立创新创业、实践实训、乡土中国影像、蓝印花布教学等基地,开启多方合作,推动"共同富裕·产教融合",开展茶研学课程体验活动。浙江东阳林栖文化传播有限公司参加中国国际时装周。"林栖·三十六院"项目获评省文旅促进共同富裕最佳实践案例和金华文旅共富榜经典案例。

(徐 艳)

新闻人物

【吴明红】 女，汉族，1968年3月出生，浙江东阳人，1992年4月参加工作，2001年3月加入中国共产党。任上海大学环境与化学工程学院教授、博士生导师，上海大学“有机复合污染控制工程”教育部重点实验室主任，“多介质环境协同治理”上海市工程技术研究中心主任。2021年入选中国工程院院士。2022年6月1日，入选“2022年福布斯中国科技女性50”榜单。

1985年9月至1989年7月上海科学技术大学（1994年与上海工业大学、原上海大学和上海科技高等专科学校合并组建为新的上海大学）应用化学专业本科生，1989年9月至1992年3月上海科学技术大学有机化学专业硕士研究生，1996年9月至1999年7月中国科学院上海原子核研究所（中国科学院上海应用物理研究所）放射化学专业博士研究生，其间作为访问学者两次到日本原子能研究院开展合作研究。曾先后担任上海大学研究生部主任、环境与化学工程学院党委书记、执行院长、院长等职，2013年起任上海大学副校长。

吴明红是俄罗斯工程院、自然科学院外籍院士，国家杰出青年科学基金获得者、教育部“长江学者”特聘教授、百千万人才工程国家级人选、第七届教育部科技委国际合作部委员、第八届教育部科技委环境学部委员、中华环保联合会水环境专业委员会主任委员、VOCs防治委员会名誉主任委员，以及国内外多家学术期刊的主编、副主编或编委。获国家自然科学二等奖2项，上海市科技进步奖一等奖1项、上海市自然科学一等奖1项、中华环保联合会科技进步特等奖1项、中国工程院光华工程青年科技奖、上海市教学成果特等奖1项。曾先后获全国模范教师、全国女职工建功立业标兵、上海市巾帼创新奖、“三八红旗手标兵”、上海市十大科技精英等荣誉。

【虞向红】 男，汉族，中共党员，1970年12月出生，浙江东阳人。1989年3月入伍，1999年4月退伍，高级技师。在电力一线工作24年，从退伍军人成为国网公司人才专家，获9项国家专利。先后解决配电技术难题87项，累计授课580余课时，培养“八婺金匠”1人，省电力公司劳动模范2人，东阳市技术能手5人。

虞向红打造“幸福蜗居”项目帮浙江省、四川省等地221户家庭改善住房条件，获全国“四个100”，最佳志愿服务项目等省部级以上荣誉9项。延伸开展“三助一赋”8个公益子项目，吸纳社会志愿者12215人次。先后获中国好人、浙江省道德模范、浙江省模范退役军人等省部级以上荣誉9项，2022年3月被中共中央宣传部表彰为第七批全国岗位学雷锋标兵。

【胡海岚】 女，1973年出生，祖籍浙江东阳。浙江大学医学院教授、博士生导师。2021年，胡海岚获第24届世界杰出女科学家成就奖。2022年3月7日，胡海岚被全国妇联授予2021年度“全国三八红旗手标兵”称号。

胡海岚北京大学毕业后，在美国加州大学伯克利分校和冷泉港实验室学习、工作。2008年，回国在中科院上海分院神经科学研究所担任研究员。2015年，加入浙江大学，担任浙江大学医学院脑科学与脑医学学院教授、浙江大学教育部脑与脑机融合前沿科学中心主任。胡海岚专注于脑的高级功能及相关疾病的研究，取得一系列世界领先的创新性研究成果：发现社会竞争中“胜利者效应”的脑机制，揭示后天的经历经验可以通过重塑神经环路来改变先天的弱势；从分子、细胞和系统等多层面对抑郁症这一重大疾病的成因提出了新的阐释，为研发更好、更安全的抗抑郁药物提供新思路。

【吴坚强】 男，1975年11月出生，浙江东阳人，任东阳市红十字救援队党支部书记、东阳市爱盟社会工作服务中心理事长。2022年5月11日，吴坚强在中央宣传部、中央文明办等部门和单位共同组织开展的2021年度全国学雷锋志愿服务“四个100”先进典型宣传推选活动中被评为最美志愿者。

2005年，吴坚强加入志愿者组织东阳爱心联盟，2007年担任负责人。2013年5月，吴坚强带头成立东阳市红十字救援队，在东阳市公益事业、紧急救助方面发挥了示范引领作用。2019年5月,东阳市红十字救援队升格为省级救援队伍。2019年,吴坚强任东阳市道德模范宣讲团团长,带领宣讲员们到全市镇乡(街道)进行好人事迹巡讲。2020年12月,成立"强哥工作室",为特殊妇女群体提供法律知识讲解、心理问题评估、心理疏导与治疗。

吴坚强曾获金华市优秀共产党员、省优秀志愿者、最美浙江人、省最美志愿服务工作者、全国红十字五星志愿者等荣誉,先后被《人民日报》《中国公益在线》《健康中国人网》《今日头条》《世界导报》《一点资讯》《澳门都市报》等各级媒体报道。

【陆朝阳】 男,1982年12月出生,浙江东阳人。剑桥大学物理学博士,任中国科学技术大学教授、中国科学技术大学上海研究院执行院长。2022年12月,全球华人物理学会宣布中国科学技术大学教授陆朝阳获得2021年度亚洲成就奖,表彰他在光学量子计算研究方面的杰出贡献。

陆朝阳作为潘建伟院士团队重要成员,长期致力于量子力学基础问题和可扩展量子信息技术研究。2020年,他所在的团队构建76个光子的量子计算原型机"九章",实现"高斯玻色取样"任务的快速求解,速度比超级计算机快100万亿倍,使得中国首次成功达到量子计算优越性里程碑。2021年,陆朝阳和团队再次构建"九章"二号,突破113个光子的操纵技术,入选美国物理学会评选的年度国际十大进展。2022年,首次完成量子力学实数检验系列实验,再次入选美国物理学会评选的年度国际十大进展。

2017年以来,陆朝阳先后获中国青年五四奖章、欧洲物理学会菲涅尔奖、TR35中国科技创新青年、中科院青年科学家奖、中国物理学会黄昆半导体物理奖、科学探索奖等荣誉,被授予美国光学学会颁发的阿道夫隆奖章(Adolph Lomb Medal)、美国物理学会颁发的兰道尔本内特量子计算奖。2020—2022连续三年入选全球高被引学者,先后入选美国光学学会会士,中国光学工程学会首批会士。

(东　鉴)

荣　誉

【东阳市劳动模范和模范集体名单】 2022年4月29日,中共东阳市委、东阳市人民政府关于表彰东阳市劳动模范和模范集体的决定,授予丁黎明等26人"东阳市劳动模范"称号,授予东阳市人民医院等8个集体"东阳市模范集体"称号。

2022年东阳市劳动模范名单(26人)

丁黎明　东阳市千祥镇千南村党支部书记、村委会主任
方益洪　浙江东阳农村商业银行股份有限公司党委书记、董事长
卢文旭　东阳市人民检察院办公室副主任
田高亮　浙江炜晟包装有限公司销售经理
吕新苗(女)　浙江省东阳鸿达市政园林有限公司职工
任海亮　横店集团东磁股份有限公司董事长兼总经理
杜德韩　浙江筑工科技有限公司董事长
李亦民　东阳市融媒体中心首席编辑
李江红　中天建设集团有限公司项目经理
吴子祥　东阳市六石街道湖心塘村党支部书记、村委会主任
吴永旦　东阳市巍山镇仙学塘行政村高大自然村党务负责人
应金平(女)　东阳市城东街道妇联主席、罗屏驻村工作组组长
应晓洪　东阳市教育局教研室党支部书记、主任
张旭明　东阳市红十字会医院党总支书记
张林芝(女)　东阳市人民政府办公室二级主任科员
陈　政　浙江东政电机有限公司党支部书记、总经理
邵徐君　浙江花园生物高科股份有限公司董事长
金红强　东阳市华龙工艺品有限公司董事长
周英平(女)　浙江横店影视城有限公司营销运营管理中心总监
周露芳(女)　国网浙江省电力有限公司东阳市供电公司党委书记、副总经理
胡明涛　浙江新纳材料科技股份有限公司白炭黑研究院副院长、工程部部长
郭伟波　浙江恒成硬质合金有限公司工会主席
郭进武　东阳市南马镇花园村党委副书记
郭秩云　东阳市佐村镇斯光村党支部书记、村委会主任
章旭江　浙江省东阳第三建筑工程有限公司总工程师
斯　婷(女)　东阳市第二实验幼儿园园长

2022年东阳市模范集体名单(8家)

东阳市人民医院
东阳市吴宁街道振兴路市场管理委员会
东阳市城东街道寀卢村
东阳市湖溪镇八里湾村
国家税务总局东阳市税务局第二税务所
浙江中科磁业股份有限公司
浙江省东阳市定达皮具有限公司
浙江横店影视职业学院演艺事业中心

(杜娅玲)

【市内晋升高级专业技术职务人员名单】 2022年,市内晋升高级专业技术职务人员446人。

高级经济师(34人)

厉一俊　浙江省东阳市东磁诚基电子有限公司
王素平　横店集团东磁股份有限公司
闻　力　东阳市广丰建材有限公司
赵方卷　广宏建设集团有限公司
洪淑芳　东阳市文化旅游体育发展服务中心
李忠信　浙江中信红木家具有限公司
陈俊秀　浙江思科制冷股份有限公司
汤　晶　浙江小九天建设集团有限公司
薛　峰　浙江全方音响科技有限公司
单红琳　浙江横店影视职业学院
杜刚伟　浙江澳亚织造股份有限公司
赵栋梁　浙江英洛华磁业有限公司
王会忠　浙江石金玄武岩纤维股份

有限公司
楼淑珍　浙江石金玄武岩纤维股份有限公司
胡晔晶　浙江横店城市公共服务有限公司
徐黎平　浙江横店热电有限公司
马剑胜　浙江好乐多商贸有限公司
吴楚楚　东阳市城东街道事业综合服务中心
姜　兵　中天建设集团有限公司
阳建平　东阳市易源环保科技有限公司
何永强　浙江横店热电有限公司
金江东　浙江东阳农村商业银行股份有限公司
吴小康　浙江联宜电机有限公司
龚锦青　浙江花园新型建材有限公司
喻铨衡　浙江花园生物高科股份有限公司
陈英春　浙江新东阳建设集团有限公司
卢英俊　浙江中昊电子科技有限公司
何立红　浙江横店普洛进出口有限公司
厉月芝　浙江好乐多商贸有限公司
金坚伟　广宏建设集团有限公司
斯卫东　浙江北生药业汉生制药有限公司
周高良　浙江省东阳第三建筑工程有限公司
陈飞剑　浙江中驰环境建设有限公司
金正升　东阳市燃气有限公司

正高级经济师（3人）

祝方猛　普洛药业股份有限公司
陈慧珍　横店集团控股有限公司
吴　兴　浙江横店普洛进出口有限公司

高级会计师（36人）

蒋福香　浙江麦控医疗科技有限公司
何君君　浙江东磁户田磁业有限公司
金红桥　东阳市富坤农副产品集散中心有限公司
卢向阳　东阳市星凯商业运营管理有限公司
王家兵　中天建设集团有限公司
金丹花　中天建设集团有限公司
方建武　横店集团东磁股份有限公司
郭萍频　浙江横店热电有限公司
马珍燕　东阳市粮食收储有限公司
厉　甜　歌山建设集团有限公司
黄仙姝　横店影视股份有限公司
何　梅　浙江师范大学附属东阳花园外国语学校
王　强　浙江横店普洛进出口有限公司
吴巧珍　浙江东横建筑工程有限公司
楼琦琦　横店影视股份有限公司
翁晓燕　浙江普洛生物科技有限公司
金剑锋　英洛华科技股份有限公司
严夏婷　浙江孚诺医药股份有限公司
王碧霄　浙江省东阳市公路建设工程有限公司
许红霞　浙江花园建设集团有限公司
张继标　浙江横店得邦进出口有限公司
张平平　东阳市燃气有限公司
蒋兰兰　花园集团有限公司
王觉明　浙江新纳材料科技股份有限公司
马卫英　浙江横店影视产业实验区影视服务有限公司
陈宏杰　东阳圣华税务师事务所有限公司
陈慧燕　浙江横店影视职业学院
李晓佳　浙江小九天建设集团有限公司
卢晓丹　歌山建设集团有限公司
张建红　英洛华科技股份有限公司
田海艳　浙江英洛华康复器材有限公司
马永芳　浙江花园铜业有限公司
马晓峰　浙江省东阳第三建筑工程有限公司
郭　健　浙江横店影视城有限公司
金兰英　浙江盛琦手套有限公司
贾文乾　浙江埃森化学有限公司

正高级工艺美术师（4人）

陆　挺　东阳市陆光正工艺品有限公司
陆会勇　东阳市陆会勇木雕创作室
黄小明　浙江新东阳木雕有限公司
王向东　东阳市王盛记木雕创作室

高级工艺美术师（14人）

赵伟阳　东阳市赵伟阳竹雕工作室
陈霞艳　东阳市陆光正创作室
俞祝江　东阳市东阳木雕特艺有限公司
孙　权　东阳市虎鹿镇精诚木雕工艺品厂
蒋达成　东阳市虎鹿镇精诚木雕工艺品厂
王飞龙　东阳市吴宁王艺居木雕工作室
郭振江　东阳市振荣雕塑有限公司
朱金星　东阳市李强木雕工艺品有限公司
周桂新　东阳市江北桂新竹木雕厂
郭向华　东阳市吴宁郭向华木雕工作室
卢培纲　东阳市晓妹工艺品商行
卢国忠　卢国忠雕刻艺术有限公司
张节平　东阳市横山井波工艺品有限公司
何渊巍　东阳市世贸城何渊巍木雕工作室

研究馆员（1人）

张雷珍　浙江广厦建设职业技术大学

高级教师（2人）

徐　敏　东阳市江北中心小学
何向程　东阳市六石街道中心小学

高级农艺师（1人）

陆利华　东阳市种植业技术推广中心

主任护师（1人）

舒凤英　东阳市横店医院

副主任护师（14人）

马菲菲　东阳市第七人民医院
张成芳　横店文荣医院
马晓虹　东阳市横店医院
王剑英　横店文荣医院
金婷婷　横店文荣医院
王丹丹　横店文荣医院
刘莉莉　横店文荣医院
陈美卿　横店文荣医院
郭红萍　横店文荣医院
郭晓媚　横店文荣医院
许金珠　东阳花园田氏医院
郭　璇　东阳花园田氏医院
施晓兴　横店文荣医院
郭美平　横店文荣医院

主任中医师（1人）

谭延曦　东阳花园田氏医院

副主任药师（1人）

汤军英　东阳市第七人民医院

主任医师（7人）

包东升　东阳市横店医院
曾永文　东阳市红会医院
蒋昊靖　东阳市横店医院
金玲玲　横店文荣医院
李士杰　横店文荣医院
王翼飞　横店文荣医院

王　笑　横店文荣医院

副主任医师(11人)

高明霞　横店文荣医院
罗贤芳　横店文荣医院
张信平　横店文荣医院
黄成康　浙江省东阳市疾病预防控制中心
金玉华　横店文荣医院
曾建军　东阳花园田氏医院
陈攀攀　东阳市红会医院
蒋景丽　横店文荣医院
徐　鑫　横店文荣医院
王成刚　横店文荣医院
陈庆华　横店文荣医院

正高级工程师(7人)

徐新良　普洛药业股份有限公司
杜国红　横店集团浙江得邦公共照明有限公司
杨利剑　中天建设集团有限公司
回中兴　海天建设集团有限公司
杜华东　浙江花园建设集团有限公司
李小玥　中天建设集团有限公司
谢晓岚　广厦建设集团有限责任公司

高级工程师(309人)

吕国钧　浙江东阳建工集团有限公司
潘中平　东阳市城市建设投资集团有限公司
金红林　浙江东阳建工集团有限公司
徐纪德　中天建设集团有限公司
纪学灵　中天建设集团有限公司
雷海刚　中天建设集团有限公司
沈文前　中天建设集团有限公司
李筱斌　中天建设集团有限公司
马媛媛　浙江新东阳建设集团有限公司
王　丽　中天建设集团有限公司
于保国　浙江东横建筑工程有限公司
官泽章　中天建设集团有限公司
王　俊　中天建设集团有限公司
赵安华　中天建设集团有限公司
金锦超　浙江新东阳建设集团有限公司
毛卓奇　中天建设集团有限公司
周艳光　中天建设集团有限公司
吴定峰　海天建设集团有限公司
厉昊军　中天建设集团有限公司
刘雪红　中天建设集团有限公司
蒋锦洋　广宏建设集团有限公司
刘亚飞　中天建设集团有限公司
虞敷洪　海天建设集团有限公司
彭正华　中天建设集团有限公司
卢美玲　东阳市文物建筑修缮有限公司
章佰红　中天建设集团有限公司
吴德雷　中天建设集团有限公司
曾华杰　中天建设集团有限公司
牛玉新　浙江省东阳第三建筑工程有限公司
郭　瑞　中天建设集团有限公司
张自涛　歌山建设集团有限公司
陈军鹏　中天建设集团有限公司
刘虹娟　广宏建设集团有限公司
苏　毅　歌山建设集团有限公司
楼强华　天祥建设集团股份有限公司
华国飞　中天建设集团有限公司
洪　杰　浙江同凯建设有限公司
冷啟龙　浙江中垚建设有限公司
卢汝佳　浙江中垚建设有限公司
李天图　中天建设集团有限公司
沈益伟　浙江东驰钢结构有限公司
盛永杰　中天建设集团有限公司
郭　健　中天建设集团有限公司
胡仕尧　浙江森威建设管理有限公司
陈珍珍　中天建设集团有限公司
郝文忠　中天建设集团有限公司
马蒙华　浙江森威建设管理有限公司
李　杰　中天建设集团有限公司
王荣将　中天建设集团有限公司
倪　磊　中天建设集团有限公司
吴明辉　中天建设集团有限公司
胡凯勇　中天建设集团有限公司
管志祥　中天建设集团有限公司
陈　诚　中天建设集团有限公司
陈　莉　中天建设集团有限公司
张洲锋　中天建设集团有限公司
张金柱　中天建设集团有限公司
白　猛　中天建设集团有限公司
张宝玉　中天建设集团有限公司
杨　芹　中天建设集团有限公司
曾祥炘　中天建设集团有限公司
吴宏图　中天建设集团有限公司
吉登松　中天建设集团有限公司
陈香锋　中天建设集团有限公司
俞希秧　中天建设集团有限公司
吴　倩　中天建设集团有限公司
金明亮　中天建设集团有限公司
任　强　中天建设集团有限公司
张丽丽　中天建设集团有限公司
赵　鸣　中天建设集团有限公司
赵琅珀　中天建设集团有限公司
徐璐瑶　中天建设集团有限公司
王银萍　中天建设集团有限公司
楼黎斌　中天建设集团有限公司
金宙进　中天建设集团有限公司
张孝孝　中天建设集团有限公司
厉　辉　中天建设集团有限公司
刘光飞　中天建设集团有限公司
葛忠强　中天建设集团有限公司
孙建明　中天建设集团有限公司
袁　建　中天建设集团有限公司
徐发进　中天建设集团有限公司
朱向东　中天建设集团有限公司
楼驰俊　中天建设集团有限公司
李扬基　中天建设集团有限公司
朱建文　中天建设集团有限公司
杨海彪　中天建设集团有限公司
杨　勇　中天建设集团有限公司
何　泓　中天建设集团有限公司
章丽娜　中天建设集团有限公司
戚丹丹　中天建设集团有限公司
刘　陈　中天建设集团有限公司
周春燕　中天建设集团有限公司
陈莲雅　中天建设集团有限公司
曹建红　中天建设集团有限公司
赵　琼　中天建设集团有限公司
胡俊帅　中天建设集团有限公司
斯　明　中天建设集团有限公司
楼晓东　中天建设集团有限公司
涂正生　中天建设集团有限公司
李淑娟　中天建设集团有限公司
徐小为　中天建设集团有限公司
周德胜　海天建设集团有限公司
郭　哲　海天建设集团有限公司
孟　青　海天建设集团有限公司
梅求智　歌山建设集团有限公司
柴新宇　歌山建设集团有限公司
于　宁　歌山建设集团有限公司
陆旭峰　中天建设集团有限公司
兰　琼　中天建设集团有限公司
龚　飞　海天建设集团有限公司
洪荣国　浙江东阳和邦建设有限公司
何清勇　浙江新东阳建设集团有限公司
顾向平　东阳市供排水安装工程有限公司
蒋红姣　浙江新东阳建设集团有限公司
葛国安　中天建设集团有限公司
郭振亮　中天建设集团有限公司
金玉良　中天建设集团有限公司

叶侃侃 海天建设集团有限公司
卢跃英 海天建设集团有限公司
卢红霞 天祥建设集团股份有限公司
翟存强 浙江省东阳市南方建筑工程有限公司
楼 晓 歌山建设集团有限公司
顾萍萍 歌山建设集团有限公司
陈伟苹 浙江省东阳市江南建设有限公司
唐纯 海天建设集团有限公司
余红梅 天祥建设集团股份有限公司
申鼎明 浙江金立建设有限公司
陈锦贤 海天建设集团有限公司
赵 剑 浙江东阳广业建设有限公司
张朝良 浙江小九天建设集团有限公司
楼天牛 海天建设集团有限公司
金志扬 天祥建设集团股份有限公司
沈 垚 浙江省东阳第三建筑工程有限公司
陈航云 浙江省东阳第三建筑工程有限公司
张小宝 浙江省东阳市江南建设有限公司
王烈钢 浙江省东阳第三建筑工程有限公司
何庆刚 浙江省东阳第三建筑工程有限公司
边伟清 浙江东阳建工集团有限公司
朱立锦 浙江中驰环境建设有限公司
叶先涛 横店集团浙江得邦公共照明有限公司
杜 辉 广厦东阳古建园林工程有限公司
朱玉芳 浙江中驰环境建设有限公司
徐 斌 浙江中驰环境建设有限公司
叶从发 普洛药业股份有限公司
王丽丽 浙江普洛家园药业有限公司
任党培 浙江普洛得邦制药有限公司
刘翔宇 浙江普洛得邦制药有限公司
张方明 浙江普洛康裕制药有限公司
彭 欢 浙江普洛得邦制药有限公司
阳学文 浙江普洛得邦制药有限公司
庄程翰 浙江普洛家园药业有限公司
胡明阳 浙江普洛家园药业有限公司
杨彩霞 普洛药业股份有限公司
王 磊 浙江普洛家园药业有限公司
徐宏烈 浙江埃森化学有限公司
谢秀榜 浙江普洛康裕制药有限公司
许永兴 浙江普洛生物科技有限公司
厉 强 横店集团得邦照明股份有限公司
聂李迅 横店集团得邦照明股份有限公司
徐国栋 横店集团得邦照明股份有限公司
陈永飞 浙江联宜电机有限公司
许加阳 浙江石金玄武岩纤维股份有限公司
胡玉兰 利越集团有限公司
李 岩 东阳市顺风交通设施有限公司
卢 钢 东阳市顺风交通设施有限公司
朱腾跃 利越集团有限公司
徐肖露 东阳市交通投资建设集团有限公司
汤建华 浙江金顺路桥建设有限公司
张 波 浙江普洛家园药业有限公司
卢 鑫 浙江普洛家园药业有限公司
彭雅丽 浙江普洛得邦制药有限公司
金 龙 浙江普洛得邦制药有限公司
陈瑞锋 浙江普洛生物科技有限公司
钱丽丽 浙江普洛生物科技有限公司
吕立获 浙江普洛家园药业有限公司
杨张艳 浙江普洛家园药业有限公司
苏利民 浙江普洛得邦制药有限公司
熊国强 浙江普洛得邦制药有限公司
徐旭宇 浙江普洛家园药业有限公司
刘俊丽 浙江普洛康裕制药有限公司
付凌燕 浙江普洛得邦制药有限公司
潘利康 浙江康峰化工有限公司
蒋小军 浙江普洛康裕制药有限公司
庄江海 浙江普洛家园药业有限公司
刘益荣 普洛药业股份有限公司
陈巧虹 普洛药业股份有限公司
金益军 普洛药业股份有限公司
叶 飞 横店集团得邦照明股份有限公司
翁步升 横店集团得邦照明股份有限公司
吴彬强 横店集团浙江得邦公共照明有限公司
胡金鑫 浙江横店热电有限公司
宋向前 横店集团得邦工程塑料有限公司
李 源 浙江联宜电机有限公司
吴凌云 浙江联宜电机有限公司
杨寿民 花园金波科技股份有限公司
牛利博 横店集团东磁股份有限公司
施凤根 中天建设集团有限公司
金 剑 浙江省东阳市宏立建设有限公司
舒旺红 东阳市横店监理有限公司
陈 康 浙江森威建设管理有限公司
吴涌飚 东阳市华宇白蚁防治有限公司
张献献 浙江东横建筑工程有限公司
蒋 睿 浙江东横建筑工程有限公司
蒋君飞 浙江东横建筑工程有限公司
冯高雁 中天建设集团有限公司
张 秋 中天建设集团有限公司
沈海金 中天建设集团有限公司
杜兴华 中天建设集团有限公司
刘 剑 中天建设集团有限公司
金晓慧 中天建设集团有限公司
王序权 浙江厦美建设有限公司
魏贤华 中天建设集团有限公司
付 伟 中天建设集团有限公司
许升华 东阳市横店镇事业综合服务中心(东阳市横店镇专职消防队)
蒋靖豪 中天建设集团有限公司
徐洁婷 海天建设集团有限公司
左英圣 中天建设集团有限公司
高彦超 中天建设集团有限公司
岳著成 中天建设集团有限公司
田 斌 中天建设集团有限公司
方 生 浙江新东阳建设集团有限公司
楼丽珍 海天建设集团有限公司
张佳平 浙江省东阳第三建筑工程有限公司
张向财 浙江新东阳建设集团有限公司
张天元 浙江森威建设管理有限公司
陈晓春 浙江省东阳第三建筑工程有限公司
陈宏添 东阳市文物建筑修缮有限公司
严益飞 浙江省东阳第三建筑工程有限公司
叶 靖 中天建设集团有限公司
厉 辉 东阳市宇杭建设有限公司
姜红飞 浙江佳和建设有限公司
叶艳红 浙江佳和建设有限公司
肖 婷 中天建设集团有限公司
周俊杰 中天建设集团有限公司
黄元楷 中天建设集团有限公司
王小辉 中天建设集团有限公司

于　强　中天建设集团有限公司
虞莉丽　中天建设集团有限公司
金晓友　中天建设集团有限公司
王艳芬　中天建设集团有限公司
张艳丽　浙江花园建设集团有限公司
任杰东　中天建设集团有限公司
贺　阳　中天建设集团有限公司
王　忡　中天建设集团有限公司
蒋红藤　横店集团浙江得邦公共照明有限公司
张晓东　东阳市中筑建设有限公司
卢新荣　中天建设集团有限公司
徐鹏辉　海天建设集团有限公司
楼成龙　中天建设集团有限公司
刘艳平　中天建设集团有限公司
叶树邦　中天建设集团有限公司
叶晓荣　中天建设集团有限公司
严玉海　中天建设集团有限公司
金海维　中天建设集团有限公司
张李宝　浙江海纳建设有限公司
黄礼扬　中天建设集团有限公司
吴桥干　中天建设集团有限公司
谢武金　浙江新东阳建设集团有限公司
龚旭峰　中天建设集团有限公司
卢　强　浙江新东阳建设集团有限公司
卢永泉　浙江新东阳建设集团有限公司
郑金胜　中天建设集团有限公司
吴江锋　中天建设集团有限公司
王卫青　中天建设集团有限公司
李俊涛　中天建设集团有限公司
王博文　中天建设集团有限公司
施国航　浙江金立建设有限公司
樊令波　中天建设集团有限公司
吴向华　中天建设集团有限公司
斯华富　浙江小九天建设集团有限公司
张大虎　中天建设集团有限公司
蒋利国　中天建设集团有限公司
张　静　浙江双联建设有限公司
王奕炯　中天建设集团有限公司
张晓亮　中天建设集团有限公司
徐江良　中天建设集团有限公司
郭振天　中天建设集团有限公司
吴晓铭　中天建设集团有限公司
陈锦锦　中天建设集团有限公司
林　升　中天建设集团有限公司
金　朝　中天建设集团有限公司
吴成彬　中天建设集团有限公司
陈晶晶　中天建设集团有限公司
傅伟亮　浙江源通建设工程有限公司
卢征远　浙江新东阳建设集团有限公司
王建宏　浙江省东阳第三建筑工程有限公司
蒋永兴　浙江省东阳第三建筑工程有限公司
潘叔刚　浙江省东阳第三建筑工程有限公司
杜江锋　中天建设集团有限公司
王亚利　中天建设集团有限公司
张剑安　海天建设集团有限公司
卢秀华　海天建设集团有限公司
何育林　中天建设集团有限公司
杜行军　浙江省东阳第三建筑工程有限公司
郑小军　浙江省东阳第三建筑工程有限公司
包琴琴　海天建设集团有限公司
陈　剑　浙江横店禹山生态工程有限公司
赵子英　歌山建设集团有限公司
王　琳　浙江新东阳建设集团有限公司
胡炜恺　浙江省东阳第三建筑工程有限公司
陈碎明　浙江省东阳市南方建筑工程有限公司
胡华军　浙江利越市政园林有限公司
李建辉　浙江利越市政园林有限公司
孙家龙　浙江东阳建工集团有限公司
龙萍珍　浙江省东阳市南方建筑工程有限公司
严学平　浙江君傲建设有限公司
葛丽婷　横店集团浙江得邦公共照明有限公司
朱敦伟　东阳市规划建筑设计院有限公司

（吴航提供　东鉴整理）

2022年度东阳市获党委、政府表彰的先进集体一览表

表42

序号	获表彰单位	荣誉名称	表彰单位/表彰文号	表彰时间
一、省级				
1	东阳市	2021年度平安县(市、区)	中共浙江省委 浙江省人民政府	2022年3月
2	东阳市	2021年度推进促消费成效明显县(市、区)	浙江省人民政府办公厅 浙政办发〔2022〕34号	2022年6月
3	东阳市	推进永久基本农田集中连片整治工作成效较好县(市、区)	浙政办发〔2022〕34号	2022年6月
4	市委办公室	2021年度《今日浙江》发行工作成绩突出集体	中共浙江省委办公厅	2022年1月
5	市政府办公室	2021年度政务信息工作考核优秀单位(一等奖)	浙政办发函〔2022〕17号	2022年2月
6	公安局	平安护航建党100周年成绩突出集体	中共浙江省委	2022年3月

续表42

序号	获表彰单位	荣誉名称	表彰单位/表彰文号	表彰时间
7	市委政法委	2021年度平安浙江建设先进集体	中共浙江省委 浙江省人民政府	2022年3月
8	市委改革办	2021年度改革创新成绩突出集体	中共浙江省委 浙江省人民政府	2022年5月
9	商务局	2021年度促消费和批发零售业改造提升成绩突出集体	浙江省人民政府办公厅	2022年5月
二、金华市级				
1	东阳市	2021年度县(市、区)综合考评优秀	金委发〔2022〕6号	2022年2月
2	东阳市	2021年度金华市实施乡村振兴战略考核优秀县(市)	中共金华市委 金华市人民政府	2022年3月
3	东阳市	2021年度美丽金华建设工作考核优秀单位	金委发〔2022〕22号	2022年7月
4	市政府	2021年度金华市工业经济综合目标责任制考核先进单位	金华市人民政府 金政发〔2022〕4号	2022年2月
5	市政府	商务工作先进单位、外贸工作先进单位、商贸流通工作先进单位、利用外资工作先进单位、电子商务工作先进单位	金华市人民政府	2022年3月
6	市委组织部	2021年度金华市实施乡村振兴战略成绩突出集体	中共金华市委 金华市人民政府	2022年5月
7	虎鹿镇政府	2021年度金华市社会综合治理成绩突出集体	中共金华市委 金华市人民政府	2022年5月
8	江北街道	2022年疫情防控工作嘉奖集体	金政发〔2022〕30号	2022年12月
9	横店镇	2022年疫情防控工作嘉奖集体	金政发〔2022〕30号	2022年12月
10	市委宣传部	2021—2022年度金华市清廉建设成绩突出单位	中共金华市委 金华市人民政府	2022年12月

2022年度东阳市获党委、政府表彰的先进个人一览表

表43

序号	姓名	工作单位	荣誉称号	表彰单位/表彰文号	表彰时间
一、省级					
1	杜浩男	市委办公室	2021年度《今日浙江》发行工作成绩突出个人	中共浙江省委办公厅	2022年1月
2	倪春霄	东阳市人民检察院	2016—2020年全省法治宣传教育先进个人	中共浙江省委办公厅 浙江省人民政府办公厅	2022年1月
3	郭　珊	市政府办公室	2021年度政务信息工作考核优秀个人	浙政办发函〔2022〕17号	2022年2月

续表43

序号	姓名	工作单位	荣誉称号	表彰单位/表彰文号	表彰时间
4	陈英宏	东阳市农业综合行政执法队	农村宅基地工作成绩突出个人	浙江省人民政府办公厅	2022年2月
5	史南京	应急管理局	2021年全省防汛防台先进个人	中共浙江省委办公厅 浙江省人民政府办公厅	2022年2月
6	胡洪仁	南马镇	浙江省平安护航党的二十大工作先进个人	中共浙江省委 浙江省人民政府	2022年3月
7	张松珍	市委政法委	平安护航建党100周年成绩突出个人	中共浙江省委 浙江省人民政府	2022年3月
8	丁小津	市委政法委			
9	马　晨	市政府办公室	2021年度全省政务公开工作成绩优秀个人	浙江省人民政府办公厅	2022年5月
10	陈连弟	柳州万和房地产开发有限公司	个人捐赠奖	浙政发〔2022〕22号	2022年8月
11	韦冠军	经信局	人民满意公务员	中共浙江省委 浙江省人民政府	2022年9月
二、金华市级					
1	吕倩倩	自然资源和规划局	2021年度金华市社会综合治理成绩突出个人	中共金华市委 金华市人民政府	2022年5月
2	陈江宇	市政府办公室	2021年度金华市党政信息工作考核优秀个人	室字〔2022〕13号	2022年6月
3	王维凯	东阳市人民医院	2022年疫情防控工作嘉奖个人	金政发〔2022〕30号	2022年12月
4	王伟良	东阳市第七人民医院			
5	赵海峰	东阳市人民法院			
6	卢文旭	东阳市人民检察院			
7	陆江勇	横店镇			

2022年度东阳市获条线表彰的先进集体一览表

表44

序号	获表彰单位	荣誉名称	表彰单位/表彰文号	表彰时间
一、国家级				
1	东阳市	全国农村社区治理试验区	民政部、民函〔2022〕56号	2022年7月
2	东阳市	国家知识产权强县建设试点示范县	国家知识产权局	2022年8月

续表44

序号	获表彰单位	荣誉名称	表彰单位/表彰文号	表彰时间
3	东阳市	2022年度“四好农村路”全国示范县创建单位	交通运输部 农业农村部 国家邮政局 国家乡村振兴局	2022年11月
4	关工委	全国青少年普法教育先进集体	中国关工委	2022年3月
5	东阳市劳动争议联合调解中心	2021年度工作突出基层劳动人事争议调解组织	人力资源和社会保障部办公厅 人社厅函〔2022〕64号	2022年4月
6	人力资源和社会保障局监察执法科	全国清理整顿人力资源市场秩序专项行动取得突出成绩单位	人力资源和社会保障部办公厅 人社厅函〔2022〕155号	2022年10月
7	人力资源和社会保障局	2021—2022年度劳动保障新闻宣传工作做得好单位	人力资源和社会保障部办公厅 人社厅函〔2022〕163号	2022年11月
8	东阳市红十字救援队	全国红十字模范单位	中国红十会总会	2022年11月
9	审计局	2022年审计通联宣传工作先进单位	中国时代经济出版社有限公司 《中国审计》编辑部	2022年11月
10	南马镇花园村	第四批全国法治宣传教育基地	全国普法办公室 普法办〔2022〕5号	2022年11月
11	国网东阳供电公司	电力行业文化品牌影响力企业	中国电力企业联合会	2022年12月
12	民进东阳市基层委员会	《民主》杂志宣教工作先进集体	民进中央宣传部	2022年12月

二、省级

序号	获表彰单位	荣誉名称	表彰单位/表彰文号	表彰时间
1	东阳市	全省“一事一议”财政奖补工作成绩突出县	省财政厅	2022年1月
2	东阳市	全省新时代美丽城镇建设2021年度优秀单位	浙美镇办〔2022〕4号	2022年1月
3	东阳市	2021年度全省财政管理绩效考评优秀单位	浙财办〔2022〕3号	2022年1月
4	东阳市	2021年度县(市、区)民政工作评估先进单位	浙民办〔2022〕14号	2022年1月
5	东阳市	2021年度全省数字经济系统建设工作考核评价优秀县(市、区)	浙江省经济和信息化厅	2022年1月
6	东阳市	2021年度全省中小微企业公共服务优秀县(市、区)	浙江省经济和信息化厅 浙经信企服〔2022〕20号	2022年1月
7	东阳市	2021年度浙江省改革突破奖提名奖	浙委改发〔2022〕1号	2022年2月
8	东阳市	2021年度全面深化改革考评优秀县(市、区)	浙委改发〔2022〕2号	2022年2月

续表44

序号	获表彰单位	荣誉名称	表彰单位/表彰文号	表彰时间
9	东阳市	高质量森林浙江建设目标责任制考核优秀单位	浙江省林业局 浙林办〔2022〕10号	2022年2月
10	东阳市	2021年度全省公立医院综合改革评价结果优秀	浙卫发〔2022〕16号	2022年5月
11	东阳市	2021年健康浙江建设考核优秀	健康浙江办〔2022〕2号	2022年7月
12	东阳市	全省第一批婚俗改革实验优秀县(市、区)	浙民事〔2022〕132号	2022年8月
13	东阳市	全省首批中小企业数字化改造试点县(市、区)	浙江省经济和信息化厅办公室 浙数办〔2022〕8号	2022年8月
14	横店镇官桥村	全省"一事一议"财政奖补建设成效显著村	省财政厅	2022年1月
15	供销合作总社	2021年度全省清信息宣传工作优秀单位	浙江省供销合作社联合社 浙供合发〔2022〕2号	2022年1月
16	东阳市公路与运输管理中心	"十三五"全省干线公路养护管理突出集体	浙江省交通运输厅	2022年1月
17	供销合作总社	2021年度综合业绩考评优秀单位	浙江省供销合作社联合社 浙供合发〔2022〕4号	2022年1月
18	供销合作总社	2021年度全省20强县级社	浙江省供销合作社联合社 浙供合发〔2022〕5号	2022年1月
19	巍山供销合作社	2021年度全省百强基层社	浙江省供销合作社联合社 浙供合发〔2022〕5号	2022年1月
20	吴宁供销合作社			
21	六石供销合作社			
22	南马供销合作社			
23	市场监督管理局	浙江省市场监督管理局平台经济监管工作集体三等功	浙江省市场监督管理局 浙市监基〔2022〕1号	2022年1月
24	公安局	2021年度全省公安机关执法质量考评优秀单位	浙江省公安厅 浙公网传〔2022〕21号	2022年1月
25	东阳市人民检察院第二检察部	"护航2021"打击侵害企业利益经济犯罪专项行动成绩突出集体	浙江省人民检察院 浙江省公安厅	2022年1月
26	林业局	2021年度全省林业好信息三等奖	浙江省林业局	2022年1月
27	市场监管综合行政执法队	2021年度浙江省市场监管执法工作成绩突出集体	浙双打办〔2022〕2号	2022年1月
28	供销合作总社	2021年度全省清产核资工作优秀单位	浙江省供销合作社联合社	2022年1月

续表44

序号	获表彰单位	荣誉名称	表彰单位/表彰文号	表彰时间
29	虎鹿镇葛宅村	2022年度省级历史文化(传统)保护利用村落	浙村整建办〔2021〕10号	2022年1月
30	巍山镇胡村			
31	三单乡大蟠溪村			
32	经信局	2021年度经信系统工作目标责任制考评县(市、区)先进单位	浙江省经济和信息化厅 浙经信运行〔2022〕8号	2022年1月
33	吴宁街道	2021年度全省"五水共治"工作考核优秀乡镇(街道)	浙治水办发〔2022〕1号	2022年2月
34	公安局经济犯罪侦查大队	"护航2021"打击侵害企业利益经济犯罪专项行动成绩突出集体	浙公通字〔2022〕13号	2022年2月
35	吴宁街道	全省无邪教创建示范工作成绩突出集体	浙平安〔2022〕2号	2022年2月
36	中石化东阳石油支公司	对标提升行动先进支公司	浙企函〔2022〕2号	2022年2月
37	东阳市因爱"妇女微家"	浙江省示范"妇女微家"	浙江省妇女联合会 浙妇〔2022〕2号	2022年2月
38	虎鹿镇三星村	浙江第四批省级引领型农村社区	浙江省民政厅	2022年2月
39	浙江华洋缝制有限公司	2021年度省"专精特新"中小企业	浙江省经济和信息化厅	2022年2月
40	妇联	2021年度省平安家庭建设优秀单位	浙妇〔2022〕7号	2022年3月
41	国网东阳供电公司横店供电所	2022年浙江省巾帼文明岗	浙江省妇女联合会 浙妇〔2022〕10号	2022年3月
42	税务局横店办税服务厅			
43	农行东阳开发区支行			
44	自然资源和规划局	浙江省第三次全国国土调查成绩突出集体	浙土调查办〔2022〕5号	2022年3月
45	东阳市慈善组织孵化基地	2021年度浙江省示范型慈善基地	浙民慈〔2022〕47号	2022年3月
46	城东街道棠卢村	2021年全省新时代乡村集成改革工作成绩突出集体	浙农字函〔2022〕115号	2022年3月
47	民进东阳市基层委员会	民进浙江省2017—2021年度先进集体	浙进〔2022〕23号	2022年4月
48	市场监督管理局	浙江省市场监督管理局2021年度政务信息工作成绩突出单位	浙江省市场监督管理局 浙市监函〔2022〕109号	2022年4月
49	市委政法委	浙江省网格员反邪教业务岗位练兵活动组织奖	中共浙江省委政法委员会	2022年4月
50	东阳木雕小镇	浙江省三星"妇女儿童驿站"	浙江省妇女联合会 浙妇〔2022〕16号	2022年5月

续表44

序号	获表彰单位	荣誉名称	表彰单位/表彰文号	表彰时间
51	民政局	AAAAA级婚姻登记机关	浙民事〔2022〕131号	2022年8月
52	公安局横店派出所	二等功	浙公令〔2022〕7号	2022年8月
53	公安局刑事侦查中心七大队	2022年“除险保安”百日攻坚、夏季治安打击整治“百日行动”成绩突出集体	浙江省公安厅	2022年9月
54	南马镇劳动纠纷多元化解中心	2021年度全省工作突出基层劳动人事争议调解组织	浙江省协调劳动关系三方会议办公室	2022年9月
55	虎鹿镇厦程里村	浙江省2021年传统村落风貌保护提升优秀村庄	浙江省住房和城乡建设厅 浙建村发〔2022〕87号	2022年10月
56	民政局	首届“浙江省十佳婚姻登记机关”	浙民事〔2022〕177号	2022年10月
57	林业局	浙江省湿地保护修复工作成绩突出集体	浙江省林业局 浙林湿〔2022〕63号	2022年11月
58	江北街道办事处			
59	千祥镇人民政府	全省护林先进单位	浙江省林业局 浙林防〔2022〕65号	2022年11月
60	东阳市林业总场	全省林业科技工作成绩突出集体	浙江省林业局 浙林科〔2022〕69号	2022年11月
61	东阳市广厦旅行社	浙江省百强旅行社	浙江省旅行社协会 浙旅行协发〔2022〕18号	2022年11月
62	财政局	组稿工作先进单位	浙财办〔2022〕15号	2022年12月
63	东阳市红十字救援队	浙江省第二届社会应急力量救援队伍技能竞赛第一名	浙应急救援〔2022〕144号	2022年12月
64	财政局	财政信息工作先进单位	浙财办〔2022〕16号	2022年12月
65	东阳市市政公用事业中心	浙江省市政行业协会城市照明专业先进集体	浙江省市政行业协会城市照明专业委员会 浙城照明〔2022〕008号	2022年12月
66	城东街道五四村	2022年浙江省“一村万树”示范村	浙江省林业局 浙林绿〔2022〕76号	2022年12月
67	东阳江镇新东村			
68	横店镇七一村			
69	白云街道白云社区			
70	画水镇紫薇村			
71	马宅镇居梁村			
72	千祥镇后周村			
73	林业局	关注森林活动15周年成绩突出集体	浙江省关注森林组织委员会 浙森组〔2022〕3号	2022年12月

续表44

序号	获表彰单位	荣誉名称	表彰单位/表彰文号	表彰时间
74	东阳江镇天山村	2022年度浙江森林氧吧	浙江省林业局 浙林字函〔2022〕481号	2022年12月
75	国网东阳供电公司	浙江省企业文化中心	中共浙江省委宣传部 中共浙江省委组织部	2022年12月
76	虎鹿镇葛宅村	浙江省清廉村居建设示范村	中共浙江省委农村工作领导小组办公室 浙江省农业农村厅	2022年12月
77	虎鹿镇葛宅村	2022年度省级民主法治村	浙江省普法办	2022年12月
78	虎鹿镇蔡宅村	浙江省学习型社区	浙江省教育厅 浙教办函〔2022〕410号	2022年12月
79	横店影视文化产业集聚区	2022年国家旅游科技示范园区	文化和旅游部	2022年12月

2022年度东阳市获条线表彰的先进个人一览表

表45

序号	姓名	工作单位	荣誉称号	表彰单位/表彰文号	表彰时间
一、国家级					
1	虞向红	国网东阳供电公司	第七批全国岗位学雷锋标兵	中共中央宣传部	2022年3月
2	王　珍	林业局	2021年林草生态综合监测评价工作贡献突出个人	国家林业和草原局 林资发〔2022〕35号	2022年4月
3	沈　奇	公安局千祥派出所	全国公安机关成绩突出青年民警	公安部 中国共产主义青年团中央委员会 公政治〔2022〕230号	2022年4月
4	吴坚强	东阳市爱盟社会工作服务中心	全国学雷锋志愿服务最美志愿者	中央精神文明建设委员会	2022年5月
5	陈德宝	东阳市人民医院	全国五号家庭暨工作先进个人	全国妇联 妇字〔2022〕18号	2022年5月
6	戚小慧	东阳市小慧盲人推拿	中国好人	中央精神文明建设委员会	2022年8月
7	蒋国威	发改局	农工党中央2018—2022年度先进个人	中国农工民主党中央委员会 农工中发〔2022〕52号	2022年11月
8	陈国红	江北街道猴塘社区东丰小区	中国红十字会员之星	中国红十字总会	2022年11月
二、省级					
1	刘　倧	东阳市公路与运输管理中心	“十三五”全省干线公路养护管理突出个人	浙江省交通运输厅	2022年1月

续表45

序号	姓名	工作单位	荣誉称号	表彰单位/表彰文号	表彰时间
2	王江峰	供销合作总社	省级信息宣传工作优秀个人	浙江省供销合作社联合社 浙供合发〔2022〕2号	2022年1月
3	朱丹荔	供销合作总社			
4	包公平	公安局交警大队	2021年度“最美浙警”	浙江省公安厅 浙公网传〔2022〕4号	2022年1月
5	江聪杰	气象局	气象业务服务工作先进个人	浙江省气象局 浙气发〔2022〕5号	2022年1月
6	贾益民	供销合作总社	省级清产核资工作优秀个人	浙江省供销合作社联合社	2022年1月
7	毛剑波	经信局	2021年度中小微企业培育工作成绩突出个人	浙江省促进中小企业和民营企业发展工作领导小组办公室 浙中小企业办〔2021〕5号	2022年1月
8	张立明	湖溪镇镇西村	“浙江好人”	浙江省精神文明建设委员会	2022年2月
9	张　华	中石化东阳石油支公司	优秀片区经理	石化股份浙党群〔2022〕69号	2022年2月
10	陈向君	中石化东阳石油支公司一路发加油站	优秀加油站员工	石化股份浙党群〔2022〕69号	2022年2月
11	杜旭燕	中石化东阳石油支公司花园加油站			
12	楼慧峰	自然资源和规划局	浙江省第三次全国国土调查成绩突出个人	浙土调查办〔2022〕5号	2022年3月
13	沈群英	市实验幼儿园	浙江省巾帼建功标兵	浙江省妇联 浙妇〔2022〕10号	2022年3月
14	陈晓晗	东阳市红十字救援队	2021年省级职工职业技能竞赛优胜选手(“浙江金蓝领”)	浙总工办发〔2022〕38号	2022年3月
15	万伟刚	东阳市红十字救援队			
16	厉新忠	东阳市红十字救援队			
17	闫　钊	城东街道办事处	2021年全省新时代乡村集成改革工作成绩突出个人	中共浙江省委农村工作领导小组办公室 浙农字函〔2022〕115号	2022年3月
18	韦兰英	吴宁街道	2022年第2季度浙江“最美家庭”	浙江省妇联	2022年7月
19	朱幸安	东阳市红十字救援队	红十字奉献服务奖	浙江省人力资源和社会保障厅 浙江省红十字会	2022年7月
20	方健刚	公安局治安管理中心	2022年“除险保安”百日攻坚、夏季治安打击整治“百日行动”成绩突出个人	浙江省公安厅	2022年8月

续表45

序号	姓名	工作单位	荣誉称号	表彰单位/表彰文号	表彰时间
21	李　斌	公安局侦查反诈大队	二等功	浙公令〔2022〕7号	2022年8月
22	徐海青	审计局	浙江省“绿叶奖”	浙江省人民教育基金会 浙教基金〔2022〕2号	2022年9月
23	赵哲伟	公安局吴宁派出所	2022年“除险保安”百日攻坚、夏季治安打击整治“百日行动”成绩突出个人	浙江省公安厅	2022年9月
24	张美丹	吴宁街道西园社区	浙江省红十字工作成绩突出会员	浙红函〔2022〕36号	2022年9月
25	朱幸安	东阳市红十字救援队	浙江省红十字工作成绩突出志愿者	浙红函〔2022〕36号	2022年9月
26	赵　增	东阳市吴宁火腿厂	“浙江工匠”	浙人社函〔2022〕79号	2022年9月
27	李杭铖	东阳市技术学校			
28	陈永飞	浙江联宜电机有限公司			
29	翁华民	横店集团东磁股份有限公司			
30	刘祖利	横店集团东磁股份有限公司			
31	徐　岚	市场监督管理局	2022年度食品安全工作成绩突出个人	浙食药安委〔2022〕6号	2022年10月
32	李进大	综合行政执法局环卫处	浙江省城市市容环境卫生工作成绩突出个人	浙江省住房和城乡建设厅 浙江省总工会 浙建城管发〔2022〕98号	2022年10月
33	苏海阳	歌山镇人民政府	浙江省湿地保护修复工作成绩突出个人	浙江省林业局 浙林湿〔2022〕63号	2022年11月
34	蔡国胜	白云街道办事处			
35	陈秀珍	画水镇陆秀村菱角自然村	浙江省绿色家庭暨节能降碳家庭	浙妇〔2022〕47号	2022年11月
36	陈宝良	江北街道湖田社区	2022年第3季度浙江“最美家庭”	浙江省妇联	2022年11月
37	楼永明	林业总场	全省优秀护林员	浙江省林业局 浙林防〔2022〕65号	2022年11月
38	俞土深	歌山镇凤山村			
39	方向前	南马镇双溪村			

续表45

序号	姓名	工作单位	荣誉称号	表彰单位/表彰文号	表彰时间
40	厉　锋	林业总场	全省林业科技工作成绩突出个人	浙江省林业局 浙林科〔2022〕69号	2022年11月
41	骆红阳	东阳市林业种苗管理站			
42	胡祖兰	歌山镇绿峰珍稀花卉苗木场			
43	楼顺光	城东街道和堂村	“浙江好人”	浙江省精神文明建设委员会	2022年11月
44	李涵林	城东街道李宅一村	浙江省见义勇为先进分子	浙江省公安厅	2022年11月
45	蒋铨弟	东阳市红十字志愿服务总队	浙江省五星级红十字志愿者	浙江省红十字会	2022年12月
46	吕高明				
47	金珍花				
48	单明娇				
49	王红艳				
50	吴光军				
51	朱　鑫	东阳市市政公用事业中心	浙江省市政行业协会城市照明专业先进个人	浙江省市政行业协会城市照明专业委员会 浙城照明〔2022〕008号	2022年12月
52	王巧智	林业局	省关注森林活动15周年成绩突出个人	浙江省关注森林组织委员会 浙森组〔2022〕3号	2022年12月

2022年东阳市地理位置、人口和自然资源情况一览表

表46

指标名称	2022年
一、地理位置	
东经	120°04′17″~120°44′3″
北纬	28°58′8″~29°29′55″
南北跨度	58.7千米
东西跨度	64.5千米
二、人口	
年末户籍人口	85.08万人
年末常住人口	108.9万人
人口密度(按户籍人口计算)	487人/平方千米
人口密度(按常住人口计算)	623人/平方千米
三、土地	
土地总面积	1746.81平方千米
四、气候	
年平均气温	19.1摄氏度
年极端最高气温	42.4摄氏度
年极端最低气温	-2.1摄氏度
年降水量	1171.7毫米
年降水日数	182天

续表46

指标名称	2022年
年日照时数	1617.7时
灰霾日数	16天
无霜期	365天
五、水文水利	
东阳江年径流量	5.56亿立方米
水资源总量	11.8699亿立方米
六、森林	
森林面积	107700.2公顷
森林覆盖率	61.66%
森林蓄积量	6684999立方米
七、矿产资源	
萤石保有储量	95.70万吨 768万吨
钾长石储量	95.70万吨 768万吨

东阳市经济社会主要指标(2020—2022年)统计表

表47

指标名称	计量单位	2020年	2021年	2022年
一、综合				
常住人口	万人	108.79	108.77	108.90
户籍人口	万人	85.15	85.11	85.08
地区生产总值	亿元	638.16	730.84	761.37
第一产业	亿元	18.75	18.75	21.52
第二产业	亿元	272.85	328.73	355.06
第三产业	亿元	346.55	383.35	384.79
人均生产总值(按常住人口计算)	元	59218	67120	69947
二、财政、金融、保险				
财政总收入	亿元	123.73	142.41	137.25
一般公共财政预算收入	亿元	72.65	83.38	86.61
税收收入	亿元	66.10	76.41	68.47
一般公共财政预算支出	亿元	99.67	110.77	115.34
年末金融机构各项存款余额(人民币)	亿元	1502.10	1664.91	1935.75
住户存款	亿元	909.83	999.41	1165.33
年末金融机构各项贷款余额(人民币)	亿元	1135.30	1374.23	1653.05
保费收入	亿元	32.60	32.24	32.51
赔款、给付	亿元	9.93	10.96	9.49
三、农业				
粮食作物播种面积	公顷	16504	16705	17111
粮食总产量	吨	95635	97335	97611
水产品产量	吨	10863	11247	11537
四、工业				
规模以上工业企业单位数	家	511	567	634
规模以上工业总产值	亿元	480.31	650.06	768.65
规模以上工业企业主营业务收入	亿元	581.11	776.45	882.43
规模以上工业企业利润总额	亿元	31.56	42.63	55.65

续表47

指标名称	计量单位	2020年	2021年	2022年
五、建筑业、投资、房地产				
建筑业企业单位数	家	221	240	260
建筑业企业总产值	亿元	1671.88	1755.49	1433.39
固定资产投资额	亿元	174.92	209.33	244.60
工业投资	亿元	32.47	51.27	75.72
服务业投资	亿元	141.88	156.83	167.91
房地产开发投资额	亿元	67.02	73.64	62.14
商品房销售面积	万平方米	109.17	108.27	38.75
住宅	万平方米	104.13	96.35	33.51
六、交通、邮电、电力				
境内公路总里程	千米	2470	2481	2483
民用汽车拥有量	辆	324294	339910	359966
年末公交车路数	路	44	44	
年末实有公共汽(电)车营运车辆数	辆	434	488	453
年末实有出租汽车运营车数	辆	476	476	476
邮政业务收入	亿元	2.91	13.07	17.07
电信业务收入	亿元	9.98	11.95	12.73
全社会用电量	万千瓦时	549742	647102	715513
工业用电	万千瓦时	349284	413254	436616
城乡居民生活用电量	万千瓦时	101885	109076	140221
七、内外贸易、旅游				
社会消费品零售总额	亿元	283.52	325.50	336.2
货物出口额(海关数)	亿元	257.89	288.05	324.15
货物进口额(海关数)	亿元	18.53	29.53	30.20
当年实际使用外资额	万美元	20	4001	274
星级饭店客房总数	间	1830	1985	1474
国内游客	万人次	2534.52	1068.00	832
国内旅游收入	亿元	240.79	180.89	156.20

续表47

指标名称	计量单位	2020年	2021年	2022年
八、教育、科技、文化、卫生				
普通高等学校数	所	2	2	2
中等职业教育学校数	所	5	5	4
普通中学学校数	所	48	51	51
普通小学学校数	所	77	74	74
普通高等学校学生数	人	17622	19549	24947
中等职业教育学校在校学生数	人	7341	8037	7467
普通中学在校学生数	人	46897	47645	48565
普通小学在校学生数	人	72073	76778	78056
全年专利申请受理量	项	3039	—	—
专利授权数	项	4111	4119	3443
发明	项	776	459	358
公共图书馆图书藏量	千册	559	603	752
剧场、影剧院数	个	10	11	10
体育场馆数	个	144	144	151
医疗卫生机构数	个	553	591	600
医院数	个	14	13	14
医疗卫生机构床位数	张	5215	4889	5047
医疗卫生技术人员数	人	7416	7498	7810
执业(助理)医师数	人	3072	3223	3315
九、人民生活				
全体居民人均可支配收入	元	48837	54431	57081
全体居民人均消费支出	元	33573	39409	41472
城镇居民人均可支配收入	元	58189	64338	66808
城镇居民人均消费支出	元	40394	46705	48755
农村居民人均可支配收入	元	33686	37717	40171
农村常住居民人均消费支出	元	22522	27099	28809

续表47

指标名称	计量单位	2020年	2021年	2022年
十、社会保障				
各种社会福利收养性单位数	个	27	26	26
各种社会福利收养性单位床位数	张	7763	6845	6845
城镇职工基本养老保险参保人数	人	368621	412901	423414
城乡居民基本养老保险参保人数	人	216156	213257	209371
城镇职工基本医疗保险参保人数	人	235311	250801	262510
城乡居民基本医疗保险参保人数	人	616499	605724	565830
失业保险参保人数	人	162009	170562	176121
城镇居民最低生活保障人数	人	178	163	139
农村居民最低生活保障人数	人	6945	6616	6185
十一、资源与环境				
森林面积	公顷	108635	108625	108625
工业废水排放量	万吨	824	773	827
工业二氧化硫排放量	吨	615	441	558
工业氮氧化物排放量	吨	588	477	560
工业烟(粉)尘排放量	吨	76	58	50
污水处理厂集中处理率	%	96.2	96.7	97.5
城区空气质量优良以上天数	天	362	361	356

说明:医疗卫生机构数为全社会口径

东阳市农林牧渔业总产值(2020—2022年)统计表

表48　　单位:万元

指标名称	2020年	2021年	2022年
农林牧渔业总产值	276431	282027.48	313293
一、农业产值	200382	208115.85	235625
其中:副产品产值	1491	—	—
1.粮食作物	31781	23895.38	27238
2.油　类	2301	2371.86	3071
3.棉　花	90	82.42	74
4.生　麻	—	—	—
5.甘　蔗	2299	2404.4	2069
6.烟　草	54	49.2	49
7.中草药材	20958	38842.4	36557
8.蔬　菜	82475	74531.48	96713
9.食用菌	39	52.36	55
10.花卉园艺	9978	8679	—
11.茶、桑、水果、坚果	48333	48970.25	59225
12.其他农作物	2074	438	659
二、林业产值	12544	12761.07	13297
1.人造林木生长	4489	4139.69	—
2.林产品	1009	906.11	13297
3.竹木采运	3182	7715.27	10103
4.采集野生植物	3864	—	—
三、牧业产值	35812	29875.42	31213
1.牲　畜	25214	18396	18775
2.家禽饲养	1947	8031.58	8867
3.活的畜禽产品	4718	5656	6632
4.捕猎野兽野禽	265	—	—
5.其他动物饲养	3668	3447.78	3050
四、渔业产值	13478	16250.14	16967
五、农林牧渔服务业	14215	15025	16191.11

东阳市规模以上工业企业主要经济指标(2017—2022年)一览表

表49 单位:万元

指标名称	2017年	2018年	2019年	2020年	2021年	2022年
企业单位数(个)	523	460	492	511	567	634
亏损企业(家)	86	84	79	91	97	126
工业总产值(当年价格)	5307058	4623096	4908201	4803118	6500595	7393039
新产品产值	1651437	1659472	1721438	1864647	2603006	2842538
资产总计	5051608	4838107	5433606	5893474	7129191	8757020
应收账款	758900	784650	879364	930458	1215854	1312991
存货	581451	581014	591048	645425	897504	955517
产成品	260990	272862	267294	274405	349421	418978
流动资产合计	2983856	2881468	3300267	3613952	4378337	5411886
本年折旧	138863	143599	168623	157269	181012	205135
负债合计	2746109	2573058	2978179	3440620	4381728	5473095
主营业务收入	4992447	4519566	4902199	5811099	7480706	8637104
主营业务成本	4228442	3722985	4951905	5109206	6625664	7491985
主营业务税金及附加	29217	27198	28075	23166	25937	27430
管理费用	316729	331750	234093	228237	277185	304522
财务费用	67843	48851	46844	48285	55614	39869
利息支出	67614	56952	60793	53587	67738	73074
利润总额	257779	306326	327061	315569	426316	556536
亏损企业亏损总额	25030	18870	28615	40085	29582	39058
利税总额	407758	456448	476206	441415	573841	704916
本年应付职工薪酬	396786	417515	482989	515520	645853	696587
本年应交增值税	120372	122602	121070	102680	121587	120950
全部从业人员年平均人数(人)	78789	74739	70770	72174	79054	83433
银行贷款余额	1066011	906140	943477	1264846	1642929	1705376

说明:从2019年起,"主营业务成本"改为"营业成本","主营业务税金及附加"改为"税金及附加","利息支出"改为"利息费用"

东阳市财政收入（2019—2022年）统计表

表50 单位：万元

指标名称	2019年	2020年	2021年	2022年
财政总收入	1184441	1237260	1424123	1372501
一、一般公共预算收入	699007	726456	833823	816147
（一）税收收入	623984	660993	764079	684670
其中：增值税（50%部分）	80985	65412	306198	261979
改征增值税（50%部分）	174467	161136	—	—
企业所得税（40%部分）	90283	103345	132513	136852
个人所得税（40%部分）	62770	85886	56399	58507
资源税	2286	2499	1078	1207
城市维护建设税	35247	34351	40552	36984
房产税	14752	26921	18551	24641
印花税	14291	11421	13202	13165
城镇土地使用税	8356	18287	8998	8429
土地增值税	73503	60780	96566	72395
车船税	8550	9015	9427	9658
耕地占用税	10661	15730	3127	8979
契税	46852	64876	76898	51417
环境保护税	488	491	337	129
其他税收收入	493	843	233	328
（二）非税收入	75023	65463	69744	131477
其中：专项收入	38948	33261	37718	46744
行政事业性收费收入	13078	9592	17915	15843
罚没收入	22630	21339	10460	64029
国有资本经营收入	-2000	-2000	-2000	-2000
国有资源（资产）有偿使用收入	2177	3171	5451	6561
政府住房基金收入	190	100	200	300
二、中央收入合计	485434	510804	590300	556353.5
上划增值税、消费税	81387	65821	306931	261979
上划“两项”所得税	229580	283847	283369	293038.5
上划改征增值税	174467	161136	—	—
上划营业税	—	—	—	—

东阳市地方财政支出(2019—2022年)统计表

表51

单位:万元

指标名称	2019年	2020年	2021年	2022年
一般公共预算支出	989680	996709	1107660	1153382
一、一般公共服务支出	143948	83065	97174	93491
二、国防支出	420	391	429	674
三、公共安全支出	59756	61948	69244	67343
四、教育支出	199298	215717	245786	237288
五、科学技术支出	36863	25855	30335	37410
六、文化旅游体育与传媒支出	11941	24543	28330	34151
七、社会保障和就业支出	118939	150612	158936	180486
八、卫生健康支出	89903	103414	115881	111984
九、节能环保支出	16729	21017	34440	19569
十、城乡社区支出	169694	34270	46013	39831
十一、农林水支出	51470	81205	81400	94148
十二、交通运输支出	20840	39323	42888	42931
十三、资源勘探工业信息等支出	5713	58136	49609	67841
十四、商业服务业等支出	2048	11493	18351	30225
十五、金融支出	311	6192	4910	5429
十六、援助其他地区支出	1634	1789	1760	1828
十七、自然资源海洋气象等支出	5972	10024	12292	9859
十八、住房保障支出	23241	32772	29164	37026
十九、粮油物资储备支出	339	1560	185	1238
二十、灾害防治及应急管理支出	3753	4970	8472	6327
二十、债务付息支出	26778	28217	31957	34160
二十一、债务发行费用支出	54	166	104	143
二十二、其他支出	36	30	—	—

东阳市旅游业基本情况(2018—2022年)一览表

表52

指标名称	计量单位	2018年	2019年	2020	2021年	2022年
国内外旅游者人次	万人次	2565	2954	2535	1068	832
国内旅游接待人次	万人次	2565	2953	2534	1068	832
国际旅游者人次合计	人次	4163	5456	380	230	106
外国人	人次	1571	2086	149	85	52
港、澳、台同胞	人次	2592	3370	231	145	54
国际旅游者人天数	人天	5055	6516	901	3954	792
外国人	人天	3067	3601	536	3626	694
港、澳、台同胞	人天	1988	2915	365	328	98
旅游总收入	亿元	230.87	274.73	241.00	180.90	156.20
旅游创汇收入合计	万美元	103	133	15	71	14
国内旅游收入	亿元	230.81	274.64	241.00	180.90	156
星级饭店个数	个	12	10	8	8	7
星级饭店客房总数	间	2450	1961	1830	1985	1474
星级饭店床位数	张	4468	3600	3363	3551	2845
旅行社个数	个	16	18	17	19	19
名胜风景区个数	个	2	2	2	2	2

说明:2012年开始为省级以上名胜风景区

东阳市城市建设事业基本情况(2019—2022年)一览表

表53

指标名称	计量单位	2019年	2020年	2021年	2022年
城市面积					
建成区面积	平方千米	44.33	44.79	46.16	48.16
城市建设用地面积	平方千米	44.32	44.79	45.05	47.63
其中:居住用地面积	平方千米	12.9	13.31	14.50	15.5
公共设施用地面积	平方千米	1.37	1.55	3.01	3.49
工业用地面积	平方千米	13.35	0.78	8.38	8.27
城市人口	万人	83.99	84	85.11	85.7
基础设施					
城市维护建设资金支出	万元	—	—	—	—
年末实有城市道路面积	万平方米	904	907	938	953
年末铺装道路长度	千米	449.02	451.91	458.95	463.89
排水管道长度	千米	1018.19	1022.85	1049.49	1066.29
供水					
供水综合生产能力(包括自备水源)	万立方米/日	22.65	35.15	35	35
供水总量	万吨	5014.27	4968.50	5513.3	5707.86
售水总量	万吨	4257.61	4304.71	4738.95	5030.57
其中:居民生活用水量	万吨	2390.24	2171.00	2749.27	2871.87
用水人口	万人	43.34	43.91	47.83	47.7
用水普及率	%	100	100	100	100
生产用水量	万吨	1191.13	963	1166.95	1212.74
供水管道长度	千米	1614.98	1806.63	1838.69	1847
供气					
液化石油气供气总量	吨	18937.77	18635.94	19340.6	18904.47
其中:家庭用量	吨	16665	16772	532.23	16836.1
用液化气人口	万人	42.51	43.91	30.3	29.88
公共交通					
年末实有公共汽(电)车营运车辆数	辆	348	434	496	458

续表53

指标名称	计量单位	2019年	2020年	2021年	2022年
全年公共汽(电)车客运总量	万人次	2077.4	1362	1744.15	1382.43
年末实有出租汽车数	辆	476	476	471	476
绿地					
绿地面积	公顷	1595	1620	1746.66	1872.65
绿化覆盖面积	公顷	1802	1830	1973.72	2116.09
园林绿地面积	公顷	—	—	—	—
其中:公园绿地面积	公顷	577	585	616.71	648.67
人均公园绿地面积	平方米	13.3	13.32	12.89	13.6
全年生活垃圾清运量	万吨	21.7	21.9	17.7	33.5
生活垃圾无害化处理率	%	100	100	100	100
污水集中处理率	%	96.1	96.2	96.73	97.01
垃圾处理站数	个	30	30	37	33

东阳市环境保护基本情况(2020—2022年)一览表

表54

指标名称	计量单位	2020年	2021年	2022年
水环境				
废水排放总量	万吨	846.62	773.86	850.48
工业废水排放量	万吨	823.57	773.30	827.27
#直接排入环境	万吨	72.76	55.13	41.17
#排入污水处理厂	万吨	750.81	718.16	786.1
工业废水处理量	万吨	1012.79	1013.69	1009.66
工业用水总量	万吨	1246.73	1647.63	1636.51
污水处理厂数	座	14	14	11
污水处理厂集中处理率	%	—	—	—
大气环境				
工业废气治理设施	套	341	300	270
工业废气排放量	万立方米	909943	1187654	1162896
工业二氧化硫产生量	吨	6214	5288	7700
工业二氧化硫排放量	吨	615	441	558
工业氮氧化物产生量	吨	891	784	923
工业氮氧化物排放量	吨	588	477	559
工业烟(粉)尘去除量	吨	32267	20423	18157
工业烟(粉)尘排放量	吨	76	58	50
固体废物				
工业重金属产生量	吨	0.00	0.00	0
工业重金属排放量	吨	0.00	0.00	0
工业固体废物综合利用处置率	%	99.7	100.0	99.8
其中:一般工业固体废物综合利用率	%	98.3	99.8	99.2
声环境				
环境噪声达标区个数	个	—	—	—
环境噪声达标区总面积	平方千米	—	—	—
生态环境				
城区空气质量优良以上天数	天	361	361	356

(市统计局提供)

2022年东阳市组织机构及其负责人

中共东阳市委员会

书　记　楼琅坚
副书记　黄胜可
　　　　潘国东
常　委　楼琅坚
　　　　黄胜可
　　　　潘国东
　　　　盛　锋
　　　　柳尊科（—2022年11月）
　　　　卢旭萍
　　　　陈　洪（—2022年3月）
　　　　何浩亮
　　　　郭锦明
　　　　刘　熙（2022年12月—）
　　　　张伟钢
　　　　陈国荣（—2022年11月）
　　　　甘庆富
　　　　李敢峰（2022年11月—）
　　　　童　康（2022年11月—）

中共东阳市纪律检查委员会

书　记　甘庆富
副书记　王松明（—2022年12月）
　　　　孙俊杰
　　　　吕兴东（2022年12月—）

东阳市监察委员会

主　任　甘庆富
副主任　王松明（2022年1月—）
　　　　孙俊杰
副主任人选　吕兴东（2022年12月—）

市委工作（派出）机构及直属单位

办公室
主　任　胡利群（—2022年12月）
　　　　王松明（2022年12月—）
国家安全委员会办公室
主　任　潘国东（2022年8月—）
社会建设委员会
主　任　潘国东（2022年2月—）
教育工作委员会
主　任　潘国东（2022年8月—）
组织部
部　长　柳尊科（—2022年12月）
　　　　童　康（2022年12月—）
常务副部长　葛　剑（女）（2022年4月—）
直属机关工作委员会
书　记　柳尊科（—2022年12月）
　　　　童　康（2022年12月—）
常务副书记　许朝阳
新经济与新社会组织工作委员会
书　记　葛　剑（女）（—2022年4月）
　　　　赵　炜（2022年4月—）
老干部局
局　长　葛　剑（女）（2022年4月—）
公务员局
局　长　王　晖
宣传部
部　长　卢旭萍（女）
常务副部长　胡易安（女）
市政府新闻办公室
主　任　胡易安（女）
新闻出版局
局　长　胡易安（女）

互联网信息办公室
主　任　陆康乐
精神文明建设委员会办公室
主　任　郭　瑜(女)(　—2022年4月)
　　　　张国兴(2022年8月—　)
东阳市社会科学联合会
主　席　杜倩倩(女)(2022年10月—　)
精神文明建设指导中心
主　任　马华兴
统一战线工作部
部　长　赵跃亮(　—2022年1月)
　　　　张伟钢(2022年1月—　)
常务副部长　郭　炜(　—2022年2月)
　　　　　　张巧玲(女)(2022年2月—　)
民族宗教事务局
局　长　周　云
政府侨务办公室
主　任　周　云
归国华侨联合会
主　席　吕晓燕(女)
政法委员会
书　记　潘国东
常务副书记　吕兴东(　—2022年12月)
　　　　　　周正跃(2022年12月—　)
社会治理中心
主　任　潘国东(2022年8月—　)
常务副主任　傅前云(2022年8月—　)
社会治安综合治理中心(　—2022年8月)
主　任　朱新康(　—2022年2月)
　　　　傅前云(2022年2月—2022年8月)
市委全面深化改革委员会办公室
主　任　潘国东
常务副主任　陆津津
机构编制委员会办公室
主　任　徐海青(　—2022年3月)
　　　　陈江炜(2022年3月—　)
台湾工作办公室
主　任　张鑫阳
巡察工作领导小组办公室
主　任　王　刚
信访局
局　长　许希明(　—2022年8月)
　　　　韦钱军(2022年8月—　)
党　校
校　长　柳尊科(　—2022年12月)
　　　　童　康(2022年12月—　)
常务副校长　徐文学(　—2022年2月)
　　　　　　赵军刚(2022年2月—　)
党史研究室
主　任　张忠鸣(　—2022年2月)
　　　　马　先(女)(2022年2月—　)

东阳市人民代表大会常务委员会

主　任　朱志杰
党组书记　朱志杰
副主任　陈　军(　—2022年1月)
　　　　赵跃亮(2022年1月—　)
　　　　虞乐生(女)(　—2022年1月)
　　　　徐立刚(　—2022年1月)
　　　　楼美姣(女)
　　　　楼国民(2022年1月—　)
　　　　赵晓珍(女)(2022年1月—　)
　　　　许克宁
　　　　俞益钟
办公室
主　任　胡旭升(　—2022年3月)
　　　　徐向阳(2022年3月—　)
研究室
主　任　韦飞红(女)(　—2022年3月)
　　　　张　平(女)(2022年3月—　)
法制和监察司法工作委员会
主　任　徐向阳(　—2022年3月)
　　　　马景斌(2022年3月—　)
财政经济工作委员会
主　任　葛德中(　—2022年3月)
　　　　洪志浩(2022年3月—　)
科教文卫工作委员会
主　任　张　宇(　—2022年3月)
　　　　陈国康(2022年3月—　)
城乡建设与环境资源保护工作委员会
主　任　潘锡林(　—2022年3月)
　　　　方　勇(2022年3月—　)
代表与选举任免工作委员会
主　任　吴荣斌(　—2022年3月)
　　　　周　康(2022年3月—　)
农业农村工作委员会
主　任　邵文京(　—2022年3月)
　　　　徐文学(2022年3月—　)
社会建设工作委员会
主　任　单俨彬

东阳市人民政府

市　长　黄胜可
副市长　陈　洪(　—2022年4月)
　　　　郭锦明(2022年1月—　)
　　　　黄阳明(　—2022年1月)
　　　　楼国民(　—2022年1月)
　　　　徐　健
　　　　范　锐
　　　　龚杭娟(女)

李敢峰(2022年1月—)
徐育阳(2022年1月—)
胡利群(2022年12月—)
李进财(挂职)(2022年3月—)

市政府工作(派出)机构及直属单位

办公室
主　任　李敢峰(—2022年3月)
　　　　吴　滨(2022年4月—)
机关事务保障服务中心
主　任　赵丽娅(女)
大数据发展中心
主　任　邵章善(—2022年12月)
　　　　陈皖东(2022年12月—)
党组书记　邵章善(—2022年12月)
　　　　　陈南征(2022年12月—)
发展和改革局
局　长　韦朝阳(—2022年12月)
　　　　蒋国威(2022年12月—)
党组书记　韦朝阳(—2022年12月)
　　　　　吕中平(2022年12月—)
经济和信息化局
局　长　陈其宪
教育局
局　长　顾在响(—2022年3月)
　　　　陈建强(2022年3月—)
科学技术局
局　长　陈南征(—2022年3月)
　　　　包　珊(2022年3月—2022年12月)
　　　　杜建强(2022年12月—)
党组书记　陈南征(—2022年12月)
　　　　　杜建强(2022年12月—)
公安局
局　长　徐　健
政　委　郭利群
常务副局长　厉国强(—2022年4月)
　　　　　　黄黎建(2022年4月—)
民政局
局　长　郭立成
司法局
局　长　陈建强(—2022年3月)
　　　　马红斌(2022年3月—)
财政局
局　长　徐育阳(—2022年3月)
　　　　赵　锋(2022年3月—)
财政金融服务中心
主　任　吴永强
人力资源和社会保障局
局　长　黄正明
社会保障中心
主　任　李雅芸(女)
自然资源和规划局
局　长　楼尚潭
林业局
局　长　申屠顺达
住房和城乡建设局
局　长　韦　健
建筑业发展服务中心
主　任　韦　健(—2022年4月)
　　　　张晓伟(2022年4月—)
房屋征收中心
主　任　许永健(2022年3月—)
交通运输局
局　长　赵　锋(—2022年3月)
　　　　葛海波(2022年3月—)
交通运输综合行政执法队
队　长　赵　锋(—2022年3月)
　　　　葛海波(2022年3月—)
交通运输管理中心
主　任　董　磊
水务局
局　长　马　刚
农业农村局
局　长　李爱忠
农业综合行政执法队
队　长　李爱忠
商务局
局　长　朱王件(—2022年3月)
　　　　吕惠勇(2022年3月—)
投资促进中心
主　任　马江丰(—2022年4月)
　　　　包　磊(2022年12月—)
副主任(主持工作)　包　磊(2022年4月—2022年12月)
文化和广电旅游体育局
局　长　马景斌(—2022年3月)
　　　　葛伟英(女)(2022年3月—)
文化市场综合行政执法队
队　长　马景斌(—2022年3月)
　　　　葛伟英(女)(2022年3月—)
卫生健康局
局　长　楼杰华
退役军人事务局
局　长　虞富强
应急管理局
局　长　史南京(—2022年3月)
　　　　单凯权(2022年3月—)
审计局
局　长　吴　滨(—2022年4月)
　　　　徐海青(2022年4月—)

国有资产监督管理办公室
主　任　韦向东
市场监督管理局
局　长　傅为民(—2022年3月)
　　　　叶文明(2022年3月—)
家具研究院
院　长　傅为民(—2022年3月)
　　　　史南京(2022年3月—)
市场监管综合行政执法队
队　长　傅为民(—2022年3月)
　　　　叶文明(2022年3月—)
统计局
局　长　蒋国威(—2022年12月)
　　　　包　珊(2022年12月—)
党组书记　斯亚军
医疗保障局
局　长　楼红霞(女)(—2022年3月)
　　　　郭　炜(2022年3月—)
党组书记　胡小骏(—2022年2月)
　　　　　郭　炜(2022年2月—)
综合行政执法局
局　长　叶文明(—2022年3月)
　　　　贾新民(2022年3月—)
市政公用事业中心
主　任　周晓东
金华市生态环境局东阳分局
局　长　黄海威
生态环境保护综合行政执法队
队　长　黄海威
供销合作总社
主　任　马伟大
融媒体中心
主　任　马红斌(—2022年3月)
　　　　陆耿晖(2022年3月—)
总编辑　史　莹(女)
行政服务中心(—2022年12月)
党委书记　陈　洪(—2022年4月)
　　　　　郭锦明(2022年5月—2022年12月)
主　任　吴盛龙(—2022年12月)
政务服务管理办公室(2022年12月—)
党委书记　郭锦明(2022年12月—)
主　任　王　征(2022年12月—)
东阳东白山省级旅游度假区管委会
主　任　申屠顺达(2022年3月—)
浙江省东阳经济开发区(—2022年2月)
党工委书记　黄文明(—2022年2月)
管委会主任　黄文明(—2022年2月)
浙江东阳经济开发区(2022年2月—)
党工委书记　陈　洪(2022年2月—2022年4月)
　　　　　　郭锦明(2022年5月—)
管委会主任　王赛锋(2022年3月—)
铁路项目指导服务中心
主　任　洪志浩(—2022年3月)
　　　　郭金刚(2022年3月—)
高铁新城服务中心
主　任　赵　健(2022年12月—)

省、金华市驻东阳市(共管)工作机构

东阳玉米研究所
所　长　空　缺
副所长(主持行政工作)　吕桂华
书　记　何英军
国税局
局　长　陈　勇
气象局
局　长　金　培(—2022年1月)
　　　　梁　亮(2022年1月—)
国网东阳供电公司
总经理　蒋红亮
党委书记　周露芳(女)
中国电信东阳分公司
总经理　黄益刚(—2022年6月)
　　　　程向峰(2022年6月—)
中国移动东阳分公司
总经理　贾丽娟
中国联通东阳分公司
总经理　王　坚
东阳邮政管理局
局　长　程亚军
中国邮政东阳分公司
总经理　郭宏亮
烟草专卖局
局　长　王世平
国家统计局东阳调查队
队　长　吴相平(—2022年11月)
　　　　赵　帅(2022年11月—)

东阳市人民法院

院　长　贺利平

东阳市人民检察院

检察长　郑晓鸣

横店影视文化产业集聚区

党工委书记　楼琅坚
党工委副书记　黄胜可
党工委委员　朱少平
　　　　　　陈　洪(—2022年4月)
　　　　　　郭锦明
　　　　　　徐天福

陈远京
马迎飞(女)(2022年12月—)
管委会主任 楼琅坚
管委会常务副主任 空 缺
管委会副主任 黄胜可
朱少平
郭锦明
冯 涧
徐天福
马迎飞(女)(2022年12月—)
管委会专职副主任 陈远京

横店影视文化产业集聚区影视文化管理办公室

主 任 王开开

横店影视文化产业集聚区协调办公室

主 任 张 凯(2022年3月—2022年12月)
马振华(2022年12月—)

横店影视文化产业发展服务中心

主 任 陈皖东(—2022年12月)

横店影视文化产业研究院

院 长 陈丽娟(2022年3月—)

中国人民政治协商会议东阳市委员会

主 席 斯建民(—2022年1月)
方宪文(2022年1月—)
党组书记 方宪文
副主席 华伟跃(—2022年1月)
金德良(—2022年1月)
黄阳明(2022年1月—)
陈 琳(女)(2022年1月—)
张望峰
赵晓珍(女)(—2022年1月)
楼红霞(女)
冯 涧
赵小仙(女)(2022年1月—)
副主席候选人 徐巧英(女)(2022年12月—)

秘书处

秘书长 沈银福(—2022年1月)
黄文明(2022年1月—)

办公室

主 任 张 艳(女)(—2022年3月)
张翠翠(女)(2022年3月—)

提案和委员工作委员会

主 任 虞柏新(2022年3月—)

经济委员会

主 任 徐卫东

农业和农村委员会

主 任 赵云跃(—2022年3月)
徐巧英(女)(2022年3月—)
主任人选 吴盛龙(2022年12月—)

社会和法制委员会

主 任 徐生银(—2022年3月)
张英俊(2022年3月—)

教科卫体和文化文史委员会

主 任 胡 心

城建环境资源委员会

主 任 葛一军(—2022年3月)
厉建党(2022年3月—)

东阳市人民武装部

部 长 何浩亮
政 委 孙 杰

群众团体

总工会

主 席 华伟跃(—2022年2月)
黄阳明(2022年2月—)
常务副主席 吴高强

共青团东阳市委员会

书 记 何快快(—2022年8月)
徐慧媛(女)(2022年12月—)

妇女联合会

主 席 何芳萍(女)

工商业联合会

主 席 楼永良
常务副主席 张巧玲(女)(—2022年2月)
胡小骏(2022年6月—)
常务副主席候选人 胡小骏(2022年2月—2022年6月)

科学技术协会

党组书记 程国伟(—2022年2月)
张 艳(女)(2022年2月—)
主 席 徐巧英(女)(—2022年2月)
张 艳(女)(2022年10月—)
主席候选人 张 艳(女)(2022年2月—2022年10月)

残疾人联合会

理事长 贾新民(—2022年2月)
杨松强(2022年10月—)
理事长候选人 杨松强(2022年2月—2022年10月)

文学艺术界联合会

主 席 厉建党(—2022年2月)
朱国强(2022年4月—)
主席候选人 朱国强(2022年2月—2022年4月)

红十字会

会 长 龚杭娟(女)(—2022年8月)
徐育阳(2022年8月—)
常务副会长 陆彩霞(女)

镇乡(街道)党政组织

吴宁街道

党工委书记 吴启晓

人大工委主任　郭门明
办事处主任　刘战辉

白云街道

党工委书记　郭旭军(女)
人大工委主任　张梁俊
办事处主任　赵　炜(　—2022年4月)
　　　　　　赵美弟(2022年4月—　)

江北街道

党工委书记　王赛锋(　—2022年2月)
　　　　　　朱王件(2022年2月—　)
人大工委主任　卜如阳
办事处主任　谢雪峰

六石街道

党工委书记　厉炼锦
人大工委主任　张国阳
办事处主任　包日进

城东街道

党工委书记　许旭锋
人大工委主任　徐晓乐
办事处主任　赵　健(　—2022年12月)
　　　　　　王　伟(2022年12月—　)

南市街道

党工委书记　王　灿(女)
人大工委主任　陈朝霞(女)
办事处主任　吴凯军

横店镇

党委书记　陈国荣(　—2022年11月)
　　　　　刘　熙(2022年12月—　)
人大主席　吕一兵
镇　长　陈　颖

南马镇

党委书记　胡洪仁
人大主席　周向忠
镇　长　金莉莉(女)

巍山镇

党委书记　马宗强
人大主席　周　健
镇　长　包闪闪

歌山镇

党委书记　许俊峰
人大主席　陈正燕
镇　长　朱静超(　—2022年12月)
镇长候选人　赵凯斌(2022年12月—　)

千祥镇

党委书记　陈杭生
人大主席　周仕德
镇　长　郭晟梅(女)

湖溪镇

党委书记　唐有新
人大主席　方军平
镇　长　王　征(　—2022年12月)
镇长候选人　徐翔宇(2022年12月—　)

画水镇

党委书记　应定国
人大主席　杜培根
镇　长　刘煜之(　—2022年11月)
镇长候选人　张　凯(2022年12月—　)

虎鹿镇

党委书记　包振波
人大主席　张永炜
镇　长　方颖潇(女)

东阳江镇

党委书记　郭孝杰
人大主席　张希忠
镇　长　杜亮亮

马宅镇

党委书记　吕　凯
人大主席　朱向前
镇　长　韦钱军(　—2022年8月)
镇长候选人　何快快(2022年8月—　)

佐村镇

党委书记　费　航
人大主席　何炉忠
镇　长　许杨贤

三单乡

党委书记　杜建强(　—2022年12月)
　　　　　朱静超(2022年12月—　)
人大主席　钟剑新
乡　长　朱骏义

说明：党政领导干部职务的任职时间按照《党政领导干部选拔任用工作条例》有关规定计算

（胡金成　卢亚权）

重要文件目录

2022年中共东阳市委文件目录一览表

表55

发文字号	文件标题	发文日期
东委发〔2022〕1号	关于加快农业农村高质量发展全面推进共同富裕的若干意见	2022年2月14日
东委发〔2022〕2号	中国共产党东阳市委员会工作规则	2022年1月11日
东委发〔2022〕3号	关于市委常委分工的通知	2022年2月21日
东委发〔2022〕4号	关于表扬在2021年度东阳市乡村振兴、经济建设和平安创建工作中作出突出贡献集体和个人的通报	2022年2月18日
东委发〔2022〕5号	关于设立中共浙江东阳经济开发区工作委员会的通知	2022年2月22日
东委发〔2022〕6号	关于印发《2022年度东阳市重点建设项目、重大前期项目、全市政府投资、国企投资项目》的通知	2022年3月10日
东委发〔2022〕7号	关于印发《中东阳市委常委会2022年工作要点》的通知	2022年3月17日
东委发〔2022〕8号	关于2021年度镇乡街道和机关部门目标责任制考核结果、落实党风廉政建设两个责任考核结果、党政正职考核结果、镇乡街道党(工)委书记履行基层党建工作责任制考核结果的通报	2022年3月24日
东委发〔2022〕10号	关于表彰在2021年度东阳市“五大会战”工作中作出突出贡献集体和个人的通报	2022年3月31日
东委发〔2022〕11号	关于设立中共东阳市房屋征收服务中心党组的通知	2022年4月8日
东委发〔2022〕12号	关于表彰东阳市劳动模范和模范集体的决定	2022年4月29日
东委发〔2022〕13号	关于2021年度工业强市突出贡献单位的通报	2022年5月8日
东委发〔2022〕16号	关于推进浙江广厦建设职业技术大学高质量发展的若干意见	2022年6月16日
东委发〔2022〕19号	关于对2021年度考核优秀公务员给予奖励的决定	2022年8月17日
东委发〔2022〕20号	关于表扬优秀校长、班主任、教师的通报	2022年9月6日
东委发〔2022〕21号	关于设立中共东阳市委教育工作委员会的通知	2022年8月25日
东委发〔2022〕22号	关于重新明确干部管理职务名称表的通知	2022年9月6日
东委发〔2022〕23号	关于加快建设横店国际影视文化创新中心的决定	2022年10月14日
东委发〔2022〕24号	关于十四届省委第十四轮巡视整改进展情况的通报	2022年10月25日
东委发〔2022〕28号	关于设立和撤销有关单位党委(党组)的通知	2022年12月15日
东委办发〔2022〕1号	关于印发《中国共产党东阳市第十六次代表大会报告任务责任分解方案》的通知	2022年1月4日
东委办发〔2022〕2号	关于印发《东阳市拆迁安置有关问题攻坚行动方案》的通知	2022年1月20日
东委办发〔2022〕3号	关于印发《2022年度市领导“三包五联”工作实施方案》的通知	2022年2月13日

续表55

发文字号	文件标题	发文日期
东委办发〔2022〕4号	关于建立东阳市“三大行动”“五大会战”组织架构的通知	2022年2月15日
东委办发〔2022〕5号	关于印发《陈惠明、楼琅坚同志在省委第九巡视组巡视东阳市委工作动员会上讲话》的通知	2022年3月1日
东委办发〔2022〕6号	关于印发《东阳市2022年创建全国文明城市工作实施方案》的通知	2022年3月11日
东委办发〔2022〕7号	印发《关于调整优化排水与污水处理管理体制的方案》的通知	2022年3月18日
东委办发〔2022〕9号	关于印发《涉企服务“中梗阻”问题专项整治实施方案》的通知	2022年3月30日
东委办发〔2022〕11号	关于印发《东阳市推进“大综合一体化”行政执法改革方案》的通知	2022年4月14日
东委办发〔2022〕12号	关于印发《“扛旗争先、奋进赶超”工作督查方案》的通知	2022年4月23日
东委办发〔2022〕13号	印发《关于全面推进城市更新工作的行动方案》的通知	2022年5月8日
东委办发〔2022〕15号	关于印发《东阳市2022年“三大行动”“五大会战”实施方案》的通知	2022年5月8日
东委办发〔2022〕16号	关于印发《2022年扛旗争先大比拼活动实施方案》的通知	2022年6月13日
东委办发〔2022〕17号	印发《关于加快村级集体经济发展的若干意见》的通知	2022年6月16日
东委办发〔2022〕19号	印发《关于构建镇乡街道模块化平台运行体系的实施意见》的通知	2022年7月20日
东委办发〔2022〕22号	印发《关于进一步加强市机关部门派驻镇乡街道机构人员管理的补充意见》《东阳市镇乡街道干部和派驻人员一体化考核办法(试行)》的通知	2022年7月20日
东委办发〔2022〕23号	关于印发《中共东阳市委常委会2022年工作要点任务分解方案》的通知	2022年7月20日
东委办发〔2022〕24号	关于印发《东阳市实有人口常态化动态清底工作实施方案》的通知	2022年8月6日
东委办发〔2022〕25号	关于印发《东阳市专职网格员评星定级管理办法》的通知	2022年8月6日
东委办发〔2022〕26号	关于印发《东阳市网格力量协同处置机制》的通知	2022年8月6日
东委办发〔2022〕28号	关于印发《2022年度镇乡街道、机关部门工作目标责任制考核意见》的通知	2022年8月3日
东委办发〔2022〕31号	关于印发《东阳市行政执法协调监督工作办法(试行)》的通知	2022年9月6日
东委办发〔2022〕33号	印发《关于进一步加强新时代人民调解工作的实施意见》的通知	2022年9月21日
东委办发〔2022〕35号	印发《东阳市关于高水平推进应急救护工作的实施方案》的通知	2022年9月24日
东委办发〔2022〕36号	关于推进机关部门和广厦大学二级学院合作共建的实施意见	2022年9月21日
东委办发〔2022〕37号	关于印发《市委十六届二次全会暨市政府十六届一次全会重要任务分解方案》的通知	2022年10月9日

续表55

发文字号	文件标题	发文日期
东委办发〔2022〕38号	关于印发《东阳市共建共富结对行动方案》的通知	2022年9月30日
东委办发〔2022〕40号	关于印发《深入实施“红耀东阳·双建争先”工程 高水平打造新时代机关党建高地行动计划》的通知	2022年10月29日
东委办发〔2022〕41号	关于印发《东阳市乡镇(街道)合法性审查工作办法(试行)》的通知	2022年11月29日
东委办发〔2022〕43号	关于印发《东阳市加快建设全国统一大市场重点任务措施清单》的通知	2022年12月1日
东委办发〔2022〕46号	关于印发《东阳市全面深化强村富民乡村集成改革工作方案》的通知	2022年12月26日

(郎 平)

2022年东阳市人民政府文件目录一览表

表56

发文字号	文件标题	发文日期
东政发〔2022〕1号	关于市政府领导班子分工的通知	2022年1月27日
东政发〔2022〕2号	关于印发《东阳市人民政府工作规则》的通知	2022年1月30日
东政发〔2022〕3号	关于命名2021年度东阳市“纳税十强企业”“纳税超亿元企业”“纳税超五千万元企业”“纳税超千万元企业”“纳税超五百万元企业”的通报	2022年2月9日
东政发〔2022〕5号	关于公布2021年度东阳市人民政府质量奖评审结果的通知	2022年2月28日
东政发〔2022〕6号	关于印发《东阳市电子商务进农村综合示范工作方案》的通知	2022年3月10日
东政发〔2022〕7号	关于明确东阳市六歌医药化工集聚区管理委员会职责、内设机构和组成人员的通知	2022年1月14日
东政发〔2022〕8号	关于明确东阳横店化工专业区管理委员会职责、内设机构和组成人员的通知	2022年1月14日
东政发〔2022〕9号	关于命名2021年度“建企航母”等先进单位的决定	2022年3月17日
东政发〔2022〕10号	关于公布2021年度东阳市建筑业发展功臣等先进个人的通报	2022年3月17日
东政发〔2022〕11号	关于给予市公安局等八个集体和申屠剑等二十三名个人行政奖励的决定	2022年3月18日
东政发〔2022〕12号	关于印发《关于全面做好农村公路“路长制”实施方案》的通知	2022年3月21日
东政发〔2022〕13号	关于印发《东阳市新一轮制造业“腾笼换鸟、凤凰涅槃”攻坚行动方案(2022—2023年)》的通知	2022年4月7日
东政发〔2022〕14号	关于公布2021年度东阳市政府科技创新奖的通报	2022年4月7日

续表56

发文字号	文件标题	发文日期
东政发〔2022〕15号	关于2021年度全市工业经济工作考核评价结果的通报	2022年4月13日
东政发〔2022〕16号	关于进一步发挥保险作用助推共同富裕先行市建设的若干意见	2022年4月27日
东政发〔2022〕17号	关于公布实施东阳市2022年度国有建设用地供应计划的通知	2022年4月27日
东政发〔2022〕18号	关于推动实现千亿工业目标的若干政策意见	2022年5月2日
东政发〔2022〕19号	关于印发《东阳市工业用地全生命周期管理实施办法》的通知	2022年5月21日
东政发〔2022〕20号	关于进一步规范农村宅基地和建房审批管理的通知	2022年5月23日
东政发〔2022〕21号	印发《关于高质量做好东阳市十六届人大一次会议一号议案办理工作的实施方案》的通知	2022年5月31日
东政发〔2022〕22号	关于印发《东阳市贯彻落实国务院扎实稳住经济一揽子政策措施实施方案》的通知	2022年6月1日
东政发〔2022〕23号	关于印发《东阳市山洪灾害防御应急预案》等应急预案的通知	2022年6月7日
东政发〔2022〕24号	《关于支持横店集团进一步扩大有效投资推进高质量发展的实施意见》的补充意见	2022年6月16日
东政发〔2022〕25号	关于给予李涵林、许桂兰等五名同志记个人三等功的决定	2022年6月21日
东政发〔2022〕26号	关于公布第九批东阳市非物质文化遗产代表性项目名录的通知	2022年6月29日
东政发〔2022〕27号	关于印发《东阳市全面推进镇乡(街道)综合行政执法工作方案》的通知	2022年6月30日
东政发〔2022〕28号	关于朱旭华等职务任免的通知	2022年7月13日
东政发〔2022〕29号	关于提议奚建华等职务任免的通知	2022年8月28日
东政发〔2022〕31号	关于提议楼峻虎等职务任免的通知	2022年9月9日
东政发〔2022〕32号	关于提议陈翔等职务任免的通知	2022年9月9日
东政发〔2022〕33号	关于提议蒋旭峰等职务任免的通知	2022年9月14日
东政发〔2022〕34号	关于印发《东阳市全民健身实施计划(2021—2025年)》的通知	2022年10月24日
东政发〔2022〕35号	关于印发《东阳市国家知识产权强县(传统知识特色县)建设试点县工作方案(2022—2025年)》的通知	2022年10月26日
东政发〔2022〕36号	关于提议王继华等任职的通知	2022年11月4日
东政发〔2022〕37号	关于印发《东阳市人民政府重大决策出台前向市人大报告制度》的通知	2022年11月28日
东政发〔2022〕38号	关于调整有关副市长分工的通知	2022年12月17日
东政发〔2022〕39号	关于印发《东阳市自备水污水处理费征收管理实施细则》的通知	2022年12月22日

(王　群)

【东阳市社会团体名单】 2022年，市民政局对2021年6月30日前经市民政局核准登记的社会团体实施年度检查。

合格社会团体（152个）

东阳华夏复薪国学会
东阳教授博士联谊会
东阳人联谊总会
东阳市爱国拥军促进会
东阳市保安技术防范行业协会
东阳市餐饮行业协会
东阳市茶文化研究会
东阳市茶叶行业协会
东阳市柽溪公益志愿者协会
东阳市城东街道老年人协会
东阳市城东街道义务工作者协会
东阳市慈善总会
东阳市磁性材料行业协会
东阳市党外知识分子联谊会
东阳市道教协会
东阳市登山协会
东阳市电子商务协会
东阳市钓鱼协会
东阳市东阳江镇老年人协会
东阳市东阳江镇农民合作经济组织联合会
东阳市冬泳协会
东阳市防护用品行业协会
东阳市房地产业协会
东阳市非物质文化遗产保护协会
东阳市佛教协会
东阳市个体劳动者协会
东阳市古琴协会
东阳市关爱退役军人协会
东阳市观赏石协会
东阳市光彩事业促进会
东阳市广东从业商会（广东东阳商会）
东阳市广告协会
东阳市横店马拉松协会
东阳市横店三农促进会
东阳市横店社团经济企业联合会
东阳市横店武术协会
东阳市横店影视城演员公会
东阳市横店镇老年人协会
东阳市横店足球协会
东阳市红木家具行业协会
东阳市湖溪镇老年人协会
东阳市虎鹿镇老年人协会
东阳市虎鹿镇农民合作经济组织联合会
东阳市花卉协会
东阳市画水商会
东阳市画水镇老年人协会
东阳市画水镇农民合作经济组织联合会
东阳市环境卫生协会
东阳市会计学会
东阳市婚姻家庭协会
东阳市基督教三自爱国运动委员会
东阳市家庭装修行业协会
东阳市健身舞协会
东阳市江北街道老年人协会
东阳市教育学会
东阳市抗癌协会
东阳市科技创新协会
东阳市老年人体育协会
东阳市老年人协会
东阳市老年书画研究会
东阳市历史文化研究会
东阳市留学人员和家属联谊会
东阳市六石街道老年人协会
东阳市六石街道农民合作经济组织联合会
东阳市卢宅历史文化研究会
东阳市轮滑运动协会
东阳市马宅商会
东阳市美术家协会
东阳市门球运动协会
东阳市梦想公益志愿者协会
东阳市民间文艺家协会
东阳市民营企业发展联合会
东阳市民用枪爆协会
东阳市木材行业协会
东阳市木雕·红木家具行业诚信促进会
东阳市南马镇老年人协会
东阳市南市街道老年人协会
东阳市农产品经纪人协会
东阳市农民合作经济组织联合会
东阳市农民专业合作社联合会
东阳市农业生产资料流通协会
东阳市磐安商会
东阳市乒乓球协会
东阳市棋类协会
东阳市企业家协会
东阳市气排球协会
东阳市汽车流通行业协会
东阳市汽车维修行业协会
东阳市千祥商会
东阳市千祥镇老年人协会
东阳市千祥镇社会组织联合会
东阳市曲艺协会
东阳市人民陪审员协会
东阳市人民调解协会
东阳市三单乡老年人协会
东阳市三单乡农民合作经济组织联合会
东阳市商贸流通行业协会
东阳市上海商会（上海市东阳商会）
东阳市社区矫正工作协会
东阳市射箭协会
东阳市摄影家协会
东阳市生态文化协会
东阳市诗词楹联学会
东阳市食品工业协会
东阳市书法家协会
东阳市水产行业协会
东阳市水果行业协会
东阳市台胞台属联谊会
东阳市跆拳道协会
东阳市太极拳协会
东阳市体育舞蹈协会
东阳市天主教爱国会
东阳市同心商家联合会
东阳市退离休教育工作者协会
东阳市网络界人士联谊会
东阳市网络文化协会
东阳市网球协会
东阳市巍山镇农民合作经济组织联合会
东阳市文化经营行业协会
东阳市吴宁街道老年人协会
东阳市吴宁商会
东阳市武术协会
东阳市婺剧促进会
东阳市现代物流行业协会
东阳市乡村厨师协会
东阳市心理咨询师协会
东阳市新的社会阶层人士联谊会
东阳市信息网络安全协会
东阳市阳光公益志愿者协会
东阳市一米公益协会
东阳市义务工作者协会
东阳市艺苑普法协会
东阳市易制毒化学品管理协会
东阳市影视旅游促进会
东阳市影视拍摄场所协会
东阳市与爱同行志愿者协会
东阳市杂技魔术协会
东阳市渣土运输协会
东阳市长跑协会

东阳市针织行业协会
东阳市政协书画社
东阳市政协之友联谊会
东阳市总商会
东阳市足球协会
东阳市佐村镇老年人协会
东阳市佐村镇农民合作经济组织联合会
东阳市作家协会
东阳温州商会
东阳中学校友会
横店经济发展促进会
横店影视产业协会
中国国际商会东阳市商会

基本合格社会团体(31个)

东阳市南马仿古门窗协会
东阳市企业联合会
东阳市黄埔军校同学会
东阳市香榧产业协会
东阳市建材工业协会
东阳市建筑业协会
东阳市旧货流通行业管理协会
东阳市畜牧行业协会
东阳市反邪教协会
东阳市风景旅游业协会
东阳市谱牒文化研究会
东阳市来料加工经纪人协会
东阳市白云商会
东阳市劳动模范协会
东阳市信息产业协会
东阳市工艺美术行业协会
东阳市集邮协会
东阳市农机协会
东阳市药学会
东阳市社会福利企业协会
东阳市席草行业协会
东阳市皮革行业协会
东阳市中医学会
东阳市新生代创业创新人士联谊会
东阳市城北工业新区商会
东阳市服装行业协会
东阳市海外联谊会
东阳市兰花协会
东阳市音乐舞蹈家协会
东阳市护理学会
东阳市志愿者协会

不合格社会团体(19个)

东阳市医学会
东阳市农学会
东阳市节能协会
东阳市美发美容行业协会
东阳市机电行业协会
东阳市化工制药行业协会
东阳市千祥中药材种植协会
东阳市白云街道老年人协会
东阳市马宅镇老年人协会
东阳市歌山镇老年人协会
东阳市仙游商会
东阳市萧山商会
东阳市汽车摩托车运动协会
东阳市丽水商会
东阳市衢州商会
东阳市自行车运动协会
东阳市福舆公益协会
东阳市巍山镇老年人协会
东阳市福建闽北商会

已注销社会团体(3个)

东阳市职工技术协会
东阳市缝制机械协会
东阳横店收藏家协会

【东阳市民办非企业名单】 2022年,市民政局对2021年6月30日前经市民政局核准登记的民办非企业实施年度检查。

合格民办非企业单位(420个)

东阳市东式红木家具研究所
东阳市南林木材科技服务中心
东阳市交通职业技能培训学校
东阳市普洛家园药业职业技能培训学校
东阳市烈焰救援队
东阳市艺海木雕竹编研究所
东阳市喜洋洋康乐中心
东阳市建筑科技研究院
东阳市望燕楼书院
东阳市楼艺木雕研究所
东阳市南翔社会工作服务中心
东阳市吴宁街道新时代演艺团
东阳市西街社区群乐演艺团
东阳市红十字志愿服务总队
东阳市老年电视大学
东阳喜洋洋医院
东阳花园田氏医院
东阳市明星书画院
东阳市古艺家具木雕博物馆
东阳市张国维纪念馆
东阳市东磁技能培训学校
东阳市黄派木雕研究所
东阳医药门诊部
东阳亲和医院
东阳市红星志愿服务队
横店文荣医院
东阳市岘南书画院
东阳市紫檀博物馆
东阳市红枫林养生中心
东阳市童方之声合唱团
东阳市亲乐管家服务中心
东阳市南市养老中心
东阳市美觉职业技能培训学校
东阳市绿溪志愿者服务队
东阳市东峰制冷职业技能培训学校
东阳市向红社会工作服务中心
东阳市南山文艺演出队
东阳市快乐老年旅游俱乐部
东阳市精神残疾人托养所
东阳市江南美术馆
东阳市歌山镇王村光长寿爱心院
东阳市黄小明木雕博物馆
东阳市太学职业技能培训学校
东阳市朝阳社区海鸥文艺演出队
东阳市爱乐合唱团
东阳市吴宁街道江滨社区越韵文艺演出队
东阳市一亩心田社会工作服务中心
东阳市乐义社会工作服务中心
东阳市横店共创共有共富共享工作中心(委员会)
东阳市普洛康裕职业技能培训学校
东阳市郭宅康乐院
东阳市木雕研究设计院
东阳市有爱红娘工作室
东阳市湖溪老年公寓
东阳市南风书画院
东阳市民革书画院
东阳市吴宁街道欢乐家园演出队
东阳市通达职业技能培训学校
东阳市歌山画水艺术团
东阳市石洞书院
东阳市纵横棋院
东阳市花园老年公寓
东阳市蓝天救援队
东阳市夕阳红乐园
东阳市横店华夏文化园
东阳市南马镇军人服务中心
东阳市群德聚足球俱乐部
东阳市社会组织服务中心
东阳市爱盟社会工作服务中心
东阳市横店牧心志愿服务队
东阳市虎鹿镇敬老院

东阳市东阳江茜畴老年公寓
东阳市百合艺术团
东阳市婺州窑陶瓷文化研究所
东阳市白云街道好孝心老年公寓
东阳市红十字救援队
东阳市东阳江镇养老中心
东阳市癌症康复俱乐部
东阳市巍山镇仙香颐养院
东阳市千祥镇启明星文宣队
东阳市曜地残疾人托安养所
东阳市聆越越剧艺术中心
东阳市横店之声合唱团
东阳市三峰书画院
东阳市横店技能培训学校
东阳市青少年综合服务中心
东阳市晨夕相伴社会工作服务中心
东阳市江北街道猴塘社区甘东文化礼堂发展中心
东阳市金象科技职业技能培训学校
东阳市因爱家庭教育社会工作服务中心
东阳市横店镇禹山社区梦园演出队
东阳市吴宁街道卢宅社区艺海之声合唱团
东阳市白云街道望江社区微笑文艺演出队
东阳市工美木雕职业技能培训学校
东阳市白云开发区中山社区辉哥演出队
东阳市中汽汽车摩托车运动俱乐部
东阳市红木家具职业技能培训学校
东阳市横店疗养院
东阳市中天幼儿园
东阳市金翅膀米奇幼儿园
东阳市智慧树幼儿园
东阳市横店镇育才幼儿园
东阳市画水凯乐幼儿园
东阳市爱心学校
东阳市横店镇博士帽幼儿园
东阳市中天世纪花城幼儿园
东阳市横店镇琴堂艺童幼儿园
东阳市横店童星幼儿园
东阳市三木校外辅导站
东阳市贝贝佳音幼儿园
东阳市尚学传麒学校
东阳市庆华外国语学校
东阳市横店镇新路幼儿园
东阳市横店镇花朵幼儿园
东阳市启迪教育文化培训部
东阳市南市上陈宅幼儿园
东阳市南马镇富国学校
东阳市晨阳学校
东阳市花园幼儿园
东阳市江北贝贝佳音幼儿园
东阳市吴宁街道咘布豆幼儿园
东阳市画水镇吴宅1+1幼儿园
东阳市横店镇七色花幼儿园
东阳市横店镇荆江幼儿园
东阳市南马实验幼儿园
东阳市横店镇太阳城幼儿园
东阳市吴宁江滨幼儿园
东阳市江北街道英博幼儿园
东阳市防军柽溪幼儿园
东阳市南马礼村幼儿园
东阳市画水镇新苗幼儿园
东阳市千祥镇蓝天幼儿园
东阳市黎明文化补习学校
东阳市横店集团幼儿园
东阳市横店镇莲塘幼儿园
东阳市京都明珠幼儿园
东阳市博大幼儿园
东阳市巍山镇幼儿园
东阳市横店镇星光幼儿园
东阳市顺风高级中学
东阳市京都东方幼儿园
东阳市成长幼儿园
东阳市七彩泡泡幼儿园
东阳市中天实验初级中学
东阳市中天实验小学
东阳市黎明幼儿园
东阳市横店集团南江名郡幼儿园
东阳市横店下里市幼儿园
东阳市白云街道启稚幼儿园
东阳市吴宁街道巴布豆幼儿园
东阳市白云银田畈幼儿园
东阳市正天文化补习学校
东阳市海峡艺术学校
东阳市横店镇小精灵幼儿园
东阳市江南名邸幼儿园
东阳市青芒果幼儿园
东阳市六石街道智慧星幼儿园
东阳市利民高级中学
东阳市南市大联新星幼儿园
东阳市文荣艺术高级中学
东阳市育英文化补习学校
东阳市幼学林幼儿园
东阳市白云街道鼎鼎幼儿园
东阳市吴宁望江幼儿园
东阳市嘉依宝贝幼儿园
东阳市建工新村幼儿园
东阳市名博幼儿园
东阳市建澜小学
东阳市吴宁东岘快乐大巴幼儿园
东阳市前程文化补习学校
东阳市东岘阳光幼儿园
东阳市东方之星幼儿园
东阳市吴宁杨家幼儿园
东阳市吴宁童乐幼儿园
东阳市大风车幼儿园
东阳市花园南山幼儿园
东阳市江北西范幼儿园
东阳东阳市吴宁蓓蕾幼儿园
市吴宁青苗贝贝幼儿园
东阳市城东湖店幼儿园
东阳市横店小太阳幼儿园
东阳市野毛墩幼儿园
东阳市圣德堡幼儿园
东阳市南马金贝贝幼儿园
东阳市时代花园幼儿园
东阳市横店镇童的梦幼儿园
东阳市白云新庄幼儿园
东阳市喜洋洋幼儿园
东阳市城东街道李宅社区群英幼儿园
东阳市春晓幼儿园
东阳市吴宁街道博乐幼儿园
东阳市江北中心幼儿园
东阳市响亮幼儿园
东阳市吴宁街道博文幼儿园
东阳市南马安恬香卿幼儿园
东阳市花园高级中学
东阳市白云街道新起点幼儿园
东阳市绿贝儿幼儿园
东阳市吴宁街道新世纪幼儿园
东阳市勤俭幼儿园
东阳市画水镇画溪百晶幼儿园
东阳市南市昕梦幼儿园
东阳市江北街道茗都幼儿园
东阳市南马镇社会组织服务中心
东阳市横店镇社会组织服务中心
东阳市吴宁街道东街社区社会组织服务中心
东阳市吴宁街道卢宅社区社会组织服务中心
东阳市佐村镇社会组织服务中心
东阳市江北街道甘溪社区社会组织服务中心
东阳市佐村镇上村村社会组织服务中心
东阳市佐村镇大塘光村社会组织服务中心

东阳市佐村镇宅口村社会组织服务中心
东阳市佐村镇珊门村社会组织服务中心
东阳市佐村镇俞家村社会组织服务中心
东阳市佐村镇桑梓村社会组织服务中心
东阳市佐村镇罗峰村社会组织服务中心
东阳市佐村镇友谊村社会组织服务中心
东阳市佐村镇上林口村社会组织服务中心
东阳市佐村镇佐村村社会组织服务中心
东阳市佐村镇斯光村社会组织服务中心
东阳市佐村镇平坑村社会组织服务中心
东阳市江北街道上卢社区社会组织服务中心
东阳市江北街道夏渠社区社会组织服务中心
东阳市江北街道社姆新村社会组织服务中心
东阳市江北街道亭塘社区社会组织服务中心
东阳市江北街道湖沧社区社会组织服务中心
东阳市江北街道凤凰社区社会组织服务中心
东阳市三单乡社会组织服务中心
东阳市江北街道社会组织服务中心
东阳市吴宁街道西园社区社会组织服务中心
东阳市吴宁街道朝阳社区社会组织服务中心
东阳市吴宁街道西街社区社会组织服务中心
东阳市江北街道华店社区社会组织服务中心
东阳市佐村镇石井坑村社会组织服务中心
东阳市吴宁街道东岘社区社会组织服务中心
东阳市江北街道月亮湾社区社会组织服务中心
东阳市吴宁街道江滨社区社会组织服务中心
东阳市吴宁街道迎晖社区社会组织服务中心
东阳市吴宁街道城南社区社会组织服务中心
东阳市横店镇禹东社区社会组织服务中心
东阳市横店镇五官塘村社会组织服务中心
东阳市东阳江镇社会组织服务中心
东阳市巍山镇巍屏社区社会组织服务中心
东阳市横店镇桥下社区社会组织服务中心
东阳市横店镇绕溪村社会组织服务中心
东阳市横店镇联盟村社会组织服务中心
东阳市横店镇南上湖社区社会组织服务中心
东阳市横店镇路西村社会组织服务中心
东阳市横店镇荆溪社区社会组织服务中心
东阳市横店镇维风社区社会组织服务中心
东阳市横店镇屏岩社区社会组织服务中心
东阳市横店镇官桥村社会组织服务中心
东阳市横店镇金马村社会组织服务中心
东阳市横店镇禹阳社区社会组织服务中心
东阳市巍山镇巍山社区社会组织服务中心
东阳市横店镇横店社区社会组织服务中心
东阳市横店镇湖口村社会组织服务中心
东阳市城东街道和堂村社会组织服务中心
东阳市横店镇富贤塘村社会组织服务中心
东阳市城东街道李宅社区社会组织服务中心
东阳市江北街道茗田社区社会组织服务中心
东阳市南马镇南新村社会组织服务中心
东阳市南马镇双溪村社会组织服务中心
东阳市南马镇溪西村社会组织服务中心
东阳市南马镇上安恬村社会组织服务中心
东阳市南马镇前宅村社会组织服务中心
东阳市南马镇联合村社会组织服务中心
东阳市南马镇龙山村社会组织服务中心
东阳市城东街道徐田村社会组织服务中心
东阳市南马镇南湖村社会组织服务中心
东阳市横店镇烈光坞村社会组织服务中心
东阳市南马镇大仁村社会组织服务中心
东阳市南马镇夏居村社会组织服务中心
东阳市南马镇花园村社会组织服务中心
东阳市南马镇西山脚村社会组织服务中心
东阳市城东街道塘西村社会组织服务中心
东阳市城东街道东锋村社会组织服务中心
东阳市城东街道东升村社会组织服务中心
东阳市城东街道单良村社会组织服务中心
东阳市南马镇泉府村社会组织服务中心
东阳市南马镇大厦村社会组织服务中心
东阳市南马镇南马村社会组织服务中心
东阳市城东街道东安村社会组织服务中心
东阳市城东街道雅溪村社会组织服务中心
东阳市城东街道东联村社会组织服务中心
东阳市城东街道宲卢村社会组织服务中心
东阳市三单乡阁溪村社会组织服务中心
东阳市三单乡前田村社会组织服务

中心
东阳市三单乡钱溪村社会组织服务中心
东阳市三单乡三单村社会组织服务中心
东阳市三单乡华阳村社会组织服务中心
东阳市三单乡大蟠溪村社会组织服务中心
东阳市三单乡金航村社会组织服务中心
东阳市城东街道社会组织服务中心
东阳市六石街道北后周村社会组织服务中心
东阳市虎鹿镇白峰村社会组织服务中心
东阳市虎鹿镇溪口村社会组织服务中心
东阳市虎鹿镇三星村社会组织服务中心
东阳市虎鹿镇葛宅村社会组织服务中心
东阳市虎鹿镇蔡宅村社会组织服务中心
东阳市六石街道社会组织服务中心
东阳市巍山镇大山村社会组织服务中心
东阳市马宅镇社会组织服务中心
东阳市马宅镇雅坑村社会组织服务中心
东阳市马宅镇七秩塘村社会组织服务中心
东阳市马宅镇塘里村社会组织服务中心
东阳市马宅镇杨岩村社会组织服务中心
东阳市马宅镇张塘村社会组织服务中心
东阳市马宅镇王楼村社会组织服务中心
东阳市马宅镇宅溪村社会组织服务中心
东阳市马宅镇和协村社会组织服务中心
东阳市马宅镇徐宅村社会组织服务中心
东阳市千祥镇升楼村社会组织服务中心
东阳市千祥镇岭脚村社会组织服务中心
东阳市千祥镇四友村社会组织服务中心
东阳市千祥镇民宅村社会组织服务中心
东阳市千祥镇大路村社会组织服务中心
东阳市千祥镇秀溪村社会组织服务中心
东阳市千祥镇后周村社会组织服务中心
东阳市千祥镇南王坑村社会组织服务中心
东阳市千祥镇金村社会组织服务中心
东阳市千祥镇万祥村社会组织服务中心
东阳市千祥镇上东陈村社会组织服务中心
东阳市六石街道蟠松村社会组织服务中心
东阳市千祥镇石门张宅村社会组织服务中心
东阳市千祥镇光周村社会组织服务中心
东阳市千祥镇千二村社会组织服务中心
东阳市千祥镇胡山村社会组织服务中心
东阳市千祥镇云头村社会组织服务中心
东阳市六石街道紫光村社会组织服务中心
东阳市千祥镇千一村社会组织服务中心
东阳市六石街道樟村社会组织服务中心
东阳市六石街道横塘村社会组织服务中心
东阳市六石街道石塔山村社会组织服务中心
东阳市六石街道后里村社会组织服务中心
东阳市六石街道枫树下村社会组织服务中心
东阳市六石街道六石社区社会组织服务中心
东阳市巍山镇清溪村社会组织服务中心
东阳市白云街道昆溪社区社会组织服务中心
东阳市白云街道蓝天社区社会组织服务中心
东阳市白云街道接官亭社区社会组织服务中心
东阳市白云街道十里头社区社会组织服务中心
东阳市东阳江镇五星村社会组织服务中心
东阳市东阳江镇枫树头村社会组织服务中心
东阳市东阳江镇尚锦村社会组织服务中心
东阳市白云街道望江社区社会组织服务中心
东阳市东阳江镇双合村社会组织服务中心
东阳市东阳江镇岭下村社会组织服务中心
东阳市白云街道中山社区社会组织服务中心
东阳市东阳江镇黄铺村社会组织服务中心
东阳市东阳江镇金浦村社会组织服务中心
东阳市东阳江镇八达村社会组织服务中心
东阳市东阳江镇下街头村社会组织服务中心
东阳市东阳江镇上陈村社会组织服务中心
东阳市白云街道白云社区社会组织服务中心
东阳市东阳江镇召塘里村社会组织服务中心
东阳市东阳江镇庆泉村社会组织服务中心
东阳市东阳江镇东风村社会组织服务中心
东阳市东阳江镇三甲院村社会组织服务中心
东阳市湖溪镇南塘村社会组织服务中心
东阳市湖溪镇郭宅二村社会组织服务中心
东阳市湖溪镇金宅村社会组织服务中心
东阳市湖溪镇蛟塘村社会组织服务中心
东阳市湖溪镇后东村社会组织服务中心

东阳市湖溪镇郭宅一村社会组织服务中心
东阳市湖溪镇前山何村社会组织服务中心
东阳市湖溪镇罗青村社会组织服务中心
东阳市湖溪镇白水口村社会组织服务中心
东阳市湖溪镇夏黄村社会组织服务中心
东阳市湖溪镇东雅村社会组织服务中心
东阳市巍山镇尚誉村社会组织服务中心
东阳市六石街道里宝塘村社会组织服务中心
东阳市巍山镇茶场村社会组织服务中心
东阳市六石街道岩口村社会组织服务中心
东阳市巍山镇环峰村社会组织服务中心
东阳市虎鹿镇白溪村社会组织服务中心
东阳市虎鹿镇合力村社会组织服务中心
东阳市虎鹿镇孙宅村社会组织服务中心
东阳市虎鹿镇厦程里村社会组织服务中心
东阳市湖溪镇后西村社会组织服务中心
东阳市湖溪镇镇西村社会组织服务中心
东阳市巍山镇白坦村社会组织服务中心
东阳市南市街道社会组织服务中心
东阳市巍山镇王宅村社会组织服务中心
东阳市巍山镇甲坵村社会组织服务中心
东阳市巍山镇罗店村社会组织服务中心
东阳市湖溪镇湖溪村社会组织服务中心
东阳市巍山镇同乐村社会组织服务中心
东阳市虎鹿镇社会组织服务中心
东阳市歌山镇西宅村社会组织服务中心
东阳市歌山镇歌山村社会组织服务中心
东阳市歌山镇王村光村社会组织服务中心
东阳市南市街道紫溪村社会组织服务中心
东阳市南市街道槐堂村社会组织服务中心
东阳市南市街道横城村社会组织服务中心
东阳市南市街道石盆村社会组织服务中心
东阳市南市街道广丰村社会组织服务中心
东阳市南市街道南溪村社会组织服务中心
东阳市南市街道大联村社会组织服务中心
东阳市南市街道后赵村社会组织服务中心
东阳市南市街道西坞村社会组织服务中心
东阳市南市街道廿里牌村社会组织服务中心
东阳市南市街道西雅村社会组织服务中心
东阳市南市街道沧江村社会组织服务中心
东阳市南市街道梨枫村社会组织服务中心
东阳市白云街道社会组织服务中心
东阳市湖溪镇社会组织服务中心
东阳市巍山镇楼下畈村社会组织服务中心
东阳市巍山镇麻家村社会组织服务中心
东阳市吴宁街道社会组织服务中心
东阳市巍山镇胡村村社会组织服务中心
东阳市巍山镇社会组织服务中心
东阳市六石街道吴良村社会组织服务中心
东阳市联宜电机职业技能培训学校
东阳市歌山镇凤山村社会组织服务中心
东阳市歌山镇石潭村社会组织服务中心
东阳市歌山镇淑玉村社会组织服务中心
东阳市歌山镇大里村社会组织服务中心
东阳市巍山镇雅联村社会组织服务中心
东阳市巍山镇岭典村社会组织服务中心

基本合格民办非企业单位(18个)

东阳市永远小学
东阳市城东街道养老中心
东阳市天宝书院
东阳市春蕾学校
东阳市南马镇中心敬老院
东阳市马宅镇敬老院
东阳市李宅技能培训学校
东阳市吴宁健康成长幼儿园
东阳市江北蓝精灵幼儿园
东阳市巍山镇怀鲁幼儿园
东阳市红黄蓝幼儿园
东阳市千祥镇养老中心
东阳市南市街道敬老院
东阳市湖溪镇养老中心
东阳市智能制造产业研究院
东阳市横店镇养老中心
东阳市花马月职业技能培训学校
东阳市画水养老中心

不合格民办非企业单位(83个)

东阳市城东街道眯眯幼儿园
东阳市横店镇幸福宝宝幼儿园
东阳市白云街道博鑫幼儿园
东阳市白云街道星灿幼儿园
东阳市城东街道单良村文化礼堂发展中心
东阳市画水镇明焕幼儿园
东阳市南市街道乐智幼儿园
东阳爱心中医门诊部
东阳市歌山镇野风幼儿园
东阳市金石传拓文化研究院
东阳市百工园文艺演出队
东阳市同心书院
东阳市吴宁街道黉宏民乐戏曲队
东阳市晨光文艺活动队
东阳市画水棒棒糖幼儿园
东阳市画水镇画溪天天乐幼儿园
东阳市复兴木文化展览馆
东阳市经典宝贝幼儿园
东阳市龙鼎幼儿园
东阳市画水小脚丫幼儿园
东阳市画水镇许宅幼儿园
东阳市营造职业技能培训学校
东阳市雨花传统文化公益活动中心
东阳市巍山镇白坦二村幼儿园

东阳玄草汇中医门诊部
东阳市湖溪镇炉庄幼儿园
东阳市前程按摩职业培训学校
东阳市万禾腾飞幼儿园
东阳市兰亭书画艺术培训学校
东阳市红果果幼儿园
东阳市江北山口幼儿园
东阳市阳光文化辅导站
东阳市爱科思幼儿园
东阳市千祥镇阳光幼儿园
东阳市西庄幼儿园
东阳广福医院
东阳市腾达文化培训中心
东阳市腾飞校外辅导站
东阳市万博教育培训部
东阳市巍山镇养老中心
东阳市顶呱呱校外培训部
东阳市书画艺术培训学校
东阳市新蓝天文化补习学校
东阳市雨露幼儿园
东阳市文潭写作培训部
东阳市横店书画院
东阳市六石街道敬老院
东阳市伟峰服装职业培训学校
东阳市东方红教育辅导站
东阳市横店镇方家幼儿园
东阳市江北湖塘幼儿园
东阳市创才幼儿园
东阳市横店镇桥头园幼儿园
东阳市八华书画院
浙江省东阳市金盾保安培训学校
东阳市日升昌生物技术研究所
东阳市海纳书画研究院
东阳市韦斯特外语培训部
东阳市青少年假日活动中心
东阳市开开教育辅导站
东阳市迎晖学生校外辅导站
东阳市奋进校外辅导站
东阳市木雕技术学校
东阳市蒋菊兰服装培训班
东阳市海峰艺术服装学校
东阳市横店街道天天青少年服务中心
东阳市银河文化艺术培训学校
东阳市东新青少年体育俱乐部
东阳市人民高级中学
东阳市解放幼儿园
东阳市江北幼儿园
东阳市吴宁群乐幼儿园
东阳市吴宁金星幼儿园
东阳市吴宁苗苗幼儿园
东阳市金桥文化补习学校
东阳市海燕舞蹈艺术培训学校
东阳市外国语培训学校
东阳市维多利英语培训学校
东阳市五马塘幼儿园
东阳市南市智慧岛幼儿园
东阳市虎鹿镇蔡宅村文化礼堂发展中心
东阳市木雕技术研究开发中心
浙江省横店航空体育运动培训学校

已注销民办非企业单位(18个)

东阳市横店镇后明幼儿园
东阳市奋进外语培训学校
东阳市南市大田头幼儿园
东阳市南市童彩幼儿园
东阳市昀辉堂中医门诊部
东阳市中天高级中学
东阳市文博教育培训中心
东阳禹山文物研究院
东阳市博学乐文教育培训部
东阳市六石吴良幼儿园
东阳市得一教育培训部
东阳市乂学教育培训部
东阳市纯正教育培训部
东阳市浙农林大产业研究院
东阳市启迪教育文化培训部
东阳市英才教育培训部
东阳市赫博英语培训部
东阳市南马防军大拇指幼儿园

（潘　婷）

【东阳市增创各级各类科技型企业名单】

2022年增加的国家高新技术企业(55家)

浙江索特环境科技有限公司
浙江杰创新材料科技有限公司
浙江铖元电气科技有限公司
东阳市盛邦磁业有限公司
东阳市满香红针织有限公司
东阳市众杰新型材料有限公司
浙江东诺节能科技有限公司
东阳诚艺服饰有限公司
浙江省东阳市宣得纺织科技有限公司
浙江省东阳市圣华工艺品有限公司
东阳市浩歌建材有限公司
东阳市安瑞磁业有限公司
东阳市久诚电机有限公司
东阳市金诚磁业有限公司
浙江奇好文具用品有限公司
东阳市佳成化工有限公司
东阳市创升机电有限公司
浙江省东阳市开源金属制品有限公司
东阳市瑞德装饰材料有限公司
东阳市强联磁性有限公司
东阳市科力达电子器材有限公司
东阳市日盛电子有限公司
浙江安可信五金工具有限公司
浙江敢为实业有限公司
东阳星月安防科技有限公司
东阳市玖鑫新材料有限公司
浙江嘉源针织有限公司
浙江林商衣架有限公司
东阳市驭美服饰有限公司
浙江九美工贸有限公司
东阳市昌骏服饰股份有限公司
东阳市昌隆实业有限公司
安必行(金华)智能技术有限公司
东阳市三立针织服装有限公司
东阳市雪花秀针织有限公司
浙江力的文化创意有限公司
东阳市好旺伞业有限公司
浙江蓝华塑胶制品有限公司
东阳市广利工艺品有限公司
东阳市盛林塑胶有限公司
浙江华杰材料科技有限公司
东阳市高杉针纺有限公司
浙江尚品无纺布有限公司
东阳市好源包装有限公司
东阳市飞龙帽业有限公司
冀发集团有限公司
浙江卓辉日用制品有限公司
浙江康都日用品有限公司
东阳市铭品日用品有限公司
东阳市友力包装机械有限公司
东阳市达斐工贸有限公司
浙江美臣新材料科技有限公司
东阳市毅龙制衣有限公司
浙江巍巍昆仑缝制设备有限公司
东阳市旺盛塑胶有限公司

2022年增加的浙江省科技型中小企业(149家)

浙江康都日用品有限公司
东阳市好源包装有限公司
华药生物科技(浙江)有限公司
东阳市金陵机械股份有限公司
东阳市江南铝材有限公司
浙江康力博能源科技有限公司
东阳市华越针织有限公司
东阳市翊晟厨具有限公司
浙江圣泰婴童服饰有限公司

东阳市奥隆新材料科技有限公司
东阳市鑫協工贸有限公司
东阳市星吉年工贸有限公司
东阳市环球钢带有限公司
浙江金杏电器有限公司
优姿科技有限公司
东阳市友善磁业有限公司
东阳市金泽洗染有限公司
浙江泰尔塑业有限公司
东阳市茂盛塑胶有限公司
东阳市吴刚针织有限公司
东阳市华裕新型建材有限公司
东阳市盛德磁材有限公司
东阳市幌金钓具有限公司
东阳市大联电声器材有限公司
浙江人和机械有限公司
东阳市海派亚太服饰有限公司
东阳市晶鑫金银线有限公司
浙江新衣诚服装有限公司
浙江天力磁电科技有限公司
东阳市贝斯特家居有限公司
东阳市兴邦化学有限公司
东阳市方泽电子有限公司
东阳市昱兴工具有限公司
东阳市非凡电器有限公司
浙江聚能锅炉制造有限公司
东阳市利生五金制品有限公司
东阳市强升电声器材有限公司
东阳市汇捷工贸有限公司
浙江水中花针织内衣有限公司
东阳市姚忠虎木雕创作有限公司
浙江金华市华策文化传媒有限公司
浙江艾普思塑胶有限公司
东阳市东安蔬菜配送有限公司
东阳市宝盛新型建材有限公司
浙江雄业铝材有限公司
东阳市精鑫精工衣车零件有限公司
东阳市帆隆金银丝有限公司
东阳市海之蓝服饰有限公司
东阳市三立针织服装有限公司
东阳市广利工艺品有限公司
浙江润泽磁业有限公司
东阳市伟昊装饰工程有限公司
浙江聚贤建设有限公司
东阳森久玩具有限公司
东阳市新德亚服饰有限公司
东阳市品智工艺品有限公司
浙江恒牌石化有限公司
东阳市舞童针织有限公司
东阳市碧锋金属成型有限公司
东阳市百祥门业有限公司
东阳市华科机电有限公司
东阳市海成机电材料有限公司
浙江野风防护科技有限公司
浙江索特环境科技有限公司
东阳市双恒金属构件有限公司
东阳市紫晶依服饰有限公司
爱衣库(浙江金华)服饰有限公司
安必行(金华)智能技术有限公司
东阳诚珲磁业有限公司
东阳诚艺服饰有限公司
东阳汇森日用品有限公司
东阳齐家工艺品有限公司
东阳瑞邦磁业有限公司
东阳市艾尔德箱包有限公司
东阳市安瑞磁业有限公司
东阳市奥倍视光电科技有限公司
东阳市佰盛新材料科技有限公司
东阳市邦狄服饰有限公司
东阳市博天箱包有限公司
东阳市昌隆实业有限公司
东阳市超赢针织股份有限公司
东阳市达斐工贸有限公司
东阳市大川机床附件有限公司
东阳市德润闪光材料有限公司
东阳市定邦旅游用品有限公司
东阳市东邦恒轩红木家具有限公司
东阳市东方日化有限公司
东阳市东冉服饰有限公司
东阳市富金园制衣有限公司
东阳市国飞科技有限公司
东阳市海霞丝业有限公司
东阳市好奇服饰有限公司
东阳市浩歌建材有限公司
东阳市鸿源工艺品有限公司
东阳市佳成化工有限公司
东阳市佳禾新材料股份有限公司
东阳市嘉和玻璃制品有限公司
东阳市姣英生物质燃料有限公司
东阳市金杯铝业有限公司
东阳市金翔磁业有限公司
东阳市锦国化纤有限公司
东阳市九合新材料科技有限公司
东阳市飓丰铝业有限公司
东阳市康家日用品有限公司
东阳市康乐渔具有限公司
东阳市科力达电子器材有限公司
东阳市澜雅纺织品有限公司
东阳市铝成铝业有限公司
东阳市麦格电子有限公司
东阳市铭品日用品有限公司
东阳市牧马人渔具有限公司
东阳市七贤阁红木家具有限公司
东阳市启点服饰有限公司
东阳市黔德磁业有限公司
东阳市清羽针织有限公司
东阳市日成服饰有限公司
东阳市山丰工具有限公司
东阳市闪耀金葱粉有限公司
东阳市维玖乐工艺品有限公司
东阳市翔锴电子有限公司
东阳市新易服饰有限公司
东阳市鑫诺户外用品有限公司
东阳市鑫泽金属制品有限公司
东阳市毅龙制衣有限公司
东阳市友力包装机械有限公司
东阳市宇宙铜业有限公司
东阳市禹山电子元件有限公司
东阳市远航环境监测有限公司
东阳市卓旅胶粘制品有限公司
东阳友创磁业有限公司
东阳喆顺工贸有限公司
金华昆亚智能科技有限公司
金华沐雅化妆品有限公司
浙江东诺节能科技有限公司
浙江东阳甘源工贸有限公司
浙江东阳市恒凯染整有限公司
浙江飞翔线业有限公司
浙江斐利文化用品有限公司
浙江浩科金属制品股份有限公司
浙江津宏木业有限公司
浙江锦轩拉链有限公司
浙江美臣新材料科技有限公司
浙江企合建设有限公司
浙江省东阳市众跃涂料有限公司
浙江斯米克焊接科技有限公司
浙江雅杰建材有限公司
浙江易创家具有限公司
浙江悦嗅家居用品有限公司
浙江卓辉日用制品有限公司

（刘　静）

索引说明：

一、本索引分数字索引、主题词索引、表格索引三部分。

二、数字索引按首位数字大小顺序排列；主题词索引按汉语拼音顺序排列，同音字按声调排列，同音同调字按下一字的音序排列；表格索引按表格顺序排列。

三、索引词条后的阿拉伯数字表示内容所在的页码。

四、本年鉴的“特载”“专文”“大事记”“附录”未作索引。

数字索引

主题词索引

A

B

C

D

E

F

G

H

J

K

L

M

N

P

Q

R

S

X

Y

Z

表格索引